上海工程咨询优秀成果选编

第四集（下）

上海市工程咨询行业协会·编

主编　戴建敏

上海社会科学院出版社

目 录

上 册

序 ·· 陈国忠 1
前言 ··· 1

一、规划咨询研究报告篇

中国（上海）自由贸易试验区临港新片区高质量社会服务体系建设规划研究 ········ 3
上海市国土空间近期规划（2021—2025年） ·· 9
全球健康学院/全健康研究中心"十四五"规划研究报告（2021—2025年） ············ 16
江苏省太湖生态清淤专项规划 ·· 22
崇明世界级生态岛发展规划纲要（2021—2035年）研究 ··································· 30
上海市新城规划建设导则 ·· 35
嘉兴市综合交通规划（2019—2035） ·· 41
杨浦滨江南段总体城市设计 ··· 46
浦东新区公交线网规划 ··· 53
常熟市城市轨道交通规划方案研究 ··· 59
上海市新一代信息基础设施发展"十四五"规划 ·· 66
上海市宝山区W12-1301单元（祁连敏感区）控制性详细规划（修编） ··············· 71
浙江平湖市国民经济和社会发展"十四五"规划研究及规划纲要编制 ·················· 79
上海市能源发展"十四五"规划基本思路研究 ··· 85
上海机场集团绿色机场建设规划研究（2021—2035年） ··································· 91
济南市城市轨道交通第二期建设规划（2020～2025年） ··································· 97

合肥国家中德智能制造国际创新园北区控规及城市设计……103
北外滩地区控制性详细规划……110
上海市生态空间专项规划（2021—2035）……117
社区生活圈规划技术指南……124
南通中远海运船务融入南通滨江发展总体策划……130
上海市防洪除涝规划（2020—2035年）……138
上海张江综合性国家科学中心"十四五"规划研究……143
中心城四区旧改规划与城市设计研究……148
上海市黄浦区单元规划（含重点公共基础设施专项规划）……156
沪渝蓉高铁全要素选线专项规划……162
青浦新城总体城市设计……170
临港新片区公共交通规划……176
中国（上海）自由贸易试验区临港新片区多层次轨道交通线网规划研究……182

二、可行性研究报告、项目申请报告篇

竹园白龙港污水连通管工程可行性研究报告……191
石洞口污水处理厂污泥处理二期工程可行性研究报告……197
乌梁素海全流域系统综合治理实施方案……204
上海市轨道交通崇明线一期工程可行性研究报告……210
沿江通道浦东段（越江段—五洲大道）新建工程可行性研究报告……216
中国石化扬子石油化工有限公司淤浆法聚乙烯新工艺开发中试装置可行性研究
　报告……221
吴淞江工程（上海段）新川沙河段可行性研究报告……226
天津地铁四号线北段工程可行性研究报告……232
中环线（浦西段）桥梁支座整治工程项目可行性研究报告……239
深圳市下坪填埋场安全隐患治理应急抢险救灾工程可行性研究报告……247
成都轨道交通8号线二期工程可行性研究报告……254
唐河河谷郊野公园一期项目可行性研究报告……262

新建淮北至宿州至蚌埠城际铁路可行性研究报告……268

国家能源集团神华榆林能源化工有限公司5万吨/年聚乙醇酸示范项目可行性研究
　　报告……274

崇明生态大道（城桥镇—陈家镇）新建工程可行性研究报告……279

湖北黄石现代有轨电车一期项目可行性研究报告……285

桃浦污水处理厂初期雨水调蓄工程可行性研究报告……292

云南省肿瘤医院云南省癌症中心建设项目可行性研究报告……298

奉贤海上风电项目可行性研究报告……304

青浦区新塘港河道整治工程可行性研究报告……313

苏州河（真北路—蕰藻浜）堤防达标改造工程可行性研究报告……319

环湖大堤（浙江段）后续工程可行性研究报告……326

国家重大科技基础设施——磁-惯性约束聚变能源系统关键物理技术项目可行性
　　研究报告……332

虹桥商务区机场联络线申昆路停车场及上盖综合开发工程可行性研究报告……337

株洲市清水塘老工业区产业新城整体开发PPP项目铜霞路（塘屋路—叶子冲变
　　电站）电力专用综合管廊新建工程可行性研究报告……344

下　册

杨树浦水厂深度处理改造工程项目申请报告……351

城市核心区复杂条件下交通系统重构的郑州实践——郑州市二七广场隧道工程
　　可行性研究报告……357

北外滩贯通和综合改造提升项目一期工程可行性研究报告……363

南汇南水厂深度处理改造工程项目申请报告……371

东引河河道整治工程可行性研究报告……375

吴淞江工程（上海段）苏州河西闸可行性研究报告……380

隆昌路越江隧道新建工程可行性研究报告……387

鄞州大道-福庆路（东钱湖段）快速路工程可行性研究报告……394

广东纳塔功能纤维有限公司年产1万吨碳纤维及6万吨差别化腈纶项目可行性
　　研究报告 …………………………………………………………………………… 400
浦东机场南区地下交通枢纽及配套工程可行性研究报告 ………………………… 408
深汕枢纽配套工程、同步实施工程可行性研究报告 ……………………………… 418
大芦线东延伸航道整治工程可行性研究报告 ……………………………………… 428
G1503公路和周邓快速路浦东枢纽段工程可行性研究报告 ……………………… 436
龙港市循环经济产业园一期工程项目建议书暨可行性研究报告 ………………… 445
S4公路奉浦东桥及接线工程项目申请报告 ………………………………………… 450
绍兴市二环南路智慧快速路工程项目申请报告 …………………………………… 456
大连湾海底隧道建设工程可行性研究报告（代项目建议书） …………………… 465

三、评估咨询报告篇

上海科创中心重点任务——李政道研究所物理与天文前沿基础研究设施建设决策
　　咨询 ……………………………………………………………………………… 475
上海市城市总体规划（2017—2035年）实施评估 ………………………………… 480
上海外高桥造船海洋工程有限公司材料及舾装码头工程项目环境影响评价 …… 489
黄浦江苏州河沿岸地区建设规划实施评估和近期行动计划 ……………………… 495
浦东新区人工智能辅助行政审批系统可行性研究评估报告 ……………………… 503
上海文庙改扩建工程可行性研究（初步设计深度）评估报告 …………………… 509

四、全过程项目管理篇

乌梁素海流域山水林田湖草生态保护修复试点工程全过程工程咨询 …………… 521
基于海南铺前大桥项目管理承包——开展全过程咨询管理创新探索与实践研究
　　报告 ……………………………………………………………………………… 528
临港新片区建设统筹暨全过程管理咨询项目 ……………………………………… 535
复旦大学附属中山医院医疗科研综合楼 …………………………………………… 541

西安火车站北广场及周边市政配套工程全过程咨询 …………………………………… 548
上海崇明"第十届中国花卉博览会"项目全过程总控管理 ………………………… 556
上海西岸传媒港全过程工程咨询 ……………………………………………………… 565
上海虹桥国际咖啡港展陈项目全过程服务 …………………………………………… 575

五、专题研究报告篇

提高前期决策咨询质量,发挥前期决策咨询在全过程咨询中的引领作用研究 …… 583
上海市电力中长期发展战略研究 ……………………………………………………… 589
上海"五个新城"建设的投融资问题研究 …………………………………………… 595
深圳前海街坊整体开发建设机制创新研究报告 ……………………………………… 600
上海产教融合型企业建设培育实施方案研究 ………………………………………… 608
上海提升引领未来的基础创新策源能力研究 ………………………………………… 613
临港新片区建设项目全流程中介服务评估评审事项改革研究报告 ………………… 618
上海莲花路地铁改造TOD一体化项目 ……………………………………………… 624
市域铁路运营模式管理研究 …………………………………………………………… 631
上海生活垃圾处理和资源化中长期战略研究 ………………………………………… 637
推进上海市疾控体系现代化建设及重大项目咨询 …………………………………… 642
支持上海应对新冠肺炎疫情恢复经济发展活力的系列政策研究 …………………… 648
上海"十四五"新城产业发展研究报告 ……………………………………………… 653
上海土地有效供给和高质量利用的思路与方法 ……………………………………… 660
"十二五"国家水污染科技重大专项——城市内涝预警与雨水径流综合管控平台
    构建与示范(上海示范项目) ……………………………………………………… 664
第一次全国灾普国家和上海市"双试点"——徐汇区水旱灾害风险普查 ………… 671
创新和扩大国有资本产业投资研究报告 ……………………………………………… 679
上海市"五个新城"文化发展研究 …………………………………………………… 684
加强上海能源基础保障能力建设专题研究 …………………………………………… 690
前滩核心区立体慢行系统研究项目 …………………………………………………… 696
上海轨道交通18号线工程综合联调及管理服务项目——基于PMBOK的项目管理
    模型在城市轨道交通综合联调项目中的应用 …………………………………… 703

平原河网水环境改善综合管控技术研究与示范应用……………………………………… 711

上海市水土保持标准体系与政策体系建设项目…………………………………………… 717

2021年第十届中国花卉博览会交通保障方案研究……………………………………… 722

海南自贸港园区投融资模式创新研究……………………………………………………… 736

六、新方法、数字化建设篇

长江大保护智慧水务管控体系及标准研究报告…………………………………………… 745

雨水泵站排口附近河道污染削减技术及示范……………………………………………… 754

附录1：参与编写会员单位一览表 ………………………………………………………… 759

附录2：《上海工程咨询优秀成果选编（第四集）》之外获2021年度/2023年度一等

   水平的优秀成果一览表 ……………………………………………………… 761

后记………………………………………………………………………………………… 763

杨树浦水厂深度处理改造工程项目申请报告
The Project Application Report of the Project of Advanced Treatment Upgrading in Yangshupu Water Plant

编写单位：上海市政工程设计研究总院（集团）有限公司
Shanghai Municipal Engineering Design Institute (Group) Co., Ltd.
联系电话：021-55000000　　网址：https://www.smedi.com
主要完成人：王如华　王　晏　韩立能　彭夏军　沈小红　黄　凯　陈振海　吴宝荣　王恒栋　王海英

【点评】

该报告遵循《全国重点文物保护单位杨树浦水厂、上海市优秀历史建筑怡和纱厂建设控制地带内不可移动文物、优秀历史建筑、规划保留建筑保护更新设计方案》要求，按照"水质保证，环境保护，运营保障，文物保全"基本原则，运行高精度倾斜摄影技术，全厂逆向建模，实现现状厂区数字化，解决了杨树浦水厂历史档案图纸缺失以及场地情况复杂等问题，为方案构建打下扎实基础。对水厂布局优化、工艺选择、池型布局、结构和基坑围护等进行方案研究和比选，采用类地下水厂、嵌入式拆改、高度集约化布局等创新设计理念，解决了文物保护要求高、场地狭小、空间受限等难题，使水厂发展与文物保护融合互通；选用咬合桩、旋挖机、全方位高压喷射工法等新型技术，进一步减少对基坑周边环境的影响，让既有文保与新建构筑物安全同行。项目的成功实施，为工业遗产保护与活化利用的新探索做出了积极贡献，并获得了相应的荣誉和认可。

【项目背景】

杨树浦水厂（简称"杨厂"）位于上海市杨树浦路南，紧邻黄浦江，于1883年8月建成供水。经过一百多年的扩建改造，目前杨树浦水厂已经成为上海供水规模最大的两大水厂之一，日供水能力为140万 m^3，为杨浦、虹口、普陀、静安、宝山等五个区的300万上海市民提供生活、生产用水。杨树浦水厂于2013年3月经国务院批准，被公布为全国重点文物保护单位，其中9处建筑被定为文物保护建筑。

百年使命，延续至今，未来杨树浦水厂将继续为百万上海市民提供生命之源。但是由于水厂建造年久，早年的设计、建造标准较低，加之历

图1　水厂化验室

图2　保护铭牌

经多次的局部利旧扩容和改造，杨树浦水厂整体上存在净水设施工艺条件落后、参数不尽合理、清水池调节能力低下等问题，深度处理和排泥水处理仍未全面实施。为满足《上海市供水规划（2019—2035年）》"牢固树立标杆意识，坚持高质量发展""重点实施长江水源水厂深度处理工程"的要求，进一步提升全厂工艺水平，提高供水水质，增强供水安全保障能力，满足保护水域环境环保需求，杨树浦水厂增设深度处理工艺、排泥水处理并改造常规处理系统已显得十分必要和迫切。

围绕杨树浦水厂实施全面更新改造、提标升级，我院就杨树浦水厂总体改造，开展了膜处理、地下水厂、超短流程、调整产能等方案比选，在多方听取相关意见，并得到规划水量基本认可的基础上，综合文物保护、土地条件、空间受限等多方面因素，最终选用调整产能、就地改造方案，明确改造后杨树浦水厂总体规模120万 m^3/d。

同时，按照调整产能、就地改造方案，遵循文物保护要求，华建集团华东建筑设计研究院有限公司（简称"华东院"）同步编制了《全国重点文物保护单位杨树浦水厂、上海市优秀历史建筑怡和纱厂建设控制地带内不可移动文物、优秀历史建筑、规划保留建筑保护更新设计方案》。2018年11月，国家文物局原则同意在杨树浦水厂内进行深度处理改造。

据此，根据"水质保证，环境保护，运营保障，文物保全"基本原则，按照杨树浦水厂总体规模120万 m^3/d，我院开展杨树浦水厂深度处理改造工程项目申请报告编制工作。

【项目内容】

1. 建设必要性

项目申请报告对水厂现状及存在问题进行分析，总结杨树浦水厂改造工程建设必要性主要有以下几个方面：

（1）以提高供水水质为重点，实现水务局关于全厂深度处理改造的要求，提高水厂生产技术先进性

上海市政府重要领导在2017年4月至市水务局调研指出，供水要确保从源头到龙头的全过程安全，重点是加强水源地的保护，做好极端条件下的供水保障，着力推进二次供水设施改造和水厂深度处理，全面提升供水水质。2017年6月26日，上海市水务局下发《上海市水务局关于开展全市水厂深度处理改造的通知》（沪水务〔2017〕776号）中指出，必须加快落实杨树浦水厂的深度处理改造。同时，杨树浦水厂东区建设年代早，建设标准较低，在满负荷条件下难以满足现行的水质要求，在采用青草沙原水后，出水水质嗅味指标有待改善。因此，以水务局要求为核心，全厂实施深度处理对于提高出厂水质关键指标是十分必要的。

（2）现状清水池调节容积偏小，为提高保障供水安全，尽可能扩大清水池调节库容

对杨厂现状存在问题的分析表明，杨厂现有清水池容积偏小，特别东部情况尤为严重，清水池几乎没有调蓄容积。由于东部生产构筑物布置密集，仅通过就地改造根本无法提高清水池容积。因此，只有通过本工程的实施，调整水厂产能布局，才能为东部创造新建清水池必要的用地条件，从而增加杨厂东区清水池调节库容，提高调节能力。

（3）以保护水域环境为目标，全面实施排泥水处理

早在上海市第二轮环保三年行动计划（2003—2005）中，明确要求水厂的污泥进行无害化处置。目前，上海全市市区水厂已基本完成排泥水处理。而杨树浦水厂因建设场地等条件的限制，仅在7#生产系统改造工程中建成了规模为36万 m^3/d 排泥水处理系统，仍有84万 m^3/d 规模的排泥水处理系统尚未建设，杨树浦水厂排泥水处理系统的建设已远远滞后于原定计划。而且，随着杨厂东侧的东方渔人码头的建成，滨江水岸规划和开发，对于环境和景观的要求必然达到新的高度。杨厂排泥水直排不仅带来一定的水体污染，也直接影响江面景观。因此，尽早、尽快启动杨树浦水厂尚余的排泥水处理已成一项非常紧迫和必要的工作。本工程的建设使杨厂全面实施排泥水处理，完成全厂的环保任务。

（4）以水质保障为前提，全面改造现有设施设备势在必行

由于杨树浦水厂建造年久，早年的设计、建造标准较低，存在设计参数不符合现行规范要求、部分关键生产构筑物池型不尽合理的等一系列净水工艺问题。在面对供水水质再次提升的要求，杨树浦水厂现有工艺设施在满负荷条件已无法确保满足未来水质要求，尤其在低温低浊水情况下的出水浊度，仅依靠深度处理改造难以达标。因此，为进一步减轻深度处理构筑物的处理

负荷、提高出水水质的保障率，开展现有常规设施的改造是十分必要的。

2. 项目概况

杨树浦水厂深度处理改造工程为超大型给水工程。建设单位为上海城投水务（集团）有限公司。上海城投水务集团是全国单体城市综合水处理能力最大的企业之一。城投水务集团主要负责本市中心城区和部分郊区的原水供应、自来水制水、输配和销售服务，雨水防汛和干线输送，污水处理和污泥处理，以及供排水投资、水务基础设施建设管理、水环境研发等。

3. 建设选址

根据地区控制性详细规划，水厂主生产区用地范围，北至杨树浦路，东至怀德路，南至黄浦江，西至规划通北路，总面积约18.6 hm^2。杨树浦水厂深度处理改造工程位于杨树浦水厂现状范围内。

4. 项目主要建设内容及规模

根据《上海市供水规划（2019—2035年）》，杨树浦水厂深度处理改造工程设计规模确定为120万 m^3/d。

工程主要建设内容和规模包含以下三部分内容：

（1）新建深度处理系统

设计规模84万 m^3/d，主要包括新建预臭氧接触池、臭氧活性炭滤池。

（2）新建排泥水处理系统

设计规模84万 m^3/d，主要包括新建排泥水调节池、反冲洗废水调节池、回用水调节池、浓缩池、预浓缩池等。

（3）改造现有设施设备

主要包括：

① 改建絮凝沉淀池，设计规模84万 m^3/d；

② 改建均质滤料气水反冲滤池，设计规模24万 m^3/d；

③ 改造普通快滤池，设计规模60万 m^3/d；

④ 改造二级泵房，设计规模24万 m^3/d；

⑤ 改造加药间，设计规模84万 m^3/d。

5. 进度计划

为确保杨树浦水厂在改造期间的对外供水，杨树浦水厂深度处理改造工程采用原地拆建、分步实施，计划分四阶段进行改造，具体如下：

（1）第一阶段

新建絮凝沉淀池，设计规模40万 m^3/d；新建气水反冲均质滤料滤池、臭氧活性炭滤池，设计规模40万 m^3/d；新建6 000 m^{3}清水池，2022年实现厂区东部60万 m^3/d的深度处理。

（2）第二阶段

新建砂滤池，设计规模18万 m^3/d；新建6 000 m^{3}清水池，用于保障后阶段甲乙组砂滤池退出运行后水厂的正常运行。

（3）第三阶段

新建絮凝沉淀池，设计规模30万 m^3/d；新建深度处理系统，设计规模60万 m^3/d。2024年实现全厂深度处理改造。

（4）第四阶段

新建絮凝沉淀池，设计规模14万 m^3/d；改造普通快滤池，设计规模60万 m^3/d；新建排泥水处理综合池，设计规模84万 m^3/d；实现全厂排泥水处理改造。2026年完成全厂改造。

6. 投资估算

本工程批复总投资约22.9亿元，其中建安费约17.9亿元。

【工作过程】

在2001年7月，针对水厂存在问题，在杨树浦水厂7#生产系统改造工程可行性研究阶段，按照水厂全面升级改造要求，进行全厂用地规划，提出向水厂两边各征地70 m的方案。在具体落实征地和规划控制用地时，规划部门认为该方案需涉及三家业主和两条市政道路，预留用地可操作性较差。2001年12月28日，上海市水务局组织规划部门、上海自来水市北公司等有关部门的专家，对杨树浦水厂总体规划用地进行专题讨论。根据专家的意见和建议，结合行业管理和环保要求，以全厂实现常规处理升级改造、深度处理、排泥水处理为目标，我院编制了《杨树浦水厂7#生产系统平面布置及远期总体规划布局方案比较》，提出了分别向东或向西及两侧征地的三个补充方案。

2002年1月25日，水务局科技委组织专家对补充方案进行了评审，认为向西侧单边征地方案具有近期工程实施、远期规划用地控制的可操作性强、工艺流程较为合理和远期运行成本低、与两岸规划的协调性较好等特点，同意该方案为推荐方案。

2002年8月21日，上海城市规划管理局以沪规导〔2002〕579号文《关于杨树浦水厂7#生产系统改造建设用地及控制预留用地的复函》，同意杨厂适度扩建市政设施用地，并采用向西集中布局规划方案。

2003年10月17日，市规划局递交的《近代产业建筑鉴定及保护报告》中，提出杨树浦水厂7#生产系统深化建设工程征地——上海第五毛纺厂（原为怡和纱厂）厂内有5处近代产业建筑，其中空压站及仓库为四类，大仓库、工场、英老板住宅、废纱车间为三类，均与杨树浦水厂总体规划布局中的拟建生产构筑物的布置相冲突。在充分考虑保护建筑位置和类别的基础上，对原水厂总体规划布局进行了必要的调整。但是由于近代产业建筑体量大、占地面积多，调整后总体布局中规划砂滤池与近代产业建筑中的空压站及仓库仍有冲突。

2008年，根据调整后水厂总体规划布局，完成了杨厂总体规划的第一阶段内容——杨树浦水厂7#生产系统改造和深度处理工程。

2013年3月，经国务院批准，杨树浦水厂被公布为全国重点文物保护单位，其中9处建筑被定为文物保护建筑。

2017年，上海市水务局为积极落实市政府主要领导在水务局调研中提出的工作要求，要求尽快启动水厂深度处理工程的建设。由于杨树浦水厂文保的特殊性，上海市水务局与文物局多次开会协调推进，确定了"空间格局不变、建筑风貌不变、整体天际线不变"的文物保护基本原则，提出了改造设施限高的要求。

按照杨树浦水厂全面实施常规改造、深度处理和排泥水处理的总体改造目标，我院再次编制总体改造方案，并就膜处理、地下水厂、超短流程、调整产能等多方案比较，并多方听取相关意见，在得到规划水量基本认可的情况下，最终采用调整产能、就地改造的总体方案，杨树浦水厂总体规模调整为120万 m^3/d。2018年4月，城投水务集团向上海市水务局上报了《杨树浦水厂总体规划布局方案调整》。

根据文物保护法规，以调整产能、就地改造总体方案为基础，华东院编制了《全国重点文物保护单位杨树浦水厂、上海市优秀历史建筑怡和纱厂建设控制地带内不可移动文物、优秀历史建筑、规划保留建筑保护更新设计方案》，上报国家文物局。2018年11月，取得原则同意在全国文物保护单位杨树浦水厂内进行深度处理改造批复。

根据以上工作成果，2019年1月，我院编制完成杨树浦水厂深度处理改造工程项目申请报告。经专家评审以及多次会议讨论，2019年7月，取得上海市发展与改革委员会关于杨树浦水厂深度处理改造工程项目核准的批复。

在国保文物里改造、改建水厂，杨树浦水厂是全国的第一座，其改造方案没有先例可循。工可报告编制过程中，面对杨厂百年积淀，基础资料收集和排摸的工作量非常大，设计人员通过实地踏勘、档案翻查，借助高清度倾斜摄影，根据"文物保全、水质保证、运营保障、环境保护"设计理念，量身定制提出一池一策的改造、改建方案，为工程顺利推进奠定扎实基础。2020年5月，杨树浦水厂深度处理改造工程正式开工建设。

【咨询工作特点及经验教训】

1. 突破传统设计，谋求工艺提升和文物保护共生双赢

杨树浦水厂为第七批全国重点文物保护单位，工程用地绝大部分位于文物保护范围内。遵循尽可能保持原有风貌不变的文保基本原则，对新建净水构筑物采用藏与露相结合的设计，首先藏在地下，大量采用地下式沉淀池、砂滤池、臭氧接触池等，通过多方协调，为配合工艺需求，在文保允许的限高1.5 m的范围内，露出臭氧投加设施、起吊设施。其次，藏在内部，利用保护性构筑物外壳，充分挖掘内部空间，在其中布置活性炭滤池、中间提升泵房、冲洗泵房，露出水面、池面、管道。在确保文物本体安全性、真实性的同时，实施深度处理的改造，既良好地保存了水厂历史风貌的完整性，又大大提升水厂净水工艺的先进性，让现代净水工艺技术和历史建筑完美融合。

2. 打破常规思路，实现新增需求和用地受限的协调发展

在四周无新征用地的条件下，以及厂内现有构筑物布置密集、历史优秀建筑穿插其间的情况下，土地可利用率大大下降，工程用地成为升级改造的关键制约因素。为此，设计提出多种方式应对用地条件的限制。"原位拆建"，即拆除现有参数不合理的如沉淀池等设施后，在原址上复建经过调整布局和优化参数后的设施，提高制水效率，但又不突破原有尺寸。"高效综合"，通过采用密集型布置的方式，将多种功能复合紧凑、上下叠合为一体，最大可能缩短距离，减少用地。例如在一个老沉淀池中布置了砂滤池、中间提升泵房、后臭氧接触池、消毒接触池、反冲洗泵房、配电间等多个功能。"充分挖潜"，对于文保本体，如甲乙丙组砂滤池、7#综合池，由于受高度限

制,于是提出了向下要空间的设计思路,在深度上进行充分挖掘,水池深度达到7 m以上。通过高强度的叠合和集约化,使包含常规+深度+排泥水处理系统、设计规模120万 m^3/d 的杨树浦水厂用地,紧缩至水厂用地指标的63%,成为节地型改造的典型案例。

3. 尊重历史建筑,新增设施和历史风貌的和谐统一

为做好新增设施和历史风貌的和谐与统一,本工程新增设施的布局从路网结构、形式体量、高度视线控制、立面材质颜色、绿化、水面都进行了优化设计构思。新建设施的方案通过工艺处理流程和总平面布局优化以达到严格控制构建筑物高度的目的,坚持对历史建筑的尊重和还原,实现改造后尽可能水厂的空间格局不变、建筑风貌不变、整体天际线不变。项目实施后,所有更新的设备设施高度基本控制在1.5 m以下,低于人的视线高度,新建构筑物尽量消隐于景观绿化之中,保证沿江、入口等位置的视线通廊。

4. 定制一池一策,做好工程建设和生产安全的多重保障

杨树浦水厂新建生产设施和文保建筑最小距离仅为7 m、在役净水设施管线最小距离仅为3 m;同时,厂区地下情况复杂,障碍物多,隐蔽工程多。而新建构筑物均为地下水池结构,最大基坑深度达11 m。为此,方案根据每个构筑物建设条件的具体情况,提出基坑的围护结构最大位移和坑外地表最大沉降等设计控制参数。结合工程地质条件、场地条件及周边环境情况,对使用的深基坑和地基处理形式进行比选,提出了采用旋挖咬合桩基坑围护方案,地基基础采用旋挖桩,实现兼顾清障和施工围护桩两种功能,确保改造施工期间的水厂生产安全和文物保全。

5. 升级软硬件,打造数字化、智慧化的现代水厂

针对杨树浦水厂现状,提出了"云上制水,八大系统"的智慧水厂理念,通过多点监控、多点监测,形成数字化管理平台,从而形成"一屏观水厂,智慧管水厂",致力于解决杨树浦水厂生产及管理过程中过多的人为干预、人为决策,实现生产及运维、管理各环节、全过程的智能化、无人化,着力打造成为上海乃至全国的智慧水厂标杆。

6. 用好BIM技术,正向设计和信息模型的水乳交融

积极开展BIM技术应用研究,策划全生命周期BIM工作开展指导框架,并聚焦模型建立和应用分析。面对杨树浦水厂历史档案图纸缺失以及复杂的场地情况,利用倾斜摄影技术,对全厂进行了逆向建模,在保证一定精度的前提下,将现状厂区数字化呈现。利用BIM技术对文物保

图3 效果图

图4 第一阶段建成后水厂局部实景

护方案进行模拟,动态演示改造过程中相关文物建筑的保护措施,有效地降低损毁文物的风险。数字化成果可转化为工程资料档案的重要组成以及数字化平台开发的数据源,为后续阶段的工作开展提供强有力的信息数据支持。

7. 采用拆建结合,做好改造建设和供水安全的统筹规划

由于本次改造几乎全部在现有厂区进行,改造期间的生产保障尤为重要。基于"改造期间供水规模不低于100万 m^3/d"的设计原则,在设计阶段提出统筹规划、稳步推进的建设思路,将29项新建改造内容进行逐项梳理,优化比选实施方案,最终选择"边拆边建,先建后拆"的模式,确定了分四阶段实施的建设方案,实现改造期间水质与水量的双重保证。

【咨询效果】

1. 社会效益

杨树浦水厂建成百年以来一直作为地表水厂对外供水,其作为工业遗产的全国重点文物保护单位具有很强的特殊性,除了具有历史价值和艺术价值,还有重要的使用价值,在百姓生活中是一座"活"的文物。而实施杨树浦水厂给水深度处理改造工程是提升供水水质的需要,是保障供水安全的需要,是提高用水居民生活品质的需要。

2. 工程创新

工程充分地发掘了杨树浦水厂在历史、艺术、使用上可传承的价值,紧密地将历史文化和当今经济社会发展的联系起来,丰富水厂核心价值体系的内含,使其成为供水行业的代表符号,激活水厂跨越时空的生命力,使百年杨厂焕发新生,文物保护成果更多惠及人民群众。本工程的顺利实施将为国内工业遗存的保护利用提供可复制、可推广的"上海模式",为全国工业遗产保护活化利用的新实践、新探索做出积极贡献。

3. 评价与奖项

杨树浦水厂深度处理改造工程面临用地限制多、地下障碍物多、文保要求多、安全风险多等种种难题,咨询团队充分发扬工匠精神,通过创新探索,攻坚克难,凭借类地下式水厂、智慧水厂、嵌入式拆改、高度集约化布置等创新技术,保障工程实现"不停役、不征地、修旧如旧",化不可能为可能,使改造工程成为现代化城市水厂的改造典范。

本项目获得2020年度上海市重点工程实事立功竞赛"特色项目"荣誉称号。团队荣获"2019—2020年度上海市三八红旗集体"荣誉称号。

城市核心区复杂条件下交通系统重构的郑州实践——郑州市二七广场隧道工程可行性研究报告

The Feasibility Study Report of Zhengzhou Erqi Square Tunnel Project—Practice of Transportation System Reconstruction under Complex Conditions in the Urban Core Area of Zhengzhou

编写单位：同济大学建筑设计研究院（集团）有限公司
Tongji Architectural Design (Group) Co., Ltd.
联系电话：021-35376000　　网址：http://www.tjad.cn
主要完成人：叶志荣　黄晓彬　朱泰安　徐　璁　曹建枫　朱银乐　田　杰　楼晓琴

【点评】

该报告针对郑州市二七广场商圈的交通拥堵和空间发展瓶颈，进行了全面而深入的剖析。在细致审视区域商业、交通现状及环境复杂性的基础上，创造性地提出并实施了交通系统重构方案。该方案不仅通过科学推演和精细设计，实现了主干道过境交通的高效疏导，更在保障地铁、文物建筑及地下空间安全的同时，展现了卓越的综合协调能力和人文关怀。报告以"世界眼光、国际标准、郑州特色"为核心理念，对商圈全空间、全要素进行了系统整治。项目的成功实施，不仅显著提升了市政设施的品质，重塑了城市形象，更为老城区的复兴树立了标杆。尤为突出的是，报告在推动郑州市"国家中心城市"建设及城市形象塑造方面发挥了举足轻重的作用。通过精细化的管理和创新设计，实现了新旧建筑的和谐共存，凸显了郑州这座现代大都市深厚的历史底蕴和鲜明的时代特色。

【项目背景】

1. 项目建设背景

本项目位于郑州市二七区二七广场商圈。二七广场商圈以二七塔为核心，北至太康路，南至陇海路，南北长度约2.1 km，由于开发年代较早，大部分建筑较为老旧。商圈核心处呈放射状引出人民路、二七路、解放路、正兴街、西大街五条道路，形成五路畸形交叉口，且其中四条为城市主干路，大量的机动车、非机动车与过街行人相互冲突严重，极大地阻碍了交叉口各象限之间商业的联系，亟需更新改造。根据郑州市政府关于"将二七商圈建设成为郑州人的精神家园，河南省的消费中心，全国城市复兴的典范"的总体部署，以及《郑州市城市总体规划》和《关于二七广场及周边整体规划设计终期方案》要求，将对现状二七广场进行拓建整治，提出二七广场商圈交通减量化发展的总体发展目标。

2. 建设目标和必要性

（1）建设目标

项目所在城市核心区二七广场片区力图打造成"郑州人精神家园、河南省消费中心、全国城市复兴典范"。项目建设单位郑州市城乡建设局委托我院进行二七广场隧道工程可行性研究，以

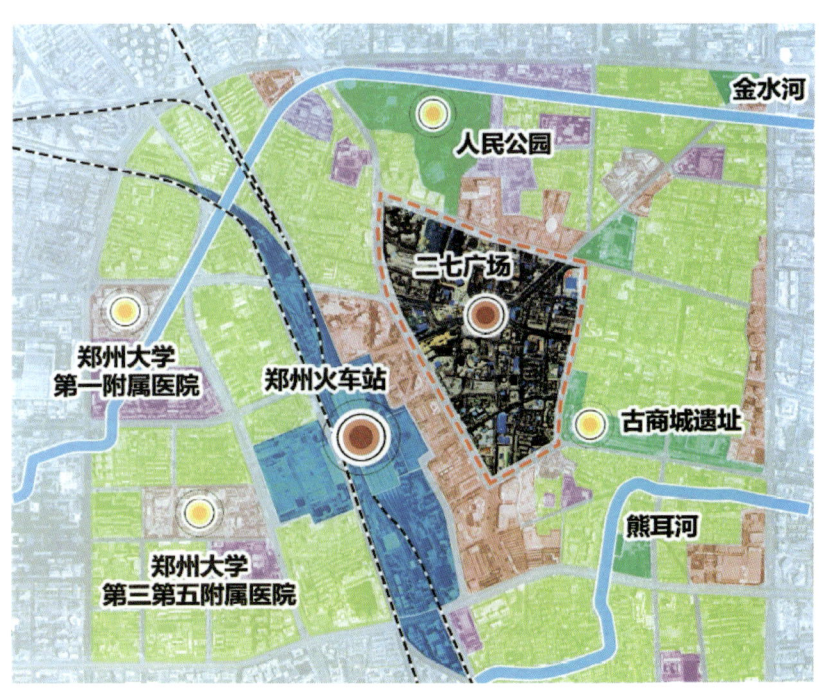

图1　本项目地理位置及区域周边地图

图2 二七广场片区城市设计

期在城市核心区复杂条件下对交通系统实现重构，提升周边道路环境，对二七商圈城市复兴起到示范引领带动作用。

《郑州市城市总体规划》和《关于二七广场及周边整体规划设计终期方案》提出了二七广场商圈交通减量化发展的总体发展目标。本项目为中原路整治提升工程的重要节点，以新建双向四车道地道连接正兴街、西大街，并以匝道形式沟通解放路、福寿街，形成二七广场商圈东西向弱连接通道。项目建成后，目标实现二七广场商圈交通减量、改善商圈交通环境，实现二七广场地面无车化，将此前被割裂的商业区域彻底结合为一体，为二七广场周边更新改造和华丽复兴打下坚实的基础。

（2）项目必要性

郑州市二七广场隧道工程项目建设的必要性体现在以下几个方面：

① 推动建设"国家中心城市"的需要。项目位于郑州市二七区二七广场商圈，是二七广场商圈提升改造为郑州人的精神家园、河南省的消费中心、全国城市复兴典范的首要控制性工程，是郑州建设"国家中心城市"的需要。

② 二七广场城市复兴、展现城市形象的需求。项目按照"世界眼光、国际标准、郑州特色"的定位，对二七广场商圈全空间、全要素进行综合整治提升，以街道、节点、建筑的改造为手段，打造成为郑州市乃至全国的示范性老城复兴典范，形成彰显郑州形象的街道系统，促成郑州市打造"街道是有活力的、空间是有特色的、交通是有效率的"的远景目标。通过改造，对沿线建筑、景观、道路、交通等基础设施进行一体化设计与改建，以展现郑州城建史为主题，保留改造现状有时代特点的建筑，同时，遵循城市发展的时代感，杜绝大拆大建，实现新旧建筑共生。项目建成后，可以系统性整治街区环境，凸显郑州有历史底蕴的现代大都市城市形象。

③ 提升市政设施品质、创建和谐友好城市环境的需要。郑州市政府长期以来致力于完善道路设施，新建、改造城市干道以改善交通与美化环境。然而，随着国家基建投资加大与经济快速增长，交通需求急剧上升，现有设施已难以满足需求。二七广场隧道工程作为应对之策，旨在从根本上改善郑州市交通环境，提升市政设施品质。该工程不仅将缓解交通拥堵，优化城市功能布局，还将促进经济持续发展，构建更加和谐友好的城市生态环境。通过本项目建设，郑州将进一步迈向现代化区域性中心城市行列，展现其先进生产力与高品质城市形象。

④ 优化区域路网结构、改善通行品质的需要。从路网结构看，二七广场周边城市道路现状为发散型路网，核心区呈现多路汇集现象，人民路、东西大街、解放路、中原路和二七路作为城市干路于二七广场处交汇形成多路交叉口，几何结构不合理；南北向道路由于二七广场的分隔缺少贯通性道路，仅有福寿街作为南北向主干路，福寿街两侧土地利用强度最高且肩负着郑州站到发交通的集散功能，车流汇集，拥堵严重；二七广场东南部次干路密度较大，间距较小，存在多处畸形交叉口，结构也不尽合理。从交通构成看，客货交通、过境交通与内部交通结构混乱，相互干扰；过境交通、对外交通、内部交通、集散交通等给二七商圈的主干路造成了巨大的通行压力，拥堵已成常态。

本项目能够调整二七广场区域周边路网结构，通过交通需求管理和系统管理重新对其进行功能划分和交通组织，增加过境交通通道，改善交通通行品质，有利于挖掘老城商业的潜力，提升现代化商业业态,形成具有地域特色的城市公共活动中心。

3. 其他背景

项目研究范围二七广场商圈现状用地主要是商业、交通、居住用地,尤其核心区域大部分是开发强度较高的商业和交通用地。福寿街两侧土地利用强度最高,东边是大型商业建筑,西边是火车站东广场、长途汽车中心站、长途二马路车站,都是车流集散中心。因此二七商圈吸引了大量的交通流,尤其是福寿街两侧的土地利用直接导致了该区域交通拥挤。

区域地下空间开发主要以地块内部开发为主,呈现的特点主要为开发分布较为分散,且相互之间缺乏联系,难以达到地下空间资源共享。开发强度较低,主要以地下一层、地下二层为主。开发性质以地下商业和地下停车为主。二七广场内有现状地下商业街,直通地铁一号线、三号线二七广场站。

周边建筑以商业建筑和居民区为主,其中百年德化、亚细亚、二十一世纪大厦、友谊大厦为影响本项目线位的主要控制建筑。

【项目内容】

1. 项目类型

项目名称:郑州市二七广场隧道项目。

建设类别:市政交通。

建设性质:新建。

2. 建设单位

郑州市城乡建设局。

3. 主要建设内容及规模

郑州市"一环十横十纵"示范街道整治提质工程——中原路(西四环至东四环)项目二七广场隧道工程,规划为东西走向城市主干路,工程范围西起正兴街下穿京广铁路箱涵东侧,东至西大街北顺城街交叉口东侧,工程范围起点桩号K0+260,终点桩号K1+630,总长1 370 m。其中地面道路段总长852 m,包括隧道暗埋段上方地面道路和民主路部分新建地面道路,正兴街段道路红线宽度60—65 m,西大街段道路红线宽度35 m。相交道路工程范围包括地道开挖影响的交叉口,有正兴街-福寿街交叉口、西大街-延陵街交叉口、西大街-北下街交叉口、西大街-北顺城街交叉口,相交路路段不在本项目的设计范围内,待后期二七片区道路导改统一调整。隧道标准断面为双向四车道规模,设计速度40 km/h,主线隧道起点桩号K0+482.941,终点桩号K1+465,总长982.059 m(其中暗埋段长度775 m,敞开段长度207.059 m),在正兴街-福寿街交叉口东侧设置一对单车道地面出入口匝道,入口匝道长度168.543 m,出口匝道长度168.42 m,本项目为新建隧道工程。

主要建设内容:道路工程、交通工程、结构工

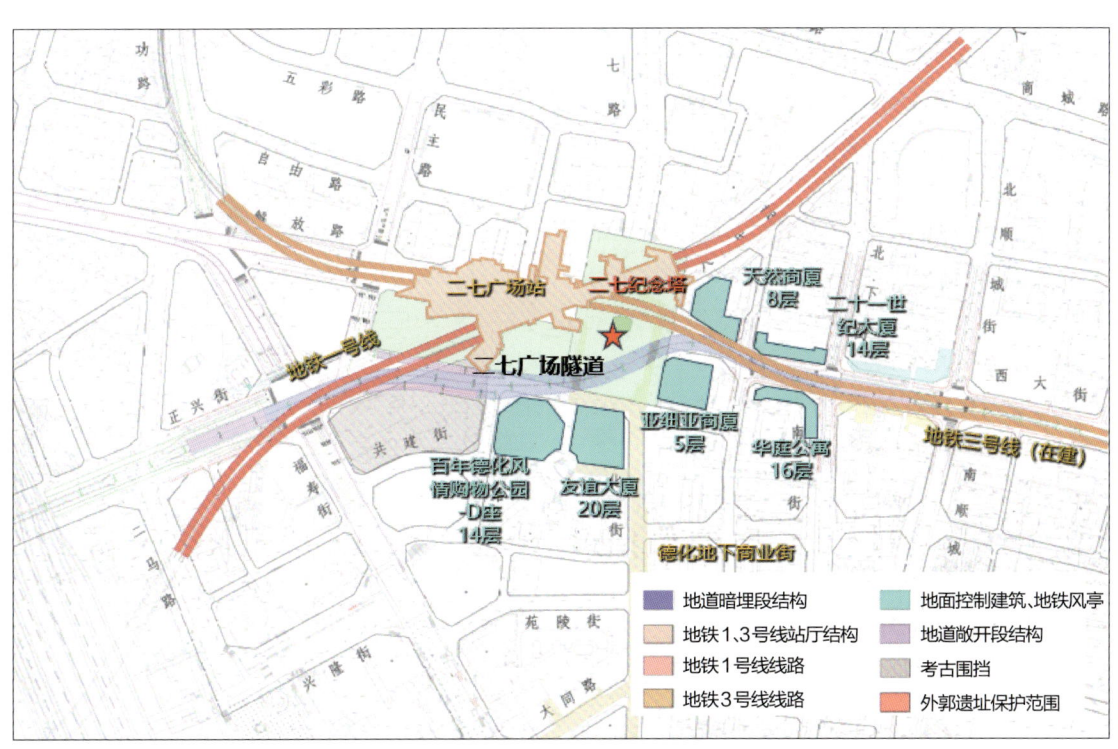

图3 项目总平面图

程、基坑工程、建筑工程、排水工程、照明工程、弱电工程、暖通工程等。

工程总投资：共计80 782.00万元，其中工程建安费66 600.48万元。

【工作过程】

二七广场隧道工程位于郑州市城市核心区二七广场片区，项目可行性研究工作力图为在城市核心区复杂条件下对交通系统实现重构，提升二七广场周边道路环境、对二七商圈城市复兴起到示范引领带动作用提供高价值的咨询成果。

咨询工程师团队主要做了以下工作：

1. 调研工作

调研规划方针政策，充分解读规划、分析论证项目建设的必要性，理解指导咨询工作开展的上位规划。梳理交通发展总体策略：构建三个圈层的慢行专属无车区；组建分层次的立体道路网系统；推行多层次、多模式一体化的公交体系；建立基于需求管理的智慧停车系统；打造以人为本的24小时活力慢行区。

2. 收集基础资料

全面掌握基础资料，建立咨询工作所需的数据库；对本项目进行深入研究，与发改、规划、轨道交通、地下空间建设设计施工等相关单位部门进行过多次对接，收集各家意见，优化设计方案，对项目的总体情况及规划定位等方面理解较深。组织各专业技术人员进行多次实地踏勘，充分了解工程周边现状与建设条件，对现状地下商业街进行了充分调研与对接；采用航拍及其他地理信息技术，获取详尽的基础资料。

3. 案例分析

研究国内外城市核心区（如伦敦牛津街、韩国清溪川、法国斯特拉斯堡）在城市更新过程中交通系统的重构方式、发展演化历程，借鉴经验与教训，为咨询方案的科学合理提供充分的依据。

4. 交通分析及预测

道路规划及交通分析及预测，大数据分析，方案论证：满足道路交通要求，从城市交通的功能性、系统性和网络性出发，结合交通量预测及大数据分析，确定合理的建设规模。同时综合考虑与相邻工程、横向道路、轨道交通、地下商业空间、周边高层建筑之间的关系，优化总体方案设计，合理确定建设规模及方案。拟定道路隧道方案，对影响方案各有关因素及工程数量、造价进行综合对比分析，提出技术标准可靠、经济合理、切实可行的方案。

（1）交通条件分析论证

二七广场商圈内的交通量主要由过境交通、内部交通、对外交通和集散交通组成，其中过境交通分为外圈过境交通和中圈过境交通。外圈过境交通可通过紫荆山路—金水路—京广路—陇海快速路进行引导绕行，约占二七广场核心区交通总量的20%—25%，禁止进入二七核心范围；中圈过境交通目前利用解放路—东西大街、人民路—中原路两条东西向道路通行。该部分交通量若能进行合理引导快速穿越二七核心范围，则能够较好地减轻现状路的交通压力。通过采用停车收费等管理措施抑制核心区小汽车需求，合理利用地铁、公交等，增加公交慢行需求，减少二七广场核心区的交通需求总量约20%。通过分离长距离过境交通以及管控措施转移出行方式占比，抑制小汽车出行总量，实现二七广场核心区的交通疏解和转移。根据二七广场交通专项规划，地下"X型通道"用于串联放射状干路，使得通过核心区的中圈过境交通多一种出行选择。中圈过境交通一方面可以继续选择地面道路绕行，另一方面利用二七地道快速通过二七广场核心区，避免核心区内部到发交通量的干扰。

（2）建设规模分析论证

本工程主线采用双向四车道规模，中远期（2041年）路段预测交通流量为1 851 pcu/h，对应单向设计通行能力为1 876 pcu/h；WE匝道采用单车道，中远期预测交通量为957 pcu/h，对应设计通行能力为990 pcu/h；EW匝道采用单车道，中远期预测交通量为928 pcu/h，对应设计通行能力为990 pcu/h，车道规模满足交通需求。本项目西侧与正兴街下穿京广铁路箱涵相接，东侧与西大街-北顺城街交叉口相连，现状均为双向四车道规模，本工程能够与现状道路实现良好顺接；若采用双向六车道规模，车道通行能力与预测流量存在一定的差距，且与现状正兴街、西大街相接时需考虑车道数不一致的问题，此外二七广场开发强度高，较大的地道规模对文物古迹和商业大厦地基存在一定的影响，且存在一定量的拆迁问题。综合考虑交通适应性、红线宽度、与现状道路相接和经济性等因素，本项目二七广场地道采用双向四车道的建设规模，WE匝道及EW匝道采用单车道建设规模，与其规划功能定位及两侧衔接的道路路段相适应。

【咨询工作特点及经验教训】

1. 重难点分析及对策

（1）城市核心区极其复杂条件下实现对交通系统的重构

项目所处的商圈核心处呈放射状引出人民路、二七路、解放路、正兴街、西大街五条道路，形成五路畸形交叉口，且其中四条为城市主干路，大量的机动车、非机动车与过街行人相互冲突严重，极大地阻碍了交叉口各象限之间商业的联系，亟需更新改造。

对现状二七广场进行拓建整治，打造"无缝城市"，建立多层次的立体道路网系统。新建双向四车道隧道连接正兴街、西大街，以匝道形式沟通解放路、福寿街，形成二七广场商圈东西向弱连接通道。结合金水路—大学路—陇海路—紫荆山路围合区域交通梳理工作，将主要过境交通疏导至外围的强连接通道上。实现二七广场商圈交通减量、地面无车化，化割裂为融合的目的。研究区域的交通体系，优化过境交通与目的地交通组织，统筹协调地面交通、地下隧道、地铁、轨道快线、地下空间之间的关系，解决停车体系布局问题，让区域动态交通、静态交通更加顺畅有序。

路网优化。核心区去机动化，外围通过设置单向交通组织，减少过境交通；保证外围快速干道系统的过境通行；将现有部分交通穿越核心区的道路做成下穿隧道，避免对核心区的干扰。

公交线路调整优化。公交干线：中、长距离对外交通服务，公交主要通道。普通公交：中、短距离对外交通服务。公交支线：内部公交服务，接驳轨道及外部公交站点（增加灵活站点巡游线路）。

地下交通系统优化：建议将北京华联等规划重建地块做成整体地下商业空间，与地铁三号线进行连接；德化新街南延至大卫城附近，接通大卫城与大上海城地下商业；德化新街西延五彩路建地下商业街，联结万象城、大商新玛特、华联地下商业；大同路地下商业街西接地一商业街，并与火车站东广场连接；打通德化新街与地一商业街；地库可直接或通过支线连接地下人行走廊。

中原路—西大街地下过境长隧道，为过境交通服务，福寿街东侧增加一对进出隧道的匝道，兼顾解放路东西向过境交通；由于核心区设置为无车区，地区交通需要绕行外侧地面环路集散，增加该进出口可减少绕行，提高片区进出交通可达性，可以有效缓解外围环路的交通压力；对于核心区 1 km^2，增加了一条对外交通通道。

（2）城市核心区极其复杂条件下实现市政隧道的一体化统筹设计

地面限制条件：本工程位于郑州核心咽喉区，隧道线位与百年德化、亚细亚百货、天然商厦、21世纪大厦等现状建筑紧邻（控制3—4 m净距）。隧道与二七纪念塔文物建筑净距仅25 m。

地下限制条件：隧道由西向东依次上跨现状地铁一号线盾构、德化地下商业街、地铁三号线盾构，且地下管线密布，工程实施空间接近极限。

既有地铁区间：本工程隧道上跨已运营的地铁1、3号线。地铁顶距离隧道底板4—11 m，与运营地铁平行交叠距离长，对地铁结构保护要求极为严苛。

结合周边环境条件充分推演，实施中心城区狭小空间内的"心脏搭桥"手术；建设满足主干道过境交通输送功能，兼顾现状地铁保护、文物建筑保护、现状地下空间（既有地铁、二七塔、地下商业街）保护及改造、管线梳理布置的市政隧道。

（3）运用BIM技术协助完成高质量的咨询方案

将BIM技术运用于咨询工作全过程，作为咨询方案提出及验证、改进优化的重要工具——从交通仿真、交通安全、与相邻地下空间衔接、净高分析、碰撞检测、排水管道性能分析，以及照明、排风、逃生、积水、噪声、模拟驾驶体验等方面进

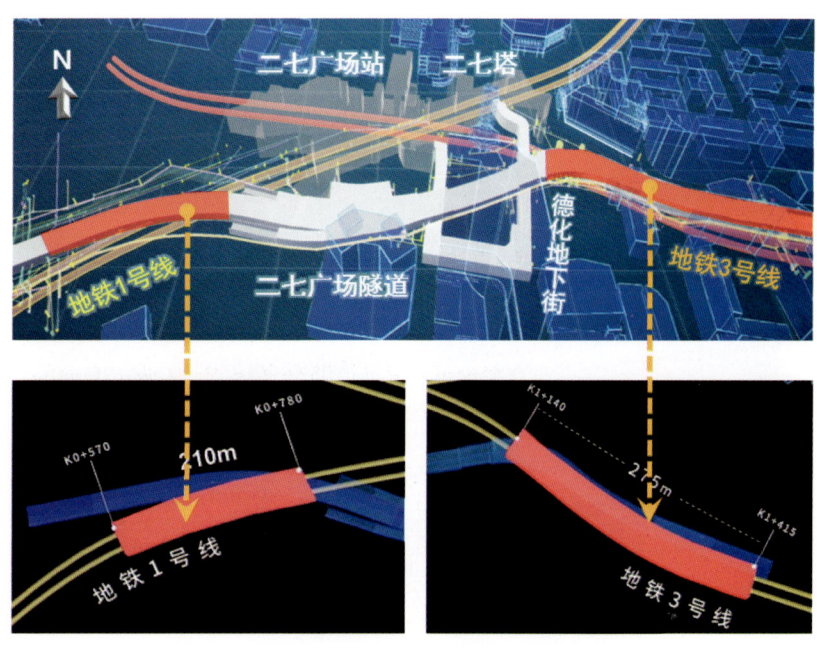

图4 复杂条件下市政隧道的一体化统筹设计

行分析,充分论证并完善咨询方案。

2. 创新点

咨询工程师通过大量调研国内外城市核心区在城市更新过程中交通系统的重构方式、发展演化历程,结合二七商圈复兴的城市设计,在本次可行性方案研究成果中创新地提出了如下咨询方案:

① 提出了"无缝城市"的复兴理念,打造二七广场慢行专属无车区。提出构建三个圈层的慢行专属无车区、组建分层次的立体道路网系统、打造以人为本的24小时活力慢行区等交通重构理念与咨询方案。

② 提出与周边路网共同构建区域立体交通体系的咨询方案。统筹协调地面交通、地下隧道、地铁、轨道快线、地下空间之间的关系,让区域动态交通、静态交通更加顺畅有序。

③ 提出了城市核心区复杂条件下市政隧道的一体化统筹设计方案。实现了受限场地内集约化利用地下空间,市政隧道与地下空间共建、不间断运营条件下对既有地下商业空间的改造。

④ 提出了运用数字孪生技术赋能提升精细化管养水平的建议。建立重点设施全生命周期智慧管养的孪生平台,使交通设施与周围地下空间实现"观、管、防"的立体融合管控目的。

图5 市政隧道与德化商业街地下空间共建示意图

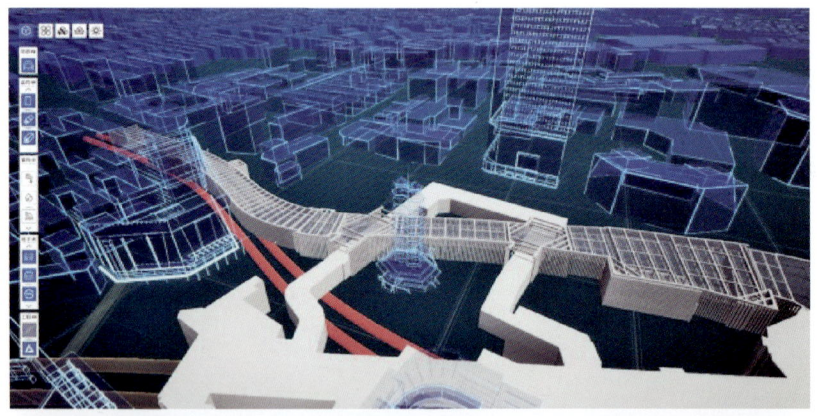

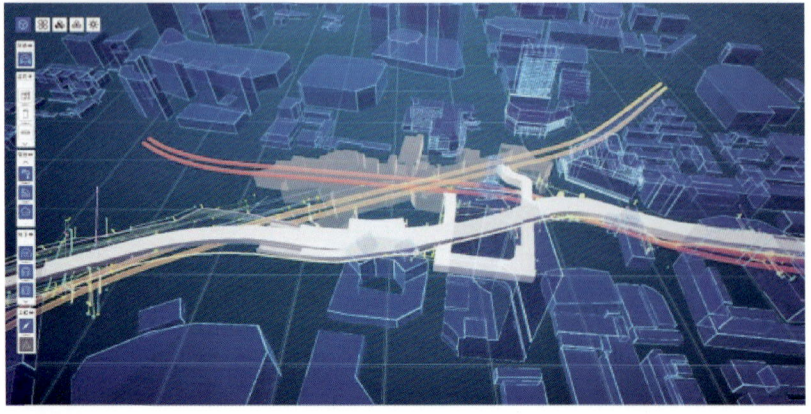

图6 数字孪生技术赋能工程建设运营全周期

【咨询效果】

本项目咨询工作自觉贯彻落实"人民城市人民建,人民城市为人民"的城市建设理念。作为郑州的城市地标,二七商圈的发展可看作郑州百年发展历史的缩影,是郑州最有韵味和历史厚度的地方。二七广场及周边地区综合改造是郑州城市有机更新的重要项目,是老城复兴的点睛之笔,起着筑心立魂的作用。咨询方案助力推进二七广场及周边地区城市有机更新,力争把更多公共空间留给人民,提升城区功能品质,让人民留住记忆,感受到城市的温度。

咨询工程师结合二七商圈复兴的城市设计,牢牢把握关键点,深入研究了区域的交通体系,优化过境交通与目的地交通组织,统筹协调地面交通、地下隧道、地铁、轨道快线、地下空间之间的关系,解决停车体系布局问题,让区域动态交通、静态交通更加顺畅有序。

在充分理解上位规划、区域定位、项目需求的基础上,咨询师摒弃了常规的交通解决方案,另辟思路,因地制宜,创新地提出了构建三个圈层的慢行专属无车区、组建分层次的立体道路网系统、打造以人为本的24小时活力慢行区等交通重构理念与咨询方案。本咨询成果的建设方案与二七商圈的改造提升有机结合,营造出现代消费场景,带动消费升级、交通升级、环境升级、品质升级,实现新老城区协调发展。交通系统重构助力二七商圈的蝶变升级,老城区焕发新生机,取得了巨大的经济、社会效益,具有良好的推广应用价值及可持续性。

北外滩贯通和综合改造提升项目一期工程可行性研究报告

The Feasibility Study Report of the North Bund Linkage and Comprehensive Improvement and Upgrading (Phase I)

编写单位：华东建筑设计研究院有限公司
East China Architectural Design and Research Institute Co., Ltd.
联系电话：021-63217420　网址：https://www.ecadi.com
主要完成人：张俊杰　黄　良　章　帆　陈珮安　沈亚梅　陈慧辰　李　旵　顾晨佳　曹　鸿　李一丹

【点评】

该研究深入分析了北外滩的地理优势、历史文脉和城市战略布局，确立了打造国际级重大会议中心和滨水会客厅的目标。通过拆除与新建相结合的方法，既保留了历史建筑的风貌，又实现了功能上的现代化升级，展示了城市发展的可持续性和渐进式更新的理念。该研究指出了一体化综合服务的优势，通过前期咨询与设计工作的同步进行，确保了设计方案的可施工性和投资估算的精细化。项目的成功实施，不仅提升了城市的国际形象，还激活了滨江经济带，实现了城市空间的优化和历史文化的传承。特别是"世界会客厅"的建成，不仅作为城市新地标，更成为上海城市更新与发展的重要里程碑。北外滩贯通和综合改造提升项目一期工程的建成，不仅提升了城市的公共空间品质，也为市民提供了更多亲近自然的机会，体现了"人民城市为人民"的发展理念。

【项目背景】

上海，是一座世界级的现代化大都市，更是一座具有光荣传统的历史文化名城；上海是世界观察中国的窗口和中国链接世界的枢纽。"一江一河"，黄浦江与苏州河沿岸地带是上海提升城市能级和核心竞争力的重要承载区是体现上海城市形象的著名地标。人们眺望浦江两岸，能亲身感知上海百年历史，目睹改革开放，特别是浦东开发、开放以来的巨大变化。

北外滩地区作为经典外滩区域的延伸部分，拥有丰富的文化资源和深厚的历史积淀，沿江第一线保持原有历史建筑风貌，滨江二线区域已形成新的城市天际线，构成新旧交织的独特风貌。历史上，北外滩曾是近代各国领事馆的聚集区，上海的"东交民巷"。它见证了上海近现代，尤其是改革开放四十年来的变迁；见证了改革开放后党和国家领导人视察上海、关心浦江两岸建设开发的历史，也是我国海军军事外交的重要场所。

北外滩贯通和综合改造提升工程共分两期。通过这两期综合改造提升工程，将北外滩建设成为充满活力、传承文脉、绿色生态、舒适便捷的世界一流滨水公共空间。

为打造国际级重大会议型文化客厅，向世界展示上海形象，并配合上海市城市更新与黄浦江贯通工程，实现扬子江码头的慢行贯通和亲水性公共活动空间，形成黄浦江新地标，建设卓越全球城市的滨水会客厅，市政府及相关部门单位决定启动北外滩贯通和综合改造提升项目。

【项目内容】

1. 建设地点

本项目位于上海市虹口区北外滩地区，黄浦江新建防汛墙以北、虹口港以西、黄浦路以南，现状红、灰楼以东，一期工程总用地面积19 562 m²，项目基地红线范围如图1所示。

2. 建设意义

北外滩贯通和综合改造提升工程立足于北外滩独特的区位优势，坐拥远眺外滩和陆家嘴"一江两岸"独一无二的绝佳视野，以黄浦江贯通工程为契机，实现扬子江码头的慢行贯通和亲水

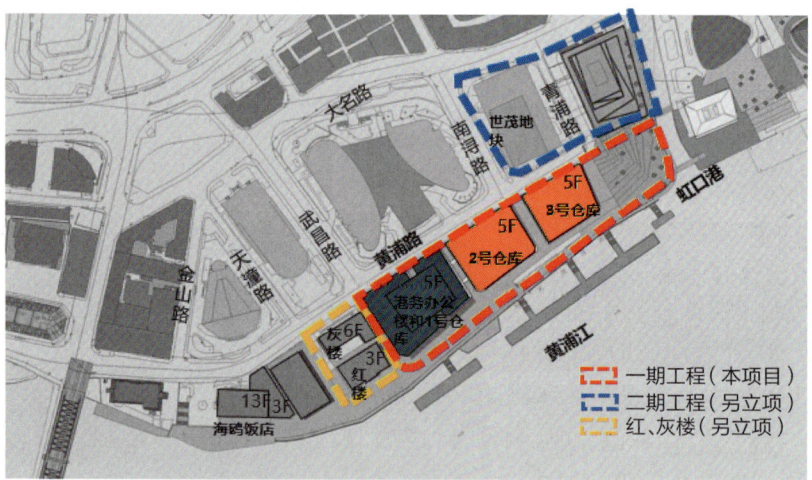

图1 北外滩贯通和综合改造提升工程一期项目红线范围示意图

性公共活动空间；同时推进北外滩区域城市更新，打造国际级重大会议中心，以形成黄浦江沿岸新的城市地标。其建设符合城市总体规划中对上海城市建设与发展的宏观要求，符合《上海市主体功能区规划》中对该区域的战略任务与功能定位，符合《黄浦江岸线综合利用规划——核心段（杨浦大桥—徐浦大桥）》中对北外滩岸线的功能优化和布局统筹。

《上海市城市总体规划（2017—2035年）》（简称"上海2035"）是新时代上海立足历史新起点、适应发展新趋势、应对发展新挑战的战略性总体规划。"上海2035"中提出了"内涵发展"的城市新模式，以提高城市活力和品质为目标，积极探索渐进式、可持续的有机更新模式，以存量用地的更新利用来满足城市未来发展的空间需求，同时做好城市文化的保护与传承，倒逼土地利用方式由外延粗放式扩张向内涵式效益提升转变，促进空间利用向集约紧凑、功能复合、低碳高效转变。

本项目的建设包括了对黄浦江沿江岸线部分建筑的拆除新建和改造更新。通过黄浦江贯通工程和综合改造提升，实现了黄浦江沿线用地转型，打通滨江、滨河公共空间通道，彰显世界级滨水区品质和活力，同时也有利于促进上海城市全面协调可持续发展。

本项目所在位置位于《上海市主体功能区规划》中划分的都市功能优化区。该区域集中体现了现代化国际大都市的繁荣繁华，历史底蕴深厚，服务经济比较发达，但人口密度较高，资源环境约束突出，中心城区苏州河以北地区发展比较滞后，城乡接合部地区发展基础比较薄弱，需要加强区域内的统筹协调，优化提升综合服务功能，增强高端要素的集聚和辐射能力，严格控制人口规模，进一步改善城区环境和生活品质。

《上海市主体功能区规划》要求，都市功能优化区应加快转变经济发展方式，调整优化经济结构，着力增强高端要素集聚和辐射功能，切实提升区域创新能力和文化软实力，充分展现现代化国际大都市形象和魅力。其中，沿宝山滨江—杨浦滨江—北外滩—外滩、陆家嘴地区—世博地区—徐汇滨江—闵行滨江，打造体现城市历史文脉和国际化高端服务功能的黄浦江发展轴。

图2 本项目效果图

本项目地块内的港务办公楼和1#、2#、3#库虽然拥有绝佳的滨江沿岸景观及丰富的历史底蕴，但受限于其目前的房屋质量与建筑布局、功能结构，它的众多优势已难以发挥。本项目依托滨江沿岸景观，目标打造上海高端商务、顶级宴会、文化艺术展览场所新地标。

黄浦江岸线综合利用规划按照"确保滨江贯通开放、坚持水陆联动、确保安全保障民生"等原则，通过取消黄浦江核心段生产线、港航服务岸线、特殊岸线和部分市政岸线，优化调整公务码头布局，增加生活岸线、轮渡岸线、客运旅游岸线及其码头服务设施，逐步优化岸线结构。未来将建设充满活力、传承文脉、绿色生态、舒适便捷的世界一流滨水公共空间。

扬子江码头始建于1862年，作为黄浦江重要的码头，扬子江码头见证了上海近现代尤其是改革开放四十年来的变迁。它不仅有着丰富的历史底蕴，而且拥有远眺外滩和陆家嘴"一江两岸"的绝佳景观，具有独一无二的景观优势，但因其特殊的军事地位，这曾是一段神秘的黄浦滨江。

根据新的规划方案，新扬子江码头将洗去征尘，转换角色，一改昔日军港码头的肃静，嬗变成黄浦江45 km美丽岸线中一段特别的风景。本项目打造的城市滨水区及新建的亲水平台，将为市民们提供一个理想的休闲游憩场所，满足城市居民亲近自然的需要，实现城市更新的使命。

3. 北外滩贯通和综合改造提升工程总体情况

根据2019年5月上海市规土局（现上海市规资局）《关于329项目规划研究情况的汇报》，北外滩贯通和综合改造提升工程拟分为两个阶段实施，一期工程主要为拆除港务办公楼、1#库及附属结构后新建会议中心，改造2#、3#库作为会议文化功能，拆除4#、5#、6#库新建东侧公共绿地新建9 m礼宾平台；二期工程主要为黄浦路以北的世贸地块与原家属楼地块新建高层，作为区域内商办与酒店功能的补充，同时对一期工程西侧的红楼与灰楼进行修缮与改造。

4. 建设内容与规模

本项目为北外滩贯通和综合改造提升工程一期项目，根据上位规划的要求，拟拆除原港务办公楼及1#库，作为历史建筑的原2#库、3#库，拟采取保留改造方式，三栋楼整体新建改造后成为具有国际重大会议接待功能的会议中心建筑；拟拆除基地东侧4#、5#、6#库和家属院，一同改造为绿地广场公共空间，同时设置滨江礼宾平台，架空在新防汛墙之上，作为重大国事活动的室外迎宾场所使用。本项目主要建设内容与规模如下。

（1）拆除工程

本项目拟拆除港务办公楼（5层）、1#库及附属结构（5层）、1#楼辅楼（3层）、4—6#库（3—4层），共计拆除面积35 119 m²。保留2#、3#库的外墙，保护性拆除2#、3#库内部建筑结构，保护性拆除面积共计22 704.44 m²。

（2）新建地上与地下工程

本工程拟将原港务局大楼和1#库进行拆除，新建会议中心主楼1号楼；同时将原2#库、3#库历史保留建筑的立面进行保留复原，内部空间及建筑屋顶则根据新的使用需求进行更新

■ 第一阶段
本项目（一期工程）：
- 拆除港务办公楼、1号库新建会议中心
- 改造2#、3#库作为会议文化功能
- 拆除4#、5#、6#库新建东侧公共绿地
- 新建9 m礼宾平台

同步实施的其他项目：
- 海鸥饭店改造
- 虹口港东侧绿地改造
- 新建二级防汛墙
- 5 m贯通平台

■ 第二阶段
- 红楼、灰楼改建（另立项）
- 黄浦路以北世贸地块与原家属楼地块新建高层（二期工程）

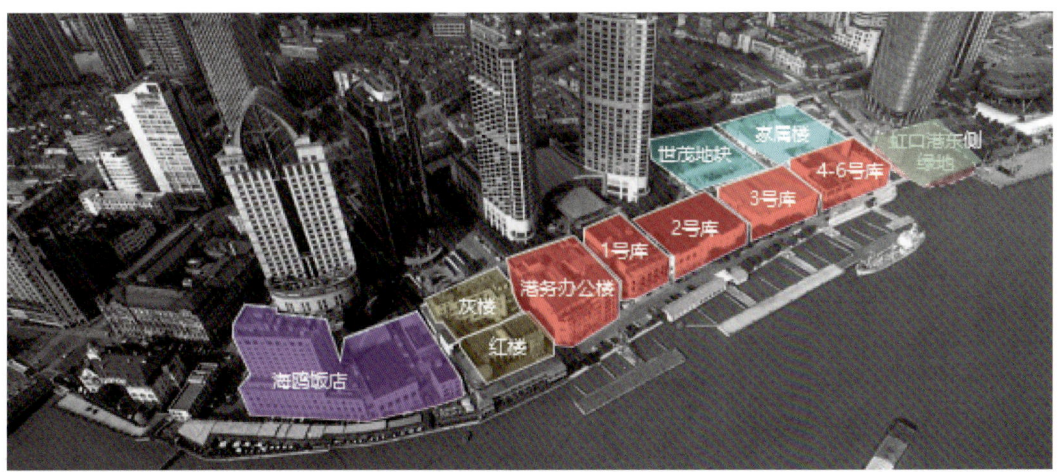

现状建筑鸟瞰

图3　北外滩贯通和综合改造提升工程第一阶段与第二阶段工程示意图

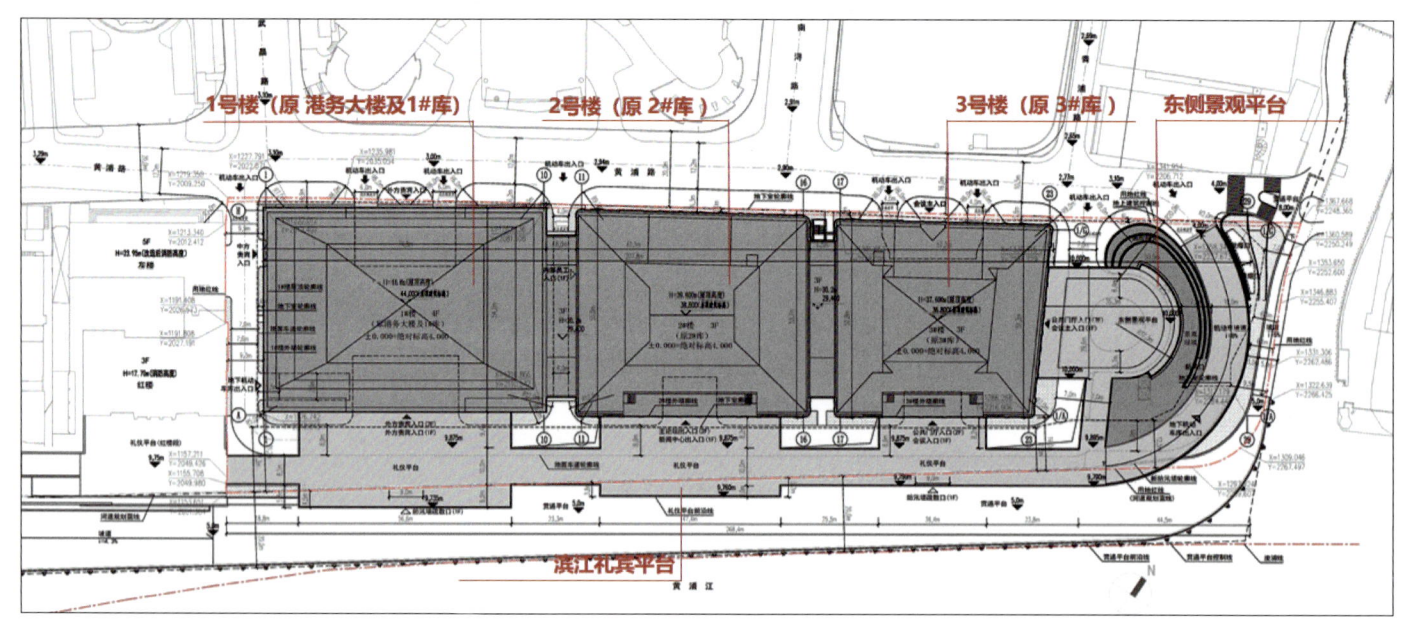

图4 项目总平面示意图

升级,同时新建三层地下室,建成后总建筑面积99 000 m²,其中地上建筑面积共计57 000 m²(含平台下4 500 m²),地下建筑面积42 000 m²。

(3)新建室外平台

本项目主体建筑南侧沿江设置9 m滨江礼宾平台,作为重要活动的礼仪性景观平台。滨江礼宾平台平均宽度约20 m,总长度约350 m。场地东侧设景观平台,与9 m礼宾平台连通,景观平台底部设置回车场地,以及服务配套用房。

本项目主要技术经济指标详见表1。

表1 项目经济技术指标表

项 目		指标	单位	备 注
总用地面积		19 562	m²	
总建筑面积		99 000	m²	地上建筑面积+地下建筑面积
地上建筑面积		57 000	m²	
其中	会议接待	26 900	m²	
	多功能厅	3 800	m²	
	宴会、包房、厨房	5 800	m²	
	机电用房、后勤办公	16 000	m²	
	滨江礼宾平台下部	4 500	m²	在红线范围内计4 500 m²,计入本工程指标;红线范围外计800 m²,不计入本工程指标
地下建筑面积		42 000	m²	
其中	物业管理用房	2 000	m²	
	厨房	1 000	m²	
	员工后勤	1 000	m²	
	设备	20 800	m²	
	停车	17 200	m²	
容积率		2.91		指建筑物地面以上各层建筑面积的总和与建筑基地面积的比值

续表

项　　目		指标	单位	备　　注
建筑占地面积		17 600	m²	指建筑物底层占地面积
建筑密度		89.97	%	指建筑物底层占地面积与建筑基地面积的比率
建筑层数				
其中	地上建筑层数	4	层	1号楼包含4个自然层，4个夹层；2号楼/3号楼包含3个自然层，3个夹层
	地下建筑层数	3	层	
绿地面积		675	m²	不小于原地块内绿地面积（675 m²）
绿地率		3.46	%	
停车位（机动车）		392	辆	地上+地下停车
其中	地上停车位	8	辆	
	地下停车位	384	辆	其中充电车位60个，无障碍车位8个

5. 投资估算与资金筹措

经估算，项目总投资710 102.73万元，其中建筑安装工程费398 090.85万元，工程建设其他费用40 901.03万元，预备费为21 949.59万元，土地费为195 300.00万元，建设期贷款利息为53 861.26万元。

项目建设资金由建设单位自筹解决，其中资本金比例为25%，其余通过银行借款方式解决。

6. 项目建设进度

本项目于2018年5月启动方案设计工作，于2019年7月开工，编制报告时已完成结构封顶。考虑到项目重要、工期紧迫，除室内精装修还未确定设计方案及完成招投标工作外，所有专业如土建、机电、幕墙、景观绿化等均已完成材料准备工作并随时可以进场施工，于2021年9月底项目整体竣工、交付使用，建设期约39个月。

【工作过程】

2018年，华东建筑设计研究院接到了北外滩贯通和综合改造提升项目一期工程的前期研究与设计工作，自此，我院充分发挥一体化综合服务的优势，集合工程咨询师与建筑师组建项目团队，共同对本项目的功能定位、建筑规模、功能布局、设计方案、历史建筑保护方案、投资估算进行了细致的研究。

由于本项目地理位置优越，多项规划都对该地块提出了宏观要求与战略任务，因此，在编制本项目的可行性研究报告时，首先结合各项规划确定本项目的功能需求及项目定位——以黄浦江贯通工程为契机，实现扬子江码头的慢行贯通和亲水性公共活动空间，同时推进北外滩区域城市更新，打造国际级重大会议中心，以形成黄浦江沿岸新的城市地标。

在确定了本项目对标全球卓越，拟承接国际元首级会议后，项目团队收集并查阅了大量文献资料（包括但不仅限于图纸、新闻报道），如亚信峰会的主会场世博中心、APEC的主会场北京雁栖湖会议中心、G20的晚宴地点杭州汪庄、"一带一路"国际合作高峰论坛的晚宴地点人民大会堂等，得出各主要功能空间的规模需求区间，并与建筑师共同探讨出功能完整、合理紧凑的功能布局。

从2018年12月签订工程咨询合同后，基于各专业工程师多轮迭代的方案设计、施工流程、施工做法，并与各专业专家开展了多次深入的沟通，项目团队不断打磨投资估算，使之更趋于精细化、颗粒度更细。2020年10月提交送审版，2021年1月13日收到上海久事（集团）有限公司关于北外滩贯通和综合改造提升项目一期工程可行性研究报告的批复（沪久〔2021〕4号）。

【咨询工作特点及经验教训】

1. 落实宏观要求与战略任务，确定功能需求及项目定位

本项目选址位于上海市虹口区北外滩地区。这里是黄浦江、苏州河与虹口港自然围合出的独

立岸线，拥有欣赏上海浦江两岸几乎所有著名地标的绝佳视野，人们可以同时目睹外滩历史保护建筑群与陆家嘴新兴金融区的"一江两岸"风光。

北外滩拥有丰富的文化资源和深厚的历史积淀。历史上，北外滩曾是近代各国领事馆的聚集区，扬子江码头也是近代港口文化的见证，历经从滩涂到民族产业崛起的航运变革。中华人民共和国成立后，扬子江码头成为中国人民海军在上海的一处重要码头，更是见证了党和国家领导人历次视察上海与黄浦江的重要地标。

本项目的选址拥有无可比拟的城市区位、历史意义、景观视野、交通条件。无论是上海市"十三五"规划、《上海市城市总体规划（2017—2035）》、《上海市主体功能区规划》，还是《黄浦江岸线综合利用规划——核心段（杨浦大桥—徐浦大桥）》，都对这片区域提出了宏观要求与战略任务。因此，在编制本项目的可行性研究报告时，首先要结合各项规划确定本项目的功能需求及项目定位——既是国家在重大庆典时期的外交客厅，也是平日里上海市民的生活客厅。这里兼具城市实力展示与激活城市生活活力的双重目标，功能配置同时满足高级别会议举办及日常活动运营需求，以城市"精神诞生地、历史传承地、盛事举办地、活力触发地和潮流聚集地"为目标，实现岸线慢行贯通、打造滨江公共空间，推动北外滩区域城市更新，打造黄浦江畔首席会议中心与活动场馆，成为一张上海典雅、靓丽的城市新名片。

根据本项目的核心功能定位，比较国内外承接重要外事活动、国际领导人会晤的各个场地，项目组认为，这类场地无论是从各空间的规模需求、会议的举办流程，到与会人员的动线，都具有很强的独特性。因此，在编制本项目的可行性研究报告时，项目组对该类会议进行了详细的案例分析（见表2）。

通过深度且详细的案例分析，不仅对此类会议的主要流程（开幕及闭幕活动、元首级领导人活动、大范围全体活动等）进行了梳理，并根据核心程度对活动进行了分级，如元首出席的核心会议环节，含迎宾、峰会、会见；元首与贵宾共同出席的小范围活动环节，如欢迎晚宴、文艺演出、文化展览等；由元首、贵宾、宾客、各领域专家学者、媒体共同参与的大范围活动，如开闭幕式、论坛、记者会等。

基于该翔实的案例分析，我们整理出了主要功能——迎宾功能、峰会功能、会见功能、宴会功能、论坛功能的建设规模区间，并与建筑师共同探讨得到了功能完全覆盖、面积紧凑适宜、空间品质高、仪式感强的功能布局。

综合考虑重大会议活动及黄浦江滨江贯通等多方面的使用需求后，本工程拟将原港务局大楼和1#库进行拆除，新建会议中心主楼1号楼新楼；同时将原2#、3#库历史保留建筑的立面进行

表2 近年我国承办国际元首级会议主要信息汇总表

时间	会议	主要人员	主要议程
2014.05	亚信峰会	13位 国家元首及政府首脑 10位 国际组织负责人 **最大会场出席代表约1500人**	D1 欢迎晚宴、文艺晚会 D2 峰会、发表《上海宣言》
2014.11	APEC	16位 国家元首及政府首脑 **最大会场出席代表约1500人**	D1 欢迎晚宴、文艺晚会 D2 第二十二次领导人非正式会议
2016.09	G20峰会	20位 二十国集团成员领导人 8位 嘉宾国领导人 7位 相关国际组织负责人 **最大会场出席代表约2500人**	D1 迎宾、开幕；一阶段会议、欢迎晚宴 D2 二三阶段会议、工作午宴、四五阶段会议、记者会
2017.05	"一带一路"国际合作高峰论坛	29位 国家元首及政府首脑 3位 国际组织负责人 **最大会场出席代表约1600人**	D1 开幕式、高级别全体会议；平行主题会议、欢迎晚宴 D2 圆桌峰会、工作午餐、记者会
2017.09	金砖国家峰会	5位 五国集团领导人 **最大会场出席代表约1600人**	D1 工商论坛开幕式、论坛； D2 领导人小、大范围会议、欢迎晚宴 D3 对话会、记者会
2018.06	上合组织峰会	8位 成员国领导人 4位 观察员国领导人 若干位 相关国际组织负责人	D1 欢迎晚宴；灯光焰火表演 D2 领导人小、大范围会议、签字仪式

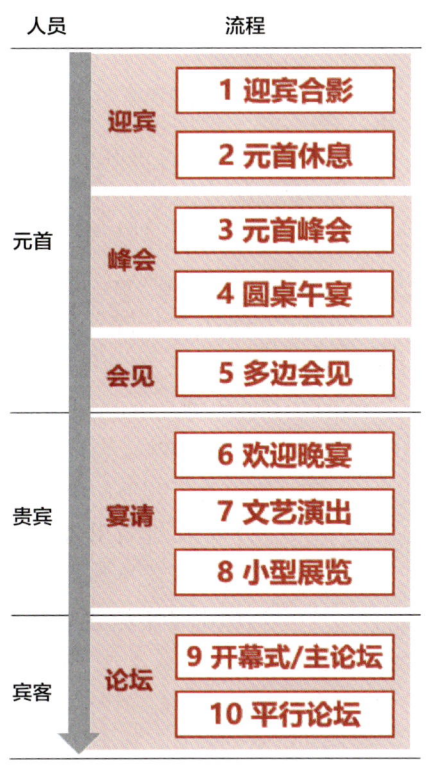

图5 国际元首级会议主要流程图

保留复原,内部空间及建筑屋顶则根据新的使用需求进行更新升级。

三栋楼之间均以连廊相连,形成会议中心的整体空间并合理进行功能布局:1号楼承载核心会议功能,主要功能空间有迎宾厅、会见厅和峰会厅,并设会谈室、贵宾休息室及中小宴会厅等辅助空间;2号楼承载宴请及大型活动功能,主要功能空间有大宴会厅、主论坛会场及媒体中心;3号楼承载公共文化功能,主要功能空间是会议配套多功能厅,可开展平行论坛、主题展览等系列活动。

各功能空间落位充分考虑使用需求,如:迎宾大厅、会见厅和主论坛会场空间水平相邻,匹配活动流程与路线;元首峰会厅、大宴会厅、多功能厅等"国家客厅"空间位于建筑景观视野最好的顶层。场地东侧设景观平台,与9 m礼宾平台连通,景观平台底部设置回车场地,以及服务配套用房。地下建筑按地下三层设计,作为停车库、设备机房、辅助用房和后勤服务配套区。

本项目的功能布局特点为:功能完全覆盖,面积紧凑适宜,空间品质高、仪式感强。本项目内的三栋建筑既能高效便捷地配合使用,又能根据会议的不同需求保持各自的独立性。

2. 细化投资颗粒度,充分发挥一体化综合服务优势,实现严苛的工期目标

本项目自启动伊始,便对工期提出了严苛的要求,从2018年3月29日开始,前期咨询工作、建筑设计和建设者在工程指挥部的领导下,充分发挥一体化综合服务优势。前期咨询工作与各专业的设计工作同步展开,确保各专业的设计达到可施工深度。

如基坑设计,考虑到本基坑工程面积大,工期要求十分严格,且周围环境条件复杂,基坑周边可用场地十分狭小,且南侧存在现状防汛墙,障碍物情况复杂,经历多次方案比选及四轮专家评审,最终确定本项目分3个基坑施工,其中1号基坑和3号基坑采用顺作法,2号基坑采用上下同步逆作法。在施工流程上先顺作1号基坑,待1号基坑下结构完成后2号基坑再整体逆作,最后顺作3号基坑。普遍区域采用地下连续墙作为围护体,3号基坑采用咬合桩作为围护体。

得益于前期咨询工作与建筑设计的同步展开,设计方案在短时间内经历了快速迭代,各专业设计深度不断加深,施工流程、施工工艺不断优化,前期咨询的投资估算更趋于精细化,使得这个总投资超71亿元,建安费约40亿元的项目,投资估算的精度达到拆除工程分破坏性拆除和保护性拆除、外立面分复古修缮工程(2、3号楼砖幕墙钢结构工程,2、3号楼风貌外墙复建工程)、新建工程(大跨度高精钢防弹玻璃幕墙系统、大跨度高精钢玻璃幕墙及成品通风系统、干挂石材幕墙系统、历史保护防弹门窗系统、历史保护门窗系统、成品平衡易推门及成品窄边框自动侧滑门系统)、地上地下装饰估算细分各区域、弱电智能化工程分系统、会议系统分子项(视频显示系统、发言扩声系统、数字发言系统、高清摄像系统、视频会议及录播系统、信号处理系统、网络信号传输系统、集控系统、舞台灯光、舞台机械、扩声系统、视频会议系统、显示系统、公告及会议预约、后台管理系统)、泛光照明分灯具类型等细小颗粒。

在充分发挥一体化综合服务优势下,本项目于2018年3月启动,于2019年7月开工,于2021年6月底项目整体竣工、交付使用。历时约三年,2021年7月1日,在中国共产党迎来百年华诞之际,北外滩贯通和综合改造提升项目一期工程(又名"世界会客厅")这个集会议、接待、展示及演出等功能为一体,多重空间兼备、多种高科技耦合的建筑体顺利投入运营。

【咨询效果】

2021年,北外滩贯通和综合改造提升项目一

期工程正式建成、迎宾。该项目的建成激活起一条全新的黄浦江滨江经济带,陆家嘴、外滩以及焕然一新的北外滩"黄金三角"联动预示这里将成为黄浦江滨江经济带的核心地段。本项目作为迎接国内、国际重要宾客的标志性建筑,更是浦江沿岸尤其是北外滩城市更新与发展在新世纪上海的发展里程碑。

该项目集会议、接待、展示及演出等功能为一体,多重空间兼备、多种高科技耦合,无论建筑形态、内部空间,还是外部环境都体现了极高的品质和创造力,达到了市委市政府"最高标准,最高水平"的要求。

同时,本项目实现了扬子江码头的慢行贯通,打造了亲水性的公共活动空间,体现了上海在城市建设发展中始终坚持城市的人民性,把人民宜居安居放在第一位,把最好的资源留给人民。极大优化了浦江沿岸值得"阅读的城市空间,使之可观、可赏、可游、可亲近,让人民拥有更多获得感、幸福感、安全感"。成功实现了历史遗存建筑的一体化保护、更新与再利用,成为上海城市记忆中一个新的标志和缩影;有效带动了北外滩区域经济社会迅速发展,为上海城市未来在更高层次、更宽领域进行国际竞争与合作打下了坚实基础。打造北外滩发展的江岸地标和世界级会客厅,通过城市自身品质和功能的持续提升展现国际影响力,接纳和吸引全球范围的人员、资金、信息、产品。

北外滩贯通和综合改造提升项目一期工程的建成标志着黄浦江核心区段已基本实现从生产性岸线向综合服务性岸线转型的目标,同时,标志着北外滩地区作为"具有全球影响力的世界级滨水区"拉开了转型的序幕。

南汇南水厂深度处理改造工程项目申请报告

The Application Report for the Advanced Treatment Renovation Project of Nanhui South Water Plant

编写单位：上海市水利工程设计研究院有限公司
Shanghai Water Engineering Design Research Institute Co., Ltd.
联系电话：021-32558014　　网址：https://www.swedri.com
主要完成人：李宗强　韦文博　张新欢　印　飞　何丹东　张海吉　武尚智

【点评】

该研究通过精心设计的臭氧—生物活性炭工艺，不仅解决了场地限制和环境复杂性等挑战，还预留了未来技术升级的空间，体现了可持续发展的前瞻性思维。项目在提升供水水质、满足居民需求的同时，也适应了原水水质变化，提高了供水安全性和抗风险能力。项目践行了绿色低碳设计理念，通过节能降耗的工艺流程和设备选择，有效降低了运行能耗。

【项目背景】

1. 项目建设背景

为构建与上海世界著名大都市定位相适应的供水保障体系，响应广大人民群众对获得更为优质饮用水的呼声，促进供水全面实现由"合格水"向"优质水"的转变，上海市政府积极推进长江水源水厂深度处理改造工程。

南汇南水厂位于浦东新区大团镇，承担包括临港地区及浦东南片部分地区数十万人口的生活、生产和消防用水。目前水厂的常规处理工艺为混凝—沉淀—过滤—消毒，以去除颗粒物和降低浑浊度为主要目标的常规处理工艺缺乏氧化和吸附技术，对长江水体中的溶解性小分子有机物缺乏有效去除能力。

为进一步提高供水安全保障能力，促进城乡统筹发展、提升市民获得感，实现满足上海市《生活饮用水水质标准》(DB31/T1091—2018)，必须对南汇南水厂进行升级改造，增设深度处理工艺。改造工艺采用"预臭氧+强化常规处理+臭氧生物活性炭深度处理"，可以进一步去除水中的有机污染物、致嗅物质等，有效降低自来水中的有害物质含量，从而提升供水水质。

2. 项目目标

深度处理改造的目标是提升供水水质、满足居民需求，确保市民能够享受到更加优质、安全、可靠的饮用水服务。

（1）水量规模

南汇南水厂深度处理设计规模为44万 m^3/d，与现有常规处理规模相匹配。

（2）水质目标

符合国家《生活饮用水卫生标准》(GB5749—2006)，并满足上海《生活饮用水水质标准》(DB31/T1091—2018)。

（3）水压目标

维持现状出厂水压线标高不变。

3. 项目必要性

（1）全面提升上海供水水质，与全球化卓越城市规划定位相呼应

国务院批准的《上海市城市总体规划(2017—2035年)》(简称"上海2035")提出，上海是我国长江三角洲世界级城市群的核心城市，国际经济、金融、贸易、航运、科技创新中心和文化大都市，国家历史文化名城，并将建设成为卓越的全球城市，具有世界影响力的社会主义现代化国际大都市。提供优质饮用水是广大人民群众幸福感、获得感的重要体现，也是全球城市必要的评价指标。要实现"上海2035"提出的"城乡供水均等化，提高入户水质，满足直饮需求"的目标，必须进一步提升供水水质。水厂作为供水中至关重要的一个环节，出厂水的水质提升是重中之重，一流的城市需要有一流的供水质量作为保障。目前，上海实施深度处理的水厂规模为总供水规模的37.33%，低于国际上一些知名城市，因此加快水厂深度处理建设，提高深度处理率，进

一步提升供水水质是上海迈向全球化卓越城市的必由之路。

（2）落实上海新地方供水水质标准要求

目前，上海市《生活饮用水水质标准》（DB 31/T1091—2018）已颁布实施。该标准结合上海的原水水质特征及近四年（2013—2016年）出厂水、管网水实际运行的合格率统计数据，以国家《生活饮用水卫生标准》（GB5749—2006）指标项为基础。相对于国家《生活饮用水卫生标准》的106项（常规指标42项，非常规指标64项），上海市《生活饮用水水质标准》增加至111项（常规指标49项，非常规指标62项），其中常规指标在国标42项的基础上，新增6项国标的非常规指标及1项国标附录A指标；非常规指标在国标64项基础上，减去提升为常规指标的6项，另新增3项国标附录A指标和1项新指标；以及3项水质参考指标。对照上海市《生活饮用水水质标准》，水厂制水环节必须增加臭氧-生物活性炭等深度处理工艺设施，才能有效去除原水中溶解性有机物、藻类新陈代谢过程产生的致嗅物质和消毒副产物等，浊度、色度、臭和味、耗氧量等关键水质指标方可达到该标准要求。

（3）更好地应对青草沙水源特点，适应原水水质的变化

目前青草沙水库常规水质指标基本满足地表水环境Ⅱ类标准，水质总体较好，但是由于水库中停留时间较久，藻类发生的风险也较高。而常规处理工艺对藻类产生的致嗅物质几乎没有去除作用。因此，深度处理工艺除针对去除有机物外，还需考虑解决藻类分泌物引起的水质问题和长江原水中的微量污染物。

此外，正在实施陈行水库与青草沙水库的连通工程，两大水库连通后原水供水方案的调整可能会造成原水水质变化，为了更好适应水质变化带来的风险，在南汇南水厂内增加深度处理工艺是必要的，这样不仅可以提高供水水质，还能提高供水安全性和供水抗风险能力。

【项目内容】

1. 项目类型

项目名称：南汇南水厂深度处理改造工程。

建设类别：供水。

建设性质：新建。

2. 建设单位情况

浦东水务（集团）有限公司是浦东新区公共服务类直属公司，承担着原南汇地区供排水一体化运营管理职能，同时发挥好企业融资功能，推进南片地区供排水基础设施建设。公司成立以来，为区域供排水基础设施建设、保障服务重大项目落地、改善居民用水环境发挥了重要作用。2016年6月，经浦东新区人民政府批准，公司由南汇水务（集团）有限公司更名为浦东水务（集团）有限公司。

3. 主要建设内容及规模

在分析南汇南水厂供水常规工艺现状及存在问题的基础上，提出合理的深度处理改造方案。深度处理改造工艺采用臭氧-生物活性炭，设计规模为44万 m^3/d，主要改造内容为：

① 新建1座预臭氧接触池。
② 新建1座中间提升泵房及后臭氧接触池。
③ 新建1座消毒接触池及活性炭滤池。
④ 新建反冲洗泵房、臭氧发生器间及配电间。
⑤ 新建1座回收水池。
⑥ 液氧站
⑦ 鼓风机房现状改造。

【工作过程】

2018年12月初，受浦东水务（集团）有限公司委托，上海市水利工程设计研究院有限公司承担编制《南汇南水厂深度处理改造工程项目申请报告》工作。受委托后，组织设计人员多次赴现场精细踏勘，全面收集基础资料，深入调研实际情况。

2019年1月下旬，报告编制完成并上报；2019年1月底，项目申请报告获得浦东新区发改委批复，同意项目实施；2020年4月，项目开工建设。

【咨询工作特点及经验教训】

1. 巧妙构思，克服场地紧张的因素

厂区东北角预留的深度处理用地仅14 000 m^2，相对44万 m^3深度处理规模而言，场地十分紧张，且场地为正方形，不适宜采用将中间提升泵房、后臭氧接触池、活性炭滤池、消毒接触池全部整合的长条形综合池总体布置，因此提出单体集中（合建、叠建），总体分散（单体布置）的总体布置方案。其中活性炭滤池及消毒接触池采用上下叠建，中间提升泵房及后臭氧接触池采用合建，反冲洗泵房、臭氧发生器间及配电间布置在一座综合建筑内。针对深度处理用地北侧及东侧紧邻厂区围墙，这两侧围墙外又紧邻多处民房，受

到诸多限制的特点,提出将占地最大的活性炭滤池与消毒接触池布置在场地东片,将占地相对较小的其他三座构建筑物布置在场地西片,其中中间提升泵房与后臭氧接触池布置在西片的南面,与常规处理衔接最顺畅,距离相对最短。综合车间布置在西片中间,最大程度消除反冲洗泵房及臭氧发生器内的设备噪音对居民可能产生的不利影响和足够的安全距离,回收水池布置北面,距离活性炭滤池最近,便于收集反冲洗废水。

2. 完美衔接,降低对现状生产的影响

南汇南水厂有两条12万 m^3/d 生产线、一条20万 m^3/d 生产线,三条常规生产线的建造时间不同,其间又经过多次改造,资料不齐,地下总管管线情况复杂,空间狭小,新建预臭氧接触池与进厂原水管、现状砂滤池与新建中间提升泵房等关键部位有多处新老管道衔接。项目组多次优化管道布置方案,提出同沟槽、上下错位排列等多种方案,尽力降低深度处理改造对现状生产的影响。为保证活性炭滤池东侧邻近的现状DN1600清水出厂总管的安全,地基处理中创新提出应力释放孔与钢板桩组合保护措施,在预制管桩施工时大幅度减小挤土效应,将不利影响降到最低。平面布置考虑远期水质提升的要求,预留膜处理工艺段的接口及用地。工程设计适当留有弹性余量,并考虑重要工艺段的超越及分组,对水质水量变化具有极强的承受能力,为供水安全起到强有力的保障。

3. 精心策划,定制基坑围护方案

基坑围护方案策划中,通过方案比较,提出活性炭滤池及消毒接触池、中间提升泵房及后臭氧接触池、回收水池、反冲洗泵房吸水池四个单体分别采用独立基坑围护,基坑间施工互不影响,采用穿插流水作业,不仅灵活度高,并可有效缩短总工期约20天。此外,基坑群总体采用钻孔灌注桩支护方案,并针对各单体环境保护等级及开挖深度工况的差异,采用不同桩径、支护结构,为各基坑量身定制围护方案,在保证安全的前提下,节省工程投资。通过特殊创新的换撑方式,保证基坑及周边环境的前提下,满足构筑物结构主体施工时无内支撑的要求,解决了水池类构筑物基坑回填前闭水试验需求。

4. 因地制宜,降低仪电建设费用

根据厂区一座35 kV/6 kV总变电所及若干分变电所的供电配置现状,采用统筹与分散相结合的理念,采用35 kV/6 kV总变电所局部改造,新建6 kV/0.4 kV分配电所深度处理负荷中心,重要0.4 kV用电负荷元器件集中布设的总体布置方案,在满足功能的前提下,充分挖掘现有设施的潜力和空间,降低造价。

5. 利用BIM技术优化设计,辅助施工

设计阶段充分利用BIM三维设计优势,解决多专业协同,减少错漏碰缺,提高设计效率和质量,三维设计会审,为各专业技术方案探讨提供支持。施工阶段利用BIM技术进行复杂节点技术交底,验证结构设计合理性,模拟技术处理方案、重大危险源和变形监测数据,为施工质量、进度和安全保驾护航。交付阶段提交水厂BIM三维竣工模型,作为建设单位运维管理重要数字资产,在智能化管理和智慧化运维中发挥基础性作用。

6. 节能降耗,践行绿色低碳设计理念

生产单元尽量采用联合布置,各生产装置紧凑布置,力求工艺流程顺畅,避免工艺管线迂回反复,并选取合适的管道口径,使得管道的设计流速处于经济合理范围内,减少管道沿程能量消耗损失。主要生产设备如反冲洗水泵、鼓风机等,要求其在工作范围内的效率大于80%;辅助设备如废水回流泵等,要求其在工作范围内的效率大于75%。前后臭氧的投加量根据水量实时调节,有效降低运行能耗;选取合适的管道口径,使得管道内的设计流速处于经济合理范围内,降低水头损失。

【咨询效果】

1. 成果效益显著

南汇南水厂深度处理改造工程服务于临港新片区及浦东新区南片地区,是长江水源水厂深度处理其中之一,是实现区域高品质供水的重要保障之一,项目具有一定的规模和影响力。

该项目咨询过程中,因臭氧-生物活性炭工艺已是较为成熟的深度处理工艺,故咨询重点主要是通过方案优化和局部创新,从总体布置到单体设计,着力解决老水厂深度处理改造建设中遇到的场地紧张、环境复杂、安全要求高等诸多难题,获得较为显著的成效,可为其他类似工程提供借鉴。

2. 取得的成果

(1)获奖

2021年度上海市优秀工程咨询成果一等水平。

(2)论文

某水厂基坑开挖对周边环境的影响分析,

《建筑结构》2020年增刊1；

某水厂改造工程基坑围护设计方案浅析，《建筑结构》2022年增刊2；

上海某水厂深度处理改造工程设计，《净水技术》2023年增刊1。

（3）专利

一种改进型下叠式接触消毒池结构，专利号：202020577700.8；

一种改进型预臭氧水射器投加系统，专利号：201922295884.9；

一种具备安全节能溢流模式的深度处理供水改造系统，专利号：201921073747.4；

一种具有阻断保护功能的改进型应力释放结构，专利号：202021983387.4；

一种新型净水工艺消毒剂及药剂投加系统，专利号：202020579014.4；

一种预制式电缆沟结构，专利号：201920551392.9；

一种预臭氧投加控制系统，专利号：202023218461.6。

东引河河道整治工程可行性研究报告
The Feasibility Study Report of the Project of Dongying River Renovation

编写单位：上海市水利工程设计研究院有限公司
Shanghai Water Engineering Design Research Institute Co., Ltd.
联系电话：025-32558014　　网址：https://www.swedri.com
主要完成人：张 尧　李凤珍　张钦杰　戴雅奇　韩非非　牛 牧　陈开宇　乔 浩　孙 浩　张庆民

【点评】

该报告旨在研究解决临港主城区区域水质差、缺少清洁水源的问题，通过对水质、盐度、污染源的调查分析确定了引水线路。采用二维耦合水动力-水质数学模型评估不同引水规模的效果，确定最佳引水量和出水水质标准。项目组利用新型光催化技术净化污染水体，并通过中试研究优化了净化方案和技术参数。同时，基于本土文化和植物构建了生态、亲水、休闲的生态廊道系统。本项目作为上海市首条河道型引清廊道，克服了诸多技术和设计理念上的挑战，形成了重要的探索案例。此外，研究还强调了生态护岸的重要性，采用多级、生态的台阶式护岸断面，体现了蓝绿理念的空间融合，并构建了近自然的绿化生物带，建立了小型生态圈，对本区域动植物生态恢复起到积极作用。

【项目背景】

临港新片区的发展目标，是对标国际上公认的竞争力最强的自由贸易园区，建成具有较强国际市场影响力和竞争力的特殊经济功能区，打造全球高端资源要素配置的核心功能，成为我国深度融入经济全球化的重要载体。临港新城主城区作为临港新片区先行区的重点开发区域，其生态环境基础也是对标国际的自由贸易园区的重要组成部分。

但临港新城主城区现状水质为Ⅳ—劣Ⅴ类，滴水湖为Ⅳ类，其距离水功能区划Ⅲ—Ⅳ类的要求仍有差距；另随着新片区开发的进展，污染负荷逐步增加，片区水质存在恶化的趋势；主城区作为独立圩区，自然水体不可避免存在蒸发、渗漏等水量损失，水体水质下降、滴水湖咸度呈升高趋势。主城区外围浦东片水体水质较差，缺少合适的引清水源，上述问题成为目前主城区水环境较差的主要因素。

东引河作为上海市首条河道型引清廊道，同时作为临港新片区的生态廊道，国内少有类似工程可供参考，在设计理念、技术方案上均具有一定的挑战性及复杂性。在构建生态引清廊道技术方案中，项目组人员针对生态廊道蓝绿融合理念运用、来水水源及水质设定、引水路径选取、引水量确定、出水水质目标设定、微污染水体净化工艺选取、生境系统构建等技术难题进行逐一攻破，形成了具有重要探索、参考、推广价值的工程咨询案例。

本项目彻底解决了困扰临港主城片区十几年的无清水来源问题，为城市的更新发展奠定了坚实的生态基底；本项目探索了河道型原位净化的廊道技术方案，为类似水质缺水型中心城镇提供了创新思路及技术积累；本项目同时研究了城市微污染水体净化技术，并通过中试试验对部分新技术提供技术试验参数，为目前普遍的城市微污染水体的治理提供治理思路及典型案例经验，具有积极的推广应用价值；本项目全面贯彻落实了蓝绿融合理念，成为林水复合型生态廊道的典型案例，对蓝绿融合生态保护理论的推广应用具有积极的引导及示范作用；本项目建成后将为主城区源源不断地输送优质水源，为临港新片区的营商环境改善、打造对标国际的生态基底做出重要贡献，提供了直接的环境效益，为临港新片区带来巨大潜在的经济效益和社会效益。

【项目内容】

本项目研究范围广，针对临港滴水湖主城区

区域的水质逐步恶化、缺少清洁水源的情况，在深入调查分析全区域、全方位的水质、盐度、污染源等基础上，对引水线路进行比选，并采用二维耦合水动力-水质数学模型，对引水量、引水工况、出水水质等进行多方案比选论证。经深入多案例分析比选，推荐出最优河道型处理工艺，使得项目更具生态性、规划符合性和经济性。在深入分析污染水体特性后，针对性地设置了净化处理方案，并积极采用生态环保的新型光催化技术；通过研究中试方案对净化方案、关键技术、新工艺参数等进一步优化；基于对本土文化、本土植物的深入研究，构建了生态、亲水、休闲的生态廊道系统。咨询工作为项目顺利实施推进奠定了坚实的基础。

东引河位于临港新片区东北角，作为主城区的专用引清廊道，本工程建设内容包括河道疏拓、新建护岸、新建防汛道路、新建桥梁、水质净化、绿化景观等，具体如下：

河道疏拓及新建护岸：河道整治长度6.14 km，新建护岸12.204 km。

防汛道路贯通：河道西岸陆域范围内新建防汛道路及骑行道1.97万 m^2，满足沿河防汛除险需要，同时还可满足市民在滨水空间休闲娱乐的需要。

新建桥梁：新建桥梁1座。

水质净化工程：新建溢流堰2座，水生植物16.5万 m^2，水质净化措施1项（包括曝气装置、生物栅、碳素纤维草、漂浮湿地、光催化网、浅滩湿地、导流屏、鱼巢、鸟巢等）。

河道绿化景观：新建绿化15.25万 m^2。

【工作过程】

2020年1月，进行可研编制工作。

2020年9月，编制完成《东引河河道整治工程可行性研究报告》，上海投资咨询公司组织专家及有关单位对可研报告进行了评审。

2020年10月，对专家意见进行回复。

2020年11月，中国（上海）自由贸易试验区临港新片区管理委员会对工可进行批复。

【咨询工作特点及经验教训】

1. 工程主要创新和突出特点

（1）基于解决临港主城片区无清水来源问题，充分论证引清项目建设必要性、可行性，为项目决策提供科学依据

① 采用大范围、多维度、近远期结合等方法，充分分析了主城片区面临的缺少清水来源的困境、原因及可能逐步恶化的趋势，论证引清工程的必要性。

本项目从周边浦东大片水体分析入手，从现状水质、水源、水动力、水环境、水土保持等多维度进行分析，并通过远期主城区污染分析预测、水环境容量分析，充分论证引清项目的必要性。

由于外围浦东片水体水质较差，主城区缺少合适的引清水源；且由于滴水湖主城区作为独立圩区，无水源的情况下，水动力较差，加上蒸发、渗漏等因素，水质将呈逐步下降、滴水湖咸度升高趋势；随着新片区开发，对远期主城区污染分析预测、水环境容量分析显示，污染负荷将逐步增加，片区水质存在恶化的趋势。因此构建引清廊道，是提升主城区及滴水湖水质的需要；是为主城区水系提升水动力、增加自净能力的需要；是改善区域水环境、构建生态廊道、提升区域品味和形象的需要；是加强水土保持、保证边坡安全的需要；是满足临港新片区高标准发展要求的需要。

② 对区域引排布局重新规划论证，形成了东引西排的引排除涝格局，为本工程的可行性提供技术支撑。

在专用引清的基础上，重新划分、规划整个综合区的引排布局方案对东片区水系区域划分及引排格局进一步论证，形成了综合区东引西排的引排除涝格局，新的河网、除涝、引调水格局，不仅避开了长期困扰工程实施的煤气干管，也衔接了原规划方案格局，既结合了近期大治河东闸外移，又考虑了远期南汇东滩水系融合，片区的除涝高水位分布更为平均合理，引调水水体置换效率更高。

在新的除涝格局基础上，通过除涝计算，确定对区域除涝影响大的规划河道，并根据前期征地动迁情况，拟定了区域水利项目近、远期实施计划，给业主决策提供技术支撑。

（2）开拓了城镇水质型缺水的研究新思路，探索上海首条河道型引清廊道技术方案，攻克方案中的重难点问题

位于城市边界的河道型引清廊道工程，其有较多的制约因素及复杂的边界设定。例如来水水质不稳定，存在季节性波动情况，且随着城市不断发展，如何设定引清廊道来水水质指标是本项目的主要难点之一；同时最佳引水量涉及因素多，与水体生态净化效率、水体停留时间、河道护

岸结构以及对主城区和滴水湖水质、水动力改善情况都有着相互联系；此外微污染水体净化处理也具有一定的复杂性，不同区域同样的工艺生态工程的建设方法、控制运行参数、运行管理措施不同，所涉及的关键技术的应用在国内少有类似工程可供参考，因此对生态净化工艺的设计提出了更高的要求。

① 通过水质分析，明确引水路线，解决了引水方案的首要边界问题。

由于主城区为独立圩区，其周边水质较好的水源距离较远，要选择好的水源要综合考虑水质、咸度、距离、可输送线路等因素，确定合理可行的引水路线。

在大量分析周边河道水质、大治河水质及长江口处盐度，选定大治河为合适水源后，通过片区东线（大治河—东引河—北护城河—青祥港）、西线（大治河—人民塘随塘河—北护城河—青祥港）两个引清线路方案进行比选，选择现状水质好、沿线污染少、实施难度小、对周边影响较小的经济合理的东线引清方案，以利于项目的推进及实施效果的达成。

② 在对净化工艺充分比选论证，以及对MIKE11及21耦合技术分析研究基础上，构建分级、分区的原位河道型净化工艺。

一是结合相关规划、现状资料、区域水资源调度及水源水质等多因子考虑，运用MIKE11及21耦合技术采用多方案试算，论证水质目标及水量设定的可靠性。

对于引水量、出水水质目标涉及的多个难题，本工程首先基于浦东大片的水资源调度、水质分析、盐度分析、面源污染等情况，对来水水源及引水路线从大治河引水、浦东片引水等多方案进行比选论证，并在全面了解大治河东闸整体水质全年波动情况的基础上，最终稳定本工程的Ⅳ类来水水质，破解了确定来水水质的难题。

本项目针对河道的狭长型、水体容量有限等特点，根据来水水源水质、廊道出水水质要求、换水周期、主城区改善效果、运维经济性等因素综合考虑，并参考相似工程案例，拟定了多个引水量对改善主城区的水动力、置换率的方案，并根据不同出水水质对主城区的改善效果，运用MIKE11及21耦合技术构建水质模型、水动力模型，分析引清廊道出水情况下对主城区与滴水湖的水动力、水质改善情况，解决了引水量、出水水质目标等廊道设计的重点、难点参数问题。

二是针对污染因子，以去除目标为导向，选取科学合理的净化工艺，提出"两级跌水、分区净化"的创新设计理念。本次引清廊道主要针对净化指标有NH_3-N、TP、TN、SS、透明度，去除效率分别为23%、40%、43%、80%，能见度提升至0.8—1.0 m。根据不同净化因子的需求，将引清廊道分为三个区域，分别为前置沉淀区、生态净化区及生态涵养区，形成明显的阶梯处理单元，各区域内采用针对性措施工艺。

三是在处理单元技术细节上创新应用。对于河道型廊道存在狭长短流的可能性提出了导流障，增加水体净化路径；在首段沉淀区，设置了局部深潭，增加河道调蓄容量的同时，保证水体悬浮颗粒的沉淀；在生态净化区，创新采用光催化网技术，提高净化效率。

（3）同步开展原位中试工程试验研究，确保引清廊道净化效果实现，并为全项目周期（设计、施工和运行管理）提供有效的技术支持和依据

为保证引清效果，优化净化工艺，选择适合的耐深水、耐盐碱的水生植物，提高工程管理及运行质量，研究先进生态技术及材料对水质提升的示范性作用，进行了针对引清工程的工艺、植物的中试试验，目前已取得了试验成果，反馈设计。

本工程采用原位中试试验，研究分析引清廊道净化工艺的净化效果，验证强化型河道型生态处理设计工艺的可靠性、可行性及净化效果，并通过试验数据，获得水质净化工程各分区运行维护控制参数、各措施净化效率等，为引清廊道工程设计、施工和运行提供参考和依据，优化工程设计方案。

（4）突破传统思路，创新应用蓝绿融合设计理念，打造水陆共存的林水复合型河湖缓冲带

蓝绿融合设计理念在河道综合整治中的应用尚属先行阶段。本工程打破了蓝绿断裂、水岸分割的现状，自规划层面把蓝线进行蜿蜒化调整，将岛屿、溪流等地形元素融入河岸空间设计中，实现水绿交融、亲水互动、美学功能与实用于一体的蓝绿融合、林水复合河湖缓冲带。

蜿蜒流畅的工程总平面布置体现了蓝绿理念的平面融合。平面以自然河流仿生学为依据，结合现状岸线与规划河口线，对护岸内的空间进行优化改造，运用重复、对称等设计手法，柔化边界，设计出线条流畅、韵律美观的生态水湾岸线。

多级、生态的台阶式护岸断面体现了蓝绿理

念的空间融合。本次护岸设计综合体现生态性、景观性、亲水性等多功能结合，采用了单级、多级、生态湿地、自然斜坡、亲水栈道等多种生态护岸断面，考虑净化植物种植需求，林地种植需求。

（5）以陆、岸、水三位一体的生态系统理念，构建近自然的绿化生物带

在绿化设计中，从成林需求、水源涵养、鸟类栖息地营造等方面出发，构建了由陆域林带—岸坡草花—水位变动区缓冲湿地—沉水植物构成的立体近自然生物带。

针对蜿蜒河道的线性，以近自然的设计理念构建水陆共存的生境系统，充分考虑了两栖动物的迁徙通道。通过对鸟类、鱼类习性的调研，有针对性地在岸上与水下布置鸟巢、鱼巢等生态设施；陆域侧分布大小不一的蚯蚓塔，服务前来游玩钓鱼的人员，同时催生有机肥料的产生，改善土壤质量。本项目建设后，河道两岸的生态肌理将更加完善。

在植物搭配上考虑符合候鸟生活习性的植物品种，保护鸟类栖息地。选取对原生动物友好的滩涂植物品种，如海三棱藨草、糙叶薹草等，为两栖动物、鱼类提供食物点，形成场地小型生态圈，对本区域动植物生态恢复产生积极的示范作用。

乔木种植分为三大层级种植，分别为临水侧池杉种植带、中部组团点景绿化带及陆域控制边线背景杉树林带。三大层级种植不仅符合成林标准，而且构成一道绚丽的植物色带，颇具观赏特色。本项目绿化面积约76亩，其中林带占比约65%。

为助力双碳目标达成，选用抗逆性和适应性更强的乡土树种，优先选取碳汇能力更强、生长速度较快的幼龄或中龄期树种。经初步测算，本工程完成以后，固碳量44.872 t/a。

建设亲水景观休闲廊道，打造骑行步道、休闲驿站，结合湿地栈道打造滨水戏水河湖休闲空间，构建景观廊道。

（6）积极采用新工艺、新方法

本项目在城市污染水体的净化处理工艺方面取得了领先地位，特别是通过太阳光催化氧化技术的应用。这项技术能够直接利用清洁的太阳能，具有无需外部能源输入和装置结构简单等显著优势。我们重点研究了自然光驱动的净化工艺，特别关注了新型光催化剂技术在现场的实际应用。该技术的核心在于设计和制备一种新型光催化剂——黑色二氧化钛与三维石墨烯的复合物。这一创新材料的开发，为自然光驱动的城市污染水体净化提供了一整套解决方案，并已在临港新片区进行了成功的示范应用。通过中试试验，进一步优化并验证了这种黑色二氧化钛/三维石墨烯复合光催化技术的有效性。

此外，项目还采用了升降式溢流堰设计，这种设计既考虑了近期和远期的需求，也兼顾了临时与永久的结合，同时满足了美观和功能性的双重需求。溢流堰的跨度广阔，与河道景观自然融合，且闸门上方无任何建筑物遮挡，保证了视野的开阔。它不仅能够有效地进行汛期的水流调控和水环境调度，而且与东引河的条形景观带相得益彰，实现了功能性与景观性的完美结合。

2. 经验教训

本项目咨询设计阶段与原位试验的时间配合难度大，主要原因是：在项目前期原位试验所需要独立的资金及场地条件难以落实。若有后续类似项目，建议与业主积极沟通，提前启动原位试验的相关配套资金，以解决时间配合问题。

【咨询效果】

1. 成果效益显著

东引河为临港综合片区的四纵之一，规划定位为主城区专用引清廊道，河道总长6.14 km。本项目作为上海市首条引清廊道工程，建成后将为主城区源源不断地输送优质水源，将为临港新片区的营商环境改善、打造对标国际的生态基底做出重要贡献，为临港新片区带来经济效益、环境效益、社会效益。

2. 成果推广前景广阔

本项目可作为廊道类河道整治典型工程，为类似综合类河道整治提供范本案例。

本项目作为蓝绿空间融合设计的典型案例范本，为河道整治提供了更好的治理方向，具有重要借鉴意义。

河道型净化技术的深入研究及中试工程试验的建设运行及后续监测数据分析，将对类似工程强化型河道型生态处理设计具有重要的指导意义，并对同类型的水体净化技术亦有重要借鉴意义。

本次研究试验同时采用先进的材料及生态技术尤其是新型光催化剂技术的研究应用，对微污染水体采用低碳生态设计理念进行水质净化，验证不同技术对临港片区水质净化效果，为临港

后续水质净化作出典型应用示范。并通过在本项目的实地运用,为临港地区河湖水质提升和水生态修复提供新的治理思路。

3. 目前取得的成果

(1) 相关课题

新型高效自然光驱动净化城市污染水体关键技术研究及示范(市科委课题——示范案例子课题)

微污染水体生态治理技术研究与应用(华建集团)。

中国(上海)自由贸易试验区临港新片区生态护岸设计导则(城投兴港)。

(2) 获奖

2021年上海市水利创新示范奖(市水利协会)。

第八届"金秋"优秀涉水工程设计、规划项目优胜奖。

(3) 论文

基于层次分析法的河道底泥应急处理方法(《水利技术监督》2022年第5期)

沿海城市内湖微污染水体复合生态净化系统设计(《水利规划与设计》2022年第6期)

(4) 专利

一种缓流型微污染水体多级生态治理方法(申请号202223403058X,已受理)。

一种自然光驱动净化城市微小水体的方法(申请号2022234185415,已受理)。

一种河床种植沉水植被的助力船(申请号2022234030503,已受理)。

一种河道原位反冲洗的填料装置(申请号2022234022719,已受理)。

吴淞江工程（上海段）苏州河西闸可行性研究报告

The Feasibility Study Report of the Project of Suzhou River West Water Gate of Wusong River

编写单位：上海勘测设计研究院有限公司
Shanghai Investigation, Design & Research Institute Co., Ltd.
联系电话：021-65427100　网址：https://www.sidri.com
主要完成人：孙永林　朱桂娥　吴巍巍　徐海洋　陈佳蕾　张碧琦　徐平　徐波　和睿　胡春霞

【点评】

该研究以流域与区域的和谐统一为目标，提出了科学合理的工程布局和规模设计，确保了防洪除涝能力的提升和水环境的改善。工程采用的固定式浮体一字门和液压启闭机启闭方式，展现了创新技术的应用，同时优化了景观融合和环境友好型设计。该研究指出了工程在设计、施工和调度方面的多重考虑，包括基坑设计的永临结合、导流明渠的通航功能增加，以及开放式管理空间的城市水利工程和水岸景观创新融合。这些特点不仅提升了工程的功能性和安全性，也促进了与城市环境的和谐共生。此外，规划中的工程调度原则和运用规则，充分考虑了流域与区域、上游与下游的复杂关系，提出了可操作性强的调度方案，确保了工程的综合效益最大化。通过模型计算和精准化的调度研究，为工程实施提供了坚实的技术支持。

【项目背景】

吴淞江工程是国务院批复的《太湖流域防洪规划》《太湖流域综合规划》等流域规划安排的11项流域综合治理骨干工程之一，列入了国务院常务会议明确的172项国家重大水利工程之一，也是《长江三角洲区域一体化发展规划纲要》明

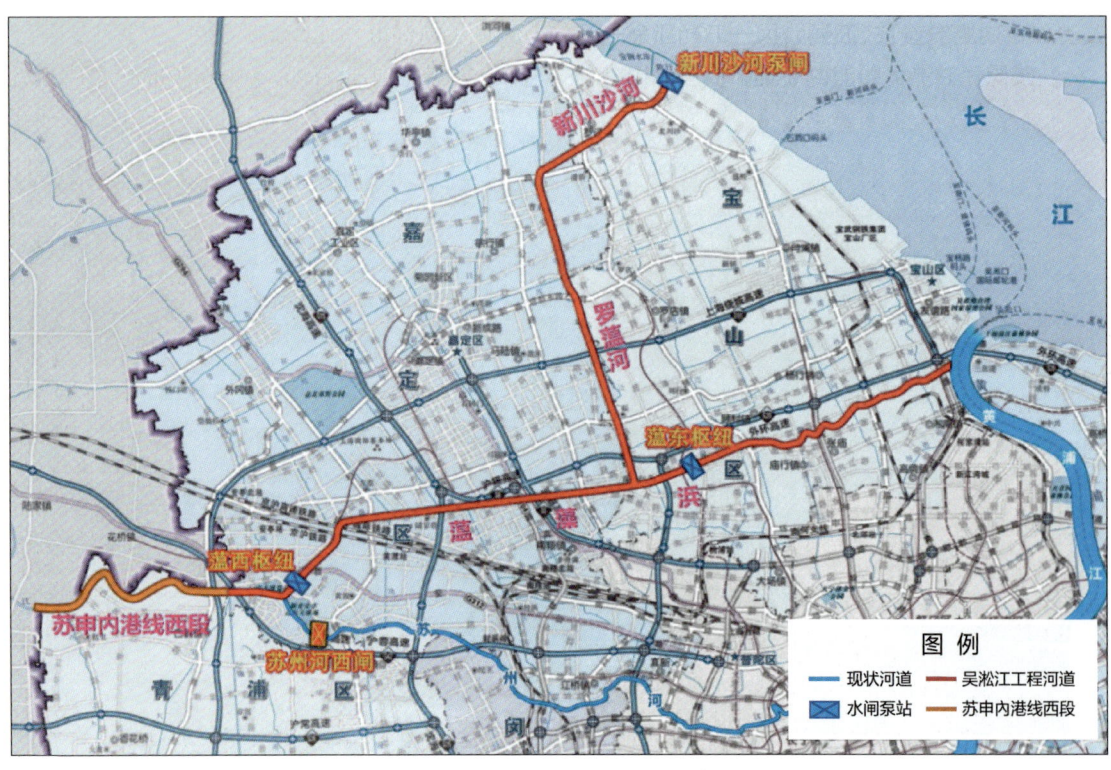

图1　吴淞江工程（上海段）总体布局示意图

确的省际重大水利工程。吴淞江工程西起太湖瓜泾口，向东经苏、沪两地，沿吴淞江入蕰藻浜，至宝山、嘉定区界附近分支入江，一支向北新开罗蕰河、新川沙河入长江，另一支沿蕰藻浜入黄浦江，全长约125.7 km，其中，上海段长约69 km，江苏段长约61.7 km，省界约5 km左右岸交叉。工程建设可增加太湖洪水出路，提高流域防洪能力，增强阳澄淀泖区防洪能力，提高嘉宝北片区域除涝能力，兼顾区域改善水资源水环境和航运等综合功能。

苏州河西闸（简称"苏西闸"）是吴淞江工程（上海段）四大控制工程（蕰西枢纽、苏州河西闸、蕰东枢纽和新川沙河泵闸）之一，也是《苏州河防洪除涝工程规划》确定的"两闸一泵一隧"（苏州河河口水闸、苏州河西闸、苏州河河口泵站以及苏州河深隧工程）防涝体系的重要组成部分。

苏州河贯穿上海市中心城区，既是上海市人文景观河道，又是中心城区骨干防洪排涝通道。苏州河西闸位于苏州河与蕰藻浜交汇口以东，苏州河安智路桥下游约100 m处，是吴淞江工程的有机组成部分。

工程的任务：一是洪涝统筹、保障吴淞江工程任务实现，提高流域和上下游区域的防洪除涝能力。与瓜泾口枢纽、蕰西枢纽、新川沙河泵闸、两岸控制工程等主要控制建筑物联合调度，实现洪涝统筹、涝水先行，提高流域和上下游区域的防洪除涝能力，实现吴淞江工程整体功能和任务。二是完善苏州河洪涝治理格局，提高苏州河两岸地区防洪、除涝排水能力；与苏州河口闸泵联合调度，实现苏州河水位预降，提高苏州河调蓄能力，有效控制苏州河高水位，提高苏州河除涝能力。三是兼顾航运，苏州河规划为Ⅵ级航道，苏州河西闸具有通航功能。

受上海城投（集团）有限公司委托，上海勘测设计研究院有限公司进行《吴淞江工程（上海段）苏州河西闸工程可行性研究报告》的编制工作。

【项目内容】

1. 工程建设内容

本项目主要工程内容包括新建苏州河西闸和苏州河（蕰藻浜—苏州河西闸段）河道工程。

（1）新建苏州河西闸

苏州河西闸位于苏州河上游近蕰藻浜处，考虑到苏州河现状为Ⅵ级航道，今后尚有旅游船只进出，水闸具有通航功能。考虑水闸控制范围、闸室布置便利性、征地拆迁及施工等因素，通过地质条件、施工条件、控制效果、工程投资、工程占地等方面的综合比选，推荐闸址为安智路桥南侧约100 m。

（2）苏州河（蕰藻浜—苏州河西闸）段河道工程

目前，苏州河蕰藻浜—真北路段除蕰藻浜—苏州河西闸段部分地方尚未实施外，其余堤防达标改造及底泥疏浚工程已基本实施完成。根据

图2　苏州河西闸效果图

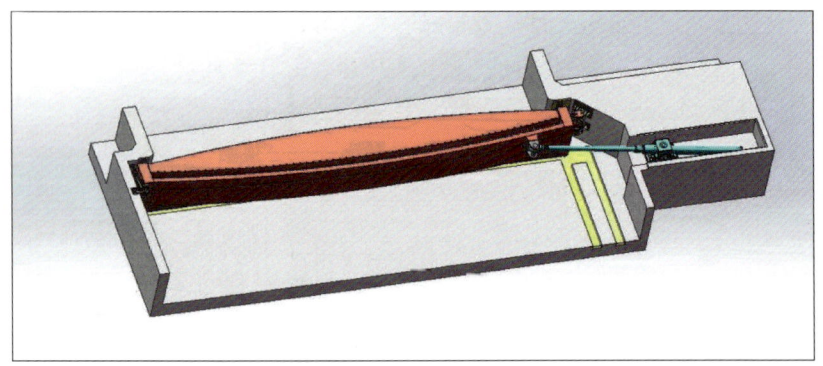

图3　浮体一字门结构图

《苏州河沿岸地区建设规划（2018—2035年）》要求，加快推进苏州河全线贯通，构建完善苏州河防洪除涝工程体系，结合苏州河西闸的建设，同步实施蕰藻浜—苏州河西闸段河道工程，河道总长2.08 km。

2. 苏州河西闸工程布局及规模

（1）工程规模

综合考虑水闸和航道水深要求，为了在不影响航道需求的前提下，多泄（引）水，水闸闸槛高程取−2.0 m，与苏州河规划河道底高程一致。

综合考虑与上下游河道过流面积的匹配性、敞开时过流能力、航运要求以及用地条件等因素，采用苏州河西闸净宽60 m。

（2）工程布置及主要建筑物设计

根据水闸的门型，苏州河西闸主要由闸室、上下游侧翼墙、消力池、海漫以及海漫末端的防冲槽等组成，管理区布置在河道西岸。

苏西闸闸室采用坞式钢筋混凝土结构，单孔，孔口净宽60 m，两侧墩墙厚5.7—11.0 m，总宽76.7 m。闸室顺水流方向长24 m，底槛高程为−2.00 m，底板厚2.5 m。闸墩顶高程与防洪高程一致，为5.20 m。门库顺水流长56 m，宽11 m。

闸上游河道河口宽基本维持现状（67.0—103.7 m），河底高程−2.0 m，河底宽不小于30.0 m（河底宽随河口宽度确定）。

（3）闸门门型、启闭及控制

根据苏州河西闸的功能及布置上的要求，创新采用固定式浮体一字门，外形美观，型式新颖，景观效果更为出色；闸门顶部设置人行通道，两岸通行较为便捷；闸门安装可在河道过流的条件下进行，缩短施工工期；操作设备选用液压启闭机。为保证运行的可靠、安全，设有充排水平衡监测系统，并与充排水水泵联动。

（4）建筑与环境设计

水闸管理楼"方亭"的设计理念来自安亭地名的由来，"十里一亭，以安名亭，以亭为镇"，成为现代建筑语境下的地域历史与当代文化的双重表达。建筑方案设计思路从"方亭"展开，将建筑作为"亭"的当代重现，用现代的设计语言从视觉上表达地域历史文化。

方亭采用体块切割、重组，分为上下两个空间集合，抽离中部空间，打造夹层的"空中花园"。从功能布局上将不同使用功能分开，便于管理运营。上部空间集合主要布局办公室、控制室、继保室等；下部空间集合主要布局设备用房，

图4　管理区效果图

包括柴油发电机房、油泵房、备品库、高压开关室仓库等。

【工作过程】

2014年，太湖局在上海组织江苏省、上海市水行政主管部门召开了吴淞江工程前期工作协调推进会，讨论确定并印发了《吴淞江工程总体方案研究工作方案》，进一步细化了吴淞江工程总体方案研究的工作重点、分工及成果要求等。

2017年3月8日，太湖局组织召开了吴淞江工程总体方案讨论会，水利部规划计划司、水利水电规划设计总院、江苏省和上海市水行政主管部门等单位代表和专家参加会议，会议就工程任务、河线方案、河道规模、主要建筑物等达成了一致意见，并形成会议纪要。在技术论证、省市协调基础上，太湖局组织编制并修改形成《太湖流域吴淞江工程总体方案报告》。2017年3月27—28日，水利部水利水电规划设计总院对报告进行了审查，并于4月11日对修改后的报告进行了复核，2017年5月水利部以"办规计〔2017〕78号文"进行了批复。

苏州河西闸作为跨省河道沿线的重要控制建筑物，需要根据中华人民共和国水利部令第31号《水工程建设规划同意书制度管理办法（试行）》，向太湖流域管理局提出苏州河西闸水工程建设规划同意书申请。为此，建设单位于2020年1月份开始组织编制《吴淞江工程（上海段）苏州河西闸工程建设规划同意书论证报告》，其间先行完成了《吴淞江工程（上海段）苏州河西闸工程论证报告》并由太湖局组织省市召开讨论会，专家组意见明确苏州河西闸建设是必要的。与此同时，上海市同步组织咨询单位编制工程项目建议书、可行性研究报告与初步设计报告。

2020年12月9日，上海市发展和改革委员会（简称"市发展改革委"）委托评估单位对我院编制的《吴淞江工程（上海段）苏州河西闸工程项目建议书》进行评估。2021年9月28日，市发展改革委以沪发改环资〔2021〕122号文批复了项目建议书。基本同意建设必要性、选址、设计标准、建设内容和规模等，建议下阶段进一步优化完善工程方案，协调上下游工程建设，完善水闸工程综合管理和调度方案。

2021年9月9日，市发展改革委委托评估单位组织对我院编制的《吴淞江工程（上海段）苏州河西闸工程可行性研究报告》进行评估。2021年12月15日，市发展改革委以沪发改投〔2021〕247号文批复了可行性研究报告。基本同意建设必要性、工程任务、选址、建设内容和规模、技术标准和工程方案等，建议下阶段进一步优化平面布置、水工结构、金属结构、电气工程和施工组织设计等方案。

【咨询工作特点及经验教训】

苏西闸工程建设涉及因素多、要求高。工程设计方案既要安全可靠，经济合理，又要体现建筑优美、环境融洽的设计理念。工程总平面布置中要严格执行用地控制及建筑面积控制；结构设计要把安全放在指导思想的首位，在设备选型、建筑布置等方面充分考虑运行稳定、节能措施等。门型选择及工程技术应经过充分的论证和验证，合理控制造价，并且在可靠的技术体系保障的前提下，采用新技术、新工艺、新方法，同时充分利用BIM技术，加强数字工程建设和工程全生命周期管理，把苏州河西闸工程建设成为水利的科技精品工程。

1. 科学、合理协调流域与区域、上游与下游、省际间关系

工程建设涉及太湖行洪、上游阳澄淀泖区防洪、嘉宝北片除涝和苏州河两岸地区除涝，以及区域水资源、水环境和航运等多方诉求，流域与区域、上游与下游、省际间关系错综复杂。

在错综复杂的水事关系面前，合理确定工程任务和规模、科学提出工程调度原则、从上海和江苏角度分别分析论证工程建设的效果及影响是项目推进的关键。因此，设计前期对工程建设必要性和工程任务、工程布局及规模、工程调度及实施效果等方面进行了充分论证。

对于工程规模，根据拟建区域河道现状，统筹考虑规范要求、相关规划要求、河道上下游规模、过流面积和过流能力，同时兼顾了航运的需求，采用多方案比选确定苏州河西闸净孔宽规模为60 m，闸底高程为−2.0 m。

为充分协调流域与区域、上游与下游矛盾，按照吴淞江工程"坚守底线、确保安全、洪涝统筹、上下协同、联合调控、统一调度"的调度原则，初步拟定苏州河西闸调度运用规则：一为当预报上海中心城区24小时雨量将达到50 mm（暴雨）时，提前24小时启用苏州河西闸，与苏州河河口泵闸联合调度实现苏州河水位预降；或北新泾水位高于3.70 m（警戒水位，镇江吴淞3.96 m）

时择机启用。其余时段,原则上以敞开为主。二为当阳澄淀泖区、嘉宝北片和苏州河两岸地区均面临较大洪水风险时,应统筹协调蕴西枢纽和苏州河西闸的调度运行方式,保持一个开启,以适当承泄上游阳澄淀泖区洪水。按照初拟的调度原则,苏州河西闸以敞开为主,启用时间较短,短时间的运用不影响流域、区域防洪目标实现。根据模型计算,苏州河西闸建设后,在遭遇流域100年一遇"99南"设计暴雨时,造峰期内瓜泾口出湖水量3.1亿 m^3,苏沪边界水量5.6亿 m^3,保证了吴淞江工程行洪任务的实现。在流域和上下游区域均面临较大洪水风险时(以1999年实况为例),吴淞江工程建设后,苏沪边界来水量也明显增加,太湖、湘城、陈墓和昆山最高洪水位下降5 cm、22 cm、5 cm和33 cm,有效减轻了流域和上游区域防洪排涝压力。

在充分分析水情现状、社会经济需求和相关规划要求的基础上,从流域行洪、区域防洪除涝、航运等方面多角度论证了工程实施的必要性,精准、科学提出了"洪涝统筹、保障吴淞江工程任务实现,提高流域和上下游区域的防洪除涝能力;完善苏州河洪涝治理格局,提高苏州河两岸地区防洪、除涝排水能力;兼顾航运"的工程任务。

工程布局及规模确定科学合理,统筹考虑相关规范、规划要求,综合分析了河道上下游规模、过流面积、过流能力以及通航需求、用地限制等相关因素,科学合理确定了苏州河西闸布局与规模。

工程调度可操作性较强,研判了流域与区域、上游与下游之间降雨、水位及洪涝灾害之间关系,提出由于不同地区之间降雨特征、水情灾情特征的差异,存在相机调度的可能,同时提供了科学合理且可操作性较强的调度原则,从而为开展各利益方的协调创造条件。构建了上海市区域河网细化的太湖流域模型,通过模型模拟预测和精准化的调度研究,研究工程建设对各方的效益和影响,并提出相关措施。

2. 创新景观融合环境友好的新型门型,且解决了大型闸门运输安装及运行维护难题

苏西闸采用的60 m宽固定式浮体一字门+液压启闭机启闭的型式为国内水闸中首次采用,利用压载系统实现门体的上浮与下沉,采用液压启闭机启闭,主要优点:一是闸门可以存放在侧墙的门库内,对通航影响较小;二是上部无建筑,视野通透,易于与周边景观融合;三是闸门可整体制造完成后浮运至现场水上安装,避免陆地大件运输困难,同时也避免长时间在现场基坑内拼接、安装、调试;四是排出水体后可对浮体内表面进行维护,外表面水上部分可现场维护,也可移至其他场所进行整体维护。但此门型结构较复杂,运行控制要求高。结合工程运行工况,本项目进行整体物理模型试验及大比尺的水弹性模型试验,优化闸门的体型,并制定操作运行原则。

3. 开放式管理空间提升工程品质,实现城市水利工程和水岸景观的创新融合

此建筑设计旨在挖掘当地的文化背景与发展方向,利用现代设计语言、专业成熟的技术准确表达出地域特色与人文精华。根据地块现有条件,设计达到最优化建筑景观空间配置。利用设计手法,将建筑多维度融入环境,不仅视觉上达到消隐,更在对环境的影响上达到消隐。

与以往的管理区不同,此次设计将一层室外空间和部分屋顶"空中花园"对大众开放。方亭一二层体块错落形成的区域为其创造出更多的公共性生态活动空间。

开放的"方亭"管理区,为贯通的滨水岸线提供游人可通达可停留的休憩场所。呼应了方亭最初的设计原则,让更多的体验者在此与建筑、景观、自然环境发生交互,产生更多可能性。

方亭内部的办公空间对于办公人员的开放、包容、互联、灵活,展现出现代和高效的管理理念,方亭为每个空间提供良好的自然通风与采光,舒适节能。造建筑亦是造景,将建筑造为景观的一部分,既具建筑属性,又具景观属性。建筑本身是景观的延续,同时也创造了观景的点位。一层建筑屋面的折叠起伏是场地景观的延伸,打造独特的地景艺术,为使用者沐浴在自然风与日光下提供了舒适的室外观览休憩环境。

设计将创新闸型的运用、建筑的文化表达、功能建筑与开放景观岸线三大亮点有机结合,通过设置闸门顶部人行通道,完善两岸人行步道系统,串联两岸绿化景观,实现水利工程和水岸景观的创新融合。

4. 增加导流明渠通航功能,解决中心城区航运需求

(1)导流方案比选分析

苏州河作为上海的母亲河,穿越中心城区,担负着区域防洪排涝的重要任务,同时工程区段的苏州河也是Ⅵ级航道。设计阶段对两种施工导流方案作了比选:一次性拦断河道,利用区域

河网导流（区域河网导流方案）；或一次性拦断河道，河网+明渠导流（明渠导流方案）。其中明渠导流方案中，导流明渠的规模又分为渠宽20 m、底高程−2 m和渠宽30 m、底高程−1 m两种规模。不同导流方案的导流计算表明，区域遭遇"10年一遇"的"施工防汛"水情和"20—30年一遇"的"规划除涝"水情时，断流施工、区域河网导流方案下，苏州河最高水位出现在苏州河西闸下游段，最高水位均超过了苏州河防汛墙高程5.20 m，给苏州河及周边片区的安全造成了极大的影响。同时，该导流方案也给苏州河两岸片区的防汛造成了压力，尤其是蕰南片近桃浦河附近最高水位升高超过10cm，经统计桃浦河最高水位最大升高约34cm，其他水利外围泵闸排水量明显增加。断流施工、区域河网导流时，苏州河西闸工程处的最大流速几乎为0 m/s，水体流动性很低，河道中漂浮物、垃圾等极易堆积，影响水体水环境。综合考虑苏州河及周边区域的防汛排涝安全和河道水体水环境状况，断流施工、区域河网导流的方案基本不可行。

断流施工、明渠导流方案下，苏州河干流沿线最高水位分布与工程前基本一致，干流最高水位出现在新槎浦附近，均小于4.79 m，工程位置最高水位为4.31—4.46 m，较工程前升高4—8 cm。同时，该导流方案对苏州河两翼地区影响较小，两翼地区最高水位变幅小于2 cm，各片区其他外围排水泵闸排水量基本与工程前相当。断流施工、明渠导流方案几乎不影响苏州河及周边片区的防汛除涝安全，明渠导流方案可行。

本次研究的两种导流明渠规模中，渠宽30 m、底高−1 m的方案在"规划除涝""施工防汛"水情下，工程位置处的最大流速均小于1 m/s的不冲流速；而在"施工防汛"水情中，渠宽20 m、底高−2 m的方案工程位置处最大流速大于1 m/s，存在冲刷风险，不利于河床稳定。两种水情下，导流明渠宽30 m、底高−1 m方案在工程位置处的最高水位上升幅度均小于渠宽20 m、底高−2 m方案，对苏州河两翼地区、水利片的水量、水位影响最小。考虑到渠宽30 m，底高−1 m方案渠深浅，开挖的土方量相对少，对苏州河及周边地区的防汛除涝安全影响也小，具有更高的工程效益，因此，本阶段推荐的导流明渠规模为宽30 m，底高−1 m。

（2）导流明渠方案设计

苏州河西闸施工期间不能断流、断航，在用地受限、通航条件不良的诸多条件下，设计提出了利用导流明渠兼做通航的方案，导流明渠断面设计时既考虑防洪排涝的需求，同时满足通航的要求，并设置通航所需的辅助设施。

设计人员因地制宜，导流明渠在空旷段采用放坡开挖，周围有建筑物段采用直立悬臂结构。在保证安全的前提下，为节省投资，加快施工，在对比多种围护型式后，直立段创新性地采用前排15 m长拉森Ⅳ型钢板桩+后排15 m长钢管桩支护，钢板桩顶和钢管桩顶之间采用钢筋混凝土冠梁连接形成整体。冠梁顶与地面之间约1.5 m高

图5 苏州河西闸导流明渠

的土体采用9 m长的拉森Ⅲ型钢板桩挡土。导流明渠边壁采用前钢板桩后钢管桩结构型式，既保证了结构的刚度，又能有效截渗，同时钢板（管）桩使用后可拔出，对土体无污染，不影响后续使用，该导流明渠结构型式目前在国内大中型水利项目中尚属首次使用。

至2023年6月19日水闸通水，整个围堰内干地施工期间无安全事故，圆满完成了原定的导流通航任务。

5. 基坑设计永临结合并利用现有护岸，保证了施工期的安全且节约投资

拟建水闸西侧为花木公司，距基坑最近约30 m；西南侧为邓家角村居民区，距基坑最近约41 m；东侧现状为林地，施工期间拟设置导流明渠，导流明渠东北侧为张泾河泵站管理房，距基坑最近约5.2 m；东南侧有高压线塔，距基坑最近约11 m。

本工程基坑深度为7.1—9.6 m，基坑宽度约78 m，基坑干地作业时间短（2022年10月20日—2023年6月19日），为节省投资、加快进度，本次基坑围护和永久结构尽量利用闸址处现有护岸结构和桩基。需单独设置基坑围护的部位为闸室段东、西两侧和上游消力池东岸，采用21 m长灌注桩（$\phi 800@1000$）+防渗帷幕+两道钢管撑的支护形式，因基坑宽度较大，钢管撑采用双拼$\phi 609t16$的钢管，中间设6道钢管立柱承受水平支撑的竖向力。上、下游海漫段采用永临结合形式，上游海漫段西侧利用门库挡墙基础桩作为围护结构；上游海漫段东侧及下游海漫段两侧围护结构利用本次新建护岸基础桩，加上现有挡墙基础桩，构成门式结构，原有挡墙基础桩前板桩后方桩的形式。根据上、下游海漫段翼墙桩基最终计算结果，确定本次上游海漫段东岸和下游海漫段新建挡墙基础灌注桩直径1 m，间距1.1 m，桩长20 m；上游海漫段西岸挡墙基础灌注桩直径1.2 m，间距1.3 m，桩长20 m。

工程设计人员在基坑围护设计上充分利用了新建结构基础桩或新建结构基础桩+老结构桩作为围护结构，最大限度地节省了投资，加快了工期，为项目的工期目标提供了保障。

【咨询效果】

2022年6月18日，苏州河西闸项目正式开工；2022年10月19日，导流明渠正式通航；2023年6月19日，完成水闸通水验收，计划2024年12月基本建成。

苏州河西闸的建设，为更好地根据苏州河下游实际情况调配流域洪水泄洪量的分配提供了控制手段，能够保障苏州河两岸的防洪除涝安全及上海市中心城区经济社会稳定发展的需要。

（1）提高苏州河承泄两岸排涝能力

苏州河西闸建设后，通过和苏州河口泵闸的联合调度，可以在暴雨来临前，迅速预降苏州河水位，增加调蓄库容，提高苏州河承泄两岸排涝的能力。

（2）为进一步改善苏州河及区域水环境创造条件

工程实施后，可以在应对突发性污染事件时，为来之不易的苏州河水环境综合整治成果提供保障措施。通过合理调控苏州河西闸，完善苏州河引清调水体系。苏州河西闸的建设能够为进一步改善苏州河及区域水环境创造条件。

（3）为上海投资环境的改善和经济发展创造必要条件

苏州河西闸工程实施后，在防洪除涝、水环境等方面带来无形的效益的同时，还将增加可观的潜在经济效益。防洪除涝标准的提高，保障了流域、区域的水安全，减少了洪涝灾害造成的经济损失；投资环境的改善，为上海市经济的进一步发展创造必要的条件，进一步促进了社会经济发展。

苏州河西闸是流域行洪工程中省市交界处的重要控制口门，同时也是苏州河防洪除涝体系中的关键节点，苏州河西闸的建设将助力吴淞江（上海段）建成"安全之河、活水之河、生态之河、航运之河、幸福之河"。

隆昌路越江隧道新建工程可行性研究报告

The Feasibility Study Report of the New Construction Project of Longchang Road Cross-River Tunnel

编写单位：上海市城市建设设计研究总院（集团）有限公司
Shanghai Urban Construction Design & Research Institute (Group) Co., Ltd.
联系电话：021-20507000　　网址：https://www.sucdri.com
主要完成人：姜　弘　王晓明　王　鹏　马姣蓉　包鹤立　张嘉威　管逸超　林咏梅　范宇杰　张　思

【点评】

该报告通过精心策划和多方案比选，针对隆昌路越江隧道新建工程提出了切实可行的解决方案。报告深入分析了工程的技术难点，如盾构穿越油库区域和电力隧道的风险，以及如何在浦东始发井出洞区的浅覆土条件下确保施工安全，展示了严谨的科研态度和解决问题的能力。研究中特别值得关注的是，项目团队创新性地取消了传统隧道高风塔，采用空气净化技术，这一举措不仅减少了工程成本和社会影响，还体现了对环境保护的重视。同时，通过优化线位选择，避让了重要的管线和地铁线路，减少了拆迁量和对现有交通的影响，节约了大量成本。报告还强调了精细化设计的重要性，如利用BIM技术优化空间布局，减少对周边环境的影响，以及采用集约化设计减少建设矛盾，这些都是提高工程效率和降低成本的有效手段。

【项目背景】

1. 项目建设背景

黄浦江是上海市中心城内的天然阻隔，当前以浦江两岸综合开发和中心城城市更新为契机，浦东浦西发展相互融合，交通联系日益紧密，越江交通需求在很长一段时间内将持续增长。

隆昌路越江工程是杨浦大桥以北地区规划的唯一一条次干路越江通道，位于杨浦大桥（内环）及军工路隧道（中环）之间，呈南北走向，北岸衔接着杨浦区，南岸衔接浦东新区。《上海市骨干道路网规划深化方案》（2009）中已明确隆昌路越江工程承担区域型越江通道的功能。

随着两岸滨江片区尤其是北部杨浦滨江开发建设的提速，滨江与南岸浦东交通联系需求增加，将需要越江通道为两岸提供更为强大的交通疏解能力的支撑，亟需加强滨江两岸近江对接的联系和沟通。同时西侧的杨浦大桥高峰时段已显现常发性拥堵，晚高峰饱和度超过1.0，东侧的军工路隧道交通压力也日益显现，饱和度达0.87，区域越江交通形势愈发严峻。

2. 项目目标和必要性

隆昌路越江工程沟通串联浦西与浦东，服务范围辐射五角场、杨浦滨江、花木、金桥、张江等城市重点功能区，是区域次级服务性通道。从研究区域现状两岸的居住和就业分布情况看，两区通勤交通需求以自身居住片区为主，两岸沟通联系不够紧密，随着上海市新一轮总体规划的落实以及在建设世界级滨水区的总目标下，两岸在规划

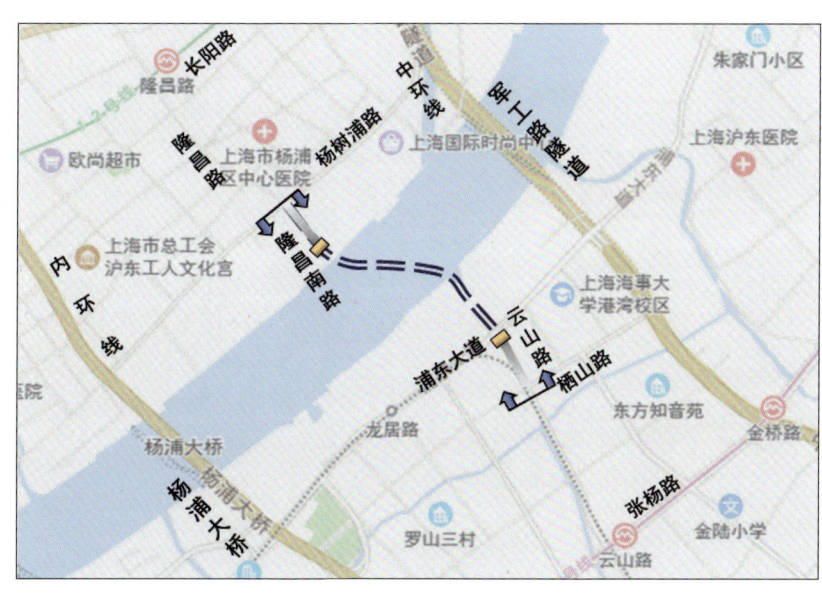

图1　隆昌路越江隧道地理位置示意图

定位和辐射联系上将进一步增强。隆昌路越江隧道新建工程的建设对促进黄浦江两岸开发建设，加快杨浦大桥周边区域转型提升具有重要意义。

隆昌路越江工程东西两侧的杨浦大桥、军工路隧道定位均为通道型越江，相距2.6 km，路网间距较大，片区现状缺乏区域型越江通道，造成大量区域越江需求与长距离过境越江交通混行，增加了杨浦大桥、军工路隧道的交通压力。隆昌路越江工程作为区域型越江通道，建成后能够有效分流近江区域中短距离跨黄浦江的交通流量，与杨浦大桥及军工路隧道形成功能互补。

【项目内容】

1. 项目类型

本项目为政府投资、新建类、非生产性、交通运输型公共项目。

2. 建设单位情况

本项目建设单位为上海黄浦江越江设施投资建设发展有限公司。

上海黄浦江越江设施投资建设发展有限公司成立于2007年3月，功能定位为外环线以内黄浦江越江设施项目投资、建设管理及运营养护管理，注册资本人民币76.6796亿元。公司成立以来，先后承建了中环线（浦西段）、外滩隧道、人民路隧道、新建路隧道、打浦路复线、西藏南路隧道、虹梅南路隧道、上中路隧道、龙耀路隧道、军工路隧道、长江西路隧道、诸光路地道、中山南路地道、龙耀路隧道2期、周家嘴路隧道、江浦路隧道等一批具有重大影响的上海市市政工程，已完成市政建设投资超800亿。公司管辖项目获得了国家优质工程奖、中国土木工程詹天佑奖、上海市市政工程金奖、上海市重大工程文明示范工程等各种荣誉，公司也获得市重大工程立功竞赛优秀公司、市五一劳动奖状、工人先锋号等一系列荣誉，并取得市科技进步奖、创新成果奖等科技成果奖项。

3. 建设选址

隆昌路越江隧道位于杨浦大桥（内环线）与军工路隧道（中环线）之间，工程范围北起杨浦区隆昌南路杨树浦路交叉口，沿隆昌南路向南以盾构形式下穿黄浦江及现状杨树浦发电厂（简称"杨厂"）电力隧道后，至浦东新区云山路栖山路交叉口以南止，工程全长2.09 km。

4. 主要建设内容及规模

隆昌路越江隧道工程主线全长2.09 km，采用双向4车道建设规模，北起隆昌路杨树浦路交叉口，向南沿规划隆昌南路走行，下穿黄浦江和浦东大道交叉口后接现状云山路走向，至栖山路交叉口前接地，最终止于栖山路交叉口以南，其中盾构段长约1.25 km，明挖段长约0.53 km。

预留与杨浦滨江地下环路衔接的匝道：出口匝道全长140 m，入口匝道全长65.09 m，均采用单向1机动车道+1紧急停车带的建设规模。

杨浦的地面辅路为隆昌南路，北起杨树浦路交叉口，南至安浦路，全长335.79 m，采用双向2快2慢建设规模。

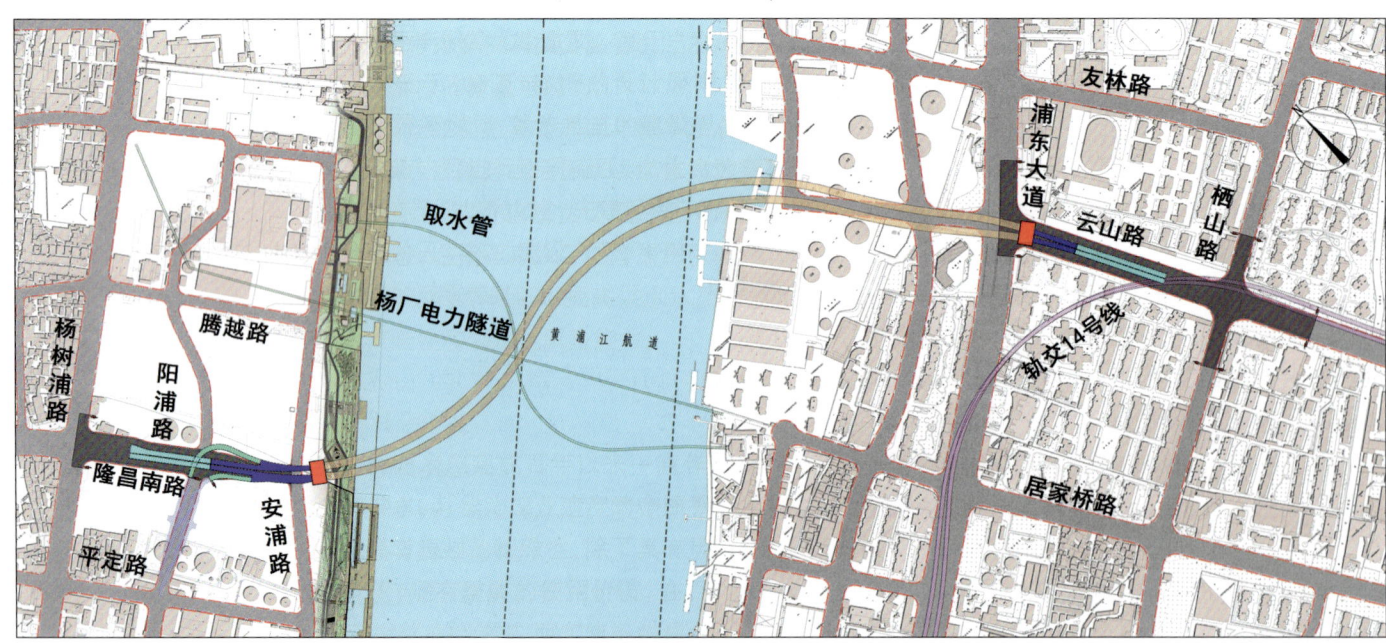

图2 项目总体布置图

浦东的地面辅路为云山路,北起浦东大道交叉口,南至栖山路交叉口,全长503.39 m,采用双向4快2慢建设规模。

同步实施排水工程、驳岸工程,设备用房、通风、给排水及消防、交通监控,以及交通标志标线、信号灯、供电照明、绿化、交通护栏等附属设施。

5. 项目功能需求

路网层面,规划为次干路越江,浦西连接隆昌南路,浦东连接云山路,是杨浦大桥(内环)和军工路隧道(中环)2条通道型越江间的1条区域型越江通道,连通地面道路系统,完善主次干道路网,主要解决路网连通度和可靠度。

交通层面,隆昌路越江工程能够有效分流区域中短距离到发越江交通,尤其是分担北部杨浦滨江区域开发后吸引新增的南岸浦东近江到发交通,有效分流杨浦大桥、军工路隧道近江到发流量,缓解区域越江节点瓶颈拥堵,提升区域越江交通品质。

发展层面,隆昌路越江工程通道的建设,使得近江到发交通能够更便捷的到发浦江两岸,提升沿线城市、土地、功能的发展,加快浦江两岸一体化发展。

根据沿线浦江两岸的用地功能规划,以及两岸区域的交通通行特征,隆昌路越江工程通道的服务对象:以客运交通为主,轻型货运(5 t及以下)为辅。

6. 项目技术特点

① 隆昌路越江隧道工程是既有黄浦江越江隧道中总长最短、岸边段最短,最经济的越江隧道。在实现近江区域尽早接地、可以更好地服务近江交通的同时,减少大量拆迁、节约巨额投资。

② 项目推进过程中,同步开展盾构穿越电力隧道、油罐及码头区域影响分析等多项课题研究,实现技术突破,支撑线位选择、近江接地等咨询研究结论。

③ 从服务杨浦滨江南段重要功能节点的核心理念出发,最大限度发挥通道价值,结合杨浦滨江开发首次在黄浦江越江隧道中设置地下匝道连通滨江地下空间。

④ 本工程为上海市首例取消传统隧道高风塔的越江隧道。采用空气净化污染空气回灌主线洞口排放的方案取代传统集中排放高风塔形式方案,由此减少因设置高风塔而带来各类社会矛盾和经济成本。

⑤ 通过出洞加固、隧道始发处采用特殊环管片等的技术方案,同时采取控制盾构掘进参数等措施,克服了浦东始发井出洞区浅覆土的不利工况,避免了泥水流窜、管片上浮等工程风险。

⑥ 采用了平行主线外挂设备用房的形式,充分利用隧道本体周边道路剩余的地下空间,同时确保地下设备用房范围全部集中于市政道路用地,完全不侵占周边地块,减少建设矛盾。

⑦ 采用剪刀楼梯、新风井与楼梯组合、出地面安全出口接入敞开段等设计手法,最大程度减少了出地面楼梯风井等设施,规避与周边住宅居民的协调矛盾。

7. 进度计划

本项目已于2021年4月30日取得项建书批复,2022年9月26日取得工可批复,2022年12月20日取得初步设计批复,2022年底开工建设,总工期预计60个月,有望2027年建成通车。

8. 项目投资构成

本工程总投资19亿元,其中:工程建设费13.9亿元,其他工程费1.7亿元,预备费0.8亿元,前期工程费2.6亿元。

【工作过程】

1. 咨询工作组织情况

2015年起开展前期方案研究工作,先后经过不同的接线线位比选、单管双层盾构与双管单层盾构的盾构形式比选、协调油库及码头区域穿越、协调与轨交14号线和26号线的关系、协调与杨厂电力隧道的穿越关系、协调杨浦滨江用地等研究过程,最终确定项目推荐方案。

2020年8月,编制完成隆昌路越江隧道新建工程项目建议书。

2021年11月,编制完成隆昌路越江隧道新建工程可行性研究报告。

2. 分阶段工作内容及重要事件

2018年10月,联合同济大学与南京理工大学开展隧道穿越油库区域的力学影响及变形控制研究。

2018年11月,基于单管双层(长隧道)方案,编制形成项目建议书。

2019年6月,考虑到单管双层(长隧道)方案的浦西动拆迁费用高达70亿元,且隆昌路线位的规划与轨道交通26号线在空间上存在一定矛盾,转而开展双管单层(短隧道)方案的研究。

2020年8月,编制完成隆昌路越江隧道新建工程(短隧道)项目建议书。

2021年3月，联合同济大学和南京理工大学研究形成《隆昌路越江盾构隧道穿越工程对油库及码头力学性能影响分析研究报告》及《隆昌路越江隧道穿越区域油罐结构安全性分析及变形控制标准研究》专题报告，该报告最终成为隧道穿越油库区域的重要支撑依据。

2021年联合建设单位、同济大学，申请上海市住建委科研项目《盾构穿越电力隧道风险管控与智能预警研究》，该课题成为隧道近距离穿越江中运营电力隧道的技术支撑，也是隧道在杨树浦路以南接地方案成立的关键依据。

2022年7月，联合建设单位、环评单位、同济大学等申请上海市交通委科研项目《低碳背景下长大隧道风塔优化专项技术研究》，为本工程取消传统排风塔方案提供技术支撑。

2022年9月，本项目获工可批复。

【咨询工作特点及经验教训】

1. 通过多方案比选，从服务近江交通、促进两岸一体化发展的核心需求出发，提出优化意见，打造黄浦江最短、最经济越江隧道。

（1）线路比选弃直取弯，降低项目实施难度、节约工程前期费用

从线位选择上，同深度比选了浦东接线段的云山路线位和居家桥路线位。

居家桥路线位与浦西隆昌路相接更顺直、线形更好，但需下穿已建地铁14号线，设计标高较深，同时沿线管线众多（涉及1.4 m原水管、3.5 m雨水管、220 kV高压铁塔等），搬迁难度较大。

云山路沿线建设条件好，两侧距离小区有10—20 m绿化带，沿线无重大管线；但需下穿油库区域用地。

云山路为次干路等级，向南贯通至龙东大道，并接科苑路至张江地区；居家桥路为支路等级，向南仅贯通至杨高南路。在道路等级及贯通性上，云山路均更优。在确保功能合理的前提下，在工可阶段两个线位同深度比选，综合考虑各控制因素，放弃直线路径，选择通过S形曲线选择云山路为接线道路。

为减少云山路线位对油库区域的影响并征得有关单位的同意，联合同济大学与南京理工大学开展隧道穿越油库区域的力学影响及变形控制分析，并组织专家评审上报有关单位得到许可，使得下穿油罐及码头区域方案可行。

选择云山路线位降低了项目的实施难度的同时，减小了对已运营的地铁14号线的影响、避让了大量重要管线，缩短浦东管线搬迁时间1年以上，节约管线搬迁费近3亿元。

（2）统筹内外空间集约化布置，打造黄浦江总长最短、岸边段最短、最经济的越江隧道，保护杨浦滨江公共空间的完整性

从盾构断面形式选择上，在锚定服务近江、交通规模不变的基础上，从交通组织形式、前期征地拆迁情况、工程造价、实施难度等方面，先后比选了盾构隧道直径14.5 m的单管双层盾构和盾构隧道直径11.36 m的双管单层盾构。

单管双层盾构由于上下层分别接地的关系，工程建设长度较长，为3.32 km；同时为实现近江服务，需设置一对回头匝道，分别衔接海州路和杨树浦路，该对匝道线形较差，最小半径仅45 m，还存在左出的不利交通组织形式。由于双层接地及回头匝道的设置以及接线道路隆昌路沿线大量的临街建筑，带来杨浦一侧大量拆迁。

相比单管方案，双管方案由于其盾构直径减小，浦西侧通过采取压重措施降低了岸边侧的覆土深度，通过多次协调以及课题研究论证减少了

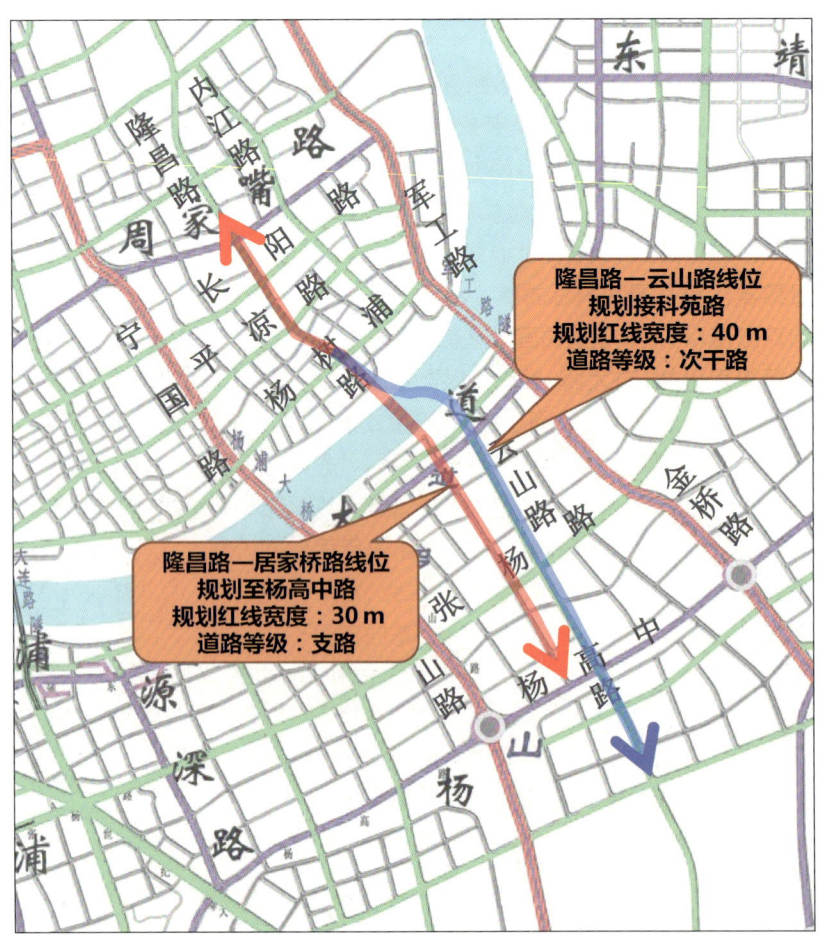

图3　隆昌路越江工程云山路、居家桥路线位比选示意图

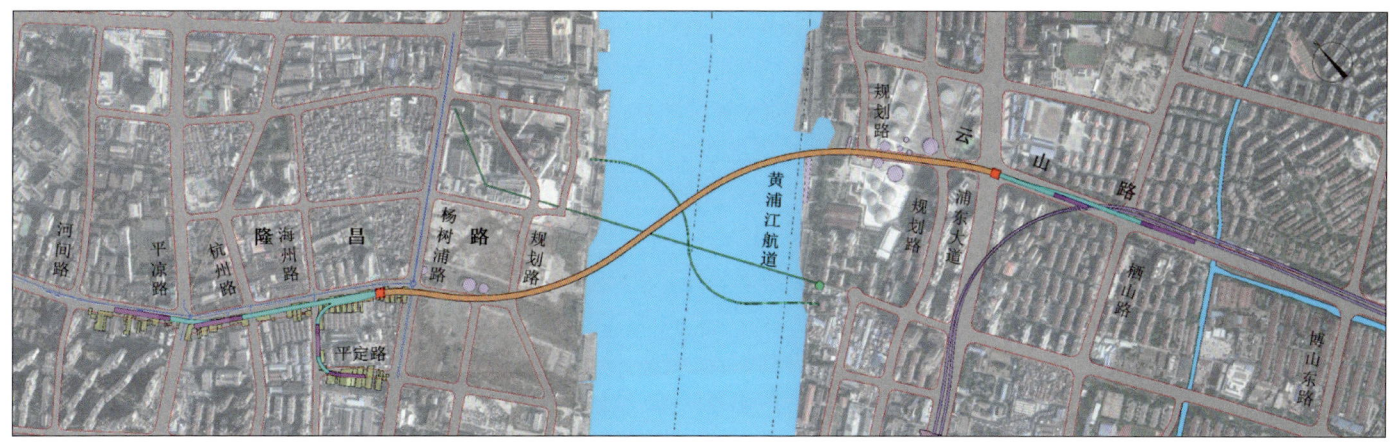

图4 单管双层方案总体布置示意图

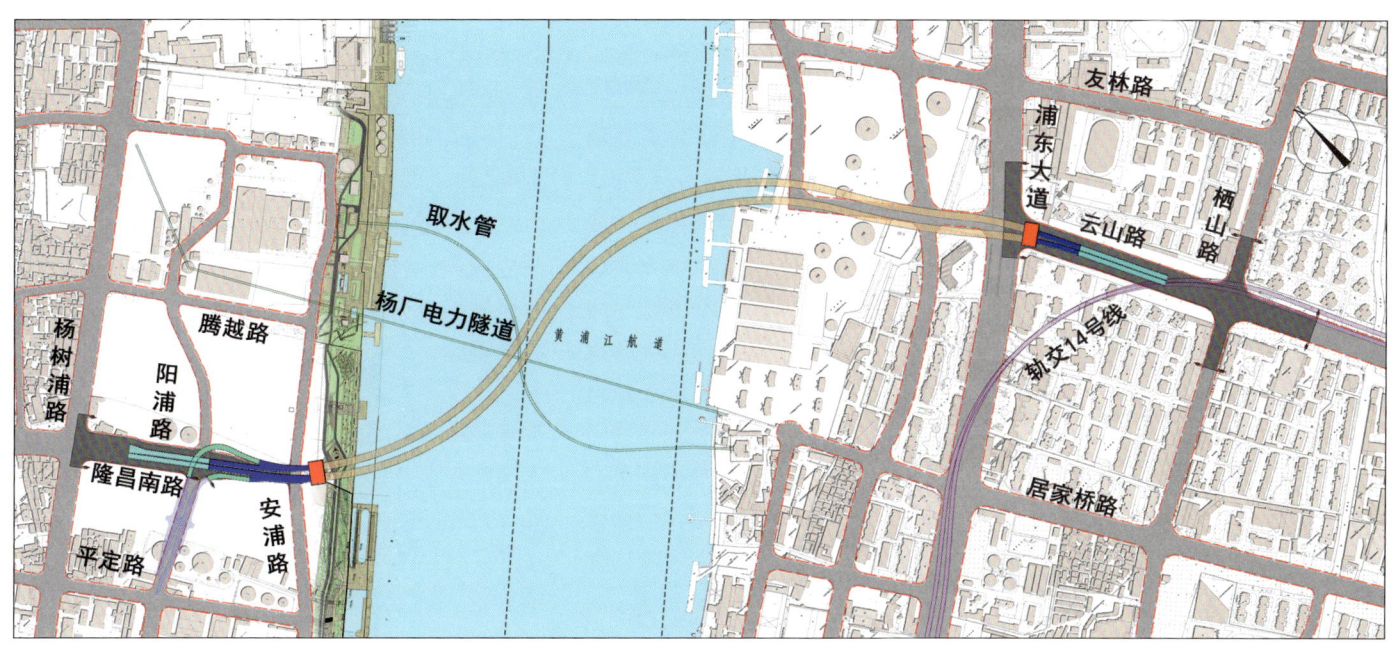

图5 双管单层方案总体布置图

越江隧道与江中杨厂电力隧道的间距，实现了隧道双向均可在杨树浦路以南接地，最终解决单管方案隧道长度较长、杨浦侧拆迁量大的问题。工程推荐方案隧道段1.8 km（洞口到洞口距离1.5 km），岸边段浦西侧0.3 km，浦东侧0.23 km，为既有黄浦江越江隧道中总长最短、岸边段最短，最经济的越江隧道，可以更好地服务近江交通的同时减少拆迁量近6万 m^2，节约拆迁费用约70亿元，节约建安费约4.5亿元。

另外双管方案避免了在浦东侧接地段对已运营的地铁14号线卸载比较大的问题。浦东侧穿越油库区域后通过加固措施克服隧道出洞区盾构覆土仅为0.38D的困难，使得隧道在云山路得以更早接地，对地铁14号线的卸载比由单管双层方案中的近60%缩小为13%，工程实施难度更低。

在工可报告中，根据双管单层盾构隧道与江中电力隧道的不同关系，比选了不同的杨浦近岸展线方案，最终选择了线形更优、对刚建成的杨浦滨江公共空间影响最小、不影响电力隧道正常运行的下穿电力隧道的展线方案。

（3）打造越江通道、地下环路一体化交通系统

根据规划，杨浦滨江南段发展定位为"全球创新人才向往的特色水岸"，重点打造八埭头和大桥东两个功能节点。随着杨浦滨江南段规划的进一步落实，该地区总体开发规模未来将达到845万 m^2，区域总出行量将达到80万人次/日。

本工程杨浦侧的接线区域位于大桥东功能节点范围，建成后将直接服务于杨浦滨江南段。从服务杨浦滨江南段重要功能节点的核心理念

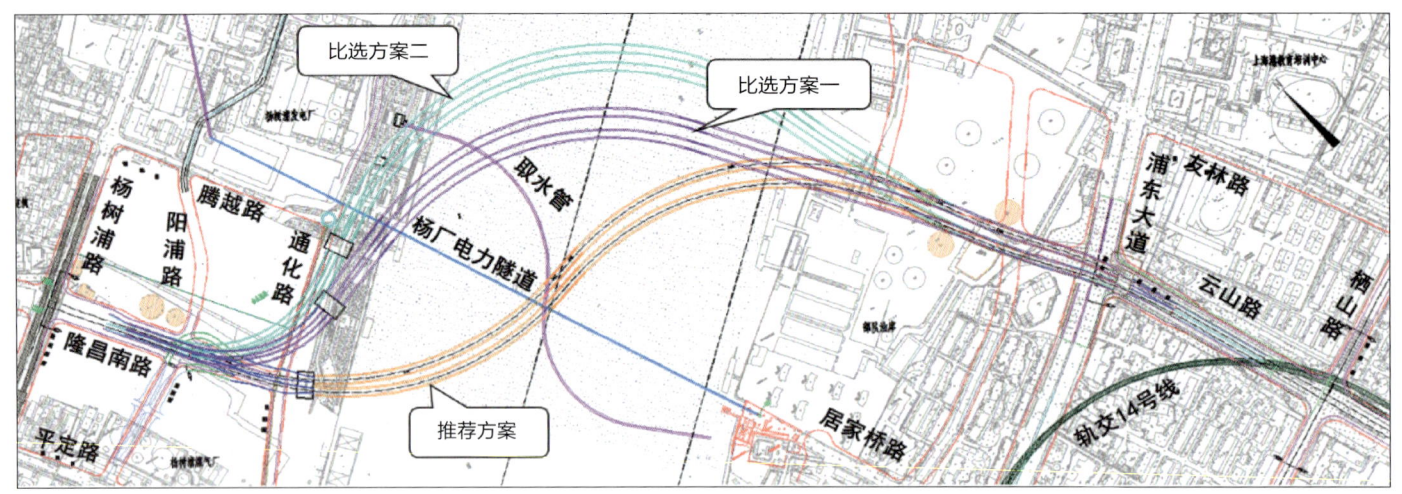

图6 双管单层方案线位比选示意图

出发,最大限度发挥通道价值,结合杨浦滨江开发首次在黄浦江越江隧道中设置地下匝道连通滨江地下空间。

根据交通流量预测分析,该对匝道可以分流约1/3的越江流量,也可以更加直接地服务滨江地块的到发交通。

2. 创新理念,提升咨询质量,倡导"环境和谐、资源节约"的建设理念,打造首条无高风塔黄浦江越江隧道。

本工程可行性研究报告就无高风塔方案和设置高风塔方案进行了同深度论证,结合新能源车的发展,通过充分调研国内隧道空气净化技术、科学分析传统集中排放高风塔形式方案、多点排放形式方案的污染数据后,综合考虑拆迁、管线搬迁、社会影响等多维因素后,推荐采用空气净化技术对污染空气净化后回灌主线洞口排放的方案。

目前经多方协调沟通及论证,综合建设成本及后期养护成本,最终本项目成为上海市首例取消传统隧道高风塔的越江隧道。

3. 发挥团队协作优势,开展多项课题研究,支撑咨询研究结论,实现技术突破。

(1)科技创新保驾护航

① 开展各类课题研究。联合了建设单位、同济大学、市电力公司等在市住建委平台申报了科研项目《盾构穿越电力隧道风险管控与智能预警技术研究》,为减小盾构与电力隧道间的控制间距提供依据,从而确保了隧道在杨树浦路以南接地。

通过在市交通委平台设立《低碳背景下长大隧道取消高风塔专项技术研究》课题并委托相关单位对《隆昌路越江隧道新建工程优化排风塔专题》进行评估咨询,进一步支撑无风塔方案。

联合同济大学与南京理工大学对隧道穿越油库区域的力学影响及变形控制等进行了研究,形成了《隆昌路越江盾构隧道穿越工程对油库及码头力学性能影响分析研究报告》《隆昌路越江隧道穿越区域油罐结构安全性分析及变形控制标准研究》等专项论证报告,并通过了有关单位组织的专家评审,明确了在油罐区域内采取适当措施后隧道穿越影响可控,有效支撑了方案的可实施性。

② 复杂工况下的新技术集成应用。浦东始发井位置以减小对现状浦东大道交通、地下管线的影响为原则进行布设,出洞区盾构覆土仅为0.38D(D为单管盾构直径),出洞加固采用15 m三轴搅拌桩加固与10 m水平MJS门式加固相结合,隧道始发处20环采用纵向长螺栓的特殊环管片以增强整体受力性能,同时采取控制盾构掘进参数等措施,避免泥水流窜、管片上浮等风险。盾构隧道正下穿油罐范围共70 m采用复合管片,管片预制时设8 mm钢板,用销钉与钢筋连接。

(2)精细化设计

① 通过BIM建模,直观反映与重要控制要素间的关系。本工程在杨浦滨江侧、江中和油库区域均有较复杂的建设条件,包括杨浦滨江的旧建筑桩基、黄浦江防汛墙、江中电力隧道、江中拟重新启用的取水管、浦东侧的码头桩基、油罐及建筑、地铁14号线等,研究过程中利用GIS+BIM技术,充分比选论证本工程与重要控制要素间的关系,为最终方案的选定打下坚实基础。

② 优化空间布局,建筑集约化设计。精细化设计隧道集中设备用房,集约化地下用地。由于

浦东工作井的浅覆土条件，在隧道投影面内布置地下设备用房空间不足，因此采用了平行外挂设备用房的形式，充分利用隧道本体周边的地下空间，同时确保地下设备用房范围全部集中于市政道路用地，完全不侵占周边地块，减少建设矛盾。

采用剪刀楼梯、新风井与楼梯组合、出地面安全出口接入敞开段等设计手法，最大程度减少出地面楼梯风井等设施，规避与周边住宅居民的协调矛盾。

【咨询效果】

1. 技术效果

本工程可行性研究报告调研工作较为深入，编制内容完整，功能定位合理，提出的技术标准、建设规模、总体方案技术可行，符合工程可行性研究报告编制深度要求。

借助课题研究及专项论证等手段，缩小岸边段覆土厚度和江中电力隧道间距，为隧道在浦西近江的杨树浦路前接地创造条件，实现近江服务功能的同时，显著缩小隧道长度，减少隧道影响范围、拆迁工程量和工程造价。

本工程可行性研究报告创新性地提出了隧道空气净化方案解决措施，形成了上海市首条取消传统隧道高风塔的越江隧道，消除了其他同类项目中隧道高风塔与周边建筑之间的矛盾，规避了地块结建风塔的建设时序矛盾，为今后实施的城市隧道项目提供重要借鉴。

本工程采用三轴搅拌桩加固与水平MJS门式加固相结合的方案，以及盾构始发段采用纵向长螺栓特殊环管片的方法，通过控制盾构掘进参数等措施，解决浦东大道下盾构双线浅覆土（盾构出洞覆土仅为0.38倍圆隧道外径）始发问题，避免了隧道工作井对油库区域的影响。

2. 经济效果

通过多线位比选论证避让了大量重要管线，缩短浦东管线搬迁时间1年以上，节约管线搬迁费近3亿元。

通过不同盾构方案的比选论证，在采用更小直径盾构的同时，减少了越江隧道长度，节约前期动拆迁费约70亿元，节约建安费约4.5亿元。

通过采用空气净化技术取代传统集中高风塔排放的形式，减少因设置高风塔而带来的拆迁、管线搬迁、交通疏解及风塔风道建设成本，从而直接减少工程建设投资约2 000万元。

3. 社会效果

通过越江通道建设，进一步完善区域路网，为近江交通提供更加便捷的通道，减少绕行距离，社会效益显著。

通过缩短隧道长度，避免了隆昌路接线道路大量的动拆迁，极大程度减少了项目实施过程中可能产生的社会矛盾。

通过采用空气净化技术取代传统集中高风塔排放的形式，避免了因设置高风塔而带来的与周边建筑之间的社会矛盾。

4. 评价与奖项

本咨询成果获2023年度上海市优秀工程咨询成果一等水平。

图7　隆昌路越江隧道浦东敞开段

图8　隆昌路越江隧道浦西敞开段

鄞州大道-福庆路（东钱湖段）快速路工程可行性研究报告

The Feasibility Study Report of Yinzhou Avenue-Fuqing Road (Dongqian Lake Section) Expressway Project

编写单位：上海市城市建设设计研究总院（集团）有限公司
Shanghai Urban Construction Design & Research Institute (Group) Co., Ltd.
单位电话：021-20507000　　网址：https://www.sucdri.com
主要完成人：任晓栋　徐骁龙　王云龙　朱钊　胡思嗣　郭雄峰　李朝晖　陈曦　陈杰　李鹏辉

【点评】

该报告以城市宏观发展战略为背景，细致分析了快速路在促进区域经济一体化中的关键作用，特别是在加强宁波南部区域与中心城区的交通联系方面。研究中的一大亮点是对现状桥梁采取了创新的"顶升+平移"改造方案，这一策略不仅体现了资源节约和循环利用的理念，还大幅度降低了工程成本，减少了施工对环境的影响。同时，项目在生态建设方面的考量，如首次引入的生态多孔纤维棉，有效提升了城市生态环境质量，体现了绿色、可持续的发展理念。在工程技术层面，报告提出了针对复杂节点的超前深化设计方法，确保了工程方案在技术可行性和经济效益上的最优化。此外，剪刀叉匝道的创新设计，以及对高压走廊的精细化处理，都显示了项目团队在解决实际工程问题中的智慧和专业能力。

【项目背景】

1. 项目建设背景

2017年，宁波市提出"推动中心城区'东集聚、南融合、西开发、北提升'，优化提升三江口，加快建设东部新城、南部新城、镇海新城、两江北岸等区域，高水平谋划推进东钱湖区域发展，统筹开发西部区块"的发展战略。根据《宁波2049城市发展战略》，2049年的宁波将基本建设成为"开放创新、幸福宜居的现代化全球门户城市"，打造全球综合枢纽、国际港航贸易中心、亚太文化交往中心、国家智造创新中心和幸福宜居家园。

南部商务区、宁波国家级临空经济示范区和东钱湖世界级生态文化湖区，均位于宁波市南部区域。目前市域范围内已建快速路有机场快速路、环城南路快速路、北环快速路、东苑立交快速化改造一期工程等，快速路总长约52 km、占比17%。在建的快速路有环城南路东段、北环东段、世纪大道快速路一期工程、东外环快速化改造工程、机场快速路南延工程等。已（在）建快速路主要位于绕城以内的市区北部及东部新城区域，市区南部快速路网建设相对滞后。

鄞州大道-福庆路（东钱湖段）快速路是宁波市"四横五纵九联"城市快速路网体系的重要组成部分，是东部新城连接东钱湖以及鄞州中

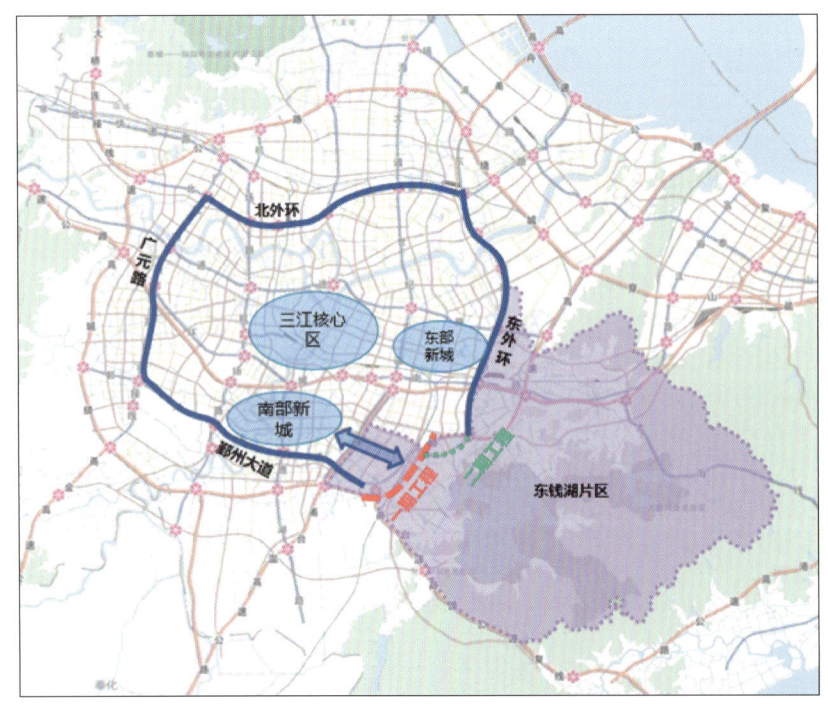

图1　工程区位图

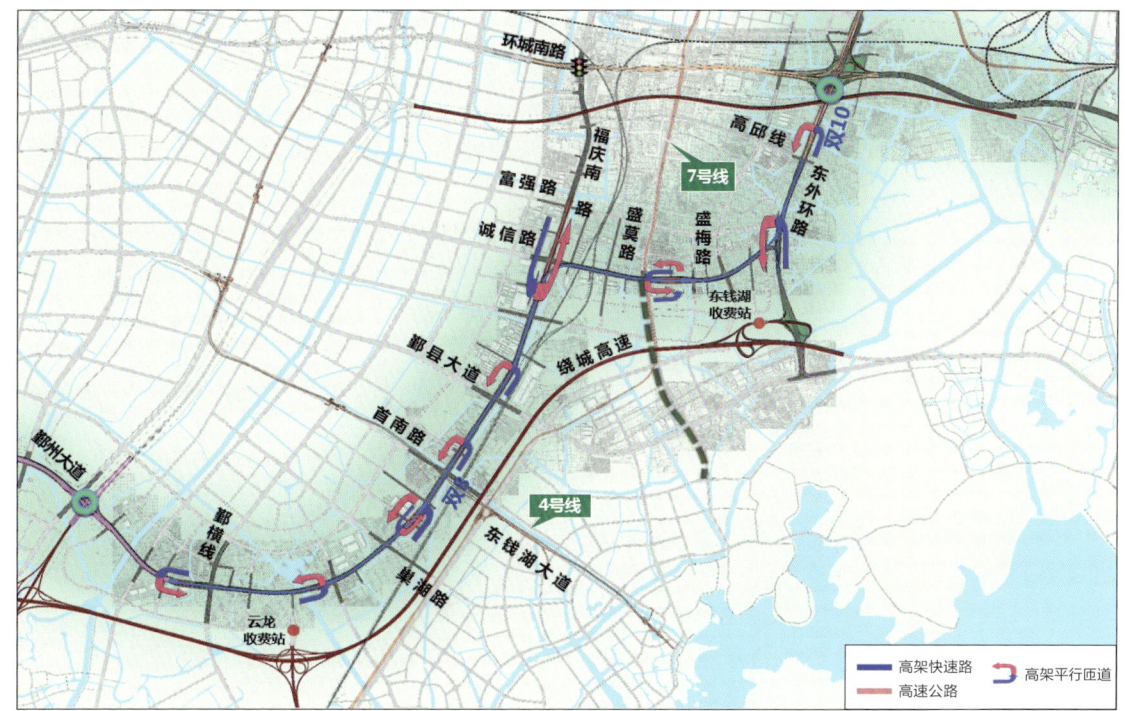

图2 工程总体布置图

区重要的快速通道。快速路建成后,将进一步完善城市南部区域快速路网结构,进一步加强临空经济示范区、南部商务区、东钱湖世界级生态文化湖区等重点区域联动发展,支撑"拥江、揽湖、滨海"的大东部开发建设。

根据市政府专题会议要求,本工程按"统一规划、统一设计、整体立项、分步实施"的原则,分一期福庆路段、二期诚信路+东外环路段两期实施。

2. 项目目标和必要性

鄞州大道-福庆路(东钱湖段)快速路是宁波市快速路网"四横五纵九联"中的重要组成部分,对于促进区域对外交通联系、强化区域协调联动发展具有重大意义和现实需求。本项目的建设对于快速路网的形成及其综合效应的发挥,加强快速路网的辐射功能,完善快速路网结构具有积极的推动作用,是促成宁波中心城区快速路成环成网运行的需要,是构建城市南部区域的东西向发展轴、支撑沿线组团之间联动发展的需要,是形成东钱湖国际生态文化湖区"双中心"对外联系重要快速路通道的需要,是改善区域交通出行条件、沟通城市各功能片区的需要。

3. 委托情况

2017年5月,宁波市人民政府发展研究中心发布《关于推进东钱湖区域跨越发展的目标定位和对策举措研究》,指出需加快建设连接云龙高速枢纽—鄞州大道—东钱湖大道—环城南路—东外环路的宁波南部区域及东钱湖外围快速路。为做好相关快速路的研究和建设工作,宁波市市政工程前期办公室委托我院开展本工程的前期方案研究及工程可行性研究,以支撑宁波南部区域及东钱湖片区的建设发展。

【项目内容】

1. 项目类型

本项目为政府投资、新建类、非生产性、特大型市政公共项目。

2. 建设单位情况

本项目建设单位为宁波市市政工程前期办公室(现名"宁波市城市基础设施建设发展中心"),是宁波市住房和城乡建设局下属单位,承担宁波市市政工程建设,并代表政府行使城市基础设施建设业主责任,参与市本级市政基础设施建设储备计划、实施计划编制工作,承担市本级市政基础设施建设项目预工可研究、建设方案编制工作,承担市本级市政基础设施建设项目建议书、工程可行性研究报告、初步设计、施工图设计等技术前期及相关报批工作,承担市本级市政基础设施建设管理服务工作。

3. 建设选址

鄞州大道-福庆路(东钱湖段)快速路工程全线位于宁波市鄞州区,基本沿现状福庆路、诚信路和东外环布置。工程匝道及立交布设合理，断面布局紧凑，最大程度上减少了对永久基本农田的占用和对现状建筑的拆迁，避免了对现状高压铁塔的迁移及沿线重要管线的迁改，实现了对现状道路的集约利用。

4. 主要建设内容及规模

鄞州大道-福庆路（东钱湖段）快速路主线南起寒松路，沿鄞州大道福庆南路、诚信路、东外环路，北接现状邱隘立交。工程范围内道路总长约12.65 km，其中：快速路主线总长约10.4 km，福庆南路匝道北延及配套道路整治范围长约2.25 km。

快速路采用"主线高架+地面辅道"建设形式，主线按照城市快速路标准建设，双向6车道规模，设计车速80 km/h，地面辅道按照城市主干道标准建设，双向4—6车道规模，设计车速50 km/h；全线共设置8对平行匝道（其中包含两对剪刀叉平行匝道），2对定向匝道。

5. 项目功能需求

鄞州大道-福庆路（东钱湖段）快速路工程主要承担宁波市南部区域和东钱湖片区交通的集散功能，沟通城市各组团之间的联系，是宁波市快速路网的重要组成部分，是加强宁波市南部区域和东钱湖片区与中心城快速联系的重要通道，是服务沿线地区中长距离到发交通的主要通道。快速路主线服务于沿线过境交通及中长距离的到发交通，以客运交通为主；地面辅道服务于沿线地区到发交通及内部交通，兼有货运交通及到发客运交通。

6. 估算投资构成

鄞州大道-福庆路（东钱湖段）快速路一期工程估算总投资38.38亿元，其中工程建安费28.30亿元，工程建设其他费4.21亿元，征地拆迁费3.03亿元，预备费2.84亿元。

鄞州大道-福庆路（东钱湖段）快速路二期工程估算总投资约28.02亿元，其中工程费约19.91亿元，工程建设其他费约6.04亿元，预备费约2.07亿元。

资金来源由市财政资金统筹安排。

【工作过程】

1. 咨询工作组织情况

（1）项目组成员及工作方式

前期研究期间成立以院分管领导、总工程师牵头的工作组，每月多次现场讨论及与建设单位沟通；咨询工作正式开展后，工作组主要人员常驻现场，极大地提高了咨询效率和质量。

（2）实行例会制，确保咨询质量

项目组在研究工作集中开展期间，每周召开例会协调存在的进度、质量等问题，对存在的问题进行及时的梳理、讨论及征询，在咨询阶段保证了工作的进度、咨询内容的深度和质量。

（3）严格执行综合管理体系规定，抓好影响设计进度的各个环节

① 项目开展的策划及前期阶段，由项目负责人、总工程师牵头充分研读上位规划文件，带领项目组多次现场踏勘调查，深入了解建设条件及现场环境；督促各专业在正式工作开展前进行事先指导及编制工作大纲，初步确定项目总体方案、各专业总体技术方案、技术重点和难点，为后续工作的开展起到事半功倍的指导作用。

② 项目具体咨询阶段，对收集到的资料进行及时验证和解读，督促各专业开展过程评审工作，对外部审查、专家评审、相关行业意见进行讨论研究，起到动态把控咨询成果进度及质量的作用。

③ 项目咨询成果输出阶段，复核外部审查、专家评审、相关行业意见在咨询成果中的落实情况；检查成品文件撰写及编制与文件编制深度规定、总院综合管理体系要求的符合性。

2. 咨询工作内容

在前期研究上位规划、调查现状交通、摸排建设条件的基础上，咨询阶段对功能定位、建设必要性和紧迫性、总体布置、起终点和节点方案、建设规模、技术标准、专业工程、投资及经济评价、实施可行性、施工期间交通组织、环境影响分析与节能评价和社会评价等进行全面研究。

3. 咨询服务主要过程

2017年5—9月，受宁波市市政工程前期办公室委托开展鄞州大道-福庆路（东钱湖段）快速路工程的研究工作，并形成初步研究成果。

2018年1—4月，与国网宁波供电公司就沿线高压线改迁事宜多次协商讨论，明确500 kV不具备改造条件，建议优化总体方案。

2019年8月，市政府召开专题会议，明确分期实施原则，要求尽快开工一期工程，力争早日开工二期工程。

2020年4月，完成一期工程可行性研究报告。

2020年5月，一期工程取得工可批复与初步设计批复。

2020年6月,一期工程开工。

2021年5—11月,与上海路局进行多次对接上跨高铁方案,跨高铁段推荐采用2×58米转体方案。

2022年3月,完成二期工程可行性研究报告。

2022年5月,二期工程取得工可批复。

【咨询工作特点及经验教训】

1. 规划引领——以城市战略及上位规划为引领,总体方案超前布局、动态迭代,适配城市区域定位的不断更新

本工程咨询过程时间跨度大,期间,长三角一体化发展战略、宁波2049城市发展战略、宁波市"十三五"总规等城市战略陆续发布,宁波西枢纽片区规划、东钱湖国际生态文化湖区城市规划等片区规划逐步形成。在构筑"一带一路"战略支点与长江经济带龙头龙眼、甬舟台共建宁波都市圈、义甬舟开放大通道建设等重大历史机遇面前,宁波正值从"三江口时代"迈向"海湾时代"、突破发展瓶颈的关键时期。

本工程研究期间,工程总体方案始终以上位规划为引领,从宁波市"一体两翼多组团、三江三湾大花园"的全域空间格局及"四横五纵九联"的快速路网总体布局出发,着力促成市域快速路成环建设的同时,以线带面,突破南部区域东西向联动发展的瓶颈制约。

总体敷设形式及规模结合城市发展规律及功能定位超前谋划,缝合宁波主城区与南部区域用地,支撑城市空间格局进一步拓展;串联南部商务区、宁波国家级临空经济示范区和东钱湖世界级生态文化湖区等重点开发区域,构建城市南部的东西向发展轴。

以引导未来发展及缓解现状矛盾为双目标驱动,动态迭代总体布置方案,在不降低中心城区快速路网0.4 km/km²的目标密度、不增加10 min上快速路的目标时长前提下,不断比选优化节点方案、匝道布置,进一步匹配东部新城、东钱湖"双东战略"定位,迎合世界一流的空铁一体大枢纽的战略需求。

2. 服务导向——提出以区域服务为导向,以路网布局为立足点,以路网交通分析为支撑的匝道布置思路,结合边界条件不断优化匝道布置方案,提高快速路辐射范围

总体布置上,根据功能定位分析,本工程是城市南部片区沿线组团快速沟通的重要通道,因此,为提高快速路服务能力,扩大快速路辐射范围,本工程在保证快速路环线功能的前提下,创新快速路匝道布置形式:一是设置福庆路北延匝道,实现了与东部新城的连续流沟通,进一步保障中心城10 min上快速路、主要节点30 min可达的目标,支撑城市东部新城与东钱湖双中心、下应乃至西枢纽等片区的快速高效连通;二是设置东外环南延匝道,实现与高速公路的"高—快"衔接,提高南部区域的对外交通出行效率,实现中心城与高速公路、高速铁路、机场等对外出行体系的快速无缝对接,缩小宁波市区与长三角的时空距离。

具体布置上,根据需求分析,工程于东钱湖大道两侧及巢湖路北侧各布置一对上下匝道,服务下应中心区、东钱湖地区、国际会展/会议中心。但两条横向道路之间距离仅约900 m,因此为满足出入口间距要求,咨询过程中同深度比选了多个匝道布置方案,最终推荐巢湖路与东钱湖大道间2对匝道组成剪刀叉匝道,在消除主线交通交织、保证服务功能的基础上,减少占用永久农田约9.5亩,减少拆迁约300 m²,规避了对杭甬铁路的影响,节约工程造价约4 500万元。

3. 绿色驱动——国内首创"大跨度桥梁顶升+平移"方案,以绿色技术创新推动低碳发展

鄞县大道跨线桥节点位于福庆路与鄞县大道两条重要道路的交叉口,于2013年完工,分两幅布置,半幅宽13.25 m,间距4 m,跨径组合为(45+70+45)m,主桥结构形式采用现浇连续

图3 剪刀叉匝道布置效果图

箱梁。鄞县大道跨线桥老桥的桥位、桥面标高、桥面纵坡线性均不能满足快速路高架桥的技术要求，如何处理好该节点成为鄞州大道-福庆路（东钱湖段）快速路能否完工的重中之重，聚焦了所有参建单位和市领导的目光。

根据检测结果，现状鄞县大道跨线桥的状况基本良好，服役年限较短，直接拆除重建的常规方案不符合资源再利用、减少固废产生、减少碳排放的基本理念。为实现节约工程投资和快速化施工两大目标，经过多轮讨论、各方论证，推出了国内首创的"大跨度桥梁顶升+平移"方案：将现状跨线桥主梁整体顶升至设计标高，同时将原有两幅桥通过平移拼接为一幅桥，以达到快速路主线标准要求。

图4 跨线桥"顶升+平移"改造方案效果图

图5 福庆南路—诚信路效果图

"顶升+平移"改造方案与全拆新建方案相比，巧妙再利用了现状老桥，减少了钢材消耗量1 642.1 t，减少了混凝土消耗1 804.86 m^3，减少了固体废弃物产生量4 846 m^3，节约投资约2 000万元。

除鄞县大道跨线桥节点外，本工程高架主线在西雅河以北段与原东外环高架并线，原东外环高架与2008年12月完工。工可阶段就东外环节点将拆除新建方案与老桥顶升利用方案进行同等深度的方案比选。在工程低碳化的大背景下，最终确定采用顶升利用方案，直接减少工程建设投资约3 700万元，减少了固体废弃物的产生，减少了资源的浪费。

"顶升+平移"改造方案的实施成功，为未来城市更新中老桥改造提升提供了很好的示范样板，有着极大的推广运用价值。

4. 超前深化——针对有限空间、多重约束的复杂节点，统筹分析用地布局及现状要素，超前深化节点方案，确保技术可行、投资可控

本工程线位经福庆南路向东转向至诚信路走行，并最终衔接东外环快速路。在福庆南路-诚信路转弯处约600 m范围内，工程线位连续与中塘河、500 kV一湖5478高压线、杭深高铁及北环铁路相交，沿线同时还存在宝恒4S店等敏感建筑，节点实施空间十分有限、建设条件极为复杂。

咨询过程建立了以满足功能为前提、以现状条件为边界、以技术方案为抓手的分析方法，综合论证，超前深化稳定节点方案。经多轮沟通协调及比选论证，并统筹考虑河道排洪、高压净距、铁路安全、城市景观、实施难度、拆迁成本等边界条件后，本工程结合交通预测结论，推荐采用400 m转弯半径，既满足主线高架设计标准，又集约利用了铁路及河道之间夹心地，且避开了对宝恒4S店影响；结构上以变截面连续钢箱梁跨越中塘河并穿越高压走廊，后以转体钢构跨越杭深高铁，再以小箱梁跨越北环货运铁路，满足河道排洪、高压14 m净空、铁路安全净距等要求，工程方案获得了宁波市水务局、上海铁路局、国网宁波供电公司等部门的认可。

5. 因情施策——高压走廊节点因情施策，工程设计"一点一方案"，以精细化设计扫除工程实施障碍

本工程沿线高压线分布广泛，涉及1条35 kV、9条110 kV、6条220 kV、3条500 kV共19条架空

电力线。咨询过程中经过多次与国网宁波电力公司对接，明确高压线中仅35 kV和110 kV有迁改条件，220 kV和500 kV不具备改造条件。研究中针对各高压线节点的具体情况，主线高架的总体及结构设计逐点研究，因情施策，实现"一点一方案"，为工程的顺利实施扫除障碍。

针对高压线影响范围较广且控制标高较低的情况，坚持集约利用老路、避免地面下挖的基本原则，桥梁下部结构采用倒T盖梁，减少整体结构高度；梁体在横桥向高压线影响范围外吊梁后采用移梁机平移至设计位置。

针对高压线两侧分别为铁路及排洪河道的复合节点，工可研究中多专业协调论证，多管齐下，通过在高压线控制点设置纵坡凹点、采用连续钢箱梁结构、支块模组车架设方案等策略，有力保证了节点方案的可行性。

针对高架及地面控制标高均受高压线制约的节点，工可研究中协调水利部门对河道进行局部改线，高架桥梁提出采用现浇方案以降低结构高度，优化减小地面道路下挖深度；桩基施工采用矮桩架回旋钻施工，钢筋笼节段长度采用6 m，利用门架吊装，满足高压线安全距离需求。

6. 生态优先——贯彻"生态快速路"的设计理念，在宁波首次大规模运用生态多孔纤维棉，实现快速路建设与生态环境协调有机发展

本项目在宁波首次大规模投入使用生态多孔纤维棉，运用多孔纤维棉参与设计调蓄量占比总设计调蓄量约27.5%，最终达到65%以上的径流控制率指标，整体效果获得了一致认可。

生态多孔纤维棉由纯净的火山岩为原材料，经高温熔融拉丝并通过特殊工艺处理成型，是一款集"渗、滞、蓄、净、用、排"功能于一体的分布式调蓄设施，本工程以采用生态多孔纤维棉作为LID设施为主材，实现了绿化不下凹、景观不破坏，后期养护成本极低，真正做到了"海绵城市"与景观绿化的平衡。

【咨询效果】

1. 技术效果

本工程是宁波市中心城区环形快速路的组成部分，建设意义重大，建设条件复杂。咨询过程坚持独立、科学、公正的原则，遵循集约、高效、绿色、低碳的理念，建立了系统化研究方法。

咨询过程紧扣功能定位、坚持系统分析，采用的总体方案对于快速路环网建设、支撑南部组

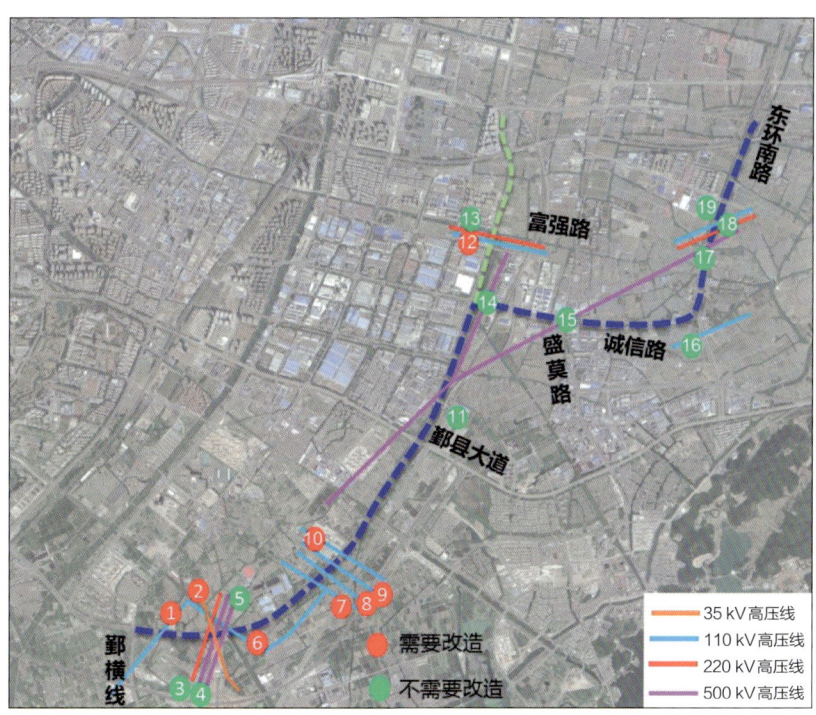

图6 沿线高压线走向示意图

团联动发展效果显著；立足现状要素、坚持集约生态，采用的节点方案先进可行，有效克服用地局限和空间制约，为工程的可信、可控、可行扫除一系列障碍。

2. 经济效益

本工程对鄞县大道跨线桥、东外环高架等现状桥梁采用了顶升利用方案，累计减少了钢材消耗约3 100 t，减少了混凝土消耗3 900 m³，减少了固体废弃物产生量约11 000 m³，节约投资约5 700万元。

本工程针对性的剪刀叉匝道布置方式，减少占用永久农田约9.5亩，减少拆迁约300 m²，规避了对杭甬铁路的影响，节约工程造价约4 500万元。

本工程工可研究中针对现状高压走廊节点进行超前深化、逐点研究，因情施策实现"一点一方案"，避免了高压走廊的迁改，加快了项目的推进。

综合而言，本工程咨询成果经济效益显著。

3. 社会效益

本项目的实施满足了市民宁波市南部片区、东钱湖片区与东部新城快速通达的需求，提高了沿线路段及横向道路的通行效率。

对鄞县大道跨线桥、东外环高架顶升利用，避免了大型拆除工程可能带来的社会不利社会影响，为社会稳定性评价工作做了良好的铺垫，加快了项目的推进工作。

广东纳塔功能纤维有限公司年产1万吨碳纤维及6万吨差别化腈纶项目可行性研究报告

Guangdong Nata functional fiber Co., LTD The Feasibility Study Report of the Project of 10 000 Tons of Carbon Fiber Yearly and 60 000 Tons of Differentiated Acrylic Fiber Yearly

编写单位：上海纺织建筑设计研究院有限公司
Shangtex Architectural Design and Research Institute Co., Ltd.
联系电话：021-62984580　　**网址：**http://www.stadri.com.cn
主要完成人：罗大为　王颖奇　胡敏瑛　史晓东　郭斌　曹书淳　罗非　唐乐　金平良

【点评】

该报告在国家"十四五"发展规划和2035远景目标的政策背景下，从市场需求、建设条件、产品方案、工艺技术、环境保护、财务评价等多维度进行了深入研究。研究指出了碳纤维作为国家战略物资的重要性，以及项目在技术先进性、创新性和可操作性方面的特点。特别是在技术方案上，项目采用了国际先进的聚合工艺、纺丝工艺和碳化工艺，体现了强烈的创新意识和对产品质量的高标准追求。咨询工作的亮点在于对广东省当地"三贡献"分析的深入研究，确保项目符合《广东省2021年水、大气、土壤污染防治工作方案》和《广东省生态环境保护"十四五"规划》的要求，展现了项目在环境保护方面的高标准和前瞻性。报告的咨询效果表明，项目预计具有极强的盈利能力和社会效益，对促进国家新材料技术进步具有显著的示范效应，同时对当地经济发展和就业问题将产生积极影响。

【项目背景】

碳纤维具有十分优异的力学性能，是目前大量生产的高性能纤维中具有最高的比强度和最高的比模量的纤维。碳纤维是与国民经济和国家安全密切相关的战略物资，是发展先进武器装备，特别是导弹、火箭和战机所急需的特种纤维，也是制造卫星、航空和航天飞行器、核能设备等迫切需要的功能材料和结构增强材料。

目前国内高品质的碳纤维用量98%依赖进口，国内碳纤维供应非常紧张，形势十分严峻，T700以上碳纤维产品国际市场供应渠道不稳定，这将直接影响到国家安全。

为了实现国内碳纤维及复合材料产业的快速发展，"十四五"规划专栏4制造业核心竞争力提升单元中，01项高端新材料提到"加强碳纤维、芳纶等高性能纤维及其复合材料、生物基和生物医用材料研发应用"方向。国家发展改革委印发的《增强制造业核心竞争力三年行动计划（2018—2020年）》明确提出要提升先进复合材料生产及应用水平，重点发展高性能碳纤维及其应用。国家质检总局、工信部、发展改革委等9部委印发的《新材料标准领航行动计划（2018—2020年）》具体提出研制T800级和M55J级及以上工业级系数碳纤维制备相关技术标准，促进国产碳纤维广泛应用。

本咨询项目从事碳纤维生产，其中碳纤维拉伸强度为4 500 MPa，拉伸模量为245 GPa，属于《产业结构调整指导目录（2019年本）》第一类鼓励类。项目差别化腈纶生产采用二甲基亚砜（DMSO），不涉及《产业结构调整指导目录（2019年本）》第三类淘汰类工艺。项目符合《产业结构调整指导目录（2019年本）》要求。

广东纳塔功能纤维有限公司目前已建立丙纶FDY生产线70多条、POY生产线8条、DTY生产线2条、BCF生产线12条及其他生产研发设备若干，是目前国内实际产量最大的丙纶长丝生产厂家。企业拥有技术研发团队，在技术、装备、人才储备及成本方面具有明显的优势。本项目瞄准高端市场，采用先进成熟的安全、环保生产工艺，产品质量将在同行中居于领先水平。项目企业为新材料技术企业，已建立了稳定的产品销售渠道和网络。从市场产品竞争力调查情况上看，该项目市场和渠道建设未来需求是非常乐观的，风险较小。

【项目内容】

1. 项目建设内容和工艺情况

该项目建设年产1万t碳纤维及6万t差别化腈纶的产能，规划引进国际国内先进设备，计划建设聚合车间、原液纺丝车间、回收车间、碳化车间等主要生产车间。项目建成投产后每天可生产碳纤维30.03 t、差别化腈纶180.18 t，年运行天数按333天计。项目共12条差别化腈纶生产线（12条干喷湿法纺），4条碳化线，1条差别化腈纶中试线。

项目分三阶段：

一阶段2条聚合线，2条干喷湿法纺，2条碳化线；

二阶段2条聚合线，2条干喷湿法纺，2条碳化线；

三阶段8条聚合线，8条干喷湿法纺，1条差别化腈纶中试线。

表1 产品方案

品种	产品	品　种	生产线	设计产能	备注
1	差别化腈纶	抗起球腈纶纤维	2	10 000 t/a	
		异型纤维和超光腈纶纤维	2	10 000 t/a	
		超细旦腈纶纤维	2	10 000 t/a	
		抗菌、红外等功能腈纶纤维	2	10 000 t/a	
		工业丝腈纶纤维	4	20 000 t/a	
2	碳纤维	1K/3K/12K12K/24K	4	10 000 t/a	
最终产出	差别化腈纶			60 000 t/a	
	碳纤维			10 000 t/a	

项目生产所需要的主要原料是丙烯腈，主要由同园区丙烯腈项目提供。

该项目聚丙烯腈原丝和碳纤维生产工艺流程如下：聚丙烯腈原丝生产分为聚合和纺丝两大部分。原丝制造采用DMSO为溶剂一步法湿法纺丝工艺路线。以丙烯腈为主要原材料经溶液聚合制成纺丝原液，纺丝原液经凝固成型、牵伸、

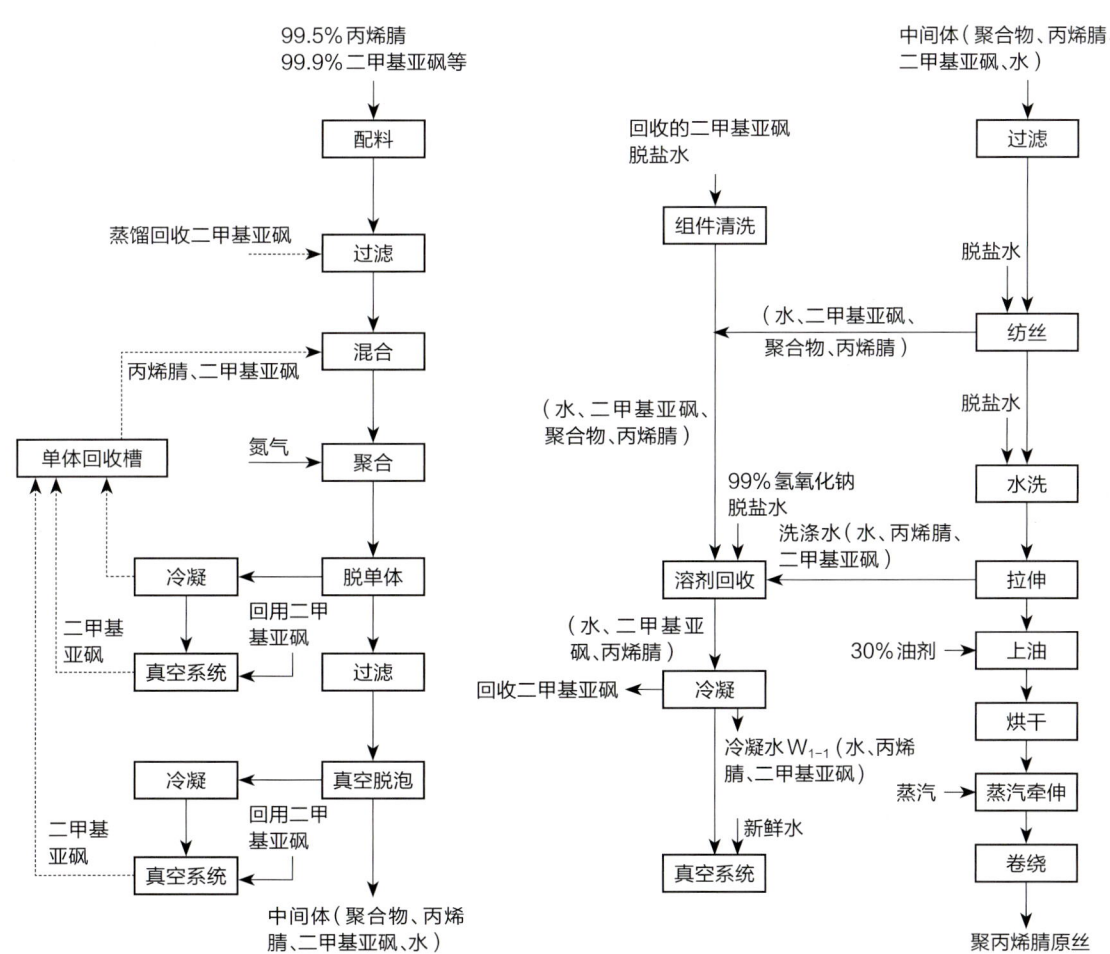

图1　聚丙烯腈原丝工艺流程图

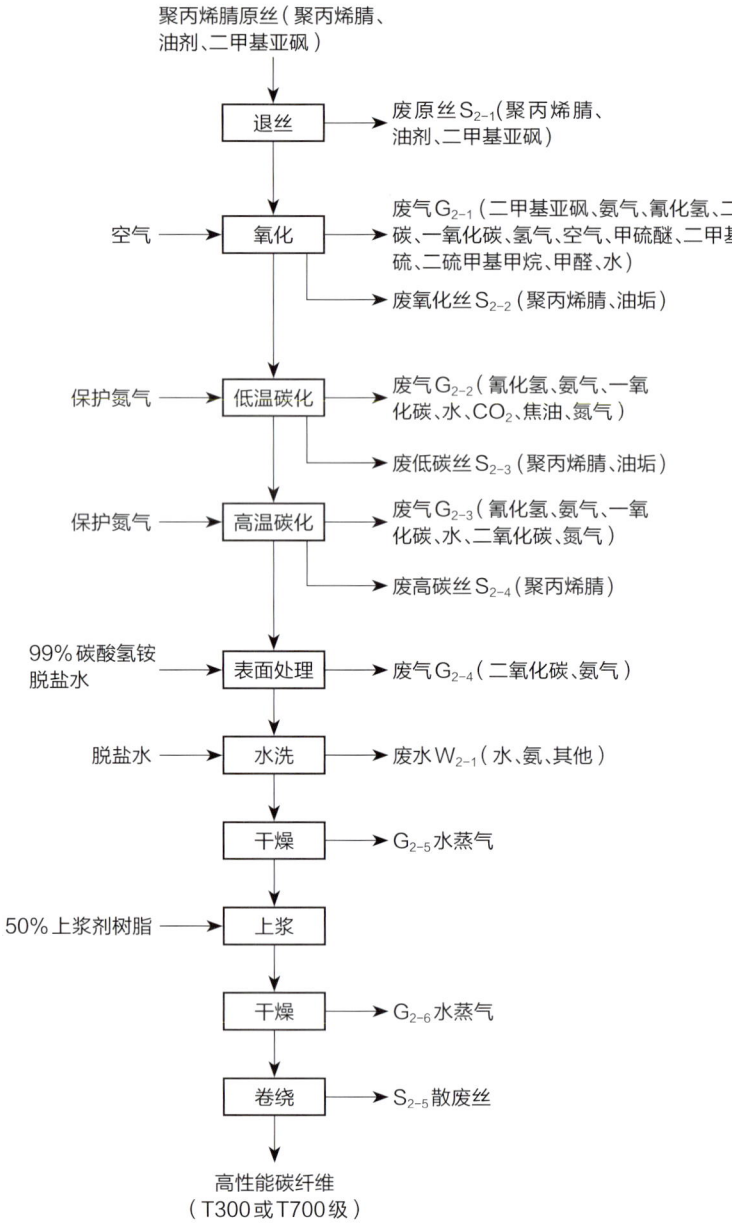

图2 高性能碳纤维生产工艺流程图

水洗和上油处理,再经干燥、松弛热定型、收卷制成原丝。

聚丙烯腈碳纤维工艺流程包括:原料准备、连续退丝、预氧化工序、低温碳化、高温碳化、表面处理、上浆及干燥、卷绕工序。

该项目的聚丙烯腈原丝在工艺合成路线、纺丝方法、溶剂的选择三方面均具有先进性,因此原丝生产工艺具有先进性。高性能碳纤维的生产工艺,也是原料路线工业化生产碳纤维三大类工艺[聚丙烯腈(PAN)基碳纤维、沥青基碳纤维和粘胶基碳纤维]中的先进工艺技术。

2. 建设地点和建设条件

该项目位于广东省揭阳大南海石化工业区(简称"石化工业区")内石化大道以西,西区南路以南,用地面积约470亩。石化工业区整体规划科学合理,其水、电、交通等各项基础条件良好,环境容量适宜。石化工业区在产业规划上以新材料、化工等为发展方向,资源配置合理,具有很强的投资优势,实施需要的外部条件成熟,同时能源成本低廉,项目选址合理可行。

项目主要建筑物包括:纺丝车间、聚合车间、碳化车间、空压站及液氮罐区、聚合高低压配电站、聚合控制室等。建设经济技术指标如表2所示。

表2 主要建设经济技术指标

序号	名 称	面积(m²)	指 标
01	项目用地面积	311 202	
02	总建筑物占地	124 084.44	
03	总建筑面积	179 328.96	
04	计容面积	263 215.88	
05	建筑密度		39.87%
06	容积率		0.85
07	绿地率		14.93%

项目生活生产用水量一阶段为4 406.16 m³/d,二阶段为4 390.32 m³/d,三阶段为4 387.68 m³/d,生活生产总用水量为13 184.16 m³/d。

项目厂区内设110/10 kV总降站,负责向项目供电。在聚合高、低压变配电站(一、二、三阶段合用)内设置10 kV配电所及聚合、回收10/0.4 kV变配电所,在纺丝车间一附房(一、二阶段合用)及纺丝车间二附房(三阶段使用)设置纺丝车间10/0.4 kV变配电所,在碳化车间附房设置碳化车间10/0.4 kV变配电所,在综合动力站(一、二、三阶段合用)内设10 kV配电及10/0.4 kV变配电所。厂区高压采用10 kV,50 Hz;低压采用0.38 kV或0.22/0.38 kV,50 Hz。工程设备总装接容量为98 320 kW,总有功计算功率57 355 kW,总无功计算功率26 174 kvar,总视在计算功率63 045 kVA。

项目供热及热源蒸汽由石化工业区的热电厂供汽,外供蒸汽的压力为2.5 MPa(G),过热蒸汽温度为260℃,流量为160 t/h。在厂区内设置减温减压站一座,设置在综合动力站内,经减温减压后,由热力站经厂区管架接至生产车间及各用汽点。

项目通信系统电话和计算机网络的布线采用综合布线系统,机房设置在碳化车间底层电信间内。

项目聚合车间为敞开式生产区域,采用自然通风方式,满足安全生产要求。纺丝车间的干、湿区属高温高湿型生产区,该区域设置全面送排风系统。

每个碳纤车间的丝架和收丝生产区域,设置4套组合式空调机组,分别向上述生产区域送风,空调机组就近设置在生产附房中,空调机组采用部分回风系统。另外设置4套组合式空调机组,分别向氧化、碳化及表面处理生产区域送风,空调机组就近设置在生产附房中,空调机组采用全新风系统。

项目综合动力站内设置7℃冷冻水系统。采用4台单机制冷量为4 219 kW和2台单机制冷量为2 110 kW的离心式冷水机组,同时安装冷冻水泵8台(6用2备)及相应的配套设备,以保证纺丝和碳纤工艺生产以及空调系统的用冷需求。

根据差别化腈纶生产工艺过程要求,控制系统采用先进的集中分散型控制系统(简称DCS系统),本系统具有操作管理高度集中、故障危险大为分散的特点,可以极大提高系统运行的安全性及可靠性。装置中料仓、风送部分随工艺设备成套提供PLC控制系统,PLC系统数据可通过工业MODBUS总线与DCS进行过程监控数据交换。

项目设计充分考虑了环境保护因素,选择技术先进、工艺成熟的工艺生产线,从根本上减少污染物排放,减轻对环境的影响。对工艺过程不可避免产生的污染,采取回收或综合利用的措施,对外排放的污染物,采取先进、可靠、经济的治理措施,达到国家规定的排放标准。

项目在生产过程中存在的主要危险和有害因素是火灾、爆炸及中毒,重点采取措施进行预防,并确保防护措施到位。通过落实各项劳动安全卫生对策措施,该项目生产装置基本上可达到安全生产的目的。本项目根据环评和安评等要求设置卫生防护距离,卫生防护距离内无环境敏感保护目标(居民点、河流等),正常生产情况下不会对敏感保护目标产生污染影响。

该项目聚合、干燥车间生产火灾危险性类别为甲类,建筑物设计耐火等级为一级。纺丝车间生产火灾危险性类别为丙类,建筑物设计耐火等级为一级。纺丝车间与原液车间用防火墙及甲级防火门隔开,划为两个防火分区。碳化车间生产火灾危险性类别为丙类,建筑物设计耐火等级为一级。

3. 项目投资和评估情况

该项目建设时间为2023年8月—2027年12月。项目投资总估算为479 458.65万元。其中:建设投资为455 921.85万元;建设期贷款利息为12 285.24万元,铺底流动资金为11 251.56万元。

项目分三阶段建设:一阶段估算投资165 630.27万元,其中:建设投资156 661.87万元,建设期贷款利息为6 000.78万元,铺底流动资金为2 967.62万元;二阶段估算投资96 159万元,其中:建设投资92 076.01万元,建设期贷款利息为1 933.60万元,铺底流动资金为2 149.39万元;三阶段估算投资217 669.39万元,其中:建设投资207 183.98万元,建设期贷款利息为4 350.86万元,铺底流动资金为6 134.55万元。

估算总投资包括各生产车间、厂区的土建、工艺、空调、电气、空压、给排水、动力、暖通、弱电等各专业费用以及固定资产其他费用、预备费、铺底流动资金及建设期利息。

财务分析表明,项目全部投资所得税后财务内部收益率为50.02%,税后投资回收期(含建设期)为4.86年,投资利润率52.31%,投资利税率61.76%,表明该项目有极强的盈利能力。项目财务上是可行的。

该项目产品方案合理,符合国家产业政策,采用的工艺技术先进,设备安全稳定可靠,科技含量较高,建设地区基础设施完备,能够充分满足项目要求;项目建成以后,能够大量解决当地群众的就业问题,增加当地税收,既给企业带来显著的经济效益,又可为当地经济的发展做出重大贡献,同时对国内同类其他企业在高新技术领域的研发也将起到促进作用,具有显著的社会效益和科技创新示范效应。厂区离揭阳市区较远,施工期间不会给群众生活带来影响。

综上所述,广东纳塔功能纤维有限公司年产1万t碳纤维及6万t差别化腈纶项目符合国家相关产业政策;工艺技术完备成熟,环境保护措施有力,消防、职业安全措施安全可靠,投资效益高于行业基准水平,项目有利于社会稳定,是可行的。

【工作过程】

本可研报告项目于2021年11月与业主方签

订合同，于2022年8月向业主方递交报告最终版本，历时9个月。项目签订后我司即刻根据项目需要成立项目组，分别按照工作流程和工作内容进行分工。

在工作流程方面：项目组按专业进行分工，确认工作内容；各专业根据项目特点划分工作节点，并根据最终提交时间倒推节点时间，同时预留应急反应时间段；项目组确定节点时间需要达成的成果及会议时间、地点，各专业根据节点要求进行内部分工，在节点前完成相关工作。项目节点通过后，继续向下一步推进，直至项目完成。如果节点工作无法完成，项目时间节点需要重新倒推并划分，同时对工作难点进行重点划分并推进，确保项目能够顺利完成。

在工作内容方面：项目组根据项目建设内容及规模情况，按照工艺、建筑、给排水、电气、动力、暖通、自控和概算八个方面向业主方收集资料。收集资料内容包括项目规划地点、周边交通情况及当地政策要求，项目产品工艺路线及计划采购设备情况，预估水、电、气消耗情况，周边电力、水利、热力供应情况，周边污水、雨水排放情况，地勘报告等内容。业主方提供资料后，项目团队根据项目建设内容和规模情况对项目工艺路线和设备进行梳理，核算原辅料、能源、电力、供水等需求量，并与业主所提供的资料内容进行比对。比对数据存在偏差时，团队相关人员通过输入、输出和其他相关工序对比进行多维度核算，确认提供的资料内容与计算数据的偏差，并预估可能的偏差原因，进行整理后与业主方沟通调整并确认，确保项目流程的完整性和相关数据的准确性。各流程工序确认后，各专业对工段进行细化，根据工艺路线图对各个节点具体分析，对工段产品的种类、成分、比例以及输出路径进行具体分析，根据产品特点对配套工艺和设备进行功能设计说明，对各工段安全、环保和人员安排情况重点考虑，确保咨询报告对项目的正常运转和安全等情况进行了详尽的说明。

项目内容完成后，各专业内容统一汇总，经专业负责人、工艺负责人和项目负责人审阅后，向业主方递交汇总稿，并根据业主反馈进行调整，形成双方认可的最终版本，完成本次咨询工作。

【咨询工作特点及经验教训】

1. 咨询项目的先进性体现

本次咨询工作内容为"年产1万吨碳纤维及6万吨差别化腈纶项目"。碳纤维是国家安全、武器装备亟需的关键战略物资，是国外长期技术封锁和产品垄断的敏感材料，广泛应用于国防军工及国民经济领域。目前国家重点武器装备、重大专项、重要战略新兴产业等急需的关键碳纤维材料长期依赖进口，严重制约我国国防工业和国民经济健康发展，威胁国家安全。本项目通过在新建项目上进行碳纤维产品质量、性能、适应性等测试验证，实现上下游产品导向性开发等，为做优、做强碳纤维产业服务，开拓特殊领域专用碳纤维产品。

本咨询工作通过比较聚丙烯腈基碳纤维生产的主要工艺路线——聚合工艺、纺丝工艺和碳化工艺的工艺方法，优选了最佳的工艺方案。

在聚合工艺方面，对比了无机溶剂和有机溶剂的优劣性，优选了溶解性好、腐蚀性小、无需低温凝固成形、无金属离子残留，且毒性较小的二甲基亚砜（DMSO）作为溶剂，采用了产品纯度高、能耗小、设备简单的溶液聚合生产工艺，是国际上最为先进的聚合工艺。

在纺丝工艺方面，湿法纺丝技术在化纤（腈纶）行业内部非常成熟，产品具有碳纤维表面沟槽明显，与树脂基复合性能优越的特点，适用于航天航空器结构材料的使用；干喷湿纺纺丝在干段（空气层）发生的物理变化有利于形成致密化和均质化的丝条，为生产高性能原丝奠定了基础。本咨询报告采用干喷湿纺与湿纺技术混用柔性生产作为纺丝工艺，综合了两种纺丝方法的优势。

在碳化工艺方面，利用公司配制的专用上浆剂、采用三级预氧化、低温碳化+高温碳化技术作为碳纤维生产工艺，保证各个阶段停留时间满足工艺要求，实现均质预氧化。整条生产线采用超大宽幅生产设备，通过计算机控制，实现了分区、多点温度控制。高低温碳化工序使用耐高温硅材料，延长使用寿命。

本咨询工作将各工段的先进工艺有效组合，在国内尚属首次，体现了咨询工作的先进性、创新性、可操作性。

2. 咨询工作的重难点问题

广东省当地的"三贡献"分析是本次咨询工作的重难点问题。

根据《广东省2021年水、大气、土壤污染防治工作方案》（粤办函〔2021〕58号）：

① 大气防治工作方案要求："持续优化产业

结构。聚焦减污降碳，大力发展先进制造业、推行产品绿色设计和清洁生产，依法依规加快推动落后产能关停退出，持续推进工业绿色升级。完善'散乱污'企业认定办法，分类实施关停取缔、整合搬迁、整改升级等措施，严防杜绝'散乱污'企业异地转移、死灰复燃。""全面深化涉VOCs排放企业深度治理""涉VOCs重点行业新建、改建和扩建项目不推荐使用光氧化、光催化、低温等离子等低效治理设施"。

② 水防治工作方案要求："推动工业废水资源化利用，加快中水回用及再生水循环利用设施建设，选取重点用水企业开展用水审计、水效对标和节水改造，推进企业内部工业用水循环利用。"

③ 土壤防治工作方案要求："加强工业污染风险防控。加强工业废物处理处置，各地级以上市组织开展工业固体废物堆存场所的现场检查，重点检查防扬散、防流失、防渗漏等设施建设运行情况，发现问题要督促责任主体立即整改。"

本咨询工作通过对项目选择工艺路线和生产设备深入研究，提出项目采用先进生产工艺及装备，物耗、能耗、水耗等均能达到国内清洁生产先进水平。项目对产生的各种大气污染物均采取相应措施，减少大气污染物排放；项目产生的废水依照"清污分流、污污分治"的处理原则，项目厂区生活污水、生产污水、车间生活污水排至室外化粪池，经预处理后其溢流水与生产污水合流排至厂区新建污水预处理站进行处理，达标后排至大南海石化工业区污水处理厂进行处理。项目对各种固废临时堆放场所采取相应的处理处置措施及风险防范措施，要求做到防扬散、防流失、防渗漏。保证项目的建设符合《广东省2021年大气、水、土壤污染防治工作方案》的要求。

根据《广东省生态环境保护"十四五"规划》（粤环〔2021〕10号）要求：

① "大力推进挥发性有机物（VOCs）源头控制和重点行业深度治理""在石化、化工、包装印刷、工业涂装等重点行业建立完善源头、过程和末端的VOCs全过程控制体系"。

② "深化工业炉窑和锅炉排放治理""石化、水泥、化工、有色金属冶炼等行业企业依法严格执行大气污染物特别排放限值"。

③ "加强危险化学品环境风险管控。优化涉危险化学品企业布局，对于危险化学品生产装置或者储存数量构成重大危险源的危险化学品储存设施严格执行与居民区安全距离等有关规定合理布局""规范危险化学品企业安全生产，强化企业全生命周期管理，严格常态化监管执法，加强原油和化学物质罐体、生产回收装置管线日常监管，防止发生泄露、火灾事故"。

本咨询工作根据上述要求，提出项目需建立完善源头、过程和末端的VOCs全过程控制体系。涉VOCs物料输送采用管道密闭运输，加强对挥发性有机物的收集处理，有机废气经治理达到相应排放标准后才可进行排放。根据工业区规划、基础设施及重点项目建设情况，拟逐步对规划范围内邻近区域的村庄进行搬迁，待村庄全部搬迁后，项目储罐区均远离居民区。保证项目与《广东省生态环境保护"十四五"规划》相关要求相符。

本咨询工作提出，项目需遵照《国家环境保护法》和国家环保部门的规定，依据防止污染和环保设施必须与主体工程同时设计、同时施工、同时投产的原则，在引进的技术中需要包括治理"三废"污染的技术，排出的"三废"要达到国家环保部门规定的各项指标，不可以发生污染灾害。

本咨询项目所属行业为C2823腈纶纤维制造。依据《产业结构调整指导目录（2019年本）》（2020年1月1日起施行）和《部分工业行业淘汰落后生产工艺装备和产品指导目录（2010年本）》，项目不属于国家限值及淘汰类中提及的内容。项目的建设符合国家和地方的产业政策。

根据《市场准入负面清单（2022年版）》，项目不属于市场准入负面清单中的禁止类，根据《产业发展与转移指导目录（2018年版）》，项目不属于广东省引导不再承接的产业，项目的建设符合国家和地方的产业政策。

对照广东省发展改革委关于印发《广东省"两高"项目管理目录（2022年版）》的通知（粤发改能源函〔2022〕1363号），本项目产品及或工序均不属于"两高"行业和项目范围。

项目生产占用的土地不违反《限制用地项目目录（2012年本）》和《禁止用地项目目录（2012年本）》（国土资源部、国家发展改革委〔2012年本〕），项目符合国家相关国土空间政策。

除上述政策情况外，本咨询报告通过统计总投资额度、申报用地、纳税、工业增加值、综合能源消耗、大气污染物排放指标，形成对项目单位土地产值和税收贡献（万元/亩）、项目单位能耗产值和税收贡献（万元/吨标煤）、项目单位环保

表3 项目"三贡献"分析

指标类别		一期一阶段项目	一期二阶段项目	一期三阶段项目	一期项目
建设内容（装置）		1万t/a差别化腈纶、0.5万t/a碳纤维生产装置及配套设施、公用设施	1万t/a差别化腈纶、0.5万t/a碳纤维生产装置及配套设施	4万t/a差别化腈纶生产装置及配套设施	6万t/a差别化腈纶、1万t/a碳纤维生产装置及配套设施
总投资额度（亿元）		16.56	9.62	21.77	47.95
固定资产投资额（亿元）		12.49	8.16	18.40	39.05
申报用地（亩）		140.00	130.00	196.00	466.00
产值（亿元/年）		21.25	21.25	24.24	66.74
纳税（亿元/年）		4.30	4.30	2.79	11.39
工业增加值（亿元/年）		16.23	16.61	9.00	41.84
综合能源消耗等价值（万tce/a）		6.05	6.05	7.09	19.19
综合能源消耗当量值（万tce/a）		3.88	3.88	5.78	13.54
大气污染物排放指标（t/a）	氮氧化物	3.76	3.76	1.33	8.85
	VOCs	16.52	16.52	44.05	77.09
项目单位土地产值和税收贡献（万元/亩）	投资强度	892.14	627.69	938.78	837.98
	产出强度	1 517.86	1 634.62	1 236.73	1 432.19
	税收强度	307.29	330.92	142.14	244.42
项目单位能耗产值和税收贡献（万元/tce）	单位能耗产值贡献	5.48	5.48	4.19	4.93
	单位能耗财税贡献	1.11	1.11	0.48	0.84
项目年能源消费增量与所在地能耗总量控制目标的对比分析（m%）		2.80	2.80	3.28	8.88
项目年能源消费增量与所在地能耗总量控制目标的影响程度：m≤1（影响小），1＜m≤3（一定影响），3＜m≤10（较大影响），10＜m≤20（重大影响），m＞20（决定性影响）		较大影响	较大影响	较大影响	较大影响
增加值能耗对揭阳能耗强度下降的影响（n%）		0.04	0.02	0.48	0.52
对揭阳能耗强度下降影响程度：n≤0.1（影响小），0.1＜n≤0.3（一定影响），0.3＜n≤1（较大影响），1＜n≤3.5（重大影响），n＞3.5（决定性影响）		较大影响	较大影响	较大影响	较大影响
项目单位环保容量产值和税收贡献（万元/t）	单位氮氧化物财税贡献	473.27	473.27	—	627.27
	单位VOCs财税贡献	6 828.57	6 828.57	1 105.56	3 013.23

容量产值和税收贡献（万元/吨）的汇算，分析影响程度。涉及了概算、"三废"排放、能耗等各专业的方案优化、反复计算与统计，最终的结论是作为向管委会申报的重要依据。对类似项目在当地的申报过程中有参考意义。

【咨询效果】

本可研报告根据国家对建设项目的可行性研究阶段的工作范围和深度规定，对项目的建设条件进行了实地查勘，对项目建设的背景与发展概况、市场需求预测、建设条件与厂址概况、产品方案与建设规模、工艺技术与设备、工程技术方案、环境保护与节能减排、消防、劳动保护与安全卫生、企业组织与劳动定员、项目管理与实施进度、投资估算与资金筹措、财务评价等方面进行了综合研究与分析，重点研究和论述了项目建设的必要性、市场需求预测、工艺技术与设备和工程、经济方案的可行性，提出了项目建设的内容、方案、投资、资金筹措和财务评价，为项目的决策和建设提供了依据。

报告对碳纤维和差别化腈纶的产品性能特点，应用领域和产业发展进程进行了详细的说明，并对近15年来国家碳纤维产业发展政策进行深入解读，确认了项目碳纤维产品是《产业结构调整指导目录（2019年本）》中的鼓励类产品，项目差别化腈纶也符合《产业结构调整指导目录（2019年本）》要求。国家从政策层面把碳纤维作为新材料进行推广和应用，持续引导国内碳纤维发展，计划形成若干家具有国际竞争力的碳纤维大型企业集团及若干创新能力强、特色鲜明、产业链完善的碳纤维及其复合材料产业集聚区。本报告从政策层面为项目建设提供了依据。

高性能碳纤维被广泛应用于军事、航空航天、工业、土木工程、医疗器械、体育用品等各个领域，市场前景良好。目前，国内碳纤维用量仍大多数依赖进口，国际市场供应渠道不稳定，直接影响到我国国家安全。据业内人士预测，由于碳纤维在国防军工、民航、石油开采、风力发电、压力容器等行业的大量应用，碳纤维紧张形势将会更加严峻。与国外先进水平的较大落差将影响到国家的安危和我国的国际地位。本报告从促进我国碳纤维及相关制品应用，促进相关行业的发展的层面为项目建设做了说明。

技术方案是可行性研究的重要组成部分。本报告详细分析了项目拟采用的技术路线，研究了项目应采用的生产方法、工艺和工艺流程、重要设备及其相应的总平面布置、主要车间组成及建筑物结构型式等技术方案。并在此基础上，估算土建工程量和其他工程量。报告研究了项目技术是否具有先进成熟性，是否适合所用的原料特性，是否符合产品所定的质量标准，能否适应拟建地区现有工业水平，在维修、操作、人员培训等方面是否有不能克服的障碍，所需投入物的规格和质量能否满足生产要求，并与地区的技术吸收能力、劳动力来源相适应等。

本次研究工作，在调查研究的基础上，严格按照客观实际进行评价与分析，保证评价结论的客观性、公正性和科学性，为各级审批部门和项目承办单位提供科学决策的依据。

浦东机场南区地下交通枢纽及配套工程可行性研究报告

The Feasibility Study Report of Underground Transportation Hub and Supporting Projects in the Southern Area of Pudong Airport

编写单位：华东建筑设计研究院有限公司
　　　　　上海市政工程设计研究总院（集团）有限公司
East China Architectural Design and Research Institute Co., Ltd.
Shanghai Municipal Engineering Design and Research Institute (Group) Co., Ltd.
联系电话：021-63217420　　　网址：https://www.ecadi.com
主要完成人：蒋　玮　章　帆　沈鑫宏　于　宵　翟　炯　孙　畅　陈　爽　沈爽之　邓　其　许海英

【点评】

该可研报告为满足2021年内如期开工，以及2024年11月机场联络线具备铺轨和两港快线具备盾构接受条件的进度要求，对地下工程的桩基、基坑围护结构等工程，从技术、管理角度深入研究整个浦东机场四期扩建工程、T3航站区的建设规划，以及南区地下工程先行实施的可行条件。该项目核心亮点在于6条下穿轨道交通线路，它们构成了一个高效的多线路换乘系统，将浦东机场与虹桥枢纽、城市中心以及充满活力的临港新片区紧密相连，预计轨道交通将承担超过30%的客流，有效缓解地面交通压力，为旅客提供便捷、高效的出行选择。该项目的实施对于推动长三角地区的交通一体化，提升上海国际航运中心的地位，促进区域经济的高质量发展，以及构建浦东综合交通枢纽，具有重要意义。

【项目背景】

随着中国长三角一体化发展战略的深入实施，以及《上海市国民经济和社会发展第十四个五年规划和二〇三五年远景目标纲要》的提出，上海作为国际航运中心的地位日益凸显。在此背景下，上海浦东国际机场（简称"浦东机场"）作为面向长三角、全国领先、辐射全球的亚太航空门户枢纽，其功能完善与服务能力提升显得尤为重要。为了响应国家战略，满足区域发展需求，增强机场自身基础设施保障能力，上海机场（集团）有限公司（简称"机场集团"）拟启动浦东机场南区地下交通枢纽及配套工程。

本项目包含6条轨道交通线路的站台及站厅，包括机场联络线、两港快线、2号线、21号线、磁浮线、陆侧捷运线，以及交通枢纽大厅、空侧捷运站、南北交通中心地下停车场、南进场路地道、排水箱涵等工程，所处的位置位于规划拟建浦东机场四期工程T3航站区的正下方，以轨道交通土建预留工程为主，包含部分航站楼位于地下的功能，未来将作为航站区工程的重要组成部分，与上部的T3航站楼及南北交通中心实现无缝衔接。

国家发展改革委2018年批复的《上海市城市轨道交通第三期建设规划（2018—2023年）》中提到了机场联络线的规划，线路自虹桥枢纽至上海东站，线路长68.6 km，设站9座，投资480.54亿元，项目建设工期6年，已于2020年实现了全面开工。根据工期安排，机场联络线在T3航站楼所设置的站点需要在2024年11月前具备铺轨有序衔接的实施条件，工程进度迫在眉睫。而民航局在2020年才批复《上海浦东国际机场总体规划局部调整》，明确了浦东机场T3航站楼的旅客吞吐量和飞机起降架次的规模，至此才夯实了T3航站楼建设的规划基础。按照工期规划倒排，T3航站区在2021年之前开工，才能匹配与机场联络线接轨的要求。而T3航站区包括T3航站楼、南北交通中心及附属配套业务用房、空侧坪、旅客捷运系统、行李下穿系统、高架桥梁和地道、市政配套设施等，总建筑面积约200万 m^2，总投资高达约600亿元，体量庞大、界面复杂，需要经过至少3—5年的详细研究和论证，难以实现在一年内开工的目标。

因此，经市政府专题会议研究后明确，由于T3航站区项目体量大、工期长、投资大、工况复杂，涉及轨道交通建设需用到市级财力和财政资金，资金筹措方案复杂，且需采取审批制，审批审查手续，环节多、用时长，一次性整体实施难以满足机场联络线的实施进度，建议先行实施本项目，为下穿的轨道交通创造可实施条件，未来再实现与上部航站楼等工程的有序衔接。

上海机场（集团）有限公司在2021年委托华东建筑设计研究院有限公司与上海市政工程设计研究总院（集团）有限公司组成联合体，充分发挥各自在建筑设计和市政工程领域的专业能力和丰富经验，开展浦东机场南区地下交通枢纽及配套工程（以下简称"南区地下工程"）的可行性研究的立项咨询工作。

【项目内容】

1. 建设地点

本项目位于上海浦东国际机场的用地范围内，北至南垂滑最南侧滑行道51 m处，南至现状围场河，东至第二跑道第三平滑，西侧至飞翱路。总用地面积约150万 m^2。本项目的用地范围如图1所示。

2. 实施范围

为满足2021年内如期开工以及2024年11月机场联络线具备铺轨和两港快线具备盾构接受条件的进度要求，对地下工程的桩基、基坑围护结构等工程的实施范围和内容，从技术和报审角度进行了深入调查和研究，确定了应遵循的原则。

（1）在机场自有建设用地范围内

根据机场集团提供的土地权属调研报告，航站区红线范围内有六块其他单位权属用地，如果本次立项范围涉及，需在开工前办理征地拆迁手续和相关费用补偿。从尽快立项尽早开工的角度考虑，应将本次立项红线范围控制在机场自有建设用地范围内。

（2）方案具备安全性、整体性

考虑航站区的结构与轨道交通车站、局部市政配套设施结构共建的一体化设计方案的整体性，为使拆分后的方案具备可实施性和安全性，需将共建部分的土建整体纳入本次地下工程的立项范围。

具体而言，航站区的地下室的结构是一个整体，必须全部纳入实施范围。而地下部分的市政配套设施仅局部与主体结构有共建关系，如高架道路工程中的桩基、承台等地下结构部分，由于桥梁属于半地下半地上建筑，考虑到结构的整体性以及施工的便易性，桥梁的桥墩整体纳入本项目，桥墩支座以上的桥面工程不纳入本项目。此外，由于南进场路地道、排水箱涵均位于轨道交通的上方，为保证轨道交通站厅的顺利封顶，故需要将以上工程纳入本项目中。

（3）剖面界面的界定

在垂直界面界定的地下室范围内，从水平方向按照以下两个原则进行界定。

① 地下室上方无首层，以 ±0.000 m 为界（不含覆土）。

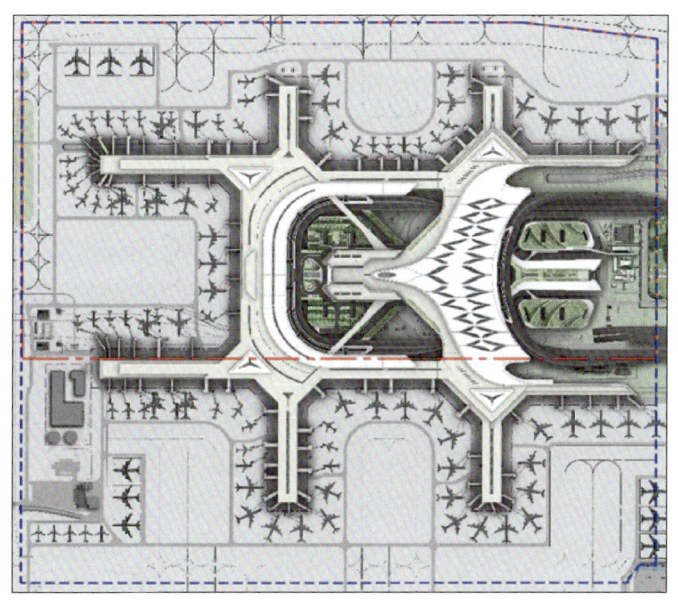
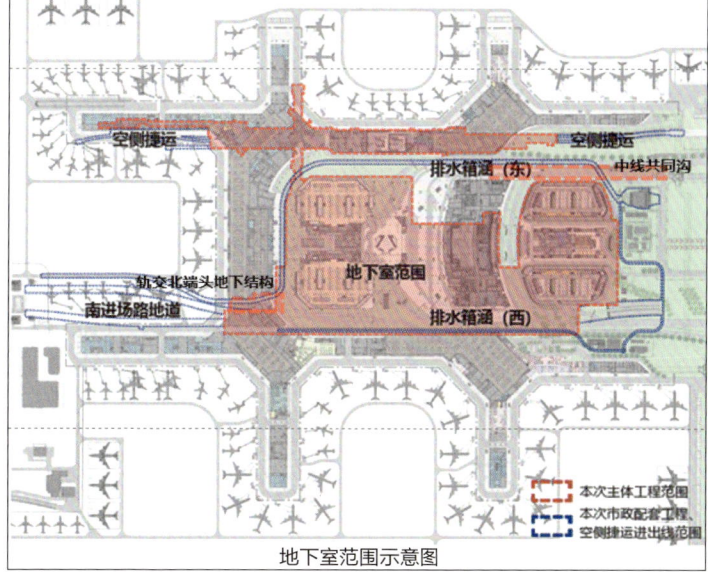

图1 南区地下工程的红线范围及地下室顶板轮廓线范围图（红线范围）

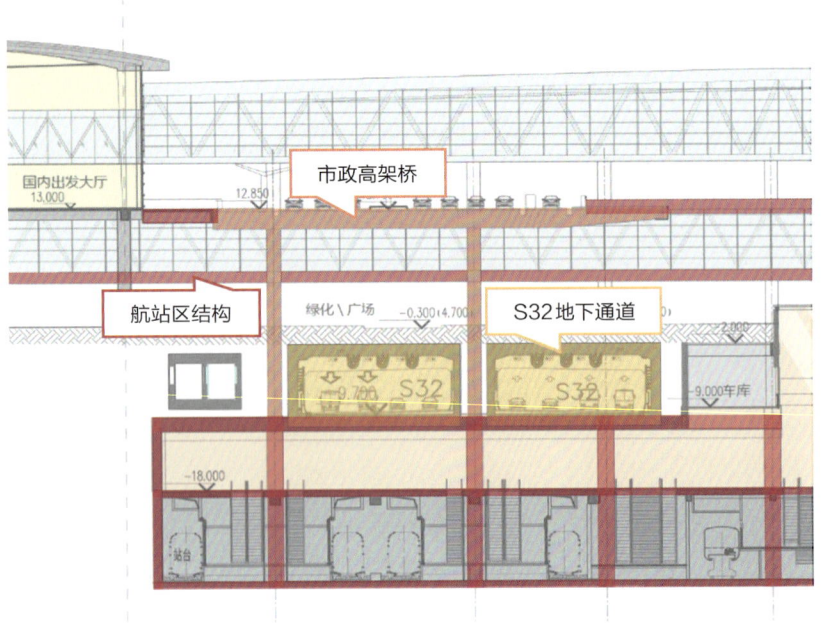

图 2 主体结构与南进场路地道、市政高架桥共建示意图

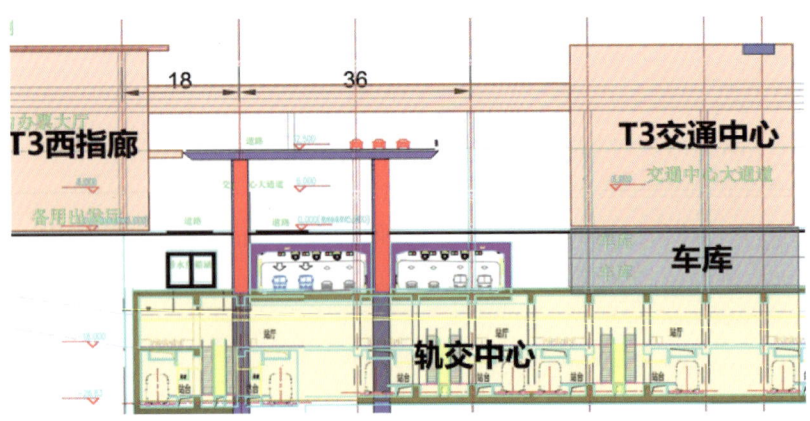

合建部分桥梁断面示意图

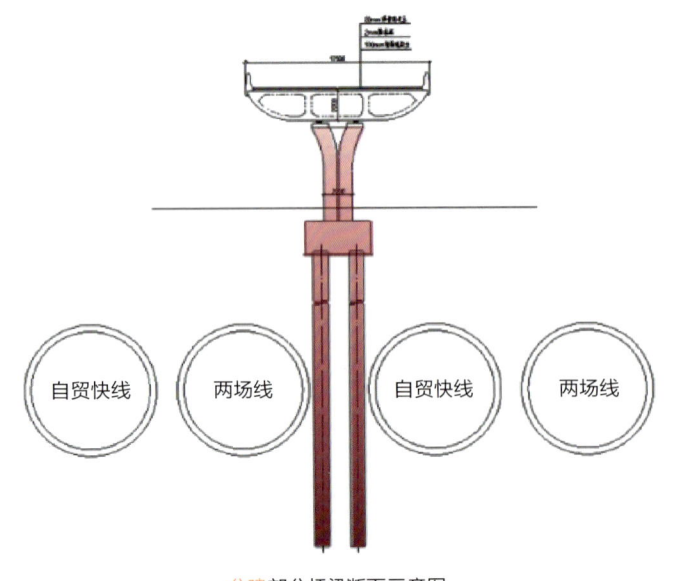

分建部分桥梁断面示意图

图 3 市政高架桥梁的合建部分和分建部分的建设范围示意图（红色部分）

② 地下室上方有首层，以首层结构底板顶面为界。

其中，由于空侧捷运分期建设及运行的空防安全，需在站台区域形成围合空间，因此，建设内容需包含从 −9.150 m 站台层，至 8.500 m 层的楼板及一次土建结构（本项目中唯一一处突破 ±0.000 m 的部分）。

3. 总体布局

本项目在地下三层平行布置"5"条轨道交通线路站台，自西向东依次为机场联络线、两港快线、机场快线、2号线、机场捷运线，在地下二层、枢纽北侧垂向布置轨道交通21号线站台，与其他5条线路采用付费区通道换乘；在轨道交通站台上方的地下二层、地下一层布置站厅及设备区、交通枢纽大厅、停车库、南进场路地道、排水箱涵等；在基地东侧的地下一层布置空侧捷运站，地下一层、二层的局部区域设置共同沟。

4. 建设内容与规模

根据以上原则，本项目建设内容包括新建地下交通枢纽主体工程和相关市政配套工程两部分。

（1）地下交通枢纽主体工程

地下交通枢纽主体工程共涉及地下三层（含局部夹层），包括南北停车楼地下部分、空侧捷运站、轨道交通车站、预留设备机房及共同沟等，总建筑面积约64万 m^2。主要功能分布如下：

① 地下一层及夹层（−9 m，−8.5 m 及 −4.5 m）：21号线站厅及设备区、南北停车楼地下部分及附属用房、预留设备机房、空侧捷运站、共同沟。

② 地下二层及夹层（−18 m，−16.5 m，−12.5 m）：轨道交通站厅公共区（含付费区和非付费区）、轨道交通设备区、21号线站台及轨行区、交通枢纽大厅（含轨道交通换乘、旅客值机）、共同沟、南停车楼。

③ 地下三层（−28.49 m）：机场联络线、两港快线、轨道交通2号线（南延伸）、机场快线（磁悬浮）、机场捷运线5条轨道交通站台及轨行区。

该工程仅实施上述建设内容涉及的基坑围护及土方工程、桩基工程、地下结构工程、地下建筑工程中的外侧防水保温（外墙、底板、顶板）、机电预留（底板和侧墙防水套管、出墙管道预埋、防雷接地等），以及轨道交通端头进出洞加固工程、21号线预留盖板工程。具体规模指标如表1所示。

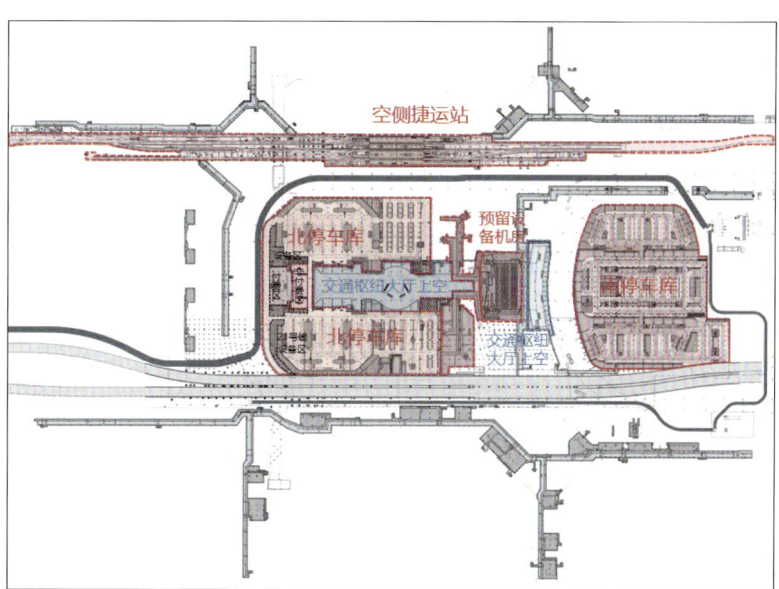

图4 地下一层及夹层（-9 m、-8.5 m 及-4.5 m）平面示意图

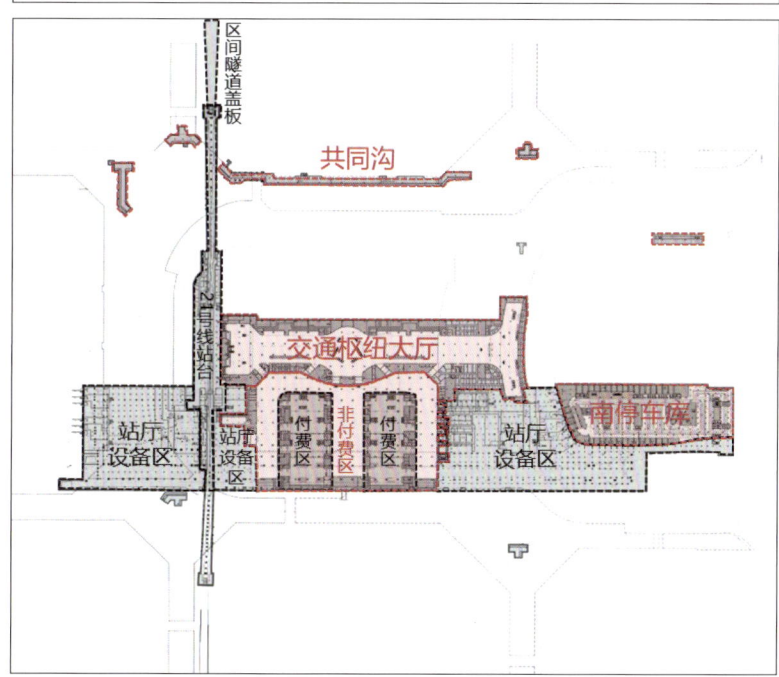

图5 地下二层及夹层（-18 m、-16.5 m、-12.5 m）平面示意图

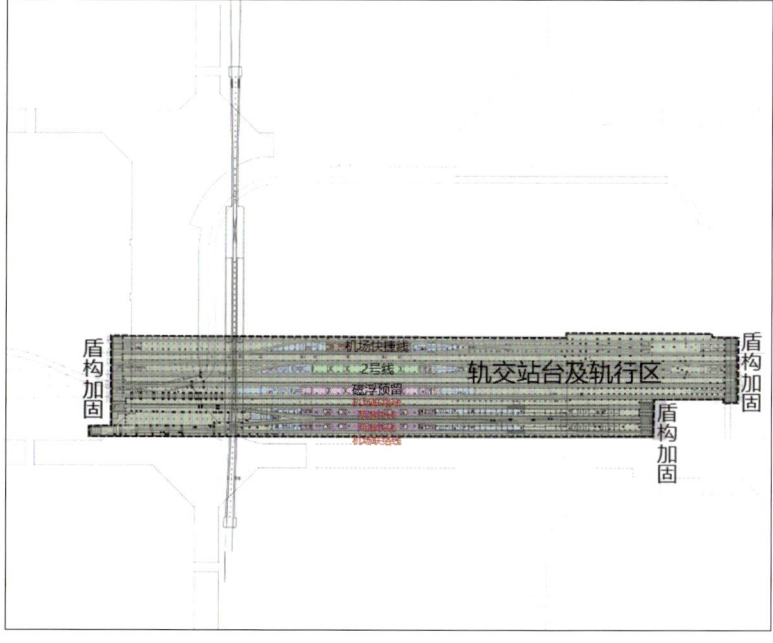

图6 地下三层（-28.49 m）平面示意图

表1 项目规模指标表

序号	项　　目	建筑面积（m²）
1	预留设备机房及捷运下方共同沟	27 978
2	空侧捷运站	45 309
2.1	旅客公共区	11 801
2.2	区间及机房	33 508
3	南停车楼	158 356
4	南旅客过夜用房	5 713
5	北停车楼	104 246
6	交通枢纽大厅	59 551
7	轨交车站	336 207
7.1	站厅交通核	3 527
7.2	站厅公共区	60 108
7.3	站厅设备区	84 270
7.4	站台及开挖区间	188 302
	总建筑面积合计	737 360

（2）相关市政配套工程

包括南进场路地道（双向六车道）、高架车道边桥梁下部结构和排水箱涵。

① 南进场路地道。南进场路地道北起垂直滑行道南端、南至现状围场河，包括东、西两条线，均由暗埋段和敞开段组成，单线长度约1.6 km（其中暗埋段约1.4 km）、宽度19.1 m（净宽16.5 m），深度约1.5—12.5 m，设计规模为双向6车道。地道设中间附属机房群和南侧附属机房群，分别设置变配电、控制、通风系统、雨污水泵房及消防泵房。

② 桥梁下部结构。新建高架车道边桥梁支座及其以下的桩基、承台、桥墩等结构部分，不含桥面工程。其中，国际区楼前高架落客平台长度约600 m，进场段长度约280 m，出场段长度约280 m；国内区楼前高架落客平台长度约1 120 m，进场段高架长度约540 m，出场段高架长度约540 m。

③ 排水箱涵。新建东、西雨水箱涵和连通箱涵。其中，东侧雨水箱涵为双孔4 m×4 m箱涵，长度约1 920 m，收集东卫星厅及T3航站区东侧雨水，北起穿越规划新建航站楼垂直滑行道的现状箱涵接口处，南至拟建T3雨水泵站，设计规模为42 m³/s；西侧雨水箱涵为单孔4 m×2.5 m箱涵，长度约910 m，收集T3航站区西侧雨水，接入现状1#雨水泵站，设计规模为10 m³/s；连通箱涵连接拟建T3雨水泵站和现状1#雨水泵站，为单孔4 m×2.5 m箱涵，长度约502 m。

5. 投资估算与资金筹措

本项目总投资约为213亿元，其中，静态投资211亿元，动态投资2亿元。静态投资包括三大项费用：建筑安装工程费约183亿元，工程建设其他费用约18亿元，预备费约10亿元。

本项目由机场集团、上海申铁投资有限公司（简称"申铁公司"）、上海申通地铁集团有限公司（简称"申通地铁"）共同作为项目法人，委托机场集团统一实施。其中，申铁公司负责的机场联络线、两港快线相关资金约39亿元，由市级财力出资；申通地铁负责的2号线、21号线和机场快线（磁悬浮）相关资金约53亿元，由市级财力出资；其余121亿由机场集团负责，其中，资本金占50%，拟由机场集团及其下属企业自筹，50%通过银行贷款解决。

6. 建设工期

本项目拟于2021年底启动建设，2024年底竣工，地下结构于2024年11月满足机场联络线盾构接收和铺轨条件的要求，建设周期约3年。

【工作过程】

1. 初步研究与方案制定阶段

项目团队自2020年3月就开始着手研究整个浦东机场四期扩建工程、T3航站区的建设规划，以及南区地下工程先行实施的可行条件。8月，明确了浦东机场四期工程建设的总体进度要求和市政府将予以资金支持等重大事项，获得市政府的初步认可。9月，通过专家咨询论证会确保了基坑技术方案的合理性，为项目的技术可行性奠定了重要的基础。10—11月，团队将南区地下工程先行实施的规划依据、切分原则、实施范围、总体布局、建设内容与规模、工程技术方案、工期、投资等重点要素进行了更加深入的研究，形成汇报方案。

2. 意见征询与方案优化阶段

从2020年11月—2021年4月，通过上海市发展改革委的专题研究和住建委科技委的专家论证会等，项目团队广泛征询各委办局方案意见，对方案进行了深入评估和优化。2021年4月23日，上海市政府召开专题会议，明确了四个对本项目来说至关重要的内容。至此，本项目的所有前置条件均已具备，做到了立项有依据、技术有支撑、资金有保障、主体有分工，是项目推进过程中重大的里程碑节点。

3. 立项审批与方案最终确定阶段

2021年5月，上海市发展改革委组织召开了项目建议书的专家评审会，8月获得批复。月底，市发展改革委又组织召开了可行性研究报告专家评审会，经过3个月严格的审查，团队对方案在规模和投资上进行了大幅度的调整和优化，于11月取得批复，为项目顺利开工提供了有力支撑。

【咨询工作特点及经验教训】

1. 大型复杂工程多项目同时推进的实施原则

在大型复杂工程的多项目同时推进中，实施原则的制定至关重要。面对项目内容的复杂性和参与单位的多样性，在咨询工作启动之初，项目团队面临着一个共同的挑战：如何在众多声音中达成共识，明确各自的分工与合作界面。在这个阶段，项目团队发现，厘清项目范围的共识，明确合作界面，是实现项目顺利推进的关键。

凭借在大型复杂交通枢纽项目中积累的丰富咨询经验，项目团队采取了一系列策略。首先，利用图纸作为沟通的桥梁，以图纸的语言与各家单位、各个专业进行充分交流。通过这种方式，制定了合理可执行、清晰可界定的界面原则，这不仅起到了统领全局的作用，而且为后续加入项目团队的不同专业的不同人员提供了可操作的方向。

面对如此大规模的项目，项目团队认识到，如果试图一次性想清楚再全部开工，将会导致论证时间过长，变数增多，浪费时间和精力，耽误项目推进的最佳时期，无法充分发挥其战略意义和价值。因此，项目团队选择了分批立项、同步推进的策略。这一策略虽然对参与者带来了挑战，如确定项目间的界面、分批后项目的推进路径落地可行性、实施的最佳搭接时序等，但项目团队通过精心策划，最大限度地保障了施工的连续性，提高了效率，减少了衔接处的问题，并确保了资金的可靠性。

项目团队总结出了本项目的几个核心原则，即"立体供地，分层确权，分类立项，分类出资，统一设计，连续施工"。这些原则不仅指导了项目团队的工作，也为项目的顺利实施提供了坚实的基础。

首先，项目团队明确了浦东机场四期工程的范围。基于民航局批复的扩容需求，四期工程应该由围绕以T3航站楼及交通中心、空侧站坪等为核心的航站区工程，以保障航站区工程2027年建成2028年投运并满足运营需求为目标，同步建成相关市政配套、空侧捷运、货运及附属设施等项目共同构成。

其次，项目团队根据上级总体进度要求和机场项目的保障程度，确定了实施的先后顺序，确保前后搭接顺畅。根据项目的建设内容、建设主体、资金来源，以及所处区域位置土地权属等，对项目进行了分批。此外，还对在机场自有用地范围内，且全部由企业投资的区域单独划分出来核准或备案，使可研工作避免将这些区域纳入整体审批制立项的复杂流程中，提高了前期工作推进的效率。

最终，浦东机场四期工程被划分为"2+6"个项目同步报审同步实施。其中，"2"为浦东机场南区地下交通枢纽及配套工程和浦东机场四期扩建工程航站区工程，包括T3航站区范围内的航站楼、交通中心及附属业务用房、港湾机坪、空侧捷运、楼前高架等市政配套设施等；"6"为220 kV变电站、市政配套、飞行区、捷运基地、智能货站、其他配套工程。这些项目在浦东机场四期扩建工程总图中的分布见图7。

通过这些精心策划和周密实施的原则，项目团队不仅确保了大型复杂工程的顺利推进，而且为类似项目的管理和实施提供了宝贵的经验和参考。

2. 多主体参与的规划建设与资金投入管理界面的厘定原则

轨道交通工程接入枢纽的项目，建设范围通常都分为两部分：线路、信号等部分，由铁路相关单位施工建设；站台、站厅等部分，通常与枢纽的主体结构密不可分，由枢纽相关单位施工建设。

因此，本项目的建设主体是机场集团，其施工范围（包括轨道交通单位投资并委托其代建的部分）就是南区地下工程的范围。投资范围是根据资产权属来确定的，即"谁出资，谁拥有产权"；而产权范围又是根据后续运营管理的范围来确定的，即"谁拥有产权，谁使用"。通过这两个原则，使得项目的实施从规划到建设到运营具有一定的连贯性，确保资源合理分配、强化主体责任与义务、提升项目管理效率、保障主体对

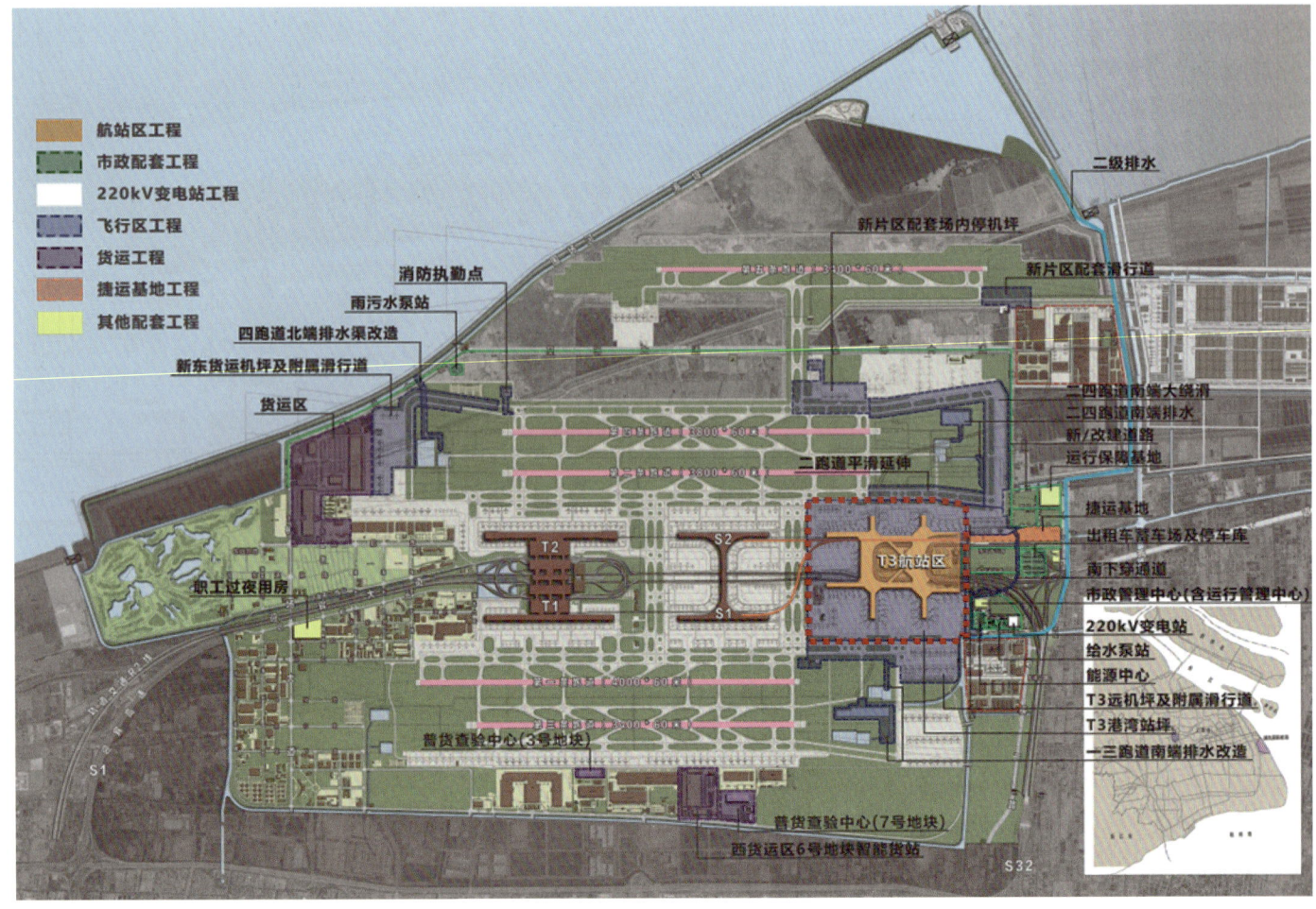

图7 浦东机场四期扩建工程项目分布总示意图

关键资源的控制权,为多主体合作提供了一个清晰、公平且高效的框架。

在上述总体原则下,本项目的具体界面划分原则如下:

(1) 三家项目法人,两家产权主体,一家建设主体

本项目由机场集团、申铁公司、申通地铁共同作为项目法人,由机场集团、申铁公司和申通地铁出资,由机场集团统一组织实施。

(2) 各线轨交线路的资金来源和资产归属

本项目中涉及轨道交通市域线工程(即"机场联络线""两港快线")相关的投资,由市级建设财力安排资金给申铁公司,由申铁公司作为投资主体,委托机场集团实施建设,建成后机场集团将资产移交给申铁公司。

本项目中涉及轨道交通预留线路工程[即"2号线""机场快线(磁悬浮)"和"21号线"]相关的投资,由市级建设财力安排资金作为项目资本金给申通地铁,由申通地铁作为投资主体,委托机场集团进行实施建设,建成后机场集团将资产移交给申通地铁。

本项目中涉及"机场捷运线(陆侧捷运线)"相关的投资,由机场集团自行筹措资金,进行实施建设,建成后集团机场自行运营使用。

(3) 轨交与非轨交的投资界面划分原则

站厅区域按照运营管理界面划分原则,以付费区闸机外的防火卷帘为界;付费区闸机外防火卷帘以内的站厅层公共区、站厅层设备区、站台层公共区、设备区及轨行区的投资均属于轨道交通各条线路相关的投资,需要由6条线路对应的投资主体共同分摊;付费区闸机防火卷帘以外的站厅公共区、交通枢纽大厅、停车库、空侧捷运、共同沟、市政配套等均不属于轨道交通各条线路相关的投资,由机场集团出资。

(4) 轨道交通各条线路相关的投资中各条线路分摊计算原则——面积分摊法

① 21号线。相关的投资单独计算。包括:21号线在B2层的站台层公共区、设备区及轨行区,21号线在B1层的付费区内的站厅层公共区、站厅层设备区。

		桩基及一次结构、出墙管道预埋套管、防雷接地									盾构进出洞加固		区间隧道盖板
		土方及基坑围护	五线轨交站台及明挖区间	21号线站台及明挖区间	交通枢纽大厅	五线站厅公共区非付费区	五线站厅公共区付费区	五线站厅设备区	21号线站厅公共区非付费区	21号线站厅公共区付费区	21号线站厅设备区	联络线&两港线	机场快捷&2号线&磁浮预留	
实施界面	机场集团	✓	✓	✓	✓	✓	✓	✓	✓	✓	✓		✓	✓
	轨交单位											✓		
投资界面	机场投资	✓			✓	✓			✓			■		
	轨交投资		✓	✓			✓	✓		✓	✓	■	✓	✓

图8 实施界面和投资界面对比汇总图

土方工程和基坑围护工程根据基坑的分区图纸划分：21号线的土方和基坑围护工程费用按照21号线东段区域（图9所示红色区域）的费用进行汇总。

桩基工程按面积原则分摊：按21号线相关投资所在区域的建筑面积，占本工程整体建筑面积的比例，对本工程桩基工程费用进行分摊。

一次结构工程所涉及的楼层结构工程费用包括顶板（有梁板）、框架柱、剪力墙、钢结构等，按面积原则分摊：按21号线相关投资所在区域的建筑面积，占整体建筑面积的比例，对结构工程费用进行分摊。

机电预留（出墙管道预埋套管、防雷接地等）和外侧防水保温工程按面积原则分摊：按21号线相关投资所在区域的建筑面积，占整体建筑面积的比例，对机电预留和外侧防水保温工程费用进行分摊。

21号线进出洞加固及盾构盖板，计入21号线投资。

② 5条线［"机场联络线""两港快线""2号线""机场快线（磁悬浮）""陆侧捷运线"］相关的投资单独测算后，按线路进行分摊。包括：5条线在B3层的站台层公共区、设备区及轨行区，在B2层的付费区内的站厅层公共区、站厅层设备区。

按线路分摊的原则：土方、桩基、一次结构、机电预留（出墙管道预埋套管、防雷接地等）、外侧防水保温等工程费用均按照各条线路的站台投影面积的比例进行分摊，各条线路的站台投影面积和建筑面积详见表2。基坑围护工程费用按照5条线路平均分摊，洞口加固按照计入各自条线。

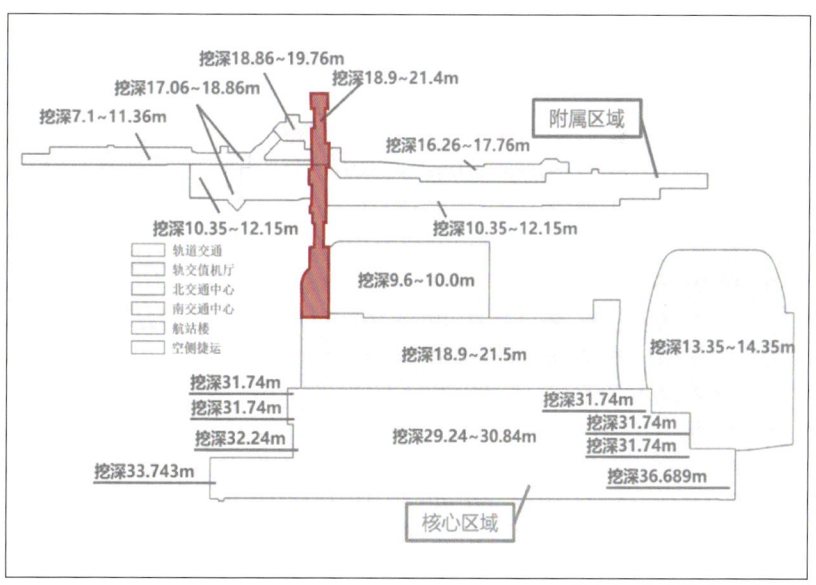

图9 21号线的土方和基坑围护工程的范围示意图

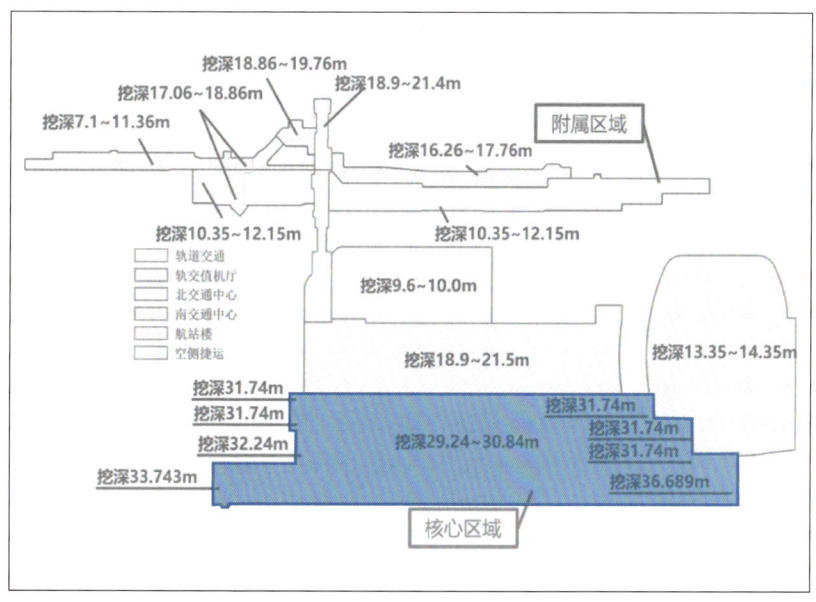

图10 5条线的土方和基坑围护工程的范围示意图

表2 各条线路的站台投影面积和建筑面积指标表

投资方	线路名称	实际面积	5条线比例	6条线比例	建筑面积（m²）					
					站台层	站厅层设备区	站厅层公共区（付费区）	站厅层公共区（非付费区）	站厅交通核疏散、风井	合计
申铁	两场	48 834	21.303 9%	18.720 0%	25 655	15 507	1 487			42 649
	两港	48 834	21.303 9%	18.720 0%	25 655	15 507	1 487			42 649
申通	2#	47 346	20.654 6%	18.149 5%	24 873	15 034	1 441			41 349
	磁浮	45 895	20.021 6%	17.593 3%	24 111	14 574	1 397			40 082
	21#	31 639	0.000 0%	12.128 4%	17 284	8 119	3 236			28 639
机场	陆捷	38 318	16.716 0%	14.688 6%	20 130	12 167	1 166			33 464
机场	非轨交							30 524	1 511	32 035
合计（5条线）		229 227	100.000 0%	—	120 425	72 789	6 978	27 524	1 511	229 227
合计（6条线）		260 866	—	100.000 0%	137 709	80 908	10 214	30 524	1 511	260 866

土方工程和基坑围护工程根据基坑的分区图纸划分：5条线的土方和基坑围护工程费用按照轨交明挖段区域（图10所示蓝色区域）的费用进行汇总，费用按照5条线路平均分摊。

桩基工程按面积原则分摊：按5条线相关投资所在区域的建筑面积，占本工程整体建筑面积的比例，对本工程桩基工程费用进行分摊。

一次结构工程所涉及的楼层结构工程费用包括顶板（有梁板）、框架柱、剪力墙、钢结构等，按面积原则分摊：按5条线相关投资所在区域的建筑面积，占整体建筑面积的比例，对结构工程费用进行分摊。

机电预留（出墙管道预埋套管、防雷接地等）和外侧防水保温工程按面积原则分摊：按5条线相关投资所在区域的建筑面积，占整体建筑面积的比例，对机电预留和外侧防水保温工程费用进行分摊。

5条线进出洞加固，分别计入各条线投资。

【咨询效果】

1. 良好的技术和经济效果

在工程项目管理领域，像本项目如此规模庞大且技术复杂的重大项目的审核，常规情况下至少需要2—3年的时间才能完成。然而，项目团队却以非凡的效率和卓越的专业能力，创造了一个令人瞩目的奇迹。

为了确保项目的顺利进行，团队额外提供了五本详尽的补充论证报告，总计超过两千页，以及多轮配套的初步设计深度图纸。这些补充材料主要针对轨道交通线路底板高度上抬和站台长度缩短的可行性进行了深入研究，并针对基坑开挖的规模和做法进行了一系列的优化。经过不懈的努力，团队最终实现了建筑规模优化11万 m²，优化比例高达15%，同时在投资方面节省了62亿元，优化比例达到了惊人的29%。

通过本项目的及时立项和高效推进，确保南区地下工程能够在2021年底开工。自开工以来，工程一直顺利推进，未发生任何安全事故，这验证了咨询成果的科学性与可靠性。

2. 深远的社会影响

浦东机场四期扩建工程是在新时代背景下，在国家战略、区域发展和机场自身需求的共同推动下的必然选择。从国家层面来看，扩建工程与"一带一路"建设紧密相连，旨在加快枢纽机场的建设步伐，构建起连接全球的快速运输通道，从而更好地服务于这一宏伟的国际合作与发展计划。从区域发展层面来看，浦东机场的扩建将深度融入长三角世界级城市群的建设之中，为推动长三角区域一体化的高质量发展注入新的活力，同时显著增强上海航空枢纽的辐射力和影响力。对于浦东机场自身而言，扩建工程不仅能有效缓解当前机场面临的高负荷运行状况，确保航空运行的安全与效率，还将大幅提升机场的保障能力，满足日益增长的航空业务需求，并为航空公司的发展提供更加坚实的支撑。

本项目南区地下工程，既是浦东机场四期扩

建工程的重要组成部分，又是实现T3航站楼下方多条轨道交通换乘的重要载体，更是构成浦东枢纽轨道交通规划布局的关键中枢。

启动本项目的建设，是浦东机场总体规划和浦东综合交通枢纽发展规划的必然要求，也是为机场联络线、两港快线等重大工程结构共建、有序衔接创造条件的迫切需要。

项目的核心亮点在于6条下穿轨道交通线路，它们构成了一个高效的多线路换乘系统，将浦东机场与虹桥枢纽、城市中心以及充满活力的临港新片区紧密相连。这样的连接不仅优化了旅客的出行体验，还满足了快速增长的客流对于高质量出行方式的需求。轨道交通的引入预计将承担超过30%的客流，这不仅有效缓解了地面交通的压力，也为旅客提供了一个更为便捷、高效的出行选择。此外，本项目作为浦东机场对外交通体系的重要组成部分，还将对旅客的出行模式产生深远影响。它不仅提升了旅客的出行效率，还通过减少换乘次数、缩短旅途时间，提高了出行质量。

本项目的实施，是长三角发展战略的具体落实，它将通过创新的"空铁联运"模式，将航空与高铁等关键交通资源整合于一体，极大地提升整个区域的交通效率和互联互通性。这一举措不仅响应了上海市"十四五"规划中建设国际航运中心的宏伟蓝图，而且强化了浦东机场的核心地位，推进了上海市各重点区域间的紧密联系。

因此，本项目不仅是上海市建设国际航运中心的重要支撑，更是推动长三角综合交通更高质量一体化发展的关键举措。随着项目的逐步实施，浦东机场将成为一个更加高效、便捷、绿色的国际航空枢纽，为上海乃至整个长三角地区的繁荣发展贡献重要力量。

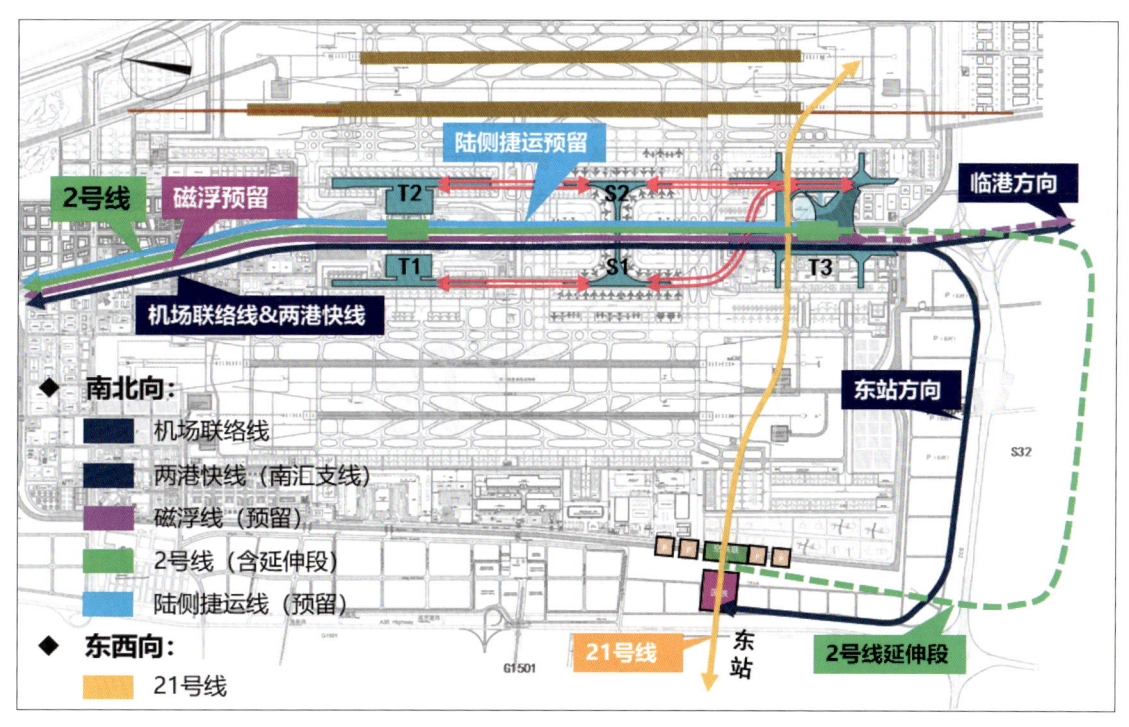

图11　"5+1"条轨道交通线路规划示意图

深汕枢纽配套工程、同步实施工程可行性研究报告
The Feasibility Study Report of the Project of Shenzhen-Shantou Hub Supporting Project and Synchronized Implementation

编写单位：华东建筑设计研究院有限公司
　　　　　中铁第四勘察设计院集团有限公司
East China Architectural Design and Research Institute Co., Ltd.
China Railway Fourth Survey and Design Institute Group Co., Ltd.
联系电话：021-63217420　　网址：https://www.ecadi.com
主要完成人：牛　斌　马　昌　章　帆　鲍　华　沈鑫宏　刘　威　徐　静　余　辉　周铭娴
　　　　　　胡　艺

【点评】

该报告研究了深汕枢纽配套工程与同步实施工程的可行性，展现了在粤港澳大湾区发展战略下的区域交通一体化的前瞻性思考。报告通过创新性的平面示意图色块填充方法，直观展示了多主体合作界面，有效解决了复杂项目中的协调难题，提高了项目管理的透明度和沟通效率。研究指出了深汕枢纽项目在区域经济发展、城市空间布局优化、城市形象提升以及交通基础设施现代化方面的多重意义，体现了项目在促进区域经济一体化和提升区域交通效率中的重要作用。通过站城一体化的设计理念，项目预计将显著提升区域交通效率和土地商业价值，吸引人才流入，推动产业发展。咨询工作的成效显著，通过高效的沟通协调和项目管理，项目团队在短短4个月内完成了可研批复，展现了咨询工作的专业能力和应变能力。

【项目背景】

深汕枢纽配套工程与同步实施工程（简称"深汕枢纽"）是在粤港澳大湾区发展战略和深圳市"东进"战略的双重框架下提出的。该项目旨在响应国家关于推进区域经济一体化和交通基础设施现代化的政策导向，通过构建高效的交通枢纽，加速区域经济的互联互通及产业升级。根据《"十四五"现代综合交通运输体系发展规划》及相关城市规划指南，深汕枢纽的建设被视为实现区域交通优化和城市功能提升的关键步骤。

项目委托方为深汕特别合作区管理委员会，其对建设深汕枢纽的需求主要基于以下几个核心点：首先，作为粤港澳大湾区东部的重要门户，深汕特别合作区亟需一个能够支撑区域经济发展、促进产业集聚的交通枢纽；其次，通过枢纽的建设，旨在推动城市空间布局的优化和城市形象的显著提升；最后，通过实现交通基础设施的现代化，提升区域交通效率及居民出行质量。

本项目的咨询成果由华东建筑设计研究院有限公司（简称"华东院"）与中铁第四勘察设计院集团有限公司（简称"铁四院"）联合完成。在综合枢纽项目领域，两家单位进行了深入的合作与交流。华东院作为项目的主要咨询方，承担了整体的可行性研究和项目管理职责，而铁四院则在专业技术和工程设计方面提供了关键支持。

深汕枢纽项目的咨询成果在同类枢纽项目中具有显著的重要性、创新性和示范性。首先，项目的成功实施将直接推动深汕特别合作区乃至整个粤港澳大湾区的经济发展与社会进步。其次，作为区域内的一项重大基础设施工程，深汕枢纽的研究与建设将为未来类似项目提供宝贵的经验和模式。最后，项目的研究涵盖了环境保护、资金筹措、经济效益分析等多个维度，其综合性与复杂性要求研究团队必须具备卓越的专业能力和创新思维。

【项目内容】

1. 建设地点

深汕枢纽位于广东省深圳市深汕特别合作

区。深汕枢纽片区位于赤石镇,西侧和北侧至赤石河,南至商贸四路、东至科教大道,面积约 260 hm²。本项目位于深汕枢纽片区,东起里阳五路、西至宜城大道,东西向全长约 970 m;南起创智二路,北到八方路,南北向总宽约 296 m。项目所在区位和红线范围如图 1 所示。

2. 建设意义

深汕枢纽的建设是深汕特别合作区发展的关键,它不仅作为粤港澳大湾区东部门户和粤东沿海经济带新中心的重要交通节点,也是深圳市自主创新拓展区的重要组成部分。深汕枢纽的规划和建设,旨在实现区域经济一体化,加强深圳都市圈内深惠汕三地的联系,并通过引入设计速度达 350 km/h 的深汕铁路,串起区域内的六个主要车站,提升区域交通网络的效率。同时,深汕枢纽的建设也是响应国家大湾区规划和交通强国战略的具体行动,它将推动轨道交通的一体化发展,提升服务水平,并通过站城一体化带动城市建设和产业发展。此外,深汕枢纽的建设对于保障广汕铁路的如期开通和各工程的同步安全实施至关重要,确保了交通的有效衔接和区域经济社会发展的持续推进。总之,深汕枢纽的建设对于促进区域经济的快速增长、提升城市形象以及吸引投资和人才具有深远的战略意义。

3. 建设内容

深汕枢纽的总用地面积为 238 678 m²,用地性质为交通、商业、停车场及配套附属用房。总建筑面积为 557 705 m²,划分为四个单元的工程:

A. 铁路站房工程

包括站场、站房、屋盖(铁路站房投影部分)以及附属设施等。总建筑面积 146 034 m²。

B. 同步实施工程

包括枢纽红线范围内穿越铁路用地红线的主要进场地面道路、市政管网等。总用地面积 21 862 m²。

C. 枢纽配套工程

这是指服务于枢纽的交通配套,以及为保证站城融合需要由公共主体管理的部分。包括小汽车停车场、小汽车停车库、出租车场、网约车场、高架匝道、公交车场、大巴车场、人行天桥、交通核、城市核的交通动线空间、城市中轴、承担铁路旅客集散的城市广场以及深汕之桥大屋盖(非铁路站房投影部分)。总建筑面积 216 854 m²。

D. 综合开发工程

这是指直接产生商业收益的区域(如可出售商铺等),以及为商业提供后勤服务的辅助设施(后勤机房卫生间等)和地下商业停车。总建筑面积 194 817 m²。商业停止运营后需要保证枢纽的交通功能完整。

枢纽总体采取"东站西城"的构思,城市综合体在西、站房综合体在东,让枢纽综合体和城市综合体以中央绿轴门户的形态,围绕城市中轴线布置在东西两侧。东侧站房综合体与西侧商业综合体沿城市景观中轴对称,深汕城际沿城市中轴下方敷设。配套车场布置在铁路桥下两侧,其中东侧布置公交车场、出租车场、社会车场;西侧布置社会车场和长途巴士。在站区南广场设置双首层,在 8 m 和 14 m 标高平面布置了人行景观广场。通过城市绿轴、绿道与水系,以及四条通达性道路,缝合城市空间;在北广场设置人行景观广场,延续城市景观轴。

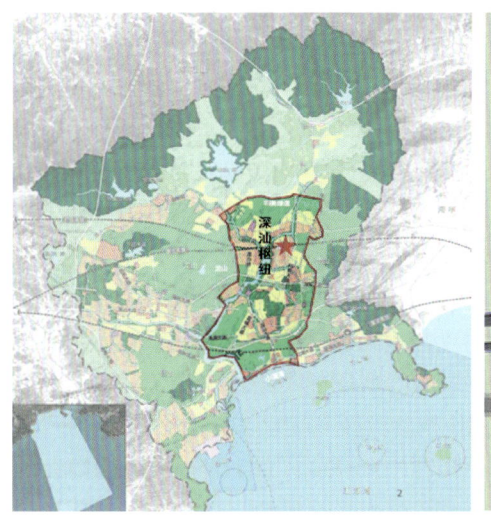 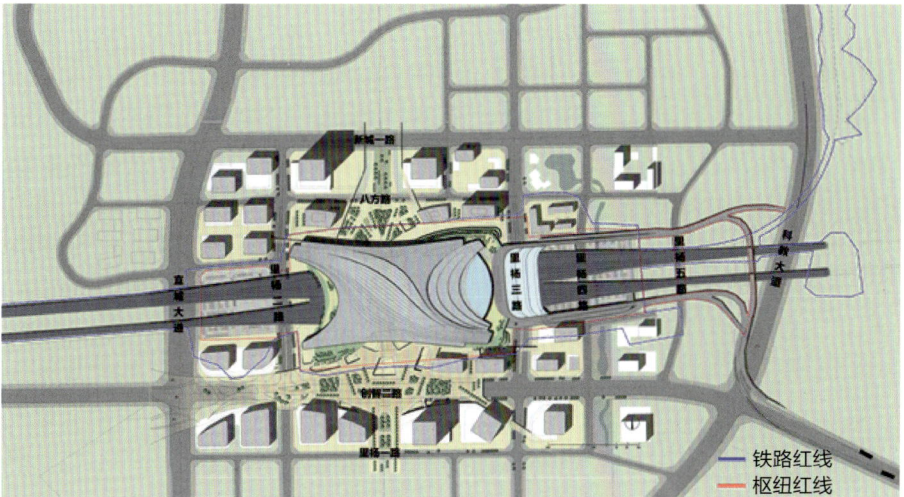

图 1 深汕枢纽所在的区位示意图(左)和红线范围图(右)

图 2　深汕枢纽"深汕之桥"设计方案鸟瞰效果图

其中，东城建筑高度为 60.15 m，层数为 5 层，功能为高铁站厅、配套商业及附属用房；西城建筑高度为 37.85 m，层数为 5 层，功能为商业；东、西城大屋面顶高度为 74.66 m；市政配套停车场高度为 10.20 m，层数为 2 层；大巴场站站厅高度为 7.75 m，层数为 1 层。配建地下室 2 层，功能为商业办、设备用房及汽车停车库。

4. 工程界面

各层平面的工程内容分布如下：

（1）地下一层 −9.900 m（绝对标高：−1.662 m）

铁路用的机房及管井 2 520 m² 列入 A. 铁路站房工程；

无内容列入 B. 同步实施工程；

承轨层以下连接通道 3 868 m² 列入 C. 枢纽配套工程；

东站综合开发商铺 10 698 m²、西城用的机房 2 604 m²、东站停车库 6 659 m² 和西城停车库 10 704 m² 列入 D. 综合开发工程。

（2）地下一夹层 −6.000 m（绝对标高：+2.338 m）

无内容列入 A. 铁路站房工程；

无内容列入 B. 同步实施工程；

无内容列入 C. 枢纽配套工程；

东站用的机房 3 311 m²、西城用的机房 1 782 m²、东站停车库 7 438 m² 和西城停车库 11 215 m² 列入 D. 综合开发工程。

（3）一层 ±0.000 m（绝对标高：+8.238 m）

站房公共空间 7 388 m²、站房用的机房 2 921 m²、铁路货区 2 063 m² 和铁路停车场 2 006 m² 列入 A. 铁路站房工程；

红线范围内为枢纽提供进出场功能的地面道路（里阳二路、里阳三路、里阳四路、里阳五路等）总面积 21 862.3 m²（不计容）列入 B. 同步实施工程；

大巴场站 7 850 m²、大巴配套用房 2 595 m²、西城停车场 11 630 m²、西城商业广场（交通空间）871 m²、西城商业广场（有盖板）5 074 m²、西城商业广场（无盖板）11 176 m²、城市广场（有盖板）17 279 m²、城市广场（无盖板）7 940 m²、枢纽交通广场（有盖板）476 m²、枢纽交通广场（无盖板）340 m²、城市核交通空间 4 230 m²、交通

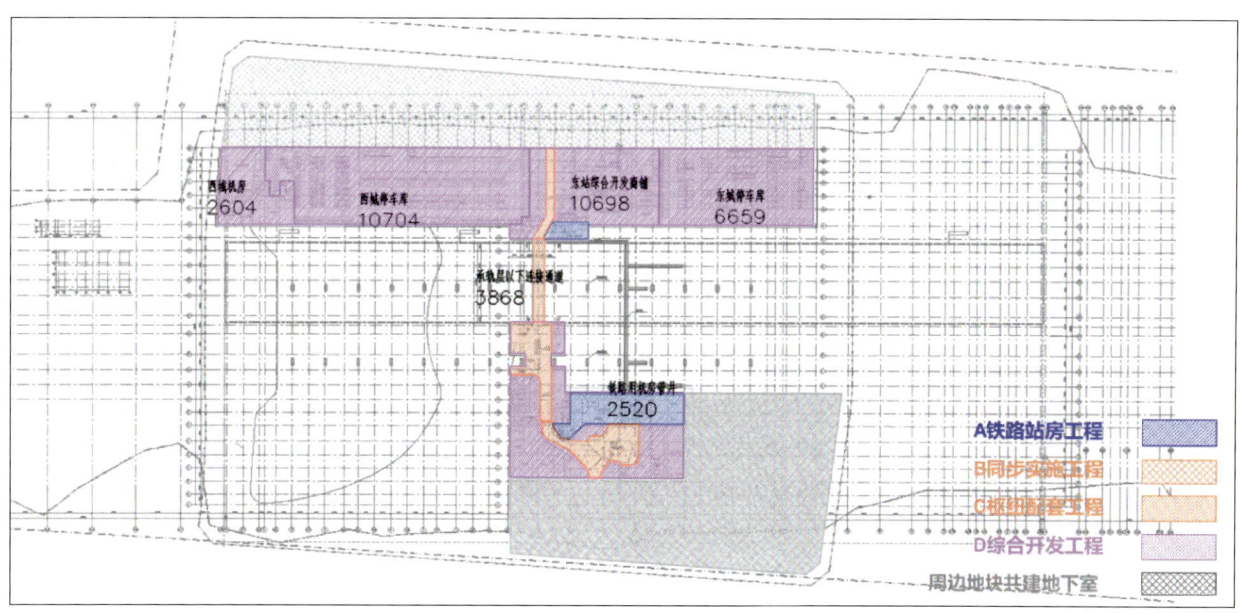

图3 地下一层工程界面图

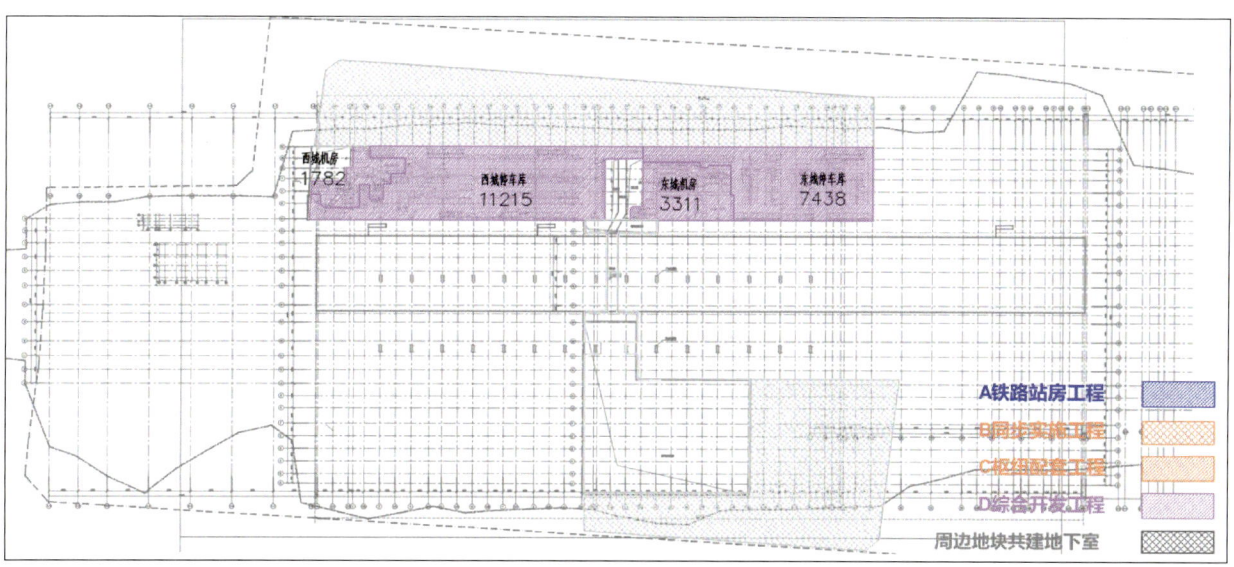

图4 地下一夹层工程界面图

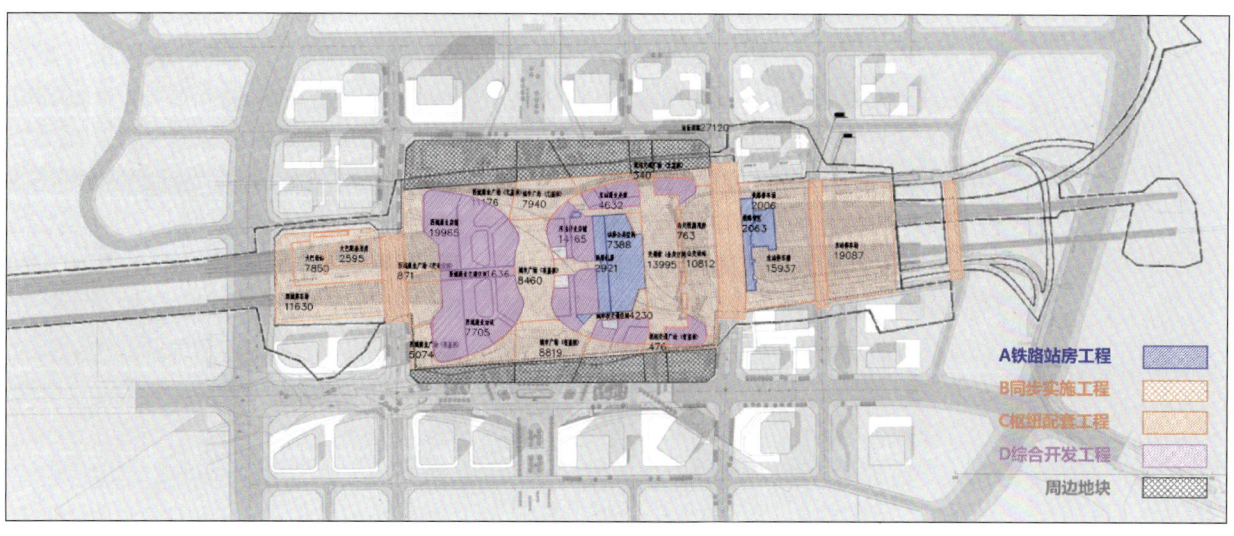

图5 一层工程界面图

核（含灰空间）13 995 m²、公交场站10 812 m²、公交附属用房763 m²、东站停车楼15 937 m²、东站停车场19 087 m²列入C.枢纽配套工程；

西城商业店铺19 965 m²、西城商业动线7 705 m²、西城商业交通空间1 636 m²、东站商业店铺14 165 m²、东站商业走道4 632 m²列入D.综合开发工程。

（4）二层+6.000 m（绝对标高：+14.238 m）

东站出站通廊2 972 m²、站房用的机房2 422 m²列入A.铁路站房工程；

无内容列入B.同步实施工程；

天桥（西城西侧）1 645 m²、天桥（站前开发）460 m²、西城商业交通空间2 847 m²、西城步行平台9 277 m²、西城出站预留6 366 m²、城市核交通空间3 648 m²、交通核2 110 m²、天桥（东站交通配套）4 682 m²、网约车场6 431 m²、出租车场6 135 m²列入C.枢纽配套工程；

西城商业店铺11 951 m²、西城商业动线3 702 m²、西城商业露台1 826 m²、东站商业店铺11 727 m²、东站商业走道3 234 m²、东站商业露台1 399 m²列入D.综合开发工程。

（5）三层+15.350（绝对标高：+23.588 m）

轨行区76 748 m²、东站用的机房359 m²、承轨层梁、板、柱、桩基、承台等工程全部列入A.铁路站房工程；

无内容列入B.同步实施工程；

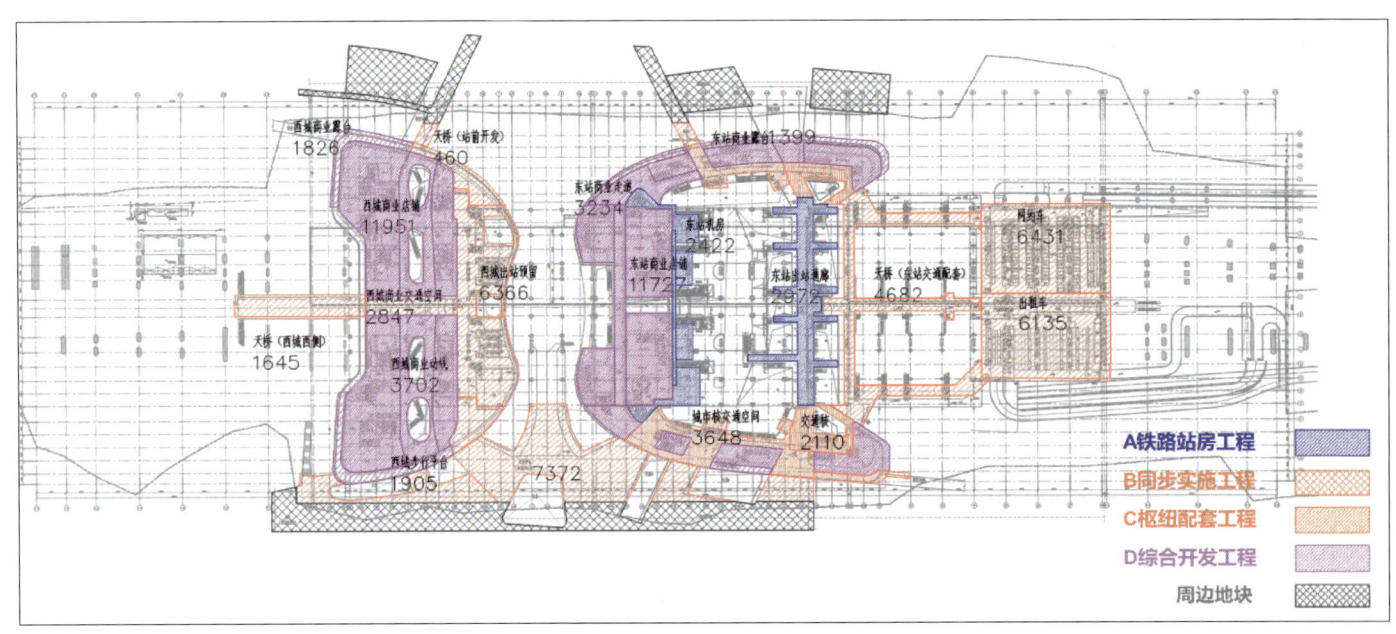

图6　二层工程界面图

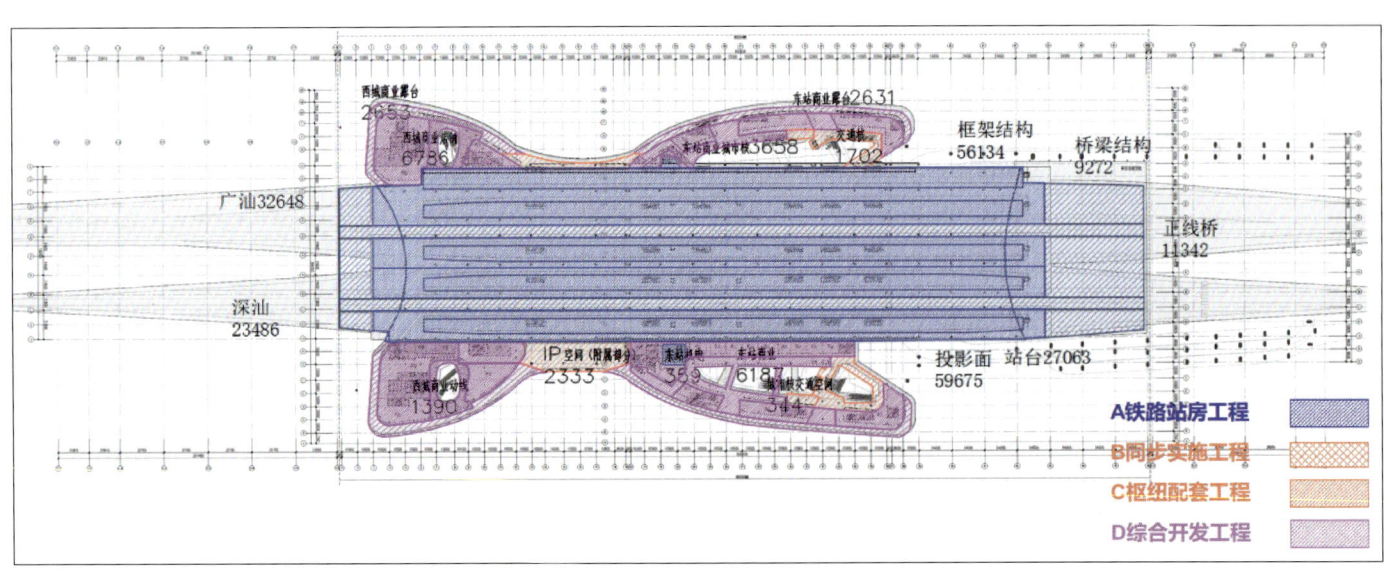

图7　三层工程界面图

IP空间（附属部分）2 333 m²、城市核交通空间344 m²、交通核1 702 m²列入C.枢纽配套工程；

西城商业店铺6 736 m²、西城商业动线1 390 m²、西城商业露台2 653 m²、东站商业店铺6 187 m²、东站商业城市核3 658 m²、东站商业露台2 631 m²列入D.综合开发工程。

（6）四层+25.250 m（绝对标高：+33.488 m）

东站候车厅22 630 m²、东站高架站房落客平台4 497 m²、站台雨棚8 693 m²列入A.铁路站房工程；

无内容列入B.同步实施工程；

西城商业露台7 290 m²、IP空间14 992 m²、东站开发商业露台2 413 m²、交通核4 859 m²、

东站高架落客匝道局部5 397 m²、高架匝道西段747 m²（不计容）、高架匝道东站24 596 m²（不计容）列入C.枢纽配套工程；

西城商业店铺10 268 m²、西城商业动线4 398 m²、东站开发城市核1 447 m²、东站开发商业3 103 m²列入D.综合开发工程。

（7）五层+31.250 m（绝对标高：+39.488 m）

东站商业与VIP 4 644 m²、站房VIP露台1 057 m²、东站办公4 697 m²列入A.铁路站房工程；

无内容列入B.同步实施工程；

无内容列入C.枢纽配套工程；

西城商业店铺6 851 m²、西城商业走道

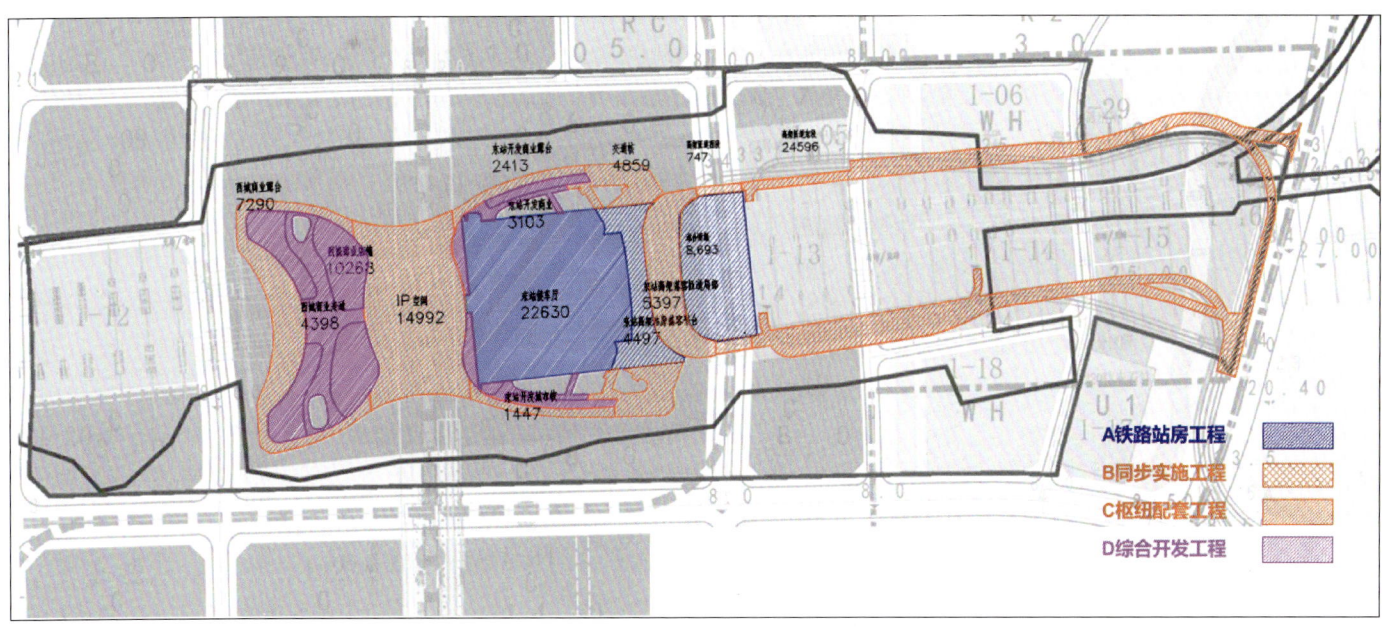

图8　四层工程界面图

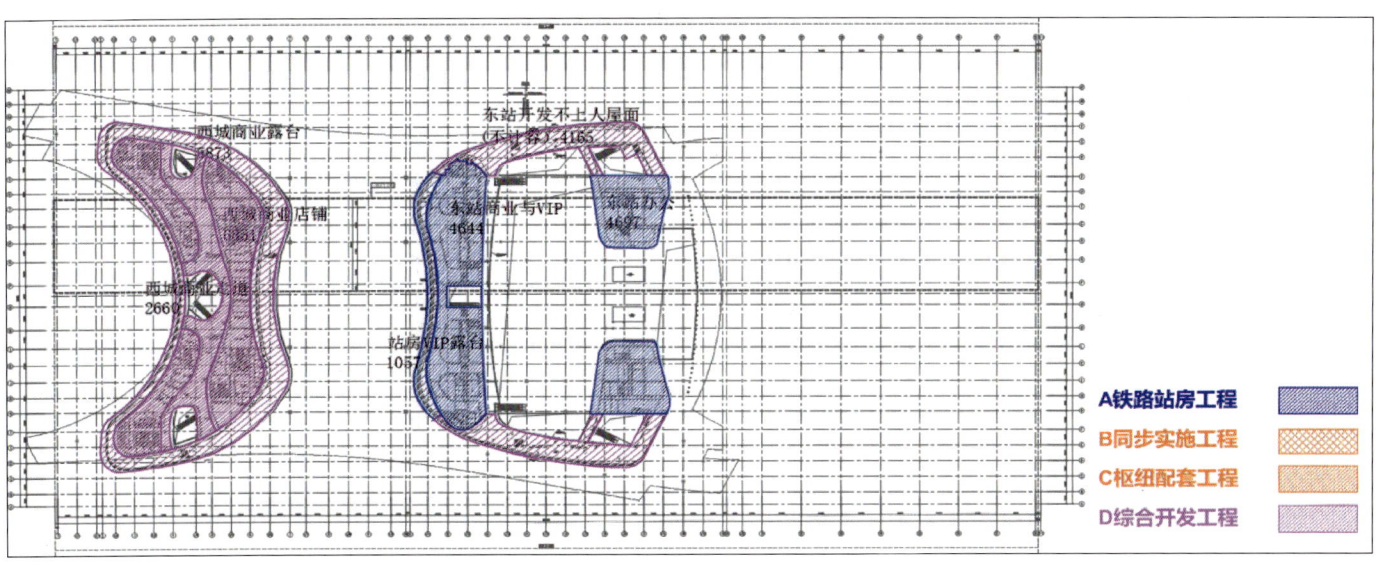

图9　五层工程界面图

2 660 m²、西城商业露台 5 873 m²、东站开发不上人屋面 4 165 m²（不计容）列入 D. 综合开发工程。

（8）屋面层 +37.250 m（绝对标高：+45.488 m）

东站站房屋面机房 417 m² 列入 A. 铁路站房工程；

无内容列入 B. 同步实施工程；

无内容列入 C. 枢纽配套工程；

西城商业屋面机房 559 m² 列入 D. 综合开发工程。

（9）深汕之桥大屋盖（非铁路站房投影部分）

铁路站房投影部分屋盖约 30 200 m² 列入 A. 铁路站房工程；

无内容列入 B. 同步实施工程；

大屋盖其他部分约 46 500 m² 列入 C. 枢纽配套工程；

无内容列入 D. 综合开发工程。

5. 技术经济指标

表1　深汕枢纽各工程主要技术经济指标汇总表

工程界面	面积统计（m²）
A. 铁路站房工程	146 034
B. 同步实施工程	21 862（不计建筑面积）
C. 枢纽配套工程	216 854
D. 综合开发工程	194 817
总计	557 705

6. 投资估算

本项目为 B. 同步实施工程、C. 枢纽配套工程，总投资 216 976.18 万元，其中建筑安装工程费 185 304.26 万元，工程建设其他费用 15 599.61 万元，基本预备费 16 072.31 万元。

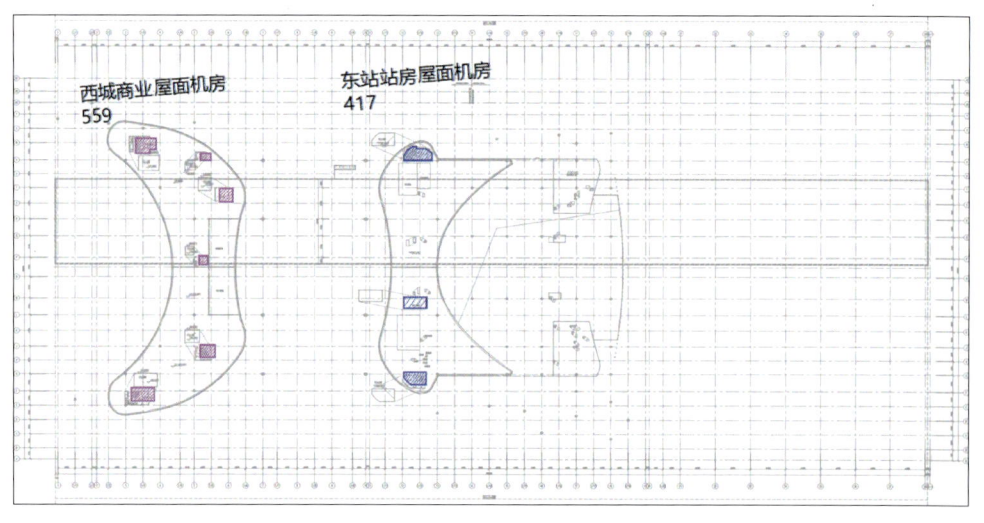

图10　屋面层工程界面图

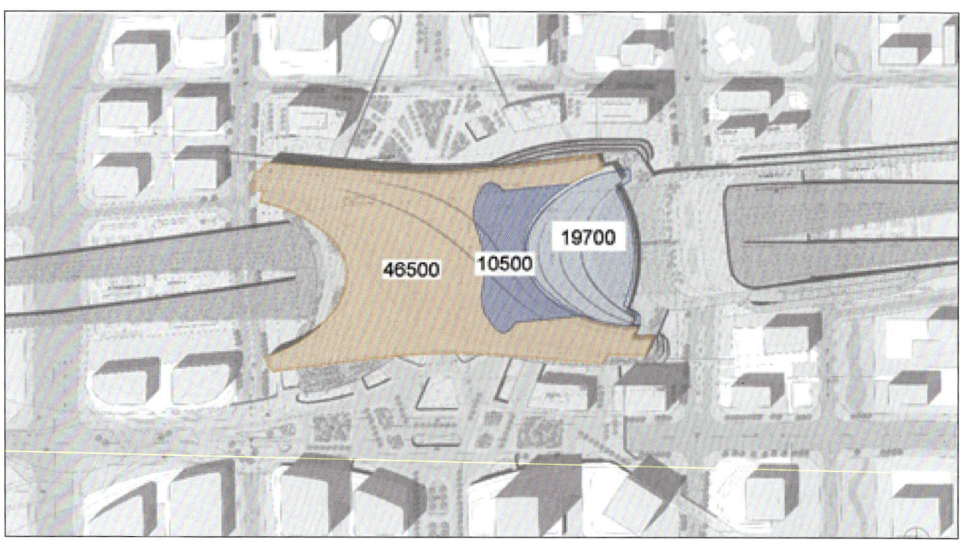

图11　大屋盖工程界面图

表2 本项目投资估算汇总表

建设名称	深汕项目		编制范围	B.同步实施工程、C.枢纽配套工程	
总面积	216 854 m²		总指标	10 005.63元/m²	
章号	工程和费用名称	单位	数量	合计（万元）	指标（元）
	工程总投资	m²	216 854	216 976.18	10 005.63
第一部分：工程费用		m²	216 854	185 304.26	8 545.12
第二部分：其他费用		m²	216 854	15 599.61	719.36
第三部分：基本预备费		m²	216 854	16 072.31	741.16

7. 资金筹措

本项目为政府投资项目，建设资金全部来源于政府资金，主要由发行专项债的方式保障。

【工作过程】

对于这样一座集国家铁路、城际轨道、城市轨道、各类接驳设施以及城市综合配套于一体的大型综合交通枢纽来说，常规审批流程至少需要1—2年，然而由于广汕铁路通车在即，深汕枢纽作为其中必经的重要节点，必须马不停蹄地赶上施工的进度，因此留给前期立项的时间十分紧张。此外，深汕枢纽还是国家铁路集团、深圳市工务署、深汕投控集团等多方主体在运营一体化管理上的一次创新式合作尝试，国铁站房、综合开发、城市配套等空间高度融合，界面十分复杂。加上可研启动时仍处于上海的疫情封控阶段，远程交流加剧了项目沟通上的难度，华东院咨询团队当时面临着难以想象的巨大压力和挑战。

本项目咨询工作从2022年5月启动，至2022年9月取得可研批复，仅仅用了4个月的时间，以卓越的表现完成了咨询工作。

华东院在接到业主的工作指令后，当天快速启动应急管理小组制定有效的应对方案，通过全面的提资清单、清晰的分工指令、明确的目标节点、高效的沟通会议，对项目的建设背景及必要性、功能定位及设施规模、建设内容及建设方案、投资估算及资金筹措、环境保护及卫生防疫、经济效益及社会效益等方面进行了全方位的梳理，编制了可行性研究报告的初稿。

上海实施常态化疫情防控措施后，各行各业都面临着恢复和发展的双重挑战。在这样的背景下，华东院迅速行动，选派了一名经验丰富的项目经理，他不仅具备大型复杂综合交通枢纽咨询的专业背景，还拥有应对突发状况的应变能力。项目经理立即赶赴项目现场，开始了驻场办公，这标志着咨询工作的正式启动。项目经理到达现场后，迅速组织了一支由各专业设计负责人组成的专业团队，确保了项目的顺利推进，团队成员各司其职，共同为项目的各个阶段提供专业的咨询服务。

在报批阶段，咨询团队与业主单位紧密沟通，明确了建设范围、设计界面、投资标准等项目边界条件，并对项目存在的困难和风险进行了一轮轮排摸和分析。针对地下室人防建设标准、建筑面积计算规则、出资方式和界面以及项目范围内的基本农田占用等疑难问题，项目经理采取了问题导向的工作方法，牵头组织了各专业设计负责人，与各委办局进行了多次沟通汇报，共同探索解决路径，并最终落实了解决方案，为项目的顺利进行扫清了障碍。

在评审阶段，咨询团队积极与深汕合作区的发展改革委、财政局及评审专家沟通，快速响应专家意见，并在短时间内实现了方案和成本的优化，得到了各方的一致好评和认可，使得本项目在短短4个月内，取得了可研批复。这是项目推进过程中的一个重要里程碑，极大地加快了后续工作的进程。

【咨询工作特点及经验教训】

1. 多主体合作下的界面协调和投资分劈

在大型综合交通枢纽项目中，多主体合作模式因其资源整合与优势互补而日益受到青睐。然而，这种模式也带来了一系列挑战，尤其是在项目界面协调和投资分劈方面。本项目作为一个典型的多主体合作案例，其复杂性在于涉及铁路站房工程、同步实施工程、枢纽配套工程以及综合开发工程等多个部分。这些部分由不同的主体立项和投资，却委托同一主体进行建设，这在设计、施工、投资和资产管理等多个方面带来了多重界面划分的问题。

首先,明确代建工程的范围。委托代建的范围包括B.同步实施工程和C.枢纽配套工程的全部内容,以及D.综合开发工程中的结构工程(基础、梁、柱、板、屋盖)、幕墙工程、预留预埋、水电引入及影响铁路开通运营安全的部分装饰装修工程等。此外,还包括前期工程,如管线迁改及回复、绿化迁移及回复、交通疏解、改移道路、河道导改、协助征地拆迁等工作。

其次,确定各主体投资界面划分的原则。本项目中采用了"谁使用,谁出资"的原则进行划分,这一原则简单明了且合情合理,易于为各参与方理解和接受。由于广汕铁路和深汕铁路深汕站没有明确的物理界面,且均委托广铁集团代建,因此,投资界面的划分主要依据各自使用的功能区域范围。例如,铁路站房工程中支撑承轨层的结构柱等计入铁路项目,其他结构柱等则按对应功能计入相关项目。除广汕铁路承轨层、站台层外,装饰装修区域的划分也遵循相同的逻辑。

为了更直观地展示不同投资主体的界面范围,项目团队创新性采用了平面示意图上功能色块填充的方式。这种方法通过视觉化的手段,将复杂的界面划分问题简化为易于理解的图形表示。在示意图中,每个颜色的功能色块都代表一个特定的工程部分,这些色块按照工程的性质和投资主体的不同进行区分。通过分层标示,每个色块不仅展示了其在整体项目中的位置和范围,还同步显示了对应的建筑规模和投资金额。

这种平面图色块填充方法的优势在于,它能够将界面划分、工程量和投资额度这三个关键要素同步对应起来,形成清晰、直观的信息展示。项目团队成员、投资者、政府部门以及其他利益相关者,都可以迅速把握各自关心的部分,理解其在整个项目中的位置和重要性。这样的视觉呈现方式极大地降低了信息传递的复杂性,使得项目界面的管理和沟通变得更加高效。此外,这种方法还具有高度的灵活性和可扩展性。随着项目的进展,新的工程部分可以很容易地被添加到示意图中,相应的色块也可以进行更新和调整。这确保了项目信息的实时性和准确性,有助于各方在项目实施过程中保持同步,及时响应可能出现的任何变化。

通过这种创新的展示方法,项目团队不仅提高了内部沟通的效率,也加强了与外部合作伙伴的沟通效果。它为项目的顺利实施提供了有力的支持,确保了多主体合作下的界面协调和投资分劈工作得以高效、有序地进行。

在本项目咨询工作中,项目经理还积极协助业主单位编制委托建设管理框架协议,确保了项目的法律和合同基础稳固,并通过高频汇报沟通,推进了政府资金的申请和各方协议的签订,为项目的顺利进行提供了资金保障。通过协调不同利益相关方的期望和需求,为业主单位奠定了互利共赢的合作基础。

2. 联合体协作下的沟通合作和项目管理

在当今快速发展的建筑和工程项目中,联合体合作已经成为一种趋势,特别是在大型综合交通枢纽项目中,能够充分发挥专业互补、资源整合、风险共担的双向支持优势,增加彼此的市场竞争力,提高整体的服务质量和创新能力,为业主单位提供更优质、更高效、更全面的服务。本项目深汕枢纽的意向"深汕之桥",不仅在物理上汇聚和连接了轨道交通、换乘空间、城市生活等不同的区域和功能,更在精神和文化层面上象征着华东院和铁四院之间的深度合作与交流探索。

然而,合作的挑战也随之而来,专业化分工导致技术整合难度加大,不同单位的工作文化和流程差异需要协调一致,二十多个不同的专业需要相互沟通协作,利益平衡、沟通效率、质量控制等成为重要的难题。

为了应对这些挑战,项目团队采取了一系列策略。首先,明确了共同的项目目标,确保所有参与方都朝着同一个方向努力。其次,建立了合作机制,包括决策流程、沟通渠道、利益分配、质量控制审核流程等,以确保合作的顺畅和效率。此外,通过提资大纲、分工大纲、进度控制表等工具,确保责任落实到人、节点落实到天,分工明确,责任清晰,增进工作效率的同时,促进了相互的理解和信任。

在项目启动阶段,提资大纲是确保项目顺利进行的关键,它明确了项目的边界条件,包括项目的范围、目标、资源、时间线和质量标准等。通过提资大纲,项目团队能够对项目有一个全面的认识,为后续的工作奠定基础。

在报告编制过程中,分工大纲是确保项目团队目标一致、分工清晰、节点明确的重要工具。它详细列出了每个团队成员或部门的职责和任务,以及每个任务的完成标准和时间节点。通过分工大纲,项目团队能够明确各自的工作职责,避免重复工作和责任不清的问题。进度控制表是监控项目进度的重要工具。它详细列出了项目的各个任务、开始和结束时间、负责人和完成情况等信息。通过进度控制表，项目管理者能够及时了解项目的进展情况，及时发现进度延误的问题，并采取相应的措施。

在报告审核过程中，审核回单是确保报告质量的重要工具。通过制定审核回单，明确审核的内容、标准和流程。审核回单可以帮助项目团队进行内部审查和各方互查，确保报告的准确性和完整性，同时还能有效地减少出错率，包括技术错误、数据错误和表述错误等。通过降低出错率，项目团队能够提高报告的质量，减少后期修改和返工的工作量。此外，互查的方式可以保障联合体内部的平衡，包括技术方案的平衡、资源分配的平衡和利益关系的平衡等。通过内部平衡的保障，项目团队能够减少冲突和分歧，提高合作效率。

在成果提交阶段，通过会签确认单的形式，各单位各专业负责人汇聚现场，对关键技术参数进行总结，并逐条确认。这有助于确保成果的准确性和一致性，避免因理解不一致而导致的问题。项目团队还需要对现阶段可能存在的风险进行排查，明确此版的边界条件和存在问题，包括技术边界、时间边界、成本边界等。通过明确边界条件和存在问题，项目团队能够更好地规划后续的工作，避免因边界不清而导致的混乱和延误。会签确认单中，除了包含关键技术参数以外，还包含对以上确认内容的记录，即备忘录，记录关键技术参数的确认情况、边界条件和存在问题的明确情况等。备忘录需要由负责人签字留底备查，作为项目实施的重要记录和证据。

此外，在咨询工作开展过程中，定期的周例会和项目会议是确保项目团队信息对齐的重要方式。在这些会议中，团队成员分享各自的工作进展，讨论遇到的问题和挑战，以及协调下一步的工作计划。通过这些会议，项目团队能够及时沟通信息，保持目标一致，提高工作效率。

总之，尽管联合体的合作过程中存在挑战，但通过明确的目标、有效的机制和强化的管理，项目团队能够确保责任落实到人、节点落实到天，分工明确，责任清晰，有效推进项目的实施。这些经验不仅实现了项目的顺利进行和多方共赢的局面，也为未来类似项目的实施提供了宝贵的借鉴和参考。

【咨询效果】

在深汕合作区的核心地段，深汕枢纽项目以其首发之势，不仅重塑了区域交通枢纽的定义，更成为粤港澳大湾区东部门户发展战略的重要里程碑。通过引入设计速度达350 km/h的深汕铁路，不仅提升了区域内六个主要车站的互联互通，更是在提升区域交通网络效率上迈出了坚实的步伐。项目通过优化交通网络，预计能够提升区域内的交通效率至少20%，显著促进了区域经济一体化发展。

在站城一体化融合方面，深汕枢纽项目树立了新的典范。项目咨询成果的创新性和示范性，不仅为未来类似项目提供了委托代建合作模式的新思路，更在多投资主体的界面划分、投资分劈、联合体单位分工协作等方面提供了宝贵的经验。据客户反馈，这些经验的借鉴，至少使项目规划阶段的效率提高了25%，有效推动了城市规划和建设理念的创新。

社会影响方面，深汕枢纽项目通过交通空间的综合开发，集聚了区域性资源，实现了土地集约利用，打造了功能复合多元、充满活力的商业空间。项目预计能够提升片区土地30%的商业价值，同时改善运输服务质量，极大地方便通勤客群出行，提升旅客出行效率和满意度。据初步估计，项目将为产业人群提供配套服务，预计每年吸引人才流入增长15%，显著促进地区经济发展。

随着项目的不断推进，深汕枢纽项目在评审立项方面取得了显著进展，项目团队仅用了4个月时间，出色地完成了常规需要1—2年时间的报批工作。项目团队的不懈努力，得到了客户的高度评价，认为项目的成功实施，不仅提升了区域交通效率，改善了居民出行质量，还将推动城市建设和产业发展，为打造"半小时经济圈"和支撑双城生活模式提供坚实基础。此外，项目团队在多主体合作下的界面协调、联合体协作下的沟通合作等方面的经验，为客户展现了咨询工作的实际效果，并为未来类似项目的实施提供了宝贵的借鉴和参考。

综合来看，深汕枢纽项目的咨询工作，不仅在技术、经济、社会层面产生了深远的影响，更通过客户的评价和产生的实际效果，展现了其卓越的咨询价值。随着项目的深入实施，深汕枢纽将逐步展现出其作为粤港澳大湾区东部门户的重要价值，为区域经济社会发展做出积极贡献，其咨询工作的成效也将得到更广泛的认可和赞誉。

大芦线东延伸航道整治工程可行性研究报告

The Feasibility Study Report of Channel Regulation Project in the East Extension of Dalu Line

编写单位：中交上海航道勘察设计研究院有限公司
Shanghai Waterway Engineer Design and Consulting Co., Ltd.
联系电话：021-58871456　　网址：http://www.shiw.com.cn
主要完成人：季　岚　陈　虹　车　军　胡亚洲　曹剑峰　于佳乾　黄舜杰　应　铭　董宇路　张政生

【点评】

该报告统筹考虑通航、除涝、挡潮、防咸、引清、生态及长江口综合整治开发等多重功能的需求，遵循"生态优先、绿化发展"的设计理念，提出了"稳定边界、束槽固滩、导流护航、引流控咸"的十六字治理思路，针对长江口水域的特殊环境条件，采取了一系列技术手段，如数模、仿真等，以确保航道建设标准的科学性与合理性。研究指出了项目在生态航道建设、河海直达运输发展、区域防洪排涝能力提升等方面的多重效益，体现了对长三角内河水运和上海国际航运中心建设的深远影响。特别是在防咸、通航安全、航道维护等方面，通过深入的数学模型分析和技术创新，解决了咸水入侵和大横流条件下的通航问题，展示了项目团队在方案创新上的专业能力和前瞻性思维。

【项目背景】

1. 项目建设背景

2017年4月，交通运输部《关于推进特定航线江海直达运输发展的意见》（交水发〔2017〕53号）提出"江海直达是一种便捷高效、绿色经济的运输方式""对于提升长江黄金水道功能和构建现代综合交通运输体系具有重要作用"；并要求优先推进"长三角地区至上海港洋山港区124 TEU和64 TEU江海直达集装箱船等船型研发及应用"。2018年6月，随着"汉唐上海""汉唐苏州"2艘124 TEU河海直达集装箱船投入苏州高新区至上海港洋山深水港区航线的使用，上海市集装箱河海直达运输开始起步。

自2005年洋山深水港开港以来，集装箱吞吐量逐年增加。目前，东海大桥作为洋山深水港唯一的陆路进出通道，通过能力已趋于饱和，制约了后续洋山深水港区集装箱吞吐量持续增长。河海直达运输为上海港集疏运体系优化提供了新的解决方案和路径，大芦线东延伸航道的建设将大幅提升洋山深水港水水转运能力，支撑上海港集装箱吞吐量世界第一以及上海国际航运中心建设。

2. 项目建设目标及必要性

（1）项目建设目标

打通平原河网航道与长江口航道的天堑，实现长三角内河水运真正意义上的"通江达海"，构建上海市集装箱河海直达运输主通道，进而提升上海国际航运中心集疏运水平，促进河海直达运输和内河航运高质量发展，推动长三角互联互通，提高区域防洪排涝能力。

（2）项目建设必要性

① 本项目是提升上海国际航运中心集装箱枢纽港服务能级，助推上海国际航运中心全面建成和加快建设世界一流港口的发展需要。

② 本项目是长三角内河水运实现通江达海的、内河航道投资建设效益实现量变到质变的关键工程，是推动长三角一体化高标准互联互通、长三角区域高质量协同发展的需要。

③ 本项目是响应《推进运输结构调整三年行动计划（2018—2020年）》，促进集装箱运输"公转水"，完善临港新片区综合交通体系，减少集装箱运输对临港新片区、上海市乃至长三角区域整体环境与道路交通压力的需要。

④ 本项目是优化河海直达运输组织，提升河海直达运输经济性效益，保障船舶通航安全，推进内河航运高质量发展的需要。

⑤ 本项目是交通运输行业响应2030年前碳排放达峰行动,推动运输环节CO_2减量化,降低碳中和成本,绿色可持续发展的需要。

⑥ 本项目是实现航运功能的同时,提升区域防洪排涝能力、保障区域防汛排水安全的需要。

⑦ 本项目的实施是实现航运功能的同时,增强临港新片区水动力、促进临港新片区活水畅流、改善区域水环境的需要。

3. 项目建设条件的复杂性和挑战性

项目地处南汇东滩区域,区域地质情况恶劣、水沙条件复杂、生态敏感程度高,区别于常规内河航道项目,本项目存在"浅滩、软基、易淤、咸潮冲击"四个显著特征。

浅滩:大治河东延伸段的滩槽高差小、滩面范围大的宽浅河槽,易受船行波冲刷而坍塌,给航道维护增加较大压力。

软基:大治河东延伸段表层淤泥层厚度普遍在15—20 m,河槽岸坡整体稳定性较差。

易淤:大治河东延伸段河槽泥沙的来源,主要为涨潮从口门随水流进入的悬沙落淤,以及大风天、高潮位情况下潮水从两侧促淤区越堤将促淤区部分泥沙带入河槽。

咸潮冲击:大治河东延伸段航道位于长江口水域,长江口水域受潮汐影响,海水随涨潮过程沿航道上溯,存在咸水入侵的问题。

4. 其他背景

本项目是上海市第一个河海直达的项目,也是上海市第一个河海共管的项目,因此,本项目前期涉及水利部长江水利委员会(简称"长江委")、交通运输部长江航道局、上海海事局、上海市交通委、上海市水务局、上海市生态环境局等多个部门,项目实施的困难较多。

【项目内容】

1. 项目类型

项目名称:大芦线东延伸航道整治工程。

建设类别:水运。

建设性质:新建。

通航标准:闸内段按Ⅲ级通航标准建设,闸外段按照1 000 t级海轮航道标准建设,按通航120 TEU集装箱船型设计船闸及闸内外航道尺度。

设计代表船型:120 TEU河海直达集装箱船。

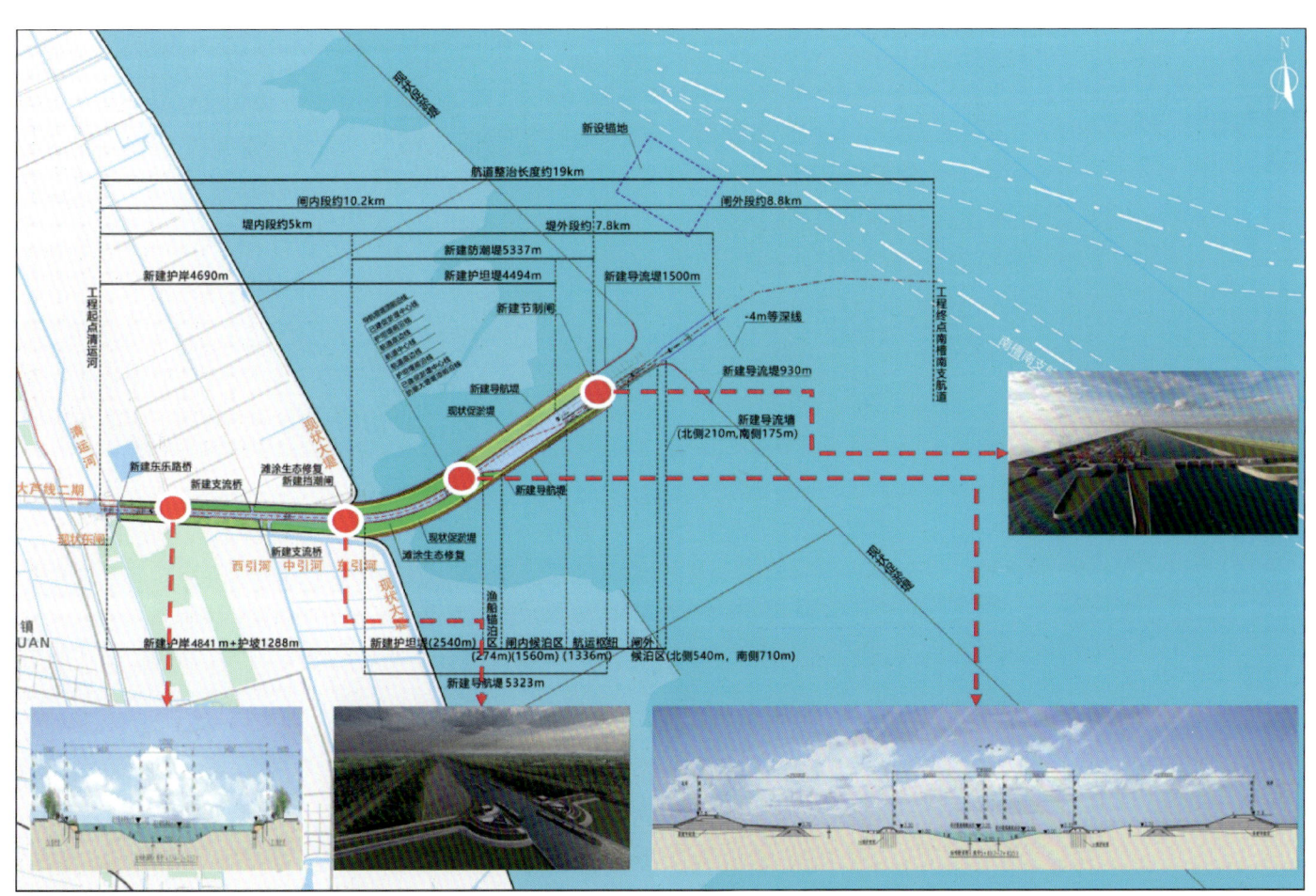

图1 项目总平面布置图

2. 项目建设选址

本项目位于上海市浦东新区及临港新片区，工程西起清运河，东至南槽南支航道，全长约19 km。工程方案根据《上海市防洪除涝规划（2020—2035年）》以及《长江口综合整治开发规划（2005—2020）》相关要求，将现状大治河东闸外移至促淤堤口门以西约1 km处，新建航运枢纽1座（包含双线船闸和节制闸各1座）。同时在现状大堤口门内侧新建1座常开通航挡潮闸，与现状南汇四期、五期大堤共同形成防洪封闭圈。航道以新建船闸外闸首为界，分为闸内段和闸外段两部分，闸内段航道约10.2 km，闸外段航道约8.8 km。

3. 项目主要建设内容及规模

本项目主要建设内容包括航道整治工程、航运枢纽工程、常开通航挡潮闸工程、跨航道桥梁工程以及配套工程五部分。各部分建设内容及规模如下。

（1）航道整治工程

本项目航道全长约19 km，以航运枢纽为界，航运枢纽以西为闸内段，长约10.2 km，按内河Ⅲ级航道标准建设；航运枢纽以东为闸外段，长约8.8 km（含6 km自然水深航道），按1 000 t级海轮航道标准建设。航道设计水深4—4.5 m，航宽102—320 m。此外，航道整治工程还包括新建约10 km河道护岸、新建约7 km护坦堤、新建约11 km导航堤以及新建2 430 m闸外斜坡式导流堤。

（2）航运枢纽工程

在现状南汇东滩促淤堤口门以西新建1座航运枢纽，包括双线出海船闸、节制闸及防咸泵站各1座。航运枢纽北侧预留排涝泵站和5 000 t级出海船闸空间，远期大治河东枢纽将形成三线船闸+节制闸+排涝泵站的格局，为上海最大水上枢纽。

新建双线出海船闸等级为1 000 t级，尺度分别为（310×27×4.5）m和（310×14×4.5）m；新建节制闸共5孔，单孔宽18 m，总净宽90 m；新建防咸泵站规模为18 m³/s。

（3）常开通航挡潮闸工程

在现状大堤口门内侧新建1座集通航、排涝、挡潮功能为一体的常开通航挡潮闸。挡潮闸单孔净宽90 m，采用平面双开弧形钢闸门，挡水高度4.25 m，为国内最大单孔水闸。挡潮闸及两侧连接堤与两岸现状海堤衔接形成防潮封闭。

（4）跨航道桥梁工程

在现状大治河东闸闸址处原拆原建1座跨航

图2 生态航道效果图

图3 航运枢纽效果图

图4 常开通航挡潮闸效果图

图5 东乐路桥效果图

道桥梁（东乐路桥），采用水中设墩的方案，跨径布置（30+28+100+28+30）m，为下承式系杆拱与连续梁组合体系桥。

（5）配套工程

配套工程主要包括必要的导助航工程、管理区工程、景观工程及信息化工程等。

4. 项目技术特点

大芦线东延伸航道是长三角地区首条在滩涂区域人工形成的河海直达高等级内河航道。

工程地处南汇东滩区域，区域地质情况恶劣、水沙条件复杂、生态敏感程度高，本项目研究基于上海国际航运中心集装箱集疏运发展需要、长三角区域内河集装箱河海直达运输发展趋势、航道自身特点，统筹水利、海洋、生态环境等多方面功能需求，在治理思路、河海直达运量预测、总平面布置、入海口河海直达航道建设标准、通海船闸以及生态友好防护结构等方面有所创新。

（1）采用多航线、多运输方式的"门到门"运输全过程论证方案，为本工程建设规模确定奠定基础

长三角地区内河集装箱"河海直达"运输是2018年刚刚诞生的一种新兴集装箱运输组织方式，河海直达集装箱船运力、航线、航班、腹地港口码头等都处于刚起步的阶段，因此缺少常规水运量预测工作所需的长序列基础数据。而集装箱河海直达运输规模是大芦线东延伸航道出海船闸建设规模的关键依据，准确预判集装箱河海直达运输发展趋势以及与其他运输方式的竞争关系，是本项目的难点之一。研究中，采用了多航线、多运输方式的"门到门"运输全过程论证方案，对港口、物流、船东、货主等利益相关者进行了多轮调研，对公路、河海联运、河海直达等多种运输方式进行了技术经济论证，客观地得出了长三角地区内河集装箱采用河海直达运输将具有较明显优势的研究结论，并得到了各利益相关方的认可，从而为最终预测集装箱河海直达运输量奠定了关键基础。

（2）从"浅滩、软基、易淤、受咸潮冲击"问题出发，提出了"稳定边界、束槽固滩、导流护航、引流控咸"的航道治理思路，实现了平原河网航道网与长江口水域沿海航道的平顺对接

大芦线东延伸航道位于南汇东滩滩涂区域，是长江口水域最接近外海的主要支流，存在"浅滩、软基、易淤、受咸潮冲击"等诸多问题。此外，本工程航道除通航外，仍需承担除涝、挡潮、防咸、引清、生态以及长江口综合整治开发等多重功能需求。基于上述问题和需求，本工可研究提出了"稳定边界、束槽固滩、导流护航、引流控咸"的十六字治理思路，通过两侧导航堤固化了河道边界，大幅减少航道淤积；采取束窄航槽措施既确定了与上游内河航道顺接的航道断面，又在提升除涝能力的同时，保护了两侧滩涂生态资源，体现了绿色航道建设理念；面对本工程航道与长江口南槽南支航道近乎正交且流速过大的横流问题，通过口门导流措施消除了横流对船舶通航的不利影响，使内河航道更加安全地接入长江口水域沿海航道；在通航枢纽采取防咸措施，避免外海咸水对内河水域的侵入，确保了临港新片区的引清需求。最终实现了本项目的交通、水利、环保、海洋等多个行业的综合治理需求。

（3）多目标（航道治理、生态环保、水利整治）追求下的工程总平面布置设计

以实现航道通航为基础目标，统筹考虑生态湿地保护、长江口综合整治和航道运行维护等方面政策法规限制以及国家战略实施等多维度目标。应用数模及动床物模等技术手段，开展了多目标规划下的工程平面布置的多方案比选，将航运枢纽布置于现状促淤堤口门，以最大程度减少闸下航道长度，减少航道回淤；降低航道两侧导航堤高程，以减少对南汇东滩湿地的影响；在现状大堤口门新建常开通航挡潮闸，既不影响航道通航功能的正常发挥，又确保极端条件下内陆片区的防洪安全。推荐方案既能保证航道功能的发挥，又可解决与当期在编规划的矛盾，并与远期的国家战略接轨，实现航道治理与滩涂湿地保护、政策法规衔接相结合，实现共赢。

（4）在现行规范无法满足设计要求时，应用数模、仿真等技术手段确定航道建设规模

河海直达航道整治工程，属于新的领域，部分工程出现无规范可依或无先例可循，应用数模、仿真等技术手段确定航道建设规模。

① 综合采用"规范外延"和"船舶通航模拟试验"方法，确定大横流条件闸外疏浚段航道航宽。大治河河口外为长江口南槽南汇东滩水域，潮流呈与岸线平行的往复流，与大治河河道走向即与航道交角接近垂直，横流值超过设计规范的取值范围。根据《航道工程设计规范》航道宽度计算公式，通过外延横流流速，计算得到闸外疏浚段航道宽度。为了切实保障航道宽度满足大

横流条件下的通航安全,开展了不同横流流速及风浪组合条件下单向和双向通航的"船舶通航安全模拟试验",对航道宽度进行验证。

② 建立了长江口水域盐度数学模型,分析出海船闸咸水入侵影响,提出了防咸措施的建设规模。通过系统分析自然工况下,大治河河口段咸水入侵特性,得到"枯水期部分涨潮区间内,盐度值大于0.25 PSU,需防范咸潮上溯的风险"的认识。综合考虑到本项目防咸措施的使用效率及频率等因素,提出设置防咸泵站方案。建立长江口水域和船闸+防咸泵站盐度数学模型,模拟船闸启闭引排水时咸水上溯入侵影响范围,并综合防咸效果、对船舶泊稳影响以及运营成本进行比选分析,最终确定防咸泵站规模。

③ 引入交通仿真技术重现过闸船舶交通时空随机规律,确定船闸及候泊区设计规模。本工程船闸外河口门水沙条件复杂、水域空间有限,船闸选址与建设规模受多个复杂因素共同制约,船闸通过能力计算的科学性直接决定了船闸与闸外候泊区设计规模的合理性。通过将计算机仿真技术应用于过闸随机排档与调度过程,综合考虑船型、空间排档、调度时序等多目标函数和约束条件建立单级多线船闸交通仿真模型,预测船闸通过能力与闸室利用率,提出采用双线船闸"14 m宽+27 m宽"的闸室设计规模。通过在现行规范公式基础上进一步反映船舶组合、到港和一次过闸艘数等随机性问题,量化分析排队长度与候闸时间等船舶交通流时空变化指标,科学确定了上下游候泊区设计长度,在满足通航效率的前提下兼顾了工程经济效益。

(5)遵循"生态优先、绿色发展"理念,采用多种生态友好性防护结构,建设绿色航道

本工程地处南汇东滩区域,主航道两侧为现状滩涂,本次工可研究结合各航道周边现状及未来规划,采用不同结构形式的生态友好性防护结构。现状滩涂高程较高段采用带生态水槽的复合型护岸结构,以形成自然过渡的水陆交错带;现状滩涂高程较低段采用透水率55%的抛石斜坡堤结构,以维持后方滩涂湿地属性;既有湿地水域段采用带高低板桩的高桩透空式结构,以形成透水通道。此外,为减少施工对南汇东滩区域的环境影响,本工程护岸及导航堤防浪墙皆采用装配式结构,其中带桩基的装配式护岸结构在滩涂地区的使用目前尚无先例。

5. 项目进度计划

根据项目建设内容,暂定施工总工期为66个月,施工进度计划如图6所示。

6. 项目估算投资

本工程推荐方案总估算金额为624 224.07万元,其中工程费用为550 946.52万元,工程建设其

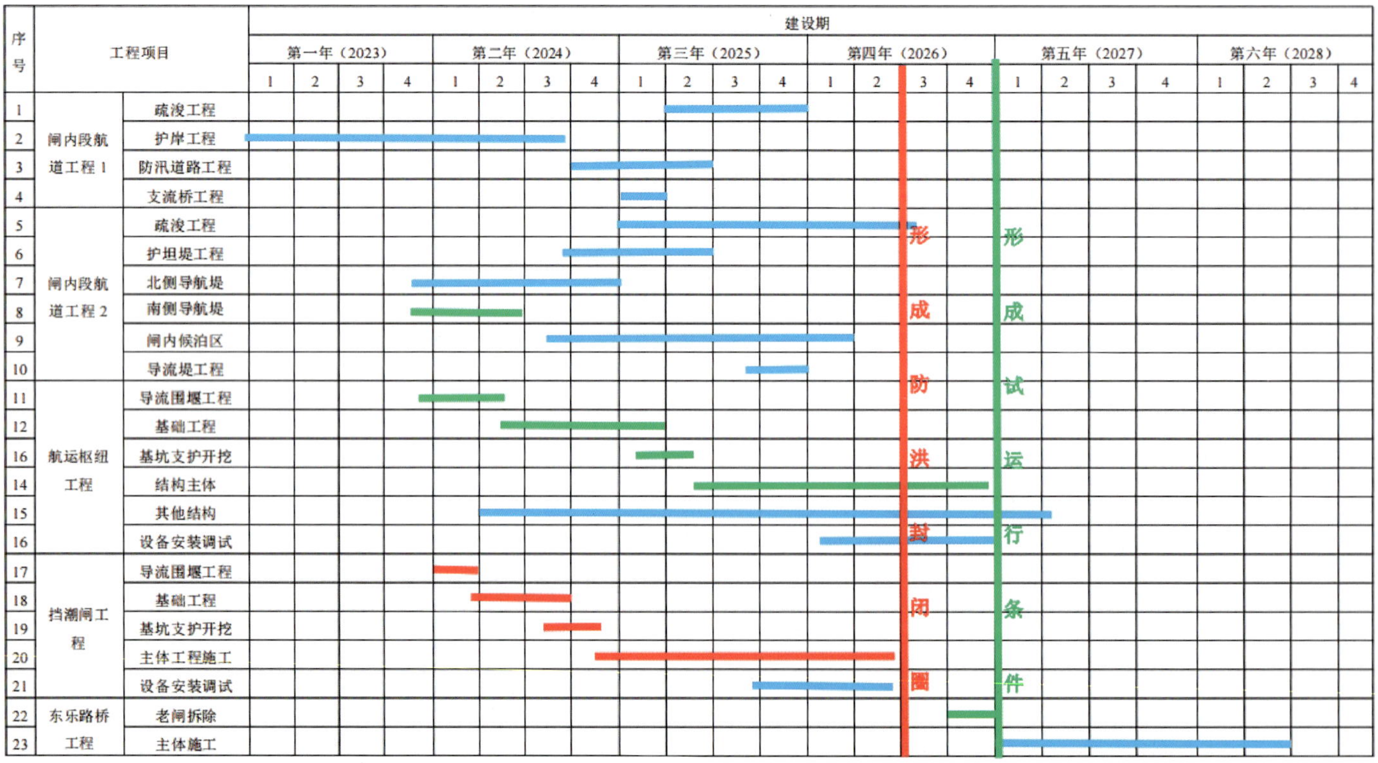

图6 施工进度计划图

他费用为38 455.65万元,预留费用为29 465.92万元,前期工程费为5 355.97万元。

【工作过程】

1. 项目团队组织架构

（1）建设单位

上海城投公路投资（集团）有限公司、上海城投航道建设有限公司。

（2）咨询设计单位

中交上海航道勘察设计研究院有限公司。

（3）专题研究单位

① 水文泥沙专题：中交上海航道勘察设计研究院有限公司、上海河口海岸科学研究中心。

② 动床物理模型专题：上海河口海岸科学研究中心。

③ 盐度数学模型专题：中交上海航道勘察设计研究院有限公司。

④ 船舶通航安全仿真模拟试验：武汉理工大学。

2. 咨询工作过程

2017年4月，交通运输部发布《关于推进特定航线江海直达运输发展的意见》（交水发〔2017〕53号）。河海直达运输为上海港集疏运体系优化提供了新的解决方案和路径。展望上海内河"一环十射"高等级航道网，除通过黄浦江绕行外，还没有一条内河航道可实现河海直达运输功能。市有关部门高度重视，于2019年5月启动高等级内河航道河海直达方案相关研究，分析比选大治河（大芦线）、五尺沟及金汇港等5条河海直达航道的可行性。2020年9月，经过多轮研究比选，市政府选定大芦线东延伸航道作为首选开通的河海直达航道。

大芦线东延伸航道原为人工形成的滩涂排涝河道，为实现河海直达通道的建设，这条航道在被上海市、长三角、交通运输部纳入"十四五"发展规划的基础上，最终被纳入国务院《"十四五"现代综合交通运输体系发展规划》。该项目于2021年10月、2022年10月先后获得上海市发展改革委的项目建议书、工可批复。作为上海市重大工程，各部门齐心协力推动河海直达航道的建设，实现了"当年立项当年建设""从无到有""从0到1"的创举。

3. 咨询阶段重点工作

本项目是上海市第一个河海直达的项目，也是上海市第一个河海共管的项目，所以贯穿整个咨询阶段的重点工作包括方案创新和审批沟通两部分内容。其中方案创新是通过理论创新、技术创新等手段解决项目中所遇到的诸如咸水入侵、超大横流、软弱地基等问题；审批咨询是通过详尽分析、方案调整、反复沟通等手段解决项目行政审批中遇到的诸多困难。

【咨询工作特点及经验教训】

1. 方案创新

本项目在咨询阶段的方案创新，包括提出采用防咸泵站解决咸水入侵问题、提出大横流条件航道宽度计算方法、提出大跨度通航挡潮闸通航净空尺度计算方法等多项成果。下面以防咸泵站为例，对本项目的方案创新工作进行介绍。

船闸咸水入侵是目前国内外出海船闸普遍遇到的问题，为防止因船过闸过程所导致的船闸咸水入侵，主要防治措施应设法使入侵咸水重返外海侧。根据防咸措施的工作原理，目前国外主流的防咸措施主要包括泄流冲咸法、气幕法、集咸坑法、置换闸室水体法和隔膜法等。上述方法排咸效果虽然较好，但是普遍存在影响通航效率和占地面积大的问题。大芦线东延伸航运枢纽拟选址区域受现状促淤堤和相关审批限制，用地较为紧张，且大芦线东延伸航道为长三角首条河海直达集装箱航道，对通航效率要求较高。因此，国外主流方法在大芦线工程中不能完全适用。

课题组先建立了长江口整体盐度模型，通过系统分析自然工况下大治河河口段咸水入侵特性，得到"大治河河口仅枯水期部分涨潮区间内，盐度值大于0.25 PSU，需防范咸潮上溯的风险"的认识。此外，本工程枢纽位于现状促淤积堤口门附近，距临港新片区取水口约5 km，存在一定的缓冲空间。因此，综合考虑到本项目防咸措施的使用效率及频率等因素，课题组创造性地提出设置防咸泵站方案，即在双线船闸中心岛内河侧设置泵站进水口、中心岛外河侧设置出水口来解决咸水入侵的问题。该方法虽在船闸处防咸效果相比国外方法低，但充分利用了后方5 km的河道作为缓冲，以满足临港新片区东引河引水为目标，解决了国外方法用地面积大、通航效率低的问题。课题组又在长江口整体盐度模型的基础上，建立"船闸+防咸泵站"的盐度数学模型，模拟船闸启闭引排水时咸水上溯入侵影响范围，并综合防咸效果、对船舶泊稳影响以及运营成本进行比选分析，最终确定防咸泵站规模。

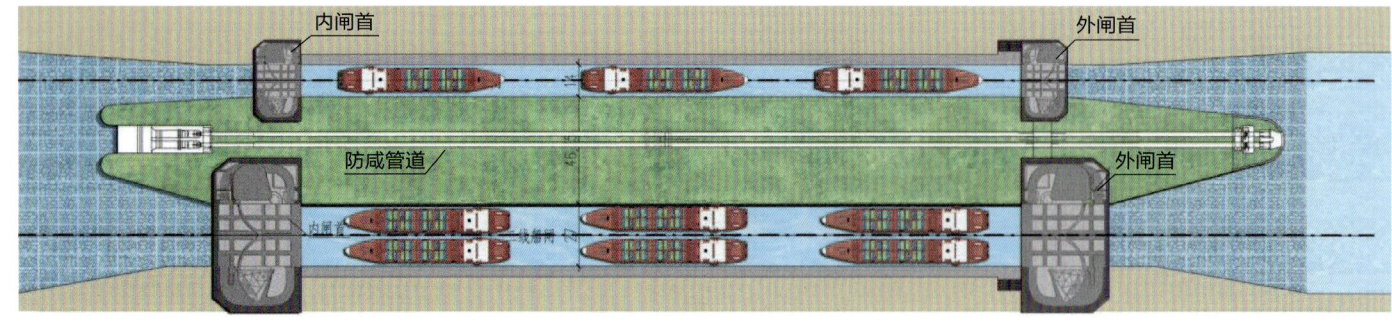

图7 防咸泵站示意图

2. 审批咨询

本项目是上海市第一个河海直达的项目,也是上海市第一个河海共管的项目,因此本项目既要满足长江水利委员会的审批要求,又要满足海洋局的审批要求,审批的难度可想而知。下面以洪评审批为例,对本项目的审批咨询工作进行介绍。

按现行规定洪评是施工的前置条件,考虑到洪评是本项目成立的决定性因素,为能顺利推进项目,提前至工可阶段跟长江委相关部门进行汇报和沟通。本项目原始方案为充分利用现有河道及已建的促淤堤,在平行航道中心线的促淤堤处设计布置两条防潮大堤,长约5 km,防潮大堤的顶高程满足200年一遇潮位叠加十二级风上限的规划设计标准。

(1) 审批难点与对策

难点1和对策:起初长江委认为这个项目对长江口行洪有影响,基本上给予否定。但是本项目就航运而言意义非常重大,为此课题组委托专业单位开展长江口大范围的物理模型和数学模型的分析,用数据分析本项目对长江口的行洪影响程度。物理和数学模型的分析本项目影响的结论:高潮位最大增幅1.1 cm,对长江口的行洪影响很小;对长江口南北槽河段分流格局无影响,对长江以及大治河出口段的河势稳定不会产生不利影响;另外,本工程的防潮大堤还有利于稳定现状河口河势格局。课题组用数据说服长江委项目对长江口行洪影响很小。

难点2和对策:长江委提出本项目尽管满足国务院2008年批准的《长江口综合整治开发规划》的布置,但不满足还处于审批阶段的《长江口综合整治规划(2021—2035年)》洪水治导线的规划,设计方案的防潮大堤凸出长江委新划定的防洪治导线5 km,防潮封闭线线被拉长10 km,增加防潮风险。面对出现的新问题,课题组进行研究,查找国内外的类似工程,最后提出在洪水治导线附近布置一个常开通航挡潮闸,挡潮闸的顶高程满足200年一遇潮位叠加12级风上限,符合《长江口综合整治规划(2021—2035年)》洪水治导线的规划,挡潮闸宽度90 m,满足千t级航道双向通航要求。长江委对新增的挡潮闸来满足长江口洪水治导线规划没有异议。

难点3和对策:长江委提出新一轮《长江口综合整治规划(2021—2035年)》注重生态,本项目航道两侧的防潮大堤占用较大的滩涂,要求降低防潮大堤标高。为此,课题组从两个方面优化方案,一是降低防潮大堤的顶高程,从200年一遇(不越浪)调整到20年一遇(可越浪),满足通航最低要求,大幅度减小占用滩涂面积,防潮堤的名称改为导航堤。由于导航堤高程降低,课题组开展双闸联动的防汛调度方案,满足防汛排涝和防潮的要求;同时课题组对现有的滩涂进行生态修复设计,修复面积达144 hm^2,提升滩涂生物多样性和生态功能。

最终优化后的方案递交给长江委,长江委接受本项目方案,上海市发展改革委对调整后的方案进行工可批复,至此项目真正立项落地。

(2) 经验和教训

① 洪评需要提前介入。洪评批复尽管不是工可批复的前提条件,但洪评对工程方案的影响极大,洪评过程新增的工程内容,需要在工可阶段给予明确,使得项目投资能得到有效控制。

② 方案调整需要有针对性。洪评的沟通优化过程就是解题和破题过程,相信"办法总比困难多",只要方案有针对性,能达到预定的目标,为客户解决重大难点,推进项目落地。

③ 需要提前熟悉审批流程。需要提前收集各方面的资料,包括规划资料、审批要点,掌握审批程序,实现事半功倍的功效。

【咨询效果】

1. 咨询成果价值

（1）咨询项目后续推进情况

大芦线东延伸航道整治工程于2022年纳入上海市重大建设项目清单，并于2022年10月取得工可批复，12月取得初步设计批复，同月完成开工备案。目前项目已全面开工，截至2024年4月底，累计完成施工产值64 000万元。

（2）咨询成果经济和社会效益

咨询成果将为上海国际航运中心建设、长三角一体化高质量发展以及临港新片区建设带来丰厚红利，具有显著的经济和社会效益

① 经济效益。本工程实施后，将形成大芦线河海直达通道，河海直达运输航线将得到完善和升级，船舶无需绕行，单程缩短航程约70 km。航线运距缩短可节约集装箱河海直达运输费用150—200元/TEU。此外，远期河海直达将逐步代替现有公路运输，长三角地区至洋山港集装箱运输费用相较公路运输费用下降30%—40%，以600万TEU计算，年经济效益约18亿元。

② 社会效益。本工程实施后，长三角地区大量通过洋山深水港区进出口的集装箱可以由陆转水，运输方式的转变既是落实交通运输结构优化调整的要求，又能够直接减少活跃集卡数量，明显改善外高桥、临港地区的交通压力。同时，还可大幅减少集装箱运输的燃油消耗、二氧化碳排放。经测试，本工程实施后远期将减少活跃集卡10 800余辆、减少消耗24万L柴油，同时减排72万t二氧化碳，有效降低碳中和费用，响应碳达峰行动。

此外，本工程的实施，在长三角地区增加了一条与长江口直通的水上通道，今后河海直达集装箱船无需穿越黄浦江核心段绕行吴淞口水域，能避免加剧黄浦江核心段航道日益突出的通航压力，助力黄浦江核心段世界级滨水空间的建设，为上海市卓越的全球城市建设创造更为有利的交通运输条件。

2. 咨询成果评价

咨询成果在编制阶段先后通过了上海市交通委员会、上海市科学技术委员会和上海市发展和改革委员会组织的专家评审，成果得到了与会

图8　导流通道疏浚施工实景图

图9　装配式护岸施工实景图

专家及单位的高度肯定，咨询成果为积极推动部市合作，取得初步设计及施工图批复，并最终实现年内工程开工，落实有效投资从而拉到经济奠定了良好的基础。

在上海城投公路投资（集团）有限公司开展的2023年上半年度建设项目设计考核中，本项目咨询成果取得97.6分的考核分，排名第一。此外，本项目咨询成果也于2023年先后荣获了水运工程建设协会"2022—2023年度第二批水运工程优秀咨询成果一等奖"和上海市工程咨询行业协会"2023年度上海市优秀工程咨询成果一等水平"。

G1503公路和周邓快速路浦东枢纽段工程可行性研究报告

The Feasibility Study Report of the Project of G1503 Highway and Zhoudeng Expressway Pudong Hub Section

编写单位：上海市政工程设计研究总院（集团）有限公司
上海市城市建设设计研究总院（集团）有限公司
Shanghai Municipal Engineering Design Institute (Group) Co., Ltd.
Shanghai Urban Construction Design & Research Institute (Group) Co., Ltd.
联系电话：021-55000000　　网址：https://www.smedi.com
主要完成人：刘　艺　罗建晖　孙　巍　温竹茵　陈　劼　王晓明　周嘉杰　黄　平　陆元春　丁佳元

【点评】

本报告结合上海东站规划布局，贯彻站城融合理念与"双碳"发展战略，通过交通建模预测、建设规模和技术标准选取、全过程BIM正向设计、"四新"技术应用等措施，对G1503公路和周邓快速路浦东枢纽段线位、敷设形式及总体方案进行研究，经多方案比选推荐"G1503长隧短桥居中布置，周邓快速路短隧长桥两侧布置"的总体方案。该项目作为浦东枢纽区域规划"三纵五横"的快速集散路网的重要组成部分，建成后将承担浦东枢纽对外交通主通道，有效改善上海东站和沿线组团内部串联和对外联系，进一步优化G1503公路作为区域货运交通、过境交通主通道的功能。G1503公路枢纽段入地改造后，可缝合公路两侧地块割裂状态，为东方航空城"站城一体"高质量开发创造条件，助力于将浦东枢纽打造成为功能完备、国际一流的现代化大型综合交通枢纽，实现"新时代国际开放门户枢纽新标杆"的定位。

【项目背景】

根据《上海市城市总体规划（2017—2035年）》，铁路上海东站与浦东机场组合形成浦东综合交通枢纽（简称"浦东枢纽"）。作为上海两大国家（国际）级交通枢纽之一、浦东国际航空枢纽的重要支撑、城际线（含市域铁路）的重要锚固点，要在统筹城市交通、区域发展等要素基础上，将浦东综合交通枢纽打造成为功能完备、国际一流的现代化大型综合交通枢纽。

浦东枢纽以浦东机场、铁路上海东站为核心载体，统筹航空、铁路、轨道交通、道路交通、常规公交、出租车等各类综合交通要素，对标最高标准、最好水平，建设成功能完备、国际一流的现代化大型综合交通枢纽。

上海东站综合交通枢纽是上海铁路枢纽总图规划的四大主客站之一，服务沪通铁路、沪乍杭铁路、沪周甬铁路、沪苏湖铁路；也是上海最重要的市域铁路枢纽，服务机场联络线、两港线、东西联络线和曹奉线，站房总规模为15台30线，设计客流为每年进出客流6 000万人次，其中约1 500万换乘至浦东机场。上海东站规划建设为"新时代国际开放门户枢纽新标杆"，贯彻"生态绿色、数字赋能"两个转型引领，落实站场城一体化、规划建设一体化、运营管理一体化"三个一体化"，打造"虹桥枢纽升级版"。

为更好地服务浦东枢纽，增强浦东枢纽对外快速集散路网，《上海浦东综合交通枢纽专项规划》提出浦东枢纽区域内规划形成"三纵五横"的快速集散路网，并完善区域干路系统，支撑枢纽对地区的服务功能。G1503公路和周邓快速路是"三纵五横"快速集散路网中的重要组成部分。

为改善上海东站站前对外联系，减少高速公路和快速路对城市发展的不利影响，同时保障G1503公路、周邓快速路枢纽段快速集散功能，为周邓快速路与东站接送客平台衔接提供空间，有必要结合上海东站规划布局，贯彻站城融合理念，对G1503公路和周邓快速路浦东枢纽段线位、敷设形式及总体方案进行研究。

【项目内容】

1. 功能定位和服务对象

（1）功能定位

G1503公路：以服务货运交通和过境交通为主的客货通道，对外衔接与长三角的快速联系，对内服务临港新片区与浦东枢纽及周边地区的快速联系。

周邓快速路：是铁路上海东站和T3航站楼的主要快速集散道路，是浦东枢纽快进快出系统衔接的重要组成部分；是浦东枢纽出入交通南北向平衡的转换通道；是联系祝桥及周边发展地区的交通性干道。

地面道路：规划为区域性次干路，是紧邻上海东站的南北向重要通道，其功能定位为服务东站，是站前次干路；服务祝桥镇开发，衔接区域开发各个功能组团；联系站城开发主要的南北向次干路。

（2）服务对象

G1503公路：主要服务过境交通和货运交通，兼顾服务枢纽及区域交通。

周邓快速路：服务沿线地区中长距离到发交通、客运交通。

地面道路：服务沿线到发交通、货运交通，兼顾部分枢纽集散交通等。

2. 线位布置

G1503公路改造工程基本采用原高速公路线位，利用高速红线及两侧绿地范围布置。其中东站枢纽段为避让燃气管线，中心线较老路中心线东偏约15 m。

周邓快速路采用与G1503共线方案，其中金亭公路以北段布置于G1503公路两侧，金亭公路以南以高架形式布置于G1503公路路中分隔带内。

3. 总体方案

（1）G1503高速公路改造工程

G1503公路改造采用高速公路标准，设计速度100 km/h，双向六车道规模，改造范围北起远航路以北，自北向南首先以桥梁形式上跨远航路，然后在骆岗路以北入地转为隧道形式实施，依次下穿北界河、上跨规划轨交21号线、下穿六

图1　浦东枢纽"三纵五横"快速集散路网

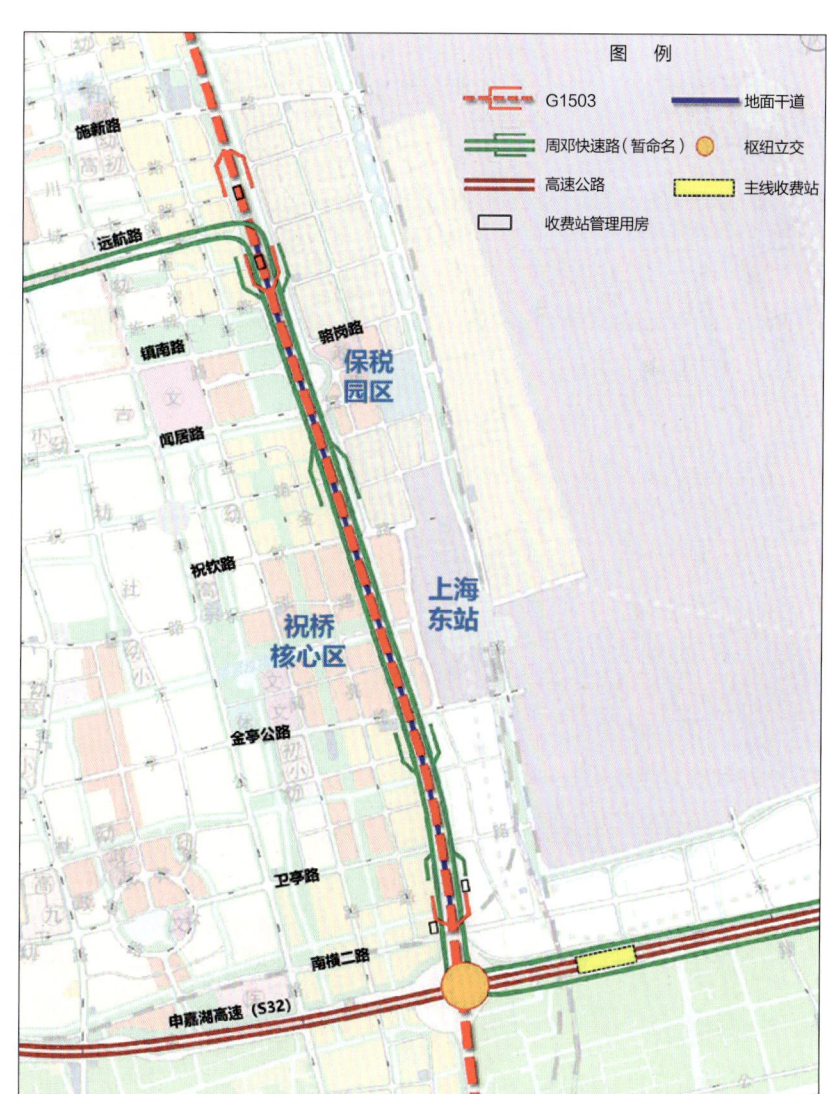

图2　线位布置

灶港后，于金亭公路以南段接地并衔接老路，南至S32立交，全长约6.3 km。其中，保税区—东站枢纽段（骆岗路—金亭公路）采用隧道形式，全长约3.162 km（暗埋段长约2.678 km，敞开段长0.484 km）；远航路节点采用跨线桥形式，全长约0.92 km。

拆除原闻居路收费站，在远航路两侧、金亭公路南侧新增三处收费站，衔接周邓快速路、服务东站枢纽和沿线片区。

（2）周邓快速路新建工程

周邓快速路采用城市快速路标准，设计速度80 km/h，局部节点受限处60 km/h，双向六车道规模。本工程新建范围北起远航路，转入G1503公路线位后布置于G1503两侧，南至S32立交后向东偏转至S32主线收费站以东，衔接浦东机场S32立交改建工程，全长约6.5 km，其中东站枢纽段（祝钦路—金亭公路）以隧道形式敷设，全长约1.6 km，其余路段主要以桥梁形式敷设，长约4.9 km。

周邓快速路在远航路南侧、祝钦路北侧、金亭公路南侧和卫亭路南侧设置出入口匝道，衔接G1503公路、服务东站枢纽和沿线片区。

本工程另包含上海东站集疏运系统南、北进和出入匝道在G1503红线范围内部分，各匝道均采用单向两车道规模，设计速度40 km/h，总长约1.2 km。

（3）地面道路工程

地面道路采用城市次干路标准，设计速度40 km/h，枢纽段双向六车道规模，其余路段双向四车道规模，工程范围北起远航路，南至南横二路，全长约5.1 km，打通远航路、骆岗路、闻居路、祝钦路、金亭公路等9条横向道路。

4. 出入口布置

（1）G1503高速公路

拆除原闻居路收费站，枢纽段分别于远航路南、北和卫亭路以南新增3处收费站出入口（见表1）。

（2）周邓快速路

枢纽段分别于远航路以南、闻居路以南、祝钦路以北、金亭公路以南、卫亭路以南设置5对

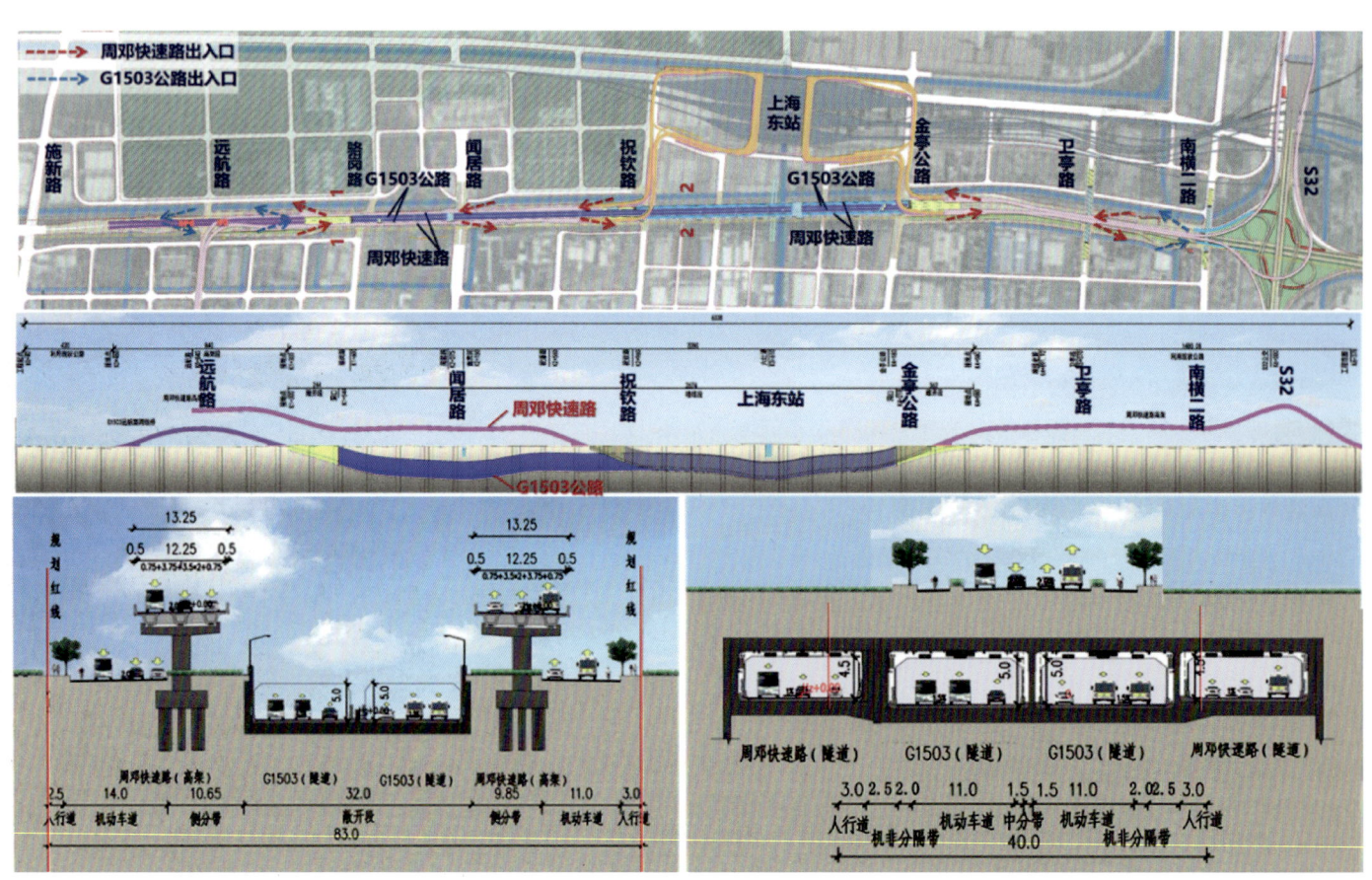

图3　总体方案

图4 远航路节点（G1503隧道北洞口）效果图

图5 G1503和周邓隧道暗埋段（东站枢纽段）效果图

图6 G1503和周邓隧道南洞口效果图

表1 G1503浦东枢纽段出入口布置

序号	收费站出入口位置	主 要 功 能
1	远航路北侧	高快衔接、服务东站、服务片区
2	远航路南侧	高快衔接、服务片区
3	卫亭路南侧	高快衔接、服务东站、服务片区

表2 周邓快速路浦东枢纽段出入口布置

序号	出入口位置	主 要 功 能
1	远航路南侧	高快衔接、服务片区
2	闻居路南侧	服务片区
3	祝钦路北侧	服务东站
4	金亭公路南侧	服务片区、服务东站
5	卫亭路南侧	高快衔接

出入口匝道（见表2）。

5. 关键节点方案

本工程沿线建设条件复杂、控制节点众多，两侧为超高压燃气管线和河道，下穿六灶港，节点下方还需上跨规划轨交21号线。在平面、竖向空间受限条件下，集约化断面布置，平铺布置四孔隧道、叠层布置桥隧，合理利用空间资源。

各关键节点经多方案比选，轨交21号线节点推荐隧道下方预留轨交穿越条件方案；S32立交节点推荐改造立交匝道、增设G1503出入口方案；沪通铁路节点推荐线位避让铁路桥墩方案；S32主线收费站节点推荐先改造管理用房，再实施通道方案；燃气管线、阀室节点推荐道路避让、保护管线及阀室方案；东站枢纽节点推荐接地、接枢纽匝道分离设置方案。

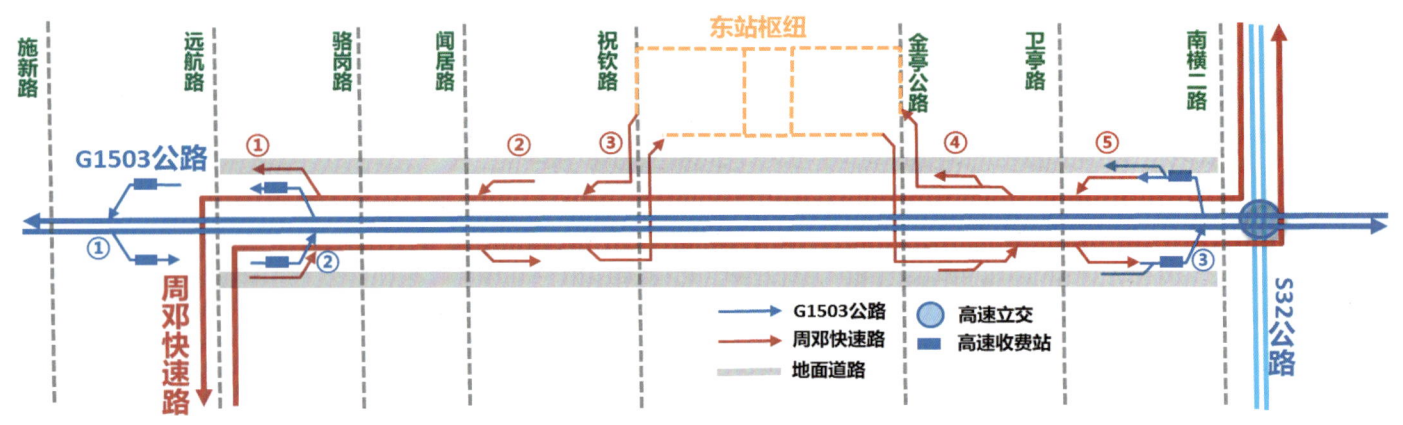

图7 出入口布置

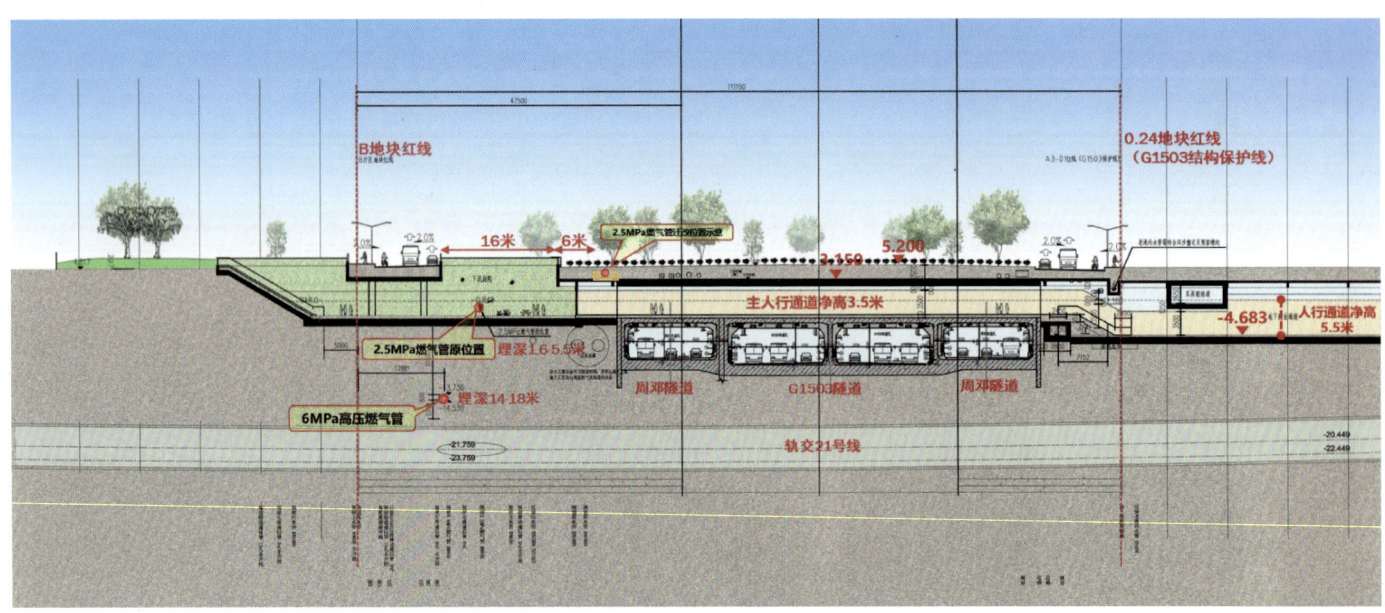

图8 轨交21号线节点方案

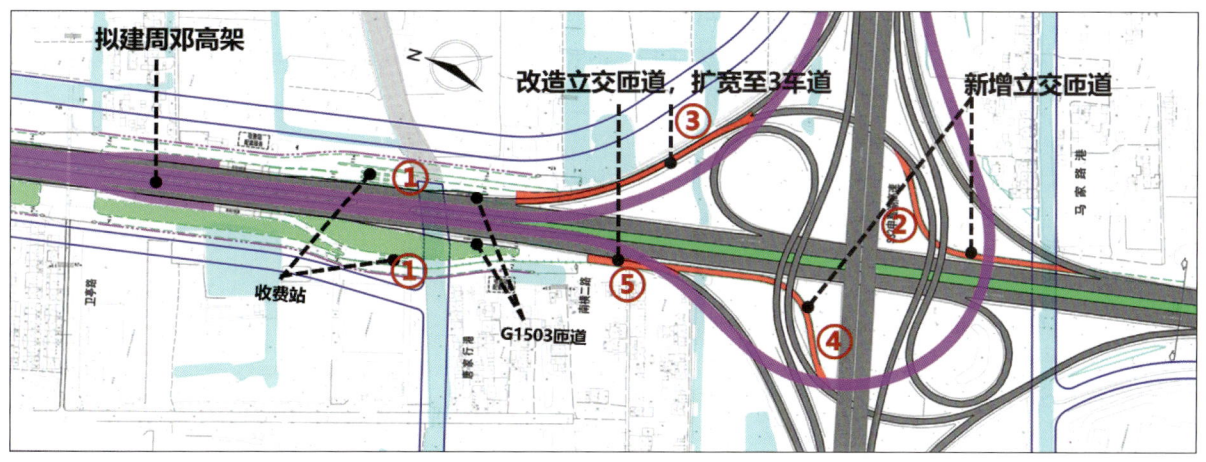

图9 G1503公路—S32公路立交改造方案

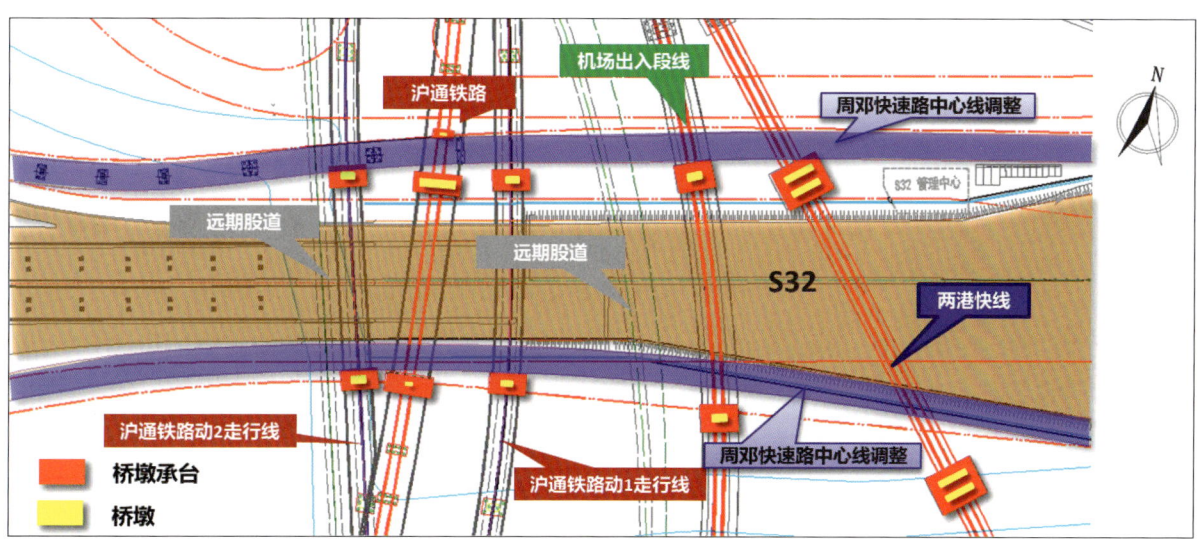

图10 周邓快速路穿越沪通铁路、机场联络线、两港快线节点方案

图11 G1503公路—S32公路立交、周邓下穿铁路节点效果图

6. 工程筹划及施工期间交通组织

本工程桥梁、隧道工程需占用现状高速公路实施，为保证高速公路正常运营，需先进行高速公路翻交改移（称"保通高速工程"），再进行桥、隧工程施工。

现状G1503公路为双向六车道规模，道路宽度42 m。道路西侧约40 m宽保护绿带，下方设有（超）高压燃气、通信、雨水、污水等管线；道路东侧约40 m宽保护绿带，绿带以东现状部分路段有26—30 m宽河道。受制于（超）高压燃气保护要求和现状河道，本工程难以在四孔隧道范围外设置保通高速，需采用两次翻交施工，即高速公路第一次向西翻交，先施工G1503和周邓隧道东三孔；第二次高速公路翻交至东三孔隧道内以后，施工隧道西一孔。

施工期间，现状横向闻居路跨线桥、金亭公

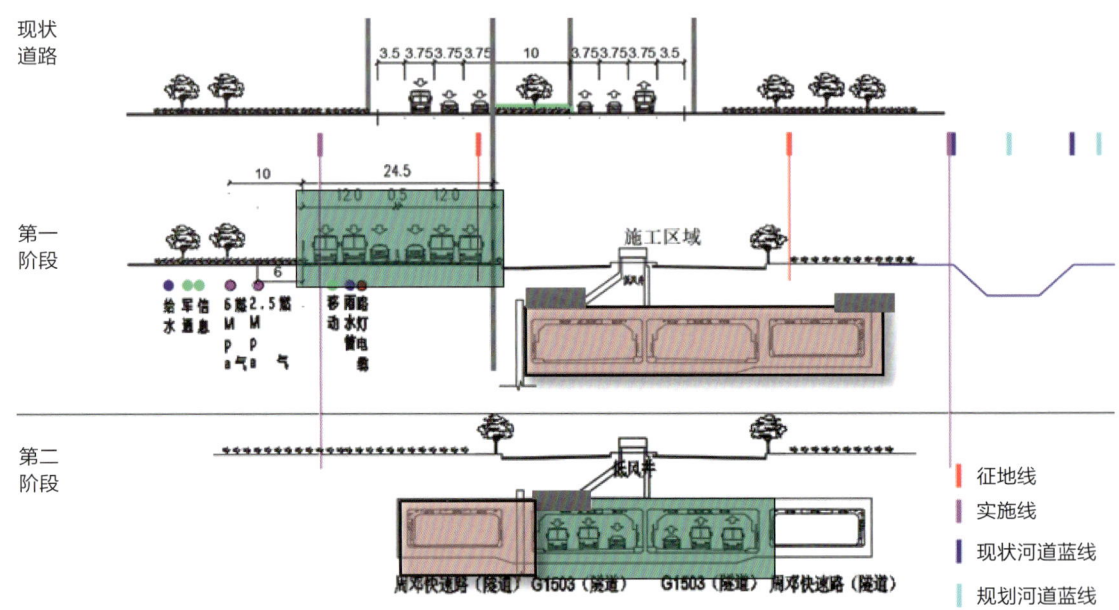

图12　两阶段翻交施工示意图

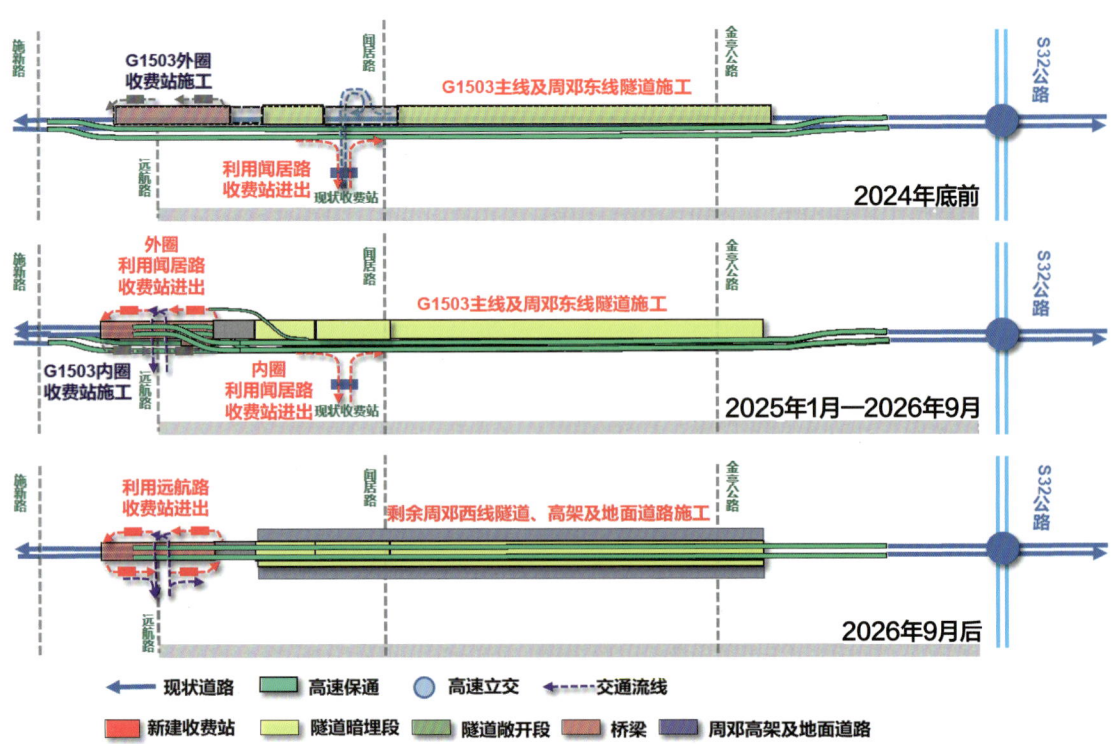

图13　施工期间高速公路交通组织

路跨线桥采用桩基托换形式保通。

7. 工程投资

本工程批复总投资99.1亿元，其中建安费73.7亿元。

【工作过程】

1. 项目启动阶段

2017年起，上海市政工程设计研究总院（集团）有限公司（简称"市政总院"）积极参与浦东枢纽综合交通规划研究，完成"上海浦东枢纽交通设施配套规划""G1503浦东枢纽段改造前期方案研究"等课题研究，为本项目方案研究打下扎实基础。2020年起，市政总院牵头，与上海市城市建设设计研究总院（集团）有限公司（简称"城建总院"）组成联合体，开展本项目项目建议书编制和工程可行性研究工作。

2. 方案汇报阶段

项目组基于相关规划，通过建模预测近远期交通需求，合理选取建设规模和技术标准。结合功能需求、实施条件和相关部门意见，经多方案比选推荐"G1503长隧短桥居中布置，周邓快速路短隧长桥两侧布置"的总体方案。2020年9月，市政府有关领导专题会总体认可周邓快速路必要性，采用周邓-远航-G1503线位基本合适；11月，市政府领导专题会原则同意周邓快速路浦东枢纽段采用G1503线位、平铺地道方案，同步协调好与两侧绿地的关系；2021年3月，分别由市交通委组织各单位审议及市政府领导专题会，先后原则同意"周邓快速路西端起点为S3公路、周邓快速路与东站高架平台及地面道路交通设施衔接"的总体方案。沿线涉及轨交、铁路、河道、管线、立交等众多设施，建设条件复杂，通过多维度比选并征求相关部门意见后，提出安全可靠、易于实施、经济合理的节点方案；严格以施工期间不中断高速交通为原则，比选确定了高速公路东侧保通方案；积极落实"双碳"战略，合理应用"四新"技术，打造生态环保、地毯绿色、韧性安全的精品工程；对环保节能、工程实施和运营的风险做了系统论证；对通道建设的社会效益和经济效益进行了系统的评价和分析，为工程的决策提供了可靠的依据。

3. 项目批复阶段

本工程于2021年11月10日取得工可批复，12月10日取得规划设计方案批复，12月20日取得初设批复，12月24日取得部分桩基施工许可证，2022年首开段1月4日正式开工，2023年10月完成一阶段保通高速建设，计划于2027年年中竣工。

【咨询工作特点及经验教训】

1. "新时代国际开放门户枢纽新标杆"的启航之作

本项目成果品质优良、技术先进，经多轮论证、审批后，已于2022年初顺利开工。项目建设拉开了东方枢纽上海东站建设的序幕，迈出东方航空城高质量开发第一步，是实现东方枢纽"服务全国、联系亚太、面向世界"功能的奠基之作。

2. 贯彻站城融合理念，缝合高速对城市的割裂，促进枢纽区域高质量发展

现状G1503公路以地面形式敷设、全封闭运行，对上海东站与周边地区造成分隔。本工程贯彻站城融合的区域开发理念，在浦东枢纽段将G1503公路进行立体改造，在满足枢纽快速集散功能的同时，有效缝合公路对城市发展的割裂，促进浦东枢纽及沿线片区的高质量发展。

3. 巧妙构建高速公路、城市快速路、地面道路、集疏运匝道"四位一体"综合交通系统服务浦东枢纽

东站枢纽段高速公路下沉改造并新建快速路、衔接东站匝道和地面辅道，在保留高速公路服务过境和货运交通功能的同时，实现浦东枢纽和沿线片区的快速到发和内部串联，构建"四位一体"综合交通系统，为浦东枢纽实现规划功能提供交通保障。

4. 世界首条高速公路和城市快速路分舱合建长距离隧道

项目用地条件紧张、沿线控制物多，通过多方案比选，集约化、立体化布置道路断面，共线布置G1503高速公路、周邓快速路、地面道路和东站枢纽集疏运匝道，枢纽段打造世界首条高速公路和城市快速路分舱合建长距离隧道。

5. 积极响应"双碳"战略，合理应用"四新"技术，打造生态、绿色、韧性工程

积极响应国家"双碳"发展战略，坚持与时俱进、合理创新，研究工程渣土资源化利用、老路沥青利用、智慧隧道、桥隧预制拼装、浜塘就地固化、隧道光导照明等技术应用的可行性，同时高度重视隧道的消防、人防、防淹等防灾设计，打造生态环保、低碳绿色、韧性安全的精品工程。

6. 全过程BIM正向设计，直观展示设计成果，有效提升设计精细化程度

项目采用先进设计手段，从工可阶段起即采用BIM技术正向设计并共享于线上平台，精准研判环境影响，提高方案精细化程度，避免错、漏、碰、缺，加快项目沟通、审批效率，为项目尽早获批、开工打下扎实基础。

7. "螺蛳壳里做道场"，充分利用空间资源，集约化布置线形，巧妙避让各类设施

本工程沿线建设条件复杂、控制节点众多，两侧为超高压燃气管线和河道，下穿六灶港，节点下方还需上跨轨交21号线。在平面、竖向空间受限条件下，集约化断面布置，平铺布置四孔隧道、叠层布置桥隧，合理利用空间资源。

8. 打造"资源节约型"工程，合理利用、保护既有设施，避免无谓改造

本工程范围内G1503公路为现状道路，沿线多为建成区。充分利用既有空间资源，集约化项目用地，避免非必要征地动迁；合理利用高速公路和现状绿化，避免无谓改造；市政管线布设适应规划、接顺现状、减少迁改。

9. 坚持"可持续发展"理念，合理预留规划工程建设条件

坚持"可持续发展"设计理念，统筹考虑相关工程实施和沿线片区开发需求，合理预留规划工程实施条件。其中，轨交21号线节点通过设置围护内玻璃纤维筋、桩基合理避让、预先设置加固等措施，预留轨交未来穿越条件；枢纽段隧道上方合理预留上海东站人行、车行通道穿越条件；其余枢纽落客平台匝道、污水干管、新开河道等也进行合理预留。

10. 工程筹划合理高效，施工期间交通组织完善，实施影响降到最小

本项目以不中断G1503高速交通为原则，采用"先西三孔、后东一孔"两期实施方案，并制定合理的施工期间交通组织方案，保障施工期间G1503公路和沿线片区的正常通行，将工程实施对区域的影响降到最小。

11. 以人为本，自然和谐，打造环境友好型工程

紧紧围绕"以人为本"的设计理念，重视工程建设、交通运行与自然环境的融合，巧妙利用桥下空间布置管理中心、利用隧道深穿河道节点布置设备用房、优化通风方案取消风塔，将出地面设施与周边环境有机融合，打造环境友好型工程。

12. 全寿命周期成本估算，确保工程经济合理、效益最优

秉承全寿命周期成本估算理念，合理选取投资省、效益优的建设方案，采取合理措施降低通车后运维费用，注重路、桥、隧结构的耐久性设计，项目全寿命周期的投资合理、效益最佳。

【咨询效果】

G1503公路和周邓快速路浦东枢纽段工程作为浦东枢纽区域规划"三纵五横"的快速集散路网的重要组成部分，建成后将承担浦东枢纽对外交通主通道，有效改善上海东站和沿线组团内部串联和对外联系，进一步优化G1503公路作为区域货运交通、过境交通主通道的功能。G1503公路枢纽段入地改造后，可缝和公路两侧地块割裂，为东方航空城"站城一体"高质量开发创造条件，助力于将浦东枢纽打造成为功能完备、国际一流的现代化大型综合交通枢纽，实现"新时代国际开放门户枢纽新标杆"的定位。

本项目工程可行性研究，交通建模预测科学，建设规模和技术标准选取合理；全过程采用BIM正向设计，有效提升了成果展示效果和设计质量；"G1503公路长隧短桥居中布置，周邓快速路短隧长桥两侧布置"的总体方案论证充分，打造世界首条高速公路和城市快速路分舱合建长距离隧道；河道、轨交、管线、地下通道等关键节点方案合理可行；施工期间交通组织有序、影响可控；节能环保、风险防控措施合理；工程建设的社会效益和经济效益分析系统、准确。

本工程可行性研究积极贯彻"双碳"发展战略，合理应用"四新"技术，体现了城市功能、环境与交通和谐发展的设计方向。本工程可行性研究因工程方案的论证、设计技术的创新、可持续发展的理念得到有关各方的普遍赞同，为项目的顺利立项和实施提供了充分而科学的依据。目前，本项目已全面启动建设，计划于2027年年中与上海东站同期建成运营。

龙港市循环经济产业园一期工程项目建议书暨可行性研究报告

The Project Proposal and Feasibility Study Report of Circular Economy Industrial Park Phase Ⅰ in Longgang City

编写单位：温州设计集团有限公司
　　　　　上海市政工程设计研究总院（集团）有限公司
Wenzhou Design Assembly Company Ltd.
Shanghai Municipal Engineering Design Institute (Group) Co., Ltd.
联系电话：021-55000241　　网址：https://www.smedi.com
主要完成人：邹伟国　司马勤　任玉辉　胡维杰　卢骏营　罗昊进　汤泽和　胡　兰　徐春蕾　袁　征

【点评】

该研究指出了龙港市循环经济产业园一期工程的建设必要性及实施路径，通过深入调研和细致规划，形成了"两核三链多厂"的总体布局理念，有效整合了污水处理、固废处理等多种功能，实现了资源的最大化循环利用。项目在设计上注重技术创新，如半地下再生水厂的方案不仅降低了对周边环境的影响，还创造性地利用上盖空间打造了休闲娱乐场所。同时，项目强调"去工业化"设计，致力于将环保设施转变为城市生态设施，提升了区域的整体档次。此外，通过产学研结合的方式，项目还促进了固废处理领域的科技创新，为同类工程提供了宝贵的经验和示范。总体来看，该项目在技术创新、资源整合、环境保护等方面均有显著亮点，为循环经济产业园的建设提供了有益借鉴。

【项目背景】

2019年8月《浙江省人民政府关于撤销苍南县龙港镇设立县级龙港市的通知》印发，行政规划的升级为龙港带来了前所未有的发展良机，同时也对城市发展提出了更高的要求。一方面，龙港撤镇设市的发展机遇会兴起一波建设潮，人口也会随之增长，可以预见现有的市政配套设施无法满足龙港市未来的发展需求。另一方面，龙港工业发达，工业发展中产生的垃圾和环境污染问题也成为制约发展的重要因素。

在固废处理方面，餐饮垃圾和厨余垃圾主要与生活垃圾一起焚烧，未能达到资源化处理和利用目标。建筑垃圾尚未集中处置，主要由当地零散的小规模企业回收利用，不能回收利用的建筑垃圾被随意堆放，影响环境。这些问题会导致土地浪费、环境污染和资源浪费等问题。

在排水管网的运行中，排水畅通是管网良好运行的必要条件。管道中沉积的大量颗粒物、泥浆、杂物等物质，在管道养护中疏通清捞上来后，成为排水管渠污泥。这些沉积物如不及时清理，既容易减少排水管道的输送功能造成排水不畅、引发积水和污水冒溢，沉积在管道内的淤泥雨天又会随雨水进入河道造成对水体的污染。

为满足未来城市转型发展的需要，建设龙港市循环经济产业园，包括再生水厂、一般工业固废处理厂、危废转运平台、建筑垃圾处理厂等子项，能够有效填补龙港市污水和固废处理能力的缺口。项目的建设十分必要，迫在眉睫。

【项目内容】

龙港市循环经济产业园位于浙江省龙港市江南涂围区内，东至启源路，西至环城河，南至海丰路，北至疏港大道。总占地面积约250亩。产业园主要建设内容包括再生水厂（含综合管理区及进厂主干管）、污水污泥处理厂、排水管渠污泥处理厂、固废焚烧厂、绿植及一般工业固废处理厂、建筑垃圾处理厂、危废转运平台、餐厨垃圾处理厂和研发中心等。

1. 项目目标

（1）对标国际，打造循环园区

对标国际高标准、高水平，借鉴先进的经验和理念，打造龙港市循环经济产业园。融入循环发展的理念，开展龙港市循环经济产业园绿色循环链建设，进一步推动"节水型城市"和"无废城市"的建设。

（2）统筹协调，突出园区特色

统筹协同再生水厂、固废焚烧厂、餐厨垃圾处理厂三大终端处理设施，协调平衡能源、资源的供给和需求，体现龙港特色，形成龙港模式。

（3）绿色发展，构建生态循环

牢固树立绿色发展的理念，建立循环经济、低碳经济、生态经济的模式，构建水、电、热、渣的生态循环链，最大限度地利用进入产业园的物质和能量，提高运行的质量和效益，减少废弃物的排放，构建社会与产业园的循环。

2. 项目重难点分析

（1）对项目定位及整体布局的要求高

本项目致力于打造集生活污水和固体废弃物处理处置、资源再生循环利用、研发生产、技术宣传、提供周边居民休闲运动场所于一体的国内一流循环经济产业示范基地。

（2）对资源能源循环的要求高

本工程定位为循环经济产业园，需要对各种城市废弃物进行处理处置，并最大限度地形成资源和能源循环。

（3）对环境保护的要求高

产业园作为新型大型环保工程，还需要兼顾对外开放、科普教育功能，因此，必须降低生产过程对外界环境的影响。

（4）对去工业化的要求高

产业园区不仅仅是环保工程，还能成为区域的标志性工程，成为"去工业化"设计的经典范例，提升区域整体档次，带动周边的发展与建设。

【工作过程】

受业主委托，2020年5月咨询单位上海市政工程设计研究总院（集团）有限公司经过现场踏勘以及到相关单位实地走访，对龙港市餐厨垃圾、建筑垃圾、一般工业固废、危废、排水管渠污泥、绿植垃圾等的收运处置现状进行调研，对存在的问题及原因进行分析，对各子项的工程规模和设计组分进行论证，以满足区域污水、固废、沼气、废气、废油处理需求。

1. 开展多维度分析的工程方案比选论证

对城镇污水、餐厨垃圾、建筑垃圾、一般工业固废、危废、排水管渠污泥、绿植垃圾的处理工艺方案做了充分的比选论证。根据本项目确定的各子项处理工艺流程及处理目标，对近期园区内所有子项的总体物料平衡进行估算。基于循环理念，对产业园内各个子项进行融合，最终实现园区内水、电、固废的循环再生。总平面布局充分考虑园区物流组织、参观路径及统筹安排远期工程布局，总体设计效果好。

2. 促进污水固废处理设施向城市功能综合体转变

本工程总体布局以"两核、三链、多厂"为理念，依托污水处理再生、固废焚烧发电两大核心设施，通过水循环、电循环、热循环三类资源循环链，合理布局再生水厂、污水污泥及排水管渠污泥处理厂、固废焚烧厂、餐厨垃圾处理厂、建筑垃圾处理厂及危废转运平台、绿植垃圾及一般工业固废处理厂等六大处理设施，形成综合性循环经济产业园。工程环境基础设施完成各自为营向城市功能综合体的转变，为污水、固废处理提供"韧性城市"安全保障（见图1）。项目有效用地指标小于0.25，集约化程度高。

3. 构建"社会大循环"与"园区小循环"，实现循环经济闭环

把传统的"资源—产品—废弃物"的线性经济模式，改造为"资源—产品—再生资源"的闭环经济模式。以减量化、无害化、资源化为指导原则，将污泥、有机质、垃圾等废弃物协同处理和资源再生回收相结合，实现能量梯级利用，土地集约利用，资源的集中供应和循环使用。全面补齐固体废物本地收运处置短板，固体废物资源化利用显著提高，每年可回收利用油脂1 460 t、产出建材原料17.2万t、外供电网2 810万度，实现园区的碳中和。

4. 把常规环保设施转型为城市生态设施，达到邻避到邻利的转变

（1）提供周边居民休闲娱乐场所

本项目提出采用半地下再生水厂方案，将厂区对周边环境的影响降到最低。同时以打造"生态公园"的设计理念为切入点，在上盖范围内进行积极开发，打造成环境优美、功能健全的绿化空间，为大众带来健康和环保的观念和休闲场地，同时也为城市空间带来绿色开放节点。

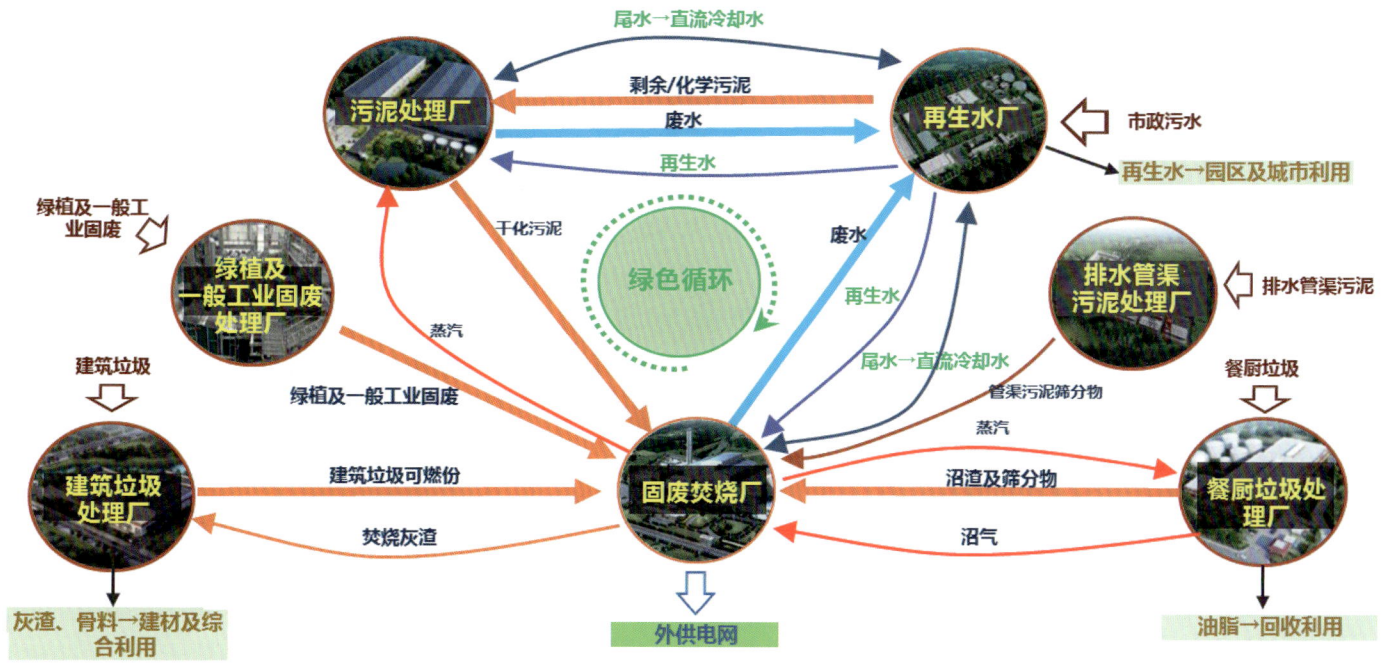

图1 龙港市循环经济产业园循环策略示意图

（2）发挥环保宣传与教育培训功能

在创建生态城市的过程中，社会公众的参与和支持至关重要，集中的污水与固体废弃物处理处置园区与环境新技术开发应用园区，是最好的公众宣传与教育平台。本项目设计架空连廊，将地上所有建筑互联互通，策划了近/远期各1 h/2 h的参观路径，促进园区生产功能在社会及公众环保意识方面的深化与延伸。

5. 依托项目积极开展固废处理技术领域科创工作，为工程建设提供重要指导

依托本项目立项了上海市住建委科研课题《城市多源有机固废清洁焚烧和气化关键技术研究与工程应用示范》、上海建工集团课题《多源城市有机固废协同处置关键技术研究及工程应用》，完成温州住建政研会课题《基于循环经济的碳达峰碳中和探索研究》等。同时园区中建设再生循环利用研发及生产中心，通过"产、学、研"良性循环反哺产业园的发展。紧密结合项目需求，申请并授权5项污泥、固废处理技术领域发明专利。

2020年9月初，完成龙港市循环经济产业园总体方案编制；2020年9月10日，进行专家评审；2021年3月初，完成龙港市循环经济产业园一期工程项目建议书暨可行性研究报告编制；2021年3月24日，获得项目核准批复。

【咨询工作特点及经验教训】

本项目为浙江省首个集污水处理、绿植垃圾及一般工业固废处理、排水管渠污泥处理、固废焚烧发电、餐厨垃圾处理、建筑垃圾处理的综合性循环经济产业园，集再生水和固废资源循环利用、环保宣传教育、休闲娱乐公园等多功能于一体。

1. 资源循环利用

（1）水循环利用

园区其他处理设施产生的废水和生活污水进入再生水厂处理。

基于绿色循环利用的理念，再生水厂一期工程尾水12万 m^3/d，达到排放标准后作为再生水回用，主要包括固废焚烧厂、污泥处理厂的直流冷却水源，各处理厂生产和车间冲洗用水，以及园区道路、绿化和运输车的冲洗用水等。

（2）电循环利用

产业园所有用电负荷的装机容量为13 838 kW，计算有功功率约8 947 kW，采用两路20 kV电源进线，用电量约为17.8万度/日。固废焚烧厂发电量约25.5万度/日，扣除自身用量及园区其他处理厂用地，可外供电量约7.7万度/日。

（3）热循环利用

产业园内主要废物包括餐厨垃圾、再生水厂污泥、排水管渠污泥、绿植垃圾、一般工业固废、建筑垃圾可燃份和各种筛分物等。固废焚烧厂作为园区内能量综合利用中心，将各种废物的能量转换为可利用的电能和热能，餐厨垃圾厂则将餐厨垃圾转换为可利用的生物能（沼气）。

2. 物质协同处理

资源互为利用协同。上游产物作为下游原料,如脱水污泥/沼渣、一般工业固废/绿植垃圾/建筑垃圾可燃物作为固废焚烧厂原料,焚烧厂炉渣送至建筑垃圾处理厂协同资源化,其他子项的废水输送至再生水厂,再生水厂尾水作为再生水回用至其他子项,年节约用水量达52万 m^3;创新采用再生水厂尾水作为焚烧厂循环冷却水,年节约自来水用量36万 m^3。

3. 能源梯级利用

能量梯级利用协同。餐厨垃圾沼气作为焚烧助燃气,固废焚烧厂产生的蒸汽用于发电,发电后低压蒸汽用于园区内干化等用汽点,发电可供整个园区用电,还可外供电网,年节约用电量7 884万度。

【咨询效果】

1. 经济、社会及生态效益

本工程可有效消纳龙港市产生的生活污水和固体废弃物,提升龙港市污水处理和固废处理水平,助力全市高标准打好污染防治攻坚战,提高资源综合利用水平,宣传循环经济理念,积极探索龙港市循环经济产业化的新道路,为周边居民提供休闲运动场所,改善居民生活条件,推动全市社会经济持续健康发展。

2. 推广应用价值

(1)市政污水的高效处理

再生水厂采用高效、节能、环保的处理工艺,实现再生水厂水、泥、气、声的同步高标准处理。污水处理达到浙江省清洁排放标准,其中控制项目的最高允许排放浓度均低于工业冷却水中的水质标准中的浓度,对实现园区内水循环利用具有重要意义。

(2)固体废弃物的集中处理

龙港市循环经济产业园内实现污泥、绿植垃圾、一般工业固废、建筑垃圾和餐厨垃圾集中末端处理处置,在技术、经济以及管理上都具有优势。一方面,可以充分利用园区土地资源集中建设处理处置设施,充分发挥各种处理处置设施的互补作用,便于物流组织、运营管理、信息交流与技术发展;另一方面,污水、固体废弃物等集中处理,便于环保部门的高效管理。

(3)产业园内绿色循环功能

针对进入龙港市循环经济产业园的各类城

图2 龙港市循环经济产业园近期鸟瞰图

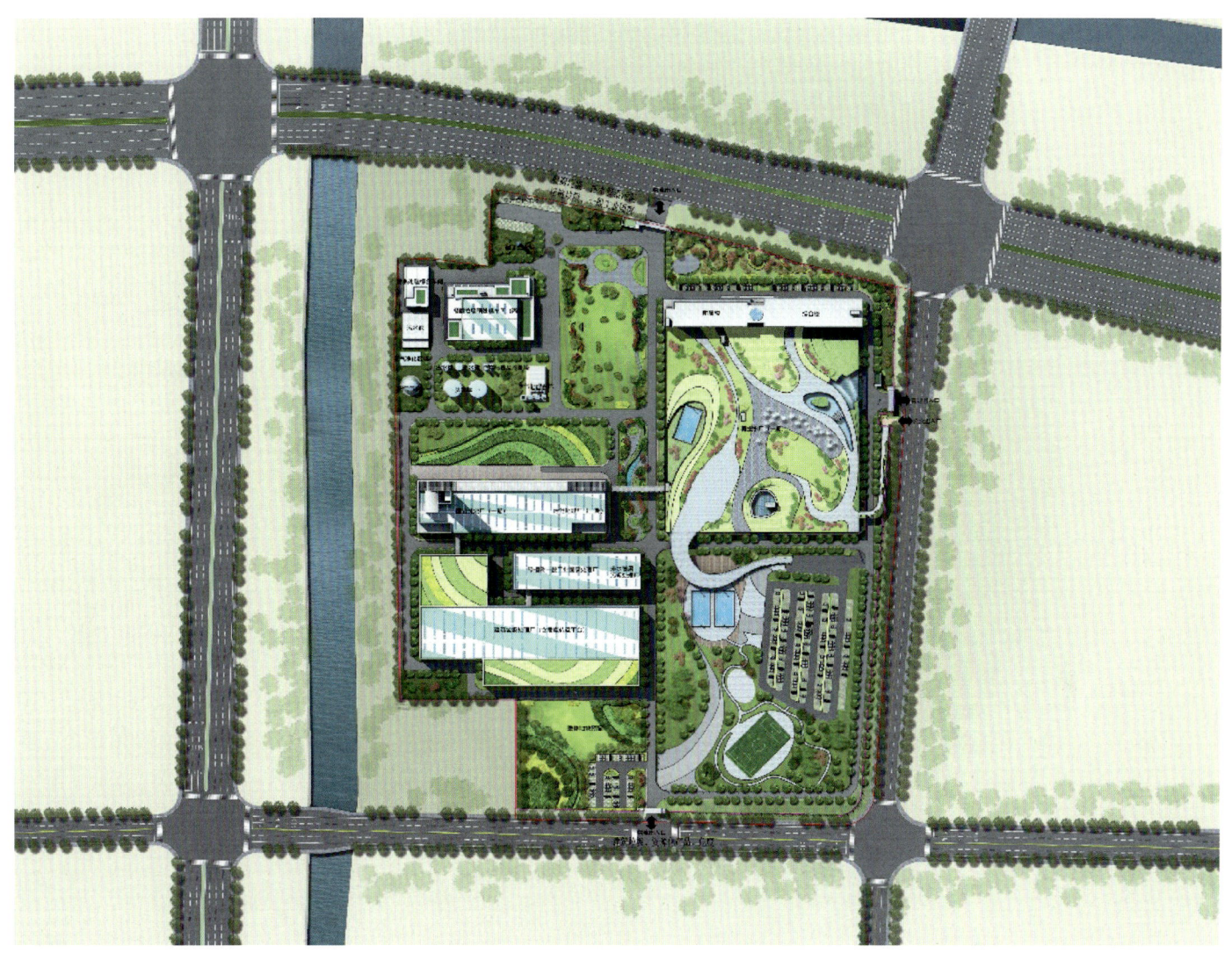

图3 龙港市循环经济产业园近期总平布置图

市废弃物,通过合理的技术手段,将相关物质进行分类并资源化利用。以再生水厂的尾水和固废焚烧厂焚烧发电供热为核心,结合产业园的能源供需,合理配置三大环保设施的绿色循环链,发挥园区整体优势。

（4）环保教育培训功能

园区环保教育与培训功能,主要体现在宣传、教育与信息交流上。环境保护是全社会的责任和义务,在建设美丽中国的过程中,社会公众的参与和支持至关重要。集中的循环经济环保产业园,是最好的公众宣传与教育平台。

园区的环保教育与培训功能,是园区其他功能在社会及公众意识方面的深化与延伸,对生态文明建设具有十分重要的意义。

3. 低碳园区建设

园区总体设计按照循环利用、协同处理,构建园区内外双循环的理念,形成社会大循环和园区小循环体系,实现循环经济产业闭环,将城市污水和各类固体废弃物转化为可再生能源,年节约用电量约7 884万度,节约用水量可达约52万t。

园区七大处理设施构建了固废、水、电、热绿色循环链,坚持资源循环利用和能量梯级利用,最大程度降低产业园对外来资源的依赖,并实现部分能源的外供,实现园区的碳减排。

S4公路奉浦东桥及接线工程项目申请报告
The Project Application Report for the S4 Expressway Fengpu East Bridge and Approach Road

单位名称：上海市城市建设设计研究总院（集团）有限公司
Shanghai Urban Construction Design & Research Institute (Group) Co., Ltd.
联系电话：021-20507000　　**网址**：https://www.sucdri.com
主要完成人：虞振清　朱鹏志　严存明　潘路杰　徐宏跃　解雯静　齐　芸　王　磊　时哲敏
王　娴

【点评】

该报告研究了S4公路奉浦东桥及接线工程的全面升级方案，以解决交通瓶颈、提升道路安全和环境质量。项目以绿色公路理念为指导，通过多方案比选和综合考量，提出了与上海交通大学校园环境和谐共融的一体化设计，实现了道路功能与校园环境的双赢。同时，项目在技术特点上展现了创新，如采用预应力波形钢腹板连续梁桥的轻型化结构，以及基于"车辆运行速度-坡度/坡长关系"的动态设计方法，有效提升了交通安全和运行效益。此外，项目在经济和社会效果上均取得了显著成果，节省了大量建设资金，改善了校园环境，促进了区域经济社会发展，为城市交通基础设施的绿色改扩建提供了宝贵经验和技术积累。

【项目背景】

1. 项目建设背景

S4公路是中心城通向闵行区、奉贤区、金山区及上海化学工业区、金山石化总厂等大型工业区的快速通道，也是上海市与浙江省联系的重要省际通道。自2002年通车以来跨黄浦江大桥一直沿用原一级公路奉浦大桥，是高速公路全线技术标准和通行能力的瓶颈，交通拥堵严重、事故频发，亟待扩容。2003年11月奉浦东桥开工建设，2004年6月完成水中墩基础施工，后因故暂缓施工至今。十几年来，闵行、奉贤两岸人民始终热切期盼奉浦大桥早日拓宽、改善交通条件，上海交通大学（简称"上海交大"）则多次致函市政府要求优化接线道路方案。设计方案历经十余年的比选、磨合与优化，直至2018年各方意见趋于统一、方案基本稳定。在进一步明确投融资模式路径后，终于2020年完成项目申请报告编制工作，正式上报立项，并列入2020年度上海市重大工程。

本项目法人为上海莘奉金高速公路建设发展有限公司，工程建设及相关费用由上海市城投

图1　现状奉浦大桥及东桥水中墩

图2　项目效果图（俯视图）

图3 现状奉浦大桥

集团负责筹措。项目于2020年4月获市发展改革委核准批复，核准总投资19.9亿元，已于2020年9月开工建设。

2. 项目目标和必要性

（1）补短板

S4公路建成通车以来，流量逐年上升。由于现状奉浦大桥车道规模、桥梁纵坡等均不能满足S4公路交通运行的需求，奉浦大桥已呈现常发性拥堵，该节点已成为S4公路全线乃至上海市高速公路网的瓶颈和短板，对交通运行造成了严重影响。因此，为弥补高速公路网络的短板、完善S4公路越江设施，迫切需要尽快建设奉浦大桥东桥及接线工程。

（2）保安全

由于奉浦大桥为双向4车道，而且不设紧急停车带，一旦发生交通事故，部分甚至全部车行道空间被事故车辆占据，救援难度大、周期长。由于大桥主线大纵坡，长坡度，造成大型货运车辆爬坡缓慢，后方车辆积压，极易诱发交通事故。因此急需增加车道及紧急停车带，改善长、大纵坡，恢复全线一致的限速，消除安全隐患，保障S4公路交通安全运行，促进地区经济社会发展。

（3）优环境

奉浦大桥拥堵引发的噪声、汽车尾气、交通事故等对上海交大的环境产生了严重的影响。通过本项目的建设，能够消除交通拥堵带来的一系列影响，同时结合校园环境对高速公路两侧的环境、景观进行一体化设计，明显优化改善S4公路沿线交通大学的校园环境。

【项目内容】

1. 项目类型

本项目为改建类、非生产性、交通运输型公共项目，上海市城投集团负责资金筹措及具体建设。

2. 建设单位情况

本项目法人为上海莘奉金高速公路建设发展有限公司，是一家民营独资的有限责任公司，成立于2000年9月13日。本公司注册资本为人民币54 000万元，注册地址为上海市闵行区颛桥镇颛兴路185号。公司经营范围为莘奉金高速公路及其附属设施的建设、经营。

3. 主要建设内容及规模

本项目北起S4颛桥主线收费站，南至奉贤西闸公路，全长约8.7 km，设计速度100 km/h。主要工程内容是高速公路主线4车道拓宽至6车道规模，新建跨黄浦江奉浦东桥，同步对奉浦大桥北引桥、南引桥进行抬升改造等。同步对上海交大段的校园下穿通道、河道及绿化景观等进行优化完善，使高速公路与大学校园和谐共处、绿色融合。

4. 项目重难点分析

（1）上海交通大学段总体方案分歧

上海交大提出S4公路改走地下形式，使东、西校园完全融合，这与本项目地面拓宽的总体方案存在巨大差距，多年来始终无法统一思想和意见，僵持不下，是导致工程停摆的直接因素。

（2）奉浦东桥已建水中墩的利用可行性

奉浦东桥主桥水中桩基础已于2004年6月施工完毕，至今已16年之久，相关设计规范、标

图4　项目工程地理位置图

准已发生了较大变化，在满足道路功能和结构安全的前提下如何有效利用奉浦东桥主桥已实施的与西桥桥跨布置相同的水中墩基础，无疑是本次咨询工作的重中之重。同时，近年来黄浦江通航标准发生了巨大变化，近期上下游新建的其他桥梁大多为江中独墩或不设墩一跨过江，因此黄浦江通航标准也是本阶段的核心问题之一，直接决定本项目是否存在续建可能。

（3）引桥交通安全黑点

本段长度仅占S4总里程仅6.8%，而事故总数占比却高达25%，安全问题十分突出。如何避免机械套用指标、在指标采用值上打擦边球，忽视纵坡设计原则和指标限制目的成为本项目需要解决的重点问题。

（4）交通功能欠完善

现状S4公路剑川路节点交通压力较大，其中北向匝道是闵行南部区域与中心城联系的主要节点，上海交大、华东师大通勤交通的主出入口，现状高峰期间匝道拥堵排队至匝道收费广场甚至主线，交通矛盾集中；同时西闸公路则受到目前S4公路地面段阻隔，东西未贯通，已不能适应西渡地区的发展需求。

5. 项目技术特点

（1）充分论证项目外部性，准确定位项目功能及建设迫切性，推荐方案满足多元需求，兼具社会和经济效益

根据核准制特点，报告从行业准入、产业政策、发展规划、社会及环境影响等方面全面论证项目外部性。统筹虹梅南路高架、嘉闵高架、闵浦三桥等相邻工程关系，进一步明确S4公路对接长三角一体化、服务新城发展、兼顾客货运的干线功能，以及打通越江瓶颈、改善交通安全的建设迫切性。总体建设方案统筹主桥、引桥及上海交大段的关系，开展多方案深化比选，推荐方案技术合理、校方认同、造价节约，兼具社会和经济效益。

（2）以"绿色、协调"为理念，提出了高速公路与上海交大校园和谐相融的一体化建设方案

研究统筹道路功能、技术经济、校园环境多方因素，对上海交大段开展了地道、高架、地面三类方案同深度比选。虽然三类方案在工程上均可行，但在综合考虑道路线形指标、工程造价及实施难度后，推荐采用地面方案。同时，站在百年校园的角度，对地面方案提出了"减少或消除高速公路对校园噪声、空气污染，改善公路沿线绿化景观、增强校园整体性；减少S4公路对交通大学校园交通影响，提升公路两侧校园通行能力"的原则，通过完善校园内部通道、河道、优化提升公路沿线的绿化景观使道路充分融入校园整体环境，并设置全隐型声屏障改善噪声影响等配套措施，形成了一套完整可行的公路、校园一体化设计方案，最终打动上海交大师生，接受S4公路地面拓宽的总体方案。地面拓宽方案相比地道方案节省建安费约20亿元，在社会和经济效益层面取得了双赢，为项目顺利推进铺平了道路。

（3）因地制宜论证通航标准，量身定制创新轻量化主桥方案，一揽子解决"历史遗留问题"

2004年至今，相关设计规范、黄浦江通航标准均已发生了较大变化，已实施的奉浦东桥水中基础在结构上如何安全及有效利用、在通航上如何满足实际需求，是直接决定本项目是否可行的核心问题之一，主要对策如下：

① 奉浦东桥主桥采用轻型化结构—预应力波形钢腹板连续梁桥。为使奉浦东桥主桥有效利用16年前已实施的水中墩基础[桥跨布置为（85.15+125+125+125+85.15）m，与西桥一致]，上部结构推荐采用预应力波形钢腹板连续梁桥，桥宽18 m，下部结构采用与西桥一致的薄壁空心直立式桥墩，使东、西主桥整体风格一致。波形钢腹板连续梁具有结构轻量化、经济性较好、技术成熟的特点，为东桥已建水中基础满足现行规范、具备直接利用的条件奠定了基础。

② 论证黄浦江通航标准成功沿用2003年奉浦东桥始建标准。奉浦西桥已建成25年、奉浦东桥水中四个桥墩基础也已建成16年，结合该段黄浦江实际船舶通航情况、现状桥梁整体状况等，为确保项目整体的可行性，推荐奉浦东桥通航标准采用"原奉浦大桥通航技术标准——60 m净宽+28.5 m净高"标准，确保东桥净空不低于西桥（28 m净高），不增加新的通航瓶颈。同时通过增设桥墩防撞设施，严格管控超限船舶，对相关大型船舶采取压载或低潮位谨慎通过的管理措施，确保通航安全。本咨询对于通航标准的研究结论，得到航评专项的认可，该标准最终获得市交通委批复，从而在根本上控制了工程规模、缓解融资压力，为奉浦东桥续建争取到了最为关键的外部条件之一。

（4）采用基于"车辆运行速度-坡度/坡长关系"的动态设计方法，优化奉浦大桥交通安全"黑点"，改善交通安全、提升项目运行效益

现状奉浦大桥的南北引桥存在长、大纵坡，安全问题十分突出。研究发现，北引桥连续上/下坡达到近1.3 km，相邻纵坡组合为（3.5%纵坡、坡长828 m）+（1.93%纵坡、坡长463 m）。虽然两坡各自均能满足规范要求，但综合两段平均纵坡3%的路段范围已达到1 215 m，大于规范3%限制坡长1 000 m的要求，不符合规范控制的初衷。

为此，在深入挖掘连续纵坡坡长控制原理的基础上，本咨询提出了一套基于车辆运行速度-坡度/坡长关系的纵断面优化设计方法，明确了西桥纵断面优化的必要性和迫切性，推荐奉浦大桥东、西两桥采用相同的纵断面，对西桥北引桥落地部分进行抬升，形成东川路、黄浦江、西闸公路三桥连通的纵断面设计方案。北引桥最大纵坡3.5%，坡长优化为795 m，有效改善原长大纵坡的行驶条件，提升交通安全、保障通行效率。同时通过采用老桥抬升技术，最大程度利用既有结构、减少废弃、提高效益。

（5）优化匝道布置、多通道分流、打通横向断头路，改善地方交通

针对现状S4公路闵行剑川路节点常发性拥堵矛盾，提出增设田园路、都园路联络道出入口，

图5　奉浦东桥施工现场

形成铁路南北两侧多路径、多方向分流通道,缓解剑川路交叉口的压力。针对奉贤西闸公路东西阻断的问题,提出抬升S4公路主线上跨西闸公路,使西闸公路东西贯通,并将现状西闸公路北向定向匝道改建为菱形匝道,新增南向平行匝道及收费站,服务西渡与奉贤新城方向的交通。在高速公路改扩建的同时对沿线交通改善做出贡献。

6. 建设选址

项目选址于上海市闵行区颛桥镇和江川路街道,奉贤区西渡街道。闵行段主要利用中央分隔带向内拓宽,减少新增用地;奉贤段则主要向两侧拓宽。

7. 进度计划

《S4公路奉浦东桥及接线工程项目申请报告》于2020年2月编制完成。同年4月,该申请报告通过专家评审并获上海市发展改革委核准批复。2020年9月初步设计批复,同月项目开工建设。2023年12月,奉浦东桥主桥顺利合龙。

8. 项目投资构成

本项目总投资约19.9亿元,其中工程费用约12亿元,工程建设其他费用约1亿元,预备费约0.6亿元,建设期贷款利息约0.8亿元,前期费约5.5亿元。

【工作过程】

从2008年开始至2014年,通过对上海交大闵行校区段开展地面、高架、地道多方案比选;2015年,通过完成上海市交通委课题《S4奉浦东桥及交大段前期方案研究》,明确S4改建范围由剑川路北延至颛桥主线收费站。2017—2018年期间,经上海市发展改革委研究明确,本项目采用核准制;2018年,上海市政府、上海市交通委与上海交通大学就地面拓宽方案达成共识;2019年7月至2020年2月,开展本项目黄浦江通航技术标准论证;2020年2月编制完成项目申请报告,同年4月本项目通过专家评审并获上海市发改委核准批复。

【咨询工作特点及经验教训】

面对本项目各类历史遗留的问题和挑战,设计方案以绿色公路理念为指导,以平衡项目的内、外部因素为方针,从资源节约、生态环保、安全高效、服务提升四个方面,提出打造S4公路成为"四型"公路。

1. 路校融合的绿色之路

针对上海交大段的特殊要求,设计原则统筹道路功能、技术经济、校园环境三个维度,对上海交大段进行地道、高架、地面三类方案同深度比选,同时通盘考虑道路线形指标、工程造价及实施难度,为方案决策做足支撑。达成公路改扩建与校园环境优化提升、师生满意接受的双赢,为项目顺利推进夯实了基础。

2. 因地制宜的集约之路

针对奉浦东桥已建水中墩面临的后续利用

图6 奉浦东桥主桥合龙后航拍实景图

问题，设计原则一是采用结构轻型化策划，适应新规范要求；二是与通航论证单位紧密合作、优势互补，坚定推进黄浦江通航标准基本沿用奉浦东桥始建时的标准。既实现对既有基础的合理利用，又通过合理的施工组织有效降低施工对航道的影响，确保通航安全。申请报告对于通航标准的研究结论，得到航评专项的认可，并最终获得上海市交通委批复，为奉浦东桥续建铺平了道路。

3. 提质增效的安全之路

针对现状老桥引桥纵坡过大的问题，设计遵循对新建的东桥纵断面"以史为鉴"合理化设计的原则，同步对西桥纵断面"补短板"调整优化，随本工程"以新带老"，一并消除交通安全黑点。同时根据剑川路节点交通压力大的矛盾的特点，增设出入口，完善区域交通组织，提升服务功能，对沿线交通改善做出贡献。

4. 生态环保的品质之路

绿色环保的拓宽模式尽可能地利用中央分隔带向内拓宽，减少新增用地；充分利用老桥结构，优化桥梁结构高度，拼宽部分满足水务部门的要求，避免老桥拆除重建。同时采用生态环保、快速高效的工艺和材料，适应城镇化地区、大流量背景下的低影响施工要求。

【咨询效果】

1. 技术效果

（1）为项目决策提供了可靠依据

项目咨询申请报告秉承"绿色、集约、安全"的设计理念，内容全面、重点突出、层次清晰、数据翔实，项目外部性论证充分，总体方案合理可行。为工程项目的审批立项及深化设计奠定了基础，为项目决策提供了可靠的依据，也为类似项目提供了指导和示范。

（2）改善了S4公路全线通行能力和服务水平

有效打通越江设施瓶颈，消除交通安全黑点，改善S4公路全线通行能力和服务水平，有利于加强浦江两岸闵行、奉贤、金山地区的便捷交通联系。加强中心城与上海中南部各级工业、经济技术开发区之间的沟通，对促进区域和长三角地区经济社会协调发展具有重要作用。

（3）有效利用了16年前实施的水中墩基础

经过对上下游黄浦江实际船舶通航情况、现状桥梁整体状况等论证，通航标准成功沿用2003年奉浦东桥始建标准。通过反复检测、验算和比选，有效利用16年前已实施的水中墩基础，为项目的顺利实施解决了最为关键的外部问题之一。

2. 经济效果

项目咨询申请报告通过对地道、高架、地面多方案比选，多轮磨合后形成了一套完整可行的公路、校园一体化设计方案，最终打动上海交大并接受S4公路地面拓宽的总体方案。地面拓宽方案相比地道方案节省建安费近20亿元。

有效利用16年前已实施的水中墩基础，有效避免桥墩拆除重建，节约建设资金约6 000万元。

通过优化桥梁结构高度，使拼宽部分满足水务部门关于跨径、梁底标高的最低要求，使得新建桥结构形式与现有桥梁相协调，尽可能利用现有结构，以减少废弃工程，节省建设资金近1 500万元。

3. 社会效果

切实改善上海交大段校园下穿通道、河道及沿线的环境及景观等，取得项目建设和校园发展的双赢，创立了高等级道路穿越双一流高校绿色融合双赢设计的典范。

通过本项目的研究（预制装配节段波形钢腹板梁、预制拼装空心桥墩、利用既有结构防船撞、UHPC快速拼接缝等），可以极大降低施工对周边环境和现状交通、水务、航务影响，节约工期、确保施工进度，节省了现场大量的模板和脚手架，在造价可控的同时也保护了环境资源，具有良好的节能环保效益和社会效益。

4. 评价与奖项

① 获得2021年度上海市优秀工程咨询成果一等水平。

② 获得2022年度全国优秀工程咨询成果三等奖。

③ 发表论文7篇，其中核心期刊2篇，外文期刊2篇。

④ 获得实用新型专利授权6项，新型专利申请中2项。

⑤ 以本项目为依托，在上海市交通委平台立项《S4公路奉浦东桥改扩建绿色建造关键技术应用研究》，从跨江主桥（国内跨度最大的预制节段拼装波形钢腹板连续梁桥）、接线引桥（高性能混凝土小箱梁的轻型化）和跨江桥梁改扩建工程绿色建造建造评价体系三个方面七个子课题进行创新技术的研究，预期形成的关键技术成果对城市环境中的大型桥梁、高架桥梁的绿色改扩建形成较好的技术积累及支撑，具有良好的经济效益及社会效益。

绍兴市二环南路智慧快速路工程项目申请报告

The Project Application Report of the Smart Expressway Project on the Shaoxing Second Ring South Road

编写单位：上海市政工程设计研究总院（集团）有限公司
Shanghai Municipal Engineering Design Institute (Group) Co., Ltd.
联系电话：86-21-55000000　　网址：https://www.smedi.com
主要完成人：袁胜强　杨绍猛　潘昊　顾民杰　章华　刘东　胡自忠　张传剑　袁森林　陈帅

【点评】

该报告从绍兴市近、远期城市道路规划，明确了项目建设的重大价值与深远意义。通过对建设选址、重难点问题的深入分析和多轮方案比选论证，形成了一份"总体功能完善、复杂节点实施性强"的方案报告。报告中提出的快速路智慧智能化系统、全预制拼装技术、低碳设计以及"EPC+BIM"综合性应用模式展现了项目的前瞻性和创新性，实现了"人·交通·环境"的和谐统一。同时，依托于本项目还形成了标准、课题、发明专利、论著等一系列科研成果，其中《基于数字技术的城市快速路系统构建创新技术平台研究及应用》荣获上海市科技进步二等奖，进一步证明了项目的创新性和实践价值。该报告不仅为城市道路建设提供了宝贵的经验参考，也为相关领域的理论研究树立了新的标杆。

【项目背景】

绍兴定位为江南水乡特色的文化和生态旅游城市、长三角城市群重要城市、环杭州湾大湾区核心城市、杭州都市圈副中心城市。空间结构为一核（镜湖综合核心）两片（滨海产业集聚及生态涵养片、主城融合发展片），一轴两带（中部城镇发展轴，南部山水文化休闲带和北部创业创新发展带）。绍兴规划形成"六横八纵"快速路网，总长约438 km。近期（至2022年）计划建设"三横三纵两连"共136.6 km。

该项目是绍兴市近期（至2022年）计划建设"三横三纵两连"快速路网中重要的"一横"，扮演着实现快速路网成网成环、发挥规模效应的关键角色。可见，项目建设意义重大，其必要性和迫切性主要体现在三个方面。

（1）加大"三区"的协同发展，加强融杭力度

快速路网建设缩短了上虞、越城和柯桥三区的空间距离，二环南路的建设可以加强越城城南与柯桥、鉴湖与各区的快速联系，可加大三区的协同发展；同时，交通西延加快了融杭步伐，助力绍兴打造"杭绍一体化发展样板"，为实现"融杭重点区域与杭州中心城区同城发展"这一目标的实现奠定了扎实的交通基础。

（2）路网成环，缓解交通，保障亚运

二环快速路是主城区三横两纵"日"字形快速路网重要组成部分，承担沿线各组团间的中长距离快速联系，疏解过境交通，缓解环线内部区

图1　绍兴市空间结构规划示意图（2018—2035）

域交通压力,是城市核心区保护壳。绍兴主城区部分主干道,高峰时段交通饱和度已严重超标,绍兴正着力构建"立体、高效、绿色、智能"的现代综合交通体系。快速路成网成环,是打造现代综合交通体系的必要组成部分,是衔接高速公路和城市主干道的中心环节,是实现绍兴融入环杭州湾大湾区、杭绍甬同城化、保障2022杭州亚运会的关键之举。二环南路快速路(本项目)的建设可实现越城老城区二环快速路的成环。

(3)新一轮城市有机更新,赋能新基建发展方向,提升城市面貌和管理水平

随着长三角一体化和杭绍甬同城化发展的深度推进,绍兴正处在全速前进的最佳跑道上。围绕"一年出成效、三年大变样、五年成典范"的目标,二环南路的建设迎来了新的契机,本项目建设对于高效推进片区开发,绍兴高水平网络大城市建设开好局、起好步起到了至关重要的作用。

【项目内容】

1. 项目选址

本项目为现状二环南路上的快速化改造工程,总体线位布置遵循原道路走向且规划也已经明确。为确保该项目的选址过程具有科学性、前瞻性、可行性,建设单位委托我院对本工程项目进行规划选址论证,以明确道路用地红线,加速快速路系统建设。

我院受建设单位委托后,对本项目进行了详细的策划和安排,首先对规划路网、周边用地等方面的发展规划进行了细致、深入的研究,多次对现状地质地貌等情况进行踏勘调查及对相关路网交通量的详细调查。结合各层次规划及现状实际情况,对本项目建设的选址进行了全面系统的论证研究,重点从以下四个方面考虑了选址问题。

(1)避开农保地红线

通过详细梳理沿线地类情况,准确复核用地范围是否满足符合"三区三线"划定要求。对于涉及到的会稽山风景名胜区,既要保证对景区的交通服务功能,又要考虑减少快速路建设对景区和环境的影响,因此该段采用地道形式,同时设置一对平行匝道服务景区,以利于景区交通的快捷到发。

(2)预留地铁建设空间

结合地铁5号线规划,预留地铁建设空间。

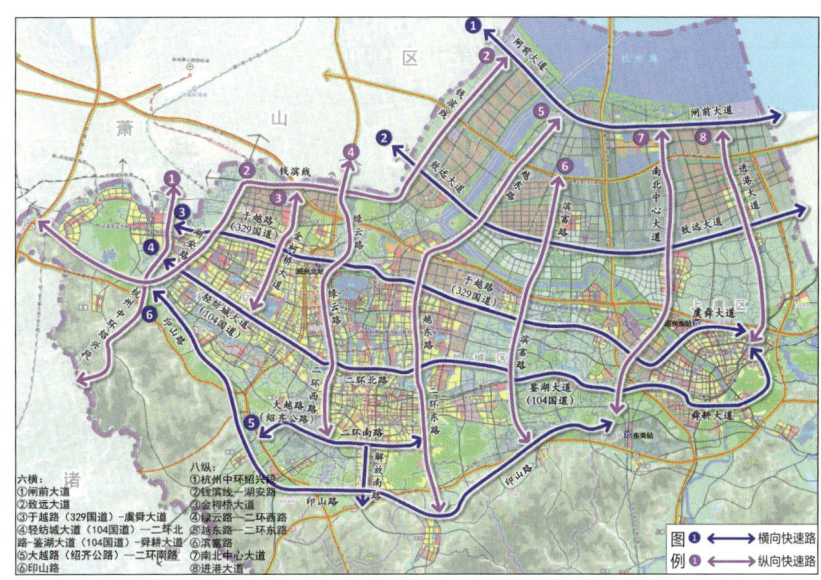

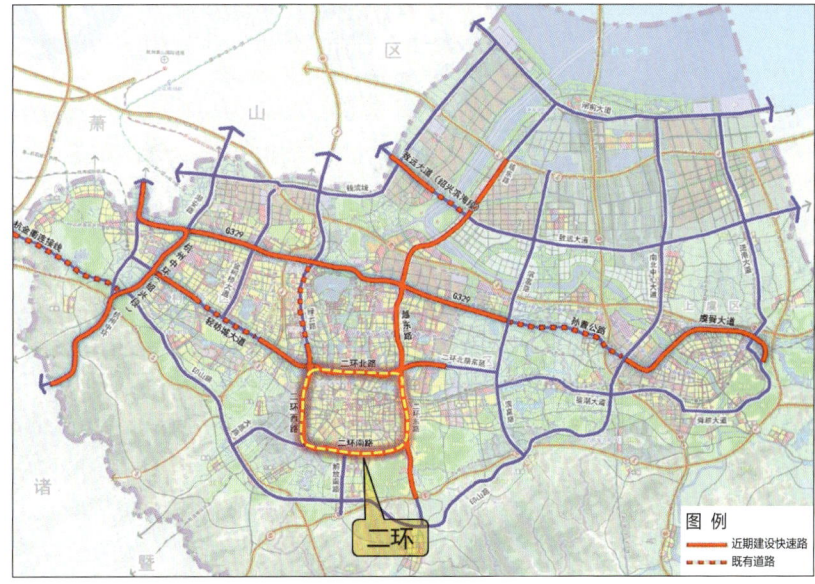

图2 快速路网规划示意图(2022)

图3 二环环线总体方案布置示意图

绍兴市规划地铁5号线大禹陵站位于会稽隧道南侧，站点出入口地下通道需上跨会稽隧道暗埋段。为避免远期规划地铁5号线大禹陵站施工时二次开挖，规划地铁5号线出入口通道上跨会稽隧道部分与会稽隧道主体结构一体化设计，同步建设。该方案不仅预留了地铁建设空间，同时有效降低了整体综合造价。

（3）前瞻射线建设方案

充分考虑远期解放路快速路与二环南路快速路之间的衔接及交通转换，并合理避让解放路西侧的地铁盾构位置，该节点方案为迂回型互通立交，并在交叉口处二环南路两侧各设置1对平行匝道，近期实施平行匝道，待解放路快速化改造后再实施T型互通立交。

（4）贴合复杂地形的局部方案研究

现状道路拓宽，需充分考虑扩宽后道路与沿线建筑的平面和竖向关系。道路拓宽尽可能避免侵入沿线住宅围墙，一旦侵入，涉及的用地协调难度较大；道路拓宽尽量不改变原来的出入口数量及交通组织，并且保证出入口衔接顺畅。

道路沿线小区、景区或学校的建筑物地坪高程明显低于现状道路边线，现状道路边线与建筑边线之间具备足够的距离消化高差。但是，道路拓宽以后，道路边线与两侧建筑边线距离缩小，需合理设计纵断面，以保证拓宽后道路与沿线入口以合理纵坡接顺，保证沿线居民出行安全。

2. 项目内容及规模

本项目起点与二环西路快速路（二期）工程衔接，终点与二环东路快速路衔接，道路全长约6.2 km，其中高架长度2.59 km、会稽路地道长度1.32 km、阳明路地道长度0.44 km。主线双向四到六车道，辅道双向四车道规模，沿线共设置6对出入口，其中平行匝道2对、地面出入口4对，出入口平均间距约为1.1 km。方案预留解放南路1座T型互通立交，近期立交匝道预留"跳水台"，待解放南路高架建设时一并实施。该项目主要研究内容：一是二环南路智慧快速路交通分析、流量预测及建设规模论证；二是各节点方案研究、建设形式及总体方案布置；三是各专业方案研究，包含桥梁、地道、道路、雨水排放及综合管线、照明、景观绿化、智慧交通管理系统、交通监控和道路安全设施等。

快速路主线主要定位为快速、连续、中长距离快速交通出行，其服务对象以客运交通为主，对大货车实施禁行管理；地面辅道是快速路主线的集散通道，服务于路线沿线地块居民出行，并设置人行及非机动车系统，满足沿线居民的慢行出行需求，其服务对象兼顾客、货交通。

为科学合理确定总体建设形式，从用地、路网、环境敏感点、沿线河道等多方面深度分析。本项目工程起点至会稽路段，两侧用地开发较为成熟，横向道路宜贯通，不宜采用地面快速路形式；会稽路至工程终点，两侧为对环境较为敏感的学校和景区用地，不宜采用高架快速路形式。横向道路平均间距约722 m，横向水系平均间距约928 m，且中兴大道—会稽路段南侧距河较近，若要设置出入口，宜优用高架快速路形式。

基于现状建设条件分析，综合考虑交通、经济等因素，研究提出了总体方案。会稽路以西段快速路主线采用高架形式，以东段主线毗邻大禹景区、越秀外国语学校，采用"中地道+短地道"建设形式。总体方案景观效果较好，造价集约，出入口可以直接服务景区及越秀外国语学校，整体服务功能完善，实现了"人·交通·环境"的和谐统一。

本项目主要涉及到以下几个重要节点：

（1）起点主线高架衔接方案

二环西路主线高架标准段宽度27 m（一级公路标准），本工程主线高架标准段宽度25.5 m（城市快速路标准），需要渐变过渡。规划常禧路以东设置了一对平行匝道，可利用平行匝道进出主线的渐变段范围内同步完成主线高架宽度的过渡。

（2）解放南路节点方案

解放南路为越城区重要的南北向主干道，服务沿线区域，远期规划为城市快速路。该节点承

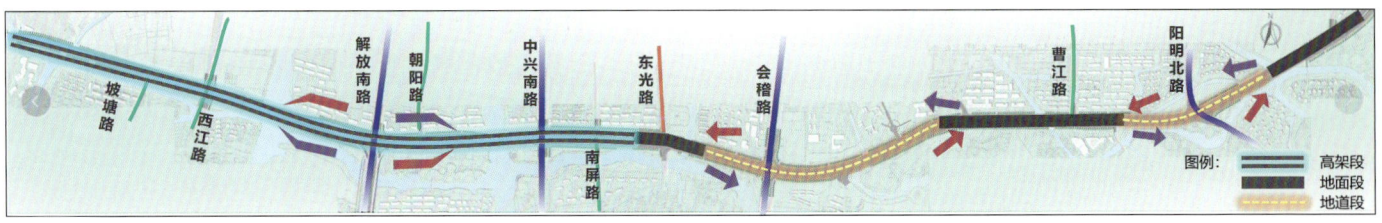

图4 二环南路总体方案示意图

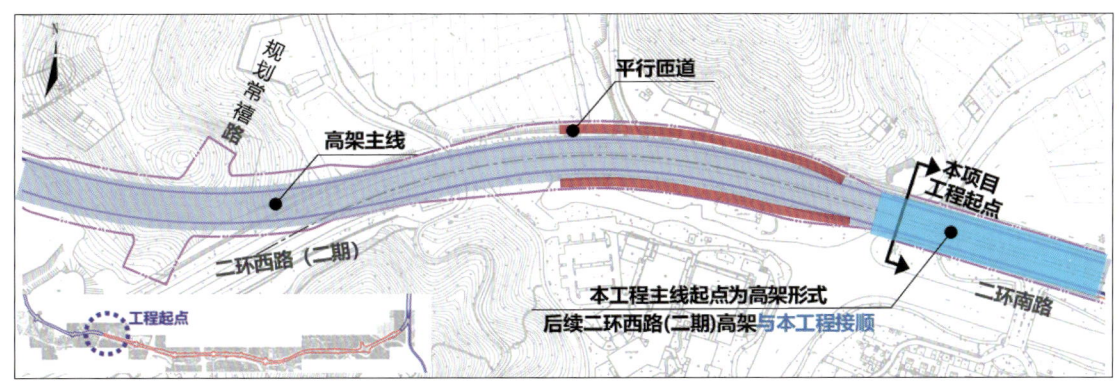

图 5　工程起点主线衔接方案示意图

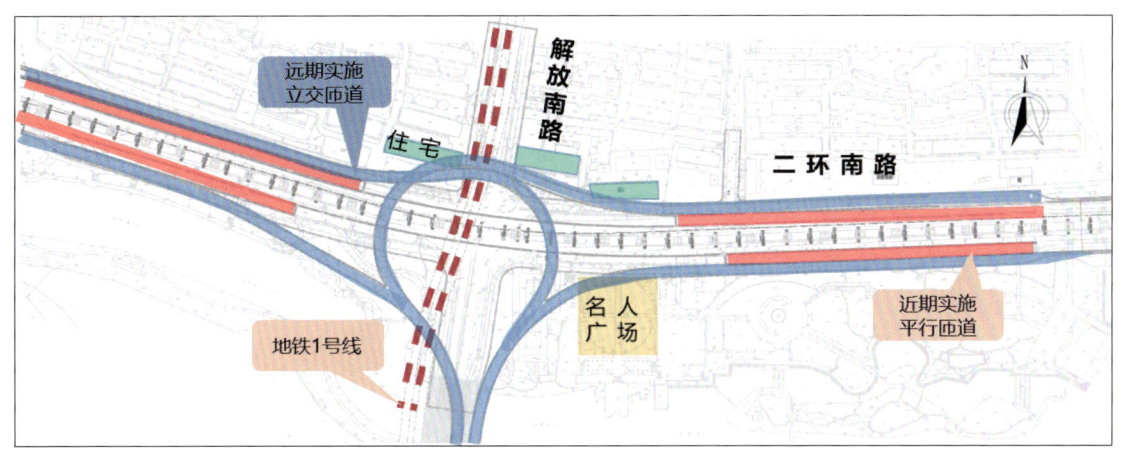

图 6　解放南路节点方案示意图

担环线与解放南路快速转换,进而实现与高速快速转换的功能,故该节点应为 T 型互通立交。现状地铁 1 号线与该段解放南路线位重合,同时现状有 110 kV 高压线横跨解放南路。为了合理避让限制因素,该节点方案为迂回型互通立交,并在交叉口处二环南路两侧各设置 1 对平行匝道,近期实施平行匝道,待解放路快速化改造后再实施 T 型互通立交。

（3）终点衔接方案

本工程终点与二环东路衔接。二环东路在此节点主线分为两股,一股主线以地道形式（双向四车道规模）下穿二环南路并向南延伸至绍诸高速,另一股主线（双向四车道规模）通过两侧平行匝道与二环南路主线衔接,两侧设置地面辅道。本项目终点断面规模为主线双向四车道,地面辅道双向四车道。

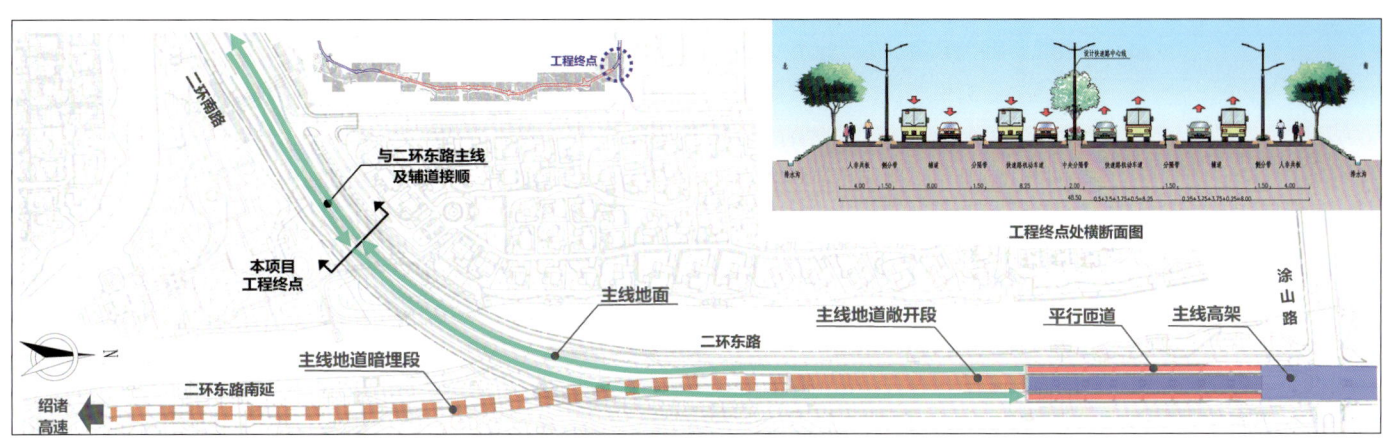

图 7　工程终点衔接方案示意图

3. 项目进度及投资估算

本项目需在2022杭州亚运会开始前投入运营，团队于2017年1月启动绍兴市快速路网规划方案论证及相关工程的设计工作，本项目正式咨询工作始于2020年1月，留给项目的设计及建设的时间不到两年半。2020年5月中旬完成项目申请报告，5—6月中旬完成初步设计，7—8月底完成EPC施工招标并开工建设。

本项目估算总投资37.93亿元，其中建安费27.98亿元，工程建设其他费8.15亿元，预备费1.81亿元。

【工作过程】

1. 团队组织建设

充分利用资源优势，合理配置技术力量，成立以总院专业总工为首的咨询项目组，咨询项目组由总工程师、各专业总师、设计负责人及专业负责人组成，确保优质、高效地完成各分项工作。

咨询过程中，积极主动与相关部门进行联系，沟通前期未明确的设计方案，解决总体设计中的关键问题，做到事前会审、过程控制，确保咨询文件的质量与进度。并根据时间进度计划，确定调研、资料收集、编制原则的确定、各专业交接接口、编制出版等各节点的时间目标，分阶段向建设单位汇报，研究解决报告编制存在的各种问题，以保证咨询报告按时、高质量的完成。

2. 主要工作阶段

本报告自2020年1月启动编制，至2020年5月中旬完成成果报批，历时4个多月，大致可分为两个重要阶段。

（1）第一阶段：初步成果

2020年4月，方案深化、与建设方及各部门进行多次会议对接，向越城区规管会进行规划方案汇报，听取街道及部门意见，调整完善方案。

（2）第二阶段：成果评审

2020年5月15日，绍兴市发展改革委牵头组织召开了《二环南路智慧快速路工程项目申请报告》评审会，顺利通过评审。

【咨询工作特点及经验教训】

1. 项目主要特色与创新

（1）智慧智能化，快速路智能化系统前瞻性地覆盖了高架防撞预警系统、桥隧结构健康监测系统、智慧路灯系统、自动驾驶测试环境支撑系统

"数字化"作为我院重要发展战略之一，依托深厚的专业背景和近年来在数字技术研用上的持续积累，通过手段创新和应用创新，持续拓展咨询服务能力的广度和深度，助力城市管理智慧化水平提升。

基于"服务通行、资源整合、数据驱动、信息共享"的设计理念，本项目拟设置智慧快速路交通监控分中心，并同步考虑自动驾驶测试环境搭建，利用绍兴市智慧城市"1349工程"已建云平台及信息化资源，提出绍兴市城市快速路交通监控中心与市级云平台互联互通的逻辑框架。

本项目搭建的智慧化系统，可实现交通信息和资源的整合共享与调配，达到智慧化交通管理及违章执法目标，更好地提供公众出行信息服务，为结构健康监测及运维提供全方位数据支撑。本项目智慧化系统的搭建，将为客货运车辆、交通参与者提供全面、准确的路径选择、交通指引等出行服务，缓解道路拥堵，改善交通环境，最大程度实现客、货、交通工具等要素的智能识别、协调控制、调度管理和应急响应。

逻辑框架的搭建只是第一步，要保证落地，需要开展大量工作。智慧快速路交通监控中心的设立需调研绍兴市交警支队、区交警大队及快速路运管部门对本工程智能化系统的接管和运维分工，充分考虑绍兴市交通基础设施及信息化建设现状，明确工程与市、区级交通行业管理部门的网络互联、资源共享机制，明确建设、运维和养护的权属单位及资金筹措，保证设计内容具有可行性、适用性及可操作性。根据绍兴市智能交通的建设现状，整合现有设施和资源，通过前期沟通、设备型号匹配及数据接口标准对接，统筹设计新建应用系统与行业主管部门上位中心或平台的兼容性，并考虑系统和设备的可扩展性，保证适当的接口及容量预留。

（2）预制拼装化，桥梁采用预制拼装技术，下部桥墩采用的新型套筒与承插组合式连接技术，使其抗震性能接近现浇，既保证了结构安全，又加快施工进度

以创新之力推动技术发展，在新材料新结构方面，基于我院前期开展的预制装配化桥梁和高性能组合结构桥梁等新技术研究，研究创新成果在本项目推广应用并取得良好效果。

本项目为2022年杭州亚运会保障项目，同时沿线存在大禹陵景区、越秀外国语学院等环境敏感点，项目建设工期紧，任务重，需考虑设计方案对施工进度以及施工期间对现状交通的影响。

图8 新型套筒与承插组合式连接预制拼装桥墩技术模型试验

城市高架桥梁的建设趋于标准化设计、工厂化生产、装配化施工、信息化管理，本次设计考虑桥梁工程全预制化拼装技术。

上部结构的预制拼装技术相应已经成熟，下部桥墩的连接技术目前主要有以下几种：灌浆套筒、金属波纹管、承插式、插槽式、UHPC等。本次设计推荐采用新型套筒与承插组合式连接预制拼装桥墩技术，在预制立柱端部埋置半灌浆套筒，其中螺纹端与立柱钢筋连接，灌浆端与承台外伸钢筋连接，承台内预留凹槽安装预制立柱，之后凹槽内后浇混凝土。为此我们进行了多个模型试验进行分析研究，通过试验发现，采用半灌浆套筒与插承式连接相结合的预制拼装桥墩，其往复荷载作用下的滞回特性与整体现浇桥墩相似，可认为其抗震性能等同现浇。用全预制化拼装技术可节省工期6个月。

（3）无废城市化，提出低碳设计与建设技术方案，对旧沥青混凝土材料、三渣基层、废弃泥浆、高液限黏土以及旧水泥制品等多种材料进行全资源化利用

围绕国家双碳减排目标，依托绍兴市当地及我院资源化利用科研成果及技术积累，提出低碳设计与建设技术方案。对于基础设施建设过程中产生大量的建筑垃圾，资源化利用是解决建筑垃圾问题的有效途径。同时，国家政策层面顶层谋划"无废城市"建设，绍兴市是浙江省无废城市试点。本项目对旧沥青混凝土材料、三渣基层、废弃泥浆、高液限黏土以及旧水泥制品等多种材料进行全资源化利用，利用方向见图9。

事先充分考虑项目实施阶段的复杂性和不确定性。考虑到项目实施阶段局部位置可能存在地勘未探明的特殊地质状况、相关职能部门出于主观或客观的干预等原因，资源化利用率难免会有所降低。作为本项重要特点之一的"旧地面全资源化利用"，前期方案阶段制定了较为详细的利用方案，经多轮论证方案合理可行。最终实现了"零废弃、零外运"的建设目标。有利支撑了绍兴市的"无废城市"建设。

（4）BIM赋能，采用"EPC+BIM"综合应用模式，实现工程项目全生命周期各阶段、各参与方、各专业之间的信息交换、共享和协同工作，为各类决策提供科学依据

得益于"专业化+数字化"的设计手段创新，

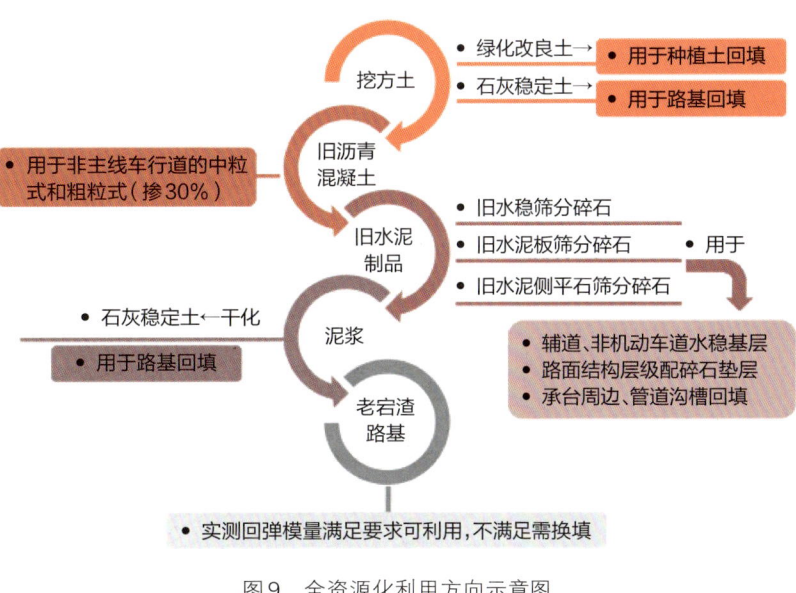

图9 全资源化利用方向示意图

我院在重大项目中实现可视化、可交互、沉浸式的数字化设计方案。在EPC模式下，设计、采购、施工各个阶段可以有效协同，运用BIM技术建立更加健全的信息生成模型，以促进整体信息关联度的提升。

在安全生产方面，通过BIM平台模拟桥梁及地道施工过程，可及时发现施工过程中可能存在的安全隐患，配合线下基坑位移、坍塌等应急演练，锻炼了管理人员对突发事件的应急处置能力，完善了地道施工应急指挥体系，强化了地道施工应急管理工作的统筹协调，项目建设期间无生产安全事故发生。在进度控制方面，通过信息共享、模拟施工、优化施工计划和实时监控与调整等手段，工程进度管理的效率和效果明显提升。在成本控制方面，通过BIM技术的应用，减少了采购过程中选择供货商、对比设备及材料的采购费用，极大降低了因提前采购设备及材料导致的存贮费用、降低了为项目建设期间因为赶工或窝工导致的多余费用、降低了之前因为人工预估不准确导致的建材及设备领取过多造成浪费的费用等。

EPC总承包模式与BIM技术的结合，即EPC+BIM，正在成为一种常见的BIM综合应用模式。尽管其整体满意度还有较大提升空间，但利用BIM技术可以提升企业EPC项目管理水平，同时总承包模式使得设计单位与施工单位的目标和利益一体化，有利于消除跨阶段模型信息传导不畅和管理集成的难题。在EPC+BIM综合应用模式下，BIM模型并不是静态或一次成型的，而是随着工程从前期方案到初步设计、施工图设计、施工等各个阶段的不断发展而逐步演进，信息也是动态集成到对应的一个到多个模型中，最终整合形成一套比较完善的信息模型。

2. 项目重难点问题突破

（1）统筹考虑近、远期工程建设，避免重复施工，节约资源

绍兴市规划地铁5号线大禹陵站位于会稽隧道南侧，站点出入口地下通道需上跨会稽隧道暗埋段，规划出入口通道建筑限界高度2.8 m，限界宽度6 m。综合考虑会稽隧道与规划地铁5号线大禹陵站点的相互位置关系及先后建设时序，总体建设时序为先实施会稽隧道，远期实施规划地铁5号线大禹陵站。如近、远期分别单独建设会稽隧道和地铁站点通道，远期实施站点通道时将会对地面道路进行二次开挖，会影响地面道路通行，同时二次开挖会对已建的地道主体结构抗浮稳定性产生不利影响。统筹考虑近远期工程建设，对规划地铁5号线出入口通道上跨会稽隧道部分与会稽隧道主体结构同期建设，避免了地铁通道施工时的二次开挖对道路交通的二次影响，有效降低了隧道工程和地铁通道工程的整体综合造价。

（2）加强基坑支护结构体系，确保基坑安全

本项目地道采用明挖顺作法施工，地道深基坑工程属于超过一定规模的危险性较大的分项工程。地道施工场地周边环境复杂，场地局促，施工期间基坑两侧道路临时保通。根据基坑周边环境条件以及基坑不同深度划分相应的基坑安全等级，充分考虑基坑周边动荷载影响，结合地质勘探资料采用相应的基坑支护结构设计方

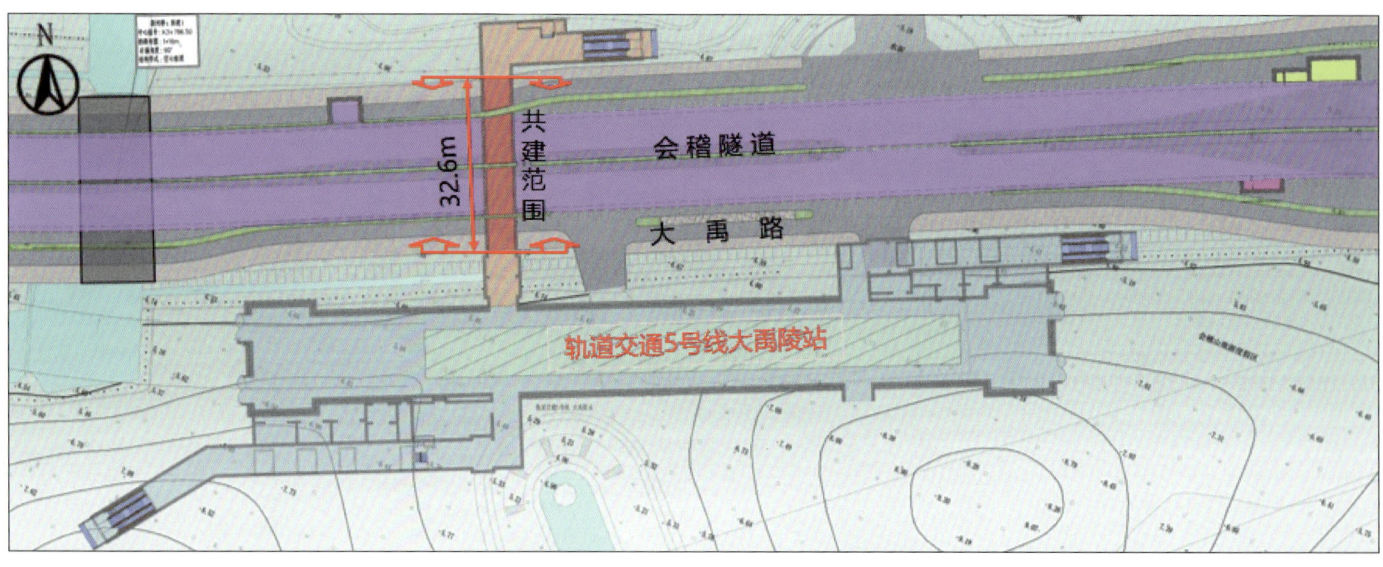

图10 隧道与轨道交通出入口共建示意图

案。对基坑支护结构体系中的钢支撑拟采用支撑轴力伺服系统,可以实现对基坑变形及轴力实时监控,对钢支撑轴力低压自动伺服、高压自动报警,有效控制基坑变形,对基坑施工过程提供全方位多重安全保障,保证基坑支护结构的安全冗余,确保基坑安全。

（3）综合考虑环保节能

高架运营期间对周围环境影响主要有噪声及废气。本项目设计确保高架快速路"交通畅通"以减少废气,采用控制高架与小区距离,使用降噪排水路面,设置声屏障、坡道绿化,提高路面及伸缩缝的平整度等综合措施以减少高架对周围环境的影响。本项目高架桥面采用OGFC排水降噪路面结构并设置高架纵向预制排水边沟,平行匝道采用高韧超薄沥青磨耗层,有效降低噪音,延长面层使用寿命,降低养护成本。

（4）深入分析,做好与相邻工程的衔接

本项目定位为城市快速路,采用城市道路技术标准,工程起终点均为公路标准。本项目设计起点主线为高架标准段（25.5 m）,起点与二环西路（二期）主线高架标准段相接（宽度为27 m）,衔接处高架断面宽度不一致,需要渐变过渡,利用平行匝道进出主线的渐变段范围内同步完成主线宽度的过渡,实现合理的衔接方案,保证交通顺畅。

（5）隧道工作面划分与交通导改相结合

隧道采用明挖顺作法施工,隧道基坑为条形基坑,并下穿道路交叉口,隧道施工期间既要保证沿隧道方向的交通运行,又要保证道路交叉口的交通运行。沿隧道方向的保通道路距离基坑边缘较近,利用地下土体的时空效应,隧道工作面采用跳仓开挖施工,并适当考虑围护结构的安全系数冗余,确保基坑稳定。交叉口处交通流量较大,且施工空间条件局促,为确保基坑分段施工期间交叉口保通道路的空间满足交通流量需求,于道路交叉口处采用围护桩垂直支护的硬隔离措施,交叉口范围外的长条形基坑采用纵向放坡方式分隔。硬隔离分界处两侧的基坑可划分不同工区同时施工,既满足不同工区同时施工的需求,又满足了交叉口车辆通行空间需求。相邻工区采用纵向放坡方式分隔,化长为短,不同工区可同步施工,互不干扰,有效缩短施工工期。

（6）地下工程动态设计、信息化施工

由于工程拟建场地范围内地下土层分布的不可见性,以及按国家规范要求实施的地质勘探钻孔的离散性,地下工程具有动态设计、信息化施工的特点。对施工过程中发现的地质情况与实际不符的情况应及时补勘并动态调整基坑支护结构型式,确保基坑工程的安全稳定性以及主体结构顺利实施。工程建设应综合考虑不同建（构）筑物先后施工的时序问题,先施工的地下构筑物应考虑后施工的构筑物对其产生的不利影响,控制先建工程的施工质量,并采取足够的安全保护措施,以降低后建工程的施工难度和施工风险。

【咨询效果】

1. "人·交通·环境"和谐统一

项目团队以长三角一体化、环杭州湾大湾区以及绍兴全面主动接轨大上海、深度融入长三角,"六横八纵"骨干快速路网规划建设为契机,结合项目建设的开发,对二环南路工程开展了深入的研究。提出了"高架+地面+地道"组合快速路形式,技术标准选取及出入口布置方案合理,为项目立项提供了充分而科学的依据。

多轮比选论证后的桥梁布跨方案、地道设计方案、高架远期预留方案最大程度避免了项目对周边环境的影响,改善了区域交通环境,实现地区社会、经济和环境的和谐发展。预制立柱在5—10分钟内基本能定位安装完成,全部安装时间在两个小时以内（注浆完成）;预制盖梁在10—15分钟内基本能定位安装完成,总安装时间在三个小时以内（注浆完成）,极大地缩短了施工工期;跨路口上部结构采用连续钢混组合梁,钢梁架设完成后即可拆除临时支墩,两个月内完成路口高架桥的架设,提前还路于民,获得了新闻媒体的广泛报道。规划地铁5号线出入口通道上跨会稽隧道部分与会稽隧道主体结构一体化设计、同步建设,避免了地铁通道施工时的二次开挖对道路交通的二次影响,有效降低了工程的整体综合造价。二环南路的设计方案充分体现了城市功能、环境与交通和谐发展的设计方向。

2. 项目获奖及科研成果

本报告得到了业主方的高度认可,荣获2021年度上海市优秀工程咨询成果一等水平,项目荣获2021年度上海市政总院立功竞赛客户满意工程。同时,作为报告重要组成部分的《绍兴市二环南路快速路工程BIM正向设计与应用》先后荣获2021年度浙江省智慧工地示范项目、2022第十一届龙图杯全国BIM大赛二等奖、上海市第五届BIM技术应用创新大赛项目案例奖市政类一等奖等荣誉。

另外，依托本项目开展的《基于数字技术的城市快速路系统构建创新技术平台研究及应用》《高压缩性淤泥质黏土就地固化关键技术研究与应用》2项省级课题研究，其中《基于数字技术的城市快速路系统构建创新技术平台研究及应用》获得2023年上海市科技进步二等奖，出版中国建设协会《道路软土地基强力搅拌就地固化技术规程》1项团体标准；授权《实现BIM信息与交通仿真信息集成系统及其集成方法》《一种高架桥梁下层地面道路结构及其施工方法》《一种高架桥梁基础周边地面道路及其施工方法》《一种竖向浇筑型固化土路堤施工模具及方法》等4项发明专利；授权《一种有效减弱桥头跳车的结构》《一种基于高含水量厚软土层的复合路基》2项实用新型专利；出版《城市快速路规划设计理论与实践》专著1部，发表《城市快速路建设时机的决策模型与准则》《智慧道路交通城市级云平台构建》《WSS注浆在市政道路地基处理中的应用》等10余篇论文；取得《SMEDI-CDBIM城市道路工程信息模型设计软件V1.0》《SMEDI-VD道路交通虚拟驾驶仿真系统V1.0》《SMEDI-BDBIM桥梁智能化设计软件V3.0》《SMEDI-RDBIM道路设计软件V2.0》等4件软件著作权。

大连湾海底隧道建设工程可行性研究报告（代项目建议书）

The Feasibility Study Report of Dalian Bay Undersea Tunnel Project

编写单位：上海市隧道工程轨道交通设计研究院
Shanghai Tunnel Engineering & Rail Transit Design and Research Institute
联系电话：021-54519988　　网址：https://www.stedi.cn
主要完成人：冯云　李洪萍　陈正杰　张兵兵　陈鸿　黄巍　邢燕　倪春辉　孙佳乐　熊卫兵

【点评】

该工程是中国北方第一条建造于寒冷海洋环境的大型沉管法隧道，本次可行性研究（简称"可研"）的沉管段长度超过3 km，总体设计方案线路顺畅、功能完善、景观和谐，充分实现了项目社会效益和环境效益。本次研究开展了支撑工程方案可行性的大量专题研究，进行了工程多方案的比选论证和优化，确保了海底隧道工程方案的可实施性。通过使用新技术、创新解决方案，为本工程后续设计阶段工作的开展和竣工通车奠定了基础。本研究成果编制依据充分，方法正确，经济评价合理客观，财务效益切实可行，投资估算适度，研究结论可信，满足可研报告的深度要求，可为今后同类工程研究提供良好的指导和示范。

【项目背景】

1. 建设背景

大连市由于被大连湾海域分隔，使中心城区的空间发展形态大体上呈"C"状，南北方向通道少，老市区进出交通瓶颈问题突出。

大连湾海底隧道建设工程将在中心城区陆域空间形态"C"字中间增加一竖，形成"℃"型（图1），是从根本上解决大连湾南北两岸严重交

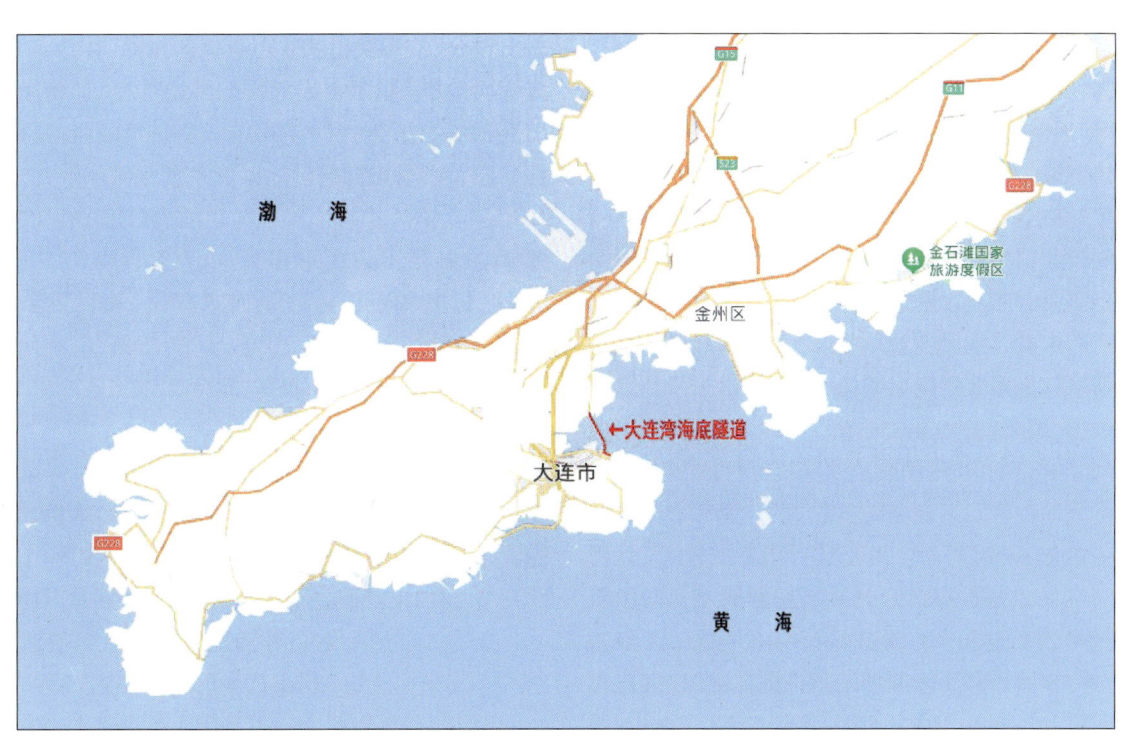

图1　工程位置示意图

通拥堵问题的重大举措，是利用海域空间构建大连市区南北交通新格局的根本措施，对推动钻石港湾两岸一体化、打造大连沿海经济圈具有重要意义。

根据该工程所在大连湾为港区和大型造船企业所在地以及位于近机场航线下的情况，若选择跨海大桥工程方案，势必对湾内航运和大型造船企业的生产（特别是国防生产）造成严重不利影响。经过前期的科学审慎论证，确定选择海底隧道工程方案。

该工程采用政府与社会资本合作模式（PPP模式）。实施模式为建设—运营—移交（BOT）模式，由大连市人民政府授权委托大连市城市建设管理局作为项目实施单位，将该工程特许经营权授予大连湾海底隧道有限公司（以下简称"项目公司"），项目公司在特定经营期内负责大连湾海底隧道的投融资、可行性研究、勘察、设计、施工、运营维护、移交工作，大连市城市建设管理局通过购买服务的方式向项目公司支付相关费用。在特许经营期满后，项目公司将大连湾海底隧道及项目公司所辖资产完好、无偿地移交给大连市城市建设管理局或其指定机构。

2. 功能定位和必要性

（1）功能定位

大连湾海底隧道建设工程北起梭鱼湾规划20号路，南至人民路，是大连市快速道路网系统中一条南北向快速通道的重要组成部分。该工程的功能定位为：向北通过光明路延伸工程与已通车的振连路、201国道相接，进而可与沈海高速、丹大高速连接；南岸与中山区路网、东港路网、邮轮中心路网连接，是连接东部老城区与金普新区的重要快速通道，也是继东北路、东联路之后的第三条出入市通道。

（2）工程建设必要性

一是满足大连城市交通发展的客观需求，也是缓解大连南北向交通拥堵状况的需要。

二是落实大连市城市总体规划，加强大连湾南北两岸的联系，拓展大连市城市发展空间，促进大连经济发展，早日实现"钻石港湾"的"两岸一体化"的需要。

三对改善交通环境、响应项目影响区居民出行条件改善的诉求，改善民生具有重要意义。

四是开发大连市沿海特色旅游资源，打造大连沿海经济圈，加快大连旅游产业和泛旅游产业发展的需要。

3. 委托方情况及其需求

本次研究经公开招标，由大连市城市建设管理局委托开展，后根据PPP模式要求，改由项目公司负责。

本次研究的目的是研究项目建设的必要性、研究项目的建设条件、研究项目的技术方案及其可行性，进行投资估算和经济评价，解决项目建设的经济合理性问题。

本次研究的作用包括：为投资决策、资金筹集提供依据；为项目管理部门商谈合同、签订协议提供依据；为项目制定实施计划、进行工程前期工作提供依据；为政府相关部门审查项目提供依据。

4. 合作单位

本次研究的合作单位为大连市市政设计研究院有限责任公司。

【项目内容】

本次研究的项目类型为可行性研究。由于报批流程变化、估算费用与原项目建议书变化较大等原因，本可行性研究报告也兼做新项目建议书使用。

本次研究的工程建设范围包括：新建道路工程、海底沉管段隧道工程、陆域段隧道工程、供电照明工程、通风、消防、排水及市政基础设施管网工程、交通工程及管理中心、绿化工程、人民路地道等。

本次研究依托的研究专题共13个，具体包括：通航安全影响论证；海域使用论证及环境评价（海域）；环境评价（陆域）；场地地震安全性评估；建设用地地质灾害危险性评估；节能评估；社会稳定评价；水土保持方案；海域地形测量、海域岩面等高级及管线探测；海床演变调查及预测；隧址沉船、船撞风险评估及设防标准研究；航道通航条件影响论证；压覆矿产资源评估。

本次研究开展的主要内容及成果如下：

1. 交通量预测结果

以大连市核心区的居民出行特征、道路交通出行特征、城市总体规划和道路网规划等作为前提，主要预测结果如下：

（1）路段交通流量

选取2021年、2031年、2041年三个年份来预测路段交通流量（双向），测算结果为：2021年（初期）5.56万pcu/d，2031年（中期）8.09万pcu/d，2041年（远期）8.86万pcu/d。

（2）交通组成

同样选取2021年、2031年、2041年三个年份来预测交通流量组成,如表1所示。

2. 建设规模与技术标准

道路等级：城市快速路；
建设规模：双向六车道；
设计速度：主线60 km/h,匝道40 km/h；
车道宽度：3.5 m、3.75 m；
净空高度：不低于4.5 m；
路缘带宽度：主线0.5 m,匝道0.25 m；
路面横坡：1.0%—2.0%；
设计水位、波浪：1/100（百年一遇）；
主体结构（含永久水工结构）设计使用年限：100年；
主体结构（含永久水工结构）安全等级：一级；
汽车荷载：城-A级；
路面结构计算荷载：BZZ-100型标准车；
抗震设防烈度：7度；
主体结构耐火等级：按一类隧道设计,采用RABT标准升温曲线测试的耐火极限不低于2h；
管节预制场、舾装码头（含系泊区）、出运航道、临时航道、南岸港池临时围堰及止水帷幕等大临工程的设计使用年限为10年,结构安全等级为二级。

3. 工程总体设计方案

（1）跨海隧道形式的比选

本次对钻爆暗挖法、盾构暗挖法以及沉管法共三种海底隧道建设方法进行了研究。研究表明,随着大连湾南北两岸征地拆迁接近完成、我国海底沉管法隧道设计与施工技术的进步,从两岸接线更好地符合大连城市总体规划、增强交通功能和降低工程风险出发,本工程跨海隧道推荐采用沉管法方案。

（2）推荐的工程总体设计方案

本工程北起梭鱼湾规划20号路,向南下穿大连湾海域（甘井子西航道等）,在南岸大连港3、4号码头之间港池登陆,再向东沿港隆西路至人民路,主线全长约5 100 m。其中,接线道路长约300 m、沉管海底隧道长3 040 m（共18个沉管管节组成）、明挖暗埋隧道长1 379 m（包括北岸长187 m、南岸长1 192 m）、敞开段长380 m（包括北岸长180 m、南岸长200 m）。全线设置3对匝道,其中北岸设置一对双车道匝道接梭鱼湾规划20号路,南岸在海港城西侧设置一对双车道匝道接民主广场方向、在港隆西路港湾桥西侧设

表1 交通流量组成预测

年 份	交通流量（万pcu/日）	小客（辆/日）	大客（辆/日）	小货（辆/日）	大货（辆/日）
2021年（初期）	5.56	42 049	4 672	3 459	384
2031年（中期）	8.09	61 738	6 860	4 434	493
2041年（远期）	8.86	68 297	7 589	4 205	467

注：小客、大客、小货、大货折算成标准车（pcu）的车辆换算系数分别取为1.0、2.0、1.0、2.0。

置一对双车道匝道接港湾广场方向；匝道全长2 261 m,其中明挖暗埋隧道长1 390 m、敞开段长455 m、地面道路长416 m。人民路设置下穿港隆西路的地道,使人民路和港隆西路交叉口形成部分互通式立交,地道暗埋段长162 m、敞开段长263 m。

隧道主线平面线形顺畅,共布设2处平曲线,其中沉管段设置了一个平曲线R-1050 m,南岸暗埋段设置了一个R-320 m的反向平曲线。

隧道主线纵剖大体成"W"形,最大纵坡为4%。

根据沉管法隧道施工工艺,在北岸设置两座干坞,施工阶段作为沉管管节预制场地。

隧道全线共设有三个设备区,北岸一处,南岸两处。设备区内布置隧道主要设备用房,如变电所、通风机房、照明配电间、消防泵房等。

图2 工程平面布置图

图3 海底沉管段隧道效果图

图4 干坞实景照片

隧道全线共设置两座通风机房,分别布设在北岸设备区和南岸设备区(一)内,并分别配套设置两座高排风塔和一组矮风井。

隧道在北岸设备区与南岸设备区(二)内各设置一座消防泵房。主线和匝道洞口处均设置雨水泵房,共设五座。全线共三处最低点设置三座废水泵房。

隧道在北岸设有管理中心一座(与北侧光明路延伸工程共用)。

隧道全线共设置两座主变电所和两座跟随变电所,主变电所分别设置在北岸设备区和南岸设备区(一)内,跟随变电所分别设置于管理中心大楼和南岸设备区（二）内。

此外，隧道除了土建工程之外，还设有保障隧道运营的通风、给排水、消防、照明、供电、监控等机电设备系统。

4. 征地与动迁

南岸工程主线登陆后以隧道形式沿港隆西路走行，隧道正上方的大连港物业管理有限公司及港隆西路北侧的大连港国际候船厅需要动迁；南岸工程支线打通七一街、发达街与民主广场连通，该区域北部为规划预留地块（土地储备中心已经收储）。南岸项目用地来源包括土地储备中心已收储土地、大连港集团土地征收。

北岸工程以地面道路方式与梭鱼湾规划20号路相接。路线从南向北依次经过大连港外轮航修厂、民宅（属中交一航局三公司）、松辽化工厂等，相应的住宅、厂房等需要进行动迁。大连市土地储备中心已经对本工程北岸涉及的征地、动迁进行了摸底估算，费用纳入本工程中。

此外，施工期间，北岸干坞工程区、临时堆土区及施工生产生活区等需要临时占用梭鱼湾商务区土地；南岸需临时占用大连港集团土地。

总体而言，本项目南岸商业较为发达，拆迁量较小；北侧工厂、民宅分布密集，开发强度低，基础设施建设落后，动迁量较大。

5. 施工工期与筹划

施工分三个阶段进行。第一阶段以两岸与管节连接段、填海筑岛围堰、干坞和管节制作为重点，为第一节管节沉放创造条件。控制节点为：干坞修整至第13个月，开始第一批管节（3节）生产制作到第20个月完成。第二阶段以管节施工为目标，并抓紧两岸暗埋段、敞开段及道路工程施工，到第40个月完成所有18个管节的沉放。已建成暗埋段隧道和沉管段隧道的机电设备安装同步进行。第三阶段是本工程最终的10个月，其中需抓好管节E16、E17之间的最终接头施工，并以机电设备联通调试为关键控制目标，并逐步进行各项单位工程验收。

项目总建设工期约50个月。

6. 投资估算与资金筹措

工程估算总投资105.2亿元，其中建安工程费63.77亿元，工程建设其他费用7.13亿元，预备费6.45亿元，征地补偿费18.09亿元，建设期贷款利息9.76亿元，铺底流动资金0.02亿元，经济指标206.38万元/米。

项目公司由社会资本方中国交建联合体与大连市城市建设投资有限公司按85%：15%股比共同组建。其中项目公司资本金占比20%，剩余80%资金拟通过银行贷款、基金借款等方式解决。

【工作过程】

1. 工作起止日期

2014年10月20日—2017年7月10日。

2. 工作组织情况

本次研究工作由上海市隧道工程轨道交通设计研究院（简称"上海隧道院"）和大连市市政设计研究院有限责任公司（简称"大连市政院"）组成项目联合体，实现强强联合、优势互补。上海隧道院牵头负责工程可行性研究工作，主要负责海底隧道研究，参与接线工程研究；大连市政院主要负责接线工程研究，参与海底隧道研究。

项目联合体组建了项目领导小组、资深专家组和由技术骨干组成的项目研究组，分层次落实管理职能，以全面保障工程设计质量。

3. 分阶段工作与重要事件

2014年9—10月，大连市城市建设管理局开展大连湾海底隧道建设工程可行性研究报告编制和可研阶段地质勘察报告编制采购项目招投标工作，上海隧道院和大连市政院联合体中标，并组建本项目研究团队，于2014年10月末形成工程可行性研究报告初稿，提供给各专题研究单位开展工作。

2015年9月21日，本工程项目建议书的批复下达。之后，各专题陆续进行专家评审和行政许可审批，本研究团队消化吸收各专题报告的意见和建议，完善工程方案与工可报告，并将相关费用纳入投资估算。

2016年8月10日，大连湾海底隧道和光明路延伸工程政府与社会资本合作（PPP）项目进行公开招标。2016年9月27日，中国交通建设股份有限公司联合体（中交第一航务工程局有限公司、中交第四航务工程局有限公司、中交公路规划设计研究院有限公司、上海隧道院、大连市政院、天津市海岸带工程有限公司、中交投资基金管理〈北京〉有限公司）中标。

2016年9月末，本项目研究团队根据各方优化意见形成工可报告，由项目公司进行上报。

2016年10月，大连市工程咨询中心受大连市建委委托,对本工程工可报告进行了评审,大连市建委随后进行了批复(大建委发〔2016〕435号)。

2017年2月15日,大连市中山区文体局组织文物专家对南岸规划七一街(北段)上的大连电车修配厂进行现场调研、召开文物定级专家评审会,专家组认为:大连电车修配厂为满铁电车修理工场旧址,属于不可移动文物,建议整体原址保护。

2017年2月17日起,本项目研究团队开始进行现场踏勘、方案设计,提出新的方案代替无法打通的七一街(北段)。

2017年4月9日,大连市规划局组织对南岸新的规划方案进行专家评审。专家组在听取七一街打通的方案后认为:不建议采用地道方案打通七一街(北段),应完善民主广场区域路网代替七一街(北段)交通功能。

2017年4月13日,大连市城市建设管理局、项目公司、大连市政院经过充分论证方案的必要性、可行性后,提出采用地面绕行方案代替七一街(北段)的打通。之后,该局部调整报告,经评审后获得大连市建委批复(大建委发〔2017〕249号)。

【咨询工作特点及经验教训】

1. 针对工程难题,运用多种方法和模型进行比较研究

本次研究针对本工程的难题,运用多种理论方法和模型,进行了如下认真细致的研究:

(1)结合现状交通量分析与发展预测、工程建设条件调查以及规划要求,确定主要技术标准与建设规模

① 分析了规划线位及接线条件的限制、高速度指标导致的施工风险与行车安全隐患,确定本工程设计速度为60 km/h。

② 依据规划快速路要求和现行规范,首先对本工程的路段服务水平进行了分级;然后分析了大连城市中心区特点以及近几年的交通观测数据,确定了早高峰小时系数取0.08;最后对比预测交通量换算的高峰小时交通量与设计速度60 km/h的城市快速路一条车道的设计通行能力,得到了双向六车道的建设规模。

(2)进行总体方案研究,对其重大节点开展多方案比选,确定跨海隧道线路与工法、两端接线工程方案

① 首先确定总体方案的指导思想,研究南北两岸及海域的控制条件。

② 其次对钻爆暗挖法、盾构暗挖法以及沉管法共3种海底隧道施工工法进行了详细研究。每个工法都考虑3种可能的线位方案,研究各自的优缺点,得到各工法的优选线位。再对3种施工工法进行比较,包括总体布置及交通功能、施工风险、节能减排、工程建安费等,最终推荐沉管法隧道方案。

③ 结合施工工法和建设条件,对北岸衔接的光明路延伸工程的立交节点进行2—3种方案比较;在分析南岸路网布局、可能的互通位置和交通流量流向的基础上,进行了5种南岸立交衔接方案比较;通过分析优缺点,得到最佳接线工程推荐方案。

(3)各专业开展深化研究,确保本工程实现正常运营、故障检修、事故安全疏散等功能要求

① 在总体方案基础上,线路、建筑、结构、防水及耐久性、通风、给排水及消防、供电、照明、监控、接线工程、附属工程等各专业进行了深化研究。

② 建筑横断面考虑建筑限界、设备空间、安全疏散以及施工误差等要求,如图5所示。

③ 借鉴国内外成功的沉管法工程案例,确定采用最大长度180 m的节段式管节方案。

④ 通过对4种沉管基础处理方法的比较,推荐采用自升式碎石整平船施工的碎石刮铺法基础。

⑤ 干坞从选址分析开始,进行2种平面布置方案、2种预制管节方案的技术经济比较,确定采用适合本工程的"3+3"管节布置在两个坞室的传统干坞法。

⑥ 采用专家调查和专业调查相结合的方式,对项目潜在的主要风险因素进行识别、定性与定量分析、提出规避风险的方法与对策,以最大限度地保证本项目预定目标的实现。

⑦ 通过3种通风方式的比较,确定推荐采用射流风机诱导型纵向通风+重点排烟的通风方式。

⑧ 基本及应急照明研究了两种方案,优选采用LED灯方案。

⑨ 人民路地道需近距离上穿运营的地铁2号线区间隧道,通过数值模拟分析,得到了安全可靠的推荐方案。

(4)选择有针对性的专题研究,为工程方案的可行性提供支撑。

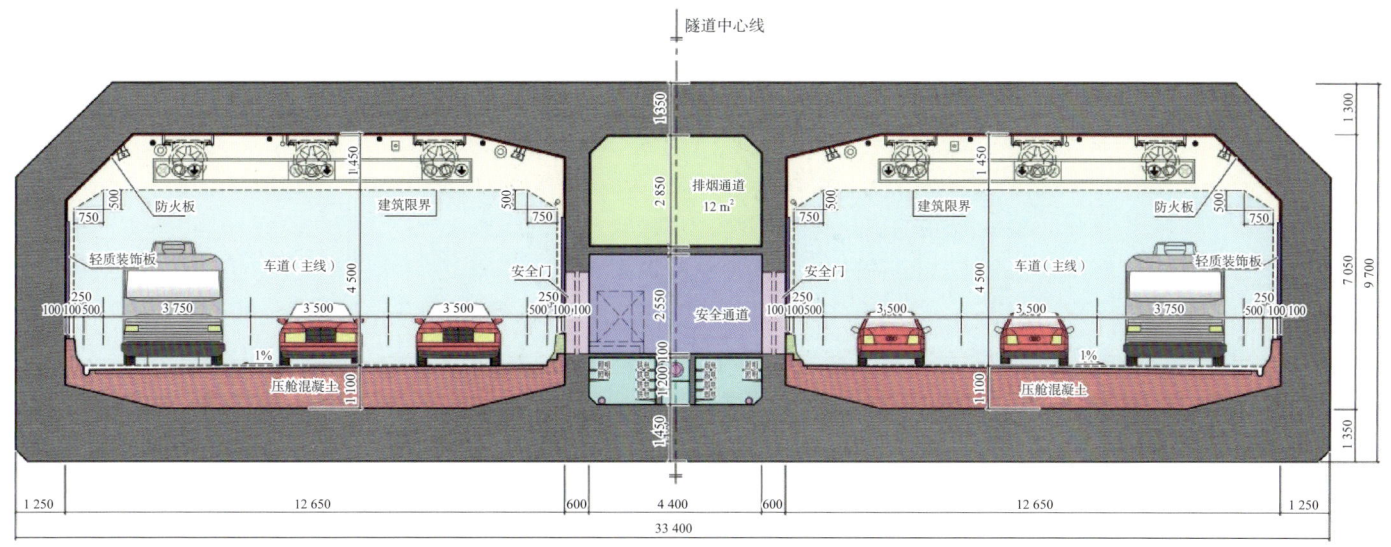

图5 沉管段建筑横断面图

2. 涉及范围广，内容特色鲜明，研究有独到之处

（1）方案的选取综合考虑了工程、环境、社会影响，充分实现了项目的社会效益和环境效益。

① 项目所确定的北岸接光明路、南岸多级疏解的线路方案，符合大连市城市发展规划，有利于推动钻石港湾两岸一体化。南岸从大连港三号港池登陆，大大减少了占用城市建设用地，避免了大规模的建筑物拆迁。

② 本项目建成后，南北岸进出车辆可以减少绕行距离8—15 km，占原绕行路线行程长度的50%—65%，从而可以减少出行时间、拥堵时间和燃油消耗，还可以提升交通秩序和交通安全性。

③ 充分利用沉管法隧道浅埋的特点，主线在北岸与东方路全互通立交相连，并设置连接梭鱼湾规划20号路的双向匝道，区域服务功能全面。

④ 针对南岸老城区路窄网密的特点，创造性提出"多级分岔、三向分流"交通组织策略，采用大型地下立交进行交通集散。隧道在南岸沿港隆西路设置一对平行式匝道在港湾桥西侧接地，并在港池中平行码头向南分出一对匝道下穿港隆西路后与地面道路衔接；在人民东路设置下穿地道，与东西向主线直行车流分离。

⑤ 针对南岸暗埋段长度超过1 km，周边环境景观要求高的特点，采用在大连港港池内设置高排风塔、主线洞口附近设置多组矮风井的方案，既保证了环评要求的空气质量，也实现与周边建筑、景观的和谐统一。

⑥ 沉管采用180 m长节段式管节设计方案，不仅节约预制工期、有效减少预制批次、沉放次数、风险和费用，更形成超长沉管隧道的纵向柔性体系。

（2）开展了支撑工程方案可行性的大量专题研究，进行工程多方案的比选论证和优化，确保了海底隧道工程方案的可实施性。

① 开展了13项专题研究，有效支撑了工程方案的可行性。

② 针对海底隧道可能采用的沉管法、盾构法和钻爆法施工工法，从交通功能、施工风险、节能降耗、建安费等方面进行了综合比较，最终推荐了沉管法方案。

③ 从干坞选址、平面布置等方面入手，对沉管预制工厂法、传统干坞法进行了详细比较，最终确定采用"3+3"管节布置在两个坞室的传统干坞法，每个坞室内每批预制3个管节，分批出坞，坞首设置能重复开合的闸门，以满足坞内多次放排水的要求。

（3）使用新技术、创新解决方案，为本工程的顺利实施奠定基础，也为今后同类工程提供良好的指导和示范。

① 采用智能照明控制系统，基本照明与应急照明设置LED节能照明灯具，由外部亮度监测系统自动调节照明工况，达到节约照明能耗并确保行车安全的效果。

② 单个沉管管节分为6—8个节段进行预制；单个节段采用全断面一次浇筑成型工艺，跳段浇筑、养护。

③ 本工程沉管基底大部分为中风化岩层，通过有效地控制水下爆破偏差，在中风化岩石地

基上采用碎石刮铺整平基础方案,这在国内尚属首次。

（4）经济评价合理客观,财务效益切实可行,投资估算适度

通过风险分析和技术经济比较等多种手段,优化设计方案和施工工艺,保证工程可实施性并积极控制工程造价;估算编制中充分利用积累资料,对沉管段、暗埋段、接线工程等单项工程拆分细化,有效控制投资。本工程投资估算总额为1 052 153.54万元,经济指标为206.38万元/米,指标适中;经济分析表明,本工程对国民经济的净贡献达到或超过了要求的水平;财务分析表明,本工程处于大连市财政可承受能力范围之内,采用PPP模式实施可行性较好。

（5）充分考虑动拆迁的风险,确保整个工程建设的可控

在工作过程中积极与沿线产权单位沟通,确认每一项需动拆迁内容并评估其潜在风险,对不可接受风险采取避让方案,确保整个工程建设的可控。本次南岸七一街（北段）的电车修配厂,在第一次工可批复后确认为不可移动文物,但考虑到其为可接受风险,在进行局部调整后,未影响总体方案的可行性,仍取得了同意批复。

【咨询效果】

本次研究报告获得了大连市城乡建设委员会的批复,认为"该项目的实施能够加强核心区与开发区—保税区以及金州区的联系,拓展大连市城市发展空间,落实城市规划,完善城市干线网络,改善交通环境,适应交通快速发展并满足城市居民出行的需求,同时对贯彻绿色交通发展理念,降低大气污染,提高交通运输安全,具有重大的政治经济意义和社会效益"。

本次研究成果还荣获上海市工程咨询行业协会2021年11月颁发的"上海市优秀工程咨询成果一等水平"证书。

依据本次研究取得的平纵线路、海域段推荐的沉管法施工工艺等成果,大连湾海底隧道建设工程圆满完成了后续初步设计、施工图设计,并于2023年5月1日顺利竣工通车。

三、评估咨询报告篇

上海科创中心重点任务——李政道研究所物理与天文前沿基础研究设施建设决策咨询
The Key Task of Shanghai Science and Technology Innovation Center — The Decision-making Consultation on the Construction of Frontier Basic Research Facilities in Physics and Astronomy for Tsung-Dao LEE Institute

编写单位：上海投资咨询集团有限公司
Shanghai Investment Consulting Group Co., Ltd.
联系电话：021-23300000　　网址：https://www.sicc.cn
主要完成人：焦 民　王融融　马念君　孙 蔚　彭 元　田 苗　徐晟奕　雷静琦

【点评】

李政道研究所涉及的学科领域前沿、交叉融合、复杂度高，因此设施建议必须兼顾科学和工程两方面特点。该研究坚持系统观念、问题导向，借鉴国际最瞩目的科学研究中心经验，从顶层设计、场地选址、科学目标与实施等多方面、多维度，助力李政道研究所从设想变为蓝图，先后完成了李政道研究所工艺设备可行性研究编制、实验楼可行性研究评估、工艺设备初步设计评估、能评工作及风评工作等咨询工作，构建服务新型研发机构落地的决策咨询新模式，从前期策划、方案评估、工作协调、全过程管控等四个维度进行全面和深入的综合决策咨询。项目团队通过多维研究，确立了研究所的四大功能定位，聚焦国际重大科学问题，旨在打造全球顶尖的学术机构和科研平台。咨询过程中，团队展现了对前沿科学问题的深刻理解和对科技发展趋势的精准把握。该项目涉及全球最前沿的学科领域，具有国际领先、超前谋划、专业性极强的特点，其建设与发展，不仅提升了中国在物理与天文领域的科研水平，也为全球科技进步贡献了重要力量。

【项目背景】

2014年12月，李政道先生致函习近平总书记，建议在中国建立一个类似丹麦玻尔研究所的世界顶级研究机构，即李政道研究所。习近平总书记高度重视，并作出重要批示："李政道先生的

图1　李政道研究所

图2 李政道研究所内部图

建议值得重视"。2016年11月,李政道研究所依托上海交通大学正式成立,以"建立在物理学、天文学以及交叉学科领域中世界顶级的学术机构"为建设目标。李政道研究所建设被列入"建设具有全球影响力的科创中心"的重点任务。受上海市发展和改革委员会等部门委托,我公司承担了"李政道研究所物理与天文前沿基础研究设施建设决策咨询"工作(简称"李政道研究所")。李政道研究所作为上海综合性国家科学中心的重要载体,将为上海建设具有全球影响力的科技创新中心提供基础支撑。该项目涉及全球最前沿的学科领域,具有国际领先、超前谋划、专业性极强的特点。

【项目内容】

1. 坚持创新驱动,凝练目标与任务

通过多轮研究、讨论、征求意见,凝练形成李政道研究所项目建设的总体目标:贯彻习近平总书记的批示精神,落实党的十九大"瞄准世界科技前沿,强化基础研究,实现前瞻性基础研究、引领性原创成果重大突破"的战略部署,遵照李先生的建言,以"建立在物理学、天文学及其交叉学科领域中世界顶级的学术机构"为总体目标,着力打造世界知名的重大原始创新策源地、全球向往的顶尖科学精英集聚地、面向未来的中国青年才俊历练地。

分解形成4大功能定位：

（1）聚集国际和国内顶级科学家的研究高地

作为世界顶级研究所（如丹麦玻尔研究所、美国普林斯顿高等研究院），应当拥有一批包括诺贝尔奖获得者的国内外顶级学术大师，并为科学家提供开展学术科研的良好环境和氛围，引领基础科学的前沿研究。

（2）从事重大基础科学问题的顶级研究机构

物理学是实验科学，通过建设世界顶级的实验平台，开展粒子与核物理、天文与天体物理和量子基础科学方面理论与实验的前沿研究，解决最重要的基础科学问题，产生引领性的研究成果。

（3）开展国际顶级的学术交流与合作平台

类似于美国核物理研究所、加州大学KITP研究所，通过举办丰富的学术活动，为顶级科学家、一流学者和青年学者提供交流合作平台，引发出有洞察力和重大的科学展望，推动不同前沿领域交叉研究的发展，推动中国基础科学发展，扩大国际学术影响力。

（4）面向全社会开放的顶级科普基地

面向社会开放，宣传和普及物理学、天文学及其交叉学科所形成的各种成果，培养青少年产生科学兴趣，促进更多的优秀年轻人才投身于前沿研究。

2. 做好调查研究，把握科技发展趋势

"调查研究是谋事之基、成事之道"。团队在研究过程中，围绕国际研究前沿与趋势开展深入调查研究，组织召开多场高校、研究机构、企业、政府部门等专家参加的座谈会，赴国家发展改革委、中科院、国家自然科学基金委员会等单位进行调研，广泛征询各方意见和建议。

经过对国际科学界公认的在未来几十年内有希望找到答案（但也面临挑战）的百余项重大科学问题进行梳理（其中有代表性的3项为：宇宙由什么构成，物理定律能否统一，量子不确定性和非局部性背后是否有更深刻的原理），结合国家中长期科学发展规划，以及李政道先生所提"主要从事二十一世纪物理和天文方面最前沿的科学研究"，反复凝练讨论确定了研究方向：李政道研究所着眼于21世纪国际公认的最重要的科学问题，聚焦基础科学中未来对人类认识自然有重大突破的、对社会经济发展有重大影响的研究选题，在粒子与核物理、天文与天体物理、量子基础科学三个方向开展重大科学问题研究，寻找宇宙中极大和极小间的关联，探索自然界最基本和最深刻的相互作用规律。选题方面，将涉及暗物质和暗能量的探测与本质、宇宙与天体的起源与演化、宇宙大尺度结构及物理规律、实验室天体物理、引力波探测、极端条件下材料物性与物质演变、量子物质演生现象、量子信息与量子计算、量子精密测量等。

3. 坚持系统观念，融合科学与工程特点

团队在咨询工作中学习和运用唯物辩证法，"坚持系统的观点，依照新发展理念的整体性和关联性进行系统设计，做到相互促进、齐头并进，不能单打独斗、顾此失彼，不能偏执一方、畸轻畸重"，在全过程咨询工作中持续优化方案。

（1）针对项目交叉融合特点，组建科学与工程复合型团队

考虑到项目在学科前沿性和专业性，在咨询工作开展初期，咨询团队与科研团队、建筑设计单位开展了深入沟通与精心安排，构建涵盖科研工作者（理论、实验、工艺）、咨询工程师（科技管理、工程管理、投资财务）、工程设计师（建筑、结构、设备等）的复合型队伍。

（2）针对项目复杂性及周期紧张，完善项目推进模式

鉴于项目涉及科技设施与基本建设两方面内容，团队综合建设重点、建设周期、资金渠道等多方面因素，将建设项目划分为物理与天文前沿基础研究设施、李政道研究所实验楼2个项目进行推进，一个聚焦科技基础设施、一个聚焦建筑工程。针对项目特点，集中优势力量，形成有侧重、有协同的工作模式，并确定了国家、地方、依托单位多渠道资金筹措方案。

（3）发挥重大科技基础设施咨询经验，开展全面研究论证

从实施流程/预期效益/可持续性发展三个维度进行综合研究。一是全面梳理项目提出以来的关键性资料，对项目进行了完整流程规划（包括前期决策、实施准备、建设实施、运营等）。二是研究分析了预期可产生的效果效益（学术、技术、管理、社会效益、开放共享）。三是关注项目可持续性，综合分析人才培养、学术交流、国际影响力等多方面发展因素。

通过不断优化完善，形成指标先进且具有较

好可行性的建设内容：① 建设暗物质与中微子实验平台，建设世界领先的液氙粒子探测基础设施，实现对暗物质和中微子研究世界最灵敏的探测，将暗物质测量到"中微子地板"的灵敏度；② 实验室天体物理实验平台，利用高能量密度激光进行实验室中再现和研究特定情况下天体的物理变化过程，并研究轴子的产生；③ 拓扑超导量子计算实验平台，研究拓扑超导材料、研制拓扑超导量子计算器件，为拓扑量子比特计算的科学问题进行基础性、前瞻性的探索研究。

4. 坚持问题导向，开展管理机制专题研究

咨询团队坚持问题导向，按照加强国家创新体系建设、强化战略科技力量的要求，针对新型研发机构在管理制度、运行机制、用人机制等方面进行深入专题研究。选取丹麦玻尔研究所、美国普林斯顿高等研究院这两个20世纪全球最瞩目的科学研究中心（其成就改变了人类对自然世界基本规律的认知，促进了人类文明进程并对世界经济格局形成了巨大影响）开展分析，借鉴有益经验和方法。

经过研究形成管理原则框架与人才目标：管理框架方面，实行理事会领导制，积极探索"政府创建所有、研究所学术自主、第三方运行管理"的组织管理模式，设立理事会、国际学术委员会、若干科学事务委员会和第三方运行管理机构。由所长及核心教授组成相关委员会对学术发展事务进行管理，理事会负责遴选第三方管理机构，负责研究所日常运行相关的管理、服务、技术支撑。打造"顶级学者人才、前沿实验平台、学术交流合作"三位一体的开放共享计划。人才框架方面，按照李政道先生信中所说"把世界上最优秀的科学家吸引过来，让他们和国内最拔尖的青年学者一起讨论、共同工作"，李政道研究所建成后将汇聚约10位世界顶尖大师，吸引一批世界著名学者、国内外杰出学者、优秀青年学者、访问学者参与研究工作。

【工作过程】

2018年3月—2019年7月，项目团队从顶层设计、场地选址、科学目标与实施等多方面多维度，助力李政道研究所从设想变为蓝图，先后完成了李政道研究所工艺设备可行性研究编制、实验楼可行性研究评估、工艺设备初步设计评估、能评工作及风评工作等咨询工作。

【咨询工作特点及经验教训】

1. 工作难点

（1）工程与科研深度融合，复杂度高

李政道研究所项目具有超前谋划的特点，涉及的学科领域前沿、交叉融合、复杂度高。因此，在项目定位和目标、建设内容和规模、建设方案评估论证等方面，需要兼顾科学和工程两方面特点。系统地涵盖科研、土建、设备、投资等领域，形成深度融合。在协同方面，咨询团队要与项目依托单位、科学家、设计单位等各方形成系统性集成，与国家、市、区的发改、教育等相关政府部门进行充分沟通。

（2）首个重大新型研发机构，决策咨询要求高

新型研发机构聚焦科技创新需求，主要从事科学研究、技术创新和研发服务，具有投资多元化、管理现代化、运行市场化、用人灵活等特点。李政道研究所属于本市首个瞄准全球顶尖水平的重大新型研发机构，咨询研究需要从前期策划、方案评估、工作协调、全过程管控等多维度进行全面深入的综合决策咨询。

2. 解决思路

以"坚持把创新作为引领发展的第一动力"为出发点，充分思考、研究、讨论，形成了"四新"谋划思路：

（1）聚焦新使命

按照"加快向具有全球影响力的科技创新中心进军"的要求，围绕市委市政府科技创新中心建设的相关部署，将李政道研究所项目放在落实国家重大战略、推进科创中心建设的重要任务这一定位高度上，开展项目的研究谋划与咨询。

（2）构建新格局

将李政道研究所项目放在国家战略科技力量培育的定位上进行研究，其发展应汇聚和配置全球创新资源，以重大科技基础设施为基础手段，聚焦前沿理论重大突破，提升我国在相关交叉前沿领域的源头创新能力和科技综合实力，代表国家在更高层次上参与全球科技竞争与合作，为创新发展提供强大的科技支撑力量。

（3）开拓新视野

研判全球科技前沿趋势，研究强调"向前看"，即要把握世界科技进步大方向、全球产业变革大趋势；强调"向外看"，充分借鉴美、欧、日等发达国家地区经验，结合上海实际，论证形成李政道研究所科学与工程目标、重点任务。

（4）探索新机制

新型研发机构作为新生事物，区别于传统研发机构，在管理制度、运行机制、投资主体、用人机制等方面展现新的特点。李政道研究所是上海瞄准世界前沿创建的国家级新型研发机构，应充分研究关注改革与创新协同。深度思考如何建立科学合理的管理组织体系去适应新的发展趋势。

【咨询效果】

1. 树立面向全球最前沿的学科领域决策咨询新标杆

李政道研究所作为上海综合性国家科学中心的重要载体，将为上海建设具有全球影响力的科技创新中心提供基础支撑。项目涉及全球最前沿的学科领域，具有国际领先、超前谋划、专业性极强的特点。该决策咨询支撑全球顶尖科学家凝练科学目标、指导设计院细化建设方案，搭建起了科学目标与建设方案的沟通桥梁，决策咨询成果树立了行业领域的新标杆。

2. 形成科学与工程全面深度融合的系统性决策咨询新方法

不论是从科学论证的工作开展方面，还是专家聘请的选择方面，均兼顾科学和工程方案，全面系统地涵盖土建、设备、投资、环评、能评、风评等各个方面。在归纳总结前期所积累的参与多个国家重大科技基础设施决策咨询的宝贵经验基础上，避免该类工程建设、实施过程中经常出现的问题，充分分析特殊科研和工程建设的要求，在建设方案和工程造价方面提出了决策咨询建议。创建了既能满足最前沿科学实验要求、充分考虑国际顶尖科学家工作交流习惯，又兼顾经济性的系统性决策咨询新方法。

3. 构建服务新型研发机构落地的决策咨询新模式

作为本市首次推进诺奖水平的国际顶尖重量级新型研发机构落地，从前期策划、方案评估、工作协调、全过程管控四个维度进行全面和深入的综合决策咨询，为未来服务于更多新型研发机构从组建到实施提供了可复制可推广的新模式。该咨询成果获国家和上海市相关部门、科学家、工程师等广泛认同和一致好评，为李政道研究所顺利推进建设起到了关键作用。

最终，咨询成果助力李政道研究所建设项目顺利获得国家发展改革委、教育部、市发展改革委的批复。2021年底，李政道研究所实验楼正式落成启用。李政道研究所目前已聚集包括诺奖获得者Frank Wilczek在内的10名讲席教授，近40名特聘教授及李政道学者；科研项目进展顺利，2022年发表PRL等高水平论文113篇；PandaX-4T实验团队首次实现利用自然氙探测器对^{136}Xe双贝塔衰变的精确测量；"天语计划"项目发现到目前为止最大的褐矮星伴星样本。

上海市城市总体规划（2017—2035年）实施评估
Implementation Evaluation of Shanghai Master Plan 2017-2035

编写单位：上海市城市规划设计研究院
Shanghai Urban Planning & Design Research Institute
联系电话：021-32113288　　网址：https://www.supdri.com
主要完成人：张　帆　范　宇　金忠民　石　崧　骆　悰　徐　丹　陶英胜　琚立宁　宋　煜
杜凤姣

【点评】

该评估紧扣"目标—指标—策略—机制"的逻辑框架，通过多源数据整合与多维度分析，实现了对城市总体规划实施的全面体检。其亮点在于建立了政府、部门、专家、第三方以及公众共同参与的评估机制，确保了评估的有效性与精准度。评估不仅覆盖了全域全要素，还特别关注了市民的满意度和生活质量，体现了以人为本的价值取向。该研究针对城市空间环境品质和安全韧性的持续提升提出了具体建议，如深化落实国家战略、强化城市功能、推进城乡一体化等，为上海实现更高质量的发展提供了决策支持。同时，评估成果已被纳入国土空间近期规划，证明了其在实际规划编制中的实用价值。

【项目背景】

2006年，上海完成了以关注城市高速扩张为主要内容的第一版总规实施评估，也是全国第一批总规实施评估。2012年又在规划、土地"两规合一"的背景下完成了以关注土地资源高质量利用为主要内容的第二版总体规划实施评估，为《上海市城市总体规划（2017—2035年）》（简称"上海2035"）编制奠定了良好基础。2017年12月，国务院批复"上海2035"，上海市委市政府深入贯彻落实国务院批复要求，有力有序推进"上海2035"各项工作：出台指导实施的纲领性文件《中共上海市委 上海市人民政府关于全面实施〈上海市城市总体规划（2017—2035年）〉的意见》（沪委发〔2018〕19号）、《中共上海市委 上海市人民政府关于建立上海市国土空间规划体系并监督实施的意见》（沪委发〔2020〕13号），建立"实时监测、实施评估、动态维护""上海2035"实施的全过程、常态化和制度化管理机制，组织编制和实施重点专项规划、区总规、新市镇总规、主城区单元规划等各层级下位规划，保障总规有效传导落实。在全社会范围内开展"上海2035"和批复精神的宣传解读工作，凝心聚力、提升共识、扩大影响，形成了全社会了解"上海2035"并共同参与实施的良好氛围。

"十四五"时期是实施"上海2035"的关键期，面对世界百年未有之大变局和日益复杂的国内外政治经济环境，国家重大战略任务叠加上海提升城市能级和核心竞争力的自身诉求，"以国内大循环为主体、国内国际双循环相互促进"的新发展格局、"人民城市人民建，人民城市为人民"的重要理念等都对"上海2035"实施提出更高要求。

本次实施评估衔接"十三五"规划评估和"十四五"规划前期研究，为国土空间近期规划和"十四五"规划编制提供有力支撑。根据《中共中央 国务院关于建立国土空间规划体系并监督实施的若干意见》中"建立国土空间规划定期评估制度"和《中共上海市委 上海市人民政府关于建立上海市国土空间规划体系并监督实施的意见》的要求，按照每三年或五年开展综合评估的既定安排，结合实施面临的新形势新要求，由上海市规划和自然资源局会同上海市统计局牵头组织开展《上海市城市总体规划（2017—2035年）实施评估》（简称《实施评估》）报告编制工作，全面评估"上海2035"批复以来城市综合运行状况，及时发现实施中存在的核心问题和突出矛盾，并提出优化建议。

【项目内容】

1. 技术路线

《实施评估》紧紧围绕"上海2035"实施要求,构建了一个相对稳定的开放式评估框架。主要从综合特征、战略任务、重点地区等方面展开评价,提出应对思路和政策建议。

(1)综合体征评估

聚焦"上海2035"确定的建设"卓越的全球城市"的目标愿景和67项监测指标,开展了全球城市榜分析评估、市民满意度调查研究、监测指标运行状态评估等工作。

(2)战略任务评估

聚焦"上海2035"确定的"创新之城""人文之城""生态之城"三大分目标的实现情况,开展科创中心建设、先进制造业发展、社区生活圈建设、低碳减排发展等20余个专项的评价工作。

重点地区评估:从区域协同和市域格局两个维度,围绕长三角高质量一体化发展目标,聚焦区域生态共保共治、交通和基础设施互联互通以及区域规划对接、政策制定情况等开展评估。围绕"主城区—新城—新市镇—乡村"四级城乡体系以及虹桥国际商务区、自贸区临港新片区等重点地区,评估功能导入、公共服务配套和基础设施建设等实施情况。

2. 评估结论

"上海2035"实施以来,城市能级和核心竞争力显著提升,国际经济、金融、贸易、航运中心基本建成,具有全球影响力的科技创新中心形成基本框架;改革开放再出发步伐显著加快,全面深化中国(上海)自由贸易试验区改革开放,深入实施三项新的重大任务。枢纽型、功能性、网络化基础设施体系基本形成,覆盖城乡的公共服务水平不断提升,文化软实力显著增强,生态环境质量持续向好,人民生活水平显著改善,城市治理现代化水平明显提高。

(1)建立实施总体框架,总体规划的战略引领和刚性管控作用得到有效发挥

贯彻落实国务院对"上海2035"批复意见,市委市政府先后发布了《关于全面实施〈上海市城市总体规划(2017—2035年)〉的意见》《关于建立上海市国土空间规划体系并监督实施的意见》,建立起推进"上海2035"实施的总体框架,并推进了市级专项规划、区总规、主城区单元规划、新市镇总规、控制性详细规划、村庄规划等各层次规划编制。同时,深入落实长三角一体化发展国家战略,组织编制了上海大都市圈空间协同规划、长三角生态绿色一体化发展示范区国土空间总体规划、中国(上海)自由贸易试验区临港新片区国土空间总体规划以及三个跨省城镇圈规划。开展"上海2035"实施年度监测和综合评估,建立起"实时监测—实施评估—动态维护"的全过程管理机制,并针对国土空间保护、土地高质量利用、区域规划协同、城市品质和风貌保护、乡村振兴等多个重点领域,

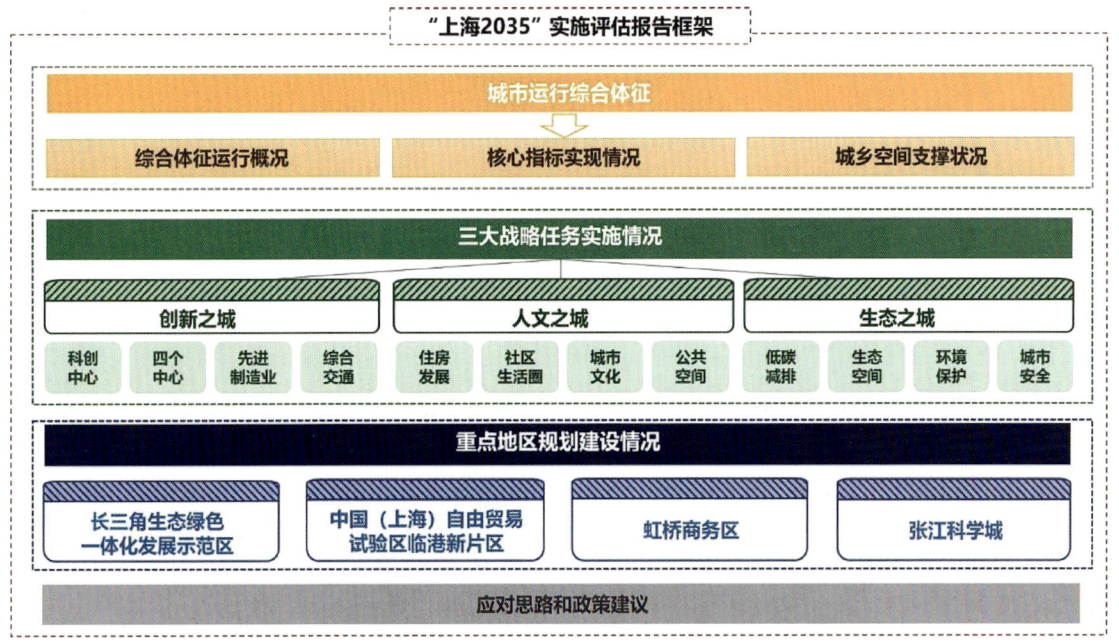

图1 "上海2035"总规实施评估技术思路和框架示意图

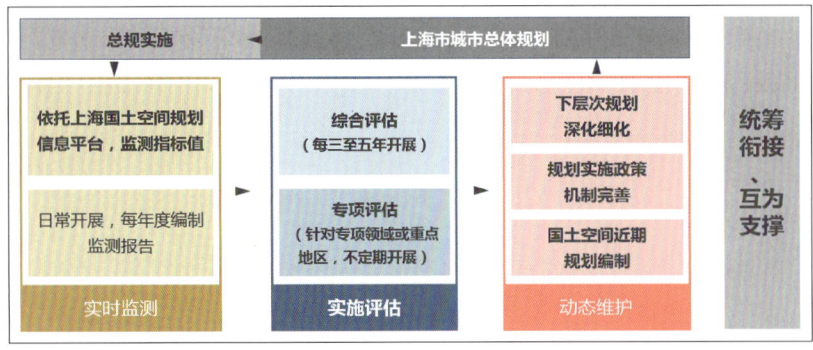

图2 "上海2035"实施监测、评估、维护全过程管理机制框架图

形成保障规划实施的"四梁八柱"政策法规性文件。

（2）城市综合运行情况良好，2020年阶段目标如期实现

"上海2035"实施开局运行良好，国际经济、金融、贸易、航运中心基本建成，具有全球影响力的科技创新中心基本框架形成。反映在综合实力上，对标国际最高标准、最好水平，上海在全球城市网络中稳居第二方阵，经济增速在全球主要城市中处于领先地位，经济总量位居全球城市前列，城市综合经济实力迈上新台阶，实体经济能级持续提升。体现在城市功能上，国际金融中心资源配置功能明显增强，国际贸易中心集聚辐射功能不断提高，国际航运中心枢纽功能持续巩固，科技创新中心建设集中度和显示度逐步彰显，城市核心功能跨入新阶段。落实在指标运行上，"上海2035"确定的67项主要监测指标，优于2020年阶段目标的有29项，如能保持目前趋势，可实现阶段目标的指标有31项，合计占到指标总数的89%，特别是各类底线约束性指标均得到有效控制。

（3）坚持以底线约束倒逼转型，城市空间环境品质和安全韧性得到持续提升

按照"上海2035"确定的"底线约束、内涵发展、弹性适应"的发展模式，"十三五"期间，一方面在稳定生态保护红线、永久基本农田和城市开发边界的基础上，加快城市公园绿地、绿道和郊野公园建设，持续加大低效用地减量化力度，锚固市域生态空间网络，遏制了城市化发展无序蔓延的态势；另一方面提高土地节约集约利用水平，提升城市经济密度，并全力保障重大战略项目用地需求。在不断夯实底线的前提下，围绕以人民为中心的发展要求，先后实施了"一江一河"滨水公共空间贯通、重大文化设施建设、15分钟社区生活圈试点等一批标志性品质提升项目。广大市民的获得感、幸福感和归属感持续增强。同时，生态环境明显改善，保障城市安全运行的能力不断提高，应对各类风险防范和应急处置能力逐步增强。

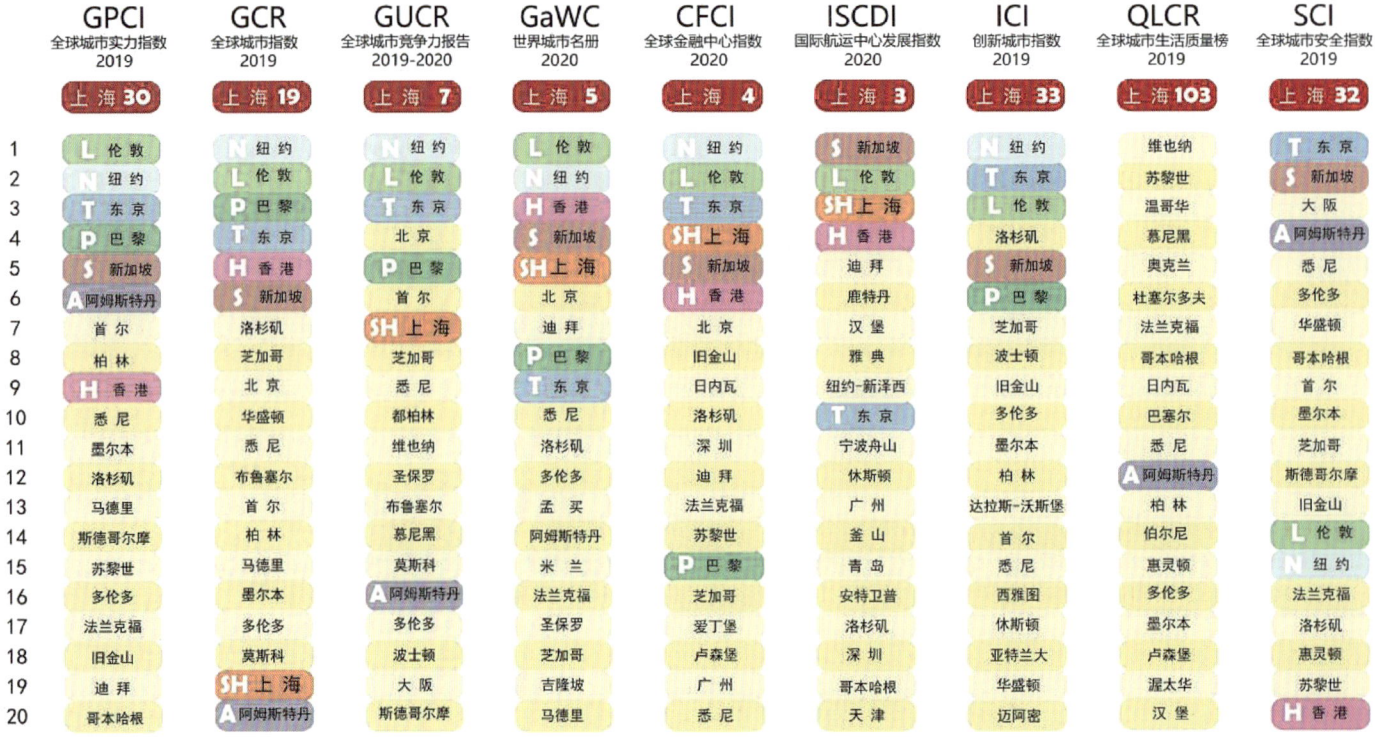

图3 上海在全球城市榜单中的排名情况

图4　2016—2020年上海市地区生产总值和人均生产总值变化图

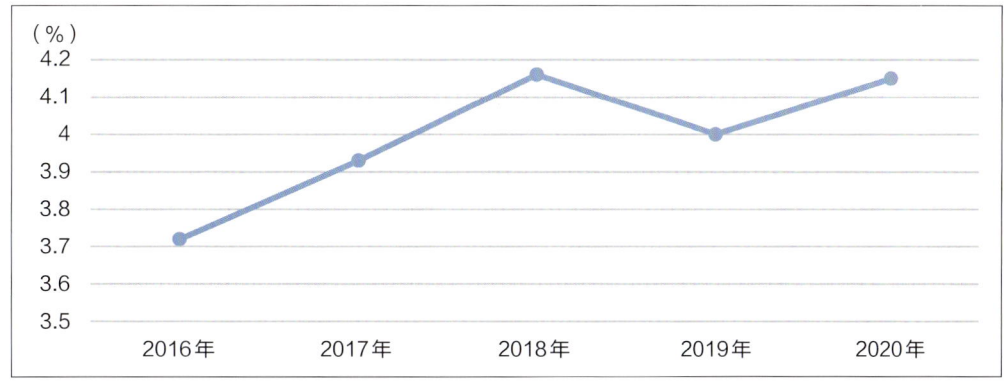

图5　2016—2020年上海市研究与试验发展经费投入强度变化图

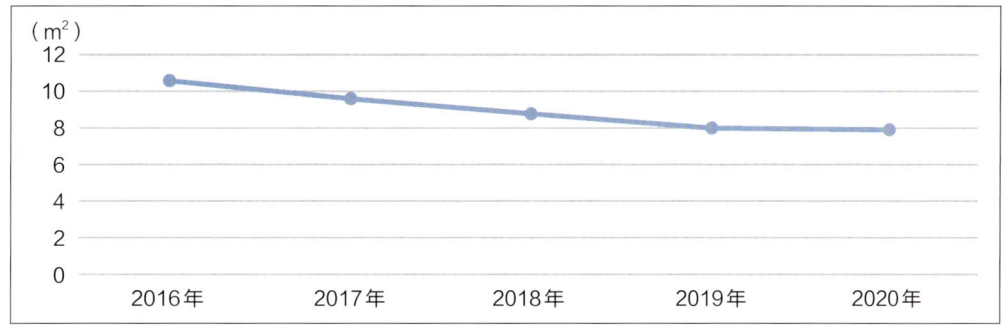

图6　2016—2020年上海市每万元GDP地耗变化图

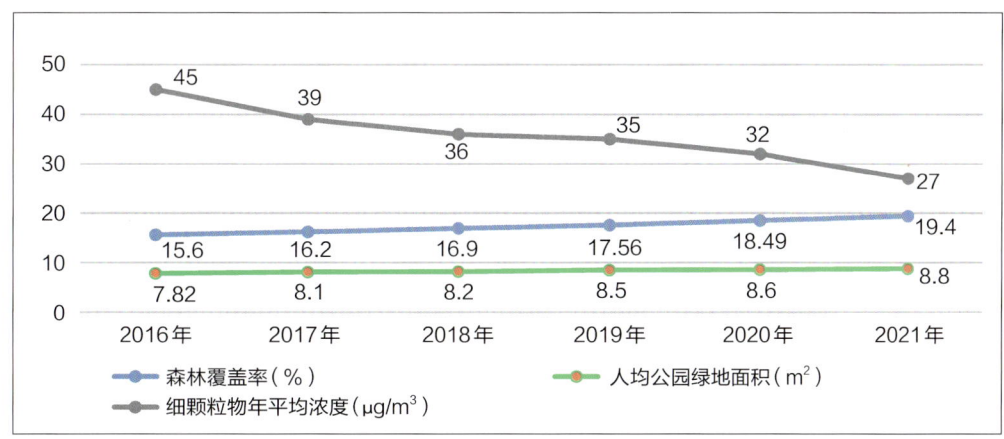

图7　2016—2020年上海市生态环境主要指标变化图

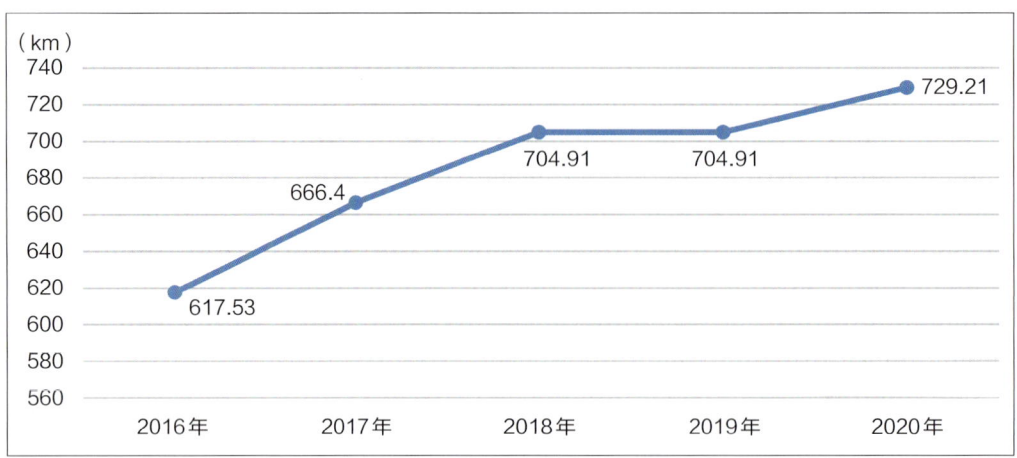

图8　2016—2020年上海市轨道交通运营线路长度变化图

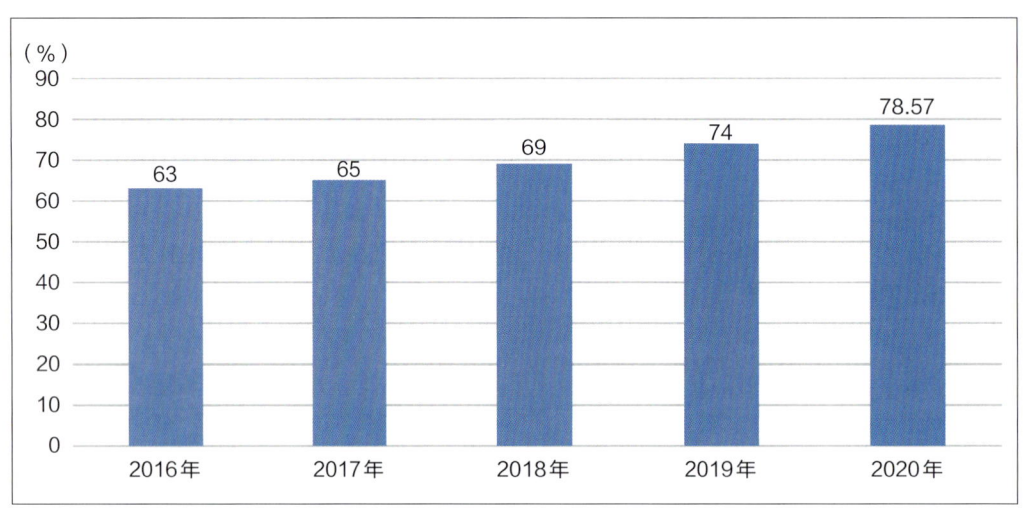

图9　2016—2020年上海市卫生、养老、教育、文化体育等社区
公共服务设施15分钟步行可达覆盖率变化图

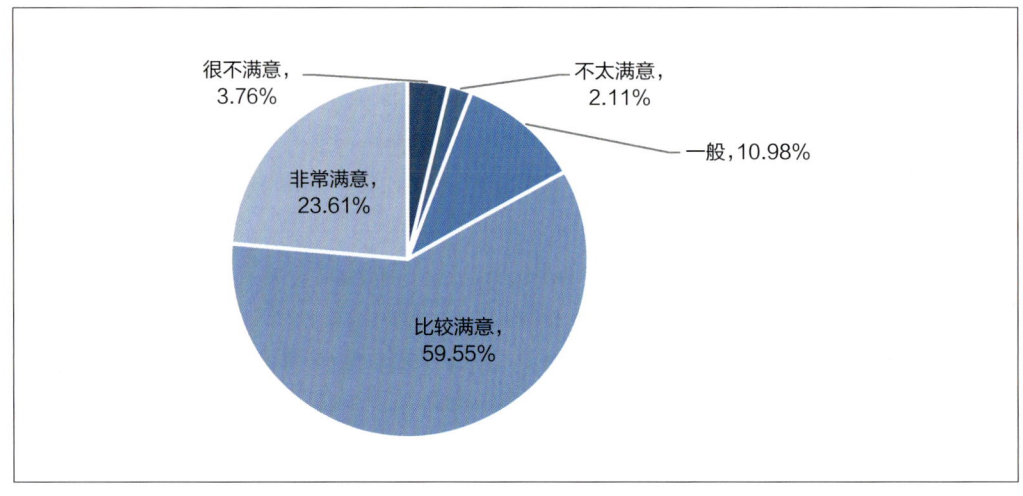

图10　上海城市居民对居住生活环境的评价（受访者数量：1 330位）

（4）空间资源供给不平衡不充分的矛盾仍然突出，超大城市韧性还需提升

"十三五"时期，全市人口和用地规模已基本保持稳定，步入内涵式发展的新阶段。但面对当前日益复杂多变的发展环境，未来需要重点关注和应对以下几个方面的问题和挑战：一是城市长期面临的资源环境紧约束态势并未改变，"十三五"期间年均供地规模稳定在 35 km² 左右，其中 15 km² 来自减量化挂钩的建设用地流量计划指标，面向"十四五"高质量发展需求和建设用地总规模控制要求，空间资源仍然有限。二是城市空间格局"一极集中"的特征仍然明显，中心城区人口密度和城市功能高度集聚，主城片区和新城与其相比存在较大发展落差。特别是新城作为区域综合性节点城市的独立性仍未显现，尚未充分发挥对区域的辐射带动作用。三是大都市圈范围内跨区域联系的交通廊道和生态通道仍需强化，跨区域生态保护存在瓶颈。目前，五个主要的区域联系方向上，沿江、沿海、沿湾通道能力仍显不足，城际线和市域线建设滞后；生态空间保护上，存在着跨区域生态廊道不连通、河流环境保护标准不统一等问题。四是公共服务供给存在不平衡不充分矛盾，"老、小、旧、远"民生短板仍需持续攻坚，主城片区和新城的社区级公共服务设施15分钟步行可达覆盖率只有中心城的七成，存在薄弱环节。五是生态空间短板仍然突出，面对各类风险的防控能力亟需加强。城市生态空间网络缺乏连通性、布局有待优化，尤其是具有较高生态服务功能的近郊绿环和生态间隔带建设缓慢，3 000 m² 以上绿地 500 m 服务半径覆盖仍存在"盲区"。与此同时，上海作为超大城市未来所面临的各类风险将不断凸显，而应急避难场所人均避难面积距离规划阶段目标仍有不小差距。

3. 相关建议

"十四五"是全面深入实施"上海2035"的首个完整五年发展规划期和实施关键期，决定了后续实施的质量和完成情况。因此，针对"上海2035"实施评估中发现的核心问题和突出矛盾，结合"十四五"期间新形势和新要求，要在"上海2035"确定的长远目标框架下，与"十四五"规划和国土空间近期规划加强衔接，将评估中发现的问题及时反馈到近期规划中，对后续"上海2035"实施和近期规划编制提出优化建议，确保总规得到有效传导落实。

一是深化落实"三大任务一大平台"，以重点地区引领改革开放再出发。加快推进落实国家战略的长三角一体化示范区、虹桥国际商务区、临港新片区和张江科学城等重点地区建设，要出形象、出功能、出效益，形成集中度和显示度，发挥示范带动作用。

二是着力打造国内大循环的中心节点、国内国际双循环的战略链接，以强化"四大功能"推进繁荣创新之城建设。努力成为国内大循环的中心节点和国内国际双循环的战略连接，全面提升城市能级和核心竞争力，把全力推进创新之城建设作为主线，在提升全球资源配置、科技创新策源、高端产业引领、开放枢纽门户功能上下功夫。

三是全面践行"人民城市人民建，人民城市为人民"重要理念，以创造高品质生活推进幸福人文之城建设。聚焦解决群众最期盼、最迫切的"老、小、旧、远"等问题，更好满足人民群众对美好生活的向往，持续增强人民群众的幸福感、获得感和安全感。

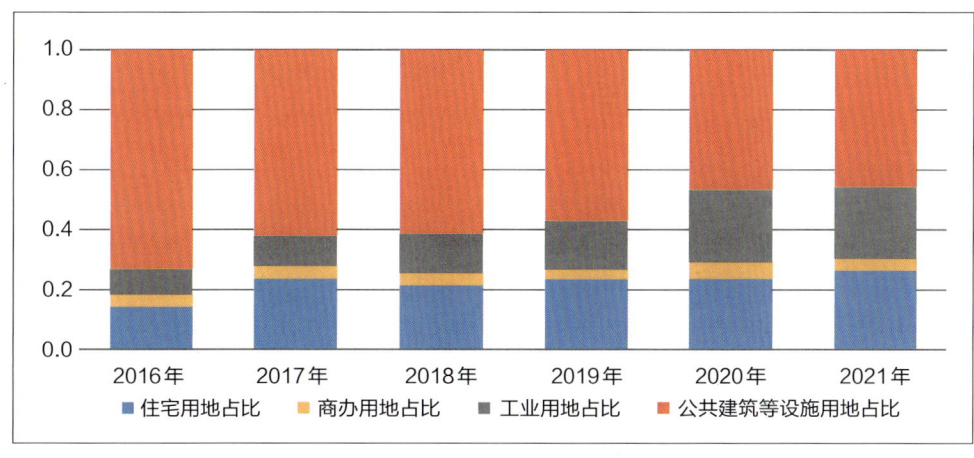

图11　2016—2021年上海市国有建设用地供应结构变化图

四是坚持生态优先、绿色发展的高质量发展之路,以可持续发展理念推进韧性生态之城建设。全面推进市域"环、廊、绿、楔"结构性生态空间保护和建设,进一步优化布局和稳固提升生态环境质量,提高城市应对风险和应急处置能力,提高城市安全运行保障能力。

五是着眼于长三角区域一体化,强化城乡空间格局的差别化引导。做实上海大都市圈规划协同工作,大力推进落实长三角绿色生态一体化示范区建设,聚焦启动区形成一体化发展示范。主城区着力提升全球城市核心功能和辐射能级,新城发力打造区域综合性节点城市,新市镇和乡村地区重点促进土地集约使用和空间紧凑布局。

六是强化重大政策机制的综合统筹、协同推进。强化专业主管部门综合协同,强化市、区两级政府实施责任,强化规划土地管理政策创新。

【工作过程】

《实施评估》充分衔接"十四五"规划、专项规划和国土空间近期规划等工作,提前于"十四五"规划纲要完成,自2020年3月启动,2020年12月底完成最终成果,主要分为四个阶段开展。

1. 制定工作方案阶段(2020年3—4月)

2020年3月,在听取专家和相关部门意见基础上,编制完成综合评估报告工作方案,梳理确定了本次评估工作的技术路线、成果框架、组织安排。提前与专题研究团队开展对接,确定研究内容和要求。会同市统计局研究评估数据报送机制等。2020年4月,市规划资源局组织召开全市总规评估和国土空间近期规划编制工作启动会,向各区、市级委办局下发评估工作方案和数据资料清单。

2. 初步成果阶段(2020年4—6月)

2020年4月,按照工作方案要求,全面部署实施评估的各专项研究工作。各委办局、各区按照评估需求清单收集相关数据资料,并结合"十三五"评估和"十四五"前期研究,提交对本部门、本区在推进"上海2035"实施过程中的阶段性评估结论。5月,编制团队负责与各相关委办局和专题研究单位的专业对接,推进评估报告初稿起草工作。针对需重点讨论的内容,及时与相关委办局、专题研究团队以及专家进行讨论。6月,形成实施评估报告初稿,初步结论与"十四五"规划、国土空间近期规划等进行衔接。各专题研究形成初步成果,开展公众满意度调查,形成初步调查报告。

3. 报告优化与完善阶段(2020年7—8月)

2020年7—8月,编制团队完善实施评估报告,重点听取各相关委办局、各区以及专家的意见,并向市领导汇报。

4. 报告提升与发布阶段(2020年9—12月)

2020年9月,根据各方意见,编制团队进一步优化完善评估成果,形成征询意见稿,组织召开各区、市级委办局意见征询会。11月,组织召开专家评审会,专家一致同意评估报告达到结题要求。12月,修改完善形成最终成果,作为《上海市国土空间近期规划(2021—2025年)》的重要附件之一,上报上海市委市政府。

【咨询工作特点及经验教训】

1. 规划特色与创新

(1)在内容上,是全域全要素的评估

基于生态优先、绿色发展理念,本次实施评估首次将评估范围从过去的城乡空间,拓展至整个行政管辖范围,覆盖到长江口、杭州湾和东海海域。此外,本次评估也更加关注区域尺度的分析,将研究视野拓展至整个长三角城市群。在山水林田湖草生命共同体理念指引下,本次评估首次对农田保护、造林、低效建设用地减量化等自然资源要素进行交叉评估,首次将土地储备、土地供应、土地整治等内容纳入,以提高自然资源管理的精准性。此外,本次评估也更加注重城市空间实际使用情况,进一步扩充评估要素,将住宅、商务办公、科研等空间类型的功能导入情况纳入评估。

(2)在作用上,是面向行动的评估

从过去服务规划编制的技术支撑,转变为保障规划实施的重要工具。本次评估落实"上海2035"确定的"目标—指标—策略"逻辑,首次聚焦指标监测,对运行异常的指标及时预警,提出相关应对建议。在"一张蓝图干到底"背景下搭建远期愿景和近期实施的桥梁,及时评估目标愿景和规划理念的落实情况,动态优化规划以保障实施。如首次增加了实时热点的评估,以总规确定的理念为引领,分析研究了疫情防控、健康城市建设等热点议题。

(3)在组织上,是多规融合的评估

不同于以往评估,本次评估实现与"十四五"规划纲要、各行业"十四五"规划的前期研究同步,充分发挥空间规划对其他类型专项规划的统筹引领作用。

（4）在价值取向上，是以人为本的评估

坚持开门做评估，在问卷调查中应用新技术，实现问卷位置信息录入，通过"问卷落图"开展重点问题的空间分析。根据调查结果，评估聚焦了市民关注度高的领域，做到知民情、听民意、享民智。

2. 规划挑战与应对

（1）评估内容复杂多元，技术要求高

在技术方法上，一是紧扣"上海2035"确定的"目标（指标）—策略—机制"逻辑框架，面向国际、面向未来，参考纽约、伦敦、东京、首尔等国际大都市规划指标体系，围绕"创新之城、人文之城、生态之城"三大发展目标和空间绩效，从"创新、协调、绿色、开放、共享、安全"六大维度，构建一套符合"上海2035"实施特色的"可动态跟踪、可持续维护、可国际对标"的评估指标体系。通过指标体系衔接目标、策略和实施机制，有效保障"上海2035"的实施和各类空间发展战略目标的实现。二是突出全球视野和战略高度，通过收集和持续跟踪《全球城市名册》（GaWC）、《全球城市实力指数报告》（GPCI）、《全球城市竞争力报告》（GUCR）、《全球城市报告》（GCR）、《机遇之都》（COO）、《全球金融中心指数25》（GFCI）等世界知名全球城市指数评价，根据排行变化，研判上海当前所处的国际地位和发展水平，分析上海具有的发展优势和需要补齐的短板。三是坚持应用新技术和新方法，依托国土空间基础信息平台，建立了融合传统官方统计数据和社会大数据的多源开放数据库，对指标的变动情况开展精准监测。综合运用历史变化趋势和目标差距对比分析、全要素交叉关联分析、国内外横向比较分析和大数据分析等，从多维度对城市发展和总规实施情况进行"复合诊断"，由表及里找准"上海2035"实施中存在的问题，并深入分析产生问题的原因，从而提出具有针对性的对策建议。如通过社区级公共服务设施和公共开放空间（400 m²以上绿地、广场）的步行可达覆盖、高等级公共服务设施公共交通可达性分析等来发现服务盲区与短板。

（2）评估涉及多领域、多部门，组织协调难度大

建立"政府主导、部门协作、专家领衔、第三方评估、公众参与"的评估工作推进机制。上海市规划和自然资源管理部门充分发挥了牵头主体作用，会同市统计局牵头组织开展评估报告编

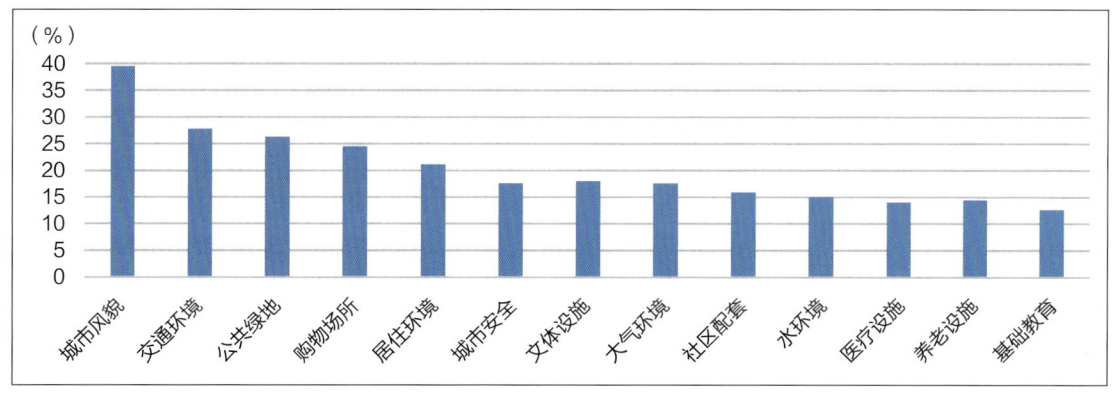

图12 市民对"十三五"时期城市规划建设成效感知度

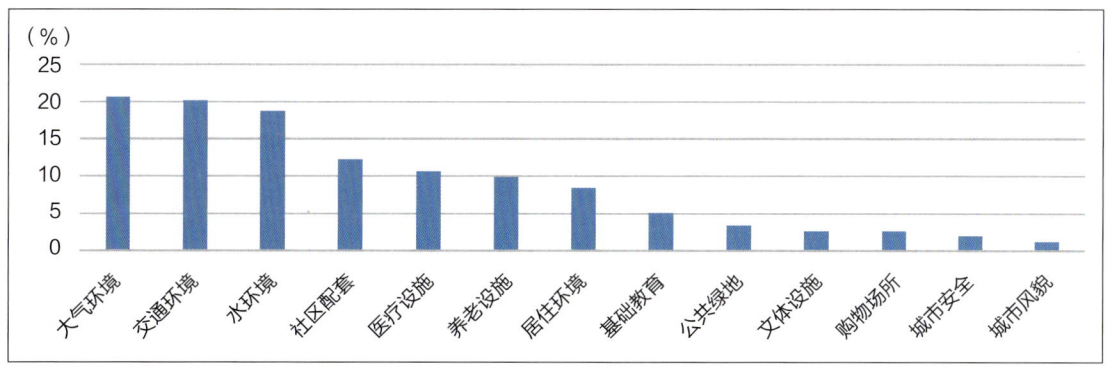

图13 市民当前最希望改善的城市规划建设内容

制工作,委托第三方研究机构具体承担和出具报告。在编制评估报告过程中,市级相关委办局按要求报送了指标数据和信息资料,并结合"十三五"规划中期评估等工作,及时对阶段性成果反馈了意见,对最终成果进行了联合审定。针对"上海2035"实施中的重大问题和评估结论,多次组织召开专家咨询会,充分听取了专家和专业机构的意见和建议。委托专业调查机构开展了"上海2035"实施公众满意度调查,广泛收集公众意见和建议。

（3）评估更加注重公共政策属性,公众参与要求高

一是加强第三方评估机构技术支撑,上海市规划资源局会同市统计局,委托具有相应规划编制资质的第三方研究机构出具监测评估报告。同时,从突出基础性、把握前瞻性、聚焦即时性等关键维度出发,委托相关领域较为权威的科研机构、高等院校等第三方研究单位承担了"上海四大核心功能的空间规划响应研究"（上海社会科学院）、"基于公共卫生安全的上海医疗卫生空间响应研究报告"（复旦大学公共卫生学院）、"后疫情时代上海健康城市空间规划策略研究"（同济大学健康城市实验室）等20多个专题研究,来加强对监测评估报告的技术支撑,形成了由各委办局、各区、编制技术团队、专题研究团队等共同参与监测评估报告编制的开放式格局。二是开门做评估,加强公众参与,采取了论证会、公众满意度专项调查等切实有效的形式,广泛收集、了解市民和社会各方对"上海2035"实施的意见和建议。重视对"上海2035"实施社会影响的监测评估,委托相关专业调查机构对实施的公众满意度情况进行了为期一个月的问卷调查,针对不同国籍、不同职业类型、不同文化程度、不同年龄段的人群,围绕"创新之城、人文之城、生态之城"建设,从宜居、宜业、宜游的角度调查对"上海2035"实施的满意程度,形成了调查报告,并将主要结论和观点纳入了评估报告中。

【咨询效果】

《实施评估》以其创新性和较强的应用价值,获得行业和社会认可,经申报,相继获得2021年度上海市优秀国土空间规划设计一等奖和2021年度上海市优秀工程咨询成果一等水平。

1. 专家认定本次评估具有很强创新性、示范意义和实用价值

根据2020年11月20日召开的专家评审会意见,本次评估是确保"上海2035"实施的重要环节,具有很强的创新性和示范意义,为保障"上海2035"实施得到全面有效实施提供了有力支撑,具有较高的实用价值。评估所形成的2篇学术论文《超大城市国土空间总体规划实施监测技术方法研究——以上海为例》《新一轮城市总体规划实施体检评估机制研究》,分别获得2020年金经昌中国城市规划优秀论文奖佳作奖和上海市城市规划学会第十届城乡规划征文评选优秀论文奖。

2. 评估成果有力支撑了全国首个国土空间近期规划的编制

本次规划评估工作与《近期规划》编制工作同步推进,相关建议基本被《近期规划》采纳,并于2021年7月9日获上海市人民政府批准。

3. 充分发挥决策咨询作用

根据《实施评估》报告,形成专报《切实贯彻新发展理念持续推动高质量发展——"上海2035"实施评估主要情况及对策建议》,被上海市委办公厅录用。

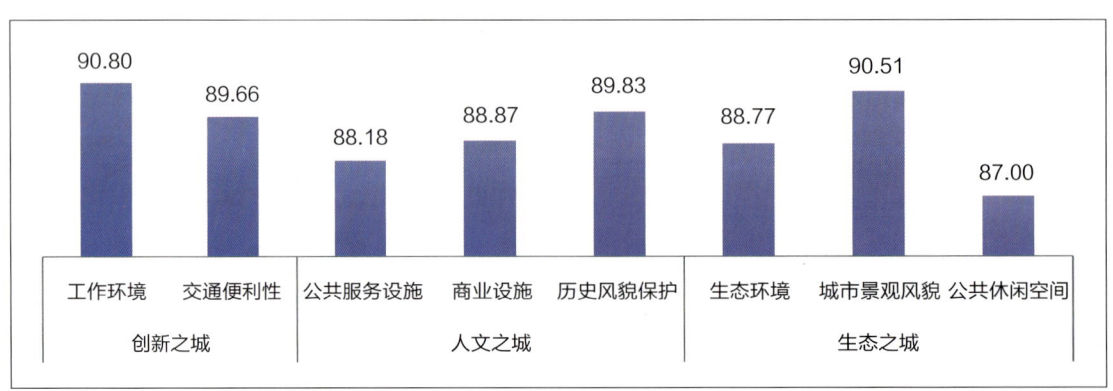

图14　社会公众对上海建设卓越全球城市各方面的满意度评价（百分制）

上海外高桥造船海洋工程有限公司材料及舾装码头工程项目环境影响评价

The Environmental Impact Assessment of Wharf for Material Transport and Outfitting in Shanghai Waigaoqiao Shipbuilding & Offshore Co., Ltd.

编写单位：中船第九设计研究院工程有限公司
China Shipbuilding NDRI Engineering Co., Ltd.
联系电话：021-62549700　　**网址**：http://www.ndri.sh.cn
主要完成人：郭红连　陈睿　郑晓宇　杨涛　张宇红　秦冬莉　蔡治平

【点评】

该项目在环境影响评价过程中，不仅全面梳理了现有工程的污染物产排情况，而且提出了切实可行的"以新带老"环保措施，通过推动现有涂装有机废气处理工艺的更新，以及完善厂区中水回用措施，在减少污染物排放和提高资源利用效率方面做出了积极努力。该项目在生态评价方面采用了定性与定量相结合的方式，对施工期和营运期的生态影响进行了深入分析，并据此提出了科学合理的生态影响减缓措施。这种综合评价方法不仅提高了评价的准确性，也为类似项目的生态保护提供了宝贵经验。

【项目背景】

上海外高桥造船有限公司积极响应中船集团号召，务实推进高质量发展战略纲要"壮大应用产业"战略举措落地实施，持续拓展非船市场和业务，发挥工程能力优势，进入风电运维船、LNG加注船领域。由于上海外高桥造船有限公司现有码头数量紧张，且岸线资源已全部用完，作为该公司全资子公司的上海外高桥造船海洋工程有限公司（简称"外高桥海工公司"），可利用剩余岸线新建码头，用于海工作业船、风电运输船、风电运维船与LNG加注船的舾装工作，缓解码头资源紧张状况，助力上海外高桥造船有限公司及上海外高桥造船海洋工程有限公司转型需求；同时，新建码头还可用于上海外高桥造船海洋工程有限公司自身钢板材料卸货，改变现状钢板材料由陆运进厂的模式，大大节约物流成本。

因此，上海外高桥造船海洋工程有限公司投资建设"上海外高桥造船海洋工程有限公司材料及舾装码头工程"。该项目拟建5 000 t级材料及舾装码头（含引桥），码头长315 m×宽35 m，引桥长674 m×宽12 m；码头及引桥区域污泥疏浚量25万 m^3。

上海外高桥造船海洋工程有限公司成立于2007年，位于上海临港重装备产业区沧海路1001号，经两期建设，建成了由运出码头、运出通道、运出港池、1#舾装码头等水工设施，以及联合车间、浮体结构工场、分段翻身场地、涂装工场及涂装堆场、公用站房及辅助楼、集配场、海工产品总装平台等陆域设施，厂区总占地面积103.53 hm^2，总建筑面积159 780 m^2，岸线长1 131 m。

中船第九设计研究院工程有限公司（简称"中船九院公司"）课题组于2021年3月接受委托，3月进行环境监测现状监测，9月、11月进行公众参与，11月完成环境影响报告书（送审稿），12月召开环评技术评估会，在同步完成企业排污许可证变更基础上。2022年6月取得环境影响评价批复。

【项目内容】

1. 现有工程概括

（1）现有产品及产能

根据已批环评，企业生产纲领为4座平台、上层建筑（船用生活模块）30个、特殊模块2 000个，对应钢材使用量31.5万 t/a；后续实际建设中根据竣工验收规模，近期达产纲领为2座平台、上层建筑（船用生活模块）30个、特殊模块2 000个，对应钢材使用量25.5万 t/a。

（2）现有生产工艺

钢材、型钢等由外通过车辆运送至钢料堆

场,在预处理工场对钢材进行除锈、清污,并进行底漆喷涂,防止二次锈蚀。

完成预处理后的钢板进入切割工场,根据需要进行切割;随后根据需要进入部件工场(浮体结构工场)进行分段装焊,以及钢结构零部件的弯曲加工、装配、焊接,海洋工程产品模块在海洋工程结构工场进行模块结构的切割、加工和模块分段的装焊及上层建筑分段制作。

制成后的分段进入涂装间进行分段涂装;完成涂装后进行组装和预舾装,最后在舾装码头进行舾装。完成后产品由码头及港池运出。

(3) 现有污染物排放情况及处理措施

① 废水。废水包括生产废水和生活污水(含食堂餐饮废水)。

车间和外场一般生产废水直接排入厂区污水管道后纳入市政污水管网;食堂餐饮废水经油水分离器处理后,与其他生活污水等一起排入市政污水管网。废水最终进入临港新城污水处理厂集中处理排放至杭州湾。

根据厂区例行监测,厂区废水各废水排放口污染物排放满足上海市《污水综合排放标准》(DB31/199—2018)中三级标准要求。

② 废气。现有项目有组织排放的废气主要来自钢材预处理工场、联合工场-切割工场、涂装工场。无组织废气主要来自涂装堆场、分段翻身场地室外喷漆。涂装堆场和分段翻身场地主要是对总段和海工产品总装平台进行喷漆,这些构件体量大,难于室内进行喷漆,在室外喷漆时,同样由于构件体量大、难以收集,目前国内船厂对这类室外喷漆尚无有效的废气收集措施。

钢材预处理工场共有2条钢材预处理流水线,每条流水线工序均包括钢材喷丸和钢材喷漆。喷丸过程中产生金属氧化物粉尘,两条生产线各采用一套旋风+滤筒除尘系统处理后经排气筒排放尾气。喷漆过程中产生漆雾尘、非甲烷总烃(包括二甲苯和甲苯等苯系物)污染物,两条生产线喷漆废气共用一套漆雾二级过滤箱(G4自卷式过滤器+F7袋式过滤器)过滤处理+三室RTO处理后经排气筒排放尾气。

联合工场-切割工场等离子切割机切割废气,每台数控等离子切割机采用双侧排风方式,抽风小车布置在切割门架的两侧,随切割门架一起移动,粉尘捕集率达95%以上,捕集的粉尘经滤筒除尘器处理后经排气筒排放。

涂装工场共4间分段涂装间和2间喷砂间。喷砂作业时,喷砂过程中产生金属氧化物粉尘,采用全室通风,含尘废气采用滤筒除尘后尾气通过排气筒排放;回砂系统含尘废气采用旋风除尘+滤筒式除尘器,处理后尾气合并排入车间废气排气筒。喷漆作业时,每间喷漆间均采用数十层不同形态阻燃玻璃纤维复合而成的漆雾过滤材料+金属过滤棉+2套HX-2Z-25型蜂窝活性炭有机溶剂净化+催化燃烧型有机溶剂净化装置,尾气通过排气筒排放。

根据厂区例行监测,排放筒排放污染物满足《船舶工业大气污染物排放标准》(DB31/934—2015)和《恶臭(异味)污染物排放标准》(DB31/1025—2016)相应要求;食堂油烟废气满足《餐饮业油烟排放标准》(DB31/844—2014)。

厂界污染物排放满足《船舶工业大气污染物排放标准》(DB31/934—2015)厂界污染物监控点浓度限值。

③ 噪声。厂内噪声源主要是生产车间内设备作业噪声、外场运输车辆噪声、起重机设备作业噪声等。

厂区已采取如下治理措施:总图布置上,充分考虑噪声对环境的影响,在不影响工艺流程的原则下充分利用建筑屏障减弱噪声强度;涂装工场喷丸间机房安装吸声结构,向外窗设计为通风消声窗,风机进排风安装消声器;涂装设备间布置一定面积吸声结构,降低混响声,门窗设置为隔声门窗或通风消声窗等;空压机房、空压机进口和排气口均采取降噪措施。非固定声源主要通过加强生产管理,合理安排作业时间等管理措施来减缓噪声影响。

采取噪声治理措施实施后,根据例行监测结果,厂界噪声满足《工业企业厂界环境噪声排放标准》(GB12348—2008)相应标准。

④ 固体废弃物。现有工程陆域固体废物主要有一般工业固体废物、危险废物、生活垃圾。其中危险废物主要包括涂装作业产生的废铅蓄电池、废矿物油、废活性炭、废油漆桶、废油漆渣、喷漆过滤棉等;一般固体废物主要有废氧化渣、废塑料、废焊丝盘、废木头、废铁等。码头区域固体废物主要有废矿物油、生活垃圾、船舶生活垃圾、码头疏浚物等。

厂区内设一般工业固体废物堆场和危险废物库,一般工业固体废物堆场满足"防渗漏、防雨淋、防扬尘等"相关要求,危险废物库满足《危险废物贮存污染控制标准》(GB18597—2001)及

2013年修改单。

企业一般工业固体废物能综合利用的采取综合利用的处置方式，危险废物委托有资质单位处置，生活垃圾由地方环卫部门统一清运。船舶生活垃圾委托有资质单位收运处置，码头疏浚物倾倒至洋山深水港区四期工程疏浚物临时性海洋倾倒区。

⑤ 环境风险。企业可能发生的事故类型主要是化学品泄漏以及火灾和爆炸产生的次生污染。

针对潜在的风险，采取的预防措施包括：各风险单元设置围堰、防火堤、防渗防腐地坪、门槛等截流措施，配备事故应急池、设置雨水截止阀等。厂区内配置一定的环境风险应急物资。

针对码头区域可能发生的水上污染物事故，企业配备了一定的环境应急物资，并与第三方签订《船舶污染清除协议》作为外部应急资源。

2. 本项目建设内容

（1）建设概况

本次工程新建材料及舾装码头（含引桥）：码头长315 m×宽35 m，引桥长674 m×宽12 m。码头规模为5 000 t级，功能包括材料转运和船舶舾装。

本项目生产纲领如下：材料泊位运进钢料25.5万t，舾装件3万t，合计28.5万t/a；码头前沿舾装2艘5 000 t海工作业船（PSV）；码头后沿舾装3艘3 000 t小型海工支援船（PVS），2艘风电运维船或风电运输船。

材料泊位主要是运进钢材和舾装件，不涉及生产，不涉及原辅材料；舾装泊位原料是舾装件，约3万t/a，舾装作业使用到的辅料为焊材、润滑油。舾装作业主要是组装，仅少量焊接作业。

项目施工期将对引桥及其两侧区域进行疏浚，疏浚量为25万m^3，抛泥区为洋山四期抛泥点。营运期需进行维护性疏浚，疏浚范围为材料及舾装码头+码头前后沿停泊港池区域，疏浚量为25万m^3，抛泥区为洋山四期抛泥点，维护性疏浚周期根据营运期泥沙淤积情况而定。

项目总投资19 580万元，项目建设工期18个月。

（2）主要施工方案

整个工程按照施工前疏浚施工、桩基施工、上部结构施工、附属设施安装四步进行。

疏浚施工采用抓斗挖泥船进行，挖出的泥沙运至指定点抛卸。

桩基施工，管桩在专业制桩厂生产，分批次运至施工现场，采用打桩船进行水上沉桩施工。

上部结构节施工包括安装靠船构件、现浇码头下横梁、安装预制梁（主要是纵向梁系，包括轨道梁、中纵梁、边梁）、现浇上横梁、安装预制面板、现浇码头面层。

附属设施安装主要是现浇护轮坎、安装系船柱，以及码头水、电设施安装。

（3）主要装卸及舾装工艺

材料码头装卸工艺如下：5 000 t运输钢料船在码头前沿调头后靠泊材料泊位，然后通过32 t门座式起重机将钢板及型材从船舱吊至停放在码头上的80 t、100 t平板车，通过平板车水平运输至钢料堆场或仓库，通过场地起重设施将材料堆放在指定位置。

舾装码头舾装作业工艺如下：船舶舾装材料主要包括仪器仪表、舷窗、舷梯、救生设备、消防设备、生活家具、舾装生产工具、锚机、管系等一系列舾装件。组装主要是设备安装，过程中有少量舾装件需通过焊接进行固定，以及对少量舾装件进行切割。

【工作过程】

1. 咨询小组情况

课题组接受委托后，根据项目特点，组建了由经验丰富的船厂类环评专业人员和码头类生态环评专业人员组成的课题组，配备了三级审核人员。

2. 工作过程

课题组2021年3月接受委托后，2021年3—5月期间，多次前往上海外高桥造船海洋工程有限公司进行现场踏勘及现状污染源调查，收集环保管理、环境治理、环保设施等相关资料和数据；同步委托专业监测机构进行环境质量现状监测、生态环境调查；协助建设单位开展公众参与工作。

2021年11月完成《上海外高桥造船海洋工程有限公司材料及舾装码头工程环境影响报告书（报批稿）》的编制。

2021年11月，由中国（上海）自由贸易试验区临港新片区管理委员会（简称"临港管委会"）委托评估单位组织了项目技术评估会。

2021年11月—2022年2月，根据技术评估会形成的专家意见，并通过与建设单位、评估单位、临港管委会的多次协调，对报告书进行修改完善，最终编制完成了《上海外高桥造船海洋工程有限公司材料及舾装码头工程环境影响报告书（送审稿）》，并报送中国（上海）自由贸易试验区临港新片区管理委员会。

2022年6月,中国(上海)自由贸易试验区临港新片区管理委员会以"沪自贸临管环保许评〔2022〕58号文"对本项目进行了批复,得出了"从环保角度同意本项目建设"的结论意见。

3. 咨询核心工作内容

(1)详细调查现有污染物产排情况

上海外高桥造船海洋工程有限公司现状是座典型大型现代化涂装生产企业,产、排污点位多,且实际建设内容较已批环评发生了部分变化。

课题组在资料调查的基础上,多次进行现场核查,对比实际建设内容与环评建设内容的变化情况,调查企业实际污染物产生、治理及达标排放情况。调查企业固体废弃物暂存点合规性、土壤防治措施、环境风险防范措施以及环保管理现状等。

(2)仔细核算污染物排放总量

上海外高桥造船海洋工程有限公司已批环评距今已有十多年,企业实际达产产能与已批环评存在差距,部分现状污染物治理设施的治理效果发生变化。

2016年国家开始实施排污许可制度,上海外高桥造船海洋工程有限公司作为临港地区较大的涂装污染物排放单位,环保管理部门和企业都有准确梳理各类污染物产生量和排放量的需求。

根据排污许可制度关于排污量核算办法,课题组收集了近三年企业例行监测数据,以及在线监测数据,从原辅材料使用量,到污染物排放浓度,推算现状污染物治理措施治理效果合理性。在合理论证的前提下,经多次与管理部门及技术审核单位沟通分析,最终确定以物料平衡法核算企业现状污染物排放量。

(3)积极推动企业"以新带老"措施

因企业基地环评编制时间较早,部分环保要求及排放标准发生了较大变化,推动企业进行部分环保设施完善和更新也是本次环评工作的重点。主要包括以下两个方面:

① 推动现有涂装有机废气处理工艺及设施更新。涂装作业产生的有机废气是造船企业主要的大气污染物。2008年涂装车间建设时,涂装有机废气采取了当时较为先进的蜂窝活性炭+催化燃烧方式,随着2015年实施上海市《船舶工业大气污染物排放标准》(DB31/934—2015),以及上海市开展实施重点行业挥发性有机物综合治理的要求,现状治理措施不能满足目前废气治理和VOC减排任务。

本次评价,推动企业对现状有机废气治理措施进行更新。

② 完善厂区中水回用措施。船厂一般性生产废水(主要是火工校正排水)水质较好,在现有条件下可以循环使用。上海外高桥造船海洋工程有限公司在第一期建设时,计划循环使用工业废水,达到节能、减排的效果,"工业废水的循环使用率应达到97.6%以上,经处理后的生产废水(180吨/天)作为生产用水循环使用"。实际运营过程中,由于收集效率低、未能达到预期效果,逐渐暂停了生产废水循环再利用。

根据本次现场踏勘,以及对全厂合规性评价,工作组推动企业再次将生产废水循环再利用,并根据企业实际情况,日循环废水处理量调整为100 t/d。实施一般性生产废水循环再利用后,确保企业在环保合规、节能前提下,达到减排目标。

(4)重点开展本项目生态评价

与企业现状以污染影响为主不同,本项目建设无论施工期还是营运期,均以生态影响为主。生态影响评价主要由生态环境现状调查、生态影响预测分析和生态影响减缓措施三大块内容组成,本次生态评价以定性+定量相结合方式进行评价。

【咨询工作特点及经验教训】

1. 工作特点

(1)现状调查与梳理工作量大

上海外高桥造船海洋工程有限公司占地103.53 hm²,总建筑面积近16万 m²,现有厂区有联合车间、浮体结构工场、分段翻身场地、涂装工场、涂装堆场、公用站房及辅助楼、集配场、海工产品总装平台,码头区域有运出码头、运出通道、运出港池以及1#舾装码头。现有员工3 800人,年使用钢材数量25.5万t,拥有钢材预处理线2条,涂装工场2喷4涂。

企业现状有17根各类排气筒,外加外场作业场地、舾装码头等,企业体量大,产排污点位多,总体上,现有厂区是座污染物排放量较大的大型制造涂装企业。

现状厂区环评完成于2007年,2013年对部分建设内容进行了调整评价,两次评价距今已十余年。企业实际建设情况与已批环评相比已发生部分变化。

因此,本次工作须详细梳理已批环评与实际建设之间的差异情况,梳理污染物产生、治理措施和污染物排放的变化情况,梳理现状污染治理措施、污染物排放、厂内环保管理与现有环保要求的符合性情况。根据企业例行监测，核算企业现状污染物排放总量情况、污染物治理设施的治理效果，梳理环评已批污染物排放量与实际现状排放量之间的变化情况。

（2）提出有针对性的"以新带老"环保措施

报告在对全场进行详细梳理前提下，对不符合已批环评以及现行法律法规、部门规章等的情况，提出"以新带老"措施。

根据企业环境影响评价及批复要求，火工校正及管子试压废水应回用于生产。外高桥海工公司在实际运行过程中，由于收集效率较低、不能达到预期效果，逐渐暂停了废水循环再利用，本次环评提出"以新带老"，根据企业实际情况，对生产车间内的火工校正废水实施废水循环再利用。

涂装车间现有的蜂窝活性炭+催化燃烧工艺处理效率相对较低，且运行不稳定，不能满足目前废气治理和VOC减排任务。本次环评"以新带老"，对涂装车间废气治理进行改造。

根据梳理，共提出增加废水回收利用、室外焊接废气治理、排气筒安装规范化等8项措施，使企业环境污染治理和环保管理符合相关法律法规要求。

（3）排污许可总量与环评总量协调统一

上海外高桥造船海洋工程有限公司现状环评做得较早，环保标准及总量因子发生变化（如VOC中仅考虑二甲苯因子），部分污染物核算方法发生变化。

在本次环评中，完善污染物排放标准和环评总量申请因子，并结合实际生产及原辅材料消耗情况，梳理环评总量，为接下来的排污许可证重新申请提供依据，使排污许可总量与环评总量相协调一致。

本次环评"以新带老"对现状污染治理末端措施实施升级更新，本项目实施后，全场污染物按照"污染物排放量＝现状排放量−现状'以新带老'削减量＋本项目新增量"进行核算。

（4）项目兼具污染和生态二类影响

现状厂区以污染类影响为主，污染物主要有焊接烟尘、喷漆漆雾、喷漆有机废气，生产废水、生活污水，生产作业噪声，以及生产过程中产生的固体废弃物等；本次新建材料及舾装码头，主要是施工期水工设施（码头及引桥）桩基施工、挖泥疏浚产生的悬浮泥沙对海洋水环境和生态环境的影响，施工船舶含油废水、码头浇筑混凝土养护废水、施工人员生活污水等对海洋水环境和生态环境的影响；码头营运期维护性疏浚产生的悬浮泥沙对生态环境的影响。

针对以上特点，环境现状调查与评价兼顾两类污染，包括对大气、噪声进行环境质量调查，以及对评价范围内的海洋环境现状（海水水质、海洋生态、海洋沉积物等）、生态敏感区进行生态调查。本次环境现状调查详尽，符合规范，满足环境影响评价需求。

环境影响预测方面，重点评价施工期生态环境影响分析，设置"施工期悬沙影响预测与分析""码头工程对水动力影响分析""码头工程对本区域冲淤影响分析"等专题，专题设置准确，符合项目特点。

（5）施工期生态环境影响分析全面、减缓措施科学合理

码头项目建设重点考虑生态环境影响，施工期生态环境影响分析和生态影响减缓措施是本项目环评的重点。

施工期引桥建造以及码头打桩作业、疏浚作业，将直接破坏底栖生物生境，使大部分底栖生物被掩埋、覆盖，除少量能存活外，绝大部分种类将难以存活；施工导致水域悬浮物浓度增加，影响水体透光性，进而对浮游植物、浮游动物、渔业资源等产生影响。营运期维护性疏浚产生的生态影响与施工期类似。本次评价参照《建设项目对海洋生物资源影响评价技术规程》（SC/T9110—2007），定量计算项目建设对各类生物造成的生物损失量，进而提出生态补偿措施。

项目所在水域有重要生态敏感目标"凤鲚索饵场、鮸产卵场和索饵场"，项目结合"凤鲚、鮸"生活习性，提出以下生态影响减缓措施：一是合理安排施工时间，水下施工避开凤鲚（5月上旬—7月上旬）、鮸（7月—8月）产卵高峰期，或在该时段尽可能降低施工强度，以减少对鱼类等水产资源的影响，并尽可能缩短水上作业时间，降低工程对海洋生态环境的影响，报告建议将水工建筑作业时间尽量安排在11月—次年2月进行；二是严格划定施工作业范围，在施工作业范围内施工，并在保证施工顺利进行的前提下，避免扩大占用海域范围。

（6）溢油风险评估是码头类项目特点

码头建设和运营过程中，如果发生施工或运输船舶碰撞产生溢油，将对码头海域产生较大影

响,且本项目区域存在有较多生态敏感目标,如果不及时采取措施,随着溢油漂移扩散,影响范围广、破坏大。

溢油漂移扩散预测了溢油风险点在不同条件下发生溢油时,3 h、6 h、12 h、24 h、48 h、72 h内在工程海域的影响范围及油膜扫海范围。评价以预测结果为依据,提出相应风险防范措施和应急要求,制定风险控制优先级。

2. 经验教训

(1) 科学评价、突出重点

本项目是比较典型的兼具两种环境影响类型的建设项目,其中前方厂区污染类型,重点在于污染物的产生、治理和排放,目标是污染物排放达标性,污染物总量核算符合企业实际情况,既不偏小也不夸大;后方码头生态类型,重点是生态环境现状调查,施工期和营运期海洋生态环境影响,以及生态影响减缓、补偿措施。

本次评价以两种污染类型评价特点开展工作,体现了"依法评价、科学评价、突出重点"的环境影响评价原则。

(2) 重视环评与排污许可的衔接

当前,建设项目实施环境影响评价制度,排污单位依法持证排污,排污许可制与环境影响评价制度相衔接。

本次环境影响评价期,对污染物排放口规范化建设,自行监测、环境管理台账记录要求等与排污许可制相衔接,评价同时满足《排污许可证申请与核发技术规范 铁路、船舶、航空航天和其他运输设备制造业》(HJ1124—2020)要求。其中,排污单位应依法持证排污,污染物排放浓度、排放量不得超过排污许可证许可的浓度和量是环保管理部门及建设单位关注重点。

本次评价高度重视污染物排放总量核算,合理论证和选取污染物总量核算方法,综合考虑行业平均排放水平及排污单位减少污染物排放措施等因素进行确定,达到既严格控制污染物排放、促进生态环境质量改善,又满足企业依法排污的需求。

【咨询效果】

1. 协助企业梳理环保问题

上海外高桥造船海洋工程有限公司始建于2007年,距今已有十多年时间,期间,环保标准已多次更新、总量因子及要求发生较大变化,环境管理要求也逐年严格,且企业在实际建设过程中,建设内容及规模与环评内容相比也发生部分变化。

上海外高桥造船海洋工程有限公司尽管有安全环保管理部门负责企业环保日常管理工作,实际工作中已对环保标准变化等作出一定响应,但缺乏统一的梳理,也不具备对全厂污染物进行核算的能力。

通过本次环评,协助企业梳理现有污染治理、环保管理中存在的问题,依据最新环保要求提出有针对性的"以新带老"措施,并要求企业限时整改。

2. 企业清晰自身排污情况,为日常环保管理提供了依据

本次环评,依据企业现状监测,以及采取"以新带老"措施后污染物治理设计效率,对全厂污染物排放量进行核算,污染物排放核算量符合厂区实际情况。

通过本次环评,企业明确各项污染物执行的排放标准,明确例行监测因子、监测频次,明确企业污染物排放总量。明确前方厂区和后方码头区域环境日常管理工作重点。为企业日常环保管理提供了依据。

3. 清晰项目建设特点,保护好生态环境

本次新建工程环境影响以生态影响为主,与后方厂区完全不同,项目详细评价了施工期生态环境影响和营运期以维护性疏浚为主的生态环境影响,并提出了针对性的保护措施,以及生态补偿措施。

依据本次环评提出的措施,建设单位在施工时,可避免对水域重要生态敏感目标"凤鲚索饵场、鮸产卵场和索饵场"的影响,避免对生态环境产生不可挽回的影响。

4. 总结

综上所述,本次新建工程以生态影响为主,同时码头舾装存在一定量污染物排放,环评报告兼顾生态和污染影响两者特点和差异。在现有工程回顾和工程分析章节梳理了污染类产、排污情况,对建设单位的环境污染治理和环保管理具有指导意义;在环境影响分析着重新建项目的生态影响分析,提出的建议和措施具有针对性和可实施性,对建设单位在新项目建设期,避免生态环境影响具有指导意义。

报告编制符合相关环境影响评价技术导则、编制规范,内容全面,重点突出、有特色,技术路线合理,评价方法运用正确,提出的建议和措施具有针对性和可实施性,对建设单位的环境污染治理和环保管理具有指导意义。

黄浦江苏州河沿岸地区建设规划实施评估和近期行动计划

Implementation Assessment and Near-term Action Plan for Construction Planning of Huangpu River and Suzhou River Coastal Area

单位名称：上海市城市规划设计研究院
Shanghai Urban Planning & Design Research Institute
联系电话：021-32113288　　**网址**：https://www.supdri.com
主要完成人：赵宝静　邹钧文　奚东帆　奚文沁　王睿　徐晨炜　杨帆　过甡茜　陆远　刘淼

【点评】

该咨询工作从"能级高度""城市温度""韧性强度""人文浓度"四个导向及功能业态、公共空间、历史人文等10个维度对上海市"一江一河"（黄浦江和苏州河）沿岸地区规划实施进行了系统性评估，深入分析了规划实施以来的成效与存在的问题。同时，评估对照"十四五"新阶段新要求，制定了至2025年的近期行动计划，围绕进一步强化功能能级、提升空间品质，提出"功能聚核、人文品牌、蓝绿筑网、艺术点亮"四大专项行动，展开12项任务、13个分区指引、300多个项目以及60条技术指引，形成了行动实施指引体系。评估工作有力地推动了"一江一河"沿岸地区的全面提升发展，在理念上具有创新性，在方法上也体现了科学性和实用性，为城市滨水区的高质量发展提供了有力的支撑。

【项目背景】

黄浦江、苏州河沿岸地区（简称"一江一河"沿岸地区）是上海城市最重要的标志性空间和发展轴带，是提振城市经济能级、强化创新驱动、增强文化辐射力、修复生态环境的引领性区域。

2018年初，上海市规划资源局启动组织编制《黄浦江沿岸地区建设规划（2018—2035年）》和《苏州河沿岸地区建设规划（2018—2035年）》（简称"'一江一河'沿岸地区建设规划"），2019年1月市政府批复规划，同步印发《关于提升黄浦江、苏州河沿岸地区规划建设工作的指导意见》（简称《指导意见》）。"'一江一河'沿岸地区建设规划"提出面向2035年"一江一河"沿岸地区将建设成为"具有全球影响力的世界级滨水区"的总目标，其中黄浦江沿岸建设成为社会主义现代化国际大都市发展能级的集

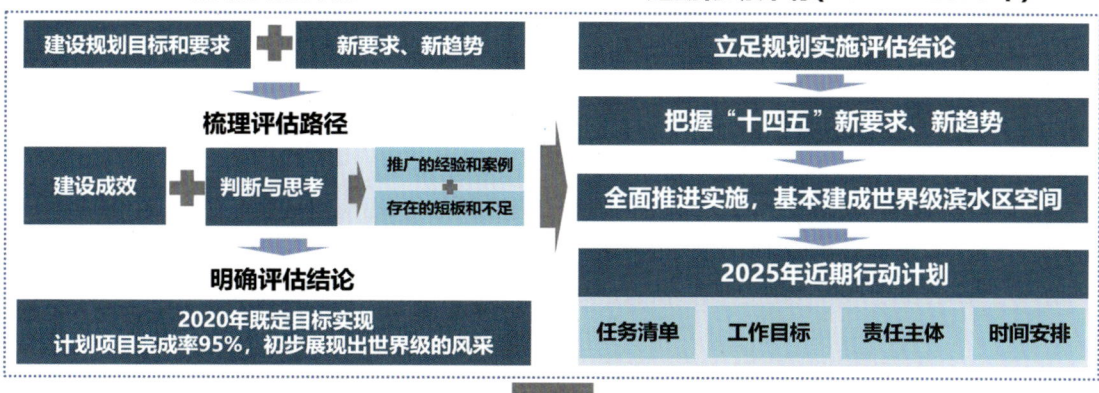

图1　基于评估制定近期行动方案

中展示区，苏州河沿岸建设成为特大城市宜居生活的典型示范区。2021年市规划资源局组织开展《"一江一河"沿岸地区建设规划实施评估》，检视近几年"一江一河"建设实施情况，根据评估，"一江一河"阶段目标圆满实现，实施过程中坚持"把最好的资源留给人民"，已初步展现出世界级的风采，但在核心功能培育、历史遗产活化、文化功能集聚与强化、公共空间与生态网络构建、精细化管理等方面仍有提升空间。

"十四五"是上海加快建设具有世界影响力的社会主义现代化国际大都市的关键时期，在此期间"一江一河"沿岸地区的发展提升，对于践行"人民城市"重要理念、强化城市核心功能，实现十四五规划"中心辐射"目标，将起到关键作用。

为此，立足"'一江一河'沿岸地区建设规划"，进一步对照"十四五"新阶段新要求，按照进一步加强规划引领统筹的总体要求，统筹"规划、建设、管理"三个环节，制定到2025年的近期行动计划，围绕进一步强化功能能级、提升空间品质，明确任务清单、工作目标、责任主体、时间安排，强化实施落地，推动"一江一河"沿岸地区的全面提升发展，体现示范和带动效应，在提升城市综合实力、国际影响力和城市软实力上发挥更大作用。

【项目内容】

1. 把握热点趋势，聚焦重点维度，开展多层次评估

响应"双循环""双碳""后疫情""韧性"等最新战略要求，确定"能级高度""城市温度""韧性强度""人文浓度"四个重点评估导向。并以"'一江一河'建设规划"的策略要求为基础，展开为功能业态、公共空间、历史人文等10个维度，建立"导向—维度—策略—要素—指标"多层次评估体系。

（1）能级高度评估

对黄浦江、苏州河沿岸各板块功能建设情况、综合交通水平以及智慧信息基础设施建设进行评估分析，提出黄浦江沿岸重点片区的功能培育与空间框架已具雏形，未来需重点关注沿线商务板块错位开发，避免商务用地供应节奏过快而对地区招商带来压力和引起商务区之间同质竞争，并加强扶持科创、文化类新兴产业。

（2）城市温度评估

对黄浦江、苏州河沿岸公共空间及15分钟生活圈的建设情况进行评估分析，提出黄浦江与苏州河公共空间贯通建设取得巨大成就，但还存在与城市腹地联系弱、配套设施不足、品质参差不

导向	维度	策略	要素及相关要求	相关指标
发展为要推升"能级高度"	功能业态	核心功能：提升城市核心功能	提升金融商贸、文化创意、科创研发等功能（黄浦江）	
			促进商务、创新、文化等多元功能相互融合（苏州河）	
		功能结构：完善全线统筹的功能结构	建立三段、两中心总体结构（黄浦江）	
			形成多个各具多元、错位发展的重点功能区（黄浦江）	
			形成三个功能区段（苏州河）	
	综合交通	道路网络：加强两岸道路网络联系	加密机动车越江桥隧道（跨河通道）	
		公共交通：完善多层次公共交通系统	完善轨道交通及常规公交系统	公共交通站点300米服务半径覆盖率（含轨交）
			构建滨江局域线系统（黄浦江）	
	智慧信息	智慧设施：加强信息基础设施，建设智慧城市	提升信息基础设施能级	
			推进平台化城市管理模式转型	
人民为本提升"城市温度"	公共空间	空间体系：建立连续完整的滨江公共空间体系	实现黄浦江全线（苏州河中心城段）公共空间贯通	
			设置滨江（滨河）空间节点	
			设置垂江（慢行）慢行通道直接腹地	垂江（垂河）通道平均间距
			增加慢行桥梁合两岸活动空间（苏州河）	
			开展滨河路慢行化改造（苏州河）	
		服务设施：建立人本关怀的游憩服务设施体系	功能完善的多类型游憩服务设施体系	
			合理设置综合服务点（驿站）	综合服务点（驿站）平均间距
		空间品质：提升公共空间的品质和魅力	改善岸线断面形式提升亲水性	
			提升滨江（滨河）建筑界面的开放性和公共性	
			精细化设计提升空间艺术性与舒适性	
	人居生活	生活圈：营造滨水宜居社区生活圈	构建15分钟生活圈，提升社区宜居性和舒适性	
生态为基夯实"韧性强度"	生态环境	生态结构：完善多层次生态空间结构	构建点、线、面多层次生态空间网络体系	
		生态规模：增加各类生态空间规模	增加绿地及其他生态空间	生态空间占比
			增加生态岸线	生态岸线占比（新建岸线）
		环境质量：提升生态环境质量	加快产业地区污染治理	
			修复水岸生态	水质
		绿色技术：运用绿色低碳技术	绿色建筑技术应用	绿色建筑比例（新建建筑）
	韧性安全	基础安全：完善安全基础设施，提升城市韧性	提升防洪除涝能力	区域防涝标准；雨污排水系统设计重现期同重现区标准
			提升公共安全及应急能力	
文化为魂提高"人文浓度"	历史人文	文脉彰显：加强历史资源保护与利用	推动历史资源的深度挖掘与保护	
			加强历史资源活化利用	
		文化设施：加强文化设施建设，提升人文氛围	增加多层次、多类型文化设施，构建文化功能集群	
	文旅游憩	水岸旅游：发展水陆联动、城旅一体的水岸旅游	打造多个旅游休闲集聚区	
			拓展水上旅游功能，完善游船码头设施	
		文化活动：加强高影响力的特色文化活动组织	增加文化、赛事、节庆等活动策划	
	空间景观	天际轮廓：塑造协调有序的天际轮廓序列（黄浦江）	采取四类区段差异化天际线管控（黄浦江）	
		精致景观：塑造多层级精致景观（苏州河）	塑造要素多元、细致精美、层次丰富的景观体系（苏州河）	
		城市色彩：塑造协调与活力并存的色彩环境	采取四类区段差异化色彩管控	

图2 "导向—维度—策略—要素—指标"多层次评估体系

齐等具体问题，需推进垂江垂河慢行通道、公共空间节点、游憩服务配套设施、空间环境艺术化提升等相关建设，以满足沿岸居民对于更加美好的滨水生活的期盼。

（3）韧性强度评估

对黄浦江、苏州河生态环境和韧性安全工作进行评估分析，提出水岸生态环境不断提升，但仍有若干短板需要关注，如高化、吴泾区域部分污染企业有待逐步关停、搬迁；沿岸缺少连向城市腹地的支流生态绿廊、生态岸线、小微湿地、林带等多元化生境空间，泄洪排水通道的基础安全防御能力需要进一步提升。

（4）人文浓度评估

对黄浦江、苏州河历史资源保护利用情况、文旅游憩功能建设以及空间景观建设情况等进行评估分析，提出沿岸工业遗产、里弄等历史资源数量多潜力大，需深度梳理挖掘、充分保护活化，并提升利用品质和效率。沿岸文化功能集聚度、文化氛围塑造仍然不足，需要增加各类文化游憩设施并加强文化功能集聚，沿岸水上游憩功能发展仍然偏弱，需加强水域资源利用，打造水陆联动的游憩体系。

2. 分解规划远景目标，制定近期行动计划

"一江一河"沿岸地区作为十四五规划"中心辐射"的重要承载地，要锚定2035年"世界级滨水区"总目标，到2025年，应成为提升城市能级和核心竞争力的重要发展引导，成为践行"人民城市"重要理念、体现城市软实力和超大城市精细化管理水平的示范引领区。

一是强功能，成为推动全球城市能级提升的"发展秀带"。

在"一江一河"沿岸全力打造具有全球城市核心功能的集中承载区，新兴功能的先导区，形成一批具有全球影响力的标志性项目，助力上海提升世界影响力、巩固全球枢纽和节点地位、提升城市核心功能。

二是塑品质，成为人民城市建设示范引领的"生活秀带"。

在持续提升滨水公共空间的开放性和环境品质的基础上，进一步辐射腹地，系统成网，加强空间的精细化、艺术化、人性化建设，打造更具"暖意、诗意、惬意"的水岸空间，让市民更好共享

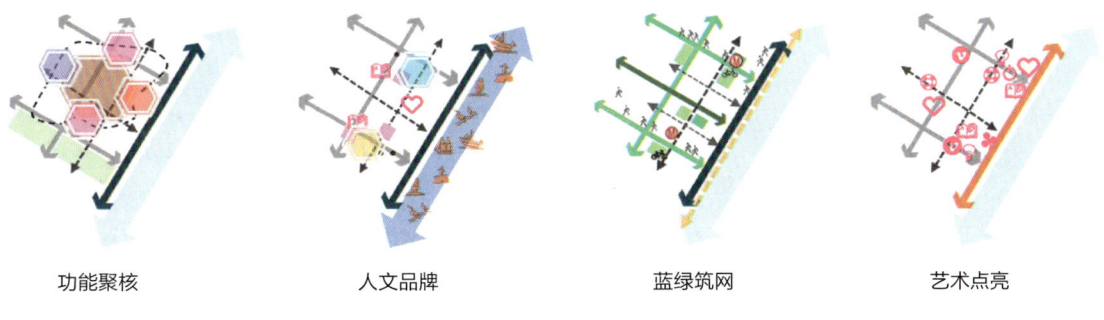

功能聚核　　　　人文品牌　　　　蓝绿筑网　　　　艺术点亮

图3　四大专项行动示意图

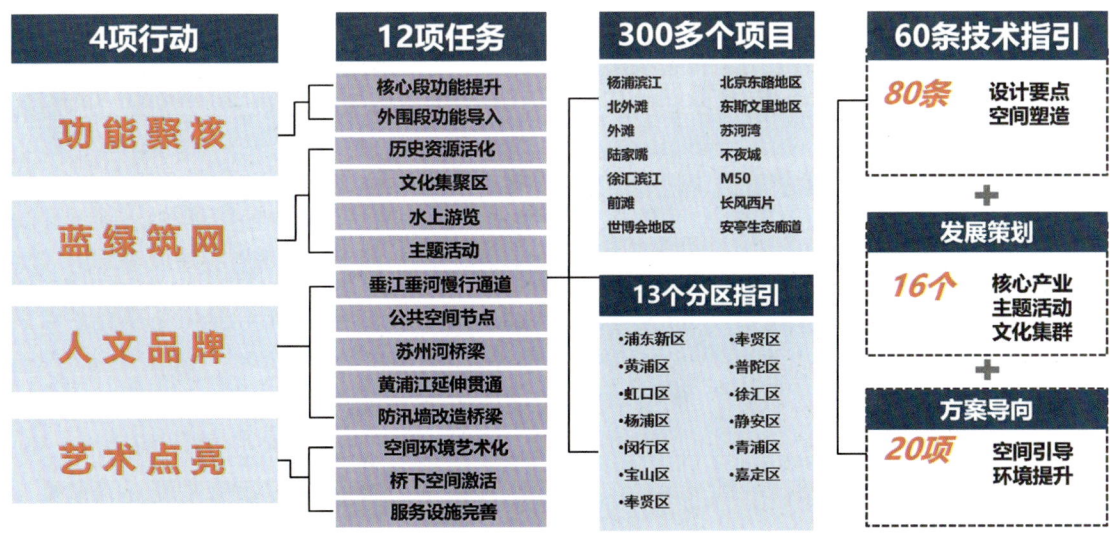

图4　近期行动实施指引体系

"人民城市"建设的丰硕成果。

聚焦关键问题，拟订行动计划与重点项目。

围绕"强功能"和"塑品质"，提出"功能聚核、人文品牌、蓝绿筑网、艺术点亮"四大专项行动。结合四项行动展开12项任务、13个分区指引、300多个项目，并指定60条技术指引，从而形成行动实施指引体系。针对每项任务的不同特点，提出遴选原则和行动逻辑，确定重点项目。

（1）功能聚核行动

提升黄浦江沿岸地区"外滩—陆家嘴—北外滩"和"世博—前滩—徐汇滨江"两个"金三角"区域的发展能级，大力推动一批核心地区的功能引擎项目建设；针对杨浦滨江、吴淞创新城、紫竹滨江、黄浦区北部片区、苏河湾、长风西片、东斯文里等区域打造若干新兴功能增长极，重点推进科创、文化等功能项目建设，形成11个具有辐射带动力的新兴重点板块。

（2）人文品牌行动

基于历史资源激活推进文化集聚区建设，并加强水岸联动的游览系统打造。包括在"一江一河"沿岸地区开展特色历史资源示范性修缮活化，开展23处标志性文化设施建设，并推进10片文化集聚区建设，打造文化IP；利用滨水空间开放契机，拓展水上旅游，加强水上游览系统打造和水岸文化活动组织，打造更具影响力的文化品牌。

（3）蓝绿筑网行动

通过垂江垂河通道、公共空间节点、慢行桥梁、防汛墙改造等，建立链接腹地的公共空间与蓝绿生态网络。黄浦江核心段、苏州河外环以内间隔2—3 km形成一条环境良好、链接腹地公共节点的垂江垂河慢行景观通道，形成一系列垂江垂河慢行通道样板；黄浦江核心段、苏州河外环以内1—2 km形成一处节点，建立"长藤结瓜"的空间结构；黄浦江岸线贯通向南北拓展，新增近20 km贯通开放岸线，贯通岸线达到全线总长约60%；苏州河沿岸10个区段开展防汛墙亲水改造，并完成外环内防汛墙迎水面、背水面景观美化。

（4）艺术点亮行动

通过城市家具、市政交通设施、绿化景观、公共艺术品建设，桥下空间消极空间激活，"全龄友好"游憩服务设施等精细化建设，提升空间艺术化、人性化氛围，形成一批城市空间艺术精品。

【工作过程】

本项目从2021年9月启动至2022年8月结束，由上海市规划资源局组织，上海市城市规划设计研究院承担编制。项目分为两个阶段：第一阶段为评估阶段，针对2019年批复的"'一江一河'沿岸地区建设规划"实施情况进行评估，于2021年12月完成；第二阶段为近期行动计划制定阶段，立足"'一江一河'沿岸地区建设规划"的进一步实施，进一步对照"十四五"新阶段新要求，按照进一步加强规划引领统筹的总体要求，统筹"规划、建设、管理"三个环节，制定到2025年的近期行动计划。

根据评估，"一江一河"阶段目标圆满实现，规划中提出的164项重点项目完成率达95%，实施效果良好，主要体现在：一是滨水空间贯通提升，黄浦江沿岸45 km和苏州河中心城段42 km

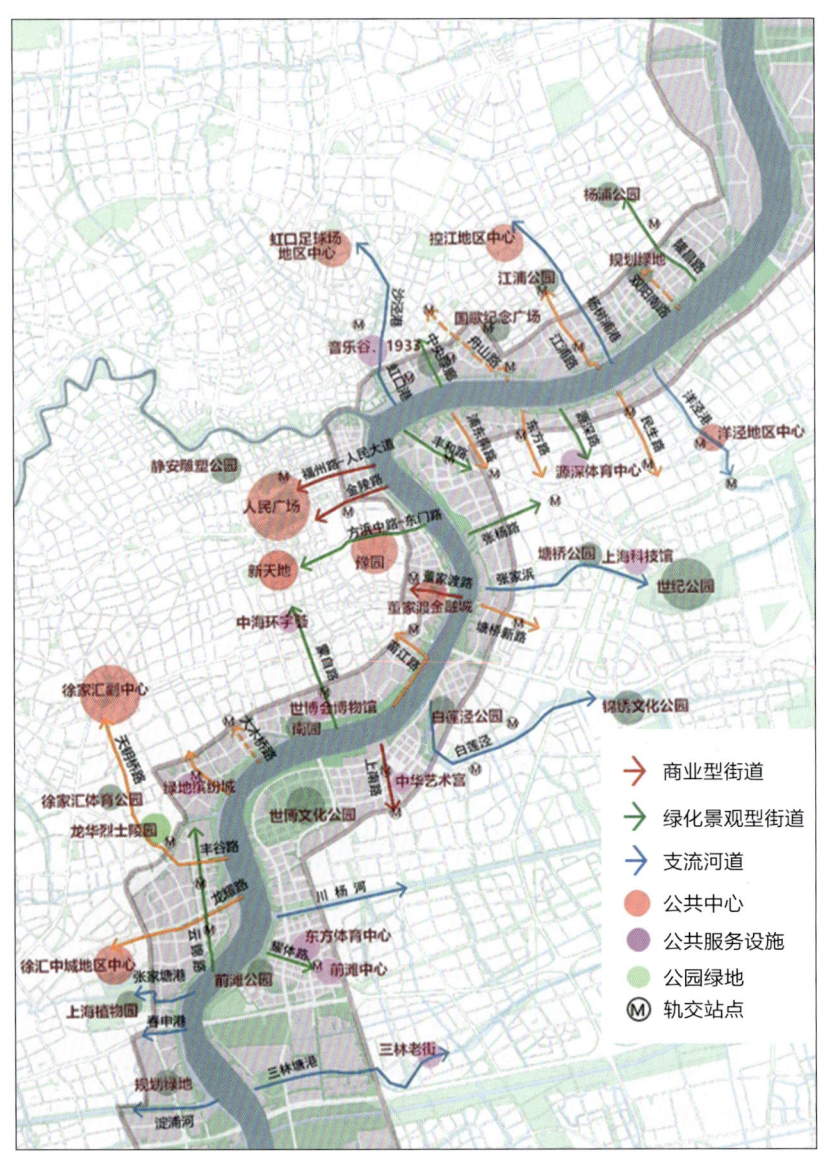

图5　黄浦江沿岸垂江慢行景观通道近期建设引导图

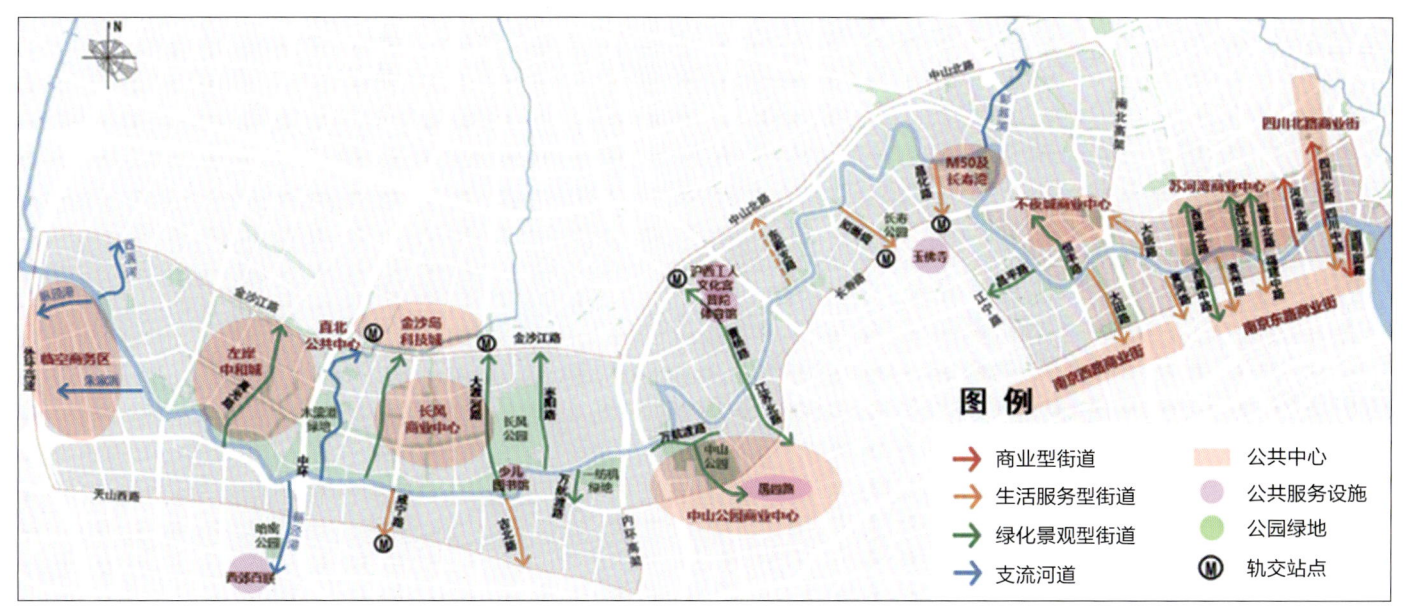

图6 苏州河沿岸垂河慢行景观通道近期建设引导图

滨水岸线实现基本贯通开放,滨水公共空间品质显著提升,杨浦滨江成为"人民城市"的首提地。二是发展能级迈上新台阶,徐汇滨江、北外滩、南外滩、杨浦滨江、苏河湾等重点片区建设高效推进。三是文化影响进一步彰显,浦东美术馆、西岸美术馆等一批重要文化设施建成,特色历史建筑修缮活化,上海国际马拉松、上海赛艇公开赛等活动成功举办。四是生态环境持续优化,临空一号公园、兰香湖等绿色生态空间建成,水质持续改善。

在取得以上实施成效的基础上,对标建设规划明确的世界级滨水区总目标,"一江一河"沿岸地区在核心功能培育、历史遗产活化、文化功能集聚与强化、公共空间与生态网络构建、精细化管理等方面仍有提升空间。为更好地推动"'一江一河'沿岸地区建设规划"实施,制定到2025年的近期行动计划,围绕"强功能"和"塑品质",提出"功能聚核、人文品牌、蓝绿筑网、艺术点亮"四大专项行动。

【咨询工作特点及经验教训】

本项目探索形成一套"城市核心滨水区"深度开发、长期监测、分阶段指导规划实施的方法、技术与路径。

1. 聚焦实施绩效,分析效果的实现度

(1)功能方面,关注核心产业的培育度

重点分析规模性企业数量和类型、商务区租金、税收、空置率等绩效类指标,识别问题与潜在需求。高能级的现代服务业是"一江一河"沿岸地区的主要产业功能,而商务办公楼宇是现代服务业的主要承载空间。评估通过比对全市和"一江一河"沿岸地区商务办公楼宇规模的现状和规划情况,判断"一江一河"沿岸地区的商务空间建设阶段、水平和增长空间,提出商办规模增量较大,需合理控制投放节奏;选取空置率作为反映商务办公租赁市场活力的重要指标,结合实地调研深入剖析沿岸部分地区空置率偏高的原因,指导后续机制优化路径。

(2)公共空间方面,关注活力指数

通过大数据分析,掌握不同区段和时段滨水人群活动数量、停留时长及来源地。评估采用覆盖率高、定位精度高、反映人群活动的百度时空数据为主,对黄浦江沿岸公共空间使用情况进行分析,发现沿岸公共空间初步显示出覆盖节假日和工作日、全天候主要活动时段(10点至22点)的全时活力,其中外滩和小陆家嘴段客流强度大幅领先,世博、徐汇、虹口滨江等新兴热门区段的空间活力仍有提升可能;从来源地看,呈现出面向较大区域的辐射力,70%左右的滨江客流来自5 km以外,但平均停留时间仅1小时左右,反映出市民在滨江可选择的活动内容有限的问题,引导后续公共空间的功能复合与可持续运营管理模式的深化。

(3)人文方面,关注文化活跃度

分析历史资源利用品质和效率、文化设施集聚度、大型活动举办频次等方面问题。在摸清历史资源家底的前提下,重点聚焦工业遗产,发现"一江一河"作为全市工业遗产最为集聚的区域,目前文化、展示等常见的利用方式远不足以支撑沿线体量巨大的工业历史建筑转型,有必要探索更加多元的利用方式和机制,提升工业遗产活化的效率和品质。强调作为世界著名水岸的文化集聚度和丰富度,评估9处文化集聚区的实施建设情况,以及中小型文化设施多层级、集群化和产业化发展的情况。

(4)生态方面,关注综合生境系统的完善度

分析生物多样性、水质环境等,得出加强生态网络构建、推进战略预留区污染治理等需求。经过多年建设,通过辟通断点,将原先碎片化的滨水绿地空间连为整体,因此评估更加关注从平行滨水进一步向腹地纵向延展,提出加快垂江生态廊道建设的重要导向,包括支流河道的贯通与环境提升,加强滨水与腹地公共节点的链接。

2. 聚焦实施难点,提出解决策略与精细化技术指引。

(1)针对核心功能建设,把握不同区域的差异性,给予细化分类指引

分析各板块规划编制、空间载体建设、功能培育的不同阶段,提出功能链拓展、业态培育、共享平台建设等近期开发指引。根据控规编制情况,研究中的项目应加快启动法定实施规划的编制,注意做好同上位单元规划、市级区级专项规划的衔接;编制中的项目应在保证高标准规划设计水平和完成质量的基础上,尽量缩短管理审批流程,并开展针对性实施机制研究;已稳定的项目,应定期开展规划的实施监测和评估工作,及时根据结果对规划进行优化和调整。根据载体建设情况,规划已经稳定,尚未开始建设的待建项目应同时提前做好土地征收、场地平整等建设准备工作,加快启动建设;处于快速建设过程中的项目,应加快项目实施进度,尤其是公服、绿地等公益性设施的落地;建设即将完成的项目,应注意做好城市公共空间和环境的美化。根据功能培育情况,处于快速建设或即将建成,但功能尚未形成的项目,应提前做好招商准备,根据地区发展方向联系意向企业;处于培育过程中的项目,应定期监测写字楼的租金水平、空置率等指标,根据市场运营情况控制商务办公楼宇向市场投放节奏;功能已经初步成型的项目,应关注重点产业集群的打造,加强对小微企业、新兴企业的扶持。

(2)聚焦公共空间的系统性提升,提供实操性设计引导

垂江垂河慢行通道分四种类型提出差异化的建设指引,拓展苏州河滨水活动空间,其中沿支流河道型通道指具有一定景观基础和慢行游憩提升潜力的支流河道,主要建设连续贯通的滨水慢行空间、体现标志性和景观性的亲水设施以及加强滨水界面公共性和亲水性;商业型通道指沿线以零售、餐饮等商业为主,具有一定服务能级或业态特色的街道,主要实现空间尺度宜人舒适、景观设施精致丰富、建筑界面活力复合;生活服务型通道指沿线以生活服务等业态和居住区为主的街道,主要实现重点界面品质提升、慢行空间连续舒适;使用街道家具、沿街功能积极复合;绿化景观型通道指沿线拥有一定规模带状景观绿地,或本身路幅较宽,具有开展绿化景观建设潜力的街道,主要考虑慢行空间与绿带一体化设计、种植特色主题行道树以及增加标示性、艺术性景观小品。此外,追求艺术化和人性化的环境体验,提供绣花般的精细化设计指引,全线梳理具备防汛墙亲水改造条件的区域,开辟亲水空间,并提出桥下空间激活、桥体品质提升,以及市政交通、街道家具、夜景灯光、绿化植栽等多要素艺术化设计指引。

(3)面向文化品牌打造,提供多元集成的策略与路径

首先针对工业遗产制定空间更新的全维度活化策略、多元功能利用与历史场景设计,以及促进活化的探索性机制,其中Ⅰ级建筑指具有重大价值或影响力,工业风貌保存完整,具有典型的工业特色结构、构造、设备或承载典型生产流程与工艺的工业遗产,建议原址保留,内部空间活化;Ⅱ级建筑指具有较大价值或影响力,工业风貌保存较为完整,具有一定工业特色结构、构造、设备或承载生产流程与工艺的工业遗产,建议采用表皮再造和特色结构构件重塑进行活化设计,并采用新旧建筑有机交融等方式使改造后的建筑本体和新的使用功能相融合。其次提出文化集聚区主题策划、游线组织和空间引导方案,制定水上活动策划与游船运营方案,如黄浦江沿岸打造杨浦南—虹口工业遗产博览带、徐汇滨江文化艺术走廊、民生—陆家嘴文化休闲创新区、世博两岸沿江演艺博览群、外滩海派文化展示地等5个差异化的文化IP品牌;苏州河针对5片文化集聚区,分别以红色足迹、文化创意、日常休闲、人文高教和工业印记为主题,策划展示地区特色的文化探访线路,植入人文、自然、生活等滨水主题活动。

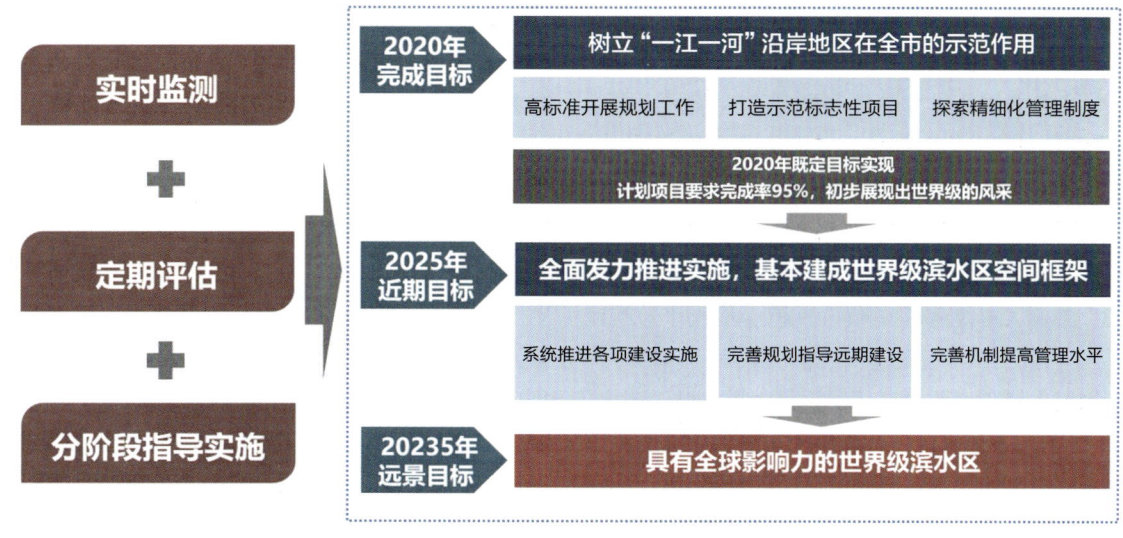

图7　全周期管理机制

3. 建立市、区两级互动的长效跟踪监测和实施指导机制

通过本次工作建立起实时监测、定期评估、分阶段指导实施的全周期管理机制,为"一江一河"2035远景目标的全面有效实施提供保障。一方面重点关注"发展能级、空间活力、人文特质、生态韧性"四个导向,针对功能产业、综合交通、公共空间、生态环境、历史人文、文旅游憩等方面开展长效跟踪监测和定期评估,并建议结合市规划资源局"一厅八室"数据平台和市规划院数据平台建设工作,建立"'一江一河'沿岸地区建设规划"实施监测数据应用场景,实现可量化、更高效、更精准的监测评估。另一方面市区两级、多部门协作,建立重大跨区工程的有效推进机制,其中市级部门制定顶层设计、明确关键要求,区级部门严格落实总体要求,并充分发挥能动性因地制宜制定详细方案、开展建设实施,各条线部门通力协作、发挥专长、形成合力,并初步形成由市规划自然资源局制定规划实施思路与分阶段行动任务,由市"一江一河"办协同推进具体项目实施落地的规划实施路径,形成规划编制部门与建设实施部门的有效协作。

【咨询效果】

本项目经市政府专题审议,获市领导高度认可,纳入"一江一河""十四五"期间重点工作,行动纲要拟于今年年底由市政府正式印发。部分项目先行纳入各区实施计划,已启动建设,例如黄浦江滨水贯通南拓北延、黄浦江沿岸高等级文化设施建设、苏州河游船码头建设、苏州河滨水服务驿站建设、历史遗产资源活化利用等。

黄浦江滨水公共空间贯通南拓北延共计新增约12 km贯通岸线,公共空间服务能级持续提升。新增贯通岸线主要包含浦东滨江南延伸段2 km滨水岸线,宝山区炮台湾公园南门至上海长滩约6 km滨水岸线,闵行郊野公园5.3 km岸线,杨浦复兴岛沪东中华船厂约500 m岸线等。浦东滨江22座望江驿服务能级持续提升,已完成12座望江驿特色赋能,叠加了文化、阅读、科技、亲子、健康、双拥、金融等特色主题,向市民游客提供广受欢迎的特色化公益服务。此外,宝山区新建4座驿站,徐汇区系统提升23座驿站。

黄浦江沿岸北外滩贯通和综合改造(9.9万 m²)、世界技能博物馆(1万 m²)、浦东美术馆(4万 m²)、宝山长滩音乐厅(0.8万 m²)等高等级文化设施建设项目均已建成对外开放,徐汇滨江梦中心(15.6万 m²)也即将建成。

苏州河改造建设完成第一批旅游码头,并开通水上游览服务,市民反响热烈。通过总体统筹,外滩源码头、四行仓库码头、昌化路码头、中山公园码头、长风公园码头和丹巴路码头等6处游船码头和对应的9条水上游览航线已开通,2023年仅上半年就开出航班4 962班,接待游客6.32万人次,上座率超过80%。

短短几年时间,苏州河滨水服务驿站从无到有、从有到优。现状苏州河沿线已建成规划42处驿站中的34处(普陀24处、长宁4处、静安3处、黄浦2处、虹口1处),并开放公共厕所70余座(其中环卫公厕30余座),基本满足服务半径不

图8　苏州河游船首航及新建成开放的公共空间和驿站

超过250 m的规划要求。

"一江一河"沿岸历史遗产的保护利用稳步推进。整体更新浦东耀皮和歇浦路8号工业遗存、杨树浦电厂遗址公园、创享塔等工业遗存等；整治修缮上海大厦、河滨大楼、杨树浦水厂等历史建筑；活化利用杨浦永安栈房、浦东民生筒仓、徐汇白猫和宜昌路救火会大楼等建筑；推出"百年工业·滨江蝶变"等10个主题39条工业旅游深度体验线路，杨浦滨江绿之丘、毛麻仓库、皂梦空间、灰仓活动综合体、浦东滨江船厂一号综合体等成为别具特色的工业遗产打卡点。

在行动计划指导下，各项建设实施有效推进，"一江一河"正在加速成为更有温度、更有生活气息的人民共享精彩空间。

浦东新区人工智能辅助行政审批系统可行性研究评估报告

The Evaluation Report on the Feasibility Study of Artificial Intelligence Assisted Administrative Approval System in Pudong New Area

编写单位：上海浦东新区投资咨询公司
Shanghai Pudong New Area Investment Consulting Corporation
联系电话：021-58811152　　网址：http://www.pnicc.sh.cn
主要完成人：王智勇　张　颖　程海龙　王　帆　杨靖波　鞠凤波　宋佩娣　章　备　孔晓飞　王潮龙

【点评】

该项目对项目建设的必要性进行了论证；从满足项目需求和完善技术路线的角度出发，对建设方案提出了合理化建议，为项目方案的进一步优化出谋划策；采用专家评估与市场询价相结合的方式对相关费用进行审核，根据"实用、适用、适度超前"的原则，对项目投资进行严格把控，最终实现了与可行性研究报告相比约22.4%的投资核减，为政府节省了较大财政支出。该评估报告符合客观、科学、公正的原则，为审批单位提供了较好的决策依据，得到了审批单位和建设单位及利益相关部门的一致好评。2019年7月16日，浦东新区发展和改革委员会以沪浦发改投〔2019〕535号文批复了该项目可行性研究报告。

【项目背景】

为落实国务院对政府公共服务"简政放权"的改革目标，浦东新区针对企业"办事难、办事繁、效率低"的痛点，紧紧围绕自贸区、科创中心建设两大战略任务，以企业感受度为衡量标准，积极推进"一网通办"，以减少办事障碍、提升办事效率。

随着国家及地区经济的飞速发展，浦东新区行政服务中心综合窗口行政事项办理压力日益增大。至2018年10月，实现382项涉企事项单窗通办，主要业务由企业市场准入办证办照拓展至建设项目审批、城市管理等领域。行政事项办理业务受理量大（单天收件高达1 000多件）、业务种类多（300多个大项、1 000多个小项）、涉及委办局数量多（18个）的特点显现无遗。审批人员的工作强度大幅升高，工作效率明显降低，常导致审批时间偏长，且存在相同材料需多次提交、漏审错审等问题，企业办事人员的满意度普遍不高。

为提高综合窗口行政审批工作效率，有效落实"让群众少跑路、数据多跑路"，为浦东新区营造良好营商环境，浦东新区行政服务中心拟基于人工智能技术与大数据分析技术，搭建浦东新区人工智能辅助行政审批系统。以期通过该系统辅助审批人员高效开展各类审批工作，加快审批速度，减少审批时间，减轻审批人员的业务压力，实现政府"降本增效"的价值目标；同时提升办事人对综合窗口工作人员的信任感，减少办事人与综合窗口工作人员之间沟通摩擦，提高人民群众对政府工作的满意度。

2019年初，浦东新区行政服务中心将《浦东新区人工智能辅助行政审批系统可行性研究报告》上报浦东新区发展和改革委员会（以下简称"区发展改革委"）。受区发展改革委的委托，上海浦东新区投资咨询公司（以下简称"我公司"）对该项目可行性研究报告进行评估，主要对项目建设必要性、需求分析与建设规模的合理性、建设方案的技术经济合理性与可行性等作出分析、评价，为政府财力投资项目决策提供参考依据。

【项目内容】

评估工作主要围绕项目建设必要性、功能定位、需求分析、建设方案、投资估算等要点进行；在具体的评估工作过程中，项目组与建设单位保持良好的沟通状态，从满足项目需求和完善技术路线的角度出发，对建设方案提出了多项合理化建议，为项目方案的进一步优化出谋划策，建设单位也予以采纳，并吸收到下阶段具体方案中。

1. 总体规划

该项目建设内容总体规划包含：智能辅助系统基础支撑平台建设、标准制定、18个委办局的327项（1 006小项）人工智能辅助行政审批事项实施。

2. 分步计划

第一阶段建设内容包括：基础支撑平台、内资公司新设（有限公司、分公司、合伙企业、个人独资）、内资公司变更（有限公司、分公司、合伙企业、个人独资）、内资公司注销（有限公司、分公司、合伙企业、个人独资）等行政审批事项。

第二阶段建设内容包括：在余下的行政审批事项中，根据复杂和重要程度，挑选200项左右实现人工智能辅助审批系统建设，人工智能模型的优化和迭代。

第三阶段建设内容包括：剩余所有行政审批事项人工智能辅助审批系统建设，以及部分算法模型的优化和迭代。

3. 建设内容

（1）基础软件支撑平台

基础软件支撑平台包含：审批专用大数据平台、图像智能识别平台、自然语言处理（NLP）聚合平台、知识图谱建设、机器学习框架。

（2）委办局人工智能辅助行政审批事项

通过人工智能辅助行政审批系统，将事项的申请资料通过图像智能识别平台与自然语言处理聚合平台处理，把审批资料提取出来，与规则库匹配生成智能审批报告。系统将所有人工核查记录再行反馈给后台数据库，通过机器自主学习添加到知识图谱，提高智能辅助效率。

4. 技术路径

项目通过图像识别把审批事项相关资料解析成机器能识别的语言，利用知识图谱与规则库智能判断资料的正确性，再把机器评判的结果展现给工作人员。其技术路径包含：知识库的建立、对照数据的打通、非结构化数据结构化、智能审批算法模型的搭建等。

项目系统采用层次聚类、决策树、朴素贝叶斯分类、基于规则的文字提取、形态学处理、仿射变换、图像分割等算法，运用基于知识图谱的智能审批技术、基于深度学习的智能规则评判技术、表格智能识别、复合文本信息结构化数据提取等技术。

5. 投资估算

该项目审核后总投资为2 524万元，较可研报告上报投资核减约22.4%。

【工作过程】

2019年2月，浦东新区发展改革委正式委托上海浦东新区投资咨询公司对该项目可行性研究报告进行评估。公司在接到任务后，即成立项目组，确定评估工作计划，按照前期调研预审、中期专家评审、后期沟通协调并撰写评估报告三个阶段开展具体评估工作。

1. 调研预审

项目组针对该项目可研报告编制格式不规范及研究深度上不足等问题，提出以《浦东新区基建信息化项目工可编制大纲》作为规范该项目可研报告的编制蓝本，要求在现状介绍、需求分析、系统架构、网络拓扑等方面予以补充、完善。

项目组积极展开细致的调查研究，与建设单位、主管部门进行了深入的沟通，了解项目的建设背景、具体需求情况和实施要求；同时赴现场进行踏勘，了解项目场地状况和建设条件，专题研究行政服务中心的业务流程及信息化现状，做好专家评审之前的准备工作。

2. 专家评审

2019年3月，项目组组织召开了《浦东新区人工智能辅助行政审批系统可行性研究报告》专家评审会，聘请了人工智能、信息技术、电子政务、工程经济等方面的专家对可研报告进行评审，区发展改革委、区大数据中心、行政服务中心等单位参会。

评审会在充分肯定该项目建设必要性的前提下，对该项目建设目标、建设方案及投资估算进行评审，在总体设计、业务模式、系统设计、安全性、软硬件和基础设施建设等方面提出修改意见和优化建议。

3. 沟通协调

会后，项目组综合会上专家及相关委办的意见和建议，发出工作联系单，要求建设单位、编制单位对方案作进一步调整、优化。

在收到补充资料后，项目组多次与建设单位、编制单位开展线上线下多种形式的对接，就项目具体方案及投资估算等方面进行了充分地探讨交流，并从顶层设计、管理流程、分步实施计划、项目考核指标、节能措施、工程质量安全等方面对该项目提出详细要求。在此过程中，项目组保持与区发展改革委、区大数据中心等单位的持续沟通，及时了解审批部门及行业主管部门的要求。

在以上工作的基础上，我公司完成了《浦东新区人工智能辅助行政审批系统可行性研究评估报告》，咨询成果得到了各相关单位的高度评价，该项目可行性研究于2019年7月获得区发展改革委的批复。

【咨询工作特点及经验教训】

AI技术辅助行政审批是该项目在全国范围内的首创，该项目拟采用的技术手段与一般电子政务项目有所不同，对评估工作而言，没有类似成功案例作为参考，对技术、管理方面都提出了一定的挑战。

依照拟定的评估工作计划，项目组结合项目自身特点，主要采取了现场调查法、专家评审法、前后对比法等评估方法来完成该项目的评估任务。

1. 采用现场调查法，全面了解项目建设背景

为更好地推进评估工作，根据区发展改革委的要求及该项目特点，项目组对浦东新区行政服务中心进行了调研。通过实地考察，了解浦东新区行政服务中心的运行模式，以及目前行政审批的主要工作流程。同时，还走访多个相关委办局的驻场工作人员，了解具体审批工作中的痛点和难点，取得第一手资料。细致的前期调研，为项目评估工作打下了坚实的基础。

通过与建设单位、主管部门的座谈，项目组了解到该项目拟搭建的人工智能辅助行政审批系统，开创了用AI技术辅助行政审批之先河，是浦东新区政府在"一网通办"进程中提高办事效率的新举措。该项目建设符合国家与上海大力推进政府公共服务"简政放权""一网通办"及在各领域推进人工智能、提高政府办事效率的大背景；项目建成后可在一定程度上提升浦东新区行政服务中心的服务效率，从而提升浦东新区对本区企业的服务能力。项目实施后有较好的社会效益，明确了项目建设的必要性、迫切性和重要性。

2. 采用专家评审法，综合评价项目建设方案

项目组一直与行业内知名专家保持密切联系。在可研报告方案完善阶段，项目组就提前咨询相关专家，对项目方案的深化和优化提出意见和建议。项目组聘请人工智能、信息技术、电子政务和工程经济方面的专家，组织了该项目可行性研究的专家评估会。会上，专家就可研报告进行了充分的探讨与论证，提出了许多宝贵的意见和建议。会后，项目组综合专家意见，出具工作联系单，要求建设单位、编制单位对该项目建设方案作进一步深化完善。在收到相关建设单位提交的补充材料后，项目组再次聘请相关专家进行补充评估。项目组在综合考虑各方因素的基础上，对专家意见进行分析，并形成评估咨询意见。

在评审过程中，项目组认真研究该项目可行性研究报告，向人工智能、信息技术等方面的行业专家请教技术难题，对项目拟采用的方案进行论证，提出合理化建议。

项目组认为，该项目采用的主要技术路径是可行的。项目拟建设审批专用大数据平台，把各委办局、综合窗口历史数据的大量结构化、半结构化、非结构化数据与法律法规条款通过自然语言处理聚合平台提取出的结构化数据进行存储。这部分数据噪声较大、数据质量不高，需要进行非结构化到结构化的转换以及数据处理才可以被使用。而传统人工处理的方法既耗费人力又浪费时间。因此，项目组同意该项目拟采用机器学习技术结合大数据处理技术，对所获取的大量数据进行一系列自动处理。项目组指出，审批专用大数据平台通过对机器的半监督学习训练，能够让机器很大程度上取代人力对大量嘈杂数据自动进行清洗去噪，利用自然语言处理聚合平台对所有数据的语法和情感进行理解与关联，并将一系列非结构化、半结构化数据转化为可以被机器使用的结构化数据。同时能将准备好的数据编目以形成资产储存备用。在处理过程中利用ELT技术保证数据在流通过程中真正实现高度保真，防止数据转换、传输过程中的数据丢失，从而最大限度地还原数据本身的潜藏价值。

项目组认为，该项目应用人机协作、数据分析、智能感知等技术为电子政务实施智能化升级改造，构建人机协同的智能审批系统，搭建大数据分析智能化管理平台，蓄积政务数据资产，构建新型高效的政务审批与公共服务模式，技术方案基本可行，具有一定特色。建议做好顶层设计，尤其是与区大数据中心的数据对接、存储、共享等问题需要细化、落实；要求结合现有问题有针对性地作扩展分析，充分了解一线工作人员的工作辅助要求，在"审批材料格式化要求"和"审核业务流程优化"上下功夫，对该项目功能作进一步优化。

3. 采用前后对比法，合理建议项目流程改进

由于该项目的实施，实质上是对原有的传统行政审批流程进行AI技术辅助升级，涉及一定

的流程改进或再造。项目组结合前期调研的实际情况,要求编制单位深化项目需求分析,对项目实施前后的各项业务审批流程进行深入分析对比,在此基础上,还应充分考虑在项目实施过程中确保正常审批业务不受影响的措施方案。

评估认为,该项目涉及审批事项众多、工作量大、清理数据规则烦,AI技术的运用在形式审查上作用显著。与此同时应注意到,该项目人工智能辅助审批首先是解决形式审查的智能辅助问题,而委办局实质性审查的智能辅助审批系统还应尽快推进,以实现审批事项的全流程优化,真正提高单窗通办的效率和质量。

评估指出,该项目总体工作量较大,各事项同时全面铺开的推进模式不甚合理;该项目涉及的各审批事项具体流程虽千差万别,但所需进行的改进工作逻辑相近,建议挑选部分较为简单的事项先作AI技术辅助改进。评估建议对所有拟建设事项进行分类分层,第一步挑选部分较为简单易行的事项先行攻关。一方面,通过试点,获取流程改进的经验;另一方面,让流程改进对正常业务的影响始终处于可控范围以内,为第二步大范围展开做好充足的准备工作,同时提醒建设单位,随着浦东新区机构改革的推进,部分事项的审批责任主体发生了变化,要求结合浦东新区机构改革方案,及时更新审批路径,并应考虑日后继续调整的需要。

【咨询效果】

在当今数字化时代,人工智能技术的快速发展为各行各业带来了前所未有的变革机遇。浦东新区作为改革开放的前沿阵地,始终走在创新发展的前列。"浦东新区人工智能辅助行政审批系统项目"将AI技术深度融入政务"一网通办"审批流程,建设智能审批大脑,为政务服务智能化、精细化探索出一条新路径。

该项目通过引入人工智能算法和大数据分析技术,对传统审批模式进行了全面升级。项目开发的人工智能辅助审批系统,实现了审批流程的自动化和智能化,大幅提高审批效率,降低人为干预的可能性,确保审批结果的公正性和准确性。该系统在全国尚属首创,不仅填补了行业空白,更获得了国家发明专利,充分体现出浦东新区在人工智能技术创新应用方面的领先地位。

在审批方式上,浦东新区行政服务中心实现了从传统的人工审查到新模式"机审+人核"的转变。这一变革不仅提升了审批效率,更体现了政府服务从粗放式向智能、精细化的转变。通过机器智能初审,快速筛选出符合条件的申请,再由人工进行复核,确保了审批流程的严谨性和高效性。系统审核截图详见图1、图2。

图1　系统审核通过页面

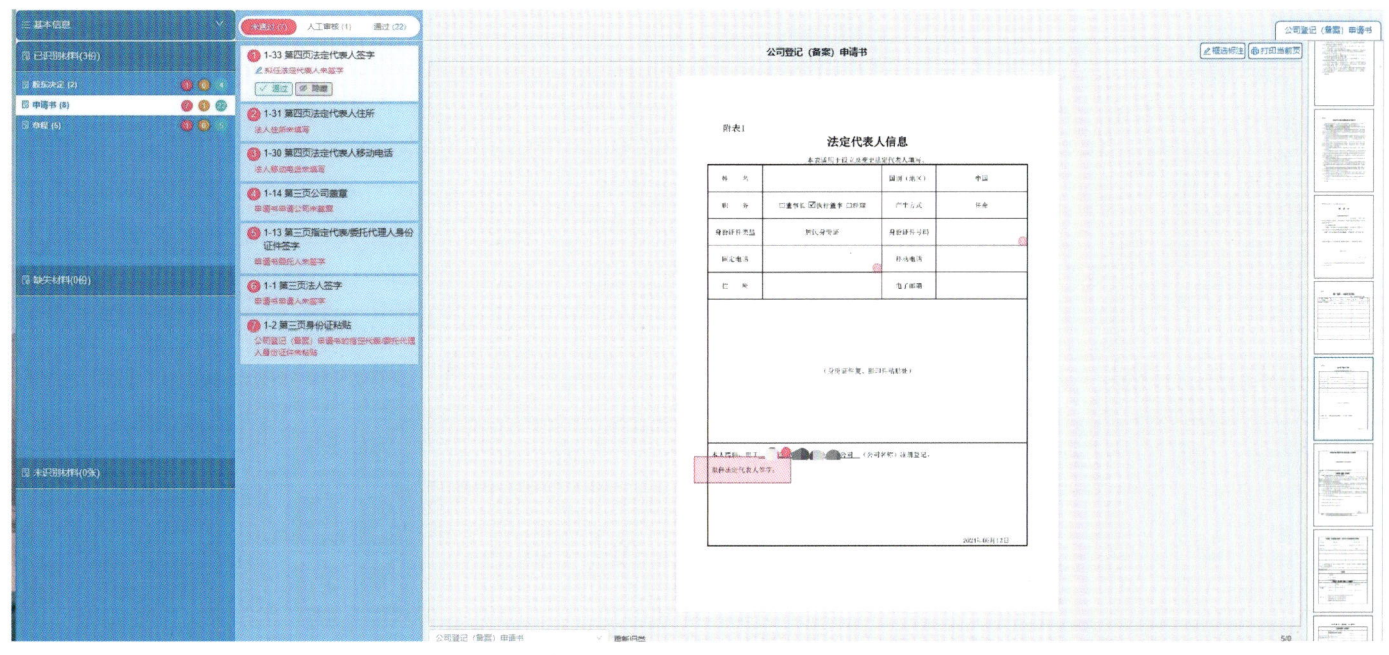

图2　系统审核未通过页面

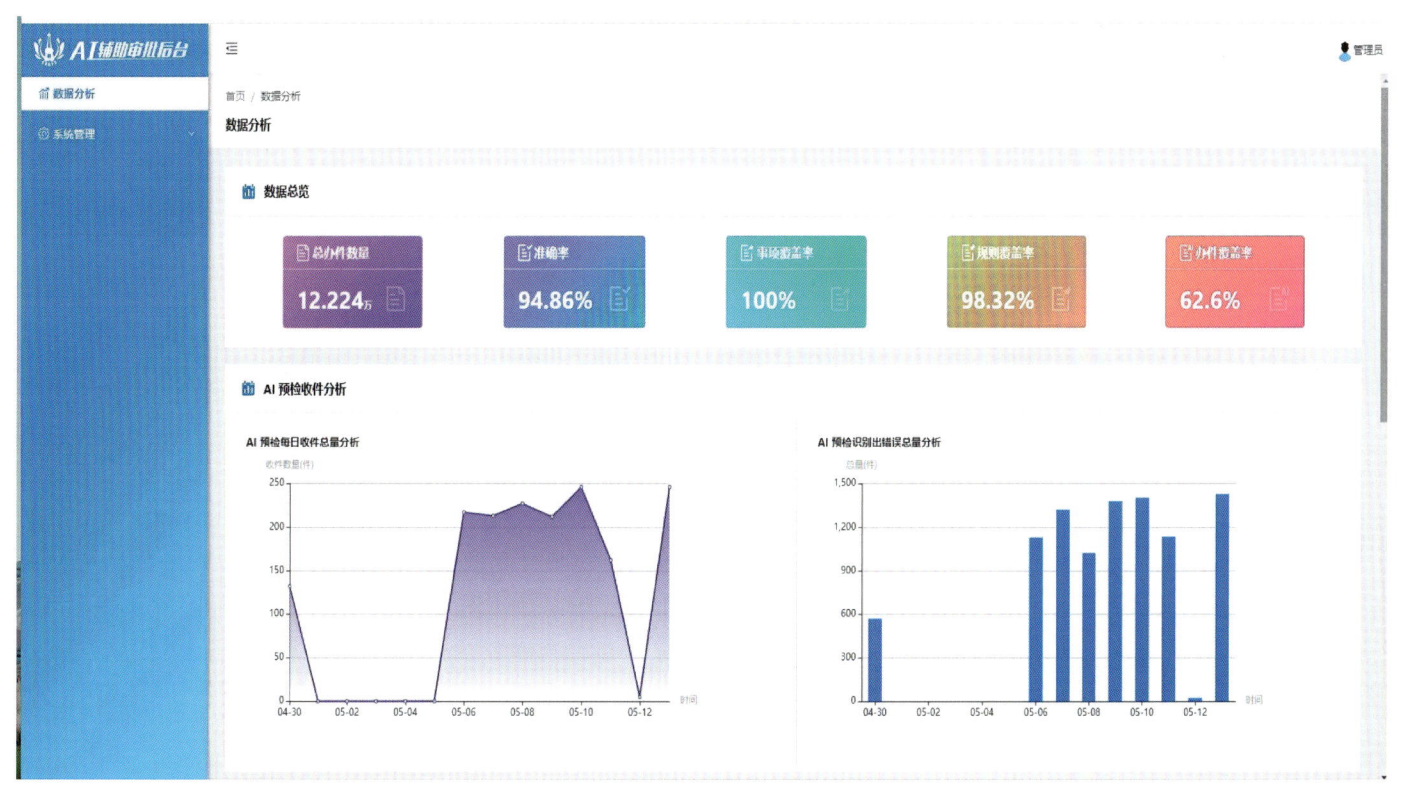

图3　系统后台数据分析页面

2019年研发人工智能辅助审批系统，着重解决窗口工作人员审查能力不足的问题。取得国家知识产权局授予的AI企业画像、智能匹配和智能审批等三项发明专利。使用系统后，窗口工作人员的上岗培训时间从2个月减少至15天左右，收件时间从原来20—30分钟缩减至10分钟左右，实现审批结果一次提交、事项一次办成，系统后台数据分析页面详见图3。

在该项目的实施过程中，我公司的咨询意见起到了关键的作用，使该项目确保各条线业务操作得到保障，同时探索形成可复制、可推广的建设经验，为其他行政审批部门提供有价值的参考样本。

另外，该项目的推行和成功实施，也取得了良好的社会效益。

（1）提升政府公共服务公信力

通过智能审批系统的预设规则，对办事人提供材料的形式、内容上的瑕疵及时提出指正，并对审批事项适用的法律法规进行推送，让办事人真正认识到审批事项需提供的材料及注意事项，辅助办事人提高提供材料内容和形式的准确性，提高审批事件一次办理成功率，提升政府公共服务公信力。

（2）助推政府价值目标与公众期望统一

项目搭建行政审批智能平台，着力解决人民群众头疼的"办事材料多次提交""审批程序复杂拖沓"等问题，平台建设从人民群众的需求出发，想群众所想，急群众所急。通过人工智能审批大脑的支持，行政审批窗口前移，提高审批材料准备的速度与准确度，从而提升企业获得感。对事务办理过程中的退件办理等特殊情况作出合理的解释和说明，增强民众对政府行为的理解和认同感，从而打造人民信任、企业满意、工作有序的政府公共服务环境，助推政府价值目标与公众期望的和谐统一。

总之，该项目是人工智能技术在政务领域实践的一次成功案例。它不仅优化了审批流程，提高了政务服务水平，更为深化"放管服"改革、优化区域营商环境、持续提升浦东新区城市能级和核心竞争力提供了有力的技术支撑。通过技术赋能，有效提升了政府服务的智能化水平，让企业和群众在办事过程中享受到更加便捷、高效的服务体验。

展望未来，浦东新区将继续深化人工智能技术在政务服务领域的应用，不断探索新的服务模式，为上海市乃至全国的政务服务改革贡献更多智慧和力量。浦东新区人工智能辅助行政审批系统项目的成功实施，不仅提升了政务服务的智能化水平，更是继续推动人工智能技术与政务服务深度融合的契机，为打造智慧政府、建设智慧城市夯实基础。

上海文庙改扩建工程可行性研究（初步设计深度）评估报告

The Evaluation Report on the Feasibility Study (Preliminary Design Depth) of the Project of Shanghai Confucian Temple Renovation and Expansion Project

编写单位：上海沪港建设咨询有限公司
Shanghai HuGang Construction Co., Ltd.
联系电话：021-64391299　　网址：http://www.huganggroup.com
主要完成人：郭康玺　郭纯青　于　琼

【点评】

该评估咨询强调了对上海文庙深厚历史文化底蕴的挖掘与保护，通过对文庙的历史价值、文化意义及社会影响的深入探讨，确保了设计方案能够传承并凸显其文化特色。面对结构安全、基坑工程、消防安全等技术问题，咨询团队与设计方进行了有效沟通，确保了工程的技术可行性和设计的合理性。为确保评估工作的准确性和效率，评估组还引入了多学科交叉评估团队，采用大数据、人工智能及数字建模等数字化技术手段分析改扩建工程对文庙及周边环境的影响。此外，评估组通过精细化施工管理和风险评估，确保了项目的顺利进行和周边环境的安全。这些评估经验为日后历史文化建筑的改扩建工程咨询提供了宝贵的参考。

【项目背景】

1. 项目建设背景

上海文庙，即清代"上海县学文庙"，坐落于黄浦区老西门地区的文庙路215号，是祭祀中国杰出思想家、教育家、儒家文化创始人孔子的庙宇。上海文庙有七百多年的历史，始建于元朝至元三十一年（1294年），此后几经迁移，至清咸丰五年（1855年）重建于今址。是上海著名的名胜古迹，市级文物保护单位。

上海市域内的文庙均为县学文庙，包括上海县学文庙、嘉定县学文庙、崇明县学文庙、宝山县文庙、南汇县文庙。上海文庙是上海中心城区唯一的"庙学合一"的古建筑群，也是上海地区文化历史发展的象征，又是前人留给我们的文化瑰宝。上海文庙在建筑结构和礼制上符合一般文庙的要求，为左学右庙的平面布局，性质上属于非礼制性的学庙，等级上属于县学文庙。

上海文庙现状用地面积为12 753 m^2，目前共有27幢单体建筑和1处建筑群——上海文庙书刊交易市场（以下简称"书市"），各类建筑分别建于清代、20世纪80年代、90年代等不同时期，房屋总建筑面积为7 745.22 m^2。虽然原南市区文化局曾于20世纪90年代对文庙进行了两次改造，后原黄浦区文化局又于2014—2018年期间，对崇圣祠、大成殿、魁星阁、大成门、学门等保护建筑实施了修缮工程，文庙整体风貌已获得了明显改善，但仍有部分建筑因年久失修而产生了油漆剥落、屋脊装饰物坠落、网板起翘、风雨板腐烂等现象，不但影响房屋的正常使用，也存在一定安全隐患；同时，上海文庙"庙学两轴"的传统规制布局在"文革"期间因泮池、泮桥等小品的损毁而遭到破坏，导致文庙现存的规制形态不尽完整；另外，书市建筑群等房屋为违章建筑，房屋使用也不符合上海市政府提出的"五违四必"整治工作要求。为此，黄浦区文化和旅游局拟通过扩大用地实施上海文庙改扩建工程，以清除违章建筑，消除房屋安全隐患，恢复文庙传统规制布局，提升文庙及老城厢整体环境品质。

2. 项目目标

黄浦区正在全力打造上海"四个中心"的核心功能承载区、世界级商业街区、上海国际文化大都市标志性区域、国际大都市中央旅游区、宜居精品城区，积极创新发展路径、更新发展理念，促进业态升级、特色彰显、环境美化、品质提升，建成宜居、宜业的国际文化大都市。

上海文庙由文庙路、学宫街、老道前街、梦花街围合而成,用地面积约 12 753 m²。本项目充分尊重现有文物建筑高度及造型,争做文物街区活化利用的典范案例,通过沿街绿地透绿,提升整体生态环境、新建建筑与街区风貌和谐统一,形成形态、生态、神态、业态"四态合一"内外互动交融的文庙街区。

3. 咨询起止时间

项目的咨询工作时间为 2020 年 7 月—2020 年 10 月。

【项目内容】

1. 项目类型

改扩建工程。

2. 建设单位情况

本项目建设单位为上海市黄浦区文化和旅游局。

上海市黄浦区文化和旅游局作为本项目的法人单位,对整个项目的策划、资金筹措、工程招标、工程建设等实行全过程负责。

3. 主要建设内容和规模

本次改扩建工程总建筑面积为 10 915.28 m²,包括新建建筑面积 9 885.50 m²(地上 2 822.10 m²、地下 7 063.40 m²),修缮建筑面积 1 029.78 m²(原文庙用房,全部为地上)。

项目建成后,文庙总建筑面积为 13 162.14 m²,包括地上建筑面积 6 098.74 m²(现状原样保留 2 246.86 m²、新建 2 822.10 m²、修缮 1 029.78 m²)、地下建筑面积 7 063.40 m²(新建)。

表 1　主要技术经济指标表

序号	指标				单位	数量	备注
1	用地面积				m²	13 604.2	包括文庙自有用地 12 753 m²、扩大用地 851.2 m²
2	现有建筑面积				m²	7 745.22	全部为地上
3	本项目拆除建筑				m²	4 468.58	书市等违章建筑 2 205.00 m²、北侧的办公、仓库等管理用房 1 154.58 m²、尊经阁 1 109.00 m²
4	项目建成后文庙总建筑面积				m²	13 162.14	各建筑序号对应总平面图(详见附图)
4.1	本项目改扩建工程建筑面积				m²	10 915.28	
	其中	新建建筑			m²	9 885.50	
		其中	地上建筑面积		m²	2 822.10	
			其中	致道书斋	m²	341.40	18 号,地上 2 层
				观德堂	m²	1 242.10	19 号,地上 2 层
				北办公楼	m²	341.40	20 号,地上 2 层
				游客服务休憩中心	m²	341.40	21 号,地上 2 层
				茶亭复廊	m²	42.50	22 号,地上 1 层
				地下室出地面楼梯间 1	m²	43.90	23 号,地上 1 层
				地下室出地面楼梯间 2	m²	19.40	24 号,地上 1 层
				尊经阁	m²	450.00	17 号,地上 2 层,复建
			地下建筑面积		m²	7 063.40	地下 1 层,局部 2 层,主要包括机动车库 2 600 m²、非机动车库 75 m²、设备等辅助用房 4 388.4 m²
		修缮建筑			m²	1 029.78	全部为地上
			其中	厕所	m²	42.19	25 号,地上 1 层
				值班室	m²	54.80	26 号,地上 1 层
				物业管理用房	m²	146.16	27 号,地上 1 层
				设备用房	m²	95.63	28 号,地上 1 层
				中外文化交流中心	m²	691.00	29 号,地上 2 层

续表

序号	指　标	单位	数量	备　注
4.2	现状原样保留建筑面积	m²	2 246.86	全部为地上建筑，包括崇圣祠、大成殿、大成门、明伦堂、儒学署等保护建筑
5	容积率		0.45	
6	建筑占地面积	m²	4 265	其中：现状建筑占地面积约为 2 840 m²；本项目新建建筑占地面积为 1 425 m²
7	绿地面积	m²	2 053	其中：现状绿地面积约为 1 166 m²；本项目新建绿地面积为 887 m²。无屋顶绿化
8	绿地率	%	15.09	
9	建筑密度	%	31.35	
10	室外场地面积	m²	7 286.2	室外场地面积=总用地面积－建筑占地面积－绿地面积。其中：现状原样保留室外场地面积约为 4 918.4 m²；本项目更新室外场地面积为 2 367.8 m²
11	新建建筑高度	m	<9.5	
12	机动车停车位	个	65	全部为本项目新增，设置于地下
13	非机动车停车位	个	25	全部为本项目新增，设置于地下

4. 项目功能需求

秉持"祭祀孔子、儒学传承"理念，在恢复文庙传统规制的基础上，建设一处集学术研究、展览展示、文化教育、对外交流、旅游休闲等功能于一体的文化知识集散地。

在保留文庙中部核心区域现状的基础上，拆除书市等违章建筑、尊经阁和部分管理用房；新建致道书斋、观德堂、尊经阁、办公楼、游客服务休息中心、茶亭复廊、出地面楼梯间1和出地面楼梯间2共8处单体建筑，以及2层地下室；修缮管理、服务、设备用房共5处单体建筑；并同步实施室外总体工程，以恢复文庙西庙轴、东学轴的传统规制布局。

5. 项目技术特点

（1）保护历史文化遗产

上海文庙作为重要的历史文化遗产，改扩建工程的首要任务就是在保持其原有历史风貌和文化内涵的基础上进行改造。要求采用先进的保护技术，确保文庙的历史建筑、文物和文化特色在改扩建过程中得到妥善保护。

文庙街区内根据实际情况，以及文物建筑保护范围与建控范围的划分，将整体项目分为文物保护范围内的修缮及建控范围内的新建（扩建）。

设计方案分两部分，西北、东北角为建控范围内的新建，该部分不涉及文物建筑修缮。但因新建建筑贴邻文物保护范围，从保护角度，需要

图1　建成后鸟瞰图

综合考虑。西南、东南部分为根据实际情况，结合文物保护要求，对文物保护范围内的历史建筑进行必要的修缮。

① 文物建筑资料分析。根据上述文物建筑资料分析，可知，上海文庙历史建筑群中，大成殿、大成门、星门、东西庑廊、魁星阁基本为现存最早的建筑。其余建筑均为后期建造。

② 建筑形制和年代判断。西南侧附属建筑建造年代在1997年前，具体年代不详。建筑形式为江南传统风格白墙黛瓦。东南角孔乙己酒家建造于1997—1999年。钢筋混凝土结构。为仿古建筑。

图例
■ 拟拆除建筑　■ 拟修缮建筑　■ 拟保留建筑

图2　留改拆总平面示意图

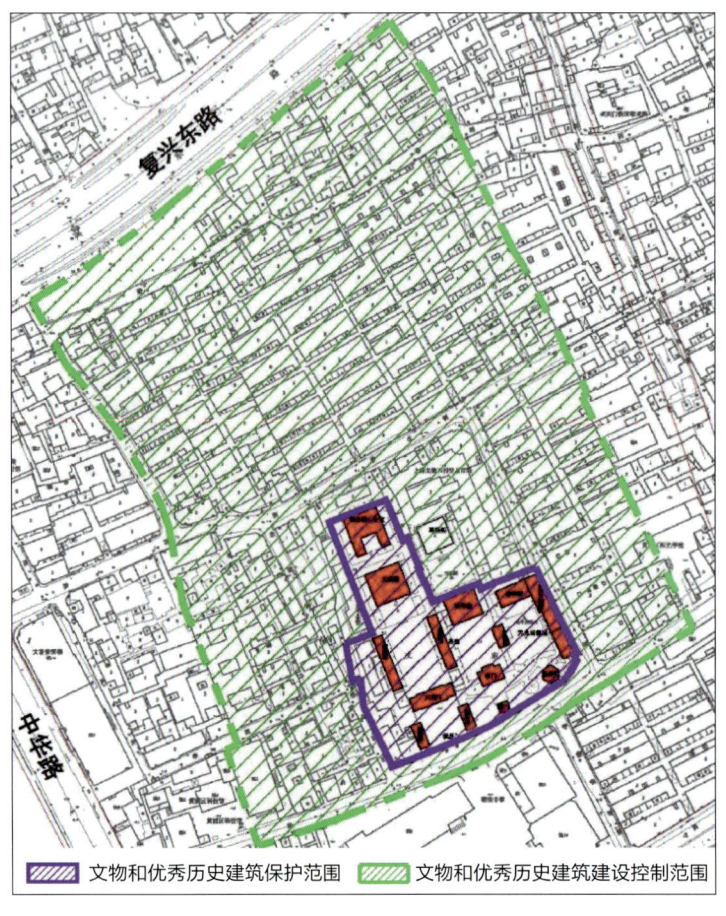

▨ 文物和优秀历史建筑保护范围　▨ 文物和优秀历史建筑建设控制范围

图3　文物和优秀历史建筑保护范围示意图

③ 文物价值评估及保护对象明确。上海文庙的主要文物价值体现在建筑群及环境，以及上述现存最早的建筑。本次涉及的文物保护范围内的建筑文物价值不高。

④ 历次工程效果评估。历次工程对本次涉及的建筑，主要为装修方面的调整，由于均为不同时期根据不同要求的装修改造，造成风格虽大致统一，但在细节上较为凌乱。

（2）项目地理位置特殊

本项目位于上海市老城厢历史文化风貌区，周边四条道路梦花街（北）、学宫街（东）、文庙路（东）、老道前街（西）都是风貌保护道路；地块内上海文庙大部分建筑为保护建筑。

根据文庙保护规划，文保单位保护范围为紫色线范围，基本涵盖了文庙地块内的主要建筑，本项目涉及的西南角和东南角附属建筑，均位于文保单位保护范围之内。建控范围为绿色线范围。

（3）地下工程施工风险大

本项目增建一个地下室，因场地原因，先拆除尊经阁（不属于保护建筑），地下室建好后再复建，同时文庙内周围保护建筑多，周边的小房子距离较近，因此基坑环境等级高、涉及公共安全利益较大，施工安全风险较高，需要重点评估项目结构的安全性及方案的合理性。

项目分为东西两个地块，东区设有两层地下室，西区为地下一层。地上单体为地上两层，采用混凝土框架结构体系，各单体均以地下室顶板作为嵌固端。对首层转换的结构单体，嵌固端应采取可靠构造措施，如柱位应设置交叉梁等，托柱转换处设置双向梁。

本项目场地周边环境非常复杂，基坑边线距离用地红线较近，具体分地块描述如下：

东侧：基坑边线距离用地红线2.1 m，红线外为学宫街，路宽仅5.0 m，路下分布有市政管线，学宫街边为2—3层里弄民宅（天然地基），基坑边线与2—3层民宅最近距离为8.1 m。

南侧：场地南侧为上海文庙保留建筑1—2层保留保护建筑（天然地基），基坑边线与保留建筑的最近距离为7.1 m，场地内有地下管线。

西侧：场地西侧为上海文庙1层保留建筑（天然地基），基坑边线与保留建筑的最近距离为7.7 m，场地内有地下管线。

北侧：基坑边线距离用地红线仅为1.2 m（目前此侧基坑边线即为地下室外墙线），红线外为梦花街，路宽4.8 m，路下分布有市政管线，梦

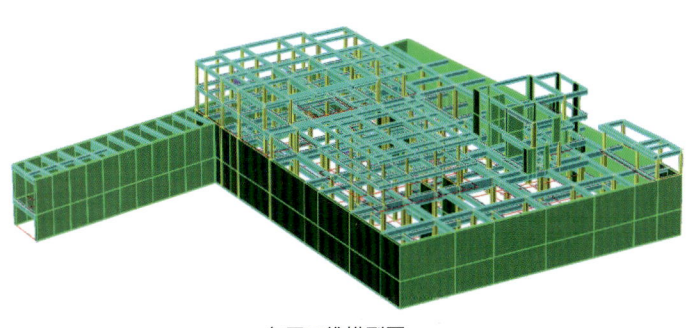
东区三维模型图

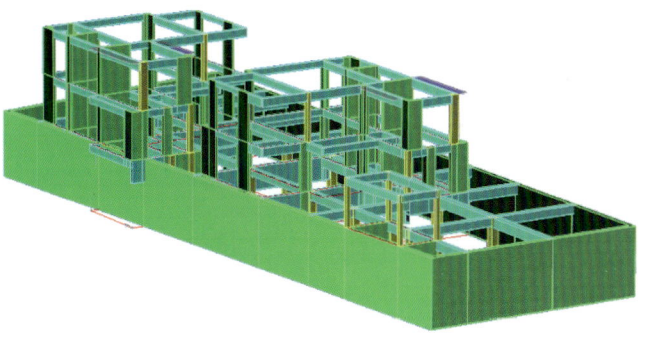
西区三维模型图

图4　结构三维模型图

花街北侧为2层里弄民宅（天然地基），基坑边线与2层民宅最近距离约为9.2 m。

本工程地下二层及地下连通道区域基坑投影面积约3 070 m²，基坑周长为280 m，挖深11.0 m，基坑四周均分布有已建建筑物，环境复杂。经过综合论证，采用钻孔灌注桩结合止水帷幕或钻孔咬合桩+两道钢筋混凝土支撑的支护形式。

（4）新建建筑为仿古建筑

上海文庙是上海著名的名胜古迹，市级文物保护单位，故本项目的建设目的是恢复文庙传统规制，完善其形态布局，填补其功能缺陷，挖掘其文化资源，加强文庙文化品牌和儒学传统文化的影响力，因此新建的建筑均为仿古建筑，与原文庙建筑相统一。

基地内现有保护建筑（崇圣祠、大成殿、西庑廊、东庑廊、大成门、西厢房、东厢房、明伦堂、学门、儒学署、魁星阁、听雨轩、仪门、杏廊）、保留历史建筑、书市和西北角住宅建筑。根据规划要求对保留历史建筑进行修缮，拆除书市和西北角住宅建筑，再新建建筑。新建建筑效果如图5所示。

（5）项目施工对周围环境影响较大

本项目所在位置周边街道均比较狭小，居住民众多且杂，施工组织和交通组织方案也是本项目的重点评估内容。

项目周边的文庙小区、裕厚里、三在里等小区居民现状居住条件较差，受项目建设影响，施工期存在噪声、扬尘等生活环境影响和交通影

庙轴北端茶亭、复廊新建建筑。左为观德堂

东翼致道书斋效果图

图5　新建仿古建筑效果图

响,运行期交通进出进一步拥堵等情况。评估过程中对项目的施工组织和交通组织方案进行重点评估,建立项目文明施工共建机制,及时妥善处理施工过程中居民提出的意见诉求。由项目单位牵头,在招投标文件中明确,要求施工单位与文庙居委会、学宫居委会、曹家街居委会建立文明施工共建机制,施工单位事先做好文明施工的承诺和主要施工节点的事前告知等工作,积极争取居民支持,减少对居民生活环境的影响。

(6)项目的建设存在较大的社会稳定风险

基坑的开挖施工及施工期对周边道路交通和商铺经营影响较大,原可研报告中定为B级,采取措施后仍为B级,因此本项目特对其社会稳定风险评估进行了专家评审,提出了一系列的建议,并编制了《稳评报告》,要求项目建设单位确保风险防范措施的有力执行,降低风险。

《稳评报告》对项目建设程序合法性进行了梳理,结合项目建设方案,通过与业主沟通、现场踏勘、召开调研会等方式,调研了黄浦区老西门

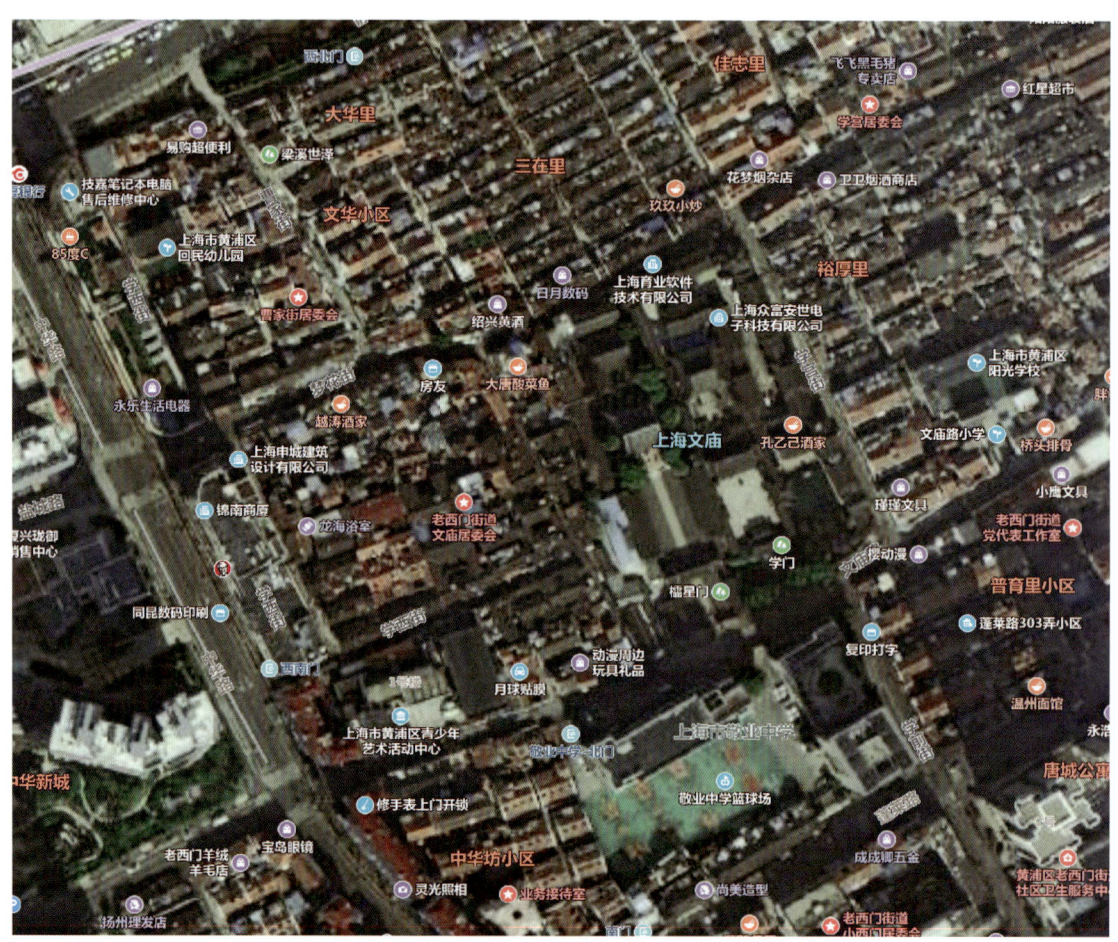

图6 项目基地周边环境示意图

图7 项目周边环境现状

街道办事处、文庙居委会、学宫居委会、曹家街居委会、黄浦区文化和旅游局、黄浦区维稳办、黄浦区规土局及其他相关部门，走访了周边居民、周边道路使用者及周边商铺，了解项目实际情况和居民诉求，梳理了利益相关者的意见诉求。在充分听取相关利益群体的诉求和专家意见后，结合风险识别表的梳理，识别出本工程共有5个主要风险因素（见表2）。

表2 主要风险因素一览表

发生阶段	序号	风险因素
施工前	1	垃圾箱房位置调整可能引发的风险
施工期	2	施工期对周边环境影响可能引发的风险
施工期	3	施工期对周边道路交通和商铺经营影响可能引发的风险
施工期	4	基坑开挖影响周边道路及地下管线质量和安全可能引发的风险
运行期	5	运行期对周边环境、交通影响可能引发的风险

《稳评报告》提出了7条有针对性的风险对策措施，评价在此基础上，强调提出以下风险防范化解措施：一是进一步优化设计方案，从源头上减少运行产生的使用及安全影响；二是强化施工组织管理，依托街道居委做好宣传解释工作；三是做好施工期间的交通组织安排，减少对周边道路通行的影响；四是做好施工期间的群众来访工作，搭建对话平台，化解矛盾和群体性事件，减少社会稳定风险。

（7）精细化施工管理

由于改扩建工程涉及多个方面，如拆除、新建、修复等，因此需要对施工过程进行精细化管理，包括制定合理的施工方案、采用先进的施工技术、确保施工质量和安全等方面。

6. 建设选址

上海文庙目前位于黄浦区文庙路215号，用地面积约为12 753 m²。本项目拟在文庙现有用地基础上，扩大用地面积851.2 m²（以实测为准），扩大用地的规划用地性质为文化用地。扩大用地后，文庙用地范围调整为黄浦-239号街坊239D-01地块，东至学宫街、南至文庙路、西至老道前街、北至梦花街，总用地面积扩至13 604.2 m²。

图8 项目区位图

7. 进度计划

本项目计划于2020年12月开工，自开工至竣工的建设周期约2.5年，至2023年6月底竣工验收投入使用。

8. 项目投资构成

项目建设投资为46 845.74万元，其中：工程费用17 150.17万元；工程建设其他费用3 088.41万元；预备费607.16万元；房屋征收费约26 000万元。

项目建设资金由黄浦区财力出资。

【工作过程】

1. 项目背景与目标明确

首先，咨询组对上海文庙改扩建项目的背景信息进行详细了解，包括项目的起源、历史沿革、现有状况等。同时，明确项目的目标和达到的社会效益，确保项目符合区域文化、旅游和城市发展等方面的战略规划。

2. 现场调研与数据收集

咨询组根据建设单位报送的基础资料初审后进行现场调研，实地考察文庙的现状、周边环境、交通状况等，收集第一手资料。此外，利用信息化平台收集相关的政策文件、技术资料等，为评估提供充分的依据支持。

3. 技术方案与可行性分析

基于收集到的材料，咨询组对改扩建工程的

技术方案进行深入分析,包括建筑结构、基坑设计、消防设计等方面。同时,组织专家团队对项目的可行性进行综合评估,包括技术可行性、经济可行性、社会可行性等。

4. 风险评估与应对措施

咨询组通过调研,识别项目可能面临的风险因素,制定相应的应对措施,确保项目的顺利实施。

5. 社会效益评估

咨询组对项目的社会效益进行充分分析,评估项目建成后带来的社会影响和教育价值,为决策者提供决策依据。

6. 报告编制与成果汇报

最后,咨询组将评估过程和结果撰写成详细的可行性研究评估报告,向审批部门汇报。

【咨询工作特点及经验教训】

1. 深厚的文化底蕴与历史价值考量

老城厢历史文化风貌区是上海中心城内整体性最好、规模最大的一处以上海传统地域文化为风貌特色的历史文化风貌区。留存有上海700多年城市发展的历史痕迹,蕴藏着城市各个发展时期丰富的物质与非物质的历史遗存,集中体现了清末民初以后上海的传统城市生活文化。上海文庙属于老城厢历史文化风貌区核心保护范围,其周边四条道路均为风貌保护道路,上海文庙为上海市文物保护单位。因此,改扩建上海文庙建筑与风貌,对改善道路建筑立面、优化保护区环境、塑造城市景观至关重要。

上海文庙作为重要的历史文化遗产,其改扩建工程不仅涉及建筑本身,更需考虑如何保留和传承其深厚的文化底蕴。在评估工作中,对文庙的历史价值、文化意义以及社会影响进行了深入的探讨和评估,特别重视文化价值的挖掘与保护,确保新的设计方案能够充分体现文庙的历史底蕴和文化特色。

2. 复杂的工程技术与设计方案协调

改扩建工程涉及众多工程技术问题,如结构安全、基坑工程、消防安全、环境保护等,同时还需要与设计方案进行协调。本项目周边环境的复杂性,增加了评估工作的难度,一方面对复杂的工程技术进行论证,同时也需要与设计方进行方案的协调沟通,确保工程的技术可行性和设计的合理性。

3. 多方利益协调与公众参与

由于上海文庙在社会文化生活中具有重要地位,改扩建工程的可行性研究报告评估工作通常具有较高的公众关注度。评估工作过程中进行社会稳定风险评价、组织居民座谈会及专家评审会,广泛征求各方意见,包括专家学者、社区居民、文化机构等,以确保决策的科学性和民主性。

4. 工程咨询理念的创新

在评估咨询工作中,坚持可持续发展理念,充分考虑改扩建工程对上海文庙历史文化遗产保护和城市可持续发展的影响,提出的工程方案和措施,必须确保工程在保护历史文化的同时,能够推动城市的可持续发展。由于项目位于上海市老城厢历史文化风貌区,地块内上海文庙大部分建筑为保护建筑,因此本项目一是更加注重对社会效益的深入分析、技术方案的先进适用性评价和方案结构的安全合理性及其优化;二是从以人为本的角度出发,全面关注投资建设对所涉及人群的生活、生产、发展等方面所产生的影响;三是从可持续的角度出发,统筹考虑投资建设中资源、能源的节约与综合利用以及生态环境承载力等因素,促进循环经济的发展。根据以上特点,咨询组制定具有针对性的咨询方案。

5. 咨询工作方法的创新

(1) 重视前期调研与资料收集

在评估工作开始之前,应充分进行前期调研和资料收集,了解文庙的历史、现状以及改扩建的需求和目标。这有助于更准确地评估工程的可行性和制定合理的实施方案。

(2) 引入多学科交叉评估团队

组建由历史学、建筑学、规划学、经济学等多学科背景的专家组成的评估团队,充分利用各领域的专业知识和经验,对改扩建工程进行全面的分析和评估。有助于发现潜在的问题和风险,提出更具针对性的建议和措施。

(3) 采用数字化技术手段

利用大数据、人工智能等现代技术手段,对上海文庙的历史文化资料、现状数据等进行收集、整理和分析。通过建立数字模型,模拟改扩建工程对文庙及周边环境的影响,为决策提供更直观、科学的依据。

【咨询效果】

上海文庙改扩建工程可行性研究的咨询效果,可以从多个方面进行评估。

首先,从文化传承的角度来看,上海文庙改扩建工程可行性研究的咨询效果显著。上海文庙作为一处承载历史与文化的重要场所,其改扩建工程旨在更好地保护和传承中华传统文化。通过咨询研究,专家们对文庙的历史价值、文化内涵和建筑风格进行了深入剖析,提出了切实可行的改扩建方案,有助于在保留文庙原有风貌的基础上,进一步凸显其文化特色和历史底蕴。

其次,从社会效益的角度来看,上海文庙改扩建工程可行性研究的咨询效果也十分显著。改扩建后的上海文庙将成为一处集学术研究、展览展示、文化教育、对外交流、旅游休闲等功能于一体的文化知识集散地标建筑。不仅能够为市民提供更多元化的文化体验和学习机会,还有助于推动当地文化产业的发展和旅游业的繁荣,从而产生良好的社会效益。

此外,从经济效益的角度来看,上海文庙改扩建工程可行性研究的咨询效果同样值得肯定。通过对项目的投资估算、资金来源等方面的咨询研究,专家们为项目提供了科学的决策依据。改扩建后的上海文庙将吸引更多的游客和学者前来参观交流,带动周边商业的发展,为当地经济注入新的活力。

综上所述,上海文庙改扩建工程可行性研究的咨询效果在文化传承、社会效益和经济效益等方面均表现出色。这一项目的成功实施,将为上海乃至全国的文化事业和经济发展做出积极贡献。

四、全过程项目管理篇

乌梁素海流域山水林田湖草生态保护修复试点工程全过程工程咨询

The Overall Consulting Process of the Pilot Project for Ecological Protection and Restoration to Watershed, Mountain, Water, Forest, Farmland, Lake and Grassland in Wuliangsuhai

编写单位：上海同济工程咨询有限公司
Shanghai TongJi Engineering Consulting Co., Ltd.
联系电话：021-33626700　　网址：http://www.tongji-ec.com.cn
主要完成人：王大伟　杨卫东　施骞　贾文龙　李鑫森　徐慧　周方明　李东升　敖永杰　倪晓静

【点评】

该全过程工程咨询工作在乌梁素海全流域系统综合治理中展现了卓越的理念和方法。项目以生态环境导向的开发模式为核心，通过"一中心、二重点、六要素、七工程"的框架，全面推进生态保护与产业发展的良性循环。咨询团队在管理上的创新，如制度建设、数智化管理平台开发及应用，以及与同济大学紧密合作，为项目顺利进行提供了坚实的支持。此外，项目在资金控制、质量保证、绩效评估等方面均达到了预期目标，显示了全过程项目管理的高效性和精益性。乌梁素海综合治理工程全过程工程咨询的成功实践，为国内乃至国际同类生态保护项目提供了宝贵的经验和模式，对推动生态文明建设和可持续发展产生深远影响，而且弥补了全过程工程咨询在生态治理领域的空白。

【项目背景】

1. 项目建设背景

乌梁素海流域地处内蒙古西部巴彦淖尔市境内，是我国"两屏三带"生态安全战略格局中"北方防沙带"的重要组成部分，是黄河流域最大的功能性草原湿地，是事关黄河中下游水生态安全的"重要节点"，是国家三大灌区之一，是国家重要的商品粮油生产基地，是引领国家实施质量兴农战略的"重点区域"。2018年3月5日，习近平总书记参加十三届全国人大一次会议内蒙古代表团的审议，针对内蒙古的生态环境问题，提出："要加强生态环境保护建设，统筹山水林田湖草治理"，"加快呼伦湖、乌梁素海、岱海等水生态综合治理"，"在祖国北疆构筑起万里绿色长城"的要求。

内蒙古自治区、巴彦淖尔市高度重视，启动了国家重点工程——乌梁素海流域山水林田湖草生态保护修复试点工程（简称"乌梁素海综合治理工程"）。

2. 项目目标

全面贯彻落实习近平生态文明思想，以构筑我国北疆万里绿色长城，提升流域生态环境质量为目标，沙漠、山脉、草原、湖泊、水系、湿地等重点生态功能区生态保护与建设取得明显进展，防风固沙能力有效提升，生物多样性持续改善，水环境质量稳定达标，生态系统的稳定性明显加强，生态系统服务功能显著增强，有效提升"北方防沙带"生态系统服务功能和保障黄河中下游水生态安全。

具体绩效指标，新增沙漠治理面积4万亩、治理无责任主体露天采坑404个、治理无责任主体废渣堆353个、治理无责任主体废弃工业广场72个、新增水土流失治理面积1.4万亩、新增乌拉山林业生态修复总面积3.3万亩、新增乌梁素海周边草原生态修复面积6万亩、新增芦苇年处理量6万t、新增减氮控磷示范面积76万亩、新增海堤防护长度120 km、人工湿地修复新增面积7 020亩、膜下滴灌水肥一体化面积达到210万亩、智能配肥站新增服务面积320万亩。

3. 全过程咨询服务期

2019年4月10日起至2022年11月5日止。

4. 建设单位概况及要求

（1）建设单位概况

乌梁素海综合治理工程由内蒙古乌梁素海流域投资建设有限公司（简称"乌梁素海投资建设公司"）投资建设，乌梁素海投资建设公司是巴彦淖尔市政府与社会资本共同设立的项目公司，全面负责乌梁素海综合治理工程的投资、建设、运营、风险管控管理。

（2）建设单位对项目管理服务的要求

确保项目遵循相关法规和标准，实现工程质量、进度和成本的严格控制；强化安全管理，预防事故；优化合同管理，妥善处理变更和索赔；提升信息流通效率，确保关键信息及时准确；协调各方利益，保障沟通顺畅；评估和管理项目风险，制定应对策略。

（3）项目建设条件

乌梁素海综合治理工程围绕"山、水、林、田、湖、草、沙"7大生态要素，对乌梁素海流域1.63万km²范围实施全流域、系统化治理，重点实施7大类35个项目。乌梁素海综合治理工程具有大尺度、跨地区、跨介质、多要素的特点，涉及建筑、市政、林业、地质灾害治理、水利、环境、互联网等一系列的工程类别，涉及多部门（生态环保、自然规划、水利、林业、住建、农牧、发改等）的协同和统筹。

【项目内容】

1. 项目主要建设内容

乌梁素海综合治理工程是国家第三批山水林田湖生态保护修复工程试点项目，项目总投资50.86亿元，建设地点位于内蒙古巴彦淖尔市乌梁素海流域，流域总面积约1.63万km²，重点实施7大类35个项目。

沙漠综合治理工程：在磴口县乌兰布和沙漠实施防沙治沙示范工程和生态修复示范工程，通过平整沙丘、沙障压沙等技术措施，完成压沙造林约4万亩，接种肉苁蓉约7万亩。

矿山地质环境综合整治工程：针对乌拉山南

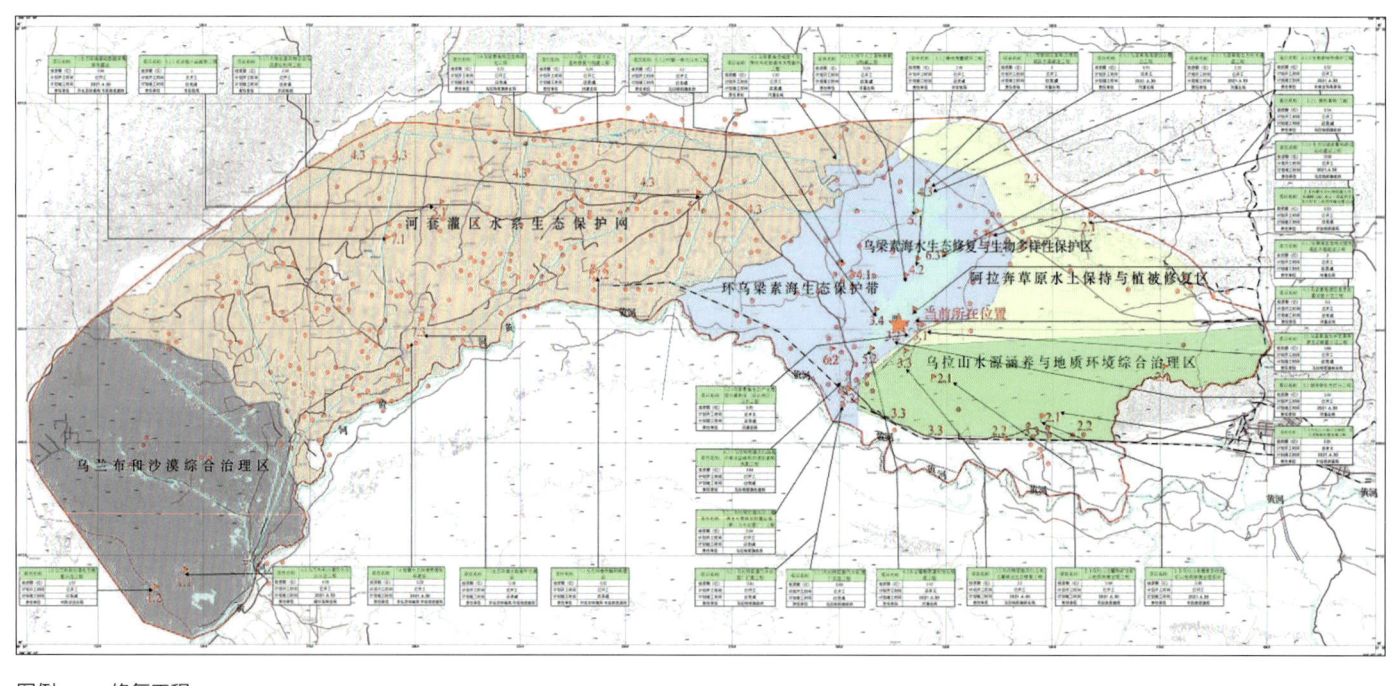

图1　乌梁素海综合治理工程分布图

北麓矿山环境问题,进行地质环境治理与生态修复,包括治理露天采坑、废石(渣)堆、废弃工业广场等。

水土保持与植被修复工程:在乌梁素海东岸荒漠草原和乌拉山南北麓实施生态修复,通过人工播种和灌溉系统建设,提高植被覆盖度。

河湖连通与生物多样性保护工程:通过排干沟净化、湿地修复与构建、生态补水及海堤防护等措施,改善水动力条件,提升生物多样性。

农田面源及城镇点源污染治理工程:包括农牧业污染减排、乌梁素海水质提升、湖区周边村落环境综合整治,通过污水处理和垃圾分类收集转运,减少污染物入湖。

乌梁素海湖体水环境保护与修复工程:实施湖区湿地治理、水道疏浚、水生植物资源化综合处理和底泥处置试验,提升湖体水质和生态环境。

生态环境物联网建设与管理支撑:建立生态环境基础数据采集体系、数据传输网络、大数据分析平台,实现智慧生态环境管理。

2. 参建单位

内蒙古乌梁素海流域投资建设有限公司作为建设单位,携手上海同济工程咨询有限公司作为全过程工程咨询单位,与中交第三公路工程局有限公司和中交公路规划设计院有限公司组成的联合体,以及中国建筑一局(集团)有限公司、甘肃中建市政工程勘察设计研究院有限公司和中国市政工程西北设计研究院有限公司组成的另一个联合体,共同参与了该项目的建设。

3. 主要投资构成情况

乌梁素海综合治理工程是一项重大的生态修复项目,旨在恢复和保护乌梁素海的生态环境,促进该地区的可持续发展。乌梁素海综合治理工程共投资50.86亿元,其中:中央投资20亿元、内蒙古自治区配套资金13.13亿元、巴彦淖尔市及各旗县区配套资金16.12亿元、社会资本投资1.61亿元。多元化资金来源体现了党中央和国务院对生态保护和环境治理工作的重视和支持,地方政府的大力投入凸显了对改善当地生态环境的坚定决心,社会资本的参与不仅为项目提供了额外的资金支持,也体现了市场对生态治理项目的认可和信心。

4. 主要节点进度情况

2019年4月,我司通过公开招标成功中标乌梁素海综合治理工程的全过程工程咨询服务。2019年10月24日,完成了《乌梁素海流域山水林田湖草生态保护修复试点工程实施方案》的优化调整工作;2020年2月,完成了全部35个子项目的立项审批工作;2020年9月,35个子项目的初步设计审批全部完成;2020年11月,35个子项目全面开工建设。经过不懈的努力和精心的施工管理,乌梁素海综合治理工程于2022年11月5日圆满完成,并顺利通过了竣工验收。

5. 质量完成情况

本工程在质量方面达到了预期目标。项目实施过程中,始终将质量第一作为核心原则,严格执行国家及行业的相关规范和标准,确保了工程的高质量完成。通过对结构安全、功能实现、材料使用、施工工艺等方面的全面检查,工程实体质量良好,满足设计要求和使用功能。

6. 绩效目标完成情况

沙漠综合治理方面,新增沙漠治理面积4万亩,严重沙漠化占比下降到21.8%。

矿山地质环境治理方面,通过矿山地质环境区域治理,矿山地形地貌得到改善,植被初步开始恢复,降低了山体滑坡、坍塌等地质灾害发生概率,无责任主体露天采坑、废渣堆和废弃工业广场的治理数量均超出了实施方案的目标值,分别完成了1 123个、1 623个和139个,远超计划的404个、353个和72个。

水土保持与植被修复方面,新增乌梁素海周边草原生态修复面积6万亩,新增乌拉山林业生态修复总面积3.3万亩,林业和草原生态得到修复,林草覆盖度提升,水土流失问题有所改善。人工湿地修复和新增面积也取得了显著成效,恢复湿地面积达到了22 695亩,远高于7 020亩的目标值。

根据中国环境科学研究院出具的说明显示,乌梁素海整体水质由劣五类稳定提高到五类,湖心区COD年均浓度18 mg/L,氨氮年均浓度0.18 mg/L,总磷年均浓度0.02 mg/L,总氮年均浓度0.747 mg/L,均优于绩效目标。补水量6.11亿m^3,河道水动力、水循环明显改善。根据全国土地第三次调查显示乌梁素海湖泊面积达到317 km^2,比2018年293 km^2增加24 km^2。

【工作过程】

1. 项目管理工作范围

乌梁素海综合治理工程是一项复杂的系统工程,涉及7大类35个项目。项目管理的工作范围广泛，包括以下5项工作内容：

全过程工程咨询管理：从项目的构思、规划、设计、施工到最终的验收和运营，提供全面的咨询服务，确保项目按照既定目标顺利进行。

项目前期决策咨询：在项目启动前，提供决策支持，包括市场调研、风险评估、可行性分析等，帮助项目决策者做出明智的选择。

造价咨询：对项目的成本进行估算和控制，提供造价预算、成本控制和价值工程等服务，以确保项目经济效益最大化。

招标代理：协助项目方进行招标工作，包括招标文件的准备、招标过程的组织和管理，以及合同的谈判和签订。

工程监理：在施工过程中，对工程质量、进度和安全进行监督和管理，确保工程符合设计要求和施工标准。

2. 项目管理组织情况

为了提高全过程项目管理的效率和专业性，项目部人员配置科学、分工明确。项目部共有164名专业人员，根据工作内容和职责，分为以下6个管理组：

前期咨询组：负责项目可行性研究、稳定性评估、环境影响评价和节能评估等前期工作，为项目的顺利启动提供决策支持。

报批报建与设计管理组：负责项目的审批、备案、设计管理等工作，确保项目符合相关法规和设计标准。

造价采购合同管理组：负责项目的造价预算、采购管理、合同谈判和签订等工作，控制项目成本，保障项目经济效益。

现场管理组：负责施工现场的监督和管理，确保工程质量、进度和安全，协调解决施工过程中的问题。

信息文档管理组：负责项目信息的收集、整理和归档，以及文档的管理工作，为项目的决策和执行提供信息支持。

后勤人事财务组：负责项目部的后勤保障、人事管理、财务管理等工作，为项目部的正常运转提供支持。

通过这种分工合作、协同作战的管理模式，全过程项目管理项目部能够高效、专业地推进各项工作，确保项目顺利实施。

3. 项目管理的主要工作

（1）制度先行管长远，创新方式提质效

全过程项目管理项目部根据投资控制总目标、建设工程特点以及建设单位的特定需求，首先编制项目管理规划大纲、项目管理实施方案以及专业工作计划；然后，根据项目管理规划大纲、项目管理实施方案以及专业工作计划，编制各阶段、各专业管理制度21项，立规立矩，做到操作流程清晰、工作路径合理、责任与义务明确、奖励与惩罚并行，为工程建设顺利进行奠定坚实基础。

（2）实行项目精细化管理，加强项目成本投资控制

① 以限额设计分解投资费用控制目标。把投资费用控制目标分解至单位工程费用项目，要求单位工程不得超过下达的投资费用指标。

② 以专业或工序交叉监管控制专业工作或施工质量。要求报批报建与设计管理组负责勘察任务的确定及结果的验收；造价采购合同管理组负责设计成果投资控制验收；现场管理组负责设计成果技术标准与要求验收和工程施工现场的监管。

③ 以项目前期严谨的技术经济管理减少工程变更。严格按基本建设程序要求实施项目管理，严格按照批准的工程规模及内容、建设规模、功能及用途、建设标准、工程特征及做法以及估算、概算和预算等，全面组织实施，保证建设工程步步走向深化，是减少工程变更最科学、最有效的措施。

（3）质量控制贯穿全生命周期，多措并举抓好工程质量提升

① 以设计管理提升项目生态治理效能。从方案设计、初步设计阶段将更多生态治理功能目标融入设计管理目标进行早期有效的控制，在限额设计下保证设计成果满足生态治理功能目标，尽可能地降低成本，提高功能。

② 以专业或工序交叉检查作为质量控制的手段。从设计、造价、施工入手，对各分部分项工程实行全过程、全方位质量交叉检查，不留缺口和死角。以专业之间的依据性联系和工序的先后关系，使专业之间、工序之间建立检查验收关系，建立环环相扣的质量监督管理机制。

③ 以样板作为质量控制的可视性样本。施工实行"样板制"，关键部位全面施工前必须先做出样板，然后向施工单位各班组及成员进行施工交底，明确做法标准和质量要求。样板引路，完工后按样板验收。

④ 以关键部位"全检"堵塞质量掌握漏洞。

对主体布局关键部位,如钢筋工程、模板工程、混凝土工程等,按做法标准、质量标准,要求监理100%进行检查和确认,并按一定比例进行抽查。

(4)强化计划编制与执行管控,提高工程进度管理水平

① 挂图作战、节点倒逼管控进度。以横道图形象、直观实时了解和控制节点进度,以时标网络图控制关键线路上关键工作的进度,对关键工作的进度风险进行提前预警,对整体项目进度进行优化和调整。

② 以动态管理强化计划执行的监督。采用动态管理随时改进、订正计划,使执行与管理保持一定弹性。

③ 以集体会商诊断问题根源。通过专题会议等形式,查明原因,探求最佳解决方法。全过程项目管理项目部每周组织召开一次工作例会,审核上周工作完成情况,及时分析、协调和调整工作进度,查明计划滞后原因,制定切实可行的赶工方案,满足月度计划执行的要求。

【咨询工作特点及经验教训】

1. 项目难点及采取的解决措施

(1)工程综合性极强,涉及和涵盖的工程类别多、专业广,需要全盘考虑、统筹协调

"山水林田湖草沙"是一个"生命共同体",涉及丰富多样的工程类别和专业学科。本项目建设综合性强,专业和技术要求高。

全过程项目管理项目部配置了各类专业咨询工程师,涵盖项目全部专业,是一个技术力量过硬、专业知识广博、管理能力精湛的优秀管理团队。

特聘行业主管部门生态环境治理行业专家学者,组成技术支援团队,对乌梁素海综合治理工程技术难点提供技术支持,并定期邀请专家学者"面对面"授课,针对行业最新动态、先进技术、治理理念等开展培训,大大拓展了管理人员视野,及时掌握行业前沿动态。

(2)子项目分布广,管理难度大,信息传递慢

乌梁素海流域面积约1.63万 km^2,流域范围广阔。整体治理分为7大类35个项目,各子项工程之间分布广泛,管理难度大、信息传递慢。

针对子项目管理难度大,全过程项目管理项目部建立了矩阵式组织架构,分别在项目现场建立管理分部,细化分工,明确职责,加强了各管理分部与职能部门的协作配合,实现协作效能双提升。

针对信息传递慢,咨询工程师们自主研发的基于物联网、传感器、数据采集储存融合、无线传输、数据库的建设项目信息协同平台为项目管理工作解决了空间上的距离限制,让信息传递更通畅,工作更加便捷高效。

(3)建设参建方众多,协调难度大

乌梁素海综合治理工程涉及7个旗县区、36个苏木镇、8大行业主管部门,征地、社会矛盾协调难度大,全过程项目管理项目部建立了三级会议推进体系,定期组织召开以各参建单位参与的例会及专题会、建设单位参与的协调推进会,市政府、行业主管部门参与联席会议,分级协调解决项目遇到的重大问题,畅通工作渠道,深化协作成效。

(4)大型综合生态治理项目,无可借鉴的经验

乌梁素海综合治理工程是国家三部委第三批山水林田湖草生态保护修复试点工程,国内该类型工程项目无可借鉴的管理经验,咨询工程师们依托法律法规、行业规范,制定了一套较完善的项目管理办法,为项目管理标准化、规范化提供制度保障,也为同类项目提供可推广、可复制的管理经验。

乌梁素海综合治理工程部分子项目没有成熟治理技术和可借鉴的经验。全过程项目管理项目部通过请教专家、向科研机构咨询、实地考察等多种方式,确定了治理路径和技术,为子项目提供最优解决方案。

2. 工作主要创新经验

(1)生态修复与产业协同发展,推进可持续治理

乌梁素海生态修复过程中,全过程项目管理项目部积极探索将公益性强、收益性差的生态环境治理项目与收益较好的产业项目结合,提升生态治理项目的造血能力,在乌兰布和沙漠生态修复中利用梭梭树接种肉苁蓉发展肉苁蓉种植产业、在乌拉山南北麓林业生态修复中利用苗木发展经果林产业、利用乌梁素海芦苇资源变废为宝发展无醛板材产业等,真正实现了生态优先、绿色发展,走出了一条生态美、产业兴、百姓富的高质量发展之路。

(2)坚持以系统观念统筹,优化山水林田湖草沙一体化治理方案

为实现功能目标,坚持"湖内的问题、功夫

下在湖外",由单纯的"治湖泊"向系统的"治流域"转变,全过程项目管理项目部以流域为单元进行资源整合、技术整合和实施路径整合,优化子项目设计。在乌兰布和沙漠,建设沙漠防沙治沙工程、蒙中药材等绿色产业相结合的可持续治理模式,阻止泥沙流入黄河、侵蚀河套平原;在乌拉山实施地质灾害治理、地质环境治理等工程,改善乌拉山地质地貌环境,提高水源涵养功能,提升乌拉山的生态屏障服务功能;在湖区周边,实施荒漠草原生态修复、湖滨带生态拦污、乌拉山南北麓林业生态修复、乌梁素海周边造林绿化等工程,强力推进乌拉特草原修复;在乌梁素海湖区,实施生态补水通道、生物多样性保护、湿地治理及水道疏浚、底泥处置试验示范、河口湿地修复与构建、水生植物资源化综合处理等工程,改善湖区水质。

（3）产学研结合,推进乌梁素海生态修复

乌梁素海污染成因复杂,治理难度大,在全国范围内仍无较好治理经验可借鉴,全过程项目管理项目部依托同济大学学科优势,与同济大学开展生态保护与修复治理的基础科学研究,通过长时间的野外实验观测研究等手段,系统了解自然生态系统的演替规律、内在机理、影响机制等,夯实生态保护修复的科学基础,与多位同济大学环境治理领域专家教授就乌梁素海生态修复开展课题研究,设立乌梁素海湖区底泥污染机制分析及处置示范研究等多项课题,发表了多篇学术论文,为乌梁素海生态修复提供解决方案,助力科研成果转化落地,为国内同类型生态治理项目提供可借鉴、可复制、可推广的治理示范。

（4）以制度为基石,提高管理质量与效率

通过充分调研,编制、发布了一套涵盖工程策划、报批报建、设计管理等在内、包含23项管理制度的生态修复工程管理办法,作为工程实施和推进的"宪法",使得工程的每个事项、每个流程都有章可循,有效推动了项目的实施。

（5）建立三级会议推进体系,搭建项目沟通协调快速路

全过程项目管理项目部审时度势地建立了三级会议推进体系,构建了有效的沟通机制,定期组织召开市政府、行业主管部门参与的联席会议,建设单位参与的协调推进会、各参建单位参与的例会及专题会,及时了解各参建方的工作情况,分级协调解决项目遇到的问题,畅通工作渠道,深化协作成效。

（6）自主研发项目数智协同管理平台,提高沟通决策效率

针对项目分布广,物理空间距离远、子项目多等特点,全过程项目管理项目部在公司已有平台的基础上,投入500余万元,自主开发了一套多方共同参与、信息及时共享、资料随时查阅、现场随时调度的数智协同管理平台,有效提升了项目信息传递、任务追踪、项目决策的效率。

【咨询效果】

通过全过程项目管理项目部的高效管理,乌梁素海综合治理工程顺利通过验收并取得了圆满成功,获得了显著的治理成效和社会效益。同时,咨询工程师们所采取的创新方式和有效管理方法,也为国内同类大型生态治理项目群提供了可推广、可复制的经验,推动了工程咨询行业的发展和进步。

1. 超额完成绩效指标,绩效评价等级为"优"

由中国环境科学研究院对项目绩效进行全面评估,绩效指标全部按要求完成。2021年6月财政部对第三批山水林田湖草生态保护修复试点工程资金开展重点绩效评价,资金绩效评价得分为90.75分,绩效评价等级为"优"。

2. 高效、精益的投资控制节约投资2.54亿元

全过程项目管理项目部通过从设计阶段抓投资,合理控制项目成本费用,节约建设资金,加上后期实施过程中较严格的变更控制,确保工程总投资额控制在建设单位要求的预算控制目标范围之内,提高建设资金使用效益,节约投资2.54亿元。

3. 流域生态环境显著改善

一是乌梁素海流域整体水质由劣五类稳定提高到五类,河道水动力、水循环明显改善。二是点源污染得到控制。通过建设污水处理厂、生活垃圾收集和转运站点项目,污水处理率和生活垃圾处理率提高到99%,降低了对周边环境污染。三是流域周边环境有所改善。通过矿山地质环境区域治理,矿山地形地貌得到改善,植被初步开始恢复,降低了山体滑坡、坍塌等地质灾害发生概率,强化了乌梁素海周边山地生态屏障功能。

4. 理论成果总结,形成多项学术成果

全过程项目管理项目部从生态治理工程的政策依据、法律法规、制度建设、技术标准、绩效评估等多方面进行研究和梳理,构建生态修复工程的理论体系,总结经验,力争为生态修复工程

图2　乌拉山南北麓治理前后对比图

做出贡献。一是主持编写并出版了《人与自然的和解——以乌梁素海为例的山水林田湖草沙生态保护修复试点工程技术指南》《乌梁素海流域山水林田湖草生态保护修复试点工程常用法规文件汇编》《生态修复工程乌梁素海流域山水林田湖草生态保护修复试点工程项目管理办法》《山水林田湖草生态保护修复工程绩效评估及案例分析》《生态修复工程农村人居环境整治》《生态修复工程组织与管理》。二是发表了《生态保护修复工程实施推进方法的探索与实践》等论文35篇。三是开展了八九排干人工湿地修复与构建工程、东西侧湖区湿地治理及湖区水道疏浚工程、乌梁素海湖区底泥处置试验示范工程等36项科技研究。四是取得了"湖泊底泥取样装置""一种用于湖泊治理的藻水分离装置"等专利23项。通过出版书籍、发表论文、科研和发明专利等方式，解决生态修复工程中的技术难题，填补生态工程组织管理在理论方面的不足，为生态修复工程建设提供借鉴。

5. 获得多项荣誉

乌梁素海综合治理工程被生态环境部评为全国"绿水青山就是金山银山"实践创新基地，入选自然资源部《社会资本参与国土空间生态修复案例（第一批）》、生态环境部"EOD"模式试点项目名单、生态环境部世界自然保护联盟《基于自然的解决方案中国实践典型案例》、"中国改革2021年度案例"。

乌梁素海综合治理工程获得2020年全过程工程咨询服务十佳案例、上海市2022年度质量信得过班组、上海市2020—2021年度优秀项目管理（全过程工程咨询）项目、2023年度上海市工程咨询优秀成果一等水平、2022年度全国优秀工程咨询成果三等奖。

6. 客户评价

乌梁素海综合治理工程作为一项重大的生态修复项目，建设单位对于全过程工程管理给予了高度评价。建设单位认为，全过程工程咨询模式的应用极大地提升了项目的管理效率和工程质量。通过从项目策划、设计、施工到后期运营维护的一体化管理，实现了对项目全生命周期的精细把控，有效确保了工程进度、成本和质量的协调统一。

在生态修复过程中，全过程项目管理项目部展现出的专业性和高效性，为项目提供了强有力的技术支持和决策辅助。特别是对于生态保护和环境治理的复杂性，咨询团队能够及时响应业主需求，提供定制化的解决方案，确保了生态修复目标的顺利实现。

基于海南铺前大桥项目管理承包——开展全过程咨询管理创新探索与实践研究报告

Research Report on Innovation Exploration and Practice of Consulting Management in the Whole Process—Based on Hainan Puqian Bridge Project Management Contracting

编写单位：上海科瑞真诚建设项目管理有限公司
　　　　　中国公路工程咨询集团有限公司
　　　　　同济大学
Shanghai K&Z Construction Project Management Co., Ltd.
China Highway Engineering Consulting Corporation
Tongji University
联系电话：021-65988688　　网址：http://www.kzcpm.com
主要完成人：谢坚勋　崔玉萍　何清华　赵晓峰　张新来　侯　芸　孙平宽　张宗玮　王子伦　何　晖

【点评】

该研究深入探讨了海南铺前大桥项目在全过程工程咨询服务模式下的创新实践，展现了项目管理的前瞻性和高效性。报告的突出优点在于其系统性的研究框架和详实的案例分析。通过深入剖析，总结了"铺前大桥模式"的四大特点和八大特征，凝练出"四梁八柱"理念，不仅为理解铺前大桥模式的核心价值和实践要点提供了清晰的框架，而且为类似复杂工程提供了宝贵的经验和方法。此外，研究成果还以专著、行业应用指南和学术论文的形式广泛推广，为未来类似复杂工程的策划和实施提供了理论基础和实操指导，预示着全过程工程咨询服务在全球基础设施建设领域广泛应用的发展前景。

【项目背景】

作为海南省的标志性工程，海南铺前大桥不仅是中国国内唯一一座跨越地震活动断层的跨海大桥，更是在技术和管理上具有划时代意义的工程项目。铺前大桥作为"海澄文"经济圈的核心交通枢纽，对于加快海南自由贸易试验区乃至中国特色自由贸易港的建设和发展起到了至关重要的作用。这座独塔双索面钢箱梁斜拉桥，以其惊人的工程规模和复杂性，标志着中国桥梁建设技术的一个新高度。

铺前大桥的建设不仅仅是一项普通的工程建设，它的成功实施是基于全过程工程咨询服务模式的高效运作。这种模式涵盖了从项目策划、前期研究、工程设计、招标采购到工程施工及运

图1　海南铺前跨海大桥鸟瞰图

营维护等各个阶段,实现了工程咨询服务的全面性和深度。在项目管理承包的框架下,服务提供商进行了全方位的参与,包括预可行性研究、可行性研究、初步设计及众多专项技术研究,确保了项目的顺利进行。因此,本课题选择以海南铺前大桥作为研究对象,旨在深入探索和总结全过程工程咨询服务在复杂工程项目中的应用效果与经验教训,特别是探讨全过程工程咨询模式如何有效整合资源、优化项目管理流程,并在实际操作中如何处理各种技术和管理挑战,以期为未来更多类似复杂工程的策划和实施提供理论基础和实操指导。

【项目内容】

1. 案例篇:总结"铺前大桥模式"的基本特征

针对海南铺前大桥PMC模式(全过程工程咨询服务落地模式)服务技术难度大、质量目标高以及组织协调复杂等问题,归纳出项目全过程工程咨询服务的四大特点,并进一步总结提炼出该项目全过程工程咨询服务的八大特征。研究成果系统分析了铺前大桥全过程工程咨询的服务机制、模式类型、实现路径、工作内容和价值内涵,并创造性总结出在全过程工程咨询服务领域具有前瞻引领作用的"铺前大桥模式"。具体包含以下内容:

(1)项目复杂性分析

首先分析了海南铺前跨海大桥项目的复杂性,考虑到其跨海特点和高技术要求,特别关注了结构设计、施工难度及环境保护等方面。这一分析帮助团队理解了项目中可能遇到的主要技术和管理挑战。

(2)建设管理模式的选择与演进

研究重点关注了不同管理模式(特别是全过程工程咨询模式)的选择依据及其在项目中的适用性。通过对比分析,课题试图揭示为何全过程工程咨询模式能够更好地应对该项目的特定需求。

(3)全过程工程咨询服务的组织系统

这部分研究着重于全过程工程咨询模式下的组织结构设计。探讨了如何构建有效的组织系统来支持全过程咨询,包括关键角色的设定、职责分配及协调机制。

(4)团队建设

研究强调了专业团队建设的重要性,包括如何选拔和培训专业人员,以确保他们能够应对高标准的技术和管理要求。

(5)建设绩效评估

通过对海南铺前跨海大桥在PMC模式下的建设绩效进行评估,研究试图验证全过程工程咨询服务的效果,关注项目的成本、时间和质量等关键绩效指标。

(6)"铺前大桥模式"的系统总结

基于上述研究,课题进一步总结形成了"铺前大桥模式"的基本特征,系统分析了全过程工程咨询服务的价值内涵及其在类似项目中的应用潜力。

2. 理论篇:探究全过程工程咨询模式的应用必要性及理论内涵

深入分析了重大基础设施工程领域开展全过程工程咨询服务的必要性和适应性,从重大基础设施项目的复杂性出发,研究论述了全过程工程咨询服务"整建制"提升建设主体特别是建设单位对复杂性驾驭能力的基本功能,总结梳理了国家与各省市近年出台的全过程工程咨询服务政策,分析了全过程工程咨询服务的理论基础,并对全过程工程咨询概念的内涵和核心理念开展深入探讨。

(1)复杂性的认识与驾驭

研究论述了全过程工程咨询服务如何通过"整建制"提升建设主体,尤其是建设单位在驾驭项目复杂性方面的能力。这部分分析了如何通过全面而综合的服务提升项目决策和执行的效率和效果。

(2)建设单位的集成能力

研究强调了提升建设单位集成能力的重要性,探讨了传统咨询服务在此方面的局限性,并提出了全过程工程咨询服务如何更有效地支撑建设单位。

(3)全过程工程咨询的政策环境

总结并梳理了国家及各省市近年来出台的全过程工程咨询服务相关政策,分析了这些政策的内容和目的,以及它们对推动全过程工程咨询实践的作用。

(4)全过程工程咨询的理论基础

此部分研究提供了全过程工程咨询服务的理论支持,涵盖了重大工程管理、项目管理及项目治理等相关理论。这为全过程工程咨询服务的实践提供了坚实的理论基础。

(5)全过程工程咨询的理论内涵

深入探讨了全过程工程咨询的相关概念和

核心理念,旨在明确服务的定义、目标和方法,从而确保其在实践中的正确应用和有效实施。

3. 实践篇:凝练基于"铺前大桥模式"的全过程工程咨询优秀实践

结合海南铺前大桥工程全过程工程咨询的工作实际,将全过程工程咨询服务的实践分为六个阶段,分别从每个阶段的管理特点、管理内容、管理要点、管理流程和管理成果五个维度,旨在形成一个针对重大基础设施工程的全过程工程咨询实务操作的框架体系,提供可复制和可推广的经验和做法。

(1)前期决策阶段咨询

这一阶段涵盖了工程项目初期的决策过程,包括需求分析、方案评估及决策制定等。具体分析了铺前大桥项目决策阶段的管理特征和要点。

(2)勘察设计阶段咨询

此阶段重点在于工程设计的质量和效率。探讨了铺前大桥项目设计阶段的关键管理内容和流程,并从技术和操作的角度评价了设计阶段的成果。

(3)招标采购阶段咨询

招标采购阶段是项目成本控制和质量保证的关键环节。研究了铺前大桥项目如何通过全过程工程咨询优化招标和采购流程,以提高透明度和公平性。

(4)工程施工阶段咨询

施工阶段的咨询服务关注于现场管理和进度控制。研究详细介绍了施工管理的主要工作内容和管理要点,确保施工质量和安全。

(5)竣工验收阶段咨询

此阶段关注于项目的完工和验收,包括质量评估和功能测试。研究强调了铺前大桥项目如何通过系统的验收流程来确保工程项目符合设计和规范要求。

(6)运营维护阶段咨询

运营阶段的咨询服务专注于工程项目的长期维护和效能监测。研究探讨了铺前大桥项目如何通过咨询服务优化运营管理和维护策略。

4. 编制《交通基础设施行业PMC项目管理服务应用指南》

在新的时代背景下,我国交通基础设施的总体建设规模将进一步增加,建设单位仍然面临较大的建设管理压力。一方面,交通基础设施项目管理需要进一步转向高质量创新发展模式,亟待对整体性、集成化程度最高的既有PMC项目的管理经验进行系统的总结,以促进工程项目管理的高质量发展;另一方面,交通基础设施工程内核的复杂性,将对建设单位和PMC承包商带来更大的挑战,管理者亟需系统化的专业指引。

本指南编写组基于对PMC模式的理论研究,并参考国内外的有关PMC模式的服务标准,结合我国首个采用PMC模式进行建设管理的公路工程项目——海南铺前跨海大桥PMC项目咨询服务的经验,编制《交通基础设施行业PMC项目管理服务应用指南》(简称《指南》)。《指南》详细描述了交通基础设施建设项目全过程工程咨询服务的咨询内容、咨询要点和咨询成果,帮助从业人员了解交通基础设施建设项目的管理重难点、理念及发展趋势等。基于政策文件+专家观点+实践案例的三维视角,将PMC模式归类为全过程工程咨询五大类服务落地模式中整体性与集成化程度最高的类型——"一体化型"。以期可以帮助交通基础设施从业人员了解交通基础设施建设项目全过程、全方位、全要素管理的主要理念、工作内容和注意事项,也可以帮助其掌握交通基础设施建设项目中的突出难点、重点,以及新的技术方法和模式的落地应用方式、关键要点及发展趋势等。

【工作过程】

(1)团队组建(2019年5月25日—6月5日)

挑选包括项目经理、资深工程顾问、研究员及支持人员在内的多功能团队,确保了项目多角度的全面性和专业性。

(2)完成第一轮调研访谈和数据搜集(2019年6月5日—8月5日)

完成团队组建后,项目组立即开展了为期两个月的初步调研和资料收集工作。这一阶段,团队成员通过访谈、实地考察和数据搜集,对海南铺前大桥的建设背景、技术特点、管理流程等进行了全面的了解。调研成果为后续的研究问题和方法的确立打下了坚实的基础。

(3)签订委托合同(2019年8月5日—9月1日)

在前期调研的基础上,项目组明确了具体的研究问题和研究方法,进行了公开文献的系统检索,以确保研究的广度与深度,并签订委托合同。

(4)完成第一轮工作汇报(2019年9月1—25日)

汇报中,项目组详细介绍了研究进展,并就

各个研究章节的问题、内容和方法进行了明确，确保了研究的系统性和实用性。

（5）完成海南铺前大桥项目案例资料搜集（2019年9月25日—11月10日）

项目组对海南铺前大桥项目的详细资料进行了深入的搜集和分析。这些资料涵盖了从项目策划到运营维护的全过程，为撰写研究报告提供了丰富的实证支持。

（6）形成第一轮修改稿（2019年11月10—20日）

通过整理和分析搜集的案例资料，项目组形成了第一轮修改稿，对初稿进行了全面的修订和完善。

（7）开展修改稿汇总及统稿工作（2019年11月20日—12月6日）

项目组对所有章节的修改稿进行了汇总和统稿，确保报告内容的连贯性和逻辑性。

（8）提交报审稿（2019年12月6日）

（9）向委托方展示了目前的研究成果和后续工作计划（2019年12月10日）

（10）形成并提交正式稿（2019年12月10日—12月31日）

在接受委托方的反馈后，项目组对报告进行了最后的修改和完善，形成了正式稿，并提交给委托方审定。同时，报告的编辑和排版工作也同步进行，确保报告的专业呈现。

（11）编制《交通基础设施行业PMC项目管理服务应用指南》（2020年1月1日—2月28日）；出版社申请书号、审稿及出版（2020年2月28日—3月31日）

（12）撰写论文、投稿和发表，以学术论文的形式，进一步扩大了研究成果的影响力（2019年9月1日—2020年3月31日）

【咨询工作特点及经验教训】

1. 创造性总结了铺前大桥全过程工程咨询服务模式（"铺前大桥模式"）及其"四梁八柱"

在海南铺前大桥的全过程工程咨询项目实施中，项目组创造性地提炼和总结出了具有广泛适用性的"铺前大桥模式"。这一模式是在交通基础设施重大工程领域内，采用项目管理承包管理服务作为实施基础的全过程工程咨询服务。它的核心服务内容包括"工程设计+工程管理"，并在项目推进的过程中，逐渐加入了运维阶段的养护与管理服务，形成了一种短时间内系统化提升符合建设单位利益的工程管理能力的经典模式。

（1）"铺前大桥模式"的四大特点

本课题首先归纳总结了铺前大桥全过程工程咨询服务模式即"铺前大桥模式"的四大特点，具体如下：

① 实施时间早。中咨集团早在2009年即向铺前跨海大桥提供全过程工程咨询服务，在时间上具有前瞻性和引领性。

② 服务阶段全。铺前跨海大桥全过程工程咨询服务的阶段全面涵盖工程生命周期的各阶段，是当前国内少数已经实施完成且真正实现"全过程服务"的成功案例之一。

③ 服务范围广。铺前跨海大桥项目建设过程中，中咨集团既提供了预可行性研究、可行性研究和初步设计及勘察等专项服务，从项目策划到施工建设的全过程全方位项目管理服务，还提供了运营维护阶段的运维咨询和养护管理服务。铺前跨海大桥案例为咨询企业服务广度和深度打开了新空间。

④ 工程效益好。通过全过程工程咨询服务模式的实施，铺前跨海大桥建设管理力量"成建制"加强，达到了较高的质量和效益标准，为大桥建设的复杂性驾驭提供了强大的保障。

（2）"铺前大桥模式"的八大特征

基于这四大特点，课题进一步提出了"铺前大桥模式"的八大特征，深入描述了其在工程实践中的优异表现和复杂性处理能力，主要如下：

① 咨询对象的高度复杂性。这一特征突出了铺前大桥项目本身在技术、环境、政策和社会接受度等方面所呈现的复杂性。该模式通过深入分析和系统管理，有效应对和处理了这些复杂问题。

② 建设主体认识和驾驭复杂性能力的有限性。此特征指出建设单位在项目初期对复杂工程的认识和处理能力可能有限。铺前大桥模式通过专业的咨询团队，帮助建设主体增强理解和管理复杂项目的能力，提供科学的决策支持和技术指导。

③ 咨询服务阶段的全生命周期化。这个特征强调了服务从项目初期策划一直到项目后期维护的全生命周期覆盖，确保项目各阶段都能获得必要的专业支持和管理，从而提高项目的整体效率和效果。

④ 全过程工程咨询服务主体能力的全产业

链化。此特征指的是咨询团队不仅在工程技术领域具有专业能力,还能在法律、财务、市场等多个相关领域提供专业服务。这种全方位的服务能力确保了项目能在不同的业务环境中稳健推进。

⑤全过程工程咨询服务团队的全过程稳定性和动态多样性。这一特征说明团队在项目全过程中保持稳定,同时具备动态调整的能力,根据项目的实际需要引入不同专业背景的专家,以适应项目发展的变化和需求。

⑥"设计+管理"为核心功能的全过程工程咨询服务。此特征突出了设计和管理在全过程工程咨询中的中心地位。通过将设计优化和项目管理紧密结合,提升了工程建设效率和质量。

⑦通过科技创新实现高质量服务。这一特征强调使用最新科技和创新方法来提升服务质量,如采用先进的设计软件、项目管理工具等,确保项目的高效和前瞻性。

⑧通过合理的风险分担与收益共享创造价值。在"铺前大桥模式"中,通过与各参与方协商确立合理的风险分配机制和收益共享计划,增强了项目参与各方的合作动力,促进了项目的顺利实施和成功完成。

(3)"四梁八柱"是"铺前大桥模式"的核心

这四大特点和八项特征共同构成了"铺前大桥模式"的"四梁八柱",使该模式成为海南铺前跨海大桥全过程工程咨询服务成功的核心。进一步分析这一模式的服务机制、模式类型、实现路径、工作内容以及价值内涵,为将来在重大基础设施工程项目中应用全过程工程咨询服务提供了宝贵的经验和参考。在当前"一带一路"倡议和"工程走出去"战略的推动下,全过程工程咨询服务的"铺前大桥模式"不仅具备良好的可复制性和可推广性,而且能够成为交通工程咨询企业在转型发展过程中向国际市场迈进的一种竞争优势。这种模式的推广将有助于提升中国企业在全球工程咨询领域的影响力和竞争力。

2. 系统性论证了铺前大桥全过程工程咨询服务模式的必要性及重要意义

在处理重大基础设施工程的复杂性问题上,全过程工程咨询服务模式提供了一种创新的解决方案。本课题从理解和管理工程项目的复杂性出发,深入探讨了这种服务模式如何显著提升业主在复杂环境下的降解能力。该模式通过整合设计、管理、监理等多方面资源,为业主提供了一个系统化、全方位的支持框架,使其在面对技术和管理的多重挑战时能更有效地做出决策。

进一步地,本课题全面系统梳理了国家及各省市近年来出台的相关政策,这些政策普遍支持和推广全过程工程咨询服务的应用,旨在提高项目管理的标准化、规范化水平。结合这些政策背景,本课题进一步分析了这些政策如何促进了全过程工程咨询服务模式的普及和实施,特别是在提升公共工程透明度和效率方面的积极作用。

同时,课题还深入挖掘了全过程工程咨询服务的理论基础,通过对国内外的学术研究和实践案例的深入分析,总结出全过程工程咨询服务如何有效地解决工程项目在规划、实施和运维过程中遇到的各种问题。这些理论和实践证明了全过程工程咨询不仅能提升项目的整体质量和效益,还能增强业主方对复杂项目的控制能力。通过将项目实践、政策环境及理论基础相结合,本课题对全过程工程咨询服务模式的必要性进行了深入的系统性论证。本课题分析了全过程工程咨询的概念内涵和核心理念,明确了它是如何通过顶层设计来优化项目管理的。这种模式不仅关注项目的即时需求,还预见了长远的发展需求,从而确保了项目的可持续性和适应性。

综上所述,全过程工程咨询服务模式被证实是一种高效的项目管理机制,它不仅增强了业主对复杂项目的认识和驾驭能力,也提供了一个强有力的顶层设计工具。这种模式的成功实践和理论支持为更多重大基础设施项目的工程管理提供了宝贵的借鉴和参考,预示着其在未来基础设施建设中广泛应用的发展前景。

3. 全面提炼了铺前大桥全过程工程咨询服务模式各阶段关键咨询内容与优秀实践

在深入研究和系统分析海南铺前大桥全过程工程咨询服务的基础上,本课题成功地提炼了全过程工程咨询服务的操作框架体系,并将其划分为六个关键阶段,分别是前期决策、勘察设计、招标采购、工程施工、竣工验收以及运营维护。每个阶段都从管理特点、内容、要点、流程和成果五个维度进行了全面的剖析与研究,形成了一套具有普适性和高度操作性的管理体系。

(1)前期决策阶段

在前期决策阶段,全过程工程咨询服务注重项目的可行性研究和选址分析,这是确保项目成功的基石。通过全面评估项目的经济、技术、法

四、全过程项目管理篇

律和环境因素,确保每个项目都建立在坚实的基础上。此外,前期决策还包括了项目资金安排、政策环境分析等关键因素的考虑,确保项目从概念到实施的每个决策都是信息充分、科学合理的。前期决策阶段流程图如图2所示。

（2）勘察设计阶段

在勘察设计阶段,全过程工程咨询服务聚焦于勘察方案的编制和工程设计。这一阶段的核心在于高质量的设计方案,能够确保工程的技术规格和性能指标满足项目需求。此阶段包括详细的地质和地形勘察,环境影响评估,以及工程设计的初始草案到最终设计方案的多次优化迭代。

（3）招标采购阶段

招标采购阶段是确保项目成本效益的关键环节。全过程工程咨询服务方制定了一套严格的标书编制和招标代理流程,通过透明公正的招标程序选择最合适的承包商。此外,全过程工程咨询服务方也注重招标文件的法律规范性,确保所有合同条款都符合国家法规和行业标准。

（4）工程施工阶段

工程施工是全过程工程咨询服务中最为动态的阶段。全过程工程咨询服务方实施了严格的现场监理和进度控制措施,确保工程按照设计规范在预定时间内完成。同时,通过实时的问题解决和决策支持,大大减少了施工过程中的延误

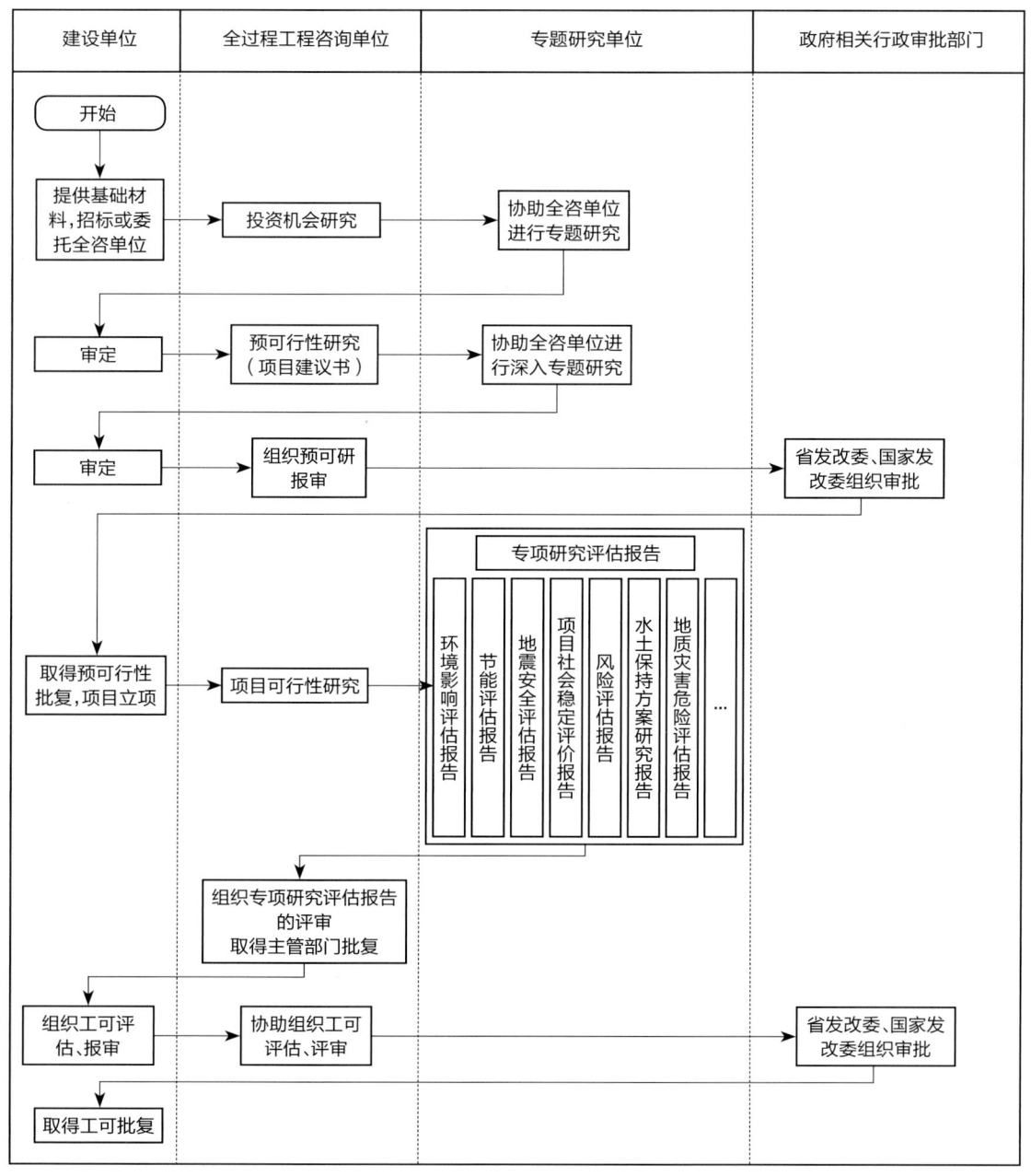

图2 前期决策阶段流程图

和成本超支。

（5）竣工验收阶段

在工程完成后，全过程工程咨询服务方执行严格的工程质量检测和交付验收程序。这一阶段的目标是确保所有工程项目在功能、安全和质量上都达到预定标准。此阶段的管理流程确保了从业主到最终用户的每一方都能对工程结果感到满意。

（6）运营维护阶段

项目竣工后，全过程工程咨询服务方还应协助运营维护服务，这包括设备管理、保养维护以及定期的性能评估。这些综合服务确保了基础设施能够在整个生命周期内保持最佳性能和安全标准。

整体而言，通过对铺前大桥全过程工程咨询服务的各阶段关键咨询内容与实践的系统性剖析，本课题不仅为海南铺前大桥项目提供了重要的参考和指导，还创新性地整合和提升了现有研究成果，提出了全新的分析和探讨思路。这些成果的实际应用和验证，为全过程工程咨询服务的提升和发展做出了积极的贡献，同时也为其他重大基础设施工程的管理提供了可行性方案和宝贵的实践操作参考。

【咨询效果】

1. 确保铺前大桥高质量高标准完成

全过程工程咨询服务模式的采用，使得铺前大桥项目在管理和技术上都具备了前所未有的精确性和创新性。此类模式带来的是对项目细节的精细把控以及风险的有效管理，从而确保了工程的高质量和高标准完成。通过精密策划、精心组织和精细实施，铺前大桥在建设期间实现了约7个月的提前通车，同时实现了"零事故"的安全记录，展示了中国桥梁建设在世界范围内的领先地位。大桥建设还勇创7项"国内第一记录"和7项"海南省第一记录"，获得省部级以上奖励近20次。这座大桥的建成不仅极大提升了海南省的交通运输能力，也为海南经济的整体发展注入了新的活力。

通过铺前大桥的建设和运营，累积了大量宝贵的经验和数据，形成了被业界誉为"铺前大桥模式"的全过程工程咨询新模式。这种模式的成功实践不仅为中国桥梁建设如何在复杂环境中保持高效率和高质量提供了范例，也为未来类似大型复杂工程提供了可借鉴的经验和方法。

2. 为未来类似复杂工程的策划和实施提供了理论基础和实操指导

本课题的研究成果已形成一本专著《重大基础设施全过程工程咨询理论与实践——海南铺前跨海大桥建设管理创新探索》（人民交通出版社2021年版，ISBN 978-7-114-16671-6）、一份行业应用指南《交通基础设施行业PMC项目管理服务应用指南》以及若干篇国内外权威期刊学术论文，具体如下：

①《设计牵头的全过程工程咨询服务分析》，《工程管理学报》，2022年4月；

②《基于扎根理论的中国重大工程复杂性维度模型构建》，《中国科技论坛》，2021年8月；

③《重大工程项目治理机制对项目成功的影响研究》，《建筑经济》，2021年10月；

④《全过程工程咨询服务能力提升策略研究》，《建筑经济》，2022年7月；

⑤ "Measuring Project Governance of Mega Infrastructure in China: A Scale Development Study", *Sustainability*, 2022, 14(2);

⑥ "Tensions in Governing Megaprojects: How Different Types of Ties Shape Project Relationship Quality?", *International Journal of Project Management*, 2021, 39(7)。

临港新片区建设统筹暨全过程管理咨询项目

Overall Construction Coordination & Full-Process Management Consulting of Lin-gang Special Area

编写单位：上海建科工程咨询有限公司
Shanghai Jianke Engineering Consulting Co., Ltd.
联系电话：021-64687800　　网址：http://www.jkec.com.cn
主要完成人：张振生　沈轶　付祥　赵玲娴　石登登　陈彬卿　周业业　唐少军　纪佑明　徐俊杰

【点评】

临港新片区建设统筹暨全过程管理咨询服务在临港新片区建设中发挥了关键作用，体现了先进的项目管理理念和方法。项目团队通过系统的工作分析、全面的环境调研和详尽的工作安排，对整个咨询项目进行了深入剖析和规划，形成了以计划先行、制度保障、专业支撑、风险控制、信息管理的"五个体系"和制度环境构建、纵向行业管理、重点区域统筹的"三大核心"的系统咨询方案。同时，咨询采用了"1+N+X"的建设统筹模式，展现了跨部门、跨区域的协调能力，不仅实质上解决了一个超大规模、高技术产业新城高标准建设有序推进的管控问题，更为我国进一步开放的制度创新、技术创新和应用创新进行了实践探索，同时取得了良好的实践经验和社会效益，为全国类似功能区域的开发建设提供了重要的示范和借鉴作用。

【项目背景】

1. 项目建设背景

中国（上海）自由贸易试验区临港新片区（简称"新片区"）是中国面向世界、面向未来的桥头堡，肩负支撑中国全方位高水平对外开放，提升国际影响力，参与全球经济新秩序的重大战略任务。根据《南汇新城"十四五"规划建设行动方案》，到2025年，临港新片区南汇新城国民生产总值将达到5 000亿，常住人口将达到75万人，建设用地总规模达176.8 km^2。

鉴于临港新片区建设规模大，建设时间短，涵盖范围广，工作任务紧，因此项目建设整体协调推进，必须通盘考虑。临港管委会引入上海建科工程咨询有限公司（以下简称"建科咨询"）作为建设管理顾问，提供建设统筹暨全过程管理咨询服务，对重点区域和地块整体协调推进、建设管理及风险控制提供技术咨询，协同有关部门开展第三方巡查和综合考评，为新技术推广运用提供专项咨询和支持，使得管委会能够做到科学统筹管理各方面资源，保持完善的建设程序，实现对重点区域建设项目的有效监管，最终达到高水平建设管理的目的。

2. 项目目标

通过对新片区建设项目的协调统筹推进、实施巡查评估、健全和完善建设管理体系等，提升工程建设的文明施工、安全管理与质量管理水平，确保工程质量及过程施工安全，并为临港新片区的高标准建设、运营提供有力的管理和技术支撑。通过提供专业咨询服务，保障临港新片区高标准、高品质的建设发展，形成良好的社会效益和经济效益。

项目具体目标如下：

① 围绕新片区重大决策部署，创新新片区建设管理工作制度，构建新片区建设管理标准体系、推进新片区建设管理精细化。

② 通过对建设工程巡查评估工作，为新片区建设的质量、安全和文明施工保驾护航，避免由此造成的经济损失，有效解决新片区管理团队人员不足和管理水平提升的问题。

③ 发挥专业优势和工程经验优势，积极参与到重点区域和项目的建设推进工作中，为管委会提供全过程建设统筹咨询工作。

④ 为优化工作机制做好咨询服务，为解决重大问题做好破题服务，为高标准高质量建设做好

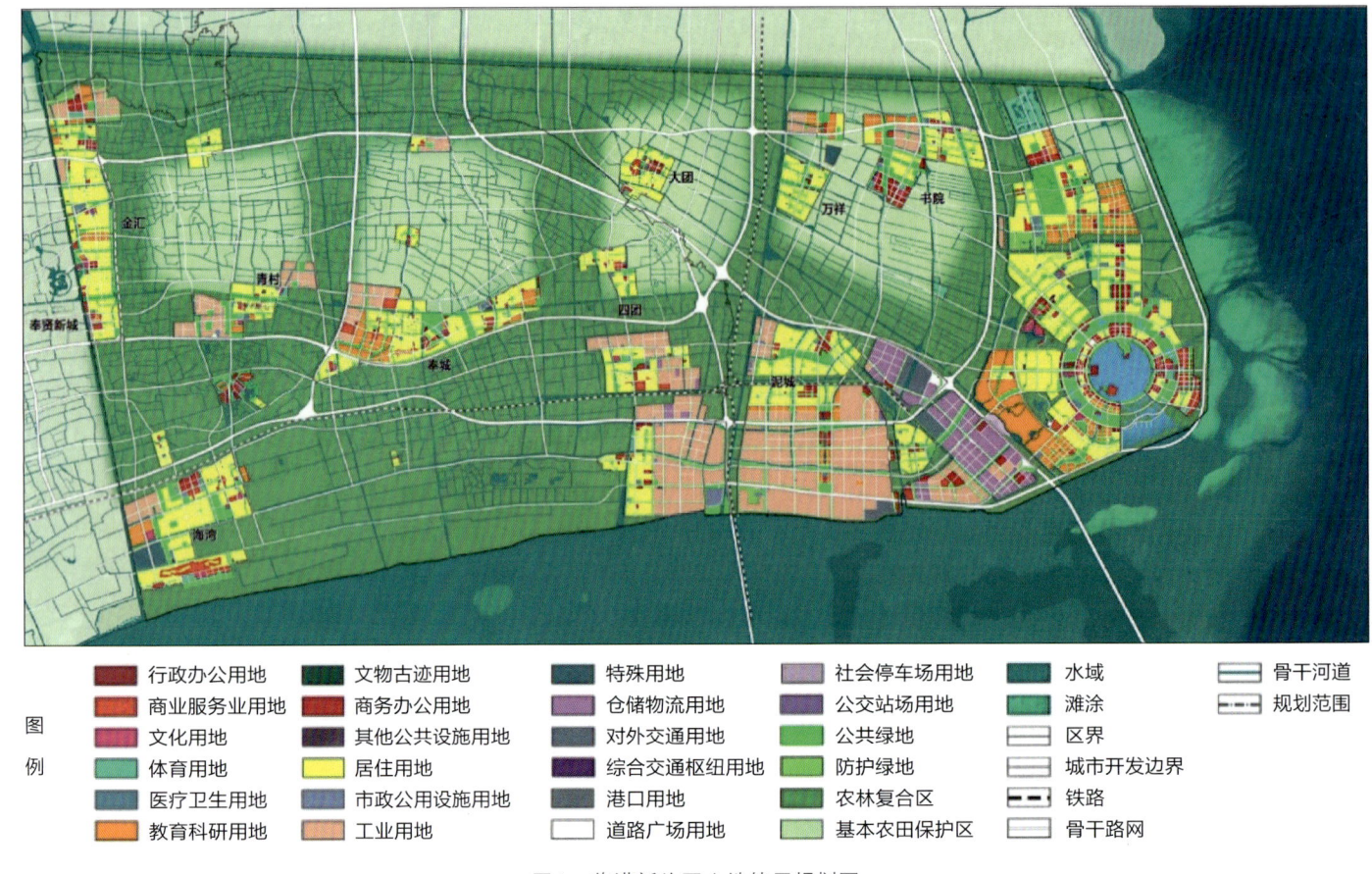

图1　临港新片区土地使用规划图

支撑服务,积极承担相关咨询研究和提供政策咨询建议。

【项目内容】

1. 项目类型

项目名称:临港新片区建设统筹暨全过程管理咨询项目。

建设类别:区域开发。

建设性质:新建。

2. 委托单位

临港新片区管理委员会。

3. 委托服务内容

(1)重点地块或区域建设统筹咨询

派遣专业咨询管理团队协助管委会对水华路、101地块、103地块(科创总部湾、顶科社区、科技创新城)、105地块、生命蓝湾、中芯国际产业园以及大型建筑工人临时居住设施等若干重点区域和顶科首发项目、中银西岛项目等重点项目的建设推进提供全过程建设统筹咨询服务。

协助建交处联合建交中心,对上海建工、中建八局、中铁建、中建二局、五冶集团、隧道股份、宝冶集团、浦建集团等建设项目指挥部进行调研。对各指挥部安全、质量、文明等管理体系运行情况进行检查,建立指挥部沟通机制。

(2)临时设施综合管理

① 建立平台。协助建交处召开101、103、105、水华路临时设施建设管理专题会,明确各区域临时设施工作对接联络人,建立信息沟通平台,推动临时设施建设管理交流。

② 会议协调。协助建交处组织相关处室部门召开临时设施相关会议,指导解决临港新片区临时设施建设管理相关问题(土地规划、建设标准、消防应急、人口治安、卫生防疫、生态环境、商业配套等),及时解决建设单位需求,落实各处室部门行业管理意见,为建筑工人提供健康舒适的生活环境。

③ 文件编制。协助建交处通过现场走访、调研、总结和提炼,形成调研报告和工作专报,针对管理过程中出现的突出问题和共性问题编制相关政策文件,解决临设综合管理工作中遇到的系统性、制度性的问题。

④ 现场检查指导。加强文化宣传,协助建交处现场指导三处集中大型临时集中居住区(简称"集中大临")的文化宣传工作;加强消防管理,协助建交处与应急处、消防大队相关部门对三处集中大临进行现场消防指导;加强防台防汛管

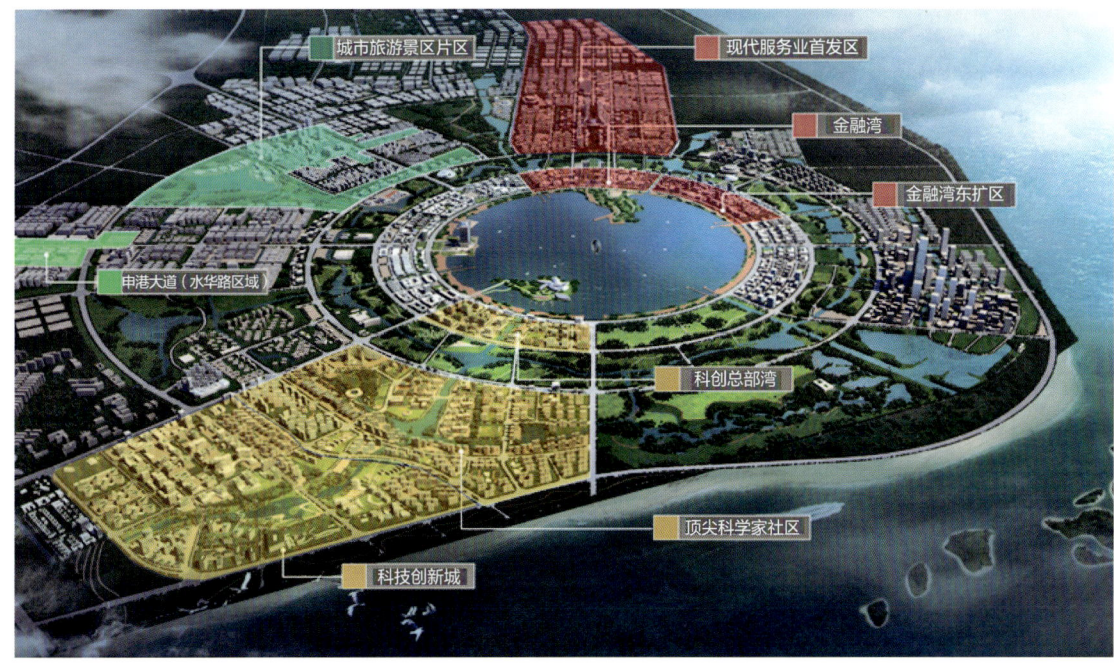

图2 2022年临港新片区重点建设地块或区域位置示意

理,协助建交处与生态处、社发处、建交中心等相关部门协调集中大临应急撤离点具体点位,组织专家指导集中大临平台公司编制防台防汛应急预案;加强雨污水排放管理,协助建交处与生态处、河长办、浦港养护等单位共同对三处集中大临的雨污水混排、隔油池是否设置等生态环境问题进行现场指导。

（3）政策修编调研咨询

对现行建设管理制度标准体系开展调研咨询,结合新片区建设特殊性,提出临港新片区项目建设管理规章、制度、标准等文件的编制与修订建议,主要包括以下四个方面:

① 依据相关法律法规,结合临港新片区工程建设行业的独特性,落实建设单位作为工程建设核心单位的组织协调管理责任,全面加强对建设单位的监督管理,提出临港新片区建设单位首要责任制有关具体实施办法的建议。

② 依据相关法律法规,实地调研新片区建筑施工企业,健全完善施工企业信用评价制度,规范统一信用评价等级标准,推广评价等级在新片区建筑市场的使用,增强建筑行业信用意识,加强行业自律,推动行业诚信体系建设。

③ 依据相关法律法规,结合临港新片区实际,协助制定适用于新片区建设工程施工企业的管理考核办法,明确考核内容与方式,强化考核结果的实际使用,形成一套简约高效的事中事后监管体系及管理办法。

④ 关注国家、上海市出台的关于工程建设行业的规章、制度、办法等,结合新片区实际,在深入走访调研基础上,及时研究提出相应实施细则建议。

（4）第三方安全巡查考评咨询

作为临港新片区委托的第三方巡查机构,对临港新片区市政交通在建项目开展现场检查,根据业务部门要求及综合考评规定,对新形势下制度落实、体系运作的成效进行巡查评估。

巡查评估内容有:

① 结合监管制度,编制标准化巡查表单,对新片区建设项目开展季度定期巡查,摸清安全风险底数和制度落实成效,分析并提出政策调整建议。

② 根据新片区工作要求与政策制定情况,开展如建设单位首要责任、质量安全管理体系等专项巡查。

③ 第三方巡查团队以政府部门有关专项整治和专项行动为契机,或者在安全事故发生后,针对性组织开展质量安全专项检查。

④ 第三方巡查团队对各类巡查发现的问题做好记录,对建筑市场违法行为、重大质量安全隐患移交相关处室和主管部门进行查处。

（5）技术专项咨询

研究和推动建设管理新模式、新材料、新技术、新方法的试点应用等专项咨询工作,推进管理创新试点的落地,提升技术质量管控水平,跟踪试点开展成效,结合预期成果及时开展纠偏调整,最终形成相关咨询成果报告。

（6）投诉、案件和信访调查评估

对临港新片区产城融合区域（约386 km²）范围内建设管理领域内涉及工程建设安全、质量及市场管理等方面的投诉、案件和信访进行统计梳理,配合行业主管部门开展调查工作,定期对投诉、案件和信访资料进行汇总分析,评估行政主管部门执法现状并给出建设性的建议。

4. 工作重难点

（1）管理规模大

临港新片区域内新开项目建筑面积从2019年的132 m²跃升到2021年的1 500万—2000万 m²,增长10倍以上。

（2）建设标准高

临港新片区承载着打造开放创新、智慧生态、产城融合、宜业宜居的现代化新城的使命,建设标准相应需要提高,因此新的建设标准需要快速建立和实施。

（3）创新责任重

新片区承担着制度创新的重任,对工程建设管理和审批都有创新的重大使命,如审批制度改革、事权承接、新的建设模式的试点和落实等。

（4）管理力量和水平不足

当前新片区建设管理队伍无论从人员数量还是管理水平,与要求相比都显著不足,需要快速加强。

（5）新技术应用不平衡

清水混凝土技术、BIM技术、装配式技术、绿色建筑等新技术应用水平有高有低,距离落实上海市的统一要求仍有不小差距,对智慧临港建设也将造成基础性影响。

【工作过程】

1. 调研与策划阶段（2021年5—6月）

进场第一个月,咨询团队采用调查分析座谈会或者项目实地调研等方式,调研了解包括区域情况、园区管理架构、项目情况、诉求等。根据新片区项目调研情况及服务体系方案,建立管委会—平台公司—项目主体的信息归集共享机制,制定区域建设计划、巡查方案和技术支撑等内容,制定区域建设统筹管理服务体系。

2. 执行反馈（2021年6月—2022年5月）

在执行阶段,咨询团队根据区域项目执行的具体情况,采用现场项目巡查、座谈、函询等方式,掌握建设推进情况及痛点难点问题,并定期对区域进度、投资、质量、安全等情况统计归纳、系统分析,梳理区域的系统性问题。

针对区域及项目的诉求及重难点问题,通过参与、组织各类协调会议的形式,疏导关键路径上的关键节点,从而推进重点区域建设开发时序的顺利进行;同时通过巡查的方式,即时反映新片区各项目当前的安全生产、生态文明、质量状况的各类问题,提交专项巡查报告,并对问题进行跟踪解决,从而对新片区工程安全生产、生态文明、工程质量、扬尘整治等环节进行预控,完成整个建设统筹暨全过程管理咨询工作。

3. 优化提升（2021年6月—2022年5月）

在服务过程中,咨询团队对标管委会时间表、任务书及区域实际情况,寻找服务过程中的难点、痛点和薄弱点,优化建设统筹服务体系和管理流程,完善与强化建设统筹管理体制机制,健全工作制度,提升服务水平。

【咨询工作特点及经验教训】

1. 服务总体思想和管理框架

为解决临港新片区现状问题和应对发展的问题,兼顾现实与理想,建科咨询在服务过程中,分问题导向、目标导向、创新导向三个视角去解决,其中问题导向对标上海主城区,目标导向对标和引领国内外最高水平,创新导向旨在先行试验摸索,打造国际典范,实现制度、机制、智慧文化协同创新。三个思路并行实施、各有侧重、相互依存。

2. 一个目标、两个标准

建科咨询作为临港新片区建设统筹暨全过程管理咨询单位,在工作过程中始终坚持一个目标：协助管委会做到科学统筹管理各方面资源,保持完善的建设程序,实现对重点区域建设项目的有效监管,最终达到高水平建设临港新片区目的。

服务团队通过面谈和其他资料的收集、整理和分析,确定临港新片区开发建设定位和建设标准有别于其他类似新城的开发,提出建设统筹暨全过程咨询服务应具体为管理高标准和建设高标准。

（1）管理高标准

坚持以建立精细化管理体系为基础,以提升工程建设品质为核心,以细化过程管理为抓手,通过开展精细化建设管理活动,制定精细化管理手册,进一步加强工程建设科学性和规范性,提升工程建设管理水平,最大限度地为提高工程建设质量和效益服务。

（2）建设高标准

按照科学筹划、统一领导、区块划分、分部推进、功能契合和进度协调的原则进行分块、分时的开发模式。统筹区域内外及区域地块之间的开发建设,总体控制区域项目建设开发时序。通过各个板块的"规章制度"来提高新片区建设的标准,最终实现新片区建设的高标准。

3. 五个体系

将新片区建设统筹暨全过程咨询管理分为五大体系:计划先行、制度保障、专业支撑、风险控制、信息管理,围绕五大体系开展全过程工作:

（1）计划先行

明确新片区的建设目标,特别是符合项目建设基本程序条件下各项具体工作内容及安排,做到统筹安排,运筹帷幄,提高项目建设管理水平。

（2）制度保障

咨询团队协助管委会明确新片区建设的进度控制、投资控制与质量控制等要求,制定规划设计管理、投资与合同管理、材料设备采购管理、安全质量管理、信息文档管理以及建设过程中的文明创建等各项制度流程。明确组织分工与协调,理顺项目实施过程中的指令关系、协调关系和管理职能分工,明确相关部门和组织的责任和权利,确保实现项目目标。

（3）专业支撑

在已有的组织架构和制度流程体系基础上,明确为了实现新片区建设的目标所采用的专业理论、方法、手段和工具。

（4）风险控制

对新片区的建设实施监管,全面巡查评估建设风险预控预警,确保新片区项目建设的顺利实施。

（5）信息管理

为了方便、快速、及时、有效地给临港管委会传达项目建设的进展,咨询团队通过现场记录、会议沟通、资料查阅等渠道收集情况;并通过建立会议制度、报告制度、交流分享、口述汇报和共享制度等各种有效方法向临港管委会汇报有关情况。

4. 创新了"区域开发建设统筹"的咨询服务内容

建科咨询在完成本项目服务的过程中,创新了"区域开发建设统筹"的咨询服务内容,其主要包含制度环境构建、纵向行业管理、重点区域统筹三大核心。

（1）制度环境构建

着眼于创新投资机制,优化营商环境,增强区域经济发展的内生性、全面性。区域开发的政策环境包括招商政策、用地政策、审批政策、配套政策、双碳政策、运营政策等。

（2）纵向行业管理

围绕政府规划建设相关主管部门的职权,为相关部门提供固投管理、人员管理、行业指导、质量安全监督检查等服务,更好地提升公共服务水平,规范和引导微观建设主体行为。

（3）重点区域统筹

发挥专业水平优势,对重点区域和重点项目的建设推进提供全过程支持服务。主要任务包括提出年度建设目标,资源调配,目标任务跟踪管理,项目间的关系协调,处理影响项目实施的问题等。

区域开发建设统筹,理论工具是项目组合管理,实质是政府管理咨询,优点是为建设管理提供了政策依据和理论自信。

5. 构建了"1+N+X"建设统筹模式

"1"是管委会平台,包含相关行业部门、属地政府、办公室等。在管委会政府层面,重点是实现跨线条、跨部门、跨区域统筹协调,提升精细化管理水平,优化营商环境。

"N"是临港新片区滴水湖核心区几大重点区域统筹平台,包括国际创新协同区、现代服务业开放区、世界级文体旅游宜居区、水华路等重点区域。在重点区域开发层面,重点是实现高水平规划、高标准设计、高品质建设。

"X"是国际顶科论坛、中银西岛、信息飞鱼等重点项目开发主体。在重点项目层面,重点是提升建造落地性、品质精良性、时序协调性、技术先进性、风险可控性。

6. "区域开发建设统筹"咨询服务的特点

（1）建设统筹与项目群管理具有相似点

建设统筹管理服务与大型项目群总控管理具有相似点,均是针对大型项目群、一个或多个项目组合的管理。

（2）建设统筹与项目群管理本质不同

统筹服务的对象是政府,而项目群管理服务的对象是项目业主(如大型集团公司)。项目群管理的核心是为围绕项目群的计划实施,统筹服务不仅考虑项目的进度实施,还提供包括项目投资论证、投融资咨询、建设时序策划、进度推进等多种服务。统筹服务超出了项目实施的层面,而

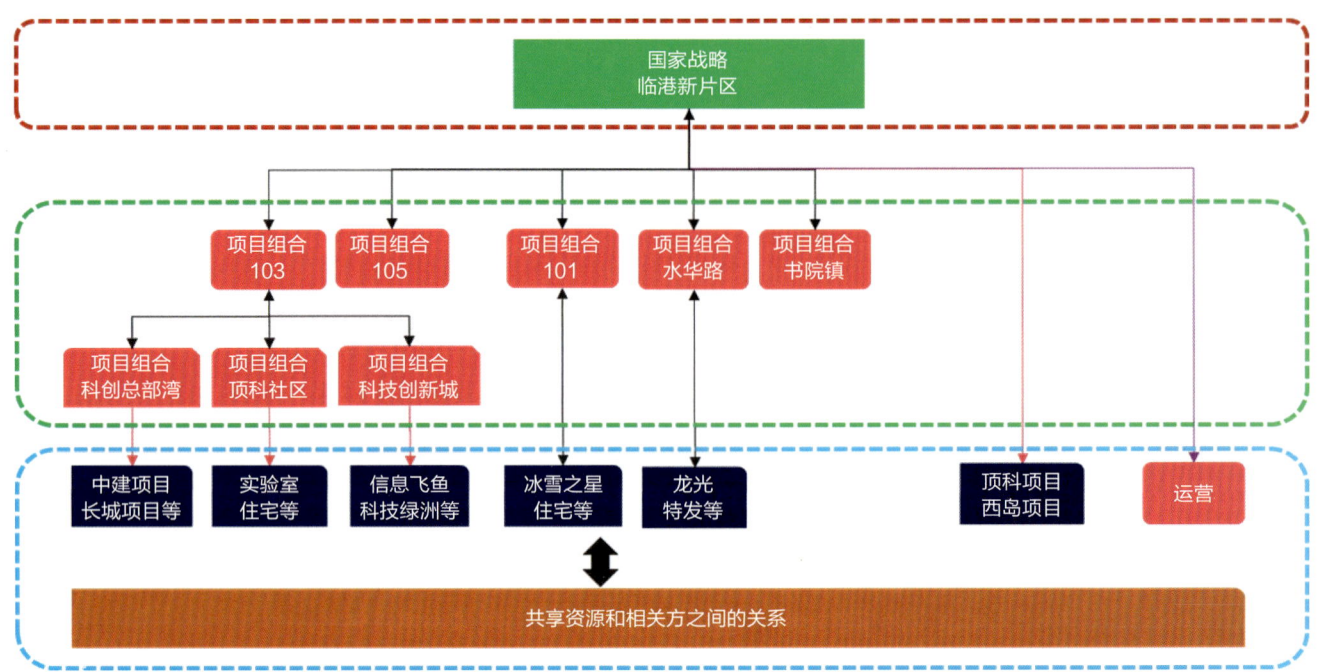

图3 重点区域统筹

是面向整个区域的战略目标实现。

（3）建设统筹咨询服务特点概括

服务内容：概括为制度环境构建、纵向行业管理、重点区域统筹。

独立项目数量：一个或多个项目组合，包括几十至上百独立项目。

子项目的关系：一般较独立。

管理类型：基于政策规章和项目主体共同利益的关系型治理。

服务目标：不再单纯的考虑单个项目的利益，更重要的是实现区域开发的战略目标。

服务或管理对象：直接服务对象为政府，间接服务或管理对象包括建设单位、参建单位、配套单位、居民等相关方。

管理手段：指导、检查、协调。

【咨询效果】

1. 保障了2022年临港新片区的高标准建设、高品质发展

据统计，2022年临港新片区的建设规模、投资规模进一步实现跃升，2022年新片区在建工程项目共计669个，其中新开工项目308个，建筑工人数63 079人。对比2021年同期在建项目数512个，同比增加31%。同时，2022年临港新片区在建房建类项目造价1 632.5亿元，同比增加64%；建筑面积总计2 619.7万 m²，同比增加65%。

以上成绩的取得，得益于管委会的有力领导，建科咨询团队作为管委会的建设管理顾问，通过对新片区建设项目的协调统筹推进、实施巡查评估、专项技术咨询等工作，提升了新片区的建设管理水平，确保了工程质量及过程施工安全，保障了新片区的高标准建设、高品质发展，形成良好的社会效益和经济效益。

2. 咨询服务价值体现

（1）统筹服务对项目、平台、区域三个层次的价值

在项目层面，建设统筹提升项目建造落地性、时序协调性、品质精良性和风险可控性。

在平台层面，建设统筹推动实现高水平规划、高标准设计和高品质建设。在区域层面，建设统筹提升高质量发展、实现高效能治理。

在政府层面，建设统筹提升城市精细化管理水平、优化营商环境，实现跨条线、跨部门、跨区域统筹协调。

（2）统筹服务协助政府更好实现资源配置和市场监管

在区域大规模开发建设阶段，政府将区域建设管理的任务委托给服务企业，政府从具体的事务中抽身，便有更多精力从事市场监管和宏观调控。服务企业为政府提供区域统筹服务，优化、完善整个区域的建设程序，协助政府科学调配、协调各方面资源，实现对区域建设项目的有序推进和有效监管，最终达到区域高标准、高品质建设发展。

复旦大学附属中山医院医疗科研综合楼
Medical Research Complex Building of Zhongshan Hospital Affiliated to Fudan University

单位名称：上海申康卫生基建管理有限公司
Shanghai Shenkang Healthcare Construction Administration Co., Ltd.
联系电话：021-36399968
主要完成人：姚 蓁　顾向东　严　犇　丁继民　洪　军　王振中　徐　炯　汤颖妍　陈　音　于　力

【点评】

本报告所述项目采用"合作代建制"管理模式，由中山医院和上海申康卫生基建管理有限公司共同管理，旨在规范程序、控制投资、确保工程顺利实施，并以"白玉兰""鲁班奖"为目标，建设标志性医院综合楼工程。项目设计遵循现代医学和国家重点学科的发展，建设临床-科研-临床的医疗模式，形成多医学中心的院区设计；秉承"现代骨、传统魂、自然衣"的大师理念，将现代的技术和工艺与医院的传统建筑形态完美结合，形成自然与城市空间和谐共生的建筑风貌。

项目通过合作代建制管理模式，发挥了医院和项目管理公司的专业长处，实现了优势互补，制定出了切实可行的项目质量、进度、安全和投资计划，顺利完成了复旦大学附属中山医院医疗科研综合楼项目，对提升医疗服务和诊治疑难杂症能力、建设健康中国具有重要意义。

【项目背景】

复旦大学附属中山医院（简称"中山医院"）是一所具有一流质量、一流服务、一流设施、一流管理的集医疗、教学、科研于一体的大型现代化

图1　复旦大学附属中山医院医疗科研综合楼项目方案设计

研究型医院。科研工作一直是中山医院的优良传统,医院重视科研工作成就了众多医学大家,拥有一批国内首创的专业学科及率先开展的诊疗技术。2005—2015年获各级各类科技奖励124项,包括国家级奖项9项、上海市科学技术奖31项、教育部奖15项、中华医学奖10项、上海医学奖32项。其中,含重点项目1项、优秀青年科学基金项目1项、创新研究群体项目1项、重点国际合作研究项目1项,联合基金1项,医院论文收录SCI的数量居国内医疗机构前列。其转化医学研究中心、临床医疗中心建设势必进一步提高为上海乃至全国经济社会服务的能力,中山医院有能力也有实力为上海市"十三五"卫生事业发展目标的实现贡献重要力量。

由于中山医院地处上海市中心城区,现状基础设施及用地条件有限,随着医院门急诊、住院病人的快速增长,医院尽最大可能将教学、科研空间用于医疗工作。目前医院各科室以及很多的科研项目发展目标因空间限制难以实现,医院丰富的临床数据和样本资源,临床研究成果的新技术、新方法难以转化应用。因此,中山医院医疗科研综合楼项目的建设既符合医院自身战略发展,提高其医疗服务能力的目标,也符合我国医疗卫生事业总体发展目标和上海市卫生事业发展的总体目标。

中山医院医疗科研综合楼项目于2019年5月17日获得初步设计方案和投资概算的批复。中山医院和上海申康卫生基建管理有限公司(简称"申康卫建")希望通过"合作代建制"这种新型的项目管理模式,规范项目建设程序,按照工程项目批准的概算、规模和标准,达到工程项目顺利实施并有效控制投资的目的。项目被列为上海市重大建设工程项目,项目目标为"白玉兰""鲁班奖"。

【项目内容】

中山医院医疗科研综合楼项目位于上海市枫林路200号,医院本部西院区南端,基地南邻斜土路、东接枫林路,西侧毗邻复旦大学上海医学院。项目建设能够提升中山医院医疗、科研和教学能力,进一步优化医院建筑布局。

1. 项目总体规划

项目规划总用地面积为57 293.8 m²,初步设计批复新建总建筑面积为106 850 m²,其中地上总建筑面积74 450 m²,地下总建筑面积32 400 m²,批复概算总投资为120 386万元。

图2　复旦大学附属中山医院医疗科研综合楼效果图

图3 组织五方验收会议

图4 项目进行白玉兰奖评审

经上海市徐汇区规划和自然资源局同意和国家卫健委核准，项目新建总建筑面积调整为113 461 m²，其中地上总建筑面积76 661 m²，地下总建筑面积36 800 m²。

中山医院医疗科研综合楼地上20层（含6层裙房），地下3层，建筑高度87.95 m，主要功能为医疗科研。地上包含外科手术室、ICU、病理科、妇产科、外科病房、临床验证平台病房等功能；地下室主要设置放射科、放疗科、体外碎石、全科医师培训中心、机电设施设备机房等和小型汽车库，地下室还包括应急物资智能库房和医疗应急备用辅房，另设辅助用房作为营养科。

2. 项目建设主要时间节点

2019年9月25日，中山医院医疗科研综合楼项目举行开工仪式；2019年10月10日，项目正式开工。2020年8月31日完成地下三层施工，9月30日完成地下二层施工，11月11日完成地下一层施工（出正负零）。2020年12月28日，完成地上6层主体结构施工；2021年6月18日结构封顶。2021年6月30日通过优质结构评审。2021年7月，精装修进场施工；2021年12月，完成样板房装修。2022年12月3日，项目通过五方验收。2022年12月15日，项目顺利通过了上海市白玉兰奖检查评审。2022年12月23日，项目通过消防验收。

3. 项目主要参建单位

建设单位：复旦大学附属中山医院。
代建单位：上海申康卫生基建管理有限公司。
勘察单位：中船勘察设计院有限公司。
设计单位：上海浚源建筑设计有限公司。
基坑围护设计单位：上海申元岩土工程有限公司。

地下工程设计单位：上海浚源建筑设计有限公司。
人防工程设计单位：上海沪防建筑设计有限公司。
PC设计单位：上海中森建筑与设计顾问有限公司。
监理单位：上海三维工程建设咨询有限公司。
投资监理单位：上海财瑞建设咨询有限公司。
施工单位：上海建工五建集团有限公司。

【工作过程】

中山医院医疗科研综合楼项目由申康卫建实施代建项目管理，按照工程项目批准的概算、规模、标准，结合中山医院实际功能需求，严格规范建设程序，达到工程项目顺利实施并有效控制投资的目的。

1. 项目管理组织结构

项目的组织结构如图5所示。

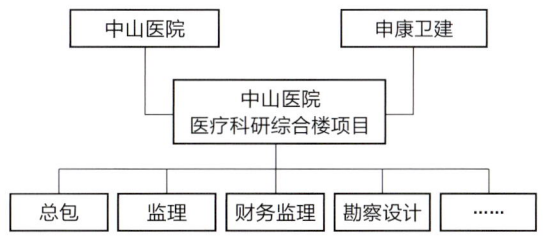

图5 组织结构图

2. 项目管理过程及核心工作

（1）项目前期策划阶段

本阶段的主要工作内容是：成立项目管理组，设计工作流程，设立岗位职责；委托总体规划设计；根据自身项目特点、建设需要、功能需求、总体规划要求及资金融资方案,委托专业咨询单位编制项目建议书;项目建议书专家评审;项目建议书行政职能部门审批;项目报建,取得项目IC卡;开列项目账户。

(2) 项目规划及设计阶段

① 设计理念:项目设计遵循现代医学和国家重点学科的发展,建设临床-科研-临床的医疗模式,形成多医学中心的院区设计。秉承"现代骨,传统魂,自然衣"的大师理念,将现代的技术和工艺与医院的传统建筑形态完美结合,形成自然与城市空间和谐共生的建筑风格。

② 建筑布局:总体设计充分利用原有四个出入口,进行合理规划,实现人车分流。增设二层连廊融入到院区连廊系统,延展院区架空层交通网络,实现了新建筑功能与院区其他建筑功能的有效连接。并利用已建成的地下二层通道将东西院区地下室相联,实现跨城市道路的全院地下交通和物资联系。主体建筑受地形限制,通过对"L"型、"S"型、"一"型多种方案布局的研究,发现均不能满足单层两个护理单元的要求;通过对体块的扭转,形成"V"字形布局,结构稳定,抗震性能佳,通风、采光条件良好,建筑形体简洁,满足场地条件要求,同时使建筑体量在空间上形成围合之势,增强沿街立面的视觉冲击力。建筑裙房采用多边形体块,退界轮廓平齐于东院区建筑裙房,减轻大体量建筑对室外空间的压迫感,使之与院区整体建筑群空间相呼应。建筑通过增设层连廊融入到院区连廊系统,延展了院区架空层交通网络,实现了新建筑功能与园区其他建筑功能的有效连接。

③ 医疗流程设计:综合考虑安全、便捷、高效,并尽可能防止院内交叉感染的风险。优化整合集中了以外科系统为主的手术室、病理科、血库、功能检查、放射科、放疗科、重症监护室、出入院结账、体外碎石、产科病房及产房、妇科病房、外科普通病房等医疗功能单元和研究性护理单元,以及中山医院临床研究中心、临床技能模拟训练中心等教育科研用房。共设置手术室45间,包含1间配置数字减影血管造影术、X射线计算机断层摄影装置各1台的杂交手术室、3间配置数字减影血管造影术的杂交手术室和2间达芬奇机器人手术室。并设置医用磁共振成像装置、X射线计算机断层摄影装置、数字化X射线摄影、直线加速器等大型医技设备。

④ 项目效果:建筑设计将医学与中山医院的传统文化融为一体,强调医院文化底蕴的营造与拓展。在传统三段式布局的基础上,强调对细节和比例的推敲,并使其达到完美的平衡,体现医院的历史感、厚重感和稳重、典雅、文化深远的风格。并通过多层次的绿化设计和温暖的色调选择为病患提供更好的疗愈环境。项目的建成将有利于发挥中山医院高水准、多学科的优势,整合医院现有基础、临床和产业资源,促进基础研究成果快速转化为临床诊疗技术,大幅提高医疗水平,培养医学人才。项目同时趁此契机首个向国家卫计委申请并通过建设国家医学中心。

(3) 施工前准备阶段

本阶段的主要工作内容是:办理施工图设计文件审查合格书并完成备案;施工图征询相关部门意见,向规划部门办理《工程规划许可证》;配合工程进展需要,做好工程各个接口的协调联系工作;做好场地内的三通一平工作;协调城市水准点的引入和现场测绘工作;做好临水、临电的协调和设置工作;进行施工招标活动,确定施工总包单位;组织并会同施工单位做好一切为办理《建设项目施工许可证》所必要的手续和资料;督促施工单位编制施工总进度计划,调整建设单位进度计划,同时编制施工配合计划;督促施工单位完成施工图预算,并要求财务监理将施工图预算和概算指标进行对比分析,形成分项控制目标值;会同财务监理单位编制项目年度资金计划;组织审核施工单位施工组织设计。

(4) 施工阶段

本阶段的主要工作内容是:对设计单位的工作进行全面的监督与检查以控制设计变更及落实设计的现场配合工作;督促施工监理、财务监理做好工程进度、质量、投资、工程量的控制;审查本工程的各项索赔、查究原因及责任;参与、组织各类隐蔽工程、分部分项工程验收;根据概预算投资控制指标,做好对本工程项目分部、分项的成本控制管理和造价管理,督促施工、财务监理做好施工单位提交的各阶段工程预结算的审查工作;按照招投标法及相关合同组织各类设备、材料及专业分包工程招标采购。

(5) 竣工验收及移交阶段

本阶段的主要工作内容是:联合调试及竣工验收。

① 联合调试:完成所有实物工程量,并经施工监理验收合格;施工单位编制联动调试报告并

经本单位审核,报监理、设计、建设单位审核;全面检查调试所必需的一切条件,以保证调试工作顺利进行;对调试结果进行认真分析研究,特别是没达到设计要求的结果要进行重点分析,同时制订改进措施并限期整改。

② 竣工验收:检查督促施工单位、监理单位及相关单位做好工程的验收工作;验收必需的所有资料按照相关规定收集整理;编制工程验收计划,并落实专人负责。

(6) 保修及后评估阶段

本阶段的主要工作内容是:成立资产移交小组,编制资产移交清单、财务档案移交清册;收集、整理相关资料;举行资产移交仪式,双方签字确认后正式资产移交;项目运行阶段完成项目的后评估。

【咨询工作特点及经验教训】

1. 项目建设重点、难点及对策

(1) 地下室基础情况

整个项目的地下基础为东西长为120 m、南北宽100 m、总占地面积为12 000 m² 的长方形地块。其中主楼部分呈倒V字形布局,垫层底标高−16.75 m,基础厚度1.4 m,电梯井及集水坑最深处达到−20.15 m;辅房部分的地下室垫层底标高为−16.05 m,电梯井及集水坑最深处为−17.35 m。整个地下室为地下三层。

整个基础采用800 mm厚地下连续墙作为基坑竖向受力体,采用三道800×900 mm的钢砼支撑加局部深坑直径609 mm的钢管支撑体系。

围护与支撑设计情况:围护体系采用800 mm厚、平均幅宽6 m、深36 m—44 m不等的地下连续墙作为结构体系,配以三轴搅拌桩(水泥掺量25%)、高压旋喷桩(水泥掺量25%)止水体系;支撑体系采用首道900×1 200 mm帽梁,支撑800×900 mm、连杆700×800 mm,型钢格构柱470×470 mm,局部300厚栈桥板(混凝土C30);二道、三道900×1 400 mm围檩、800×900 mm支撑(混凝土C40);围护体系采用800 mm厚、平均幅宽6 m、深36 m—44 m不等的地下连续墙作为结构体系,配以三轴搅拌桩(水泥掺量25%)、高压旋喷桩(水泥掺量25%)止水体系;支撑体系采用首道900×1 200 mm帽梁,支撑800×900 mm、连杆700×800 mm,型钢格构柱470×470 mm,局部300 mm厚栈桥板(混凝土C30);二道、三道900×1 400 mm围檩、800×900 mm支撑(混凝土C40);坑内超过底板1 m的集水坑下土体均为两轴搅拌桩;电梯井坑、超过2 m以上的集水坑下均采用高压旋喷桩进行土体加固,局部靠马路近的部位采用高压旋喷桩进行坑底坝体式加固。坑内超过底板1 m的集水坑下土体均为两轴搅拌桩;电梯井坑、超过2 m以上的集水坑下均采用高压旋喷桩进行土体加固,局部靠马路近的部位采用高压旋喷桩进行坑底坝体式加固。

(2) 高精地坑工艺复杂,施工难度大

针对院方要求的地板高精地坑做法,项目部考察市场上目前比较先进的施工水平,调研后认为项目施工仍然有相当大的难度。对策是根据底板浇筑的分区分块,在施工地面收平时,再次细分,并配备3个收光班组,确保每个班组能及时进行初凝前完成收光任务。

针对院方对地板高精地坑的超高精度要求,在土方浇筑前即采用钢筋骨架上焊接螺杆,进行调平,控制标高;在浇筑时严格按照螺帽的高度进行初平;在初凝前收光时用激光水平仪对每个分块进行标高精平。

项目部考察市场发现,目前的混凝土普遍外加剂较多,渗漏无法避免。针对此问题,项目部要求施工队严格按照图纸分层分块浇筑,减少漏振、冷缝产生,同时加设温度监测设备,及时采取冷却水管在大体积混凝土中进行冷却循环,减少裂缝产生。

大体积混凝土在施工过程中产生大量水化热,使得混凝土内部温度过高,不仅降低混凝土的最终强度,还会因内外温差过大产生裂缝,导致底板渗水。项目部专门制定了降低水化热产生不良后果的方案,即通过计算本项目不需要采用循环水进行冷却,只需要在覆膜及蓄水养护的同时设置温度监测孔用于监测混凝土水化热的变化,及时蓄水降低温差即可。

(3) 安装系统多且复杂、精度要求高,运行必须确保

医院的各个专业系统非常多,有的要走明管、有的要走暗管。项目部事先与院方协调,确定各管线走道区域明暗情况,通过BIM技术把标准的管线综合BIM图放给院方看,让他们提出合理化建议,调整标准管线,尤其是管线交叉部位,一一标示出来。项目部运用BIM技术合理布置交叉点的管线,交叉点采取避让和错位的做法,满足装修标高。

2. 管理方法的应用及成效

（1）项目进度管理

根据申康卫建项目管理部的要求和项目特点，按月编制了生产进度挂图作战表，将工程量细化到每天，包括人员、设备、产量等以及未完成原因、补救措施并每日签字确认，形成了总包负责归纳汇总每日的生产进度情况、监理单位复核和代建单位审查的工作流程，使得各参建单位的负责人对施工现场的每日工况得以充分了解掌握，以便及时调整后续施工，总共制作进度作战表20余次。

每天下午由医院建设方、代建、监理、总包召开项目进度研习会制度，就项目的进度等情况进行讨论、协调，使得各方信息得以沟通，各方对现场状态得以了解，通过各方群策群力，精诚合作，为项目建设提速。

（2）项目质量及安全文明施工管理

① 组织架构管理机制：申康卫建项目管理部组织参建各方根据项目特点组建了由申康卫建代建、监理、总包组织的安全质量联合小组和资料联合小组。

安全质量联合检查小组：由代建单位牵头组织监理、施工单位，建立项目安全管理工作小组形成合力，统揽项目的安全管理工作。按照安全管理体系要求和工作流程，制定项目安全管理制度，落实必要的措施。开展具有本项目特色的安全管理工作，代建单位组织监理和总包单位制定安全管理工作计划，有步骤地落实各项工作。安全工作小组对项目实施的安全工作实施同步控制，对施工单位违反建筑工程安全生产法律、法规和强制性标准的行为应进行阻止。代建单位组织每周代建项目管理部、施工监理、施工总承包及专业分包三方现场安全检查，坚持每天和总监一起进行现场抽查，加强现场巡查，落实整改措施。

资料联合小组：由申康卫建代建项目管理部牵头组织监理和总包单位，建立项目档案资料管理工作小组，形成合力，统揽项目的资料管理工作。制定项目档案资料管理制度，建立科学完善的项目档案，拓展创新的项目档案资料管理模式。充分地收集各类经济技术信息并进行统计整理，为科学合理的决策提供依据。在项目策划阶段，应留存相应的信息资料，包括影像资料、纸质资料、电子资料等相关资料。信息的收集和整理需形成纸质文件、电子文件、影像等资料并妥善保管、分类归档。文件应及时归档，归档文件的内容要齐全完整，应根据项目管理目录进行组卷。文件归档以建设项目为单位，由专职资料员负责管理。根据档案制度管理要求对相关文件进行刻盘存档。有关项目所有的往来公文、图纸、报告、会议纪要、协议合同等文件资料，均执行签收和会签制度。

申康卫建代建、监理、总包单位均调派了公司骨干人员组建项目管理团队，相关管理人员有过多年的工程管理实战经验，为项目顺利建造实施提供了管理保障。项目管理部共组织召开安全、质量相关专题会议37次。

② 安全质量的前置管理包括安全重大危险源管理、安全培训和教育管理、图纸会审、技术交底、网格化管理和工序管理等措施。

安全重大危险源管理：主电缆布置全部采用电缆沟，黄沙覆盖，然后黄黑漆木质盖板封闭，并设置标识牌。分支线路采用绝缘悬挂，机械部位电线全部设置套管，并按规范放置有效防火器材。桩洞使用废钢筋焊接成网片覆盖，并设置警示牌。现场积水、泥浆安排专人不定时抽排与清理。机械进场后，由总包、监理进行验收，经验收合格签字确认后方可确定安装时间。安装前人员证书审核、安全交底、作业区域设置警戒线、总包专职安全员、安全监理、安装负责人同时旁站，并做好旁站记录。栈桥边缘采用定型化防护，支撑梁上搭设安全通道，两侧挂网，并设置安全母绳。电梯井口全封闭，井道采用方木、模板倾斜硬隔离，下口与楼层面平，有利于井道内垃圾清理。

安全培训和教育管理：工人进场进行实名制登记，必须接受三级安全教育培训，培训合格后进场作业。需持证上岗的人员必须经相关部门考核合格后持证上岗作业，证书必须在有效期内。早上各作业班组需组织晨会制度，及时告知当天的作业危险源及安全预防措施。

图纸会审：施工中为使医疗功能在建筑上的实现，避免设计图纸的不完善、相关专业单位对图纸的误解，院方、申康卫建代建、监理经常组织设计院与各参建单位讨论研究和优化图纸，将医院的具体要求、节点详细做法一一明确、交代清楚，保证图纸能顺利正确地落实到实际施工中，项目质量、功能等把控到位。

技术交底：在项目实施过程中，在每道工序的施工前，采取技术先行、提前交底、工序上墙的方法，将每道施工工序的详细做法通过图示、文字的KT板张贴于施工现场的墙上，使得上到管理人员、下至作业工人都能十分明了该工序的具体操作步骤、关键要点，减少因技术原因而造成的返工。

网格化管理：地下室大底板上冷冻机房及其他功能区域内的防雷接地点、设备接地点、排水点位、疏散指示点位等数量众多，为了做到不遗漏预埋点位，对整个地下室平面进行网格化划分，对每一格进行梳理核对，以保证做到"精准定位、精细施工"。

工序管理：项目强调各大机房采用"先装修，后安装"的原则，要求土建的腻子批白、涂料完成再开始机管线的安装，设备基础的环氧地坪需先施工、再安装设备，防止安装完设备后底部就无法施工环氧地坪；在设备安装完后，其他地面开始做环氧地坪时，设备全部做好保护，以最大程度地减少对设备的污染。每个分部分项施工前进行技术讨论，如B3层冷冻机房采用的施工时间少、成型质量强度高的高精地坪施工，通过各方的讨论，最终施工效果符合预期。

（3）BIM信息化技术运用

① 通过建立综合管线BIM模型，进行碰撞模拟、冲突检测及三维管线综合，解决水、暖、电、通风、空调、消防、医用气体等各专业管道、设备间的碰撞，减少管线安装施工阶段的返工。

② 对于有净空要求的房间、走廊、机房、地下室机械停车库等处，通过BIM模拟，合理优化管线布置，配合施工安装标准，以达到相关净空高度要求。

③ 本工程楼栋采用预制装配整体式混凝土框架剪力墙结构，从第二层至屋面层均有预制构件，预制构件分别有预制叠合梁、预制叠合板、预制楼梯。结构的竖向及水平受力均由柱、框架和剪力墙承担。本工程预制构件数量多、体量大、节点复杂、吊装难度大，基于BIM的构件预制加工技术，实现流水化生产，提高构件加工质量，缩短了现场施工工期，降低劳动成本。

（4）代建制项目管理模式的运用

中山医院和申康卫建希望通过"合作代建制"这种新型的项目管理模式（结合工程项目的具体情况，由申康卫建和工程项目所属中山医院共同实施项目合作管理）实现规范项目建设程序，按照工程项目批准的概算、规模和标准，达到工程项目顺利实施并有效控制投资的目的。

"合作代建制"项目管理模式的优点在于共同发挥医院和项目管理公司的专业长处，以期在满足建筑功能的基础上较好地实现项目的质量、进度、安全和投资计划。

【咨询效果】

从项目实际完成的情况看，项目通过"合作代建制"的管理模式，确实共同发挥了医院和项目管理公司的专业长处，实现了优势互补，制定出了切实可行的项目质量、进度、安全和投资计划，顺利地完成了复旦大学附属中山医院医疗科研综合楼项目。项目建成后有利于进一步提升中山医院硬件设施总体水平，增强医院可持续发展能力和综合发展实力，提升医院诊治疑难杂症的能力，为建设健康中国贡献力量。同时有利于进一步提升上海市医疗资源服务能力，提高上海乃至全国的医疗服务水平。项目建设期间被列为上海市重大建设工程项目及上海市文明示范工地。本项目荣获"上海市优质结构工程""上海市工程建设优秀QC小组活动成果一等奖""2021年度全国工程建设质量管理小组成果大赛Ⅲ类成果""上海市绿色施工样板工程""上海市建筑业新技术应用示范工程"，2022年12月15日通过白玉兰奖检查评审，2023年12月通过2023年度上海市优质安装工程（申安杯）评审，2024年正在进行中国建设工程鲁班奖评定的各项准备工作。

西安火车站北广场及周边市政配套工程全过程咨询
The Whole Process Consultation Projects of Xian Railway Station North Square and Surrounding Municipal Supporting Projects

单位名称：上海市隧道工程轨道交通设计研究院
Shanghai Tunnel Engineering & Rail Transit Design and Research Institute
联系电话：021-54519988　　网址：https://www.stedi.cn
主要完成人：利　敏　陈昌祺　傅佳恩　王锦和　卢嘉毅　马　涛　沈哲强　祝　平　瞿　立
黄　巍

【点评】

该研究指出了西安火车站北广场及周边市政配套工程的全过程工程咨询服务的重要性和复杂性。作为陕西省"十四运"的重要配套项目，该工程不仅规模宏大、技术要求高，而且面临建设周期短、协调接口多等挑战。上海市隧道工程轨道交通设计研究院通过个性化、定制化、全面化的咨询服务模式，为项目提供了从设计到施工的全方位支持，确保了工程的顺利实施。项目采用了一体化的设计方案，有效解决了多专业、多单位协同工作的问题，并通过高频协调会议和现场巡检，及时排除设计障碍，优化了基坑设计和桩基施工方案，节约了大量成本，缩短了工期。此外，全过程工程咨询团队还通过客流仿真模拟等技术手段，为方案的合理性提供了技术支撑。该研究的咨询服务成果显著，不仅提高了工程建设效率，还为建设方减轻了压力，确保了工程质量，对类似大型复杂工程的咨询服务提供了宝贵的经验和模式。

【项目背景】

1. 项目建设背景

为了进一步完善工程建设组织模式，提高投资效益、工程建设质量和运营效率，2019年3月，国家发展改革委、住房城乡建设部颁布《关于推进全过程工程咨询服务发展的指导意见》，就房屋建筑和市政基础设施领域推进全过程工程咨询服务发展提出意见。

在此指导意见大背景下，建设方西安轨道交通西安站发展有限责任公司考虑到西安火车站北广场及周边市政配套工程存在建设条件复杂、体量大、功能多、工期紧及参建单位多等特点，为推动项目高质量、高效率完成，于2019年12月聘请了上海市隧道工程轨道交通设计研究院（简称"上海隧道院"）作为全过程工程咨询单位，参与了西安火车站北广场及周边市政配套工程的建设与管理，利用其在国内众多地铁设计总体、总包上的管理经验，以及在地铁、隧道、道路、地下工程等方面的专业性和权威性，为方案决策、图纸审查、项目管理和投资控制等提供专业咨询意见。

2. 项目建设目标及服务要求

西安站北广场及周边市政配套工程是西安火车站改扩建工程中一个重要组成部分，是西安心脏地带的一次关键性"搭桥手术"，是陕西省"十四运"的重要配套项目，也是古城复兴的一次重大机遇。项目建设方以完善该区域的交通组织、旅游服务、区域商贸功能，推动"宫、站、城"一体化设想为宏观目标，以全面提升工程建设品质、争取按期建成陕西省体量最大的、服务更好的城市综合交通枢纽为具体目标，要求全过程工程咨询单位要以建设规划为依据，以技术创新、方案优化为手段，以"三控两管一协调"（即：质量控制、进度控制、投资控制；合同管理、信息管理；内、外部协调）为管理重点，在整个项目的设计、施工中为建设方提供技术支持和咨询服务，确保工程方案的合理性以及工程实施的顺利推进。

3. 项目建设条件的复杂性和挑战性

上海隧道院全过程工程咨询团队于2020年1月进驻现场，开展现场踏勘、调研并收集整理前期资料，发现此项目涉及重要文保单位，集多种交通接驳于一体,存在四大难点。第一是涉及专业内容众多,包含地上和地下建筑、地面景观广场、铁路、地铁、公交、道路、桥梁、隧道、市政管线、装修等内容;第二是工程量巨大,仅土建地下开挖土方就超过200万 m^3;第三是参建单位较多,主要参建单位就有4家设计院和4家施工单位;第四是工期非常紧张,2020年1月正式开工建设,计划2021年5月试运营,建设周期仅17个月。需要在如此短时间内建成项目体量如此大、专业面如此广、协调接口如此多的项目,在全国范围内非常罕见。

上述项目难点,在建设过程中会形成各种工程风险,包括工期风险、资金风险、管理风险等,给建设方带来很大压力的同时,也给全过程工程咨询团队带来很大的挑战。

【项目内容】

西安火车站北广场及周边市政配套工程由西安火车站北广场项目和周边市政配套项目两部分组成,简称"三路一广场"。

1. 西安火车站北广场

西安火车站北广场位于西安大明宫丹凤门以南,新建西安站北站房以北,建强路以东,太华南路以西,南北宽约140 m,东西长约1 000 m,由地面广场及地下枢纽两部分组成,总面积16.9万 m^2,其中预留地铁站面积2.2万 m^2。

地面广场采用与丹凤门前固有环境色相近的铺装材料,使新建广场和原丹凤门广场融为一体。广场东西两侧设有风雨连廊及绿地游园,采用几何铺装场地及园路布局形式,运用生态林造景手法,为市民及旅客提供舒适的休憩等候空间。同时,广场景观以大开大合的设计手法,实现宫、站、城一体式设计理念,划分功能空间,烘托火车站北站房的建筑主体。

地下枢纽共有五层,负一层主要服务进火车站旅客,设置有小汽车落客区及公交枢纽站;负二层主要服务出火车站旅客,设置有换乘大厅,出租车蓄车区、出租车上客区,社会车辆停车场等;负三层设置为社会车辆停车场;负四和负五层为地铁7号线车站土建预留。北广场及地下枢纽与西安火车站地下出站通道、地铁4号线进出站通道通过下沉广场直接连通,形成了衔接多种现代公共交通的客运综合体,实现了综合枢纽旅客及大明宫游客的快速集散。

同时,枢纽还存在以下设计难点:① 地下枢纽内部功能极其复杂,包括约650 m下客人行道,24路公交始发站,110个出租车蓄车位,34个出租车上车点,960个社会车停车位。针对北站房"地面进站、负二层出站"的设计,将各种交通车辆的落客区设置在负一层,出站旅客的上客区

图1　项目总体鸟瞰图

图2　火车站北广场地面广场及下沉式广场实景

置于负二层。车辆流线设计遵循"东来东去、西来西回、大小分离、双C循环"的原则。建立明晰的立体交通体系，在东西两侧分别设置相对独立的地下车场。公交车在外圈行驶，出租车等小型车在内圈行驶，二者互不干涉。② 地下枢纽需考虑到与地铁4号线、7号线的无缝接驳，由于地铁埋深较大，因而采用地下四、五层地铁站预留土建工程与西安火车站北广场项目一体化设计，同步实施，统一组织施工，减少施工工期和总投资。③ 存在地裂缝东西向穿过场地东南角，为满足地裂缝最小避让距离，设计方面将车站主体与附属通过变形缝切开，分割成不同的主体进行施工，同时设计了一种可有效传递水平压力且竖向可自由沉降的特殊变形缝，可达到保护车站主体的功效，同时主体附属可互相作为支撑，防止车站整体倾覆，从而有效避免地裂缝带来的安全隐患。

2. 周边市政配套工程

周边市政配套工程包括自强东路、太华路、建强路道路交通工程及周边地下管线等工程。其中自强路为横穿广场的东西向道路，由地面道路和1.1 km下穿隧道组成。太华路是位于广场东侧的南北向道路，由部分高架桥梁和地面道路组成。建强路是位于广场西侧的南北向道路，由地下隧道和地面道路组成。其中建强路隧道在开挖过程中发现两处大明宫西内苑文物遗址。为保护文物遗址，建强路投用时采用地面道路方案，保留隧道段后续实施的预留条件。

"开局就是决战、起步就是冲刺"成为本项目实施过程中的真实写照。为按期完成任务，此项目共投入2万名建设者，2千名技术管理人员，千余台机械设备，24小时三班倒，单日最高出土量3万多 m^3。经历了文物带来的变数，也经历了疫情带来的影响，项目所有参与者分秒必争，同心协力，经过518天的奋战，交出了完美的答卷。2021年5月中旬，自强东路、太华路、建强路先行建成通车。2021年5月30日，北广场及地下枢纽投入使用。开通后，项目运营良好，收到了来自各界人士的表扬，为其波澜壮阔的进程画上了完美的句号。

【工作过程】

1. 项目管理组织

全过程工程咨询团队采用专业与职能相结合的管理模式，由分管院长、分管总工、现场项目总体负责人、设计技术副总体、项目管理副总体、工程推进副总体组成，共同构成项目的技术决策层和管理层，对建设方全面负责。

2. 项目工作范围

本项目全过程工程咨询的工作范围是上海

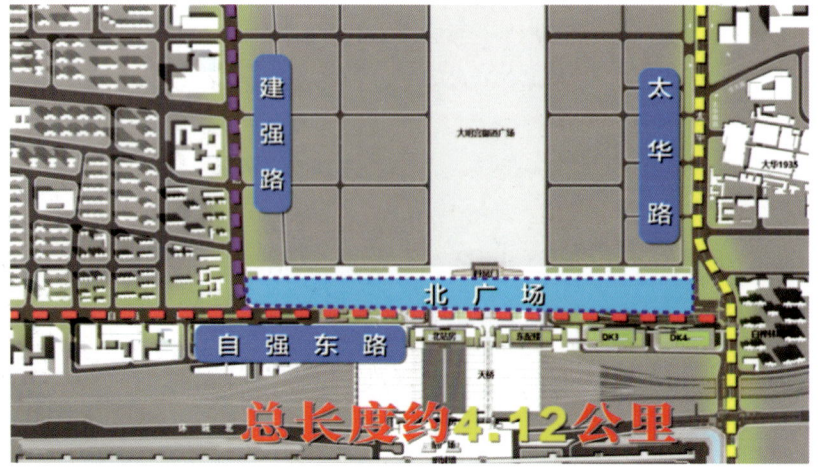

图3　市政配套道路改造范围示意图

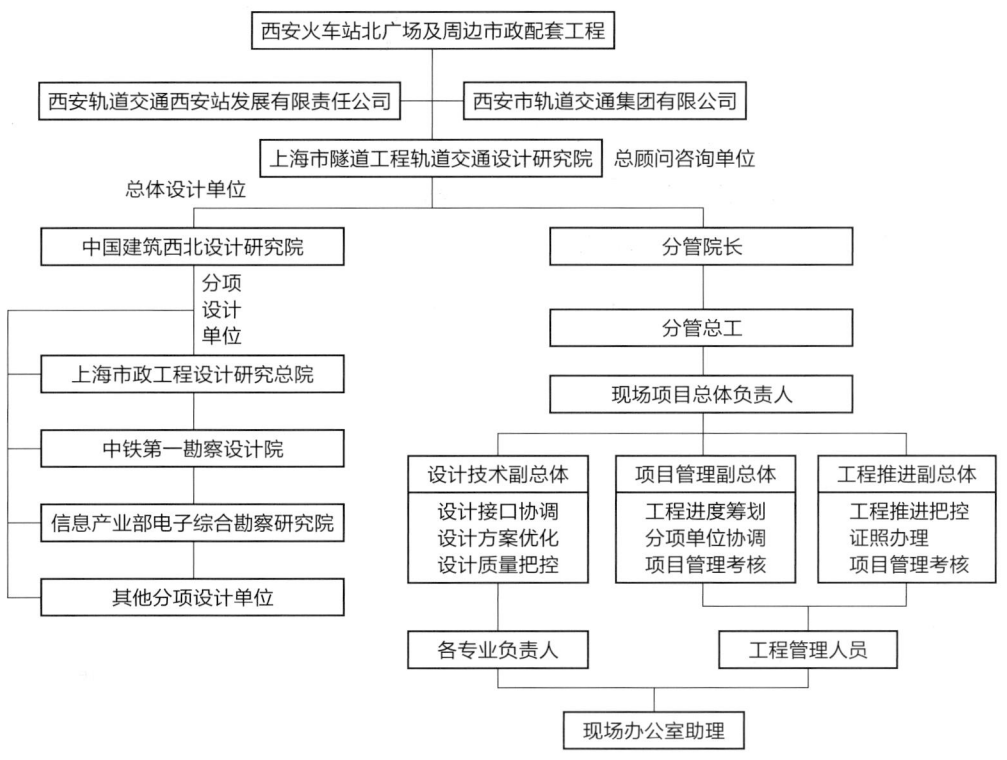

图4　全过程工程咨询单位的组织机构

隧道院全过程咨询团队在对建设方实际情况进行深入了解，对工程建设现状进行考察调研后，为建设方量身打造的服务内容，并在签订合同后根据工程的实际推进情况对实际服务项目进行不断调整的最终成果。咨询范围主要包含设计咨询和图纸审查，项目管理把控和现场支持两个方面。

（1）设计咨询和图纸咨询审查

对设计图纸从设计是否先进、依据是否充分、内容是否完整、方案是否合理、文件标识是否齐全规范，各专业是否符合《工程建设标准强制性条文》和其他有关规定等方面进行全方位的把控，主要内容包括：

① 一体化总体设计方案咨询。协助建设方稳定前期边界条件，对一体化总体方案进行总体把握与定夺，确保总体方案合理、可行，体现安全高效、智能便捷、经济合理、近远结合于一体的特色综合交通枢纽。

② 地铁7号线车站土建预留设计咨询、审查。协助设计单位落实已建地铁4号线竣工图资料及实施情况，落实规划地铁7号线的相关边界条件，稳定7号线站位。咨询审查地铁7号线相邻3站2区间方案，确保预留7号线方案落地，锚固7号线车站宽度和埋设深度。咨询审查地铁7号线车站各专业图纸，确保7号线预留土建规模的合理性。咨询审查地铁4、7号线换乘通道设计的合理性和预留工程的可实施性。

③ 全过程咨询中相关重难点方面的专项咨询。包括对基坑安全性影响分析、基坑施工组织筹划以及防水专项处理的咨询工作；对自强东路改造工程、太华路改造工程所涉及的道路工程、桥梁工程、地道工程、排水工程、照明及绿化工程方面的咨询工作；对本工程综合枢纽部分的功能分区、流线组织、各种交通换乘方式间的换乘能力匹配性、消防设计等方面的咨询工作；对本工程涉及的地下空间的车行、人行等交通组织方面的咨询工作等。

④ 客流仿真模拟工作。客流仿真模拟是确保枢纽设计方案是否合理的支撑性成果，上海隧道院全过程工程咨询团队结合长安大学提供的客流预测及其他相关单位提供的图纸进行客流仿真模拟，为整个项目方案的合理性提供技术支撑。

（2）项目管理把控和现场支持

协助建设方对本工程的项目设计质量、设计进度进行全面把控，为项目工程进展提供技术支持，同时配合建设方相关部门开展技术协调工作，组织并参与各类现场会议。主要工作包括：制定总体设计技术和设计管理文件，并组织各相关专业落实，实施指导、督促、检查和审查管理；

表1 部分专项咨询目录清单

序号	文件名	存档日期	页数
1	北广场东区地铁基坑支护方案咨询意见	2020年4月22日	1
2	关于"自强东路地道基坑围护优化建议报告"的咨询意见（1）	2020年4月22日	4
3	关于"自强东路地道基坑围护优化建议报告"的咨询意见（附件1）	2020年10月9日	17
4	西安火车站枢纽北广场 工程筹划咨询（补工程筹划时间节点咨询）	2020年4月25日	5
5	防水材料专题会会议纪要	2020年5月21日	1
6	地铁7号线部分初步设计预评审咨询单位意见	2020年8月5日	2
7	西安枢纽客流仿真分析报告	2020年6月8日	32
8	西安太华路立交人行辅道咨询报告	2020年11月2日	2
9	枢纽一体化方案会议备忘录BW-01设计咨询顾问与设计管理工作对接会议	2020年1月2日	2
10	枢纽一体化方案会议备忘录BW-02一体化枢纽方案讨论	2020年1月3日	2
11	枢纽一体化方案会议备忘录BW-03一体化枢纽结构方案讨论	2020年1月3日	2
12	客流预测报告	2020年2月20日	1
13	疫情防护重大应急事件设计方面建议	2020年2月28日	2
14	北广场东侧与地铁附属结合基坑设计方案	2020年3月27日	1
15	西安火车站北广场综合改造项目BIM工作任务书	2020年7月3日	10
16	西安火车站北广场改造项目BIM方案及相关资料咨询意见报告1	2020年7月	4
17	西安火车站北广场改造项目BIM方案及相关资料咨询意见报告2	2020年7月	4
18	西安火车站北广场改造项目BIM咨询报告意见回复反馈	2020年8月3日	1

根据工程计划和目标要求制定施工图设计进度计划和分项设计计划，并组织按时按期实施；配合建设方会同相关专业参与市、区规土局、交警、管线等有关部门联系协调，稳定落实设计边界条件；协助建设方组织各相关专业配合施工、安装、调试、竣工验收及试运营并进行检查、督促和协调；协助建设方设计部主持开展设计例会，提供正式会议记录并对执行情况进行跟进；为建设方提供各阶段设计、施工进度梳理；出席所有设计相关交底，并协调处理设计与设计、设计与施工之间矛盾；为建设方设计部进行相关档案文件整理，包含会议纪要、联系单、设计交底记录及变更单等；为工程质量安全保驾护航，组织设计进行定期巡场，并对影响质量安全的问题出具咨询意见，在出现安全隐患时主动配合建设方联系设计院提供整改方案；在项目各个大节点前组织院内各相关专业专家到现场进行巡检，并向业主提交巡检咨询报告等10个方面。

3. 项目管理重点内容

由于此项目是投资规模大、多专业、技术性强、创新多、内外接口复杂的系统工程，上海隧道院全过程工程咨询团队经过仔细分析研讨，认为此项目管理的重点应围绕质量控制、进度控制、投资控制、信息管理及内、外协调工作展开。

（1）质量控制

设计是工程建设的灵魂。为将西安站北广场及周边市政配套工程建设成为技术先进、功能完善、安全可靠、造价合理、舒适便捷、环境协调的现代化城市交通枢纽系统，全过程工程咨询团队为此专门制定质量控制管理办法，严格按照ISO9001质量管理体系，制定完善的质量保证制度，落实组织措施，运用价值工程手段，优化设计，并通过制度化管理，指导、检查、督促、协调各相关专业的设计工作。各设计阶段建立设计图纸的咨询制度，并充分及时地督促各相关专业落实审查意见。在质量控制过程中，坚持"事先指导,过程控制,成果校核"的重要原则,提高和控制设计质量。

（2）进度控制

为确保设计按时完成和满足施工需要,根据建设方对工程建设的总体目标和对设计的总进度要求,全过程工程咨询团队特制定设计进度控制管理办法,并提出与本项目有关专业间互提资料的内容及其时间要求,要求各相关专业严格遵照执行,以确保满足工程建设进度需求。

（3）投资控制

为控制本项目投资,各设计院和各相关专业应在满足工程项目的建设规模、技术标准和运营功能的前提下,应用技术创新手段,对设计方案进行优化比较,系统配置和机电设备等选型追求性价比最大化,提高成本效益,控制项目投资。

（4）信息管理

为规范工程管理过程中的各种信息传递,保证信息的时效性、统一性和可追溯性,便于电子检索、追溯,提高勘察设计工作效率,全过程工程咨询团队制定了工程设计文件和信息管理规定,对各类技术资料信息和管理资料信息的管理、收发文管理,以及信息资料的整理和分析等作出统一和规范的要求和规定。

（5）设计协调

为加强各参建方、各专业的相互协调、密切配合,全过程工程咨询团队,制定相关制度,建立设计例会机制,主持各参建方、系统、专业设计工作协调和技术接口协调,负责各参建方争议、矛盾的处理,从建设方角度出发,给出让各方都能接受的合理化建议。

【咨询工作特点及经验教训】

1. 项目重点、难点

（1）一体化方案研究

北广场及地下枢纽的设计始于2015年,2016年11月已完成广场初步方案设计并向市规划局及市政府各部门进行了方案汇报,2018年7月通过了方案专家评审会及政府各部门评审会,但一直到2019年年末,仍在进行设计方案调整,其根本原因在于两家设计院分别设计的地下广场与广场下方的轨道交通设计方案在前期研究中缺少沟通交流,缺乏地下空间一体化整体设计经验。

上海隧道院开展全过程工程咨询工作后,主动承担起一体化方案研究及设计协调工作,督促设计院将地下广场枢纽与轨道交通空间预留融合为一。在设计界面、责任划分、投资界定、结构一体化等方面协调推进,快速落实一体化设计方案,并通过专家评审,为项目的正式开工奠定了基础。

（2）基坑设计专题研究

本项目基坑最大开挖深度达31.8 m,开挖面积约10万m^2,属于超大超深基坑。工程地质及水文地质条件复杂,地下水位高,且存在较厚的饱和软黄土。为保证工程周边环境安全及基坑自身安全,全过程工程咨询团队与建设方、基坑设计单位、施工单位多次讨论,最终结合工期需求,确定采用桩锚支护体系,分区分块的设计方案。并针对大面积基坑降水及地铁4号线区间保护等难点提出咨询意见。

① 基坑降水。为了保护和节约地下水资源,防止超量降水造成地面沉降过大,要求基坑地下水控制设计时,应根据基坑深度和规模,遵循"分区分级、按需施降"的原则。根据自强东路地道、火车站北广场地下枢纽、地铁7号线火车站等地下结构的施工顺序和坑底高程的不同,采用分级阶梯式止水帷幕,基坑内疏干降水时按平面范围、竖向深度、施工工况,分区域、分次序、分标高,实现分级控制地下水。

② 4号线区间保护。为保证地铁4号线正常运营,结合现场实际实施情况,对基坑开挖施工影响范围内的在运营地铁4号线,临近7号线火车站站厅部分深基坑,采用隔离桩保护加固。同时,对已运行地铁4号线核心区土体三轴搅拌桩微扰动加固。

（3）桩基及筏板优化

本项目均为地下建（构）筑物,地下抗浮水位高,仅广场的西区根据抗浮计算要求,初稿图纸就设置了1 457根桩。经过咨询团队认真复核和分段细化抗浮设计,抗拔桩减少至1 409根桩,优化了48根桩。同时与勘察单位的对接后,明确拟建场地地下水属孔隙潜水类型,稳定水位埋深3.00—9.10 m,相应标高395.02—398.99 m。本工程抗拔桩桩顶标高均在384.57 m左右,位于稳定地下水位以下10 m以上,按《建筑桩基技术规范》第3.5.3条注2,裂缝控制宽度限值可按0.3取值。重新计算后,同样内力原700 mm径抗拔桩28E28纵筋可优化为20E28,节约28.5%配筋。广场西区422根1 000 mm径及987根700 mm径钢筋共优化桩钢筋约2 000吨,减少投资1 000多万元，并大大减少了钢筋笼加工时间，保证了节点工期。

广场西区底板下预留了西安地铁7号线盾构穿越空间，设计采用了2 000 mm厚筏板行成托换体系。筏板长318 m，宽约33.8—37.8 m。由于受力复杂，原设计按最不利位置计算结果进行了整个筏板的配筋。经我院认真复核，提出按实际受力分区段细化配筋，同时优化部分不必要的加强构造钢筋。重新配筋后，整个筏板优化约900吨钢筋，减少投资近500万元。

2. 相关经验及教训

西安火车站北广场及周边市政配套工程作为衔接多种现代公共交通的客运综合体，除了其本身的技术难度外，还要面临疫情的挑战，把控项目的每一个设计、施工节点变得尤为关键。上海隧道院全过程工程咨询团队因地制宜、针对建设方和工程实际需求，细化了合同规定的咨询服务内容，在缺少同类咨询案例的参考下，不断摸索，勇于实践，敢于创新，制定了一套有效可行的工作机制。该工作机制与传统的碎片化工程咨询服务不同，更契合工程实际，更偏向于个性化、全方位服务。

（1）主持设计例会，把控项目节点

全过程工程咨询团队在项目建设过程中几乎全程参加所有与设计相关的会议，并在此期间为建设方提供全方位的咨询意见。设计例会打破了常规仅有建设方、设计院参加例会的形式，根据每周实际建设进展和需求，时常邀请监理、施工单位、工程部、合约部甚至委外单位参加例会，解决了设计与施工脱节的问题，极大地提高了效率。

（2）组织现场巡检，及时查缺补漏

本项目设计单位较多，且设计界面互相交叠。由于在设计招标时未明确总体管理职责，故在现场施工过程中的设计巡检工作存在各自为政，协调困难的现象，特别是在涉及到设计界面接口处的问题处理，单一设计院往往无法给出现场解答。

针对此情况，上海隧道院承担起了牵头设计巡检的工作，定期组织各家设计院进行现场巡检，下发设计现场服务记录样板，要求各家设计院对现场发现的施工问题进行及时反馈，并在最近的一个设计例会周期内制定解决问题的策略。由于咨询单位本身有现场常驻团队，故在发现问题后可以第一时间提供咨询方案解决问题，主动组织专家给出专业咨询意见或对图纸问题进行审查，从根本上为建设方减负。

（3）定期梳理统计、协助档案管理

全过程工程咨询团队不仅为建设方提供工程建设咨询服务，还为建设方定期梳理统计图纸和施工进度，把控项目节点，协助设计部收发设计单位联系单并进行档案管理。在收发联系单的过程中，全过程工程咨询团队参与建设方内部流程，对设计院提交的每一张符合要求的联系单提供技术意见，并在建设方内部管理流程中签字，对设计质量进行把关。这与传统咨询的被动审核、提供方案建议不同，还包含主动地参与项目管理，通过管理流程对项目的各阶段进行优化，更加专业化、精细化。

从以上服务可以看出，全过程咨询单位在工作内容和服务范围上比普通咨询更加全面，更加灵活多变，甲方需要什么就提供什么服务内容，是量身打造的"管家式"服务。但在提供全方位服务的同时，也要承担更多的责任，需要全过程工程咨询单位运用更加科学的咨询方法、更加严格的咨询标准来提高整个项目的水平和质量，知责明责、履责尽责，使咨询成果经得起时间和历史的检验。当然建设方在聘用全过程工程咨询单位时，也应给予更多信任和支持，应全面开放工程相关资料，主动邀请全过程工程咨询单位参与各类相关会议，使全过程咨询单位能准确、全面地了解工程概况，以便获得更好的咨询效果。同时，应将全过程工程咨询单位纳入甲方管理体系，并授予一定的高于参建设计院的管理权限，

图5　组织施工现场巡检

树立全过程工程咨询单位参与设计、工程管理的权威性。

【咨询效果】

1. 客户评价

项目建成后,火车站北广场及地下枢纽荣获中国建筑学会颁发的中国建筑卓越项目奖,周边市政配套工程荣获中国市政协会颁发的市政工程最高质量水平评价奖。对于此项目的顺利建成与运营,建设方对上海隧道院全过程工程咨询团队给予了高度的评价。成果评价表示:上海隧道院自承接项目起,积极参与工程建设管理,履约完成合同约定工作内容,主动向建设方提供对推进工程建设、节省投资有益的咨询建议,协助建设方进行项目推进管理,对本项目设计方案优化、投资成本控制、安全按时建成,起到非常重要的作用。

2. 社会效益及效果

西安火车站北广场及周边市政配套项目全过程工程咨询为工程的顺利实施产生了积极的经济效益和社会效益。从设计咨询层面看,咨询单位为建设方提供的各类专题研究,包括地铁、枢纽一体化方案、桩基优化方案、土方平衡优化方案等设计方案,直接节省项目投资数千万元;从工程管理层面看,在全过程咨询单位的介入下,建设方大幅度优化缩减了建设管理总部的规模,以最小的人力资源投入确保了本工程的顺利实施。

从社会效益来说,西安火车站北广场及周边市政配套项目,是西安迎2021年全运会最重要的保障项目之一,投资额达76亿,加上火车站本身改造项目,被称为十四运期间的西安"一号工程"。项目本身的地理位置尤其重要,处于被称为盛唐"国门"的丹凤门遗址前,对西安乃至全国都具有重要历史意义。2021年9月全运会开幕式期间,习近平总书记由榆林坐火车抵达西安站,并对本项目进行了考察,给出高度评价。在这样一个仅地铁工程土方量就达到200多万m^3的重点工程中,建设方启用全过程咨询单位协助优化设计和工程管理,使本工程从正式开工起仅17个月就建成投用,堪称奇迹,充分体现了全过程咨询对于此类工期紧、技术难度大、协调任务重的工程建设项目的正面作用。本项目的全过程工程咨询成果,是上海隧道院实践探索一种更务实、更精准、更贴心、更主动、更有效咨询模式的重要尝试,作为典型,对于国内同类咨询项目具有很大的参考价值。

上海崇明"第十届中国花卉博览会"项目全过程总控管理

The Whole Process Project Controlling Management for the Project of "The 10th China Flower Expo" Chongming, Shanghai

编写单位：上海华建工程建设咨询有限公司
Shanghai Hua Jian Architecture, Engineering & Consulting Co., Ltd
联系电话：021-33567888　　**网址**：http://www.xdec.com.cn
主要完成人：詹晓骏　王　骋　范　昊　姚一鸣　孟悦琦　母　博　席洋阳　吴志鑫　李亚昆　那日松

【点评】

该项目全过程总控管理的实践与成效体现了对生态文明和美丽中国建设的深刻理解和积极响应。咨询公司作为牵头单位，展现了全过程咨询管理服务的专业性和系统性，特别是在生态创新和技术创新的应用上，如无人机+5G技术和BIM技术。项目在前期策划、报批流程、施工管理、质量控制等方面均取得了显著成效，不仅优化了审批流程，节约了时间成本，还确保了工程质量和安全标准。此外，项目获得了多项荣誉和认证，如SITES金级认证和绿色建筑设计标识，证明了其在可持续发展方面的领导地位。值得一提的是，文章提出了全过程工程总控咨询管理中的反思，如提升格局意识、增强复合型技术能力、优化资源整合等，这些反思为未来全过程工程咨询的优化提供了方向。

【项目背景】

中国花卉博览会是经党中央、国务院批准举办的国家级花事盛会，也是中国花卉协会历经30多年倾情打造的品牌活动，享有花卉界的"奥林匹克"盛名。中国花卉博览会的举办，意在集中展示我国花卉业发展成就，促进国内外花卉交流合作，引领花卉发展趋势，推动我国花卉业向高质量发展，是建设生态文明和美丽中国的生动实践，在国内外具有广泛的影响和知名度。上海崇明"第十届中国花卉博览会项目"（简称"花博会"），由国家林业和草原局、中国花卉协会、上海市人民政府共同主办，上海市崇明区人民政府、上海市绿化和市容管理局、上海市花卉协会等承办，光明食品集团承建。

本届花博会是在庆祝中国共产党成立100周年的背景下，围绕"生态办博、创新办博、勤俭办博"的三大目标，构建"规模最大、档次最高、影响最广"的国家级花事盛会。建成后的花博园区，将作为崇明中部崛起的重要功能区，打造尊重自然、低碳环保、可持续发展的绿色生态文明先行区，提供面向全国及世界的花卉创艺博览服务，为崇明建设"世界级生态岛"打下坚实基础。

本届花博会规划范围总面积约 10 km^2，包括：花博园主展区、东平国家森林公园拓展区、配套服务区（北部东平小镇及南部服务区）。总体空间布局规划分为三大片区，其中：花博园主展区承担核心展区功能；东平国家森林公园承担生态保育以及花博会辅助展区功能；北部东平小镇及南部服务区承担花博会配套服务功能。

本届花博会于2021年5月21日开园，2021年7月3日闭幕，总会期42天。华东建筑集团于2018年尾与光明集团对接花博园区建设全过程总控咨询管理工作，在2020年，花博园建设项目被选为"2020年上海市第143号重大项目"。

【项目内容】

1. 项目类型

项目名称：上海崇明"第十届中国花卉博览会项目"。

建设类别：大型综合展览园区。

建设性质：新建。

2. 参与建设单位情况

建设单位：光明生态岛投资发展有限公司。

全过程总控咨询管理单位：上海华建工程建

设咨询有限公司。

其他参建单位：花博会项目按招标包件分为第十届中国花卉博览会花博园场馆（复兴馆、世纪馆、竹藤馆）项目，第十届中国花卉博览会花博园景观绿化、临时场馆及配套设施建设项目，花博园地区生态水系整治工程项目，第十届中国花卉博览会花博园智能温室项目。具体主要参建单位情况详见表1。

3. 主要建设内容及规模

花博主展区总用地规模约318.24 hm²，由主展区和西南拓展区组成（图1）。总体规划布局为"一心、一轴、六馆、六园"。包含场馆及配套建筑、园林景观、水系整治、生态造林、花卉培育、布展运营等综合建设工作。涉及园内总体建筑规模约8.7万 m²、绿化景观规模13万 m²、园内河道水系33.6万 m²。依据展示方式分为室内展区与室外展区两种。室内展区包含复兴馆、世纪馆、竹藤馆、百花馆和花艺馆。室外展区围绕"梦花园"核心区布置，分为东、西两个主题展区。

图1 本项目总平面图

表1 各包件划分及主要参建单位一览表

	第十届中国花卉博览会花博园场馆（复兴馆、世纪馆、竹藤馆）项目	第十届中国花卉博览会花博园景观绿化、临时场馆及配套设施建设项目	花博园地区生态水系整治工程项目（EPC）	第十届中国花卉博览会花博园智能温室项目
造价顾问	上咨工程造价咨询有限公司	上海申元投资咨询有限公司	上海至贤工程管理咨询有限公司	上咨工程造价咨询有限公司
设计单位	上海建筑设计研究院有限公司、华东建筑设计研究院有限公司	上海建筑设计研究院有限公司、上海市园林设计研究总院有限公司	上海市水利工程设计研究院有限公司（总承包单位）	上海都市绿色工程有限公司、上海市园林设计研究总院有限公司
勘察单位	上海申元岩土工程有限公司	上海申元岩土工程有限公司	上海申元岩土工程有限公司	上海申元岩土工程有限公司
施工单位	上海建工集团股份有限公司	中交第三航务工程局有限公司	中交第三航务工程局有限公司	上海源诚建筑工程有限公司
监理单位	上海建科工程项目管理有限公司	上海建科工程项目管理有限公司	上海宏波工程咨询管理有限公司	上海振南工程咨询监理有限责任公司
其他单位	绿建以及WELL认证：上海市建筑科学研究院有限公司 幕墙设计：上海建筑设计研究院有限公司 泛光设计：上海建筑设计研究院有限公司、华建集团建筑装饰环境设计研究院 桩基检测：上海新地海洋工程技术有限公司	SITES可持续场地认证：上海世博发展（集团）有限公司 泛光设计：上海建筑设计研究院有限公司、华建集团建筑装饰环境设计研究院		

【工作过程】

1. 流程总控咨询

在花博园前期策划阶段，总控咨询管理团队与项目相关方共同编制《上海崇明"第十届中国花卉博览会"园区建设项目管理规程》（简称《项目管理规程》，图2），明确建设方内外职责范围、各类管理流程、表单及各类规章制度。在工程实施阶段，所有书面流转工作严格按照《项目管理规程》中约定执行，在操作过程中如遇流程或规程制定不合理之处，总控咨询管理团队牵头项目各方对流程以及规程进行修改以符合项目实际情况为目的进行合理化、规范化的修改。

2. 策划总控咨询

① 为业主提供项目投资策划、制定项目包件拆分及招标计划建议服务。

② 协助业主完成花博园施工标段、工作界面划分等工作，确定总体投资估算。

③ 花博园建设项目场地大，内容繁杂，参建单位众多，整个园区共有四个标段逾百项招采工作。总控咨询商务团队牵头协助业主制定合约规划，组织编制招标文件、合同文件，并提出审核意见；制定所有招标采购计划，并落实执行。

④ 制定整体成本管控策略与流程。

3. 配套总控咨询

① 在花博会配套报批工作上，总控咨询管理团队设定了新的工作目标，解析审批政策，优化报批路径。

② 因花博会项目的特殊性，传统审批报批流程周期长，无法满足建设目标要求，总控咨询管理团队主动配合业主根据上海市重大办与崇明区政府要求，在审批政策改革过程中，围绕行政主管部门审批的相关事项，开展有关工作，包含立项、用地、规划许可、施工许可以及各类评估评审工作。并与市区各级政府相关审批部门就项目报批建立合作关系网络，合理运用各部门的优势资源，为花博会报批争取绿色审批通道，有效提高花博会各项报批路径。根据协调报批过程中的疑难问题，有针对性地为项目提供个性化的报批路径。

③ 在审批工作过程中制定项目报批的各阶段时间节点，合理规划报批流程，压缩报批时间，为尽快合规开工验收提供保障。

4. 商务总控咨询

① 花博会初期策划直至运营期间，总控咨询团队从项目伊始牵头参与项目全过程招标合约管理以及投资造价控制工作。

② 全过程跟踪招投标情况，因过手招标文件、合同文件与付款文件数量巨大，建立合同流转及付款台账用以督促各相关单位及部门及时跟进审核工作，控制优化流转流程。组织投资监理编制资金计划，在项目建设周期及时更新、及时预警、动态管理。

③ 每周召开业主和各标段投资监理参加的针对现场投资控制例会，通过例会实时跟踪把握现场投资动态，并与总控咨询团队内设计管理、现场施工管理联动做好投资控制工作。

④ 每月按时编制成本合约月报，根据投资目标切块内容，严格按照总投资目标及各个标段投资目标进行动态管理和总体控制。

5. 计划总控咨询

① 花博会项目中，总控咨询团队严控项目计划与过程风险管理，根据项目实际情况，从报批、设计、投资、施工、安全、质量等全角度全过程进行进度管理以及风险预警与监控，并为业主提供专业分析建议，做到规避风险、最小化损失风险。

② 在项目初期，总控咨询团队根据过往项目中的丰富经验，提前通过分解项目目标，梳理出项目建设阶段中的关键节点；在后续实际操作过程中，又根据项目实际情况不断更新进度情况并调整出新的关键节点。

③ 为了更好地掌握项目实时情况，总控咨询团队每天对项目整体计划进行跟踪风险分析，对过程风险进行单项梳理跟踪，对于复杂风险（即一项问题涉及到的影响大于两项控制目标，比如进度与投资、设计与投资等）进行量化，明确解决关键和应对措施。每周与业主就项目风险问题进行汇报讨论，及时预警，提供纠偏建议。

6. 设计总控咨询

① 细化设计管理，统一设计标准要求。

② 花博会参建单位众多，牵头设计单位多达6家，为了合规化管理，总控咨询团队构建设计管理体系，统一各设计单位间的提资协同标准。

③ 建立项目设计信息体系，理清各项目报建内的建设内容与相关重要设计信息。

④ 严控设计出图计划与设计质量，为项目报建、招采、施工提供前置保障。

7. 信息总控咨询

① 以信息管理为核心，构建高效的信息管理体系。

② 利用项目管理网络协同平台进行项目过

程中的图纸版本管理、过程资料归档、事件跟踪。建立各类信息台账,通过对各流程环节的信息流转监控,时时跟踪相关事件进展,确保信息流转的闭环。

8. 现场实施总控

(1) 施工总控咨询

① 统一项目建设目标,优化过程施工管控。

② 利用阶段性设计资料,协调各标段总承包方进行整体场布及园区整体交通组织。协调监理梳理各项施工专项方案编制要求,提前组织相关施工方案专项评审。做好相关突发情况应急预案编制工作,做到现场安全、质量问题及时发现,即时响应。

(2) 质量、安全、验收总控咨询

① 以事先控制为理念,打通设计施工各个环节,保证交付质量。理解并贯彻设计和建设单位意图,把控施工控制关键节点,保证施工交付效果。关注施工图节点,保证各个专业施工环节协调统一,确保完工面效果。

② 配合业主组织监理和施工单位,排查安全隐患。督促施工单位和监理单位完成施工安全方案审核和整改事项闭合。配合业主定期组织安全大检查,督促安全问题销项。

③ 优化竣工验收,在"一网通办"上海市工程建设项目审批管理系统(V2.0版)平台上报送综合竣工验收,一张清单清验收各环节,便捷、高效的完成竣工验收流程,保障开园前的运营交付。组织编制建筑使用手册,从系统概况、分类清单、维修保养、操作指南等几个环节入手,将复杂的系统设备化繁为简,为园区运营保驾护航。

【咨询工作特点及经验教训】

1. "全过程、全专业、全覆盖"的全过程总控咨询管理模式

在本次项目中,真正意义上做到了"全过程、全专业、全覆盖"的全过程总控咨询管理,从前期报批到验收运维工作,总控咨询团队都参与其中并起着重要作用。在项目起始阶段,根据对花博园项目的特性分析,总控咨询团队总监结合以往项目经验,判断出各个不同项目阶段所需专业技术人员比例也有所不同,因此团队中以复合型专业技术人员为主,在项目不同阶段可通过人员的调配以达到最快速度推进项目目标。

花博会由上海市花卉协会与崇明区政府主办,光明食品集团作为园区建设责任主体,成立了崇明花博会统筹协调指挥部。为了花博会建设的有效推进,指挥部下设一室六组,分别负责不同专业不同板块的内容。结合业主在项目不同建设周期侧重需求的不同,总控咨询团队以项目全过程生命周期为条线,各技术专业分工为抓手,在不同的项目建设阶段,有针对性地调整人员布置,重点解决不同阶段的核心问题,基本做到第一时间响应最快速度完成。

2. 创新管理工具的实际应用

(1) 无人机+5G技术辅助项目管理

在花博会项目上,以无人机为载体、4G/5G

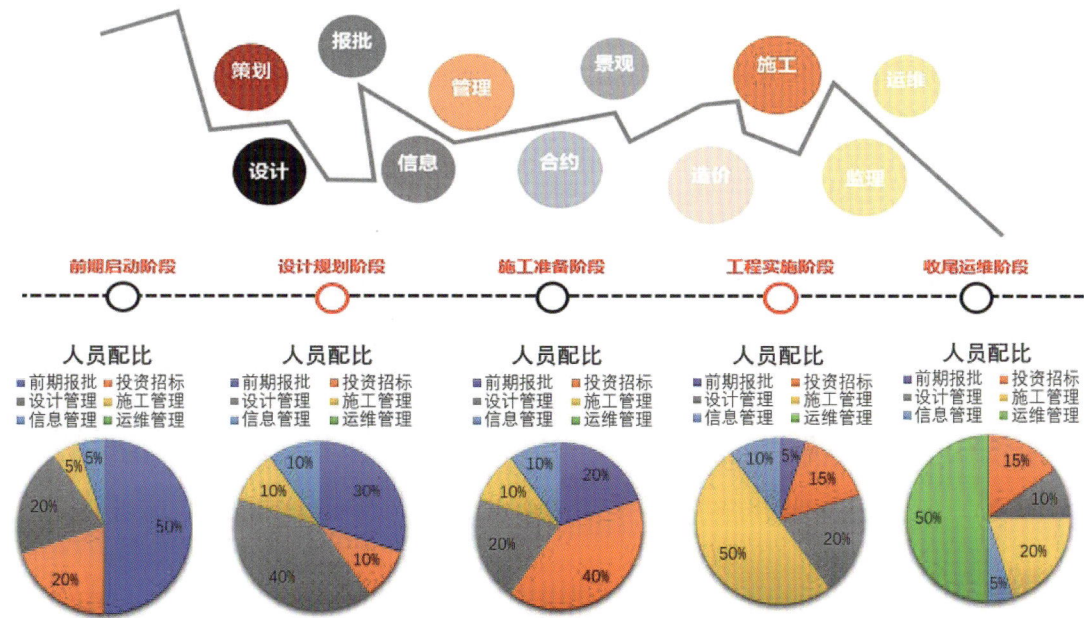

图2 花博会项目全过程管理阶段及专业人员分配

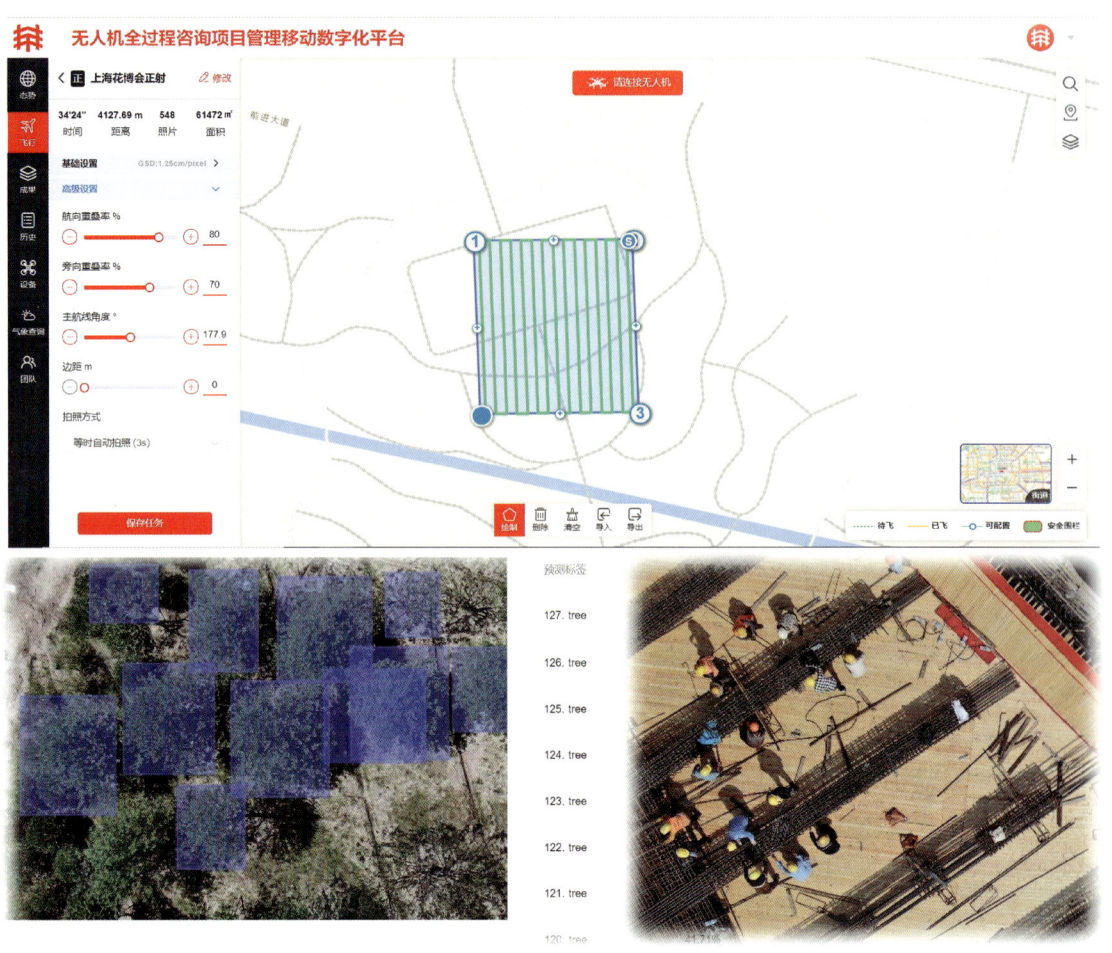

图3 无人机+5G技术应用于进度管理与安全管理

技术为核心建立一个项目管理数字化平台，专门来帮助大型园区建设项目进行高效进度管理、安全管理及为业主服务。运用无人机结合数字化平台的尝试，为日后进一步探究全过程全生命周期项目管理赋能升级。

（2）多源数据驱动的大型园区综合交通组织优化方案研究

基于花博会园区周边区域交叉口及主要道路的多源交通数据的采集分析结果，解析园区周边区域交通特征，对园区周边道路网络的关键路段进行单元划分，实现多时段拥堵程度与拥堵范围预测，制定园区内外综合交通组织优化方案。

3. BIM技术辅助项目决策

运用BIM技术进行模型空间分析、场地分析、管线综合及各参建单位间的协同提资工作。通过编制《BIM技术应用方案》及《BIM技术应用规则》统一各参与单位的模型交付成果。

利用BIM技术为业主提供可视化效果管控（含整体苗木景观），土方平衡计算复核，为业主控制整体建设效果和平衡投资提供参考依据和技术保障。

4. 新型工艺技术与评价体系在项目上的应用

现场实施和专项课题研究相结合。实现竹藤馆3D打印模板技术、世纪馆超大跨度曲面混凝土薄壳结构、主入口大门结构仿生模拟等新型技术手段在实际项目中的应用。

项目获得国内最大园区SITES认证与首个场馆建筑WELL认证。

5. 项目经验教训

（1）项目前期及配套总控咨询经验

花博会项目的前期报批工作具有综合性、系统性、复杂性、唯一性等特点，不仅涵盖了房屋建筑、景观绿化、水系整治等大项，还混合了不同性质的用地、临时建筑，是崇明区有史以来规模最大，程序最为复杂的审批项目。

通过2019年下半年与崇明区各职能部门的相互交流、磨合，我方逐步吃透该项目的审批依据和流程，在充分理解政策法规的基础上为该项目的报批工作提出了一系列可行的实施方案。主要工作内容有：配合业主单位办理施工许可

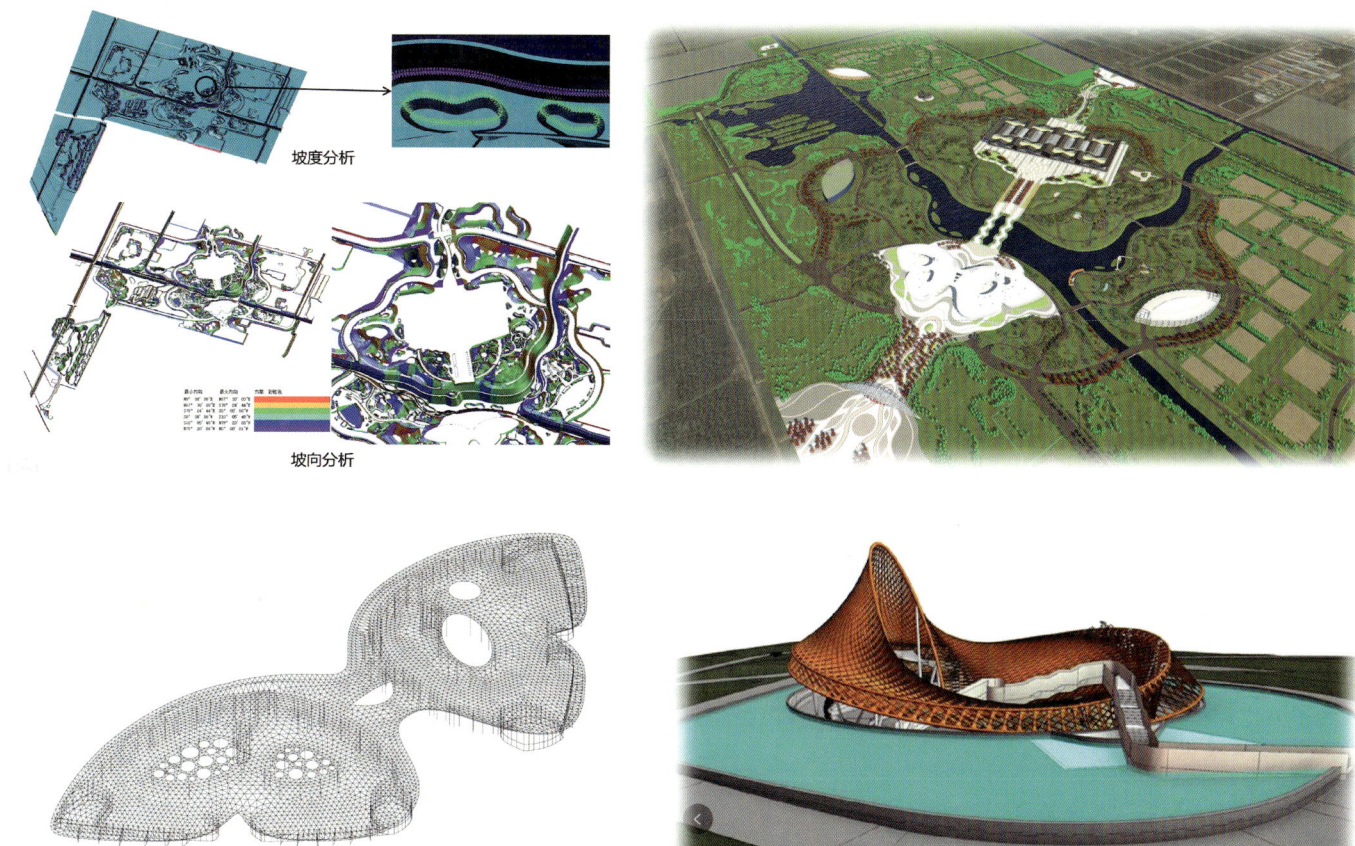

图4　花博会项目各类BIM应用场景

阶段各类证照，包含用地规划许可、方案征询、方案审批、工程规划许可、规划开工放样、施工许可等；配合业主单位办理供水、供电、供气等市政配套手续，跟踪市政配套建设方案及现场进度；督促总包单位竣工图的编制、配合第三方检测，包含但不限于防雷、卫生学、空气质量、消防等检测工作，配合第三方完成多测合一工作；配合业主单位完成综合竣工验收工作，包含但不限于质量监督、规划、出入口、停车位、绿化、卫生、民防等部门的验收；配合业主单位对接市、区重大办和筹备组关于前期报批及竣工验收方面的沟通协调，定期向市、区各部门提交项目建设情况及各类汇报材料。

在花博会项目的前期至竣工阶段，通过一系列的措施优化提速了各项审批的进程，为项目的合规建设提供基础保障。

① 确定选用划拨项目核准制立项，节约立项时间。

花博会的建设单位是光明集团下属生态岛公司，项目属于企业投资。初期试图采用"备案制"立项，如此一来便可大大节约立项审批的时间，但是花博会项目的土地是通过"划拨"的方式给到建设单位，"划拨土地"常规都是需要采用"审批制"的方式来立项，从项建书到可研报告，审批时长通常短则三个月，长则半年，无法满足花博会的建设节点。通过和市区两级发展改革委的沟通协商，最终采取了"核准制"的折中方式来解决立项问题，无论从时间上还是合规性方面都可以满足政策要求，为花博项目开了一个好头。

② 尽可能办理临时用地，节约土地指标。

园区大面积区域，如地形造景、施工作业、临时停车、配套工程、临时使用的建筑物和构筑物、参观通道、配套管线等，均采取办理临时用地的方式来实现临时项目建设的目的，同样也是为了节约土地指标，会后需恢复现状。

临时用地的手续相对简化，也为花博会的建设压缩了土地审批和建筑审批的时间。建设单位向主管部门申请《临时建设用地规划许可证》及临时建设用地批准文件，并按临时建设用地许可批准的内容和要求使用土地。临时建筑物和构筑物等向主管部门申请《临时建设工程规划许可证》，并按临时建设工程规划许可核准的内容和要求进行建设活动。

《临时建设用地规划许可证》《临时建设用地批准文件》《临时建设工程规划许可证》的有效期均不超过两年。如需延长使用的，可在有效期届满三十日前向原批准机关提出申请，申请延期以一次为限，延期不超过一年。临时用地的审批给花博会项目的土地利用方面也给予了非常大的灵活和便利。

③ 争取办理临时建筑的施工许可证，确保合规监管。

以往建设项目对临时建筑这块的政府监管存在空缺，花博会项目被列入了市重大工程，在建设过程中不能缺少政府部门的监管。一方面我们按照永久建筑申报的路径和方式严格进行了招标、审图及方案征询并办理了临时工程规划许可证；另外一方面我们积极与区建管委协调要求对临时建筑按照与永久建筑一样进行质量安全监督，由于手续上考虑得比较齐全，最终区建管委准予下发临时施工许可证，临时项目得以纳入政府监管，做到依法合规建设。临时施工许可证也是主管部门为本项目特别开放的审批环节。

④ 压缩施工许可证办理的时间，确保按时开工。

花博会的开工时间是前期最为关键的时间节点，众多部门和单位都会重点关注，为此结合项目情况我们不断优化施工许可办理的内控流程，提前相关材料的准备时间，要求在招标阶段准备好如审图、规划审批及各类承诺书、各类评估评审报告等，在中标通知书完成后召集五方单位共同在线统一办理了合同备案，在主管部门的大力支持下做到了在一天内完成施工许可证的申请和批复工作。其中，各类评估评审报告需要委托第三方专业机构编制再提报主管审批部门委托专家评审，耗费的时间相对较长且不可控。为此我们向各职能部门提出了相关评估评审报告"尽快落实、先批后补"的变通形式，在办理施工许可前容缺审批，大大节约了施工许可的办理时限。

⑤ 市政配套提前接入，保障运营条件。

以往一般项目的市政配套供水、供电、供气的时间很难把控，也很难协调这些管理部门。为了配合同步施工许可的手续，尽快完成市政配套管线的接入，我们通过市重大办及区筹备组层面多次召开协调会与供电局、自来水公司、燃气公司协商将商务与建设同步实施。简化项目并加速内审流程，加快合同签订的流程，付款和建设同时进行，为花博会项目开设绿色通道等，最大程度地压缩接入时间，确保了现场从临水临电向正式水电的顺利切换，为项目试运营及压力测试提供先决条件和时间保障。

⑥ 建设收尾阶段同步办理竣工验收，确保项目顺利交付。

花博会项目建设工期非常紧张，开幕时间不能轻易调整。为了不影响交付运营及压力测试，我们协调区筹备组召集建管委及各个部门，梳理了目前项目验收过程中存在的问题，并多次邀请区质监站来现场进行工作指导，积极对政府各部门提出的问题进行了逐一整改，最终得到了区里各部门的支持，在容缺少数非重大质量安全方面的整改问题及资料的前提下，通过承诺限时整改、后补资料的方式提前完成各并联部门的验收工作，迅速拿到了综合竣工验收通知书，为项目合规交付提供保障。

⑦ 容缺附条件通过验收，保障项目合规运营。

前期报批阶段存在的指标问题，在综合竣工验收阶段都会一一暴露出来，为此我们也提出了"附条件通过"验收的方式来协商解决。首先通过市重大办、区筹备组层面召开协调会，提出我们的解决办法，如因建设尚未全面完成，对无法出具的检测报告承诺限时补交，对于规划指标上确实无法完成的问题，我们提出了在后期临时拆除后补足建设指标并在现阶段容缺通过，能够按照临时验收处理的适当放宽验收的条件并予以通过。通过多轮的会议沟通协商，项目最终通过了各部门的综合竣工验收，合规投入运行。

（2）设计总控咨询经验

本次花博会项目规模庞大，涉及多个展馆、室外景观和配套设施的设计。涉及园内总体建筑规模约8.7万 m^2、绿化景观规模13万 m^2、园内河道水系33.6万 m^2。设计阶段涵盖了从方案到施工图到竣工图配合的全过程设计工作。为了确保项目的顺利进行，我们采取了一系列有效的设计管理措施。

① 明确设计管理目标。

确保设计质量：通过严格的设计审查和评估机制，确保设计方案的科学性、实用性和美观性。

控制项目成本：在保证设计质量的前提下，合理控制设计成本，提高资金使用效益。

优化设计流程：通过优化设计流程，提高设计效率，确保项目按时完成。

加强团队协作：促进各设计团队之间的沟通与合作，形成合力，共同推进项目进展。

② 制定关键措施。

建立设计管理体系：成立专门的设计管理团队，明确各成员的职责和分工。制定详细的设计管理流程和制度，确保设计工作的规范化和标准化。

制定设计标准：根据花博会的特点和要求，制定相应的设计标准和规范。这些标准涵盖了展馆布局、景观设计、照明、通风等方面，为设计工作提供了统一的依据。

加强设计审查：设立设计审查委员会，对设计方案进行严格的审查。审查内容包括设计方案的科学性、实用性、美观性以及与花博会主题的契合度等。通过审查，及时发现和纠正设计中存在的问题，确保设计方案的质量。

优化设计流程：通过引入先进的设计管理软件和工具，优化设计流程。利用BIM技术进行三维建模和协同设计，提高设计效率和准确性。同时，建立设计进度监控机制，定期检查设计进度，确保项目按时完成。

强化团队协作：加强各设计团队之间的沟通与合作。定期召开设计协调会议，讨论设计中遇到的问题和解决方案。鼓励团队成员之间互相学习、互相借鉴，共同提高设计水平。

控制设计成本：在保证设计质量的前提下，合理控制设计成本。通过优化设计方案、选用经济适用的材料和设备等方式，降低设计成本。同时，建立成本控制机制，对设计过程中的费用进行严格把关，确保资金使用效益最大化。

③ 设计管理成效评估。

经过管理团队的努力，上海崇明第十届中国花卉博览会项目的设计管理工作取得了显著成效。设计方案得到了专家和观众的高度评价，各项指标均达到预期目标。

设计质量得到保障：通过严格的设计审查和评估机制，确保了设计方案的科学性、实用性和美观性。各展馆、室外景观和配套设施的设计均达到了高标准要求，为花博会的成功举办提供了有力支撑。

成本控制效果显著：通过优化设计方案、选用经济适用的材料和设备等方式，有效控制了设计成本。与预算相比，实际设计费用节约了一定比例，为项目的可持续发展奠定了基础。

设计效率大幅提升：通过优化设计流程、引入先进的设计管理软件和工具等措施，提高了设计效率。各设计团队之间的沟通与合作更加顺畅，工作效率得到了显著提升。同时，项目按时完成，为花博会的顺利举办提供了保障。

团队协作能力增强：通过加强团队协作、鼓励团队成员之间互相学习、互相借鉴等措施，增强了团队凝聚力和协作能力。各设计团队之间形成了良好的合作关系，共同推动项目进展。同时，团队成员的专业素质和综合能力也得到了提升，为今后的工作打下了坚实基础。

【咨询效果】

1. 进一步探索总控咨询管理模式的发展方向

"全过程总控咨询管理"意在为业主提供项目从前期策划到交付运营阶段的全过程咨询管理服务，是以项目的战略性目标实现为前提条件，为业主提供全方位、全过程资源整合的咨询管理服务。

全过程总控咨询管理作为一种新型的管理模式，在项目实施过程中的总体把控方面，比传统项目管理和工程管理有着明显的优势。同时也对管理团队的综合能力提出了更高的要求与挑战。

通过对比传统工程项目管理与全过程工程总控咨询管理，在实际项目的操作过程中主要存在以下痛点待改进：

（1）提升格局意识

区别于传统工程项目管理，全过程工程总控咨询管理的站位更高。其不再仅限于实现项目建设过程中单专业、单阶段的目标管理，而是以项目整体目标的实现为导向，在项目实施过程中通过综合调配项目资源，将项目运行维持在一个稳定推进的状态，实现项目利益最大化，提高项目价值。

如何在项目过程中，不断明确、巩固项目目标，并将业主与参建单位形成利益联合体是总控咨询管理团队面临的一大难点，这要求承接总控咨询管理服务的团队，拥有一定的大型复杂项目或项目集管理的项目经验，同时拥有明确的目标管理思路与策略。

（2）增强复合型的技术能力

全过程工程总控咨询的服务周期涵盖了项目的规划、设计、招标、施工、运维的全过程，涉及策划、报批、设计、信息、成本、合约、施工、调试、运维等各个专业，这对于总控咨询管理团队的技术能力要求更高。如何通过合理的分配人力资源，打造复合型的管理团队是构建高效总控咨询管理团队的基础，这要求项目经理本身具有复合型专业的管理能力和技术能力。选择一个优秀的总控咨询项目经理或构建复合型的核心管理团队，是承接总控咨询管理服务的重要保障。

（3）优化资源整合

总控咨询管理团队作为推动项目实施的核心，发挥着承上启下的重要作用。高效的信息与资源整合，是总控咨询团队日常工作的重要一环。由于管理服务向"前期策划"和"交付运维"两端地延伸，总控咨询团队对项目各类报批、审查、验收等手续流程及相关政策有较高的熟悉度，并具有一定的政府资源。同时，作为总控咨询团队作为项目的信息中枢，需拥有一套完善、高效的信息管理流程与体系，做到对项目实施过程中各类信息资源的及时接收、发放、过程跟踪与流程闭环。

（4）锻炼领导力与决策力

总控咨询管理实施的高效与否离不开业主的信任与支持。区别于传统的"代甲方"，总控咨询管理团队与业主的关系更为紧密。其作为项目整体的"总管理""总顾问""总协调"，对业主的各类决策与落实起着至关重要的作用，这要求总控咨询管理团队在参与业主的各类决策中，需跳出"乙方思维"，既要真正从业主的需求出发，同时又要作为公正的第三方顾问给予业主正确的建议与思路，并负责相关工作的最终落地。这要求总控咨询单位不光对下要有完整的组织架构与管理体系，对上也需要与业主项目团队深度融合。在项目前期，明确与业主间的各类决策与审批流程，明确相关责任分工与审批权限。

2. 花博会项目获得了各类奖项

上海崇明第十届中国花卉博览会项目共获得了28个奖项，如华东建筑集团股份有限公司获得第十届中国花卉博览会筹办工作先进集体，上海现代建筑设计集团工程建设咨询有限公司获得2020年度上海市重点工程实事立功竞赛优秀团队，上海市水利工程设计研究院获得上海市优秀工程咨询成果二等水平，上海现代建筑设计集团工程建设咨询有限公司、上海建筑设计研究院有限公司获得中勘协第十二届"创新杯"建筑信息模型（BIM）应用大赛特等成果奖，上海建筑设计研究院有限公司获得2020年度上海市重点工程实事立功竞赛金杯团队，光明食品（集团）有限公司获得碳中和证书，光明生态岛投资发展有限公司获得SITES金级认证，上海建工集团股份有限公司获得白玉兰奖（复兴馆、世纪馆），中交第三航务工程局有限公司上海分公司获得2019—2020年度上海市建设工程金属结构（市优质工程）金钢奖，中交第三航务工程局有限公司获得2021第十三届中国长三角优秀石材建设工程（人造石）金石奖，光明食品集团崇明花博会统筹协调指挥部苗木产业组获得2020年度上海市重点工程实事立功竞赛优秀团队称号。

上海西岸传媒港全过程工程咨询
Whole Process Engineering Consulting for Shanghai West Bund Media Harbour

编写单位：上海科瑞真诚建设项目管理有限公司
Shanghai K&Z Construction Project Management Co., Ltd.
联系电话：021-65988688　　网址：http://www.kzcpm.com
主要完成人：谢坚勋　何清华　乐云　张宗玮　李永奎　许世权　祝军　樊晔　王陈远　刘宇杰

【点评】

该项目通过全面介入项目实施模式策划、土地出让、规划设计、前期审批、成本合约、施工管理和机制创新工作，在近七年的"扎根式"全过程工程咨询服务期间，从策划阶段即以全寿命视角组织编制《整体开发规则》，完成了顶层设计，而后协同业主方组织编制完成《整体设计导则》并组织开展设计总控工作，同时建立了"行政—合约—关系"三位一体的"政府—市场"二元合作治理机制以协调解决各开发单位的不同利益诉求。服务团队不仅在设计优化、土地出让、项目治理结构、整体统筹推进等方面的管理成果颇丰，还为项目实现区域整体优化，达到规模化设置公共资源、高效率利用土地、打造连续开放的公共空间、提升城市核心区域整体品质方面做出了较大贡献。

【项目背景】

上海西岸传媒港项目是上海徐汇滨江的重要先导项目，旨在努力打造集现代传媒、演艺娱乐、文化休闲、商务旅游为一体的高端影视制作和现代传媒产业集聚区，并进一步带动周边地块发展，辐射引领整个滨江核心区。本项目吸引了央视长三角总站、湖南卫视上海总部、腾讯华东总部等优质产业资源的入驻，为上海市产业转型升级、经济社会发展和城市综合竞争力提升注入新动力，社会效益显著。本项目整体效果如图1所示。

上海西岸传媒港项目的总体建设目标是"创造出世界第一的传媒城"；建设愿景是建设成为"活力城市、魅力城市、智慧城市和绿色城市"，成为世界信息的交汇地、文化与热情的交汇地、城市与自然的交汇地；功能定位包括建成文化传媒聚集区、功能复合的商务社区、富有特色的滨水活动区、以"央视长三角总站"项目为旗舰的时尚体验式商业和最大规模的潮人集聚地。

并且，该项目还将在创造媒体港巨大影响力的同时有效体现国际一流的开发建设品质，实现优质区位、优质产业、优质空间三要素的有效结合，对今后相当长一段时间黄浦江沿线此类区域的建设起到标志性和示范性的作用。

为着力践行"创新、协调、绿色、开放、共享"的五大新发展理念，高效集约化利用土地，创造立体、整合与互动的城市空间，实现城市建设的高质量发展，上海西岸传媒港项目开发建设采用以"三带四统一"为基本特征的"区域组团式整体开发模式"，该模式在土地出让的技术条件、成

图1　上海西岸传媒港项目整体效果

本核算、管理程序等方面都具有极强的创新性，属在国内的首次创新应用，倍受各级政府及国内外学术界的高度关注，而本项目的顺利实施则对上海乃至全国类似功能区域开发建设具有示范借鉴意义。

【项目内容】

上海西岸传媒港项目建设基地位于徐汇区黄浦江南延段WS5单元，总占地面积约19万m^2，总建筑面积99.9万m^2，其中地上53.4万m^2，地下约46.5万m^2。项目用地东至龙腾大道东侧，南至黄石路南侧，西至云锦路东侧，北至龙爱路北侧，包括188S-E、188S-F、188S-G、188S-J、188S-L、188S-N、188S-K、188S-M、188S-O九个街坊以及龙腾大道、云谣路、云视路"三纵"道路和龙爱路、龙文路、龙台路、黄石路"四横"道路的红线范围（如图2所示）。

为高效集约化利用土地，创造立体、整合与互动的城市空间，上海西岸传媒港项目在大部分地块的土地出让环节采用了地上、地下空间土地分别出让的创新土地出让方式。除了"央视项目"3个地块以外，西岸传媒港项目其余6个地块及区域内道路地下空间的使用权，均由区属开发企业——上海西岸传媒港开发建设有限公司取得，而6个地块地上空间的建设用地使用权分别出让给湘芒果、大众、腾讯、诺布、盛玺、游族等6家开发商（各单位均采用简称）。这样，对于区域内的6个地块而言，传统上由1家开发单位完成的地块建设，转化形成了地上若干家开发单位、地下1家开发单位的情况，产生了多利益主体协同开发的项目情境，而本项目全过程工程咨询服务期间纳入项目群统筹建设的单独立项项目多达24项。

【工作过程】

1. 项目组织架构

（1）项目业主方组织架构（图3）

（2）全过程工程咨询服务团队组织架构（图4）

（3）"嵌入式"全过程工程咨询服务模式及团队成员构成情况

"嵌入式"全过程工程咨询服务模式是指业主方委托有相应资质的全过程工程咨询单位，按照业主方的要求配置专业管理团队并"嵌入"业主方的自有管理团队，为工程建设项目决策和管理提供咨询活动的服务模式。"嵌入式"全过程工程咨询服务团队以相当程度上补强业主方自管能力的方式，代表业主方利益，参与到整个上海西岸传媒港项目的全过程管理中来，以有效提升业主方对于整个项目的全系统、全寿命周期综合管控能力。

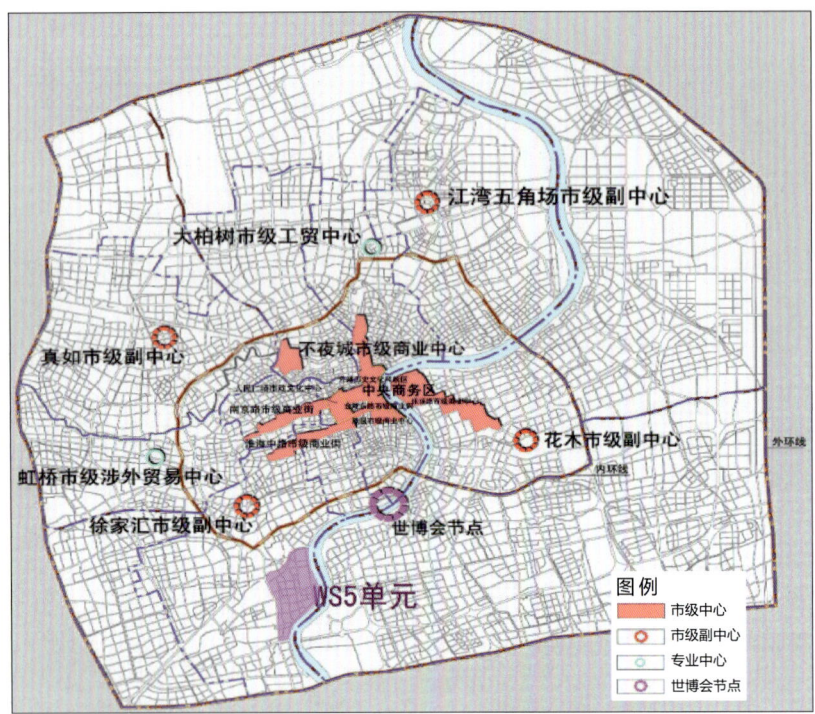

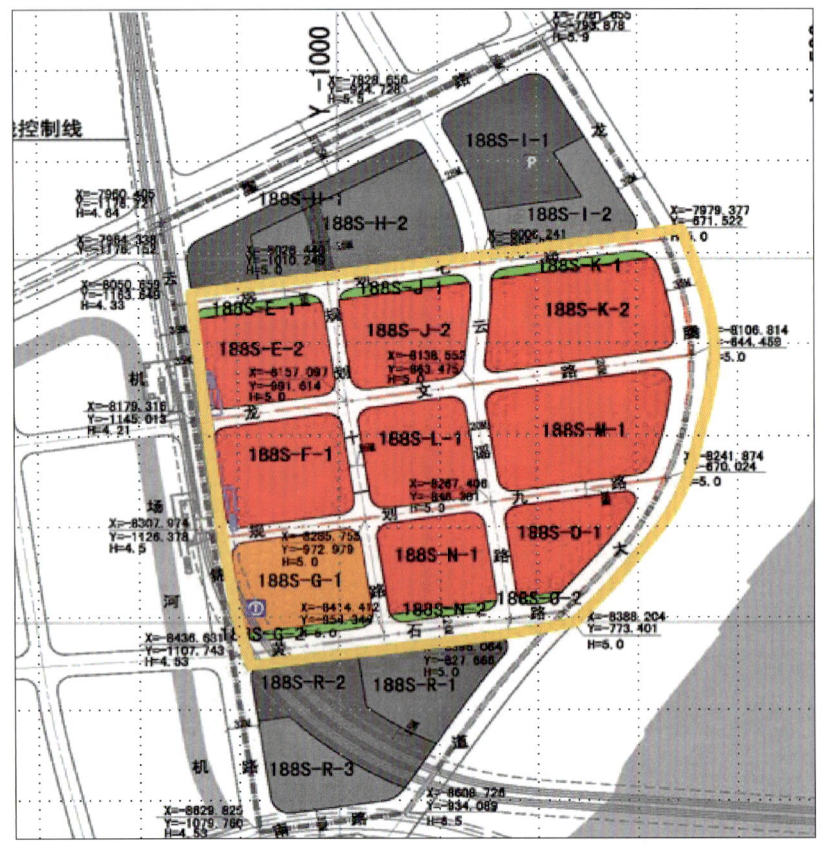

图2　西岸传媒港项目区位与用地范围图

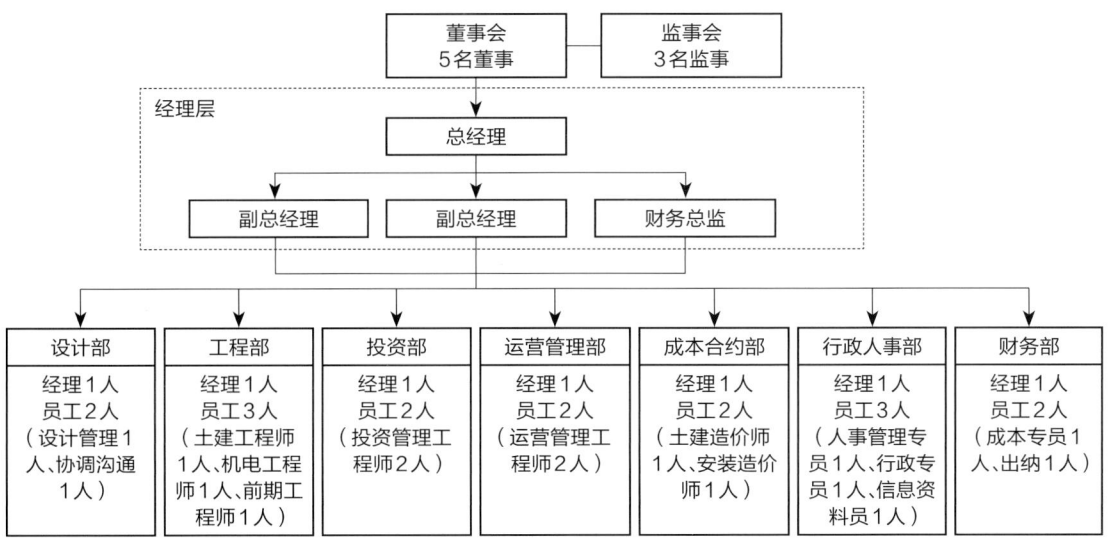

图3 上海西岸传媒港开发建设有限公司（全咨服务委托方）组织结构图

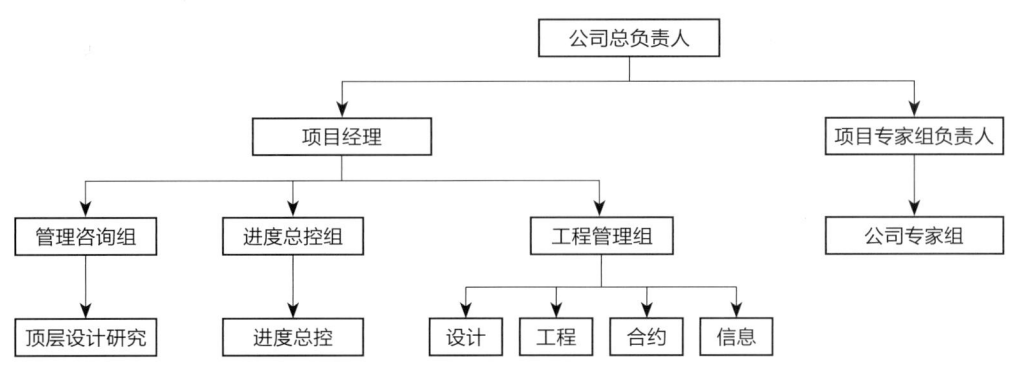

图4 全过程工程咨询服务团队组织结构图

全过程工程咨询服务团队配置高学历、高职称的专业人员，先后有40余位专业人士参与其中，全部具有本科以上学历，其中具有博士学位人员4名，高级工程师10人，还拥有3位MRICS。团队的专业结构覆盖了工程管理、建筑学、城市规划、结构工程、地质工程、机电安装、市政工程、造价咨询等。此外，全过程工程咨询服务团队还包括一个庞大的外部支持专家组。

2. 设计管理

（1）紧抓设计挖潜，节约潜在的工程造价，提升项目价值

上海西岸传媒港项目土地出让模式新、开发主体多、标准高而且体量巨大。因此，设计阶段的工程造价控制非常重要，而且一旦抓住关键控制点，将可以产生巨大的经济效益。全过程工程咨询服务团队与业主方设计管理团队在高强度的设计推进过程中，将工程造价作为重要的思考维度，对于地下室首层层高、地下室结构体系、构件尺寸、能源中心系统方案、桩基承载力测试、抽水试验等关键点进行了深入地把控，为项目节省了巨额投资。

① 地下室层高的设置优化。项目之初，日建设计提供的方案中地下室3层层高为8 m、5 m和4 m。全过程工程咨询服务团队认为存在巨大的优化空间，经汇集建筑、结构、给排水等领域专家共同研究，向日建设计提出了地下室层高6.7 m、3.9 m、3.9 m的优化方案。日建设计高度重视此方案，经召集项目参建方上海勘测设计研究院有限公司（简称"上海院"）、上海营邑城市规划设计股份有限公司等单位研究，综合考虑商业区域净高保证、地下公共环通道层高设定、区域排水系统管线路由、最不利点净高保证等诸多因素，最终报审方案实现的地下室各层层高为7 m、4.2 m和3.8 m。较之原方案，地下室结构层高减少2 m，基坑支护结构入土深度预计缩短约4 m，土方开挖量减少约30万 m³（含央视项目三个街区），缩短工期约3个月，节约工程造价约2.3亿人民币。

② 地下室结构体系优化。地下室结构方案设计过程中，全过程工程咨询服务团队会同业主方设计团队与上海院结构专业协商提出地下室次

梁布置采用单向梁布置方案。可比十字次梁体系（原设想方案）节约24元/m²，传媒港项目建筑面积为312 217 m²，间接为项目建设节约750万元。

③ 地下室结构底板优化。针对上海院提交的总体设计成果结构底板偏厚的问题，全过程工程咨询服务团队会同业主方设计团队提出地下室底板优化建议，经过论证，上海院同意了底板从1 200 mm调整到1 000 mm的建议。节省混凝土用量约17 600 m³，节省土方开挖及运输约17 600 m³，按商品混凝土价格400元/m³，土方开挖及运输80元/m³计算，为项目建设节约845万元。

④ 能源中心系统方案研究。能源中心项目是传媒港的一个亮点，也是组团式整体开发能否成功的关键点之一。纵观上海市乃至全国各地类似分布式能源中心或区域集中供应冷热源项目，也并非均为成功案例，有的项目甚至造成"供需双方"尖锐的对立和矛盾。为此，全过程工程咨询服务团队会同业主方设计团队组织分析了12种分布式能源中心配比方案的投资及运营费，并与常规冷热源作比较。经过比选分析，最优方案与设计单位或运营商推荐方案的投资和运营费用差，一次投资相差最大可达1 340余万元。

（2）坚持整体开发原则和精品工程意识，高度重视设计总控工作

全过程工程咨询服务团队协同业主方设计团队组织编制完成的《西岸传媒港整体设计导则》（简称《整体设计导则》），经管委办审核认定后正式发布实施，使其作为相关单位、部门进行设计、审批的重要参考和依据。为统筹各地块项目推进，依据《整体设计导则》和西岸传媒港总体设计方案，对地上各开发单位的设计文件进行审查和协调，实践"统一规划、统一设计"的理念。同央视、湘芒果、世合实业、腾讯等地上业主保持紧密联系，基于本项目独特的土地出让方式，重点解决上下、周边、单体同总体等关系，落实了二层平台、地下连通、LEED-ND等重要事项。通过总体协调工作，对各单项、专项以及各地块地上的设计过程控制，从整体上提升项目的设计质量，为实现国际一流的开发建设品质，实现优质区位、优质产业、优质空间三要素的有效结合提供保证。

3. 施工管理

（1）项目施工组织管理研究

从项目创新的开发模式出发，对于整个施工组织进行梳理，对于各施工组织间的协调协商工作机制进行研究，对于各组织间的工作界面进行划分，同时对于后续各工作面的移交工作提出初步设想和工作方案。

经过对项目整体组织的分析，项目在施工过程中已经呈现出一种众多参建方参与、共同完成西岸传媒港项目建设状态，为更加有效明确相对独立但又相辅相成各地块的界面和责任，协调基坑群施工节奏和交通组织，减少错、漏、碰、缺，加强沟通协调，"九宫格"以西岸传媒港牵头，联合央视项目业主及地上业主组织各参建单位建立了建设单位、参建单位、专项工作三个层次的协调管理组织架构，以此平台作为后续协调机制的联系纽带，以确保西岸传媒港地下空间项目的顺利推进。

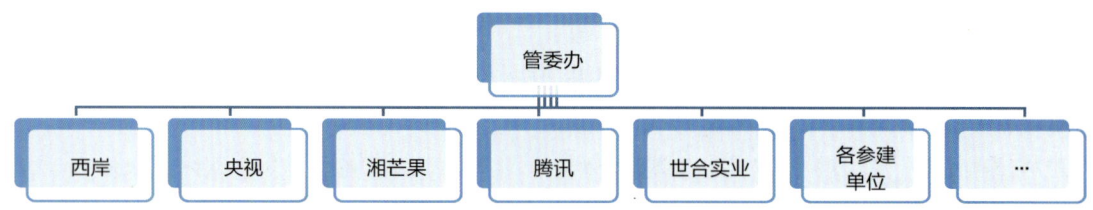

图5　西岸传媒港项目建设单位协调平台示意图

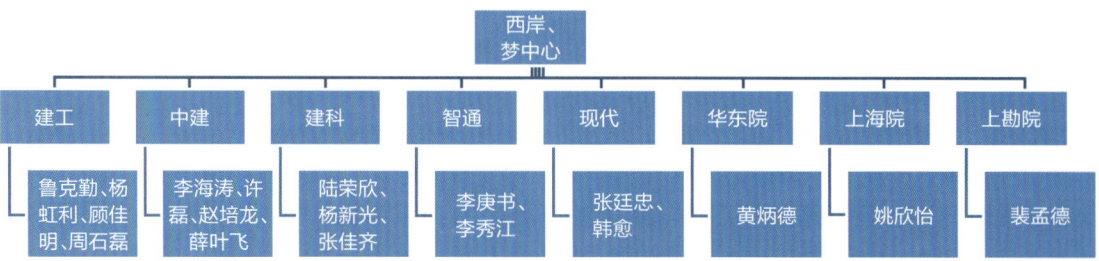

图6　西岸传媒港项目参建单位协调平台示意图

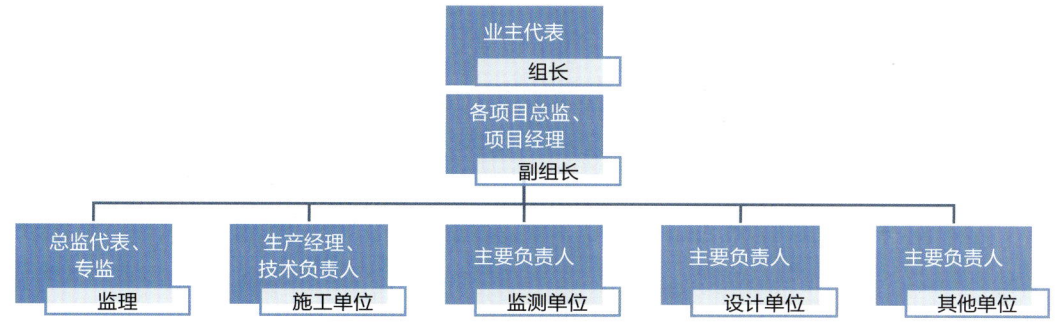

图7 西岸传媒港项目专项协调平台示意图

整个协调平台机制自下而上,将在项目建设的过程中发现或发生的问题、矛盾,定性分析后归入相应层次的协调平台进行讨论沟通并最终解决。

（2）项目关键技术及质量管理

对于影响整个项目施工的关键技术进行管理论证,例如对项目整体测量管理、项目整体基坑监测管理、项目整体土方平衡等技术进行分析,同时对于涉及基坑围护施工渗漏水研究、大体积混凝土施工及地铁安全区施工技术与质量进行研究。

（3）项目整体动态场布及交通管理

项目在整个施工阶段呈现一个巨大的施工现场区域,项目超大基坑群产生大体量土方外运,对于施工车辆、土方车辆及社会车辆的交通组织亦将制约项目的整体进度。全过程工程咨询服务团队根据项目的整体推进时序和总体施工流程,按工况分阶段进行整体场布及交通组织设计,并依据现场实际施工进度和可能发生的客观变化适时进行动态调整。

（4）项目整体进度管理

西岸传媒港项目根据《徐汇滨江地区综合开发建设三年行动计划》要求,结合项目实际推进情况与各开发单位的建设意愿,项目进度目标确定为2019年下半年至2020年上半年实现项目陆续竣工。

全过程工程咨询服务团队通过对项目总进度计划的编制、跟踪检视、细化调整,针对每周工程进展找出进度延误的问题、分析问题并提出解决措施,使得各年度项目总体目标得到有效控制,基本达成了预期目标。

项目整体进度管理主要成果包括：西岸传媒港项目工程总进度计划（多稿）;西岸传媒港年度工程进度计划;项目总进度计划检视（周工作检视报告）;项目总进度计划检视（月度工作检视报告）;专项分析报告等。

（5）项目安全与文明施工管理

针对西岸传媒港区域多家建设单位负责实施,多家施工单位同时施工,房建和市政项目同时实施的情况,全过程工程咨询服务团队协同业主方发起倡议,各地块开发单位予以支持落实,针对临界面与交叉面安全管理划分、协调路线和原则,以及场地划分、行车道路安排、场区内门禁设置、文明施工、临电和消防设施、应急预案、施工作息时间等方面内容制订全区域安全管理公约,凡进场的总分包施工单位、监理单位和建设单位联名签署,承诺遵循该公约,共同维护传媒港区域安全管理目标要求。

【咨询工作特点及经验教训】

1. 全过程工程咨询服务重点及难点分析

（1）同一建筑整体系统由多家利益主体合作开发

首先,由于创新性采用区域组团式整体开发模式,9个地块和市政道路下面的地下空间统筹设计,地下室整体开发,项目整体构成一个巨型的建筑系统,在许多方面都突破了单地块建筑自成系统的限制,而这么一个巨系统又必须由不同的利益主体单位合作开发完成。

其次,由于项目特殊的土地出让方式,同一地块地上、地下土地分别受让,从而单地块内单体建筑体系由不同的开发单位完成,不同业主依法开展招标,使得地块内的单体建筑体系由不同的施工总承包单位完成,对于土建结构、安装工程相互衔接工作具有很大的难度及不确定性。

（2）大体量、多功能、多系统工程

由于项目实施分区、分期开发建设,上部结构施工相对独立,但整个工程地下室连成一体,地下总建筑面积约47万m²。地下空间主要功能包括下沉式广场、商业、地下车库及能源中心等，主要机电系统涉及强弱电系统、暖通空调系统、给排水消防系统等，与上部结构相关系统具一定程度关联及统一性，也对项目整体协调推进有较大挑战。

（3）地块建设与市政工程相互交错咬合

由于西岸传媒港项目实行区域整体开发、地下空间统一实施的开发模式，地下空间，包括区域道路下空间也同时实行开发，同时道路下还设有结建式管廊系统，市政工程、地下空间及地块区域相互交错、互相制约，共成系统，各项工程之间的建设时序与相互关系流程息息相关，如何处理好各方关系是需重点关注问题。

（4）超大型基坑群项目施工

地下空间建设分25个基坑开挖，其中9个基坑单个面积超过1万m²，属于超大型基坑群，项目工况复杂且搭接问题突出，一个区块的基坑问题可能会引发"牵一发而动全身"的情况。项目整体设置3层地下室，基坑开挖深度16.20 m，基坑总面积约15.6万m²。深基坑工程风险大，施工难点多，建设单位管理与协调工作内容较多，对参建单位工程管理能力和技术实力要求高。

2. 全面践行五大新发展理念，探索城市重点区域高质量开发新模式

（1）创新传媒港

全过程工程咨询服务团队协同业主方以技术创新为核心，实现包括模式创新和管理创新在内的全方位、立体化创新。

① 在开发模式创新方面，西岸传媒港项目在大部分地块的土地出让环节采用了地上、地下空间土地分别出让的方式，从"产权"角度将地下空间与地上建筑空间分离，实现了建设机制创新，使得整体开发的主动权牢牢地掌握在代表政府和公众利益的国企手中，成为实现城市重点区域高质量开发建设的重要保障。

② 西岸传媒港项目创新性地采用区域组团式整体开发模式，从9个地块"区域整体"的角度考虑空间功能、交通流线、基础设施配置，有利于规模化设置公共资源、高效率利用土地、推动城市建设立体化。

③ 西岸传媒港项目在地下空间开发上突破了地块的限制，在规划设计中将地块以及市政道路下的地下空间进行整体规划设计，有助于地下空间的资源共享。

④ 在技术创新方面，西岸传媒港项目通过超大基坑群施工技术创新克服了基坑开挖面积大、深度深等技术难题，有效减少基坑围护结构及周边土体的变形量，减小对周围环境的影响。

⑤ 在管理创新方面，西岸传媒港项目构建了政府主导机制、市场合约治理机制以及"政府-市场"二元互动机制等三大机制，推动多建设主体情景下工程建设的顺利进行。

（2）协调传媒港

全过程工程咨询服务团队协同业主方贯彻落实区域功能协调原则、区域环境协调原则、立体化和人性化协调原则以及多建设主体协调原则四大原则，致力于打造协调传媒港。

① 对于区域功能协调原则，西岸传媒港项目地下空间的功能与地面空间功能相适应，建立了完善的地上地下综合交通系统，以促进该区域交通立体化发展。

② 对于区域环境协调原则，西岸传媒港地下空间开发中通过"Urban core"等将地面开敞的空间、充沛的阳光、新鲜的空气和优美的园林绿化景观引入地下空间环境，使大面积园林绿化与地面建筑、街道、广场以及地下空间有机融为一体，与周围环境相协调。

图8 施工现场航拍图

③ 对于多建设主体协调原则，西岸传媒港项目着眼于产权界面、经营界面和设计施工界面解决地下空间整体开发的界面划分问题，构建多建设主体地下空间整体开发协调机制，推动多建设主体间协调的合作关系的构建，促进多建设主体间的有效互动，达到项目建设组织系统的协调状态。

（3）绿色传媒港

全过程工程咨询服务团队协同业主方从能源、建筑、交通、生态环境和低碳社区等五大领域开展绿色低碳实践，致力于打造绿色传媒港。

① 在能源领域，西岸传媒港项目采用分布式供能方式，为项目建设集中供热冷源的能源中心，新能源技术示范效应充分显现。

② 在绿色建筑标准方面，西岸传媒港项目建筑均达到绿色建筑二星级或以上标准，争创LEED-ND金级认证，并在土地出让时形成了带绿色建筑标准出让的创新出让模式。

③ 在交通领域，西岸传媒港项目的地下步行通道、二层平台解决了传统的城市核心区地面步行系统面临的不利于步行交通的问题，保留了城市核心区域的绿色景观，优化了交通模式，有助于绿色出行，释放地面空间进而增加绿地等空间。

④ 在生态环境领域，西岸传媒港项目构建了绿化工程"五维导控技术体系"，妥善引导园区绿色生态人居环境建设，促进复杂建筑空间中的绿化工程顺利实施，保障绿化工程"全生命周期"的景观效果，实现因绿化空间拓展而带来的可持续社会经济与生态价值。

⑤ 在低碳社区领域，西岸传媒港项目通过城市土地的混合利用使得居民日常生活和工作需求可以在较小的空间范围内得到满足，从而引导居民更多地选择低碳化的出行方式，缩短出行距离，减少居民出行碳排放，推动低碳社区的构建。

（4）开放传媒港

全过程工程咨询服务团队协同业主方以开放包容的姿态引进国际智慧，构建更为开放便利的公共空间，致力于打造开放传媒港。

① 在策划设计阶段，西岸传媒港项目邀请国际单位参与，项目城市设计、多数地块的建筑设计均由国际知名的外方建筑师担纲，项目建设还采用了一系列国际领先的工程技术。

② 项目参考英国伦敦金丝雀码头、日本东京六本木、日本东京品川项目等国际案例，引入"Urban core""规划单元开发""地下空间整体开发"等国际先进理念和建设模式，以开放的姿态借鉴国际经验，提升建筑品质。

③ 西岸传媒港项目的二层公共休息平台打破了原先私有物业专属的限制，在物理空间形态上走向开放，为人们提供休闲娱乐的场所，提高人们工作生活的舒适体验感。

（5）共享传媒港

全过程工程咨询服务团队协同业主方通过资源共享、停车共享、设施共享、空间共享等方式，致力于打造共享传媒港。

① 西岸传媒港在区域地下空间内建立公共联络系统，统一配置资源，区域内单地块在特定时间内不足的配套服务需求，通过地下空间的公共联络系统，便捷地借用区域内该时间段内空闲地块的地下空间资源，有效实现区域交通整合，从而实现地下空间资源共享，达到地下空间资源需求与资源供给的动态平衡。

② 西岸传媒港项目地下车行系统衔接地区的主要地下停车空间，促进地区停车设施的平衡与共享。由于地块间存在功能业态、开发强度的差异，配建的地下车库在时间、空间分布上存在不平衡，通过地下车行系统，可以实现停车共享。

③ 西岸传媒港综合管廊的主要附属设施均与地下空间合并设置，实现结构设施共享。

④ 西岸传媒港构建了开放共享的公共空间，其地下空间提供集约化的餐饮、购物和生活服务，为地上超高层建筑办公人员提供休闲娱乐的场所，也形成写字楼之间的交往、交流和聚会空间，实现空间的共享。

3. 西岸传媒港模式应用推广有待进一步优化的问题

事物的发展是螺旋上升的。该项目作为一个首次采用的新型项目开发模式案例，在取得积极效益的同时，必定还存在一些需要进一步优化改进的地方。

（1）模式适应性问题

首先，宜在大型城市的重点区域——土地高价值区域应用此模式。其次，应高度关注应用项目的工程建设生态系统中的创新环境。再次，开发主体的合作程度影响项目绩效，应用项目各开发商之间如存在长期战略伙伴关系将大大促进项目的推进。

（2）土地出让创新问题

西岸传媒港项目在土地出让时，地下核心筒

的建设用地使用权纳入了地上建筑范围内，使得地上、地下建设项目的界面更加复杂化，不仅存在横向的界面，还存在竖向的界面，产权界面的复杂化使得工程的设计、施工和费用承担等界面进一步复杂化。

（3）公共费用分摊问题

作为建设成本升高问题的一种延续，有许多增加的建造成本是面向整体质量提升而导致的，因此需要各开发单位共同承担。由于各方对质量提升的收益认识可能存在差异，开发企业的价值导向也不尽相同，因此在费用承担的比例方面常存在一定程度的分歧。此外，类似项目的应用案例很少，缺乏可供直接参考的费用分摊原则和措施，也在某种程度上使得费用分摊问题更难落地解决。

（4）开发进度协同问题

如各地块项目同时竣工，必然导致在同一时间向市场推出很大体量的、相对同质化的商务办公产品和商业建筑产品。市场能否消化如此大量的产品供给，必将成为开发商思考的重要问题，进而会产生对产品供应、项目开发节奏上的差异，再进而将导致对地上地下高度交互关联的项目建设工作产生巨大的影响。如何将各开发单位的开发节奏进行高强度的约束，是这种开发模式必须解决的重要问题。

（5）施工协调问题

在业主层面，地上地下建设用地分开出让导致现场存在两家业主。在施工单位层面，由于不同的建设项目分别开展招投标，产生两家总包单位的概率是很高的，这就使得同一块施工场地内，又产生了两家总包单位，施工的场地、交通、临设资源需要共享，施工安全责任又存在一定程度的交叉。这种局面使得项目施工协调变得十分重要，有时限于各方从自身利益出发的本位主义，施工协调非常困难而且容易产生新的成本。

【咨询效果】

上海西岸传媒港项目是一个集组织、目标、任务、技术、环境和信息复杂性于一身的超大型复杂群体项目。全过程工程咨询服务团队积极探索"区域组团式整体开发模式"，不仅在设计优化、土地出让、项目治理结构、整体统筹推进等方面的管理成果颇丰，为项目实现区域整体优化、公共资源规模化设置、土地利用高效、打造连续开放的公共空间、提升城市核心区域整体品质做出了较大贡献，还依托工程实践开展创新开发模式及其落地机制的专题研究，并发表了十篇高水平论文，出版专著一本，以期总结项目经验，对上海乃至全国类似功能区域开发建设起示范借鉴作用。

1. 以全寿命视角开展顶层设计，突破管理界限，制定开发规则

全过程工程咨询服务团队在项目模式策划阶段起即组织编制《上海"西岸传媒港"整体开发规则》，完成了项目的顶层设计工作，规则中对涉及本项目的规划、设计、土地出让、费用分摊结算、运营等各方面相关重要事项确定了规则。

2. 以设计导则为标准，突破服务界限，组织开展设计总控工作

全过程工程咨询服务团队在项目上建立起以设计导则为抓手的"设计总控管理"机制，并组织编制《整体设计导则》和各类专项设计导则，重点解决上下、周边、单体同总体等关系，落实了二层平台、地下连通和LEED-ND等重大事项。

3. 先进治理模式视角下建立项目秩序，确保复杂组织系统合作顺畅，运行高效

全过程工程咨询服务团队经研究分析国际领先项目治理理论，以其为视角出发点，采用针对性的方法论指导项目管理工作，创新构建基于"政府-市场"二元视角的"行政+合约+关系"的"三位一体"治理机制，确保项目在复杂组织情境下的推进顺利。

4. 通过整体设计实现土地高度集约化利用

全过程工程咨询服务团队协助业主方在项目的节地模式上实施了创新，从地下空间整体开发、控规深化调整到统一实施建设，在提升区域整体品质的同时，实现了区域内市政道路下空间的有效利用，使空间利用比提高了25%（道路地下空间建筑面积/地块地下空间建筑面积）。

5. 依托团队专业力量开展价值工程，节约投资额与管理服务费比例达到10∶1

全过程工程咨询服务团队与业主方设计管理团队在高强度的设计推进过程中，始终将价值工程作为重要的思考维度，对于地下室首层层高、地下室结构体系、构件尺寸、能源中心系统方案、桩基承载力测试、抽水试验等关键点进行了深入的把控，节约了数亿元的工程投资。

6. 先进技术应用方面的创新

① 应用基于Project SIM工程推演平台的进

度总控体系,实现了高度不确定性下动态进度模拟推演。

② 应用分布式能源中心、结建式地下综合管廊、雨水收集回用等成套可持续技术,获得LEED-ND金奖。

② 全过程应用BIM技术的可视化交流平台。

7. 项目(全过程工程咨询服务团队)所获奖项

表1　项目(全过程工程咨询服务团队)曾获奖项一览表

获奖时间	奖励名称	奖励等级	授奖部门
2020年	全国优秀工程咨询成果奖(全过程工程咨询单位)	国家级	中国工程咨询协会
2020年	2019年度上海市标杆青年突击队(西岸传媒港建设工程青年突击队)	市级	共青团上海市市委
2020年	2020年度上海市青年五四奖章(西岸传媒港建设工程青年突击队)	市级	共青团上海市市委上海市人力资源和社会保障局
2019年	RICS中国奖(建造领域)年度咨询团队冠军(全过程工程咨询单位)	冠军	RICS特许测量师学会
2019年	上海市科学技术奖(工程项目应用技术)	一等奖	上海市人民政府
2018年	LEED-ND(可持续绿色社区)金级预认证(工程项目)	金级	美国绿色建筑委员会
2018年	上海市智能建筑示范工程奖(工程项目)	市级	上海智能建筑建设协会
2018年	上海市建设工程绿色施工样板工程(工程项目)	市级	上海市建筑施工行业协会
2017年	E、J、K、N、G地块分别获得2017年上海市文明工地奖(工程项目)	市级	上海市住房和城乡建设管理委员会
2017年	K、J、E、O、N地块分别获得徐汇区"优质结构"工程	区级	徐汇区建筑业联合会
2015年	上海市工程咨询行业优秀项目经理(全过程工程咨询单位)	市级	上海市建设工程咨询行业协会

8. 出版专著一本,发表多篇高水平论文

全过程咨询服务团队依托工程实践出版专著《立体城市、智慧城市与未来城市——上海西岸传媒港项目整体开发模式与落地机制》(同济大学出版社2021年版),并发表了多篇高水平论文,如表2所示。

表2　全过程工程咨询服务团队发表论文一览表

序号	论文题目	发表期刊
1	Investigating the relationship between project complexity and success in complex construction projects(项目复杂性和项目成功的关系调查)	*Journal of Management in Engineering*(《工程管理学报》,美国)
2	Governmental governance of megaprojects: the case of Expo 2010 Shanghai(巨型项目的政府治理)	*Project Management Journal*(《项目管理学报》,英国)
3	Construction project complexity: Research trends and implications(建设工程复杂性:研究趋势与启示)	*Journal of Construction Engineering and Management*(《建设工程与管理学报》,美国)
4	片区整体开发型重大工程项目治理研究——以上海西岸传媒港为例	《工程管理学报》
5	上海西岸传媒港组团式整体开发项目管理案例	上海建设工程项目管理案例汇编(2018版)

续表

序号	论文题目	发表期刊
6	浅谈区域组团式整体开发模式的落地机制——以上海西岸传媒港项目为例	《建设监理》
7	城市区域化整体开发模式创新,探索土地集约化利用——上海西岸传媒港土地整体开发案例总结	《房地产导刊》
8	知识型建设项目有机式组织结构边界条件研究——以上海徐汇西岸传媒港总体项目管理组织设计为例	《科技管理研究》
9	多利益主体协同情境下区域整体开发项目的管理实践	《工程管理学报》
10	多建设主体情境下地下空间整体开发界面划分及协调机制研究	《科技管理研究》

9. 客户对全过程工程咨询服务的高度评价

（1）上海西岸传媒港开发建设有限公司对我公司为传媒港地下空间项目提供项目管理服务的评价

上海科瑞真诚建设项目管理有限公司自2013年7月参加西岸传媒港项目建设,为我司提供项目管理服务至今,利用其深厚的复杂项目管理科研背景积极推进项目各项工作,发挥了巨大的作用,一方面作为我们业主方的总参谋部,实现了我们"脑力的延伸",另一方面通过创新的"嵌入式项目管理服务",实现了我们"手力的延长"。

（2）上海西岸传媒港开发建设有限公司对全过程工程咨询服务中技术创新的评价

上海西岸传媒港地下空间项目系统化应用了上海科瑞真诚建设项目管理有限公司、同济大学复杂工程管理研究院研究成果"复杂性降解导向的重大工程组织设计及适应性优化关键技术",实现了土地节约集约化利用、建设用地创新出让、区域组团式整体开发、地下空间统一建设和可持续发展技术系统化应用的组织创新模式,项目开发取得了巨大的社会效益,成为城市地下空间整体开发建设的经典案例。

上海虹桥国际咖啡港展陈项目全过程服务

The Whole Process Consulting for the Exhibition Project of Shanghai Hongqiao International Coffee Port

单位名称：上海国际投资咨询有限公司
　　　　　上海投资咨询集团有限公司
Shanghai International Investment Consulting Co., Ltd.
Shanghai Investment Consulting Group Co., Ltd.
联系电话：021-23300000　　网址：https://www.sicc.cn
主要完成人：单　波　赵　超　刘周希　孙海琳　郑忆欣　陆　洲　孙嘉莉　王月祥　高书潜　陈碧璇

【点评】

该项目服务工作于2021年9月启动，2022年7月完成，实现了从项目策划到落地的全过程服务，并形成上海虹桥国际咖啡港展陈项目策划咨询报告、上海虹桥咖啡港临展暨第四届咖啡大师赛系列活动结案报告、上海虹桥国际咖啡港展陈项目设计方案文本、上海虹桥国际咖啡港展陈项目施工结案报告共四项咨询成果。项目成果具有先进性和创新性显著特点：一是将展陈服务从传统的设计落地，转变为集项目策划、试运营、功能布局、方案设计和搭建实施为一体的展陈全过程服务；二是通过试运营收集参与企业、个人的意见和反馈，从而进一步优化项目的功能策划方案，降低项目投资风险，提升投资项目的效益；三是以"展贸结合"为核心，搭建沟通和展示平台，放大且筑牢了进博会的溢出效应；四是以标准化为基础，首创咖啡师认证评价体系，填补了国内咖啡培训的空白。为保障咨询质量，项目团队从需求出发，提出适宜解决方案，实现项目高标准落地，进而取得了良好的咨询效果。

【项目背景】

2018年，国家主席习近平在首届中国国际进口博览会开幕式上指出："培育中高端消费新增长点，持续释放国内市场潜力，扩大进口空间。"2018年以来，进博会的"溢出效应"持续释放，不断推动"展品变商品、展商变投资商"，助力商品促商务、采购商变贸易商、品牌商变投资商。2021年12月，国家发展改革委印发《虹桥国际开放枢纽建设总体方案》，文件指出要"着力构建国际贸易中心新平台"。《虹桥国际开放枢纽中央商务区"十四五"规划》中指出，要"放大进博效应，打造开放共享的国家贸易新平台"。随着长三角一体化的推进，虹桥开放枢纽能级将进一步提升。

在虹桥开放枢纽建设国际咖啡港不仅是贯彻国家和地区发展政策需要，也是在高质量发展中满足人民日益增长的美好生活需要。研究显示，我国人均咖啡消费量约为9杯/年，市场规模近千亿元，主要集中在长三角区域和一二线城市。根据2021年上海市发布的《上海咖啡消费指数》，上海共有咖啡馆6 913家，数量远超纽约、伦敦、东京等，是全球咖啡馆最多的城市。开放的市场、庞大的消费人群、巨大的发展潜力，全球咖啡企业对于进入中国市场充满了无限的动力，这将促进中国咖啡产业提速升级，丰富咖啡产品品种，创新优化产品供给，适应消费升级和消费结构变化。

虹桥国际咖啡港展陈项目位于虹桥品汇二期虹桥进口商品展示交易中心二层，是虹桥进口商品展示交易中心的核心组成部分。项目以提升虹桥商务区国际贸易平台集聚效应为目标，将打造成为上海咖啡贸易产业新高地，进一步提升上海在国际咖啡贸易市场上的地位和影响力。上海虹桥国际进口商品运营管理有限公司特委托上海国际投资咨询有限公司开展上海虹桥国际咖啡港展陈项目全过程服务，一方面实现虹桥进口商品展示交易中心的展贸属性和目标，同时又能最大化依托保税物流、海关就近的便利；另一方面实现项目落地，在打造咖啡港的标准化、专业性、贸易性和传播性上给出具有信服力的专业意见。

【项目内容】

1. 项目简介

项目名称：上海虹桥国际咖啡港展陈项目全过程服务。

项目单位：上海虹桥国际进口商品运营管理有限公司。

建设地点：虹桥品汇二期虹桥进口商品展示交易中心二层。

建设内容及规模：项目面积总计6 406 m²，包括咖啡进出口服务平台、咖啡品牌中心、咖啡人才中心三大功能。

投资估算：项目建设总投资为2 269.94万元，其中：建设投资1 686.39万元，其他费用483.55万元，不可预见费90万元。

2. 主要咨询成果

项目咨询成果主要包含四部分，分别为：上海虹桥国际咖啡港展陈项目策划咨询报告、上海虹桥咖啡港临展暨第四届咖啡大师赛系列活动结案报告、上海虹桥国际咖啡港展陈项目设计方案文本、上海虹桥国际咖啡港展陈项目施工结案报告。

在策划咨询报告中，通过对咖啡市场、场地条件、核心竞争力等内容的分析，提出了"虹桥国际咖啡港"这一概念，提供"从种子到杯子"一站购买的咖啡全产业链服务。咖啡港内主要建设三大功能：一是咖啡进出口服务平台，搭建"从豆到杯"全产业链的展示、展销、交易的对接纽带；二是咖啡品牌中心，集合咖啡品牌孵化、品牌推广、创新创业为一体；三是咖啡人才中心，融合咖啡体验、教育、评测、研究、认证等产教一体化。同时，对项目整体进行了财务论证。

在活动结案报告中，介绍了咖啡港临展暨第四届咖啡大师赛系列活动的举办情况。赛事邀

图1　认证中心实景

图2　世界咖啡文化廊实景

图3　专业教室实景

请来自20家单位的26名优秀咖啡师在现场展现咖啡综合技能实力，同时招揽24家咖啡产业链中的企业在现场进行"拎包入住"式的路演展示，其中不乏如光明、麦当劳、天际咖啡、麦隆咖啡等龙头企业。

在设计方案文本中，采用了货仓概念，加入集装箱、实验室等元素风格，将整体分为咖啡品牌中心、咖啡贸易中心、咖啡认证中心三大板块。其中主要细分为34个固定或临时展位，大型咖啡主题活动区域，国际标准的专业认证教室，小型赛事活动区域，咖啡文化造景以及开放沟通洽谈讨论区和仓储空间。在国际标准的专业认证教室的设计过程中，将粗犷的港口集装箱元素融入干净高级的实验室风格中，打造全新的工业风咖啡试验室。

在施工结案报告中，展示了施工图设计原则、设计说明、具体图纸、施工计划组织等内容，并且展示了项目的验收情况以及实景图。

【工作过程】

2021年9月—2022年7月期间，本项目实现了从项目策划到落地的全过程服务，主要分为四个阶段：2021年9月—2021年11月为市场调研及项目策划阶段；2021年11月—2022年1月为试运营验证及优化阶段；2022年2月—2022年3月为功能布局及展陈设计阶段；2022年4月—2022年7月为个性化及创新改造阶段。

1. 市场调研及项目策划阶段

（1）市场调研

在了解中国咖啡发展史的基础上，调研全国、长三角地区及上海的咖啡市场和全产业链情况。从产业链上游"生熟豆"，到中游"场所物料"，再到产业链末端"消费市场"，以及产业链旁支"培训认证"，进行全产业链研究分析。

（2）项目策划

在考虑虹桥核心区的区位优势的基础上，结合市场调研情况，提出打造"从种子到杯子"的咖啡全产业链平台。同时，将虹桥国际咖啡港策划为集咖啡进出口服务平台、咖啡品牌中心、咖啡人才中心等于一体的"咖啡港"。以此将虹桥国际咖啡港打造成"百亿级"的商品集散中心。

2. 试运营验证及优化阶段

为进一步验证项目策划功能的可实施性，通过策划活动、举办临时展会的方式开展试运营。试运营期间，引入了第四届上海咖啡大师赛、咖啡专业展会、咖啡行业论坛三项活动。咖啡大师赛从职业技能培养、职业人才交流的角度验证了咖啡人才中心的必要性；咖啡专业展会从品牌形象树立、创新创业等角度验证了咖啡品牌中心的必要性；咖啡行业论坛邀请了行业大咖分享了行业发展机遇与痛点，为咖啡进出口服务平台的功能策划提供了重要的参考。

通过项目的试运营，验证了集咖啡进出口服务平台、咖啡品牌中心、咖啡人才中心等于一体的"咖啡港"的可行性及必要性。同时也从试运营阶段吸取了经验、教训，更好地优化了策划方案，为后续展陈设计提供了支撑。

3. 功能布局及展陈设计阶段

基于市场调研及项目策划、试运营验证及优化的工作成果，项目团队进一步优化了功能布局，并且针对咖啡进出口服务平台、咖啡品牌中心、咖啡人才中心三个核心功能进行展陈空间设计。

（1）咖啡进出口服务平台

为了便捷咖啡进出口，设计了咖啡进出口服

图4　咖啡大师赛活动现场

务窗口,可以为有关企业提供便捷的咖啡豆、设备进出口服务;为了增强产业链条之间的衔接,设计咖啡全产业链展示交流平台,为咖啡从业者提供了一站式服务;为了加强咖啡贸易,设计了开放沟通洽谈讨论区,为促成交易提供良好的空间环境。

(2)咖啡品牌中心

为了孵化及宣传品牌,设计了大型咖啡主题活动区域,可以供企业举办临展、快闪活动,增强品牌影响力;为了便于商品展示,设计了34个固定或临时展位,可以为商品提供个性化的展销空间。

(3)咖啡人才中心

为了培育有专业素养的咖啡人才,首创设计了符合国家标准的专业认证教室,完善了咖啡专业人才培养体系;为了促进人才交流,设计了小型赛事活动区域,以标准化的环境、设备承接咖啡行业有关赛事。

4. 个性化及创新改造阶段

(1)首创打造专业认证教室

由于国家咖啡职业技能标准于2022年才发布,全国专业认证教室还没有建成案例,项目团队通过对《咖啡师国家职业技能标准(2022版)》细致研究,并参考了一系列国际标准,打造了全国首个专业认证教室,教室内包括了根据国际标准定制的专业意式咖啡操作台12组、符合国标考场认证的意式考试教室1套、杯测手冲操作台4组、烘焙料理台4套,理论教室1间。此外,为了满足考试及比赛的条件,场地设置联网监控系统、评委室、考生等候区。

(2)定制设计营造咖啡文化氛围

为了在场馆内营造一种身临其境的咖啡氛围,项目组特别挑选设计了咖啡主题的艺术道具、艺术家具,并在办公区域设计主题艺术装饰墙,旨在围绕咖啡形成良好的空间氛围。除视觉之外,还考虑了气味在咖啡行业中的特殊地位,从嗅觉层面进一步营造咖啡氛围,使整个空间从视觉、嗅觉、使用功能上达到了统一。

(3)融入"以人为本"理念

为满足不同区域的使用需求,结合场地空间特点,对各类功能进行个性化设计。实训教室区域设置架空地面安装了给排水系统,结合定制化操作台,为教师与学员之间良好的演示课程互动提供了基础;各组操作台配套以独立专项照明系统以满足咖啡师的操作需求;墙面采用复合铝板装饰结合以咖啡袋装饰品美化,为客群提供舒适的空间感受。开放办公洽谈区域地面铺装防水防污PVC地胶,规划独立会议室以玻璃幕墙围合,办公区域墙面采用艺术涂料装饰。

【咨询工作特点及经验教训】

1. 咨询工作特点

(1)打破传统服务模式,创新展陈全过程服务

本项目将展陈服务从传统的设计落地,转变为集项目策划、试运营、功能布局、方案设计和搭建实施为一体的展陈全过程服务。通过扎实的市场调研和分析,在研判全国、长三角及上海市的咖啡相关情况后,项目组制订了"上海市虹桥国际咖啡港项目"策划方案,该方案明确了咖啡港的定位、理念、规模等。而后,通过试运营验证了项目策划的可落地性,并基于试运营的反馈进一步优化了项目策划成果,完成了功能布局及方案设计。最后,根据此方案进行了展陈设计及工程搭建。项目团队通过良好的服务及落地能力,与业主达成了默契,逐步推进各个阶段工作,实现了项目的高质量落成。

(2)以试运营为参照,降低风险、提升效益

常规投资项目的市场反应情况很难通过纸面分析做出全面的评估,需要在项目建设完成后,正式投入运营才能获得市场反馈,这种情况导致投资项目均存在一定的风险。本项目在全过程咨询中,通过试运营模式对项目建成后可能的市场反应做出验证,并且收集活动过程中参与企业、个人的意见和反馈,从而进一步优化项目的功能策划方案,降低项目投资风险,提升投资项目的效益。

(3)以展贸结合为核心,筑牢进博会溢出效应

本项目以"展贸结合"为核心,促进"展品变商品、展示变展销、展商变贸易商、贸易商变投资商"。通过前店后库相结合、贸易零售相结合、线上线下相结合,虹桥国际咖啡港为很多国际品牌搭建沟通和展示平台,助力它们在中国有更大的发展,这很大程度上放大且筑牢了进博会的溢出效应,为"永不落幕"进博会做了最好的注脚。

(4)以标准化为基础,首创咖啡师认证评价体系

为了填补国内咖啡培训的空白,本项目的咖啡人才中心板块建立了上海唯一的国家咖啡

师职业技能认证中心,首创专业的咖啡师认证评价体系。该评价体系是咖啡行业的"上海标准""上海规则",它改变了原来国际上只注重实践操作的评价方法,将咖啡理论知识也纳入其中,促进了上海咖啡从业人员整体水平的提升,推动了国内外咖啡职业技能标准互认及一体化。

2. 经验教训

(1) 从需求出发,提出适宜解决方案

在本项目服务过程中,团队通过与客户的深入沟通,充分挖掘客户需求。团队通过策划研究提出了符合客户需求的设想,通过试运营降低了风险,通过方案设计绘制了项目蓝图,通过施工搭建实现了落地。每一个环节均围绕着客户不同阶段的需求,提出了适宜的解决方案,实现了双赢。

(2) 以执行力为保障,实现项目高标准落地

全过程咨询是一项系统而复杂的项目,涉及到多个阶段,包括前期策划阶段、设计阶段、施工阶段和运营阶段等,不同阶段都需要科学的设计、严密的组织和认真的执行,各环节都要有效衔接,任何一个环节出错都可能影响整个项目的实施。团队强有力的执行力是全过程咨询项目落地的有效保障。

【咨询效果】

1. 推动咖啡全产业链发展,打造现象级进口商品集散中心

虹桥国际咖啡港将畅通完善进博商品的集散链路,致力于推动咖啡行业全产业链发展。咖啡行业的供应商、采购商、大型咖啡连锁品牌、小型创意咖啡馆、咖啡职业技术人员、咖啡爱好者等都能在本项目中找到其所需要的内容。项目推动了咖啡行业全产业链发展,促进了行业上下游联动,进一步推广了咖啡文化,最终实现引领我国咖啡消费升级、咖啡贸易升级和咖啡产业升级,做到"始于咖啡,不止于咖啡"。

2. 引入权威赛事及论坛活动,打响业界知名度

项目试运营期间,项目组成功引入了行业最权威的咖啡技能赛事"第四届上海咖啡大师赛",邀请了20余家赞助单位在现场进行路演。活动现场不仅有咖啡师各展才能,还设置了5场"大咖论坛"。本次活动有多家媒体平台跟踪报道,是咖啡界名副其实的盛事,成功打响了虹桥国际咖啡港在业界的知名度。

3. 完成了项目搭建落地,成功促进了咖啡产业高品质发展

从项目策划到试运营到设计到实施搭建,项目团队完整且出色地协助业主打造了虹桥国际咖啡港,目前项目正在良好的运营中。项目的落地一方面促进了咖啡进出口贸易,另一方面提升咖啡爱好者品味水平。通过商品及品牌展示、赛事举办、人才培养,推动贸易、人才、文化集聚,做深做精咖啡细分市场,促进中国咖啡产业的高品质发展。

4. 依托行业聚集效应,促进咖啡职业人才培养

依托虹桥国际咖啡港的行业聚集效应,在汇聚一批高能级的行业专家、众多享誉全国乃至全球的连锁咖啡品牌的基础上,项目组完整打造了职业培训、技能比赛、就业平台、技能提升的完整人才培育链,实现了人才供给和需求的双向匹配。本项目成功建立咖啡师认证中心、培训中心等机构,精心打造烘焙实验室、培训教室等功能区域,满足人才培养的各方面需求。2023年4月,虹桥品汇咖啡有限公司依托咖啡港已通过上海市人社局的审核,成为了咖啡师社会培训评价组织,预计在五年内将带动长三角地区咖啡相关从业人员就业约4万人。

5. 强化虹桥商务区贸易集散功能,助力虹桥国际开放枢纽的形成

咖啡港在项目团队的策划、实施下,在业主单位的运营下,在上海国际商会咖啡专业委员会的支持下,通过1年的建设发展,现已成为具备交易、仓储、物流和供应链金融服务的专业咖啡全产业服务平台,形成了联动长三角、服务全国、辐射亚太的咖啡商品集散地雏形。为构建10个百亿级商品集散中心,强化虹桥商务区贸易集散功能,助力虹桥国际开放枢纽的形成起到了积极的作用。截至2022年7月,虹桥国际咖啡港的国内外咖啡注册企业已超500家、认证仓库10家、最高单月交易额突破1 000万元。

五、专题研究报告篇

提高前期决策咨询质量，发挥前期决策咨询在全过程咨询中的引领作用研究

Research on Enhancing the Quality of Early-stage Decision-making Consultation and Leverage its Guiding Role in the Overall Consulting Process

编写单位：上海同济工程咨询有限公司
Shanghai TongJi Engineering Consulting Co., Ltd.
联系电话：021-33626733　　网址：http://www.tongji-ec.com.cn
主要完成人：杨卫东　韩光耀　敖永杰　沈翔　刘新梅　李东升　曹晓虹　何一舟　李欣然　崔莹莹

【点评】

该研究将我国高质量发展的时代要求与工程咨询高质量发展的现实需求紧密结合，聚焦前期决策咨询和全过程咨询，明确了前期决策咨询高质量的定义和内涵，探讨前期决策咨询在全过程咨询工作中的引领作用，为工程咨询行业以及前期决策咨询高质量发展打下坚实的理论基础。同时又通过市场调研和案例分析，了解前期决策咨询质量水平及引领作用发挥的现状，以及市场供需双方的看法，并进一步分析问题与原因，从而针对性地提出提高前期决策咨询质量的举措建议，带动投资项目价值全面提升。研究成果对于推动行业高质量发展具有显著的指导意义，有助于激发行业内的创新活力，引导企业采用新技术、新方法，提升服务质量，增强市场竞争力。该研究不仅为工程咨询行业当前和未来的高质量发展提供了坚实的理论支撑和实践策略，也为行业在服务国家战略和社会发展中发挥更大作用指明了方向。

【项目背景】

1. 国家政策及行业背景

2017年，党的十九大首次提出"高质量发展"，表明中国经济由高速增长阶段转向高质量发展阶段。中央经济工作会议强调："推动高质量发展，是保持经济持续健康发展的必然要求，是适应我国社会主要矛盾变化和全面建成小康社会、全面建设社会主义现代化国家的必然要求，是遵循经济规律发展的必然要求。"二十大报告中，习近平总书记再次强调了"高质量发展是全面建设社会主义现代化国家的首要任务。发展是党执政兴国的第一要务。没有坚实的物质技术基础，就不可能全面建成社会主义现代化强国"。

一直以来，工程咨询行业对"高质量发展"非常重视，并积极响应。2022年4月，中国工程咨询协会发布了《关于加快推进工程咨询业高质量发展的指导意见》，其中强调"进一步提升前期决策咨询业务的价值取向，发挥其对工程咨询中后段业务的引领带动作用"。上海市工程咨询行业协会在《上海市工程咨询行业十四五发展规划》中也明确提出"前期决策咨询对全过程工程咨询服务的引领作用有待进一步增强"的要求。同年6月，国务院副总理韩正在中国国际工程咨询有限公司座谈会上强调："深入论证、科学决策，按照高质量发展的要求，扎实推进重大项目建设，更好发挥有效投资的关键作用，为稳住宏观经济大盘提供有力保障"，对行业前期决策咨询提出了更高的要求。

2. 国内市场现状分析

通过问卷调查和相关单位调研，我们对前期决策咨询企业现状和市场需求有了明确的了解和认知。

（1）前期决策咨询的企业现状

目前工程咨询企业多以招标代理、造价咨询、工程监理、项目管理为主营业务，前期决策咨询在企业总业务规模中占比较小；工程咨询企业在前期决策咨询能力建设方面存在明显不足，超过半数的企业缺乏管理手册、作业指导书和服务标准等关键的管理技术文件或不能有效指导

实践,部分企业未对内部人员进行必要的执业培训,知识库和数据库的建设也普遍滞后;从事前期决策咨询工作的专业人员数量不足,尽管咨询工程师(投资)证书持有者比例较高,但大量咨询工程师不从事前期决策咨询工作;前期决策咨询收费偏低且存在恶性竞争,迫切需要政府出台收费指导文件。另外,服务时间通常不超过两周,这严重制约了咨询工作的质量和深度。

(2)前期决策咨询的市场需求

在咨询企业的选择上,委托方优先考虑的是企业的专业技术服务能力以及企业的市场地位、品牌和相关业绩。委托方期望咨询企业能够强化内部知识库和数据库建设,深化对项目所处行业战略要求的理解,并注重业务部门间的协同工作。在咨询成果质量上,委托方强调高质量成果应具备指导性、前瞻性、完整性,并且方法科学、能够正确引领全过程工程咨询。在咨询人员的能力上,委托方希望他们能加强新知识的学习、新政策的理解和跨学科知识应用,同时具备良好的协调沟通能力。在咨询收费标准问题上,绝大多数委托方认为迫切需要政府主管部门出台相关指导性文件,并倾向于接受"优质优价,采取服务基准价+奖励的方式"的付费方式。

【项目内容】

工程咨询业是国民经济的主导产业,前期决策咨询是投资决策科学化和民主化的重要依托和智力支撑,提高前期决策咨询质量是行业实现高质量发展的重要前提,对全过程工程咨询具有重要的指导意义。为顺应工程咨询行业高质量发展的要求,提高前期决策咨询质量,根据上海市发展改革委"沪发改投便字〔2022〕2号"函复指示精神,上海市工程咨询行业协会于2022年3月初至2022年11月底组织开展了"提高前期决策咨询质量,发挥前期决策咨询在全过程咨询中的引领作用"的课题研究。

1. 研究任务

(1)研究范围

根据《工程咨询行业管理办法》和《关于加快推进工程咨询业高质量发展的指导意见》,本课题研究中的前期决策咨询范围主要包括规划咨询、项目咨询和评估咨询。为突出重点,本课题研究以政府投资项目和国有企业投资项目的前期决策咨询高质量为主要研究对象,并对当前的投资管理制度、程序、规范进行分析,提出改进建议。

(2)研究内容和意义

在理论层面,通过对前期决策咨询的定位剖析及对"高质量"的解读,明确高质量前期决策咨询的定义和内涵,探讨前期决策咨询在全过程咨询工作中的引领作用,为工程咨询行业以及前期决策咨询高质量发展打下坚实的理论基础。

在实践层面,通过市场调研和案例分析,了解前期决策咨询质量水平及引领作用发挥的现状,以及市场供需双方的看法,并进一步分析问题与原因,针对性提出提高前期决策咨询质量的措施,带动投资项目价值全面提升。

2. 技术路线

本课题研究整体技术路线分为前期调研、综合分析研究、报告形成三个阶段。其中,第一阶段前期调研主要内容为文献研究、问卷调查、访谈调研及专家咨询;第二阶段主要通过综合分析、专题讨论、专家咨询等进行综合分析研究;第三阶段根据调研、分析研究内容进一步总结和完善,形成最终报告。

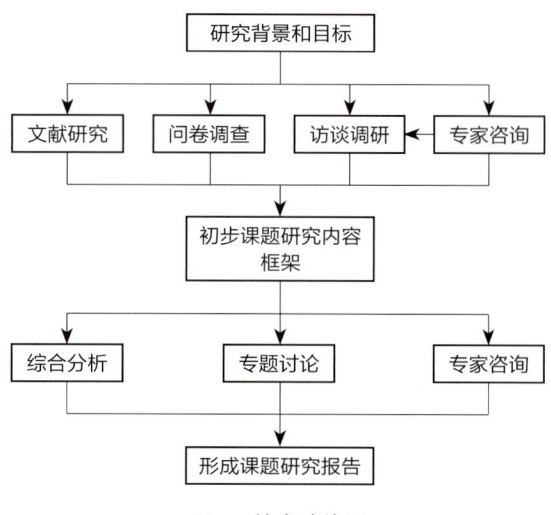

图1 技术路线图

3. 技术方案及研究成果

(1)技术方案

本课题研究技术方案主要包括:文献研究法、问卷调查法、访谈调研法、专家头脑风暴法、综合分析法。

(2)研究成果

本课题研究成果共3项,包括:《提高前期决策咨询质量,发挥前期决策咨询在全过程咨询中的引领作用》(全本)、《提高前期决策咨询质量,发挥前期决策咨询在全过程咨询中的引领作用》(简本)、《提高前期决策咨询质量,发挥前期决策咨询在全过程咨询中的引领作用》(建议案)。

【工作过程】

1. 课题研究准备筹划阶段

2022年3月召开课题启动会，组织讨论了课题实施计划和成果提纲，明确了课题组成员和各成员的职责分工。启动会之后，课题组参考搜集有关文献资料，进一步确定了研究内容、目标、方法和技术路线，制定了《提高前期决策咨询质量，发挥前期决策咨询在全过程咨询中的引领作用开题报告》，并于2022年7月6日组织开展了课题开题报告专家研讨会。评审会专家组成员一致认为该课题研究具有前瞻性和紧迫性，高度认可了课题开题报告的研究内容、目标及成果提纲等，并提出了宝贵意见。

2. 课题研究实施阶段

开题研讨会之后，课题组结合专家提出的意见，修改完善了课题研究方法、研究内容等。同时，课题组开始深入研究前期决策咨询高质量的定义和内涵，探讨前期决策咨询在全过程咨询工作中的引领作用；通过市场调研和案例分析，了解前期决策咨询质量水平及引领作用发挥的现状，以及市场供需双方的看法，并进一步分析问题与原因；最后针对性提出提高前期决策咨询质量的举措建议，带动投资项目价值全面提升。在此期间，课题组参加了2022年10月27日的中期评审会，课题研究中期成果得到了专家的认可。会后课题组探讨了专家的意见，结合专家意见进行了修改和完善，于2022年11月29日参加了课题结题评审会，并顺利通过课题结题验收（图2）。

3. 课题研究完善总结阶段

结题评审会后，课题组积极按照专家评审意见进行修改，形成课题研究报告，并提交至上海市工程咨询行业协会，得到了高度认可和好评。

同时，在课题研究工作中，课题组紧密围绕"提高前期决策咨询质量，发挥前期决策咨询在全过程咨询中的引领作用"展开研究，深入探讨高质量前期决策咨询的定义、内涵及其引领作用，并从目标导向和问题导向出发，精准地找出发展中存在的问题、差距及主要原因，从而针对性地提出相关举措建议。课题组坚持双周课题例会，坚持初步成果互审制度，坚持阶段报告集体审核制度，坚持专家意见研究吸纳制度。通过这些制度，保障课题研究成果的高质量和高水平。

图2　本课题结题报告专家评审会

【咨询工作特点及经验教训】

1. 创新成果和特点

本课题针对工程咨询行业高质量发展的需求，特别是前期决策咨询的关键环节，通过深入的调研、系统的研究探索，克服了多项难题，形成了有效提高前期决策咨询质量的创新性成果。

（1）明确高质量前期决策咨询的定义、内涵及其引领作用

① 高质量前期决策咨询的定义。高质量前期决策咨询是指立足新发展阶段、贯彻新发展理念、服务新发展格局，在项目前期阶段，从全生命周期视角，统筹经济、社会、资源、环境、安全等因素，预判新问题、新矛盾、新风险和新挑战，科学谋划、精准定位，为工程建设项目决策提供的咨询服务。

② 高质量前期决策咨询的内涵。高质量前期决策咨询应具备前瞻性，满足新发展阶段的战略发展需求。高质量的决策咨询需要根据国家和地方的新发展阶段需求，以人民福祉和中国式现代化建设为目标，分析项目的超前性、可靠性和必要性，确保项目定位准确。同时，需要关注环境变化带来的不确定性，预测新发展战略可能带来的问题和挑战，并制定应对策略，以确保发展和安全，甚至创造有利的战略环境。

高质量前期决策咨询应具备科学性，贯彻新发展理念的价值实现需求。高质量前期决策咨询要基于新发展理念，遵循项目建设和运营的内在规律，先咨询再决策，科学推进项目，提升价值；采用系统论和科学方法，全面评估项目的经济、社会、资源、环境和安全等因素，实现精准评价；加强创新，引入前沿技术和数字化工具，提高决策的准确性。

高质量前期决策咨询应具备指导性，把握新发展格局的可持续发展需求。宏观层面，全面分析项目的投入产出比、与地方的关系，以及如何融入"双循环"新发展格局，以提高产出质量、增强产业链可持续性、提升资源配置效率。微观层面，以提升项目全生命周期的投资效益为着眼点，从项目策划、建设和运营方案出发，为项目主体和相关方提供行动指南，推动项目的可持续发展。

③ 高质量前期决策咨询在全过程咨询中的引领作用。坚守全局视野和系统观念，驱动全过程咨询理念的贯彻。高质量的前期决策咨询统筹考虑了投资项目的市场、技术、经济、生态环境、能源、资源、安全等影响可行性的要素，并结合相关政策和规划要求，从全生命周期角度论证项目需求，准确定义项目目标与愿景，对投资建设项目建设和运营进行可行性、合理性分析研究和论证，使前期决策咨询由原先的"阶段性咨询任务"转变为"全面实现项目价值的统筹工作"，与全过程咨询提倡的"综合性、跨阶段、一体化的咨询服务"理念高度吻合，有利于全过程咨询理念的贯彻。

精心策划行动纲领，协助全过程咨询人员掌握全局。高质量的前期决策咨询成果在合法、合规、合理的前提下，贯彻"以终为始"的理念，从必要性、建设规模和建设内容、选址与建设条件、工程方案、风险与效益、资源利用、环境保护、投资估算、管理组织等多个方面进行精心策划与统筹研究，提供综合性咨询成果，协助全过程咨询人员掌握全局，从而实现项目的投资决策意图与有效投资。

勇当率先垂范的领跑者，激发全过程咨询人员的创新活力。高质量的前期决策咨询通过在复杂的环境中找准投资项目的战略目标、定位和可行方案，以解决新发展阶段出现的新问题、贯彻新发展理念、服务新发展格局。前期决策咨询人员发挥在项目全生命周期中的先发优势，提前为建设和运营阶段可能出现的问题献计献策，提供优秀的智力成果，在全生命周期中勇当领跑者，率先做出榜样，从而激发全过程咨询人员的创新活力，积极推动项目整体建设。

（2）分析现状与前期决策咨询"高质量"的差距及主要原因

① 现状与高质量前期决策咨询的差距：

缺乏前瞻性。对项目需求及必要性的论证流于形式，缺乏对长期需求的考量，多为简单的政策文件摘抄，且多为定性描述，缺乏定量数据支撑；在建设内容、规模和功能论证方面因循守旧，习惯套用既往资料，方案与实际需求脱节，或缺乏方案比选，仅完全引用设计单位完成的方案；对项目未来建设和运营过程中的新问题、新矛盾、新挑战、新风险，缺少系统分析，更谈不上制定针对性的应对预案。

缺乏科学性。习惯于将上级指示或文件作为项目建设的核心依据，缺乏独立论证和科学分析；运营导向、价值交付的理念贯彻不够，导致项目建成后的使用效果欠佳；缺乏经济、社会和环境效益的综合评估，关注短期效益，忽视长期效益，对是否属于"有效投资"的论证不足；对新技术、新材料、新工艺、新设备、新模式的可行性论证较少，数字化水平不高，创新性缺乏。

缺乏指导性。除建设方案和工程投资以外的内容多套用模板，论证不充分、不准确，针对性、引领性缺乏；咨询成果对建设和运营阶段的考虑较少，基于项目全寿命周期的综合分析严重不足，致使成果内容与实际脱节，落地性较差，往往只作为手续审批的必要条件；投资决策综合性咨询模式较少采用，前期决策咨询碎片化，彼此间时有矛盾。

② 现状与高质量前期决策咨询差距的主要原因。

在咨询企业层面，一是绝大多数企业在地区发展、行业及产业发展等方面关注较少，多囿于业务层面的合同履约，理论研究太少，基于实践的提炼创新也较少。二是学习、研究政策的主动性不足、途径不多，一般只在公共媒体、论坛、培训会被动接受，与政府相关机构的沟通渠道缺少，尤其缺乏直接与相关政策制定部门、人员的探讨，理解和把握政策的深度不够。三是缺少项目数据库建设，缺少基于全生命周期成本理念的完整数据（工程方案、建设投资、运营成本、财务效益、外部影响成本及区域社会经济效益等）的积累与应用。四是普遍缺乏针对前期决策咨询的管理手册、作业指导书、服务标准等管理技术文件。或者部分企业有此类文件，但未能具体落实。

在咨询人员层面，一是学习动力和意愿不足，对投资及产业政策、上位规划等战略性文件及新阶段发展的战略目标认识不足，缺乏前瞻视野。二是以工程相关专业为主，缺乏全局把控能力，难以从综合角度进行分析、论证，创新思维和能力不足。三是前期咨询人员较少参与后期实施阶段的工作，缺乏项目管理与运营经验，而绝大多数项目建设实施阶段的服务团队未参与过前期论证，对前期咨询成果论证的目标及方案理解有偏差。

在外部市场层面，一是部分重大工程建设周期短，造成前期咨询时间仓促，调研或专题研究时间不够，或者干脆取消。咨询人员只能听从项目单位既定需求或意见，与其他利益相关者沟通很少。二是多数项目参与者（包括项目单位人员）只关心前期咨询成果是否完成报批，而对成果质量本身并不重视。三是咨询服务酬金低，收费标准长期不变，前期研究经费不足可能导致工作不全面，专题研究无法开展等。并且，咨询收入不高，对具有复合型、创新型的高级人才也缺乏吸引力。

在主管部门层面，一是各政府主管部门审批信息未在统一平台公示，导致各专业咨询之间衔接不畅的情况仍然存在（如部分审批程序后置后，可研里如何准确分析各专项内容），政府部门之间的协同性有待进一步提升。二是前期决策咨询的相关政策多为宏观指导意见，缺乏具有可操作性的配套政策和规范引导。三是现行的相关建设标准更新较慢，导致标准与实际需求脱节，难以适应新形势需求，无法依照规定满足决策的前瞻性需求。

（3）探讨前期决策咨询"高质量"实现的内、外部条件

① 外部条件。一是政策体制：政府相关主管部门间的高效协同机制，利于信息及时共享和前期决策目标一致；行业相关政策、法规文件及时、深入的宣贯，确保前期决策咨询从业者及相关人员及时了解、掌握宏观要求；顶层设计文件相应完善的配套政策文件，有利于顶层设计文件的落地实施；完善的信用评价体系，具有实操性、及时性和约束性。二是收费保障：与前期决策咨询高质量要求相匹配的咨询服务收费指导性文件，可引导前期决策咨询市场高质量发展；完善的行业自律体系，能够杜绝行业恶性竞争现象蔓延。三是业主重视：业主对前期决策咨询的高度重视，能够促进建设单位与咨询人员充分沟通，给予前期决策咨询工作充足的时间和费用支持，保障前期决策咨询的成果质量。四是技术支撑：完整、系统、准确的工程咨询技术标准，可指导行业从业人员向前期决策咨询高质量水平发展；数字化工具应用对前期决策咨询起到重要的赋能和技术支撑作用，提升前期决策咨询的效率和质量。

② 内部条件

一是优秀的人才队伍：复合型、创新型的优秀人才，能够综合运用多学科知识在项目决策中提供智力型咨询服务，是前期决策咨询高质量的关键。二是强大的专家团队：专家团队应覆盖经济、技术、工程、法律等多专业领域，给予多视角、多专业的咨询支撑；专家团队应为咨询人员带来更广泛、更综合的工程实践经验与现代科学理念（尤其是工程全生命周期发展理念），适应工程咨询高质量发展要求。三是有效的技术质量管理：咨询企业通过总结前期决策咨询理论方法与项目实践经验，编制各类前期决策咨询的标准化手册，形成技术质量管理规范；咨询企业通过制定咨询质量管理制度和咨询人员绩效考核制度和激励制度，有效推进、落实技术质量管理。四是多元化的咨询业务发展：多元化的业务结构不仅为咨询企业开展前期决策咨询带来不同阶段的数据、知识和经验，而且能够促进咨询人员相互沟通、协同与创新；多元化的业务结构为咨询企业建设高端智库打下基础。

（4）针对性提出实现前期决策咨询"高质量"的举措建议

一是鼓励开展全过程工程咨询，发挥前期决策咨询的引领作用；二是制定《前期决策咨询成果高质量评价标准》，加强行业执业监督检查；三是制定和完善前期咨询规范标准，指导咨询业务规范化运作；四是制定《咨询企业和人员信用评价体系》，促进行业健康发展；五是研究建立多元化培训模式，加强行业协会的培训和指导；六是对标国际一流标准，加强国内外业务合作与交流；七是评选咨询大师和优秀中青年咨询工程师，发挥行业领军人物标杆作用；八是增设中、高级咨询师（投资）职称评定，扩展人才职业发展空间；九是支持行业协会出台咨询成本指导价，鼓励优质优价；十是依托上海市投资项目在线审批监管平台，拓展行业数据共享功能。

2. 项目经验教训

（1）专题研究报告应以需求为导向

本课题研究从工程咨询行业和市场的实际需求出发，通过深入的调研和分析，准确把握了前期决策咨询的关键问题和挑战。研究团队采用了多种调研工具，包括问卷调查、深度访谈、案例研究等，确保了研究的全面性和深入性。通过

对行业内部和市场环境的细致分析,课题研究揭示了前期决策咨询在不同类型项目中的应用差异,以及不同利益相关者的具体需求。这些发现为制定针对性的改进措施提供了坚实的基础。此外,课题研究还强调了持续跟踪行业发展趋势的重要性,以便及时调整研究方向和内容,确保研究成果能够满足行业发展的最新需求。

(2)持续跟踪与反馈机制有助于提升成果质量

为了确保研究成果的长期有效性和适应性,课题组建立了一套持续的跟踪和反馈机制。通过定期监测研究成果的应用情况,收集来自实践领域的反馈信息,课题组能够及时了解研究成果的实际效果,并根据行业的最新发展进行必要的调整和优化。这一机制不仅有助于提高研究成果的实用性,也促进了课题组与行业实践者之间的互动和合作,形成了一个动态的、自我完善的研究和实践循环。

【咨询效果】

本课题研究具有重大意义和显著价值,它明确界定了前期决策咨询的高质量定义、内涵和引领作用,全面调研、分析了前期决策咨询企业及委托方的市场现状,并深度分析了现状与高质量前期决策咨询存在的差距问题及主要原因,以及实现高质量前期决策咨询的内、外部条件,最后针对性、系统性地提出了提高前期决策咨询质量的十条举措建议。该研究成果已先后上报上海市发展改革委和中国工程咨询协会,将为地方及国家政府管理部门在工程咨询行业的规划与发展中提供有力的决策参考。

此外,该研究成果还将在推动工程咨询行业的高质量发展方面发挥重要作用。它将激发行业内的创新活力,引导企业采用新技术、新方法,提升服务质量,增强市场竞争力。工程咨询行业必将迎来更加繁荣和充满活力的未来,为社会创造更大的经济和社会价值。

上海市电力中长期发展战略研究

The Research on Medium and Long-term Development Strategy of Shanghai Electric Power

编写单位：上海投资咨询集团有限公司
Shanghai Investment Consulting Group Co., Ltd.
联系电话：021-23300000　　网址：https://www.sicc.cn
主要完成人：王　昊　孙　蔚　马念君　金　扬　李　亮　牛　刚　齐　康　黄志峰　夏　溢　白尊亮

【点评】

该研究突破五年规划期，谋划上海电力中长期发展战略。面对涉及面广、参与机构众多的情况，课题组开门做研究，跨机构统筹合作，交互、迭代式推进电力中长期"1+18"专题研究。研究过程中，课题组努力在不确定性中采用两种方式寻找"锚点"，一是国家战略导向，如双碳、长三角一体化等大战略，关注中长期转型目标；二是对标其他国际大都市既有电力指标，以落实上海"赶超式"发展定位。寻找到"锚点"后，进行全景式电力需求预测，除采用弹性系数法等自上而下预测，还从自下而上角度分部门行业进行精细测算，对重点行业进行细化分析。在2025年、2035年的多种发展情景下，课题组采用统一模型进行电力、电量、调峰等多维度多平衡测算，动态推演发展路径，由此明确上海中长期电力发展战略。以该研究成果为基础，上海电力发展"十四五"规划形成送审稿，并最终于2022年6月正式发布，有效引领本市"十四五"期间电力工作开展。课题成果也为后续能源电力领域碳达峰测算提供了坚实数据基础。

【项目背景】

"十三五"末中国电力领域发展进入新阶段，发展成果斐然。从上海看，电力需求增速有所回升，至2018年底全社会年用电量达到1 567亿kW·h、最高用电负荷3 268万kW；电力保障能力稳步提高，市内形成外高桥、石洞口、闵行—吴泾、漕泾、临港五大发电基地和若干调峰、热电联产电厂，市内电源装机达到2 500万kW以上，以西南水电和安徽煤电为主的市外来电最大电力达到1 650万kW；电力供应结构持续优化，全市煤机占比下降至60%、燃机占比上升至26%、可再生能源装机占比上升至8%；电网建设取得快速发展，建成"五交四直"9个市外受电通道，市内建成以500 kV双环网为支撑、220 kV供电网分层分区运行的电网构架；节能减排水平达到新高，市内公用燃煤电厂已全部完成超低排放改造，煤电氮氧化物、二氧化硫排放浓度已提前完成本市"十三五"能源发展规划相关目标；电力营商环境大幅提升，"一口对外、一证受理、一站服务"电力接入服务持续推广。

而随着发展环境进入复杂多变期，发展动力进入新旧转换期，上海电力发展也面临诸多挑战与机遇。一是电力安全保障瓶颈依然存在，内外电源现有总量不能满足中长期电力发展需求，外来电直流规模大、输送距离远、通道集中导致故障风险高，电力调峰能力不足带来备用问题。二是清洁环保水平有待进一步提高，对标国内外大型城市煤机装机比重仍较高，可再生能源总体规模有待提升，电力设施的生态景观融合性要求也不断提升。三是电力行业发展整体面临压力，煤炭、天然气等燃料价格上涨，工商业多轮降电价和可再生能源补贴退坡等多重因素影响下，电力企业经营压力较大。四是发展不协调、不充分问题仍存在，燃机建设气网条件不佳、"有电送不出"问题均有发生。与此同时，长三角一体化推动电力合作、技术创新、体制改革都为电力发展带来新机遇。电力领域在转向高质量发展过程中，面临着机遇与挑战并存、短期压力与长期问题交织的复杂局面。

上海作为新时代发展的排头兵和先行者，电

力转型发展动力与压力更为突显。为落实2035城市总体规划、践行2030年前城市碳达峰承诺，亟需突破五年规划周期、对上海电力发展战略进行长远谋划，以更好保障后续发展思路连续性和规划可行性。在此背景下，2019年上海市发展改革委委托我公司对上海市电力中长期发展战略开展研究，包括研判国内外电力发展趋势，分析面临的形势与问题，研究提出本市电力"十四五"及中长期发展总体思路与战略目标，统筹谋划电力布局规划。

【项目内容】

1. 发展形势分析

近15年上海全社会用电量先后经历了"十一五"快速发展、"十二五"增长趋缓以及"十三五"增速回升三个阶段。与此同时，上海电力保障能力稳步提高、电力供应结构持续优化、电力营商环境大幅提升。随着我国进入"两个百年交汇期"，发展环境进入复杂多变期，发展动力进入新旧转换期。能源发展也面临机遇与挑战并存、短期压力与长期问题交织的复杂局面。再电气化带来需求持续增长，电源结构清洁化、电力系统智能化、体制机制市场化等成为未来发展主线。

2. 电力需求预测

考虑宏观经济规模、经济结构调整、产业结构重大调整和极端天气等因素，综合"自上而下""自下而上"两类方式，体现重点行业、重点区域发展影响。从"自上而下"角度，分别采用电力占能源消费的比例法、电力弹性系数法和人均用电量法对中长期电量需求进行预测。从"自下而上"角度，分部门进行测算并合计中长期总电量需求。主要针对制造业、交通运输仓储和邮政业、其他三产、生活消费、新能源汽车等部门进行。结合经济发展、人口增长及产业调整，采用多种不同预测方法，预计2025年、2035年上海全社会用电量。此外，参考东京发展路径，考虑2025年至2035年部分钢铁、化工等迁出上海特殊情景，预测重大不确定因素可能带来的电量需求变化情况。

在此基础上，分别运用最大负荷利用小时数法、年均增长率法和人均负荷预测法，并结合纽约、东京、香港、新加坡等国际大都市的发展历史

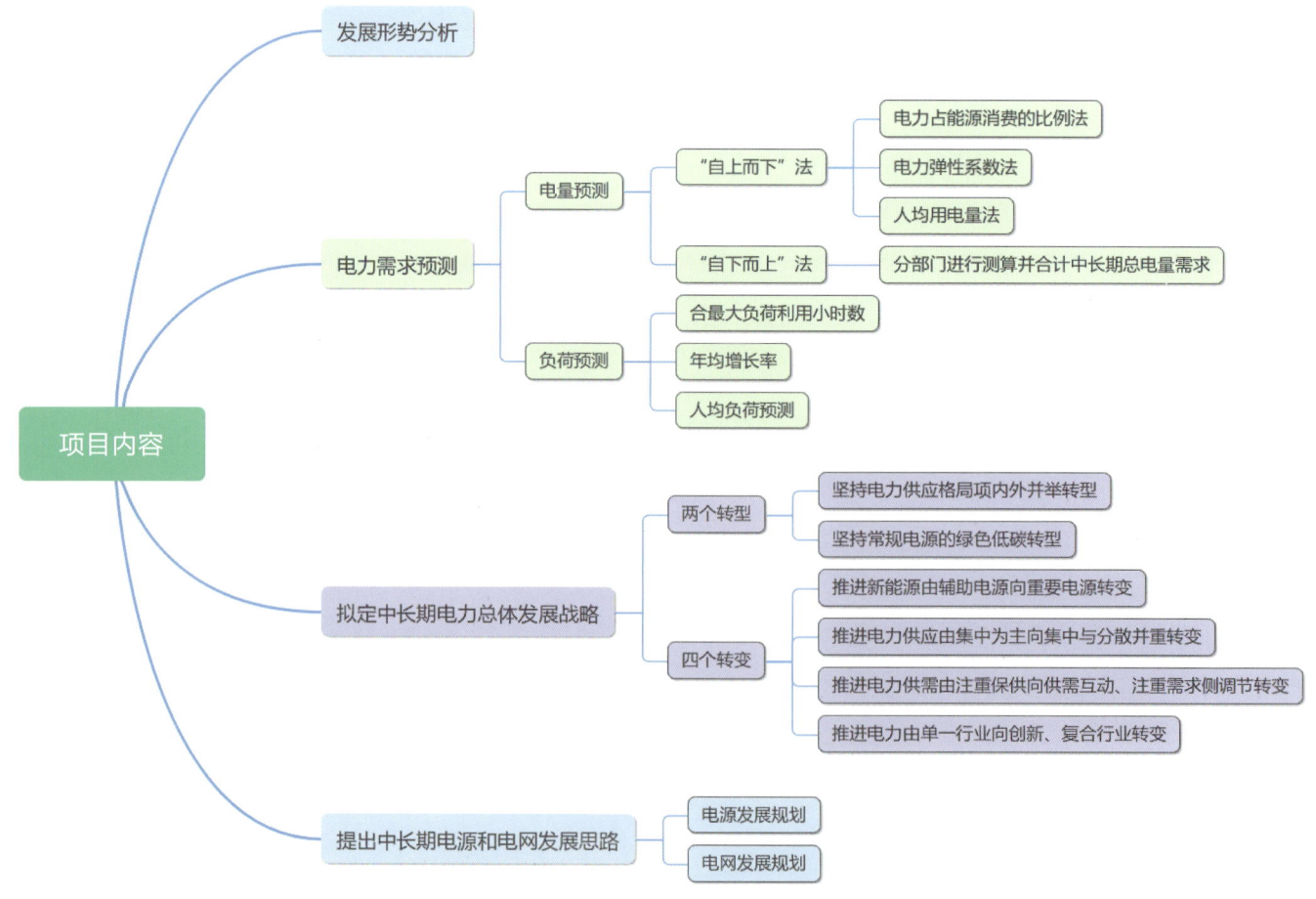

图1 项目内容思维导图

规模,预测2025年、2035年最高用电负荷。

3. 拟定中长期电力总体发展战略

中长期电力总体发展战略秉持着安全高效、清洁低碳、统筹协调、创新驱动、开放合作、优化营商基本原则,总体思路包含"两个转型"和"四个转变":

(1) 坚持电力供应格局向内外并举转型

强化市内电源安全托底,有序推进存量电源升级改造,提前规划增量电源,强化本地电源调峰能力。对外争取新增电源,扩大外来可再生能源利用,完善辅助服务市场,提升外来电灵活性。

(2) 坚持常规电源的绿色低碳转型

煤电在基本保持现有装机规模的同时加快转型升级,逐步推进其向调峰电源转变。气电结合全市调峰需求、气源管网及电力接入条件继续稳步发展。气电装机和利用小时数双提升,并提高 NOx 排放标准。

(3) 推进新能源由辅助电源向重要电源转变

加快建设本地新能源发电,争取2035年本地风、光总装机超千万千瓦。通过储能、精准发电预测等技术手段,逐步提升新能源电网友好性。

(4) 推进电力供应由集中为主向集中与分散并重转变

加快分布式电源开发,提升用户侧消纳,构建多能互补综合系统。

(5) 推进电力供需由注重保供向供需互动转变

建立健全需求侧响应、虚拟电厂等新型模式,提升系统整体效率。

(6) 推进电力由单一行业向创新、复合行业转变

推动电力装备技术突破,加快电力行业与"云大物移"等信息行业及绿色金融行业融合。

在上述发展原则和思路基础上,提出了总量(全社会用电量、最高电力负荷)、安全(本地灵活电源比重、供电可靠性、市内供电能力比重、需求侧响应能力)、结构(可再生能源消纳权重、非水可再生能源消纳权重、本地可再生能源发电装机比重、分布式能源渗透率)、环保(火电平均供电煤耗、电网综合线损率、煤电二氧化硫排放浓度、煤电氮氧化物排放浓度、煤电烟尘排放浓度、火电二氧化碳排放强度)等方面的16项发展目标。

4. 提出中长期电源发展规划

首先摸排各类电源供应潜力。其中火电开发以市内五大发电基地为主,分别摸排增量空间,预期总增量空间约600万—800万kW。风电陆、海并进,预估2035年规模上限约1 000万kW。光伏以分布式为主,结合屋顶资源现状和增速预估,预估2035年规模在400万—1 700万kW区间内。市外来电中,华东区外水电潜力集中在金沙江上游的川藏段和澜沧江上游的西藏段,即藏东南水电的接续送华东;华东区外火电直送上海可能性较小,可考虑争取部分西北新能源与火电打捆入沪;华东区内可争取核电、抽水蓄能等资源新增入沪。

然后在资源摸排基础上,借鉴国内外大型城市电源发展思路(强调绿色转型、借力电力市场、确保安全底线等),提出上海电源发展思路:近期,重点关注煤电升级改造,结合升级改造提升煤电灵活性,并通过新建燃气电厂以及适量争取外来电来满足"十四五"电力供应缺口,同时推进储能、需求侧响应等试点发展,加快电力市场建设,为新能源加速发展做好技术和机制铺垫。中长期,电源发展以新能源为重点,主要通过可再生能源结合储能、适量的燃气电厂建设以及虚拟电厂等创新发展来满足中长期电力供应缺口。煤电基本保留现有公共燃煤电厂规模,作为安全

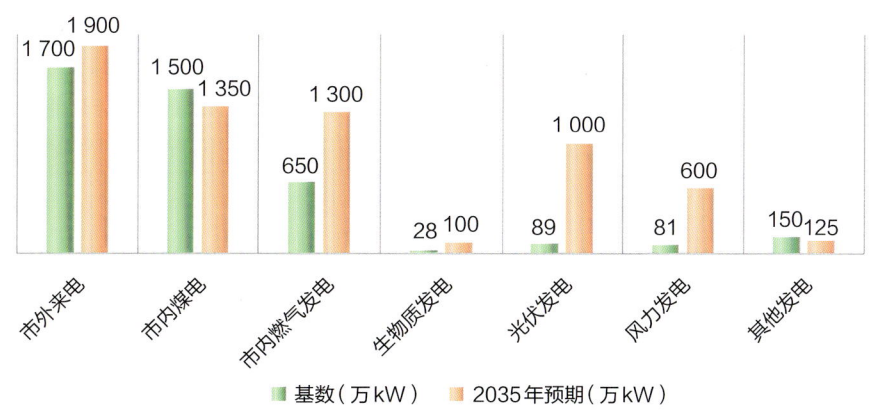

图2 2035年上海电源发展预测情景(基数为2018年)

托底电源,但发电小时数进一步下降,逐步转向调峰功能。基于此思路,研究对各类电源发展规模设定了多种组合情景,并对电力、电量及调峰平衡开展了测算。

5. 提出中长期电网发展规划

首先明确发展思路和目标,以"三型两网、世界一流"为战略目标要求,加快建设坚强智能电网和能源互联网,坚持上海"底线约束、内涵发展、弹性适应"的规划思路,打造与上海"卓越全球城市"相适应的世界一流城市电网。

在此基础上,提出上海目标网架,即2035年规划建成"双环"(500 kV双环网)"十一通道"(7交4直)的"8字形"主干网架。

分电压等级提出规划建设重点。以两座交流特高压站点为核心,在现有500 kV双环网+扩大南外半环基础上,进行500 kV主网架的改建优化,并适度增加4至5座500 kV变电站布点。配合吴泾等区域电源调整,优化220 kV电网,完善浦东中南部、宝山等地区220 kV线路网架,推进老旧站点升级改造。针对110 kV及以下,推进配电网标准体系建设,以"钻石型"配电网打造坚强智能城市电网"上海样板",探索智能微网应用与综合能源系统构建,加快能源互联网建设。

【工作过程】

研究工作自2019年6月至2020年6月历时近一年。

接受委托任务后,课题组确定研究框架和工作方案,开展实地调研,我公司先后组织团队赴国家发展改革委能源研究所、国网能源研究院等机构进行调研,听取其对国际国内及上海电力发展的趋势研判意见;赴申能、上电股份等发电企业,对各类电源中长期发展进行探讨;其间与相关方面多次召开专题讨论会,不断吸收各方宝贵意见对研究成果进行修正,最终形成上海市电力中长期发展战略研究报告。2020年6月,由委托方主持召开评审会,通过专家评审。

2022年6月,基于该研究的《上海市电力发展"十四五"规划》(不对外公开)正式发布。

【咨询工作特点及经验教训】

1. 开门做研究,跨机构统筹合作,交互、迭代式推进工作开展

该课题研究涉及面广、各子课题参与机构众多,上咨作为主课题牵头单位,为做好整体统筹合作,采用跨单位建立核心团队、先一步明确初始边界、中间成果迭代优化的方式协调推进工作。首先由上咨节能减排中心、市电力公司组建核心技术团队,通过宽领域、深层次调研获取上海能源信息。调研全口径覆盖电力、天然气、油品、煤炭、新型能源等领域,兼顾政府部门和相关企业,还包含了国内、国际数据的搜集对标。政府侧调研包括了管理部门和数据统计部门,企业侧调研从供、需两侧选取代表性单位,不仅涉及集团总部,还涉及基层采购、储运。通过调研梳理历史数据和曾经出现过的问题,并逐步聚焦当下数据和面临问题。核心技术团队研究后对2025、2035等关键节点的上海电源构成做出多情景初始设定。其余十余家相关机构在此基础上推进子课题研究,上咨就目标设定、国际对标、需求预测、平衡测算等继续研究推进。主课题和子课题在取得中期成果后,统一汇报交流。在此基础上,对发展情景做出设定进行调整优化,并各自开展深度测算研究,确保主课题和子课题的成果协同、互证。

2. 明确硬目标,在不确定性中找"锚点",保障战略研究的前瞻思维、国际视野、攻坚决心

该课题不同于一般五年规划研究,上海电力中长期发展面临的不确定性较多,包括技术、政策、市场、外部环境等方面,中长期战略研究又需同时直面短期压力与长期问题,其目标设定难度极大。课题组采用了两种方式寻找锚点。

一是紧跟国家战略导向。结合国家机构调研,课题组认为中长期我国能源电力发展需考虑三个硬性要求,即2050年我国建成社会主义强国的目标、2030年中国碳排放达峰的承诺以及"四个革命一个合作"能源发展战略。落实到上海则具化为2035年建成社会主义现代化国际大都市、2030年前实现碳达峰及长三角能源转型目标。在此基础上,可对供电安全可靠、电源清洁化、系统创新发展等目标进行研判。其中需求侧响应能力、灵活性电源比重、分布式能源渗透率等新型电力系统相关目标的提出,较国家层面提出新型电力系统概念要早上约半年,可再生能源40%的消纳权重目标也与后续国家下达中长期目标基本一致,充分体现了课题研究的前瞻性。

二是"向前看"的国际对标。以往的国际对标往往为对标当下时点,将先进国家(城市)的当下水平作为我们后续"追赶"目标。该课题研

究中,除了在供电可靠性目标方面采取了时点性对标,更多是关注哥本哈根、法兰克福、东京、新加坡、新加坡等城市的中长期转型目标,跳出对方的过去路线及已有成绩拘束,充分关注非化石能源成为能源主要增量、电力需求再跃升、新型电力技术等国际能源转型新趋势,体现上海"赶超"式的中长期电力发展思路。

3. 需求预测立体化,综合"自上而下""自下而上"两类方式,体现重点行业、重点区域发展影响

常规电力中长期研究中多采用"自上而下"的角度进行宏观预测,以简化测算参数。该课题也分别采用电力占能源消费比例法、电力弹性系数法、人均用电量法,从"自上而下"角度对中长期电量需求进行预测。此外,课题还从"自下而上"角度,分部门行业进行精细化测算、合计整体需求,并主要针对制造业、交通运输仓储和邮政业、其他三产、生活消费、新能源汽车等重点行业进行测算。

以制造业为例,将其进一步细分为钢铁行业、石化化工行业、战略性新兴产业和其他制造业四部分分别测算。其中钢铁行业考虑废钢比提升、生产工艺由长流程向短流程转变,导致吨钢耗电量增长及总用电量将增加。石化化工行业考虑上海华谊能化关停、高桥石化调整以及上海化工区投产炼化一体化项目等重大变动影响,统筹考虑用电量变化。战略性新兴产业包括集成电路、生物医药等9大行业,结合典型项目测算出的行业用电强度,以及产值增量预期(目标),测算出用电增量。其他制造业用电按单位产值能耗进一步下降考虑。汇总上述4个细分行业,即可得到制造业的电力需求预测情况。

类似地,研究将交通运输仓储和邮政业细分为轨道交通、公共汽车和出租车、铁路、水运、民航、公路运输及其他等六部分预测,每部分结合各自特点各自测算,例如轨道交通用电量结合单位客运电耗、运营线路总长等进行测算,公共汽车和出租车结合电动化率、百公里电耗、日均里程数进行测算,铁路用电量结合客运量增长率进行测算等,然后再汇总得到交通运输仓储和邮政业的电力需求预测情况。

除了重点行业,其他第一产业、采矿业结合既有趋势按用电量不变考虑,建筑业用电量参考东京发展经验、按类似比例下降,电力、燃气及水的生产和供应业参考已有增长率每年均匀增加。

这种立体化的需求预测方式,一方面提升了预测精准性,另一方面也可从需求侧全景式展现电力增量来源,为后续与行业规划、区域规划、节能规划等延伸结合提供了空间。

4. 平衡测算模型化,通过多约束边界下的测算推导发展情景,为上海电力领域碳达峰测算奠定模型基础

在2025年、2035年的多种发展情景下,课题组进行了电力、电量、调峰等多平衡测算,将相关测算整合为统一模型,通过参数调整改变约束边界,并将通过平衡测算的情景推荐作为最终发展情景,与发展思路及各阶段发展目标相衔接。其中电力平衡测算确保了夏、冬用电高峰点电力供

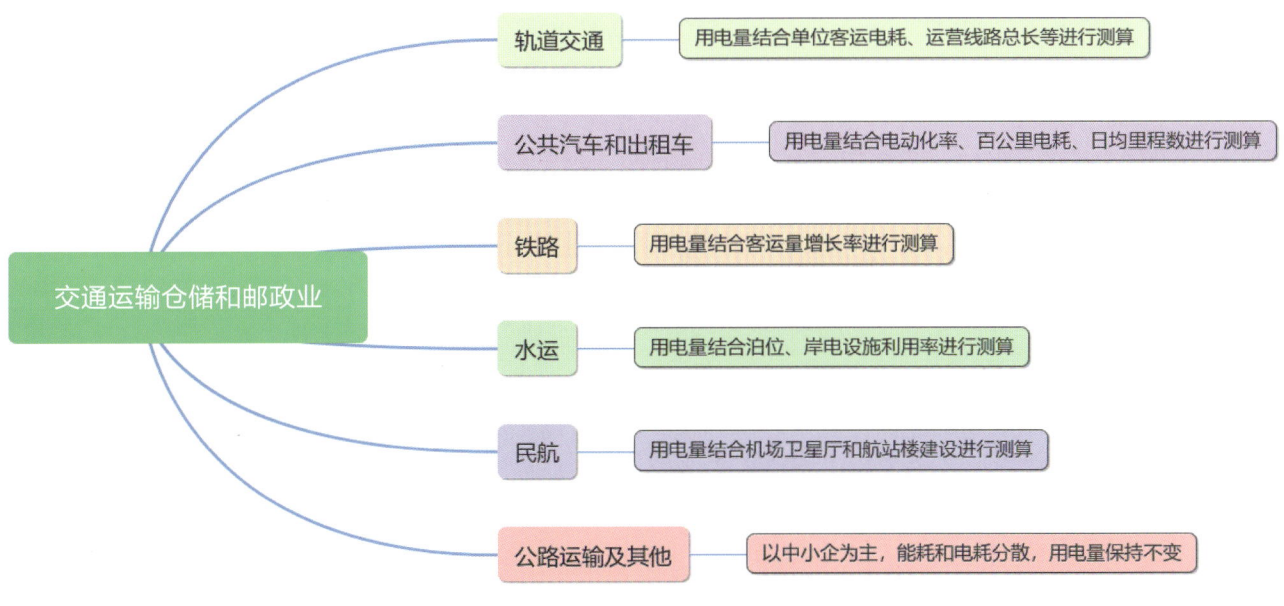

图3 重点行业细分测算示意图

应能力的充裕性,电量平衡测算确保了年度全时段供电能力的充裕性,调峰平衡测算则确保了供应侧对需求侧变化的适应性,通过综合平衡测算的情景确保了发展目标的可行性和安全性。

该平衡测算模型除了帮助完成上海电力发展中长期的情景推测,其中的关键节点、各类电源发电量测算输出,还为后续上海能源电力领域碳达峰测算提供了坚实的数据测算基础。

【咨询效果】

该课题研究成果对上海全社会用电量发展形势进行分析,对近期(2025年)及中长期(2035年)上海全社会用电量电力需求进行预测,拟定中长期电力总体发展战略,提出中长期电源和电网发展思路。研究成果经过多次专题会议讨论,获得本市能源发展相关主体的一致认可。

该课题研究成果支撑了《上海市电力发展"十四五"规划》和《上海市能源发展"十四五"规划》形成。2022年4月,上海市人民政府印发《上海市能源发展"十四五"规划》;2022年6月,上海市发展和改革委员会发布《上海市电力发展"十四五"规划》(不对外公开)。

该课题研究成果包含了2025年、2035年的多种发展情景,逐一设定了后续15年每年的电源及负荷,并采用统一模型进行电力、电量、调峰等多维度测算,其中的关键节点年(2025年、2030年、2035年)的测算成果,为后续上海能源电力领域碳达峰测算提供了坚实的数据测算基础。

上海"五个新城"建设的投融资问题研究
The Research on Investment and Financing Problems for Shanghai's "Five New Cities" Construction

编写单位：上海投资咨询集团有限公司
Shanghai Investment Consulting Group Co., Ltd.
联系电话：021-23300000　　网址：https://www.sicc.cn
主要完成人：胡宏伟　王昊　张彬　孙萍　杨蓓　罗晓婕　张颖　丁章亮　宋易晓　莘然

【点评】

该研究聚焦上海市"五个新城"建设投融资问题，确定了"主动负债、加速发展"的原则，以规避政策风险为特色，剥离与土地财政和政府债务的联系，促进优化政府财政结构，制定了包括财政资金安排、融资主体、还款来源等方面的详细实施方案，提出了涵盖产业升级、土地利用、专项债争取等方面的政策建议。研究创造性地提出了"1+2+X"投融资体系，其中："1"指财政安排资金，完成土地一级开发收储；"2"指2类开发贷，区属国企通过"三统筹"贷款，整体解决现状建设用地全过程开发；"X"指企业债、资产证券化等综合融资工具。随着研究成果在数字江海、松江南站等项目试点成功并得到市发展改革委高度重视，课题组牵头建立与青浦、松江、嘉定、奉贤四区的投融资对接机制，研究成果广泛应用于本市各类开发项目，有效破解新城建设资金瓶颈，有力推进了区域开发建设。

【项目背景】

《上海市国民经济和社会发展第十四个五年规划和二○三五年远景目标的建议》提出"中心辐射、两翼齐飞、新城发力、南北转型"。上海此轮谋划推进的五个新城包括青浦新城、松江新城、奉贤新城、嘉定新城和南汇新城（简称"五个新城"），旨在打造"上海未来发展最具活力的重要增长极和发动机""独立的综合性节点城市"，成为"上海承担国家战略、服务国内循环、参与国际竞争的重要载体和令人向往的未来之城"。

受上海市发展和改革委员会委托，上海投资咨询集团有限公司（简称"上咨集团"）开展"五个新城"建设的投融资问题研究。本次研究旨在为"新城发力"提供长期稳定可靠的资金供给，将统筹利用金融机构中长期低成本资金和股权融资、债权融资等多元化的金融渠道，在不增加政府隐性负债和具有较强可操作性的前提下，创新投融资机制，充分调动金融机构服务地方政府的积极性，通过市场化与差别化的财政政策，打

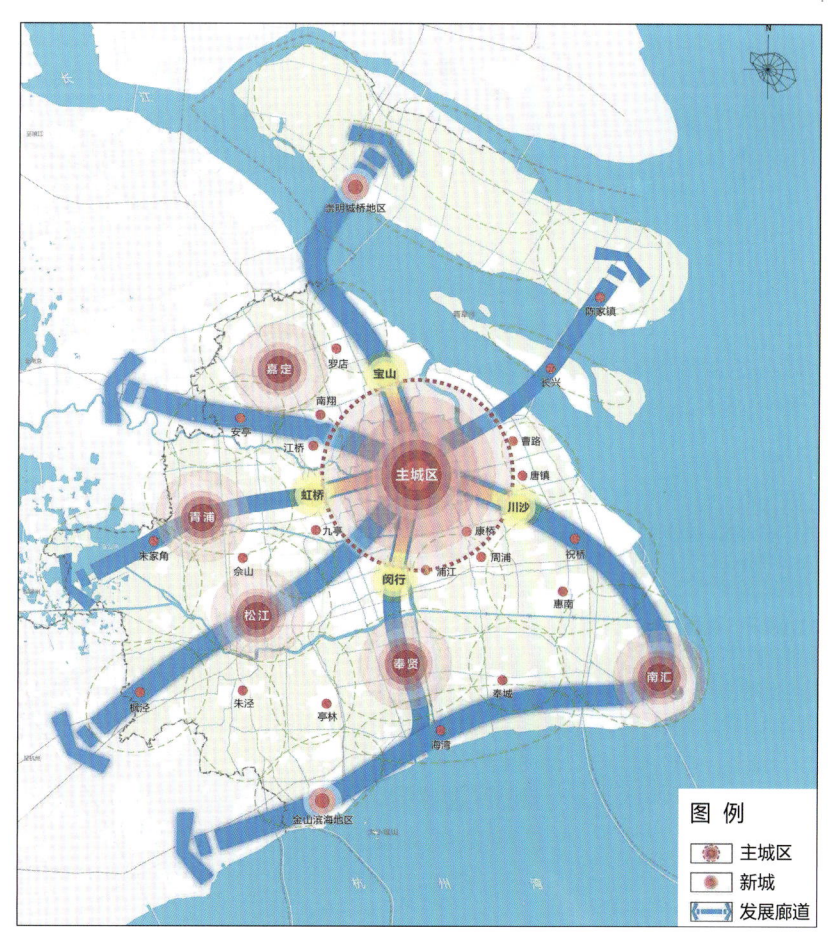

图1　上海市五个新城区位示意图

好金融组合拳,并适时推动区属国有企业引入战略投资者,形成互利共赢的合作格局,从而有效解决新城建设资金需求。

本研究成果破解了"五个新城"建设资金供求失衡的瓶颈问题,实现用时间换空间,有效规避了政府隐性负债风险,为进一步激发新城建设活力提供决策支撑。

1. 探寻符合新城可持续高质量发展规律的创新道路

高质量推进"五个新城"建设,是市委市政府着眼大局作出的重大战略选择。"五个新城"建设不是为了"再造几个热点区域、重点板块",也不是延续传统"郊区新城"发展模式,而要聚焦产业实现和功能提升。调研发现,投融资是新城建设的关键瓶颈问题,课题聚焦这一难点问题,一城一策提出对策建议,探索符合产业和新城可持续高质量发展规律的创新道路。

2. "五个新城"将成为扭转土地财政发展模式的创新样板

当前,土地财政发展模式难以为继,各地政府平台公司普遍面临债务负担重、资金缺口大、造血能力差等问题。"五个新城"建设任务重、需求激增和收入稳增并存导致供不应求,课题组深入研究"五个新城"建设资金供需关系,结合各新城特点特征,对国内外投融资模式开展适配性研究,着力打造中长期可持续发展、内涵式演进的创新样板。

【项目内容】

1. 全面排摸,汇总形成五个新城政府投资项目资金规模

新城是上海推动城市组团式发展,形成多中心、多层级、多节点的网络型城市群结构的重要战略空间。上海此轮谋划推进的五个新城,不是为了"再造几个热点区域、重点板块",而是要"破解整座城市发展的不平衡、不充分问题",成为"上海都市圈的第一个圈层",成为上海乃至长三角的增长极。因此,新城定位于"独立的综合性节点城市",关键在于功能培育和提升,需要相应的建设资金保障。

通过课题组对"五个新城"建设资金需求的排摸,"五个新城"建设任务重、资金需求大,"十四五"期间建设投入基本均为千亿级,政府投资项目规模预计在500亿—900亿元。具体为,嘉定新城区界内"十四五"期间全社会固定资产项目总投资约1 985亿元,其中政府投资项目与收储项目合计约为800亿元;青浦新城区界内"十四五"期间全社会固定资产项目总投资约1 736亿元,其中政府投资项目与收储项目合计约为531亿元;松江新城区界内"十四五"期间全社会固定资产项目总投资约2 000亿元,其中政府投资项目与收储项目合计约为900亿元;奉贤新城区界内"十四五"期间全社会固定资产项目总投资约1 573亿元,其中政府投资项目与收储项目合计约为620亿元;南汇新城区界内"十四五"期间全社会固定资产项目总投资约2 087亿元,其中政府投资项目与收储项目合计约为700亿元。

2. 匹配财力,梳理明确"五个新城"对外融资需求

与此同时,课题组还梳理了"五个新城"所在区的财力情况,结果显示:除南汇新城,其他新城所在区2020年地方财政收入为200亿元左右,可用于支持项目建设。即便如此,举全区财力助力五个新城亦难以支撑,投融资瓶颈亟待破解。其中,嘉定新城和松江新城的融资需求相对较大;奉贤新城和青浦新城融资需求相对居中;南汇新城市级支持政策较好,无融资需求。

3. 聚焦难点,分类研究适配性融资模式

根据对现阶段金融环境及政策环境的分析,中央加大地方政府融资行为的管控,要求各地区充分认识规范地方政府举债融资行为的重要性,把防范风险放在更加重要的位置,自觉维护总体国家安全,牢牢守住不发生区域性系统性风险的底线,以全面规范地方政府的投融资行为。因此目前新城建设投融资难点存在四大困局:一是市场化融资要求高,区级国企资信等级和还款能力均不足,各个区需要整合国资资源才能具备融资主体条件,融资难度大;二是拆旧建新和土地腾退难度大,新城进入"拆旧建新"时代,项目前期成本高,各方投资参建热情低;三是严控"房价、地价、租金",新城土地出让有限额,亟待长周期低成本融资解决缺口;四是化解存量债务压力巨大等。

针对上述难点和瓶颈,课题组借鉴了国内外新城开发投融资模式的经验,从五个新城的发展实际需求出发,针对性地对基础设施建设领域投融资、城市更新项目投融资、产业发展项目投融资等投融资模式进行了研究和分析,着重分析了成本规制模式、TOD模式、城市更新融资模式、

城中村改造融资模式、安置房和租赁住房融资模式、产业园区综合开发融资模式、投贷联动及产业基金等融资模式的适配性和可行性。由此构建出了"五个新城投融资模式"：按照"主动负债、加速发展"的原则，通过中长期融资，加快实施新城建设项目，快速导入重大功能项目，力争5年时间完成2035总规的各项基础设施建设目标，新城核心区投资规模达到千亿级。

4. 注重实操，提出切实有效的操作路径及政策保障建议

坚持全方位全链条搭建新城高质量发展融资体系，打造"五个新城"投融资模式"组合拳"。按照"主动负债、加速发展"的原则，全面细化首发项目、融资主体、还款来源等内容。具体操作路径上，首先从财政资金安排方面，改变现行的按照项目类型的划分模式，对口"三统筹"贷款，以区域划片，将财政资金全额安排转化为仅需要安排国资启动的资本金（20%）左右，从而大幅减轻财政资金压力；其次，从"三统筹"贷款加快新城开发的角度，由区政府指定一家区属国企（或每个片区一家）作为主体，国有公司的资信评级至AA+级，成为市场化主体；将财政年度建设预算（已到位建设资金也可计入）资金转为国有公司的注册资金，增加国有公司的购地（协议收购低效用地）能力和融资资本金；国有公司获得的项目贷款统筹分配后用于后续协议动迁、公益性项目、基础设施、产业平台的建设，国资公司作为自负盈亏主体，负责还本付息，基于新城产业基础，租售收入可以覆盖全部三项开发投入。

为了保障上述投融资模式的可操作性，课题组还提出了相关政策建议，涉及产业升级、土地复合利用、积极争取发专项债、主动转变财政结构等多个方面，鼓励"全要素"统筹融资，进一步支持新城建设发展。

2022年的疫情防控任务对上海的经济社会产生深远影响，新城建设被赋予了更重要的战略使命。上咨集团提前谋划"五个新城"的投融资创新工作显得弥足珍贵，在财政更为紧张局面下，本研究成果可以妥善应对复工复产后城市建设开发力度空前高涨、建设周期进一步提前的巨量融资需求，推动城市经济发展进一步发展。

【工作过程】

本研究重点聚焦"五个新城"建设的投融资问题。2021年6月，课题组经公开选聘中选2021年度上海市发展改革决策咨询研究选聘课题。三季度，课题组密集对接五个新城及所在地政府，按照课题计划，完成了建设资金需求排摸、区级财力供给情况梳理、新城投融资模式和政策研究、融资方案研究等，召开了两次专家研讨会，在五个新城召开了多次专题讨论会。期间课题组同步编制了松江新城、青浦新城、奉贤新城、嘉定新城、南汇新城建设投融资建议方案分别通过区委、区政府审议。在上述调研及投融资工作实践基础上，课题组于2021年10月完成报告编制工作。

【咨询工作特点及经验教训】

1. 聚焦融资，破解新城瓶颈问题

新城是上海推动城市组团式发展，形成多中心、多层级、多节点的网络型城市群结构的重要战略空间。本次课题以"五个新城"建设投融资创新为突破口，解决最重要和关键的资金瓶颈问题。在梳理需求和剖析政策的基础上，协助新城开展重点项目的融资工作。

新城建设时间紧、任务重、标准高。经过调研五个新城发现，在需求端，"十四五"期间，从民生保障、基础设施、生态环境等领域梳理政府投资规模，各新城为531亿—900亿元（嘉定新城800亿元、松江新城900亿元、青浦新城531亿元、奉贤新城620亿元、南汇新城700亿元），约为"十三五"期间的2倍。除南汇新城外，其他四个新城在新城建设开局阶段，投融资需求十分迫切。在供给端，首先各区融资状况不容乐观，嘉定、奉贤等区政府融资规模逼近上限，现有资金渠道无力满足政府投资项目的需求。其次各区财政收支压力显现。除南汇新城所在的浦东新区，其他区2020年地方财政收入为200亿元左右，扣除社会公益事业支出、城市运营外，举全区财力助力"五个新城"更是举步维艰，需求激增和收入稳增并存导致供不应求，投融资瓶颈亟待破解。

2. 依法合规，兼顾创新与操作性

进入新发展阶段，我国发展内外环境发生深刻变化，面临许多新的重大问题，政府债务风险防范是中央始终强调坚持的重要方针。针对新城开发建设的资金瓶颈问题，课题组深入研究多种融资模式，与金融机构、各级政府部门、园区开发主体等成立项目小组专班多次沟通探讨，注重融资方案的合规性与可实操性。

通过多次方案筛选，课题组会同国开行推动区属国企"全要素统筹"融资，通过产业发展长

期贷款,带动公益性项目融资,化解短期缺口。此创新模式充分利用公益性项目已经到位资金充实资本金、还款依靠长期的产业载体租售收入覆盖,区属国企的融资全部剥离与土地出让金预算的联系,符合政策规范。

3. 开拓思路,创新"1+2+X"投融资体系

按照"主动负债、加速发展"的原则,通过中长期融资,加快实施新城建设项目,快速导入重大功能项目,力争5年时间完成2035总规的各项基础设施建设目标,新城核心区投资规模达到千亿级;经营性用地出让尽可能延后到2025年,充分实现价值增值。

课题组经过深入研究和匹配,创造性地提出"1+2+X"投融资体系构建,将融资需求进一步分类、清晰、优化对外融资路径。"1"指财政安排资金,由土储中心实施农用地收储及部分规划为住宅用地的二次开发收储。"2"指2类开发贷,区属国企通过"三统筹"贷款,整体解决现状建设用地(转商办、研发等)全过程(一二级联动)开发,并带动公益性项目建设,其中,充分利用公益性项目已经到位及已安排预算资金充实国资资本金、利用产业载体租售收入覆盖全部贷款。社会资本通过"旧改贷款"等,参与老城历史风貌片区等符合政策的一二级联动项目。"X"指企业债、股权投资基金、政策性租赁融资和资产证券化等综合融资工具。

4. 躬行实践,分类施策满足需求

模式路径清晰后,课题组根据各个新城实际情况"量身定制",提出投融资方案建议。对嘉定新城,通过盘活启动资金,带动4倍投资,实现各项建设投入大幅度提前完成,公益性项目能够快速出形象、彰显新城品质。对青浦新城,建议鼓励区属国有企业合法合规合理使用政策性金融工具,承担更多的城市开发建设职能,开展以区域开发贷为主,不动产投资信托基金(REITs)、资产支持证券(ABS)、公司债等为辅的投融资模式,融资总体规模为75亿元,同时合理确定融资授信规模,根据具体项目安排情况以及实际进度严控融资提款金额。对松江新城,通过融资新模式有效解决松江枢纽和科技影都开发的启动资金,通过统筹贷款,获取优质土地及物业,助推区属国有企业作为融资主体,进一步促进区属国有平台公司做优做强做大,为骨干国企发展转型提供可能。对奉贤新城,建议首发项目打包申请政策性融资,由区政府指定的国有公司作为项目法人,安排项目资本金,原则上不低于项目总投资的20%。区域开发贷款需捆绑一定规模的产业平台,使其经营收益可在名义上覆盖全部贷款。

同时,课题组进一步结合重点项目具体情况和新城资源禀赋,针对不同项目分类施策、制定个性化的融资方案。例如,青浦新城中央商务区、松江新城的科技影都、奉贤新城的数字江海等项目以产业载体开发为主,聚焦交通等基础设施配套建设;青浦老城厢、嘉定老城厢、奉贤南桥源等为老旧小区改造,聚焦前期腾挪费用缺口。

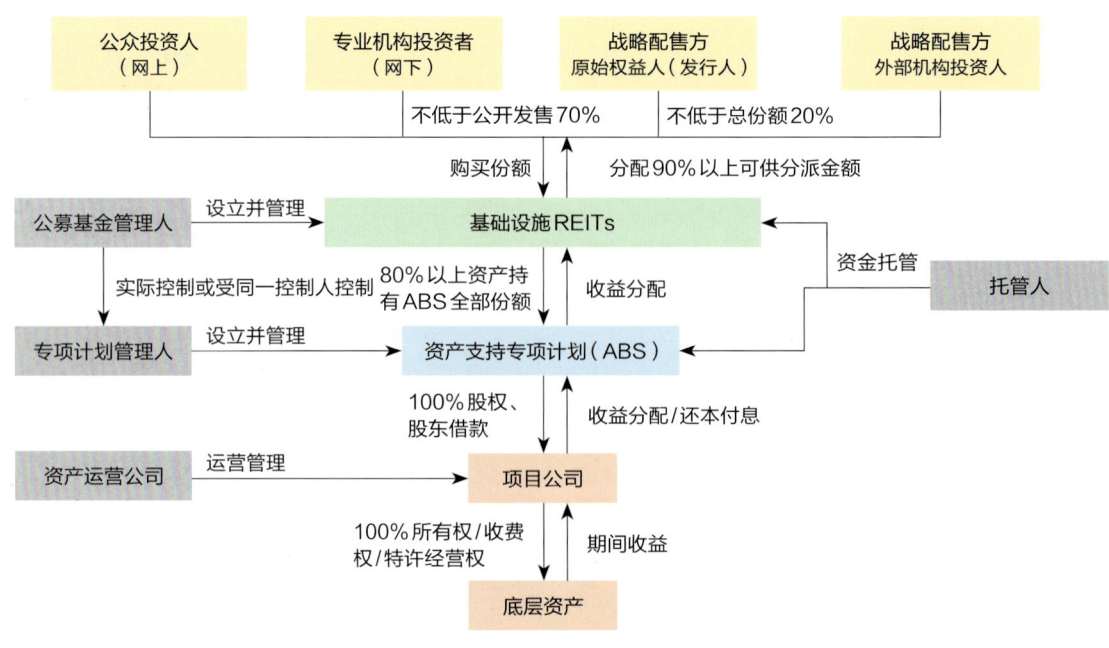

图2 我国基础设施REITs产品结构图

截止课题结题,新城样板示范段如松江新城的科技影都、奉贤新城的数字江海等项目着手试点,每个首发项目可解决30亿—70亿元的融资,且融资周期长达25年、利率低于区内现有融资,为新城产业培育赢得宝贵的时间。

【咨询效果】

1. 研究成果及时转化

课题组抢抓研究机遇、充分发挥上咨集团作为创新型专业智库在五个新城建设中的作为。自研究以来,先期由课题组牵头,上咨集团先后与青浦、奉贤等区政府签订投融资模式创新合作框架协议,成为全面战略合作伙伴。随着研究成果在数字江海、松江南站等项目试点成功并得到市发展改革委高度重视,课题组再牵头建立与青浦、松江、嘉定、奉贤四区的投融资对接机制,研究成果广泛应用于本市相关产业园区、旧改、城中村等各类开发项目,如在青东五镇、青浦西岑科创园区、东方美谷产业园、庄行104地块、嘉定工业园区、嘉宝智慧湾等多个片区开发中继续实践创新,不断推动研究成果的持续深化和应用。

面向客户所需,课题组将继续聚焦"服务创新、模式创新、产品创新",打通项目和政策落地的最后一公里,围绕新城建设中的瓶颈问题,提供个性化服务,进一步释放集团在人才、数据、渠道等方面的优势,更好服务区域经济社会高质量发展。

2. 持续研究深化

2022年1月,课题组形成《关于新城建设投融资瓶颈问题调研和对策建议的报告》专报,获得市领导关注和批示。

今后,课题组对创新投融资模式的研究还将继续。作为创新型智库、政府"智囊团",课题组将持续关注新城建设并深化投融资创新方案。结合政府开发建设需求,紧密对接各地方政府、国有公司的发展需求,不断优化方案,形成"一地一案",助推各个新城发力。待形成案例经验后,将上海新城的实践进一步推广到长三角、海南自贸区等国家重点战略区域。

3. 拉动有效投资

一是资金瓶颈有效破解。目前,部分新城样板示范段项目着手试点,每个首发项目可解决30亿—70亿元的融资,且融资周期长达25年、利率低于区内现有融资。实践证明,课题研究的投融资模式使融资规模有效增长,融资成本有效降低,快速恢复投资信心。二是财政风险稳定可控。课题研究的投融资模式以规避政策风险为特色,剥离与土地财政和政府债务的联系,相关实践项目均财政风险可控,实现了中长期可持续健康发展,有效促进政府财政结构优化。三是区域开发建设有力推进。涉及松江新城科技影都、奉贤新城数字江海、青浦新城中央商务区和东方美谷等产业园区项目;涉及嘉定新城老城厢西门历史街区等旧改;涉及嘉定新城(朱桥、徐行)、青浦新城(香花桥、夏阳)、松江(中山、永丰)、奉贤新城(南桥镇)等城中村;涉及沪苏嘉城际线、嘉闵线合计专项债融资,合计带动投资超千亿元。

图3 奉贤区"数字江海"国际产业社区效果图

深圳前海街坊整体开发建设机制创新研究报告
Innovation Research Report on the Overall Development and Construction Mechanism of Qianhai Neighborhood in Shenzhen

编写单位：上海科瑞真诚建设项目管理有限公司
Shanghai K&Z Construction Project Management Co., Ltd.
联系电话：021-65988688　　　网址：http://www.kzcpm.com
主要完成人：谢坚勋　何清华　李荣生　覃柳淼　刘劲　王歌　罗岚　张宗玮　荆治国　王子伦

【点评】

该研究立足于深圳前海"街坊整体开发"的实践经验，运用多学科理论视角，结合文献计量、扎根理论、社会网络分析和案例分析等多元化研究方法，深入剖析了"前海模式"的理论与实践价值。研究紧紧围绕"街坊整体开发模式"这一核心主题，对街坊整体开发模式的理论与概念、内容与方法、案例与启示进行了深入剖析，尝试回答街坊整体开发的前海模式"是什么""为什么"和"怎么做"三个基本问题。同时，该研究通过系统梳理街坊整体开发模式的思想源流和时代背景，凝练出"一个共享愿景、二元治理、三维视角、四个统一、五个一体化"的核心内容，构建了"前海模式"的实施机制框架。通过实证分析验证了其在实际应用中的先进性和适应性，研究为全国城市片区开发与更新提供了高质量发展的"前海模式"和"前海经验"，具有重要的学术和实践价值。

【项目背景】

1. 政策背景

新的城市开发建设理论研究着重关注如何落实"创新、协调、绿色、开放、共享"五大新发展理念，以实现城市建设的高质量发展。从国家中心城市重点区域片区开发的层次审视，新的开发理论强调"高效集约""整体统筹""功能混合""互联互通""设施共享"和"以人为本"等建设理念，使得我国城市开发领域长期采用的以建设用地红线为界的"单地块割裂式"开发模式面临巨大的挑战，已不能适应时代发展的需求，亟待对开发模式进行优化完善。

2. 国内现状

以单地块独立开发为主要开发方式的传统城市发展模式在经济高速增长与城市规模不断扩大的背景下出现了土地资源紧张、交通拥堵、生态环境污染、公共资源紧张等一系列"大城市病"，已经成为制约城市高质量发展、可持续运行和人民生活品质提升的重要因素。在城市高质量发展背景下，传统割裂式单地块开发模式体现出土地利用性质单一、土地利用效率低、地块开发缺乏弹性等八大劣势。

3. 项目背景

深圳前海作为"特区中的特区"，是当前全国乃至全球范围内城市建设高质量发展的前沿阵地。我单位作为前海规划落地的法定主体和城市综合开发运营商，在城市规划和建设层面深度应用人民城市理念、紧凑城市理念和多元治理理念，走出了独特的、以"五个一体化"为核心内容的街坊整体开发之路，将整体开发从规划愿景转化成为高品质建筑与公共空间，实现从"理念"到"实物"的跨越。"街坊整体开发模式"是新时期城市开发建设在规划单元和街坊尺度上的一种系统性创新，依托十九单元03街坊、交易广场、二单元05街坊三个典型街坊整体开发案例，开展"深圳前海街坊整体开发建设机制创新"的课题研究有助于进一步验证"街坊整体开发模式"的先进性和适应性，总结工程实践中的"前海模式"和"前海经验"。

【项目内容】

1. 研究思路

本次专题研究的逻辑在于：我国古代城市

规划和建设中的整体开发思想和国外城市区域整体开发理论成果，以及我国各城市区域整体开发的城市更新实践经验积累共同塑造了街坊整体开发模式，并且决定了街坊整体开发模式的内涵。街坊整体开发模式涉及多个开发主体，基于利益相关者理论和多主体间协作理论在不同建设阶段，随着价值分配诉求的变化，项目治理结构也随之动态演变，因此，为揭示街坊整体开发模式的运行"黑箱"，需进一步探讨项目建设过程中治理结构的动态演化特征。街坊整体开发模式治理结构的动态演化特征决定了其适用条件和统筹管理机制的动态性特征。街坊整体开发模式并不适用于所有城市更新项目，其内涵决定了模式的适用条件，更新规模、规划、建设时序、制度环境以及开发组织共同塑造了街坊整体开发模式。统筹机制是街坊整体开发模式实现开发统一性和整体性的关键，基于项目利益需求和治理环境的动态变化，统筹机制通过适应性动态调整进一步推进项目建设并积极促进项目开发目标的实现。

基于以上分析，本次专题研究的逻辑结构为：

（1）对象研究

通过对街坊整体开发模式的理论和实践基础的文献梳理，运用扎根理论明确街坊整体模式的概念。

（2）环境研究

系统剖析街坊整体开发模式的适用条件。

（3）顶层设计

通过解析街坊整体开发模式治理结构的动态演化特征，总结凝练街坊整体开发模式治理结构随项目阶段动态演化规律，以及治理结构动态演化的驱动因素。

（4）实践应用

构建街坊整体开发模式实施机制框架，明晰街坊整体开发模式背景下统筹组织、方法与内容的特征，为街坊整体开发模式的进一步推广应用提供经验借鉴，如图1所示。

2. 项目概况

在城市开发建设实践中，深圳前海十九单元03街坊、交易广场、二单元05街坊等项目通过采用"街坊整体开发"的创新实践模式，建成了一批具有标杆性参考与借鉴价值的工程，取得了良好的经济和社会效益，实现了城市片区开发的高质量发展，为全国城市片区开发与更新提供了高质量发展的"前海模式"和"前海经验"。

十九单元03街坊是前海最早启动建设的区域之一，如图2所示。作为前海开发模式创新的先行者，十九单元03街坊项目按照统筹开发、协调推进的整体思路，率先实践了"街坊整体开发"的理念落地，由街坊统筹建筑师进行全过程协调，是当前深圳乃至全国最具典型性的街坊整体开发案例。不同于传统的单一主体对多个地块进行整体开发，十九单元03街坊内七个建设用地分别由七家用地主体开发，形成了真正的多元主体合作开发情境。十九单元03街坊以办公、商业为主导功能，兼容服务配套功能，致力于打造妈湾片区以供应链管理、国际贸易和互联网金融

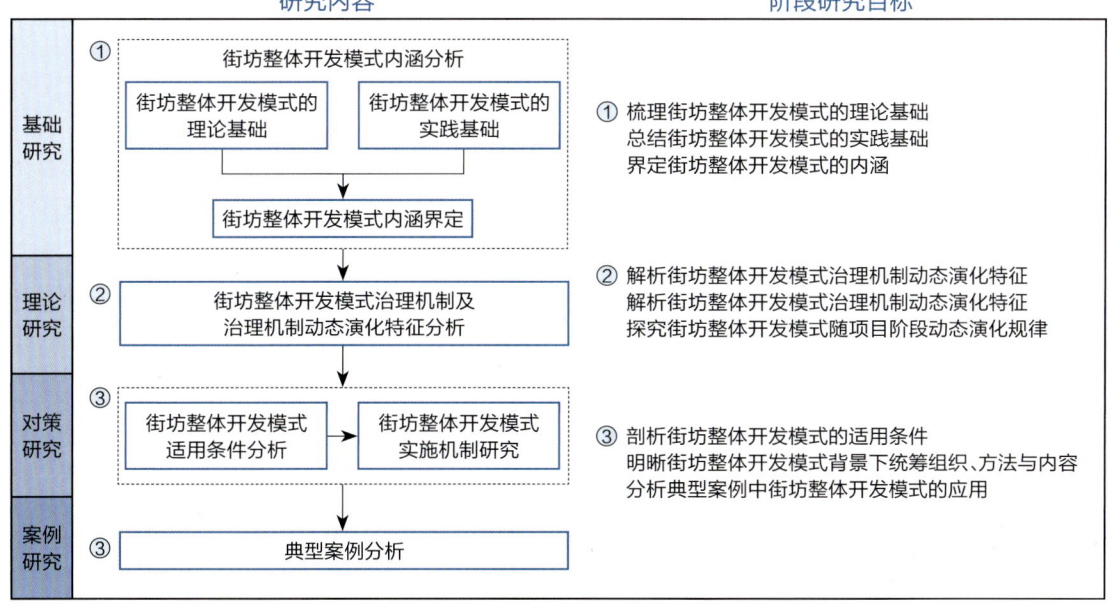

图1 研究思路

图2 十九单元03街坊实景图

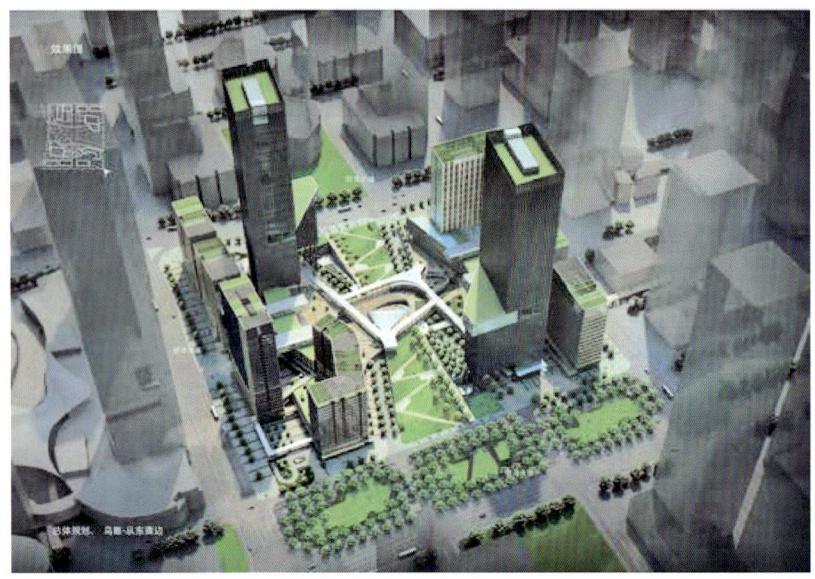

图3 前海交易广场项目效果图

图4 二单元05街坊建设实景图

等为核心的现代物流产业城,营造立体复合、尺度宜人的"一体化街坊"公共空间,实现公共空间价值最大化。作为前海"三城一港"现代自贸城的重要组成部分,项目建设实现了高标准高质量推进妈湾现代自贸城的目标,进一步完善城市功能配套,已经打造成为城市功能完备、环境宜人、国际一流的标杆区域。

前海交易广场项目位于桂湾片区核心地段,由南、中、北共6个地块组成,如图3所示,交易广场项目切实落实了前海管理局和前海控股关于"地上地下一体化开发"的指示精神,南中北区同步规划,地下空间同步建设,组织编制详尽深入的街坊整体开发方案,并系统整合服务于整个区域的供冷4号站、公交场站、地铁站点间地下联络通道等在内的公用设施,形成地上地下空间一体化、公共空间与商业设施一体化、地铁保护与地下空间一体化三个"一体化"开发模式。

前海二单元05街坊项目主要由三家建设单位共同参与,存在多元利益主体开发的情境,是采用街坊整体开发模式的典型案例,如图4所示。为借鉴香港建设管理的经验和先进技术,前海二单元05街坊项目引入香港建筑师事务所承担规划导控和设计统筹工作,以街坊形象一体化、公共空间一体化、交通组织一体化、地下空间一体化为主要统筹内容,提升了地上、地面以及地下空间的建筑品质。在二单元05街坊项目整体统筹过程中,前海控股作为统筹单位突出了"公共空间一体化设置""地下空间互联互通""交通组织一体化设计""商业设施整体规划"等多项"1+1>2"的"价值优化点",调动了地块开发单位的积极性,最终实现了区域整体品质提升与地块个体价值提升的平衡与统一。

3. 研究内容

(1) 街坊整体开发模式的内涵

本报告在总结工程实体"五个一体化"的基础上,通过对十九单元03街坊项目资料和访谈资料开展质性分析,结合复杂项目管理三维视角理论,提出了构成"街坊整体开发模式概念的对象—组织—过程"三方面内涵。

① 从对象角度看:街坊整体开发模式是在多地块共同开发背景下,从区域整体的角度考虑规划设计、施工建设以及运营管理,通过地下空间高强度开发和公共资源统一配置,实现街坊形象、公共空间、交通组织、地下空间以及市政景观"五个一体化",土地节约集约利用以及土地经济

价值最大化的开发模式。

② 从组织角度看：街坊整体开发模式是在多业主开发背景下，通过"政府—市场"二元治理，协同各地块开发主体，协调各参建单位，协商公众利益，实现项目多重目标和提高项目组织效能的多元主体合作开发模式。

③ 从过程角度看：街坊整体开发模式是通过概念方案到工程方案的逐步寻优通过"单元规划—城市设计—工程设计"分阶段导控的逐步深化，实现系统优化和区域整体开发品质提升的开发模式。

（2）街坊整体开发模式的统筹机制

工欲善其事，必先利其器。街坊整体开发模式是长周期、环境高度开放、多元利益主体合作的成果，其成功实施必须以高效率的统筹机制作为关键支撑。因此，本报告对街坊整体开发模式统筹机制的项目治理、统筹组织、统筹方法和统筹内容进行了深度阐述。

① 项目治理维度：在梳理现有文献提出的行政治理、合约治理和关系治理三维混合治理结构的基础上，本研究首次对这三种治理结构在项目实施期内的动态演化进行了分析。

② 统筹组织维度：从政府—企业协调、开发企业间协调和以众筹式设计统筹为代表的技术协调层面进行分析，对各层次的协调组织进行了总结。

③ 统筹方法维度：基于项目复杂性视角、利益相关者视角、整体性治理视角、"协同—协调—协商"视角四大分析视角，阐述街坊整体开发模式的综合集成方法体系，并从规划、城市设计、土地出让、工程设计、招标采购、施工、费用、运营等八个方面梳理了前海街坊整体开发模式的具体统筹方法与措施。

④ 统筹内容维度：结合十九单元03街坊及国内相关开发案例，详细阐述了城市形象统筹、功能业态统筹、地下空间统筹、慢行交通系统统筹、车行交通系统统筹、公共开放空间统筹、配套基础设施统筹、可持续发展措施统筹等八个方面的统筹内容，形成了可供参考的结构化统筹内容体系。

本次专题研究立足于深圳前海"街坊整体开发"的实践经验，综合高质量发展、可持续发展、规划单元开发、复杂适应系统与项目治理等多学科理论视角，运用文献计量、扎根理论、社会网络分析、案例分析等多元化研究方法，基于"创新+实录"的研究思路，遵循"对象研究→环境研究→顶层设计→实践应用"的逻辑，深入研究与阐释街坊整体开发的"前海模式"。本次专题研究紧紧围绕"街坊整体开发模式"这一核心主题，对街坊整体开发模式的理论与概念、内容与方法、案例与启示进行了深入剖析，尝试回答街坊整体开发的前海模式"是什么""为什么"和"怎么做"等三个基本问题。课题系统梳理了街坊整体开发模式的思想源流与时代背景，凝练出以"一个共享愿景、二元治理、三维视角、四个统一、五个一体化"为核心的"前海模式"，为街坊整体开发模式的推广应用提供项目治理结构动态演化规律、六大适用条件以及八项统筹机制的经验借鉴，如图5所示。

【工作过程】

① 团队组建：2021年3月10日—2021年3月20日

② 完成第一轮调研访谈和资料收集：2021

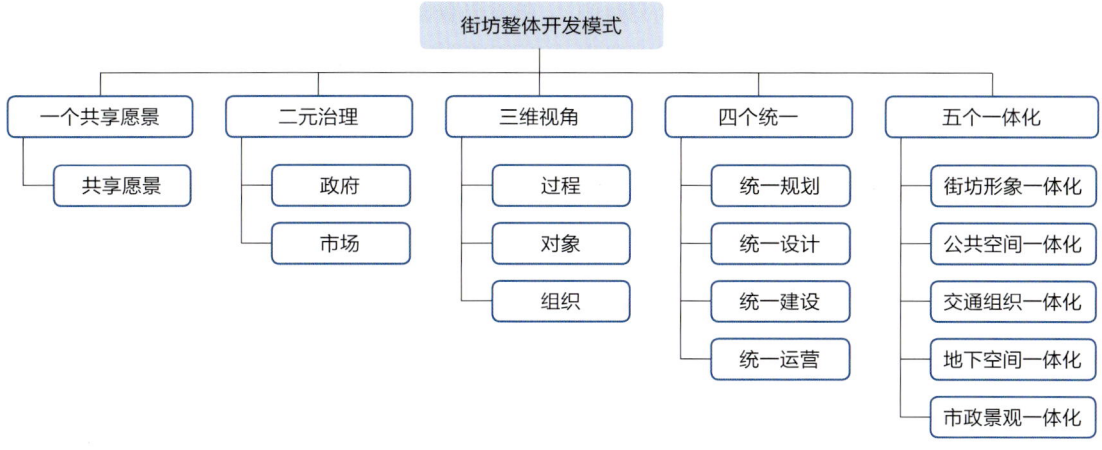

图5 街坊整体开发模式概念的内涵

年3月20日—2021年5月13日

③ 明确研究问题、研究方法并完成公开文献检索，签订委托合同：2021年5月14日—2021年6月10日

④ 完成第一轮工作汇报，明确各章节研究问题、内容及方法：2021年6月10日—2021年7月5日

⑤ 完成深圳前海十九单元03街坊、前海交易广场、前海二单元05街坊案例资料搜集：2021年7月6日—2021年8月4日

⑥ 形成第一轮修改稿：2021年7月26日—2021年8月8日

⑦ 开展修改稿汇总及统稿工作：2021年8月8日—2021年8月22日

⑧ 提交报审稿：2021年8月22日

⑨ 开展中期汇报：2021年9月3日

⑩ 修改完善形成正式稿并报委托方审定，同步报出版社编辑排版：2021年9月4日—2021年9月30日

⑪ 出版社申请书号、审稿、出版：2021年10月1日—2021年12月31日

⑫ 论文写作、投稿、发表：2021年9月1日—2022年7月31日

【咨询工作特点及经验教训】

1. 项目特点

（1）前瞻性

基于对深圳前海"街坊整体开发"实践经验的系统总结，本次专题研究凝练了一系列可复制、可推广的"前海模式"整体开发经验，并提出未来模式推广与应用过程中应重点关注的问题，课题成果具有前瞻性。第一，未来应用街坊整体开发模式重视模式适用条件的分析，新的片区开发应结合项目具体情况因地制宜采用街坊整体开发模式；第二，整体开发义务更高程度地纳入土地出让协议，强化"众筹式"设计统筹；第三，建立多元主体开发协调与决策机制，提高决策效率；第四，提前谋划基础设施、公共空间乃至商业配套空间统一运营管理，建议在土地出让阶段即形成统一运营的约定；第五，强化绿色建筑方面的统筹，进一步强化地下空间的运营价值开发，实现更加可持续的建设与运营。

（2）系统性

基于"对象研究→环境研究→顶层设计→实践应用"的研究思路，本次专题研究形成了系统的理论研究与实践经验总结成果，具有系统性特征。从对象研究来看，本次专题研究通过对街坊整体开发模式的理论基础和实践基础的文献梳理，运用扎根理论明确街坊整体模式的内涵与核心特征；从环境研究来看，本次专题研究剖析了街坊整体开发模式的环境适应性，明晰街坊整体开发模式的适用条件；从顶层设计来看，本次专题研究总结凝练了街坊整体开发模式治理结构随项目阶段动态演化的规律和治理结构动态演化的驱动因素；从实践应用来看，本次专题研究构建了街坊整体开发模式实施机制框架，明晰街坊整体开发模式背景下统筹组织、方法与内容。

（3）科学性

为保证研究过程的规范性，本次专题研究开展了研究设计并确定研究的关键要素以及具体实施的技术路线，具有科学性特征。从研究哲学与实践逻辑来看，本次专题研究为客观中立的实证研究；从研究策略与时空维度来看，本次专题研究采用实地调查战略和跨案例研究策略，通过定量与定性分析相结合得出研究结论，不同关键性研究问题开展的研究分别体现了横向性与纵向性的时空维度；从数据收集与分析工具来看，本次专题研究综合应用一手数据和二手数据，保证了数据分析结论的准确性；从研究方法来看，本次专题研究综合应用文献计量分析、扎根理论、半结构化访谈、社会网络分析、案例分析等研究方法。

2. 项目难点与解决思路

一体化建设、统筹协调是整个项目成功的关键。前海土地资源稀缺，十九单元03街坊具有多元主体合作、开发时序有差异、建设周期较长、建设内容构成繁杂且互相关联、互相制约等特点。为贯彻前海管理局一直倡导产城融合、紧凑集约、以人为本、互动并进的建设要求，公司大胆突破以往城市建筑群各自为营、互不相谋的局限，导入一体化开发统筹的理念。

（1）街坊整体品质与地块个体诉求的统一

位于核心区的二单元是前海开发建设的启动单元和示范单元。在此背景下，二单元05街坊的设计统筹工作是一项开创性的工作，对前海的整体建设具有探索性和指导性意义。通过以设计导控为主要抓手的整体开发过程，统筹了项目整体城市形象，优化了区域交通组织和地下商业一体化设计。前海二单元05街坊城市设计把

握"高密度、混合街区开发,人性化、立体复合公共空间"的核心理念,通过城市设计、建筑环境、市政工程、公共政策、市场开发等多专业协同的集群化设计过程,打造具有标杆示范作用的前海核心板块。需要强调的是,设计统筹工作成果的编制充分体现了"二次订单设计"意识,通过配合政府与企业开发诉求,面向后续建筑与景观设计、开发建设行动,刚弹结合设定必要的开发边界,制定综合的设计导控为指导后续详细设计及开发建设提供具有生命力和高价值的依据。

（2）"街坊整体开发"重在"整体统筹平衡"

随着国内城市的发展由粗放型向集约型转变,城市公共利益及低碳生态愈发受到重视,使得城市在发展过程中更应注重整体的均衡性,以推动城市科学、健康发展。街坊整体平衡制可以对街坊整体及其子系统——地块,在建设量、空间环境质量和绿态空间价值等方面进行有效平衡,推动地区平衡发展,以实现地区整体综合价值的提升。二单元05街坊在出让地块本身范围较大的情况下,通过整体开发解决地块配套诉求的内在动力相对不足,为实现更高程度的整体开发,需要通过整体品质提升带动地块价值提升的愿景进步调动地块开发单位参与整体开发的积极性。

二单元05街坊项目的整体统筹基于利益需求和治理环境的动态变化,地块空间统筹为衔接,指导项目利益统筹,同时调校项目实施统筹,项目的整体统筹概念构成如图6所示。

（3）多维度、多层次应用"街坊整体开发"模式

前海"街坊整体开发模式"强调城市形象、地下空间、交通组织、公共空间、市政景观等全方位的一体化设计、建设,对于客观上存在限制条件无法完全实现"五个一体化"的项目,仍可以项目具体条件做多维度、多层次应用探索。二单元05街坊受到地铁保护区基坑先行实施、设计统筹单位介入较晚等条件制约,使得基坑整体开挖在技术上不可行,地下空间全连通变得更困难。但秉持前海"深港合作"的制度红利,通过引入具有丰富统筹经验的香港建筑师作为设计导控顾问,通过街坊整体开发模式应用,仍然在街坊城市形象、交通一体化设计、景观及公共空间环境乃至地下空间的互联互通方面起到了非常积极的导控作用,发挥了巨大的工程效益。

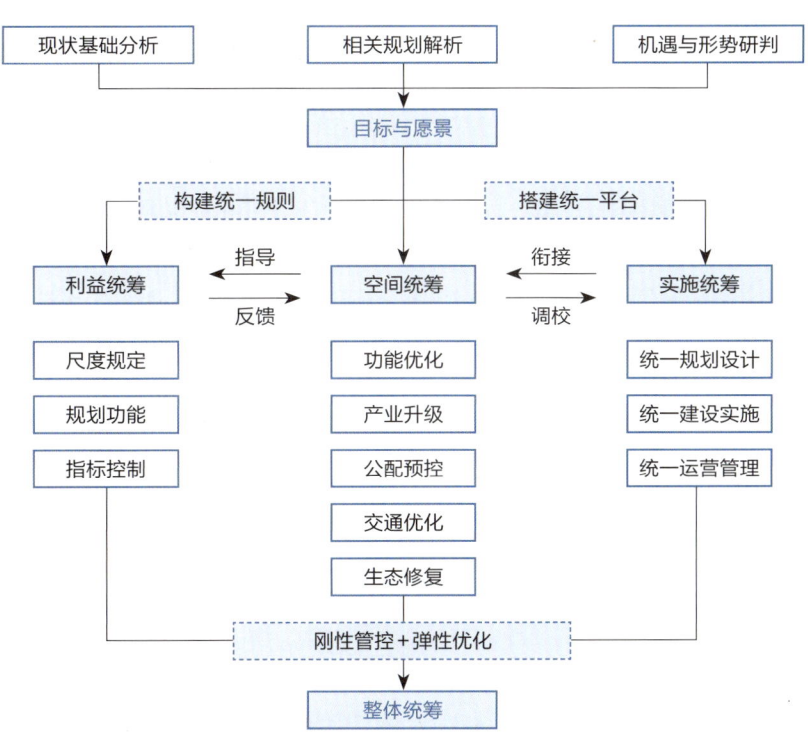

图6 整体统筹概念图

3. 项目创新点

（1）提出多元主体合作开发背景下街坊整体开发模式的概念

基于对深圳前海"街坊整体开发"实践经验的总结和凝练,本次专题研究提出街坊整体开发模式是以空间、资源、设施等多维度共享为建设愿景,通过构建政府—市场二元合作治理和多元利益主体统筹协调机制(组织维度),通过城市形象一体化、公共空间一体化、交通组织一体化、地下空间一体化和市政景观一体化等"五个一体化"统筹(对象维度),采用分阶段设计导控逐步深化和优化建设方案(过程维度),最终实现规模化设置公共资源、高效率利用土地、打造成片连续开放的公共空间、提升城市核心区域整体品质效果的一种多元主体合作开发模式。

（2）构建街坊整体开发模式的"一个共享愿景、二元治理、三维视角、四个统一、五个一体化"内容框架体系

"一个愿景"是指通过街坊整体开发模式实现空间、资源、设施等多维共享经济的建设愿景;"二元治理"是指政府主导、市场化运作的二元治理模式;"三维视角"是指理解街坊整体开发模式概念内涵对象、组织、过程三维视角;"四个统一"是指统一规划、统一设计、统一建设、统一运营的街坊整体开发实现途径;"五个一体化"是指街坊形象一体化、公共空间一体化、交通组织

一体化、地下空间一体化、市政景观一体化。

（3）首次提出并深入剖析街坊整体开发模式的适用情境和边界条件，即区域、规模、规划、建设时序、制度环境以及开发组织适用条件

从区域适用条件看，街坊整体开发模式适用于经济较为发达的一、二线城市的核心区域；从规模适用条件看，街坊整体开发项目应具备一定的建设规模，并应考虑市场去化能力；从规划适用条件来看，街坊整体开发模式适用于"窄路密网"、重视区域整体品质的街区布局；从建设时序适用条件看，街坊整体开发模式的实施要求前期筹备同步和项目实施过程同步；从制度环境适用条件看，街坊整体开发模式适用于透明高效的政务环境、竞争有序的市场环境、良好的营商环境；从开发组织适用条件看，街坊整体开发模式适用于具有合作开发的成功经验、相似或类似的经验战略、相同或相似的品质要求的开发主体。

（4）首次开展街坊整体开发模式下项目治理结构演化机理研究，明晰街坊整体开发模式背景下项目治理结构的动态演化规律和统筹机制

从统筹规划阶段到施工阶段，项目治理结构呈现"垂直主导型治理—垂直与水平平衡型治理—水平主导型治理"的动态演化趋势。在治理结构随着项目开展阶段动态演化过程中，项目垂直治理强度逐步减弱，水平治理强度逐步增强。

（5）基于项目建设过程各阶段各项统筹机制的梳理，结合案例实际情况，总结了一批可复制可推广的"前海经验"

这批可复制可推广的"前海经验"包括"基于五个一体化的众筹式设计导控""大街坊基坑整体代建开挖""智慧停车系统联合招标""大街坊整体停车库统一运营"等。

【咨询效果】

1. 研究成果

（1）专著

《前海模式之街坊整体开发创新实践》，中国建筑工业出版社，2022年3月。

（2）期刊论文

《深圳前海街坊项目整体开发模式统筹的研究》，《项目管理技术》，2022年6月；

《街坊整体开发背景下项目治理机制动态演化趋势》，《项目管理技术》，2022年9月；

《街坊整体开发的内涵与特征分析——以深圳前海十九单元03街坊项目为例》，《工程管理学报》，2022年10月；

《基于扎根理论的街坊整体开发模式适用条件研究》，《工程管理学报》，2022年8月；

《组团式区域开发设计风险控制研究》，《建筑经济》，2022年7月；

"Mapping Interorganizational Knowledge Sharing Mechanisms in Projects from the Socio-technical Perspective", *Technological Forecasting & Social Change*, 2023年4月；

"BBN-Based Approach for Identifying the Governance Factorss of Megaprojects", The 26th International Symposiumon Advancement of Construction Management and Real Estate, 2021年11月。

（3）研究报告

《街坊整体开发的前海模式及其建设机制创新研究报告》。

（4）获奖情况

2023年获得国际项目管理协会（IBMA）授予的国际级青年学者奖。

2021年获得中华建设管理研究会（CRIOCM）授予的国际级优秀论文奖。

2022年获得工程管理专业委员会中国管理现代化研究会授予的国家级工程管理优秀青年教师称号。

2. 研究价值

在城市开发建设实践中，深圳前海十九单元03街坊等项目通过采用"街坊整体开发"的创新实践模式建成了一批具有标杆性参考价值的工程，取得了良好的经济和社会效益，实现了城市片区的高质量发展，为全国城市片区开发与更新提供了高质量的"前海模式"和"前海经验"。街坊整体开发模式是前海践行产城融合与紧凑集约发展理念的重要举措之一。十九单元03街坊作为前海开发模式创新的先行者，按照统筹开发、协调推进的整体思路，率先深度实践了"街坊整体开发"模式的理念。在提出街坊整体开发模式概念内涵的基础上，为进一步保障模式推广应用的可靠性，此次专题研究对该模式的适用条件进行了探讨，提出了区域、规模、规划、建设时、制度环境以及开发组织等六个方面的适用条件，供未来的项目案例做参考。

街坊整体开发模式是新时期城市开发建设在规划单元和街坊尺度上的一种系统性创新，深度应用了人民城市理念、紧凑城市理念和多元

治理理念。一批批"前海人"通过持之以恒、艰苦奋斗的努力，顺应国家城市建设改革发展大潮流，走出了独特的、高质量的街坊整体开发之路，为深圳前海地区的高质量发展打下了坚实的基础，也在一定程度上丰富了人民城市理念的内涵。本次专题研究主要面向我国主要城市重点区域的开发建设管理者、工程管理行业从业人员、重大工程政策研究人员，同时亦可作为高校工程管理专业、城市建设专业等相关专业的案例教材和辅导用书。迈向高质量发展的街坊整体开发模式探索虽然在前海合作区取得了令人满意的成绩，但还有很长的路要走，尤其是在前海地区之外的应用实践，将进一步验证模式的适应性和先进性。

街坊整体开发是前海长期坚持的一项改革发展举措。在城市规划层面，前海综合规划提出以城市综合体为主的单元式整体开发模式，倡导实行街坊式整体开发，以提升地上、地面、地下空间的建筑品质，提升空间的利用率与经济性，加强土地集约利用。在城市建设层面，以十九单元03街坊为典型案例，深圳前海探索实践形成了"五个一体化"为核心内容的"街坊整体开发模式"，将整体开发从规划愿景转化成为高品质建筑与公共空间，实现了从"理念"到"实物"的跨越。

上海产教融合型企业建设培育实施方案研究

Research on the Implementation Plan for the Construction and Cultivation of Shanghai's Industry-Education Integration Enterprises

编写单位：上海投资咨询集团有限公司
Shanghai Investment Consulting Group Co., Ltd.
联系电话：021-23300000　　**网址：**https://www.sicc.cn
主要完成人：孙　蔚　彭　元　何春香　王焕宁　邓会京

【点评】

产教融合是个新概念，其内涵没有清晰的定义，课题从理论层面对"产教融合"内涵进行了探索。深入研究了国家层面产教融合提出的时代背景和政策文件，梳理了美国"斯坦福+硅谷"模式和德国双元制模式等国外产教融合的先进经验，梳理了我国校企合作和产教融合的差异，结合上海所处的发展阶段、产业基础和教育资源，阐释了"产教融合"内涵。课题组宏观层面开展了本市产教融合推进路径研究，微观层面参与制订了本市产教融合型企业激励政策体系、本市产教融合企业认定评估标准，开展了2019年和2020年度产教融合企业认定评审工作。并从量化角度预测了2020—2025年集成电路、人工智能、生物医药、航空航天四大产业人才供需缺口，从研究型高校、职业院校两方面提出了推动重点产业人才供给侧改革思路，从引企入教、引教入企、校企联合培养共建、搭建若干重点产业产教融合平台四方面提出了具有上海特色的四大重点产业产教融合发展路径。

【项目背景】

产教融合是院校为提高人才培养质量而与企业开展的深度合作，企业深度参与的产教融合对提高教育质量、扩大就业创业、推进经济转型升级、培育经济发展新动能有重要的意义。然而，受体制机制影响，当前人才培养供给侧和产业人才需求侧"两张皮"问题仍然存在。习近平总书记在十九大报告中提出，要完善职业教育和培训体系，深化产教融合、校企合作。国务院办公厅2017年下发了《国务院办公厅关于深化产教融合的若干意见》，提出要发挥政府统筹规划、企业重要主体、人才培养改革主线、社会组织等供需对接作用"四位一体"制度架构，推动产教融合从发展理念向制度供给落地。2019年，《国务院关于印发国家职业教育改革实施方案的通知》和国家发展改革委、教育部印发的《建设产教融合型企业实施办法（试行）》相继出台。2019年4月26日，教育部公布了24家先期重点建设培育的产教融合型企业建议名单，中国船舶工业集团有限公司沪东中华（造船）集团有限公司、中国船舶工业集团有限公司上海船厂船舶有限公司、上海医药（集团）有限公司、中国船舶工业集团有限公司江南造船（集团）有限责任公司四家上海企业入围首批产教融合企业建设名单。2019年9月，《国家产教融合建设试点实施方案》明确提出，要通过5年左右的努力，试点布局建设50个左右产教融合型城市，在试点城市及其所在省域内打造形成一批区域特色鲜明的产教融合型行业，在全国建设培育1万家以上的产教融合型企业，建立产教融合型企业制度和组合式激励政策体系。

为充分做好本市产教融合型企业建设培育工作，受市发展改革委委托，我公司承担"上海产教融合型企业建设培育实施方案研究"工作。市发展改革委希望聚焦集成电路、人工智能、生物医药、航空航天等本市重点产业，调研排摸重点产业人才需求情况、本市高校和职业院校人才供给情况，提出本市推进产教融合的发展路径，为相关政策出台提供参考，并根据研究成果开展本市产教融合型企业建设培育认定工作。课题研究在全国尚属于首创，研究成果支撑市发展改革委形成了《上海市建设产教融合型城市试点方案》，支撑建立了本市产教融合试点企业评估标

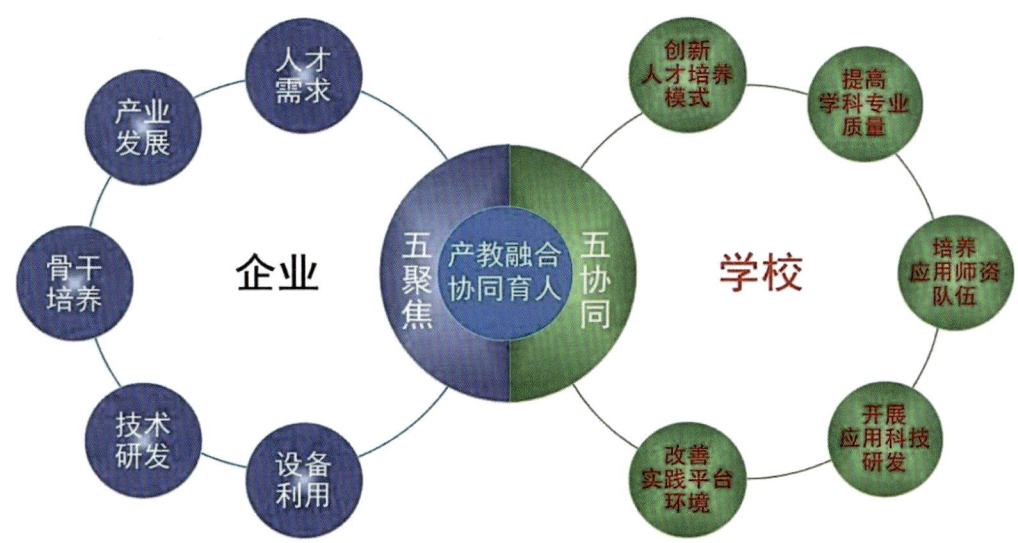

图1 产教融合示意图

准和本市产教融合企业建设培育库。

【项目内容】

1. 研究任务

排摸集成电路、人工智能、生物医药、航空航天等本市重点产业人才供需情况，研究国内外产教融合的先进经验，排摸本市产教融合发展现状及存在的问题，提出本市产教融合发展路径，产教融合型企业建设培育标准，开展产教融合型企业建设培育评审。

2. 技术路线

采用资料收集、现场调研或座谈、部门走访、专家研讨等多种方式相结合的方法开展研究。

（1）资料收集

收集全国各省市产教融合进展相关资料，全国各省市产教融合值得借鉴的经验；收集发达国家产教融合发展的先进经验。

（2）现场调研或座谈

一是对市教委进行调研。了解本市产教融合已经取得的积极成效，面临的突出问题；了解本市产教融合开展好的院校名单。

二是人才需求端调研。对本市集成电路、人工智能、生物医药、航空航天领域重点企业开展调研，了解这些产业应用型人才、职业教育人才需求状况，人才来源，产教融合开展状况，在产教融合工作中面临的问题等，以及对本市发展产教融合的相关建议等。

三是人才供给端调研。对本市有代表性的高等院校和职业院校进行调研或召开座谈会，如对复旦大学国家集成电路产教融合创新平台、上海应用技术大学、上海工程技术大学等院校和相关职业院校开展调研，了解院校专业设置、人才供给状况、人才就业领域产教融合进展状况、产教融合推进中面临的突出问题，以及对本市发展产教融合的相关建议。

（3）部门走访

对市发展改革委、市教委、市人力资源和社会管理局等相关部门进行调研走访，从市级层面了解对产教融合发展的相关建议。

（4）专家研讨

根据需要组织专家对课题形成的内容与观点进行研讨。

3. 研究成果

（1）针对性研究集成电路、人工智能、生物医药、航空航天四大产业供需缺口

从全口径需求看，从研究节点至2025年，四大重点产业供需缺口合计为3.6—8.8万人，其中集成电路供需缺口为1.3万—3万人，人工智能供需缺口为0.8万—2.8万人，生物医药供需缺口为1万—1.5万人，航空航天供需缺口为0.4万—1.5万人。

（2）理论层面探讨了产教融合的内涵

产教融合是个新概念，国内基本没有关于产教融合的研究，产教融合内涵没有清晰的定义。课题组深入研究了国家层面产教融合提出的时代背景和政策文件，梳理了校企合作和产教融合的差异。结合上海所处的发展阶段、产业基础和教育资源，创新性地提出了"产教融合"内涵。一是校企合作是学校和企业间的微观行为，多为暂时性行为，具有不稳定性。产教融合是产业和

教育的跨界融合，具有宏观性和稳定性。二是产教融合覆盖范围更广，不仅包括职业院校，还有研究型高校。三是产教融合需要政府发挥重要的推动作用。四是产教融合需要院校和企业双主体共同参与。

（3）梳理了国外产教融合模式的先进经验

① 研究型高校产业融合方面，"斯坦福+硅谷"模式一直是高校与企业合作的最佳典范，斯坦福产教融合模式有以下经验值得借鉴：一是学校先进的管理制度在推进产教融合方面发挥了积极的作用。一方面，斯坦福不限制教授在外办公司或在企业担任要职，只要能按时完成教学科研任务即可；另一方面，斯坦福推行咨询教授制度，聘请来自企业的行业专家在学校担任老师，咨询教授占斯坦福教师的比重高达50%。并且课程设置重视对学生的创业教育和企业员工的继续教育。二是政府、斯坦福和硅谷共同参建的校企联合实验室促成大量科技成果走向市场。三是硅谷企业的科技需求和资金支持是促成产教融合的强大动力。

② 职业教育产教融合方面，德国双元制模式是一种在国家法律框架内学校与企业的紧密合作。培养主体是中学毕业生，学制通常为2—3.5年，德国双元制核心是企业占主导地位。德国双元制模式成功的经验主要有：一是政府在推进职业教育培训中发挥了重要的作用：建立了一套完善的职业教育法律体系，注重师资队伍建设，深化引企入教。二是企业是双元制的核心，在职业培训中占主导地位。职业教育从招生到培训、从培训岗位数目到培训计划的确定、培训设施的配备都由企业自主决定，职业学校只是在政府的协调下配合企业对学生进行专业理论的学习与全面素质的教育，学员在企业受训的时间是学校理论教学时间的3—4倍。

（4）形成了推动人才供给侧改革、深化产教融合发展路径

针对研究型高校，围绕学科建设提出推进上海重点产业紧缺专业建设、提升上海重点产业所需学科专业在国内的水平能级（软硬件环境提升，包括引进该领域顶尖人才，加强相关实验室建设等）、推进学科交叉融合；围绕完善人才培养方式，提出要从重点领域全面推进本、硕、博课程体系贯通建设，要开展国际合作，提高人才视野。针对职业院校，提出要做精中职，做强高职，做实应用型本科，要加强引企入教，鼓励企业接受教师实践，加大双师型教师培养力度；要探索市区共建共管、以区为主的管理机制，切实对接本区产业发展需求；要加大培育示范性职教集团，探索优秀职教集团模式。针对重点产业，提出要通过深化引企入教、深化引教入企、通

图2 产教融合示范基地授牌仪式

过联合共建、搭建若干重点产业产教融合平台等方式。

（5）制定了产教融合型企业建设培育标准

具体遴选标准包括：独立举办或作为重要举办者参与举办职业院校或高等学校；通过企业大学、建设高技能人才培养基地等形式，面向社会开展一定规模的技术技能培训服务；参与组建行业性或区域性产教融合（职业教育）集团；承担现代学徒制或企业新型学徒制试点任务；近3年内接收职业院校或高等学校学生（含军队院校专业技术学员）开展每年3个月以上实习实训累计达100人以上，或连续3年接受10人以上教师岗位实践锻炼；承担实施"1+X"证书（学历证书+职业技能等级证书）制度试点任务；与有关职业院校或高等学校开展有实质内容、具体项目的校企合作，通过订单班等形式共建3个以上学科专业点；以校企合作等方式共建实验室、实训基地；或者捐赠学校教学设施设备等，近3年内累计投入100万元以上；近3年内与相关院校开展科研项目攻关并取得科技成果转化或应用；或近3年内取得与合作院校共享的知识产权（发明专利、实用新型专利、软件著作权等）。

（6）开展了两批次产教融合型企业建设培育评审工作

其中2019年32家、2020年84家纳入产教融合型企业建设培育试点。

【工作过程】

准备阶段：2019年6月中下旬，与市发展改革委进行充分沟通，了解委托方需求，并制定工作计划书。

实施阶段：2019年7—8月，对国内外产教融合发展经验进行梳理分析，针对本市集成电路、人工智能、生物医药、航空航天相关重点产业进行走访和座谈，对市教委、市人社局以及部分院校开展走访调研，形成对本市产教融合发展现状和存在问题的初步了解。2019年9月，撰写报告初稿，征求市发展改革委意见，并根据反馈意见对报告进行修改完善。2019年10月，形成纳入产教融合型企业建设培育的标准，并征求市发展改革委意见。

总结评审阶段：2019年11—12月，开展2019年产教融合型企业建设培育评审工作。2020年12月，开展2020年产教融合型企业建设培育评审工作。

【咨询工作特点及经验教训】

1. 采用定性与定量相结合的方法开展研究

结合市教委提供的毕业生供给数据，行业协会公布的人才数据，重点企业人才需求数据，对集成电路、人工智能、生物医药、航空航天四大产业人才需求、本市人才供给进行了预测，提出了2020—2025年四大产业人才供需缺口数量。

2. 梳理总结成效，找出存在问题

成效方面体现在：一是促进产教融合的政策体制不断健全。2019年4月，上海市教育委员会印发的《上海深化产教融合推进一流专科高等职业教育建设试点方案》，提出了产教融合的建设目标和18项重点任务。同时，为推进人才供给侧与需求侧对接，上海市教委2015年发布了《上海高等教育布局结构与发展规划（2015—2030年）》和《上海现代职业教育体系建设规划（2015—2030年）》两大规划。二是依托三种方式进行职业教育校企合作取得积极成效，为深化产教融合奠定了较扎实基础，其中职教集团模式成效最为显著。三是上海研究型高校已经开始了产教融合探索和实践，其模式主要包括技术合作、战略合作、研发平台、产业联盟、校企联培、专项基金、人才培训等。如复旦大学微电子学院因开展产教融合形成的良好基础，获批"国家集成电路产教融合创新平台"。上海交大航空航天、人工智能、网络安全等领域也在不断深化各类校企合作。上海交大"航空发动机与燃气轮机"科技重大专项已在上海临港产业区率先建成国内领先的航空发动机和燃气轮机测试验证基地和临港航空发动机人才实训基地。上海交大人工智能研究院与商汤、华为、依图等国内知名人工智能企业开展了"工程博士生联合培养、共建实验室、引企入教"等校企合作。四是公共实训基地、高技能人才培训基地是上海产教融合的有益补充。市人社局主导的系列职业技能培训工作不仅是上海产教融合工作的直接间接补充，也为上海深入开展产教融合奠定了基础。

存在的问题主要表现在：一是产教融合合作模式仍以点对点的校企合作为主，产教融合尚未形成气候；二是产教融合在政策法规制定、人才供需对接和促进校企深度融合等方面还需要政府强有力地推动保障措施；三是由于缺乏相应政策激励和制度保障，研究型高校和企业参与产教融合的内生动力不足；四是产教供需对接机制有待健全,上海职教集团、行业协会和企业在促进教育链、人才链与产业链、创新链有机衔接中的重要作用还没有得到充分发挥。

3. 聚焦四大重点产业提出具有上海特色的产教融合发展路径

课题组对本市重点企业和市教委、市人社局进行了深入调研。企业层面,开展了8场现场调研和1场座谈会,涵盖中芯国际、商汤、中国商飞、上药集团等集成电路、人工智能、生物医药、航空航天四大产业典型企业17家,回收问卷30份,深入掌握了本市重点产业人才需求和产教融合开展现状、存在的问题。政府层面,对市教委、市人社局进行了深入调研,深刻把握了本市已有的产教融合相关政策,取得的成绩和存在的问题。在借鉴国内外产教融合发展经验的基础上,提出了具有上海特色的产教融合的路径和措施建议:一是从研究型高校、职业院校两方面,提出了推动重点产业人才供给侧改革思路。二是从引企入教、引教入企、校企联合培养共建、搭建若干重点产业产教融合平台四方面提出了本市产教融合发展路径。三是提出了深化产教融合相关措施建议。

图3 高技能人才实训基地

【咨询效果】

(1)成果支撑上海首份产教融合研究专报,得到市领导批示

深化产教融合,是国家推动教育优先发展、人才引领发展、产业创新发展、经济高质量发展相互衔接贯通的战略性举措。根据《国家产教融合建设试点实施方案》(发改社会〔2019〕1558号)有关要求,形成"将战略性新兴产业、先进制造业、社会服务业及文创产业等作为本市重点推动的产教融合型行业"的特色,该项成果支撑的研究专报《关于本市重点战略性新兴产业领域人力资源需求情况调研的报告》,上报获得市领导批示。

(2)建立了集实施方案、产教融合企业培育认定、税收减免等方面的国内最完善的产教融合政策支撑体系

一是成果支撑市发展改革委形成了《上海市建设产教融合型城市试点方案》(沪发改社〔2020〕41号),并于2020年9月3日向全社会公布。推进产教融合型企业和重点项目建设,创新产教融合人才培养模式,完善校企双方交流合作机制、推进产教融合型企业和重点项目建设。二是成果支撑本市产教融合试点企业评估标准,建立产教融合企业建设培育库;同时开展了2019年和2020年度产教融合企业认定评审工作,两批次共116家为上海市第一批产教融合型试点企业,并纳入产教融合型企业建设培育库。三是成果支撑产教融合型企业税收抵免政策的落地。根据课题研究成果,市财政局、市税务局、市发展改革委等部门于2020年10月15日联合发布了《关于产教融合型企业建设培育试点企业有关政府性基金抵免政策的通知》(沪财税〔2020〕27号),明确了本市纳入建设培育范围的产教融合型企业教育费附加和地方教育费附加抵免政策实施细则。

上海提升引领未来的基础创新策源能力研究

Shanghai Promotes the Research on the Fundamental Innovation Policy Source Capacity That Leads the Future

编写单位：上海投资咨询集团有限公司
Shanghai Investment Consulting Group Co., Ltd.
联系电话：021-23300000   网址：https://www.sicc.cn
主要完成人：孙 蔚 彭 元 田 苗 何春香 王焕宁 邓会京 柴天远

【点评】

该研究面向2030上海科创中心发展目标，全方位对标梳理欧美国家发展情况，深入剖析上海现有基础研究的优势与不足；聚焦"0-1"国家原始创新战略需求，瞄准强化科技创新策源能力，首次提出"9+4"战略性前瞻性重大科学问题和变革性技术关键科学问题，抢占基础策源能力制高点。从现有科技力量的高效运行、面向国际前沿的科学计划等角度，对做优做强上海战略科技力量体系提出了方案和建议。综合来看，该专题研究凭借其全面的调研、深入的分析以及明确的战略方向，不仅为上海科创中心的未来发展奠定了坚实的基础，也为其他地区的科技创新工作提供了宝贵的经验和启示。

【项目背景】

2014年5月，习近平总书记在考察上海时强调，上海要加快建设具有全球影响力的科技创新中心；2019年总书记又进一步要求上海强化科技创新策源功能。"十三五"期间，上海科技创新工作围绕科技创新中心建设，对标"四个新""四个第一"，全面落实三大任务和三大领域布局，以增强科技创新策源功能为主线，各项任务稳步推进。对标《上海科技创新"十三五"规划》，2019年上海研发投入占GDP比重达4%左右，实现研发经费支出占比目标。截至2019年11月底，每万人发明专利拥有量达53.05件，超过目标40件。2019年1—11月，上海获得发明专利授权20 888件；PCT国际专利申请量2 469件，相比2015年的1 060件，增长132.9%，同时接近"十三五"规划目标的2倍。

上海科创中心已经走过了六年发展历程，取得了一系列实质性突破，已初具重大原始创新策源地形态，基础研究源头供给作用日益凸显、创新驱动发展制度瓶颈进一步破除。下一阶段要在2030年形成科技创新中心城市的核心功能，需要进一步强化科技创新策源能力，提升基础研究与技术创新的协同效应，突破更多"卡脖子"的关键核心技术，加速建设国家实验室、管好用好大科学装置，探索科学创新领域的新型举国体制。2020年3月，根据《上海市"十四五"市级规划工作方案》的部署要求，受上海推进科技创新中心建设办公室委托，开展上海科创中心提升引领未来的基础策源能力专题研究。

【项目内容】

1. 面向2030上海科创中心发展目标，排摸"十三五"发展成效

"十三五"期间上海科技创新发展取得一定成效，原创性科技创新成果持续涌现。

（1）原创性科技创新成果持续涌现

上海共有52项重大科技成果获得2019年国家科学技术奖，占全国总数的16.9%，连续18年比例超过10%，并首次获得国家科学技术进步奖特等奖。2014—2019年，上海每年均有成果入选中国十大科学进展，6年60项重大进展中上海牵头或参与12项。

（2）世界级大科学设施群加速落地

"十三五"期间上海共获批14个大科学设施，增加8个，总数量占全国近1/3。投资规模近200亿元，全国领先。从设施种类和能力来看，覆盖了光子科学、生命科学、海洋科学、能源等领域。已建成设施的技术水平达到国际先进水平，服务功能和开放共享能力持续提升，创新成果与溢出

图1　光源大设施

效应明显。

（3）各类研发主体和人才加快集聚

张江光子与微纳电子国家实验室获批，成为首批获批的国家实验室。集聚了上海脑科学与类脑研究中心、国际人类表型组研究院、国际灵长类脑科学研究中心、上海交大张江科学园、复旦张江国际创新中心、张江药物实验室、G60脑智科创基地和传染免疫诊疗技术协同创新平台等一批一流科研机构和创新平台。上海高校在四大排名的入围高校数均增加，复旦大学和上海交通大学在多个世界大学综合排名中进入前百。李政道研究所实验楼建设顺利开工，上海量子科学研究中心和上海清华国际创新中心在体制上试点"三不一综合"。截至2019年11月底，上海拥有外资研发中心数量共456家，全国最多，并且有49家成为全球研发中心。落实人才高峰工程，大力引进国内外人才和智力。2019年上海共13人当选两院院士，其中中科院院士5人、工程院院士8人。在沪两院院士规模达到181位，数量位居全国第二。"十三五"期间上海深入贯彻落实科改"25条"及相关细则，形成各类研究机构优势互补、合作共赢的发展格局。

（4）积极承担国家和市级重大科技项目

主动承接国家科技重大专项，深入对接科技创新2030重大项目，累计牵头承担国家科技重大专项854项，获中央财政资金支持316.20亿元，落实地方配套资金135.93亿元，位居全国前列。启动实施硬X射线装置预研、硅光子等10个市级科技重大专项。

（5）科技体制机制改革不断深化

上海科改"25条"加速落地及相关配套政策，聚焦提升原始创新能力、激发创新人才活力、促进科技成果转化和优化创新生态环境等领域深化体制机制改革。

2. 全方位对标梳理欧美国家发展情况，梳理本市科技创新发展瓶颈

（1）当代科学技术发展加速，新一轮科技革命正当时

新一轮科技革命和产业变革蓬勃兴起，科学研究不断向基础研究前移，交叉融合汇聚不断加

图2　G60脑智科创基地

速。物质结构、宇宙演化、生命起源、意识本质等一些重大科学问题的原创性突破正在开辟科学新前沿、新方向,信息网络、人工智能、生物技术、清洁能源、新材料、先进制造等领域呈现群体跃进态势,颠覆性技术不断涌现,催生新经济、新产业、新业态、新模式。

(2)科技体现国家核心竞争力,各国抢占策源能力制高点

纵观人类历史,历次科技革命的策源地国家均成为了世界强国,其国家产业和经济均长期受益于科技革命的发展推动。为了争夺科技策源战略高地,世界主要科技强国纷纷布局前瞻技术领域。美国在战略性前沿技术领域持续发力,俄罗斯发布《俄联邦国家科技发展纲要》,日本发布《2019年科技创新综合战略》,欧盟及其主要成员国根据自身发展需要和技术优势纷纷调整科技战略布局,法国公布国防领域人工智能发展计划,德国发布《国家工业战略2030》等。

(3)我国把握变革历史机遇,加速迈向世界科技强国

党中央、国务院高度重视科技创新,作出深入实施创新驱动发展战略的重大决策部署。《国家创新驱动发展战略纲要》强调科技创新是提高社会生产力和综合国力的战略支撑,必须摆在国家发展全局的核心位置。明确提出要在2020年进入创新型国家行列、2030年跻身创新型国家前列的目标。

(4)科创中心建设成效初显,基础策源能力仍需攻坚

大力推进科技创新是新常态下我国为夯实大国实力、增强我国国际竞争力的战略举措。建设具有全球影响力的科技创新中心,是以习近平同志为核心的党中央赋予上海的重大使命。上海市委市政府始终坚持以习近平新时代中国特色社会主义思想为指导,以习近平总书记考察上海重要讲话精神为根本遵循,以强化科技创新策源功能为主攻方向,深入实施创新驱动发展战略,为实现科创中心建设目标,提升我国科技创新水平,助力我国成为世界科技强国做出上海贡献。

对比研究发现,本市科技创新仍存在一些不足之处,基础研究能力仍有待加强,高质量原创成果不足;国家实验室组建进展缓慢,方案和机制尚未理顺;大科学设施支撑能力不足,规模能级有待提升;创新主体集聚有待提升,顶尖科创人才不足;基础研究经费投入不足,资金投入机制有待完善;成果转化机制不顺畅,对产业支撑作用有待提升。

3. 结合上海科技创新力量基础和发展趋势,构建"9+4"重点方向

当前应以习近平新时代中国特色社会主义思想为指导,深入贯彻党的十九大精神,紧紧围绕建设"具有全球影响力的科技创新中心"的总目标,遵循创新发展规律,瞄准世界科技前沿,坚持问题导向、需求导向,通过抢占基础策源能力制高点、强化国家科学中心核心功能、集聚高水平创新研究主体、构建基础研究支撑体系等主要任务,强化科技创新策源功能,努力实现科学新发现、技术新发明、产业新方向、发展新理念从无到有的跨越,使上海成为科学规律的第一发现者、技术发明的第一创造者、创新产业的第一开拓者、创新理念的第一实践者。坚持战略优先,服务国家;全球视野,引领未来;理念创新,机制突破;协同推进,重点聚焦。目标依托世界一流的重大科技基础设施集群,全力打造国家实验室,在光子科学、微纳电子、生物医药、人工智能领域,开展战略性、前瞻性、变革性、基础性、系统性重大科技创新,抢占基础策源能力制高点;集聚世界一流的科研机构、新型研发机构、高水平研究型大学等创新研究主体,在材料、能源、海洋、空天等方向通过多学科、交叉研究,产生一批基础研究和应用基础研究的重要原创性成果。到"十四五"期末,基本建成自由开放的科学研究和技术创新制度环境,探索建立科学合理的组织架构和运行机制。成为全球创新网络的核心枢纽节点,在提升科技创新策源能力中发挥核心引领作用。

为抢占基础策源能力制高点,建议重点加强数学、物理、化学、生物等对技术科学和生产技术有指导作用重点基础学科建设,以李政道研究所为标杆,培育一批具有国际影响力的大学和科研机构,汇聚一流人才。全力突破脑科学、量子科学、纳米科学与催化科学、干细胞、合成生物学、发育编程与蛋白质机器、空间天文学、地球系统科学、人类疾病动物模型等九大战略性前瞻性重大科学问题。依托加速落地、高度集聚的世界级大科学设施群,围绕基础前沿领域和关键核心技术重大科学问题,形成关键领域先发优势。加大国际科研合作,促进基础科学研究领域的交流,发起多学科交叉前沿研究大计划,代表国家在更

高层次上参与全球合作。聚焦支持6G和新一代网络、未来计算、变革性材料、新型制造等四大变革性技术关键科学问题。依托国家和市级重大科技项目，支持科学家取得原创突破、应用前景明确、有望产出具有变革性影响的技术原型，加大对经济社会发展产生重大影响的前瞻性、原创性的基础研究和前沿交叉研究的支持，推动颠覆性创新成果的产生。

4. 加快布局国家实验室及重大科技专项，推动上海科创中心形成战略科技力量体系

强化国家科学中心核心功能，全力推动国家实验室建设，围绕光子科学与微纳电子、脑科学与生物制药、人工智能等方向，全力推动战略性、前瞻性、颠覆性技术攻关，加快原始创新突破，培育若干科学研究领域的国际"领跑者"和未来产业变革核心技术的"贡献者"，建立符合科学规律的科研组织新体制，对标国际、科学高效的国家实验室管理和运行机制。

加快提升大科学设施群能级，"十四五"期间争取形成"在用一批、在建一批、在研一批、谋划一批"的总体布局，加大在建项目的工程管理、技术攻关和配套条件建设力度。在我国科技发展急需、具有相对优势和科技突破先兆的领域，优先启动若干建设条件成熟、前期准备工作充分的重大科技基础设施建设项目。面向2025年乃至更长远时期，加强前瞻性、针对性、储备性大科学设施的谋划布局，为国家形成中长期大科学设施储备库提供支撑。开展重要部件和核心技术自主研发，建立未来大科学设施"自上而下和自下而上相结合"的策划发现遴选机制，提升科学社会效益。

积极承接国家科学计划、重大专项，牵头实施"全脑介观神经联接图谱""国际人类表型组"等1—2个国际大科学计划，深度参与3—5个国际科技合作计划。

集聚高水平创新研究主体，打造世界一流的科研机构，大力吸引集聚国内外处于世界一流水平的顶尖科研机构，同时做大做强现有基础研究机构；建设高水平研究型大学，发挥高校在科技创新体系中的作用，集聚人才、学科、资源和平台优势，与科研院所、企业等合作，面向国家重大战略需求，打造知识溢出效应明显的大学园区。

5. 提出保障措施建议，提高研究成果可落地性

研究提出四项保障措施，确保主要任务和重点项目顺利落地。一是加强规划引领全面提升基础策源能力，制定目标与成果导向相结合的年度计划；二是明确各方职责分工与组织机制，落实规划的组织保障；三是加快构建对基础策源能力建设的人才、资金、场地等全方位配套保障措施；四是充分调动多方力量参与度，激活高校科研院所、企业等参与科技创新的积极性。

【工作过程】

1. 广泛搜集资料，梳理上海创新成效和存在问题

课题组对本市重点高校及中科院在沪单位发放调研问卷，梳理各家科研单位在面向战略性前瞻性重大科学问题和变革型技术关键科学问题方面的基础和布局方向，参与国家科技重大项目方面的计划，科研机构以及培育发展新型研发机构的设想。搜集了国内外知名科创中心发展基本情况、战略，进行了对比分析，理清上海科创中心基础策源能力的现状和问题。

2. 访谈行业领域专家，召开多次座谈，听取相关讲座，学习有关文件讲话精神

课题组先后拜访了陈凯先、蒲慕明、潘建伟、许宁生等多位院士及周新民、常兆华等行业专家，召开了重点企业、重点院校等多次座谈会，了解不同领域科技创新的国内外最新研究方向，深入研究国内外科学技术发展前沿趋势，以及对本市加强科技创新的体制机制建议。并与科创办、市发展改革委等管理部门进行了深入沟通，听取了双一流、科创板、新型研发机构、国资国企创新等相关讲座，吸收学习有关文件讲话精神。

【咨询工作特点及经验教训】

1. 立足2030全方位对标先进技术趋势，构筑基础策源四梁八柱

课题组深入开展调研访谈，全方位地梳理上海市科技创新策源能力基础。同时，研究世界知识产权组织等发布的《全球创新指数报告》，国际管理咨询公司科尔尼管理咨询公司发布的《全球城市指数报告》等权威报告，对标德国、美国等先进国家地区最新科技战略，综合研判了国内外最新科技发展趋势，并从高质量科技成果产出、研发投入、人才高地建设等多方面要素研判了上海市科技创新策源能力的不足之处。研究在上述基础上深入分析，最终形成以抢占基础策源能力制高点、强化国家科学中心核心功能、集聚高水

平创新研究主体、构建基础研究支撑体系的框架结构,构筑了本市强化基础策源能力的四梁八柱。

2. 聚焦"0-1"国家原始创新战略需求,首次提出"9+4"发展重点

研究以上海科研力量现有布局为基础,对国家发展改革委所提出的数十个具有前瞻性、战略性的国家重大科学问题进行了筛选,凝练形成了最适合上海布局发展的九大战略性前瞻性重大科学问题和四大变革性技术关键科学问题:战略性前瞻性重大科学问题聚焦脑科学、量子科学、纳米科学与催化科学、干细胞、合成生物学、发育编程与蛋白质机器、空间天文学、地球系统科学、人类疾病动物模型九大基础研究领域;变革性技术关键科学问题聚焦6G和新一代网络、未来计算、变革性材料、新型制造四大技术领域。

3. 加快布局国家实验室及重大科技专项,做强做优上海战略科技力量体系

研究围绕习近平总书记提出的"使上海成为科学规律的第一发现者、技术发明的第一创造者、创新产业的第一开拓者、创新理念的第一实践者"发展目标,对国家实验室、重大科技基础设施、重大科技专项、高质量研究主体等战略科技力量的建设,从现有科技力量的高效运用、对标国际的高质量体制机制、面向国际前沿的科学计划、面向更长远周期的预研布局等多个角度提出了方案和建议,为做优做强上海战略科技力量提供了全方面的支撑。

4. 提出研究配套保障措施,依托咨询机构优势争取国家重大项目落地

研究围绕组织机制、人才、资金、场地等配套要素,提出了四项针对性保障措施,充分调动多方力量参与度,激活高校科研院所、企业等参与科技创新的积极性。同时作为智库,直接参与了多项相关重大项目推进工作:参与张江、浦江、临港3个国家实验室项建书评估及用房可研评估;持续与有关主管部门沟通,推动"深远海全天候驻留浮式研究设施"及"小型模块化钍基熔盐堆研究设施"2个大设施项目入选国家"十四五"规划正式项目;参与编制磁-惯性约束聚变能源系统大设施可研报告,该大设施于2022年顺利开工,成为国内首个开工的"十四五"国家重大科学基础设施;参与评估硬X射线大设施人员经费评估,帮助项目落实人员团队经费,保障项目顺利推进。

【咨询效果】

1. 高质量研究形成系列市政府专报,相关成果获市领导批示

研究形成《关于本市三大产业和大科学设施"卡脖子"攻关技术的梳理和对策建议的报告》《关于面向2030打造本市重大科技基础设施集群及措施建议的报告》及《依托张江综合性国家科学中心,深入开展"从0到1"基础研究建议》三份工作专报,专报获得市领导批示。

2. 研究成果纳入本市"十四五"规划系列,已获市政府常务会议原则同意

为上海科创办提供了《上海市"十四五"科技创新发展规划》的重要篇章"基础策源能力研究"以及《上海"十四五"重大科技基础设施规划》;为《上海市张江科学城发展"十四五"规划》《上海张江高新技术产业开发区"十四五"发展规划》等分别提供了科学部分研究支撑。2021年5月17日,市政府常务会议原则同意《上海市建设具有全球影响力的科技创新中心"十四五"规划》和《上海市张江科学城发展"十四五"规划》,该项研究有助于推动本市强化基础创新策源能力建设,为上海建设具有全球影响力的科技创新中心提供有力支撑。

临港新片区建设项目全流程中介服务评估评审事项改革研究报告

The Reform Research Report on the Whole Process Intermediary Service Evaluation and Review Matters for the Construction Project in Lingang New Area

编写单位：上海建科工程咨询有限公司
Shanghai Jianke Engineering Consulting Co., Ltd.
联系电话：021-64687800　　网址：http://www.jkec.com.cn
主要完成人：王　军　曹晓瑾　赵玲娴　张淑玲　冯　宇　朱洺嵚　杨玲玲　施王珂　周丽南　叶少帅

【点评】

该研究全面梳理了工程建设项目审批中介服务事项，深入分析了改革过程中的问题和经验，提出了切实可行的改革建议。研究指出了临港新片区在审批流程、中介服务效率方面存在的问题，并针对这些问题提出了高度整合的改革方案，如"多评合一""区域评估"等创新举措，以期达到优化流程、压缩用时、提高效率的目的。这些措施有望显著提升临港新片区的营商环境，加快建设项目的审批速度，降低企业成本，促进新片区的经济发展。研究的亮点在于其创新性、方法的先进性和成果的适用性。特别是提出的中介服务事项清单和改革举措清单，为临港新片区乃至其他地区的审批制度改革提供了清晰的参考和方向。此外，研究过程中遇到的挑战和经验教训，如调研对象的选择困难，也体现了研究团队在实际操作中的应变能力和问题解决能力。总体来看，该规划研究为临港新片区的审批制度改革提供了有力的支持。

【项目背景】

2019年8月6日，国务院同意设立中国（上海）自由贸易试验区临港新片区。8月20日，中国（上海）自由贸易试验区临港新片区揭牌成立。新片区将对标国际上公认的竞争力最强的自由贸易园区，实施具有较强国际市场竞争力的开放政策和制度。

上海市政府对临港新片区管委会集中赋权，放2 000余项事权，特别是在规划资源、建设交通、生态市容等方面的事项比原先有了大幅增加，集成度更高，对企业办事便利度有极大的促进，从而使得新片区在打造一流营商环境上有了更大的保障。全流程审批的权限集中于管委会行使，给审批制度改革创造了条件，推动管委会更好地发挥新片区的经济管理权和自主改革权。

（1）政策背景

① 国务院办公厅引领工程建设项目审批制度改革。国务院办公厅先后印发工程建设审批制度改革引领性文件——《关于开展工程建设项目审批制度改革试点的通知》（国办发〔2018〕33号）、《关于全面开展工程建设项目审批制度改革的实施意见》（国发办〔2019〕11号）等政策文件，确定北京、天津、上海、重庆等16个省市作为试点地区开展工程建设项目审批制度改革。

② 上海市工程建设项目审批制度改革。上海市为贯彻落实党中央、国务院关于深化"放管服"改革和优化营商环境的部署要求，加快推进工程建设项目审批制度改革，出台《上海市工程建设项目审批制度改革试点实施方案》（沪府规〔2018〕14号）文件。文件提出五大重点改革举措：优化项目前期策划评估；再造项目审批流程；精简项目审批环节；统一审批体系；强化监督管理。通过政策引领，不断激发市场活力和社会创造力，努力构建科学、便捷、高效的工程建设项目审批和管理体系，着力营造更加良好的法治化、国际化、便利化营商环境。上海市审批制度改革领导小组办公室先后出台《上海市工程建设项目审批制度改革全过程事项及改革意见清

单（试行）》（沪建审改办〔2018〕1号文）、《关于本市推进工程建设项目行政审批中介服务事项改革工作的若干意见》（沪建审改〔2019〕5号文）政策文件，进一步精简上海市工程建设项目行政审批中介服务事项，优化中介服务事项办理流程，压缩办理时间，规范中介服务市场管理。

③ 临港新片区工程建设项目全流程审批制度改革条件。党中央、国务院关于新时代加快完善社会主义市场经济体制的若干意见明确，要赋予临港新片区更大的自主发展、自主改革和自主创新管理权限。上海市委、市政府举全市之力支持临港新片区，出台了管理办法和50条特殊支持政策，明确新片区管委会实行"市属市管"，建立了强有力的体制机制。

（2）项目目标和必要性

① 项目目标。在工程建设项目全流程审批中，每层审批都涉及中介服务。临港新片区即将迎来新一轮的建设浪潮，开发建设体量大、时间紧、任务重。为了达到"快开工、快建设、快投运"的建设目标，必须加快工程建设项目审批，加快中介服务事项的办理时速。通过本课题的研究，实现对临港新片区工程建设项目中介服务评估评审事项进行高度整合，达到优化流程、压缩用时、提高效率、降低成本、企业快速开工的目的。

② 项目必要性。临港新片区建设项目全流程审批中介服务事项办理现状：工程建设项目前期审批手续复杂，涉及部门多、办事难、办事慢、多头跑、多次跑等问题较为突出，导致审批效率不高。引发此类问题的重要原因可归纳为工程建设项目审批流程不规范、不科学、不统一，前置审批、串联审批事项太多，存在审批事项互为前置条件的现象。

临港新片区作为中国制度创新的试验田，承担了众多领域的制度创新重任。临港新片区在自身开发建设和政策支持的双重优势下，应深化建设工程审批制度改革，为建设工程领域提供有价值、可推广的审批路径。

【项目内容】

1. 研究任务

首先，从国务院办公厅、上海市、临港新片区三个层面的政策进行解读，了解本课题研究背景及意义。

其次，整合梳理上海市工程建设项目审批现有的中介服务事项及最新的审批制度改革动态。研究其他地区建设工程领域审批制度改革举措，总结其改革过程中可借鉴的经验。

最后，结合上海市工程建设项目审批制度改革举措和临港新片区特有的情况，了解临港新片区管委会组织架构以及事权承接情况，总结中介服务评估评审事项改革的实施路径。

2. 技术路线

（1）文献研究法

前期通过大量文献、政策文件等资料梳理上海市中介服务评估评审事项，了解事项内容、办理范围、报告所处阶段、评估评审单位资质要求等内容。

（2）比较分析法

比较分析全国各地现有关于工程建设项目审批制度改革举措，重点关注"多评合一""区域评估"等审改实施路径，对各地审改过程中出现的问题以及可借鉴的经验进行多维度分析。

（3）归纳法

归纳总结各地工程建设项目审批制度改革开展以来取得的成效、存在的问题等；归纳总结建设单位在工程建设项目现有审批过程中的感受度。

（4）调查问卷法

按推进的项目类型对建设单位进行分类，采用问卷调查的形式向建设单位了解临港地区现有的中介服务评估评审事项以及具体的实施情况。

（5）访谈法

通过访谈专家及政府部门相关工作人员，从不同主体了解临港地区工程建设项目审批过程中存在的问题并提出针对性建议。

3. 重点研究内容及成果

（1）上海市中介服务事项梳理

课题组梳理了上海市企业在办理施工许可前，全流程审批过程中涉及的中介服务事项40项，主要从上海市建设工程项目立项用地规划许可阶段、工程建设许可阶段、施工许可阶段涉及的中介服务事项进行详细叙述，包括但不限于行政主管部门、涉及的行政审批事项名称、办理范围、后续影响环节、中介机构准入条件、收费标准、审改措施等方面的介绍。

（2）审改案例分析总结

① 多评合一。课题组搜集梳理了多个城市工程建设审改案例，多个城市政策倡导精简审批环节和事项，压减审批时间，提高审批效能。由

镇江市开创的"多评合一"的中介服务新模式，将各项评估由串联方式调整为并联方式进行，实行"多评合一"后，项目评估及手续办理周期大幅度缩短。该模式经过推广，开封市、黄冈市、泉州市、宿迁市、资阳市、苏州市、银川市等地方均实施了建设项目"多评合一"。

② 区域评估。从区域评估内容分析，众多城市多选取环境影响评估、节能评估、水土保持评估、地质灾害危险性评估、地震安全性评估等事项开展区域评估工作。

实行区域评估项目共性如下：评估范围多选取开发区、工业园区等土地和规划条件完备、功能定位明确的区域，或者单体项目个性化要求不高的区域；通过提前完成区域评估、转变政府职能，变"申请后审批"为"申请前服务"；区域评估报告共享共用，变"单个项目评价"为"区域整体评价"；通过政府购买服务，变企业付费为政府买单；实行过区域评估的事项，可进行项目"审批降级"——原需编制报告书的可编制报告表，原需走审批的可实行备案等。通过区域评估，有效解决目前投资项目评估评审手续多、时间长、花费多等问题，进一步提高审批效率、减轻企业负担、加快项目落地。

（3）临港新片区建设项目中介服务事项现状调研分析

① 企业层面调研。本次调研活动选取了10家建设单位参与，包括临港集团、临港新城投资建设有限公司、上海海港新城房地产有限公司、港城集团、上海同济工程咨询有限公司等。以上公司扎根临港多年，长期从事临港区域工程建设活动，且被调研人员均为公司前期报批报建人员，对建设工程项目审批流程较为熟悉，固样本选取具有代表性。调研结果如图1。

据本次问卷调研统计：80%的企业对于临港新片区审批事项的办理流程满意，接受过政府主管部门人员的培训，并且对于一些需要专家评审的事项，评审机构能尽快回复评审结果。60%企业表明了解要办理的第三方评估评审事项，40%的企业表示了解审批制度改革的最新举措。

对于中介服务机构的反馈情况，80%的企业表示没有中介服务机构的短名单，并且不了解中介服务机构评估评审事项的收费标准。60%的企业表示不了解中介机构的服务标准。

② 政府层面调研。为了进一步了解临港新片区管委会各处室对中介服务事项的办理流程，课题组特以征询单及会议访谈的形式，征询包括建设和交通管理处、规划和自然资源处、生态和市容管理处、应急管理处、发展改革处等负责审批的几大处室的意见。从对现有审改政策的落实情况、临港新片区现有办理事项流程情况等方面进行深入探讨，反馈结果是：现有审改政策缺乏实施操作细则，没有明确的落地执行路径；中介服务事项尚未纳入审批管理系统；缺乏临港新片区中介服务事项服务指南。

（4）临港新片区中介服务事项改革建议

为加快临港新片区管委会职能转变，进一步梳理新片区范围内中介服务领域中管委会与市场的关系，切实落实建设单位主体责任，建立健全统一开放、竞争有序、公平公正、透明高效的中介服务市场体系，有效解决中介服务过程中存在的环节多、耗时长、收费乱、垄断性强等问题。

除法律、法规、决定、规章规定以外的中介服

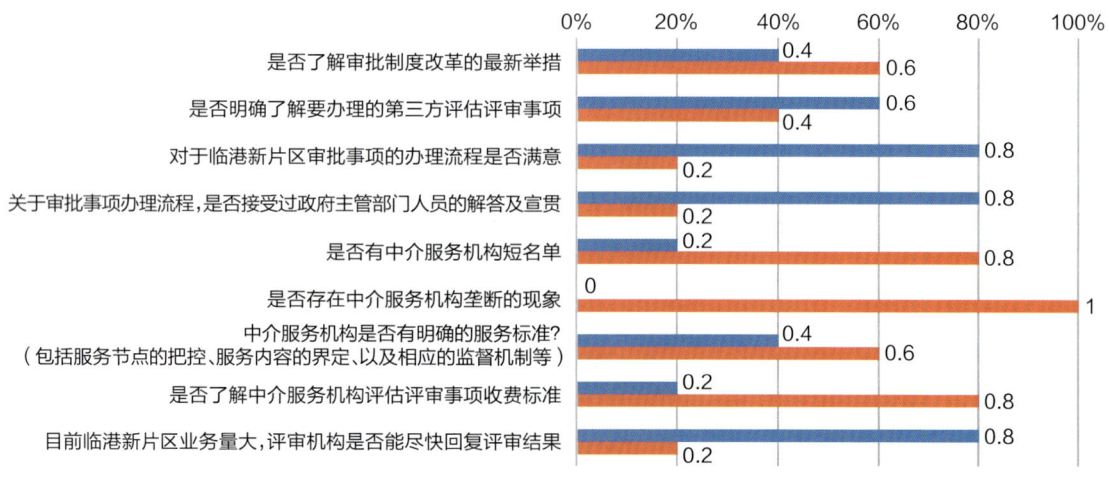

图1 调研结果分析图

务事项一律予以消除，明确需要保留的中介服务事项清单实行清单管理制、标准化管理，最大程度地清理取代一批、整合归并一批、精简范围一批中介服务事项。具体举措如下：

① 清理一批中介服务事项。对本市现有中介服务事项的设置依据进行全面梳理，法律、法规、决定、规章规定的中介服务事项予以保留，除此之外设定的中介服务事项一律清除。

表1　取消的中介服务事项及责任处室清单

序号	中介服务事项名称	涉及（对应）的审批事项名称	建议改革举措	责任处室
1	地下公共工程建设项目防汛影响专项论证评审	已取消对应审批事项	取消评审要求	生态和市容管理处
2	防（洪）汛影响论证报告评审	河道管理范围内建设项目的审核	取消评审要求	生态和市容管理处
3	填河论证评审	填堵河道审批	取消评审要求	生态和市容管理处
4	对在海塘堤防上破堤、开缺、凿洞工程建设方案（设计方案和施工组织方案）评审	在海塘堤防上破堤、开缺、凿洞施工的审批	取消评审要求	生态和市容管理处
5	原水引水管渠保护方案专家评审	原水引水管渠保护范围内实施建设工程的审批	取消评审要求	生态和市容管理处
6	对《确保排水设施安全的可行性研究》评审	在重要排水设施保护范围内施工的审批	取消评审要求	生态和市容管理处

② 推进标准替代或前置到规划阶段。

表2　标准替代或前置到规划阶段中介服务事项及责任处室清单

序号	中介服务事项名称	涉及（对应）的审批事项名称	建议改革举措	责任处室
1	节地论证	规划土地意见书	提前开展，规划与项目联动	规划与自然资源处
2	建设工程日照分析报告	建设项目设计方案审核	取消报告编制要求，由建设单位按要求组织设计单位在相关设计文件中落实	规划与自然资源处
3	地下公共工程建设项目防汛影响专项论证报告编制	取消对应的审批事项		生态和市容管理处
4	建设项目节水设施设计方案编制	施工许可证核发		生态和市容管理处
5	在重要排水设施保护范围内施工的审批	已取消对应审批事项		生态和市容管理处
6	防（洪）汛影响论证报告编制	河道管理范围内建设项目的审核		生态和市容管理处

③ 推行区域评估。

表3　整合归并的中介服务事项及责任处室清单

序号	中介服务事项名称	涉及（对应）的审批事项名称	建议改革举措	责任处室
1	交通影响评价	建设工程设计方案审核	取消报告编制要求，推行区域综合评估	建设和交通管理处
2	地质灾害危险性评估	规划土意见书、建设工程规划许可证		规划与自然资源处
3	环境影响评价	建设项目环境影响评价文件的审批		生态和市容管理处
4	水资源论证	核发《取水许可》		生态和市容管理处
5	水土保持方案	建设项目水土保持方案的审批		生态和市容管理处

④ 强化多评合一。针对由同一部门实施的管理内容相近或者属于同一阶段办理的多个中介服务事项，有条件的推行合并办理。

表4　整合的中介服务事项及责任处室清单

序号	中介服务事项名称	涉及（对应）的审批事项名称	建议改革举措	责任处室
1	社会稳定风险评估	对使用政府性资金投资建设的固定资产投资项目可行性研究报告的审批	合并编制、合并评审	发展改革处
2	可行性研究报告			发展改革处
3	项目申请报告	企业赋码		发展改革处
4	玻璃幕墙光反射影响论证	施工许可证核发	合并评审	生态和市容管理处
5	玻璃幕墙结构安全性论证	施工许可证核发		建设和交通管理处
6	基坑工程设计方案论证	施工许可证核发	合并评审	建设和交通管理
7	基坑工程施工方案论证	施工许可证核发		建设和交通管理

⑤ 规范一批中介服务事项。
⑥ 规范中介服务行为。
⑦ 强化网上办理。
⑧ 编制中介服务事项办事指南。
⑨ 健全监督考核机制。

【工作过程】

该课题于2020年5月启动，经过为期半年多的研究工作，于2021年1月完成。在接到中国（上海）自由贸易试验区临港新片区管委会的任务委托后，部门领导立即组建课题研究小组，部门领导作为课题负责人，负责研究方向及成果把关；配备1名课题研究负责人，主要负责研究及课题编制工作；1名课题研究专员，配合课题研究负责人工作。同时，部门及公司总工、公司专家工作室的专家为课题的研究提供技术咨询。

根据成果提交节点及研究工作强度，合理进行了工作划分，制定工作进度节点，定期开小组会议商讨最新成果。整个研究工作分为4个主要阶段：

前期准备阶段（2020年5—6月）：梳理业主提供的资料，主要包括临港新片区设立背景、组织机构内部组织架构及分工、新片区规划发展等；制定课题研究方案、进度计划。

课题研究阶段（2020年7—11月）：明确课题研究背景、研究目标、研究重点、研究内容；搜集国务院办公厅、上海市、临港新片区关于工程建设项目审批中介服务事项最新审批制度改革政策，进行研究分析总结；搜集全国各地中介服务事项改革特色案例，研究其他地区建设工程领域审批制度改革举措，总结其改革过程中可借鉴的经验；结合上海市工程建设项目审批制度改革举措和临港新片区特有的情况，了解临港新片区管委会组织架构以及事权承接情况，总结中介服务评估评审事项改革的实施路径；完成课题初稿。

修改完善阶段（完成时间为2020年12月）：初稿内部审核修改；向业主汇报；修改完善；提交专家评审。

成果提交阶段（完成时间为2021年1月）：根据专家意见修改；成果提交。

【咨询工作特点及经验教训】

1. 本研究成果具有突出的创新性

本项目是受政府部门委托，进行工程领域中介服务评估评审制度改革研究。"制度改革"顾名思义，是要对现有的规章制度改进创新，达到提升建筑许可营商环境指标、加强我国营商环境国际竞争力的目的。

与其他研究建设工程中介服务事项改革不同，其他研究资料仅研究了几个事项，且没有显示多个事项的关联性。该研究涵盖工程项目立项到施工许可全流程审批过程中涉及的中介服务事项，基于"办理范围、报告编制阶段、后续影响环节、中介机构准入条件、收费标准"等多个维度展开研究，结合临港管委会特殊体制机制重点研制"多评合一""区域评估""串联改并联""有条件的简化前置条件"等改革举措。对临港新片区工程建设项目审批中介服务事项进行高度整合，提出：集成服务，采取"统一受理、统一评审、同步审核、统一审批"的服务新模式。

通过该课题的研究，可为临港新片区提供清晰的中介服务事项办理流程清单及改革举措清单，为进一步编制中介服务事项办事指南和制定相关政策提供参考。

2. 本研究成果具有方法的先进性

本政策研究采取了文献研究法、比较分析法、归纳法、调查问卷法和访谈法。通过全方位的研究，了解到企业在办理中介服务事项过程中遇到的亟需解决的问题是：中介服务事项清单、第三方服务标准、办理流程等。在全面研究的基础上,制定出了对应的改革措施。

3. 本研究成果具有很强的适用性,可以以此为基础研制新政策

本研究最终结论提出:

① 清理现有主管处室委托中介服务事项:对本市现有中介服务事项的设置依据进行全面梳理,法律、法规、决定、规章规定的中介服务事项予以保留,除此之外设定的中介服务事项一律清除。

② 针对只涉及工程建设项目本体,且对公共利益、公共安全影响较小的中介服务事项,采用纳入设计专篇或实行标准替代。

③ 针对土地和规划条件完备、功能定位明确、单体项目个性化要求不高的区域,尤其是各级工业园区或产业园区,全面推进区域评估。"交通影响评价""地质灾害危险性评估""环境影响评价""水资源论证""水土保持方案审查"等事项全部纳入区域评估,区域内共享评估结果。

④ 推行合并办理针对由同一部门实施的管理内容相近或者属于同一阶段办理的多个中介服务事项,有条件的推行合并办理。

⑤ 规范中介服务行为:针对由同一部门实施的管理内容相近或者属于同一阶段办理的多个中介服务事项,有条件的推行合并办理;破除中介服务垄断,放宽中介服务机构准入条件,除法律、法规、决定、规章明确规定的资质资格许可外,其他各类中介服务机构的资质资格审批一律取消。

综合以上结论,可为政府机关部门出台相关政策奠定基础。

4. 通过本课题研究汲取的经验教训

本课题研究需要进行大量的调研、访谈,选择调研访谈对象比较困难,需要大量的建设单位前期报建人员、政府操作人员。一开始,课题组成员到政府服务大厅过程建设窗口找前来办事的人对他们进行问卷调研,效果非常不理想,主要体现在下面两个方面:一方面,前来办事的人员有些是代办人员,对前期审批手续并不熟悉;另一方面,他们不接受陌生人的访问。这对调研工作造成了很大的困扰,阻碍了课题研究的进程。课题组立即将这个情况汇报给业主及公司领导,通过业主及公司领导的组织安排,给课题组提供了大量的有效调研对象,从而顺利开展调研访谈工作。

这件事情所带来的重要启示是:对于需要资源调动的事情,不应该拘束和领导沟通,而是应该多向相关领导反映诉求,对工作会有很好的助力作用。

【咨询效果】

该课题首先研究了上海市中介服务事项改革举措、"多评合一"和"区域评估"实施意见等相关政策,从中介服务事项的名称、行政主管部门、涉及的审批事项名称、办理范围、报告编制阶段、影响后续办理事项、中介服务机构准入条件、计费标准等多个维度展开介绍;其后,研究了其他省市的中介服务事项改革举措,进而分析总结可借鉴之处;最后,在广泛调研的基础上,结合临港新片区管委会特殊的体制机制,提出符合新片区实际情况的"建设项目全流程中介服务评估评审事项改革方案";提供了现阶段版本的中介服务事项清单及改革举措清单。

通过该课题的研究,在现有的成果基础上,可进一步梳理出临港新片区中介服务事项清单及改革举措清单,为进一步编制临港新片区中介服务事项办事指南和制定相关政策提供参考。

上海莲花路地铁改造TOD一体化项目
The Tod Integration Project of Shanghai Lianhua Road Subway Reconstruction

编写单位：上海市隧道工程轨道交通设计研究院
Shanghai Tunnel Engineering & Rall Transit Design And Research Institute
联系电话：021-54519988　　网址：https://www.stedi.cn
主要完成人：高红静　杨　雷　王冰慧　利　敏　郭劲松　刘　辉　汪　凯　何洪涛　唐　钺　刘恒君

【点评】

该项目以上海地铁1号线莲花路站升级改造为契机，结合城市更新对地铁车站进行不停运复合利用改造，打造集地铁功能、商业、公交枢纽及公共服务配套等功能为一体的TOD综合体，提高轨道交通便民化服务水平，助力城市环境品质的提升。为促进土地的高效利用集成，通过技术论证，用地性质从轨道交通市政用地调整为交通枢纽和商业复合用地，项目被列入自然资源部《轨道交通地上地下空间综合开发利用节地模式推荐目录》（自然资办函〔2020〕120号）。同时针对1号线大客流车站，通过多方案技术比选论证，国内首次实现车站不停运改造、升级，实现了轨道交通增能。项目运用多维度的规划设计理念，将城市功能从空间进行复合化，将城市公共职能、交通、商业、慢行系统融合，增加了人流集聚效应，大大提升了轨道交通的"造血"功能。

【项目背景】

《上海市城市总体规划（2017—2035年）》（简称"上海2035"）强调土地发展模式的转型，推进土地资源功能适度混合利用，实现规划建设用地总规模负增长，全面提升土地利用效率。《上海市国民经济和社会发展第十三个五年规划纲要》强调"推广土地混合利用和建筑功能复合，加强商业、办公、居住、公共设施与市政基础设施等用地的复合开发。加强地下空间利用，把公共活动中心、轨道交通换乘枢纽等作为重点，分层、分类、分期逐步开发地下空间资源。"国务院办公厅印发的《关于进一步加强城市轨道交通规划建设管理的意见》（国办发〔2018〕52号）坚持补短板、调结构、控节奏、保安全，确保城市轨道交通实现规范有序、持续健康发展。通过交通枢纽实现方便、高效换乘。要加强节地技术和节地模式创新应用，鼓励探索城市轨道交通地上地下空间综合开发利用，推进建设用地多功能立体开发和复合利用，提高空间利用效率和节约集约用地水平。

为更好地集约利用土地，拓展提升城市功能，增强轨道交通事业自身造血机能，从而能够从公共利益出发实现经济、环境和社会等全方位发展。上海轨道交通面临车站大修改造工作任务常态化。由于城市发展需求变化，车站"补短板"工作日趋繁重。"保安全、防风险"是城市轨道交通工作的重点之一。以地铁建设带动城市旧城更新对城市发展仍有很大的驱动力。为深入贯彻习近平新时代中国特色社会主义思想，认真落实市委市政府关于建设卓越的全球城市的战略部署，积极探索轨道交通超大规模网络建设运营管理规律，提高建设运营质量、综合服务功能和经营效益能级，更好地满足人民日益增长的美好生活需要，申通集团旨在打造卓越的全球城市轨道交通企业，经研究决定在上一轮转型发展基础上，积极实施新一轮企业转型发展战略，即从建设运营的高速增长向高质量发展转型、从单一的交通运输功能向综合服务的城市地铁网络转型、从运营地铁向经营地铁转型。

【项目内容】

1. 建设必要性分析

2019年，上海人均GDP突破2万美元，表明上海已经迈入发达经济体行列，上海常住人口城镇化率达到88.10%，已经步入再城市化的行列。与此同时，城市政府对客运公共交通系统的投入,尤其是轨道交通系统的投入力度不断加大,截至2020年底,上海市轨道交通运营里程将达830 km。随着城市化的不断提升,轨道交通车站也面临诸多功能完善的需求。

（1）外部需求

根据上海市土地利用规划,上海市土地总面积为6 340 km²(行政辖区,陆域面积为6 833 km²)其中农用地约为3 853 km²,城市建设用地约为1 770 km²。从规模上来看,建设用地增幅平稳、增速趋缓,但用地总量持续扩大。商业服务用地、交通运输用地和公共服务设施用地占比有逐步提升的趋势,中心城土地承载人口和就业的压力过大。在上海土地资源严格控制的当前形势下,可开发的轨交土地与周边土地实现一体化开发这一模式,可以很好地将城市轨道交通与城市整体规划结合起来,在改善城市交通的基础上,优化城市布局、集约利用土地资源、改变城市环境、创造经济效益,立体化、多层次的轨交土地综合利用势必成为轨道交通发展的必然趋势。

轨道交通建设对提高地区的交通便利性、城市的产业、人口的分布、土地的利用、地价的升值等各个方面有着很大的影响,轨道交通建设带来缩短时间、节约费用的效果,提高了沿线地区的土地利用价值。沿线地区人口的增加也有利于商业活动,促进商业设施建设。通过引导商业、办公设施的建设,促进形成城市节点等城市空间。随着以上过程中产生的商业活动的聚集和政府进行的城市基础设施建设,在提高地区服务水平的同时,也可提高城市的知名度以及城市整体的吸引力。

通过土地的综合开发,能够更好地将轨交站点与周边商业、商务设施进行有效、畅通的联系,使土地的价值最优化、最大化。轨交站点用地建设及新形势土地严控的背景下,如何盘活现有存量土地资源,均对城市规划提出新的要求,因此,要通过对原城市规划进行适度调整以适应新的发展需要,更好地完善用地功能,促进地区建设。

上海市轨道交通1号线是上海首条轨交线路,莲花路站于1996年12月28日启用,至今已有20多年,是上海轨道交通全网络人流量最高的五大轨道交通站点之一。如今车站面貌已相当陈旧,缺乏活力,同周边对比明显落后,且作为人流较高的站点,周边设施严重不足,缺乏便利性。

莲花路站点周边有梅陇社区、古美南社区等较为成熟的大型居住社区,站点位于两大社区之间,其南北广场共有约32条公交换乘线路,轨道交通和公交每天能够带来约21万客流量,相当于换乘站级别,具有非常大的可开发潜力。站点周边分布有百联南方旗舰总店、莲花国际广场、南方休闲广场、中庚漫游城等大中型商业综合体。而现状莲花路站的作用仅限于车站功能,周边商场与车站缺乏有效联系,车站已不适应于区域的发展,未来势必需要应对越来越多的生活场景和消费需求,如何把交通的高便捷性带来的大量人流转化为有效的消费潜力,同时加强区域的联动性,成为不可避免的挑战。

（2）内在需求

① 提升乘客出行品质。随着上海市中心区动迁和闵行区住宅开发力度的加大,以及轨道交通网络的形成,地铁周边的吸引力越来越强,莲花路地区的居住和商业逐步成为该地区的核心,也因此带来了相应的交通要求,除轨交外,地面公交和出租以及周边郊县的区域中长途线路陆续在车站附近落地。因此解决这些乘客快速进出地铁站,换乘其他公共交通、停车等的综合服务需求已刻不容缓。

现状车站北侧站前为市政广场,广场较为开阔;东西两端各设有一处公交枢纽,车站离公交枢纽均有一定距离,地铁与公交间换乘客流均需经过较长距离行走方可到达,炎热夏季广场上部无遮阳措施,乘客舒适度极差。

车站北侧沪闵路设有二层连廊,已于2017年年底投入使用。连廊有效地连接了沪闵路南北两侧的行人设施,对沪闵路人车分层起到至关重要的作用,市民对该连廊认可度较高,但连廊于站前广场处截断,并未与莲花路车站相连,周边居民对车站与连廊相接呼声极高。

② 客流增长对车站安全运营的需求。轨道交通1号线自开通运营以来,客流量迅速增长。根据相关运营统计资料,截至2019年3月,莲花路站现状进出客流达到日均11万人,早高峰期间7:00—9:00进站客流约1.7万人次,常年位居全网客流排名前十内,高峰客流已远超原客流预测远期2031年规模。

莲花路站本身设计带有其时代局限性。车站建于20世纪90年代,根据当时客流及道路规划情况,车站分别在站台两侧设置若干组小站厅,由于车站潮汐客流和侧式站台客流的不均匀性,南侧站厅早高峰多为通勤客流,客流比较稳定，而北侧站台在晚高峰时段，客流往往根据车辆的频率，出现间歇式拥堵，出站乘客拥挤在出站闸机附近，其主要原因就在于原先设计的站厅较小，且各站厅也是分离的，无法互相疏解客流。

③ 车站各项设施对满足运营安全的需求。车站投运至今已有20多年，各项设施设备已老化，在客流日趋增长的情况下，逐渐无法满足运营安全需要。

④ 车站面向乘客服务水平升级的需求。早高峰时段，地下通道客流与南侧进站厅客流对冲，客流积压严重；南侧进站厅闸机与客流行进方向垂直且距离过近，进入站台后，因闸机与站台紧贴，乘客无法快速疏解至站台空间，造成二次乘客积压；晚高峰时段，北侧站厅乘客出站能力受限；南北站台费区内无法沟通，车站流线不清晰；车站垂直交通服务水准较低，车站站厅与站台同层，出入口与站厅间均仅设楼梯连接，无自动扶梯，垂直客流输送能力较弱，服务水准较低，乘客舒适度较差；车站原设计未考虑无障碍设施；车站内无公共厕所，已远不满足现有设计标准。

⑤ 车站运营精细化管理水平提升的需求。莲花路车站建成于20世纪90年代，早期依靠人工售检票等为主要管理手段，随后多年才以自动售检票机逐步替代，无法适应20多年后的今天乘客仅凭一部手机即可自主完成进出地铁站的需求。在互联网、物联网、人工智能飞速发展的现代，车站功能的完善提升，也是车站运营管理精细化水平提升的需求。

2. 主要研究内容

（1）项目功能

轨道交通1号线莲花路站启用至今已有25年，是上海轨道交通全网络人流量最高的五大轨道交通站点之一。原车站各种设施功能比较简单，随着城市人口的不断增长，车站高峰期载客能力严重不足问题日益显现；车站各种老旧设备在使用中也具有一定的局限性，有待升级。

1号线莲花路站为地面一层侧式车站，站台长约186 m，宽约5.5 m。其中，北侧站台贴邻设置4层地铁站房，南侧站台紧邻沪杭高铁轨行区；东、西两端设置地道，下穿地铁及沪杭铁路轨道，沟通南北广场。为了缓解区域交通压力，上海地铁资产投资管理公司在取得该站点综合开发项目用地土地使用权后，委托我院对莲花路站开展复合利用改造工作。新的莲花路站点改扩建综合开发项目占地17 617 m²，规划用地性质为商业、交通枢纽综合用地。地块用地狭长，总建筑面积49 995 m²。其中包括商业开发建筑面积31 005 m²，地铁站房及附属设施4 228 m²，其他公共服务设施（不计容）2 341 m²。交通换乘系统包括14条线公交枢纽站，出租车上下客站、地下停车库及非机动车、公共自行车租赁点。项目于2018年5月25日获得闵行区规划土地管理局方案批复。

（2）理论方法

遵循"公共交通导向（TOD），地上地下空间

图1　改扩建规划图

综合开发利用"原则,充分体现"站城一体化开发"的规划设计理念。轨道、交通接驳设施、上盖物业与周边街坊进行一体、复合、多功能、高效集约的规划设计,配合枢纽的建设,实现车站与周边街区开发相结合的站城一体化开发建设,充分发挥枢纽的触媒效应和集聚效应,构建以公共交通为导向的新的城市副中心。

（3）规划思路

① 发现问题:坚持问题导向,研究项目的主要矛盾和矛盾的主要方面,然后切中矛盾的要害,抓住化解矛盾的着力点,找到解决矛盾的突破口。

② 分析问题:对车站改建、提升综合功能的需求进行梳理。从车站周边改扩建提升综合功能的用地规划条件需求,在不停运情况下解决车站早晚高峰大客流集散问题的需求,在不停运前提下,满足地块内公共大交通系统的需求,改造后居民对站点功能需求,车站改扩建对周边环境影响需求,周边市政条件对车站改扩建的限制条件需求六个方面分析,总结出枢纽车站不停运改扩建功能完善与升级改造需求。

③ 解决问题:通过项目的规范化、标准化研究,以点带面,梳理车站改造与开发同步引起的各类问题,从设计源头着重解决。

（4）主要研究方案

① 实现以公共交通为导向的城市枢纽综合体的交通服务升级。具体包括:

车站主体站厅扩建改造,实现轨道交通与商业一体化。通过将原有的轨道交通站房拆除,在新建建筑二层设置一个4 300 m²的站厅,打造一个全新的"空中站厅"。一则解决了保证车站在不停运的情况下扩建站厅的难题,二则通过二层天桥桥将沪闵路南北商业连成一片,打破了沪闵高架造成的城市南北界面的割裂。形成空中慢行系统,车站动线和商场动线完美融合,满足了人们一出站就可以实现交通、出行、购物、娱乐、餐饮等一体化的复合需求。

车站主体站台扩大,实现轨道交通车站主体的高质量服务升级。将原有5.5 m宽站台扩建至8.5 m,站台增加无障碍电梯及自动扶梯,使乘客出站后即刻有序分流。大幅度提升了站台蓄客能力和垂直交通能力,在满足交通功能的前提下,体现"以人为本"的设计理念。高质量的运营管理保证持续客流。

首层架空,实现高效的多种交通之间的"零换乘",人车分流。地铁站不仅仅是轨道交通出行的设施,更是连接各类交通方式的枢纽,人流、车流均较大。因此,通过首层架空的方式,将公交枢纽、地库出入口、商业卸货等设置在架空层,通过多首层的方式,实现了人车分流。同时也提高了整个项目给乘客带来的舒适度和安全性。

南北有机沟通,地上地下人流高效循环。通过地上、地下一体化设计,改建南北过轨地道,将北侧出入口延伸至北侧商业综合体的地面架空层,使人流可直达公交枢纽和商场;通过地面自动扶梯可使人流直达轨道交通车站及二层市政

图2　功能复合的枢纽综合体

连廊,实现了人流立体高效循环,极大地方便了周边居民的出行。

②统筹规划,功能复合,推动土地使用与交通系统一体化,打造功能复合的枢纽综合体。

经前期规划研究分析,规划指标中要求未来该地块内应包括文化活动室、社区学校、健身点、社区综合服务中心、社区食堂、公厕、生活垃圾箱房、餐厨垃圾房、环卫道班房等公共服务设施,590 m²的广场,公交枢纽,新建的车站,以及扩建北站台与商业枢纽综合体无缝衔接,改建北侧过节地道入口,接入商业综合体,增设跨轨天桥,沟通南北付费区。

莲花路地铁站的复合利用改造工作,结合供地周边的原地铁站房、公交首末站、社区配套用房和商业,优化了城市轨道交通场站单一的建设模式,推动土地复合利用,提高土地产出效益。创新节地模式,探索复合轨道交通特点的土地利用方式,一地多用,实现可持续发展。

【工作过程】

本项目于2017年9月正式启动,2021年10竣工验收后正式投入使用。

1. 研究步骤及方法

(1) 现场踏勘与资料分析相结合

根据以往经验,既有车站改扩建方案的稳定和落实,必须特别注意对现场的踏勘和深入了解,对各种有关资料的分析比较,才能取得综合各项制约因素和条件后较为完善的推荐方案。

(2) 理论分析与专家经验相结合

运用系统工程、价值工程理论对多方案进行经济技术比较,并结合专家经验,进行定量分析以取得最佳结果。

(3) 方案论证与外部协调相结合

既有车站不停运改扩建涉及的专业众多,与设备系统、运维管理部门、外部市政的接口十分复杂。在研究过程中,既要注意论证系统方案的合理性,又要注意与外部条件的协调性。

(4) 定性分析与定量分析相结合

遵循定量分析与定性分析相结合的原则,并以定量分析为主,力求能够反映项目实施中的所费(即费用,如投资、运营成本等)与所得(即效益,如运营收入等),对不能直接进行定量分析比较的,则实事求是地进行定性分析。

(5) 静态分析与动态分析相结合

在项目决策分析与评价中,根据需要采用静态分析与动态分析相结合,以动态分析为主、静态分析为辅的决策分析与评价方法。

(6) 价值工程与方案比选

多方案的比较论证与优化是项目决策分析与评价的关键,尤其是在多目标决策分析时,方

图3 竣工验收后的莲花路地铁站

案众多，可采用综合评分法、目标排序法、逐步淘汰法或两两对比法进行比选，并运用价值工程方法进行方案优化。

【咨询工作特点及经验教训】

1. 主要创新及突出特点

（1）打破传统城市规划方法，实现土地的高效利用集成

通过技术论证把城市土地规划从轨道交通市政用地调整为交通枢纽和商业复合用地，成为自然资源部轨道交通地上地下空间综合开发利用节地模式示范工程。

① 打破了传统站点单一交通功能的限制，遵循公共交通导向（TOD）原则，将轨道、交通接驳、上盖物业和周边街坊进行一体、复合、多功能、高效集约规划设计，实现车站与开发站城一体化，充分发挥枢纽集聚效应，构建以公共交通为导向的城市副中心。

② 自然资源部围绕轨道交通地上地下空间综合开发利用，编制形成了《轨道交通地上地下空间综合开发利用节地模式推荐目录》号召全国各地结合本地区实际情况，指导有关城市自然资源主管部门学习借鉴莲花路项目TOD土地综合利用的方法。

（2）针对1号线大客流车站，通过多方案技术比选论证，国内首次实现车站不停运改造、升级，实现了轨道交通增能。

① 以问题导向、需求导向为主线，详细分析了莲花路站升级改造的问题和需求，从设计源头解决问题，落实到设计方案中。多专业配合，确保方案落地性。例如：施工场地受限、不停运设备切割、施工期间不停运客流组织、不停运改造技术研究等，都是一般咨询项目未涉及的内容。

② 为了保证改造期间地铁运营不停运，考虑了项目实施过程中施工现场情况，设置多个临时人行天桥，有效组织出站人流，满足地铁不停运需求。

③ 对工程实施阶段难点问题提前进行研究，并应用于工程实践。项目紧挨沪闵路高架，施工操作空间有限，利用地下室顶板作为施工通道，分块分区域吊装，为保证顺利进行提供了很大帮助。

（3）国内首次运用多维度的规划设计理念，将城市功能从空间进行复合化，将城市公共职能、交通、商业、慢行系统融合，大大提升了轨道交通的"造血"功能。

① 对轨道交通站点及周边土地综合开发规划条件、开发方式、开发主体做了积极探索。项目综合开发用途复杂，包括地下空间、市政、公交、绿化、商业、轨道交通等多种类型，涉及供地归属、规划手续、权属登记等各个环节，需要综合运用多种手段，加强工作协调，创新工作流程，探索复合轨道交通特点，实现可持续发展。

② 项目基地用地狭长，限制条件复杂，设计中提出"空中站厅"理念，将扩建站厅拉入商场二层；首层架空解决复杂交通功能；地下设连通道联系南北站台。"三重立体换乘"打造轨道交通地上地下空间综合开发利用的节地模式。

③ 该项目改造完成后，同时提升了城市区域环境品质和公共服务效率。从轨道交通角度看，降低了前期开发成本，提升了地铁通勤客流。从土地利用角度看，高效集约地利用约1.8 hm^2商业、综合交通枢纽用地，改善了周边居民和商务人群购物、休闲、商务消费环境，带来了商业效益。大大提升了轨道交通的"造血"功能。

（4）总结莲花路商业广场项目经验，开展了上海市科委课题项目研究，填补了国内相关领域的空白，具有普遍应用性。

2018年6月，根据莲花路项目工程复杂情况，同时开展了上海市科委课题《既有车站不停运改扩建相关技术研究》。课题研究成果包括不停运前提下枢纽车站功能完善与升级标准化流程，改造期间通信、供电系统设备保障措施关键技术。为行业提供工程示范及理论指导，为本项目咨询论证又提供了新的保障措施。

2. 经验教训

本项目研究是一个涉及多专业、多方利益协调的复杂过程，在此过程中积累的经验教训对于未来项目的成功实施至关重要。

（1）各个环节统筹考虑，一体化设计开发

轨道交通地上地下空间综合开发，是指在城市轨道交通场站综合体建设中，场站用地及周边土地统一规划，地上与地下空间联动开发，一体化设计和实施商服、住宅及公共配套等的开发模式。通过将轨道交通建设项目与其他非交通开发项目在规划、设计、投融资、建设、运营等环节统筹考虑，可以更好地满足城市功能空间需求，促进土地节约利用，同时还兼具为轨道交通建设融资的功能。上海市印发了《关于推进本市轨道交通场站及周边土地综合开发利用的实施意见》，

对轨道交通场站及周边土地综合开发的规划条件、开发方式、开发主体、收益管理做了积极探索。

（2）加强轨道交通综合开发规划研究统筹

将开发强度适当向轨道交通场站及周边地块集中，政府鼓励土地集约利用，加强功能复合，探索了规划和土地复合利用方式。

（3）推广示范工程范式，完善项目标准

目前，国内大量老线车站开始面临升级改扩建。而类似项目的标准规范不完善是行业面临的主要问题。在改造过程中遇到的审批流程也需要根据项目具体情况进行修订。建议以示范工程为成果范式，逐步完善地方规范，促进站城协同发展。

【咨询效果】

1. 社会示范效益

轨道交通1号线莲花路站不停运升级改造项目是国土资源部推荐节地模式项目。实现了综合能力完善提升：枢纽功能一体化、交通接驳完善提升、综合服务水平提升。不停运条件下改造，对改造流程实现了精细化、规范化、标准化。对国内刚刚起步的枢纽改造类似工程在上述方面带来了社会示范效益。

2. 城市区域整体功能提升效益

TOD公共交通枢纽提升的关键模块研究，为城市区域整体功能提升提供了设计参考依据。首先，城市交通系统提升方面，应考虑交通接驳、人行及非机动车出行改善、提升公共服务水平、站点停车服务水平等因素。其次，城市更新方面，为城市更新提供了创新模式：站点与区域交通一体化；站点与周边地块功能复合化；站点与周边地块综合服务一体化模式。

3. 经济效益

TOD公共交通枢纽提升的关键模块研究，带来显著的经济收益，体现在开发运营成本及收益。即项目建设前期及建设期间的成本及收益和项目建成后运营期间的成本及收益；还将产生节约时间效益、能源节约效益、提高乘车质量效益；以及其他许多无法定量计算的外部经济效益，如减少城市污染，改善交通结构，促使城市布局更合理，进一步加快城市的经济发展，土地增值等社会效益。

TOD公共交通枢纽提升的关键模块研究提升整个区域的内外通达性，结合产业政策保障和功能业态优化将协同推进区域升级，从而实现土地溢价、物业盘活、区域升值的良性循环。

市域铁路运营模式管理研究
Research on the Management Mode of Urban Railway Operation

编写单位：中铁上海设计院集团有限公司
China Railway Shanghai Design Institute Group Co., Ltd.
联系电话：021-63818855　　网址：http://www.sty.sh.cn
主要完成人：刘建红　侯　悦　祝红斐　胡光祥　程晓青　郭也清　胡　迪　饶雪平　徐洪敏　徐佳毅

【点评】

该研究在介绍上海市域线的分类、特点及新建市域铁路网络化运营情况的基础上，通过对照分析国铁、地铁及既有市域线的成熟经验，提出了不同类型市域线运营模式的建议，并基于上海新建市域铁路"网络化运营、互联互通、资源共享、集约利用"等特点，对运输组织、运营模式、安全管理、运营资质、调度指挥、票务管理、运维管理等方面进行了深入研究，不仅在管理层面提出了管理归口、权责划分，也在技术层面研究了直通运行、票制互通、安检互信、资源共享、安全监管等的可实现性。研究成果有效指导了上海市域铁路的运营管理，显著提升了运营效率与服务质量，对促进区域经济发展具有深远影响，彰显了研究的重要实践价值与理论贡献。

【项目背景】

1. 政策背景

市域铁路作为都市圈发展的重要支撑，对强化圈层间联系、扩大交通有效供给、缓解城市交通拥堵，优化城镇空间布局，促进新型城镇化建设具有重要作用。随着都市圈、城市群发展模式的逐渐成熟，其内部交通需求对市域铁路的呼声越来越高。近十年，国家层面和地方层面各级部门多次下发关于加快发展市域铁路的文件政策，越来越多的提出在加快市域铁路建设步伐的同时，应积极研究提升运营服务水平，完善发展制度体系，建立健全项目建设运营监管机制，加强融合发展。

2. 国内研究现状

（1）国内市域铁路运营模式管理尚在探索

我国市域铁路运营管理现尚在摸索阶段，存在一些问题需要解决。目前北京、上海、成都、珠三角、温州等地均尝试开通了一些具有市域功能的线路，但大多采用既有交通方式进行市域化改造试探。由于客观因素限制，部分线路市域的独特功能被弱化，运营服务质量有待提升，运营管理归口五花八门，各地区未形成统一认识。市域铁路如火如荼的发展建设速度与尚在探索阶段的运营模式管理研究不相适应，一定程度制约了市域铁路的健康发展，与各种政策对市域铁路的高标准、系统化发展要求存在差距。

（2）上海新建市域铁路运营经验欠缺

目前上海市新建市域铁路的建设由上海申铁投资有限公司（简称"申铁公司"）负责，建成后委托上海申通集团有限公司（简称"申通集团"）代为运营管理。申通集团具备丰富的城市轨道交通运营经验，但鉴于市域铁路运输组织、调度、运维等工作内容与城市轨道交通差别较大，且联网并营带来一系列新问题，虽然有金山铁路的运营经验可供借鉴，但尚无自主运营经验，在运输组织、调度指挥、治安管理、安检标准、标志标识、设备运维等方面都需要逐步明确。本课题重点针对新建市域铁路开展研究，确定建运分离、联网并营下的重难点问题，并给出解决建议。

3. 项目来源

本课题是2021年上海市委市政府重点任务之一。在"市域铁路运营模式管理研究"招标项目中，我公司顺利中标，并于2021年6月15日与上海申铁投资有限公司签订技术咨询合同。

合同要求，在调研国内铁路与地铁两套成熟的运营管理体系，及国内地区规划、建设、运营管理经验的基础上，基于市域铁路"网络化运营、互联互通、资源共享、集约利用"等特点,在地方铁路安全保护管理条例等的要求下,提出适应市域铁路特点与要求的可实施性的总体运营管理模式,构建科学合理的组织架构,并进行运营安全、运输管理、运营成本管理、资产管理、维修养护管理、机构人员配置等的管理体制与机制研究,为上海市域铁路运营模式管理决策提供技术参考,为推动上海市域铁路顺利实现联网并营提供技术支撑。

【项目内容】

1. 研究目标

本课题的研究目标是在充分调研国内铁路与地铁两套成熟的运营管理体系的基础上,基于市域铁路"网络化运营、互联互通、资源共享、集约利用"等特点,在地方铁路安全保护管理条例等的要求下,重点针对新建市域铁路开展运营模式管理研究,提出建运分离、市域铁路线网内互通运行的重难点问题,并思考跨省、跨国铁运营带来的主要难点,研究解决对策,为上海市市域铁路运营模式管理决策提供技术参考,为推动上海市域铁路顺利实现联网并营提供技术支撑。

2. 研究方法与技术路线

市域铁路运营模式管理是一个长期的、动态的变化过程,本课题主要利用广泛实地调研、查阅文献和资料的方式,借鉴既有国铁、地铁、市域铁路的运营模式管理案例分析,运用实地调研法、文献和资料收集法、比较分析法、定性定量分析法、专家咨询法等,对市域铁路运营模式管理进行研究,并提供初步的技术解决方案。技术路线如图1所示。

3. 研究内容

(1)上海市域铁路发展情况及特点

明确市域铁路基本概念,对比市域铁路与国铁、地铁的技术特点,分析市域铁路的主要功能和服务范围。结合《上海市城市总体规划(2017—2035年)》关于上海市域线的说明,研究上海市域线层次类别,分析不同层次和类别的线路的功能和运输特点;总结各类型市域线适用的运营管理模式,并提出本次研究重点针对新建市域铁路类别。

(2)国内外轨道交通运营管理经验总结

世界级大都市如伦敦、巴黎、东京、纽约等,其城市中心空间结构已基本稳定,形成了发达的市域铁路网络,积累了丰富运营管理经验,与其他交通方式相互衔接,共同形成换乘便捷、服务高效的城市公共交通系统。国内虽然市域铁路发展尚未达到系统规模,但京津冀、长三角、珠三角、成渝、华中等地区多个城市均进行了运营市域铁路方面的探索。本次课题对伦敦、巴黎、东京、纽约等国际都市圈,以及国内北京、温州、粤港澳大湾区、成都等地区的既有示范市域铁路的发展情况、功能需求、运输特点、资产运营、安全监管等方面内容进行总结分析,借鉴其中的优秀经验。

同时,市域铁路是区别于国铁和地铁的一种轨道交通模式,兼具了国铁和地铁的部分运输特性、服务要求,因此课题也对我国的国家铁路及上海、北京、广州、香港等地铁的运输组织特点、公司组织架构、建管模式等进行分析研究,总结可供市域铁路运营模式管理借鉴的经验。

(3)市域铁路运营模式管理内容研究

以上海市为例,基于上海市域铁路联通成网的基础上,针对新建市域铁路,从运输组织、运营模式、安全管理、运营资质、调度指挥、票务管理、运维管理等方面深入研究,在分析对照国铁、地铁及既有市域线的成熟经验后,提出各板块的重点研究内容,在管理层面提出管理归口、权责划分,在技术层面研究直通运行、票制互通、安检互信、资源共享、安全监管等方面的可实现性,最大程度提升上海市域铁路的服务品质。

【工作过程】

本课题于2021年5月8日开题,8月24日进行中间稿评审,11月18日进行结题稿评审,其间至申通市域筹备组、上海局、轨交总队、国家铁路局、北京交通委、金山公司等单位调研,并多次向上海交通委、发展改革委等部门汇报讨论,最终本课题的研究成果形成"工作专报"上报上海市分管市领导,并经转报获上海市主要领导的指示批示。

【咨询工作特点及经验教训】

1. 市域线运营模式的多样性

上海市域线可分为新建市域铁路、城市轨道快线、利用既有铁路三种类型,通过分析各类型线路的运营特点,选择适合的运营模式。

(1)新建市域铁路

新建市域铁路速度等级较高,同时满足大运

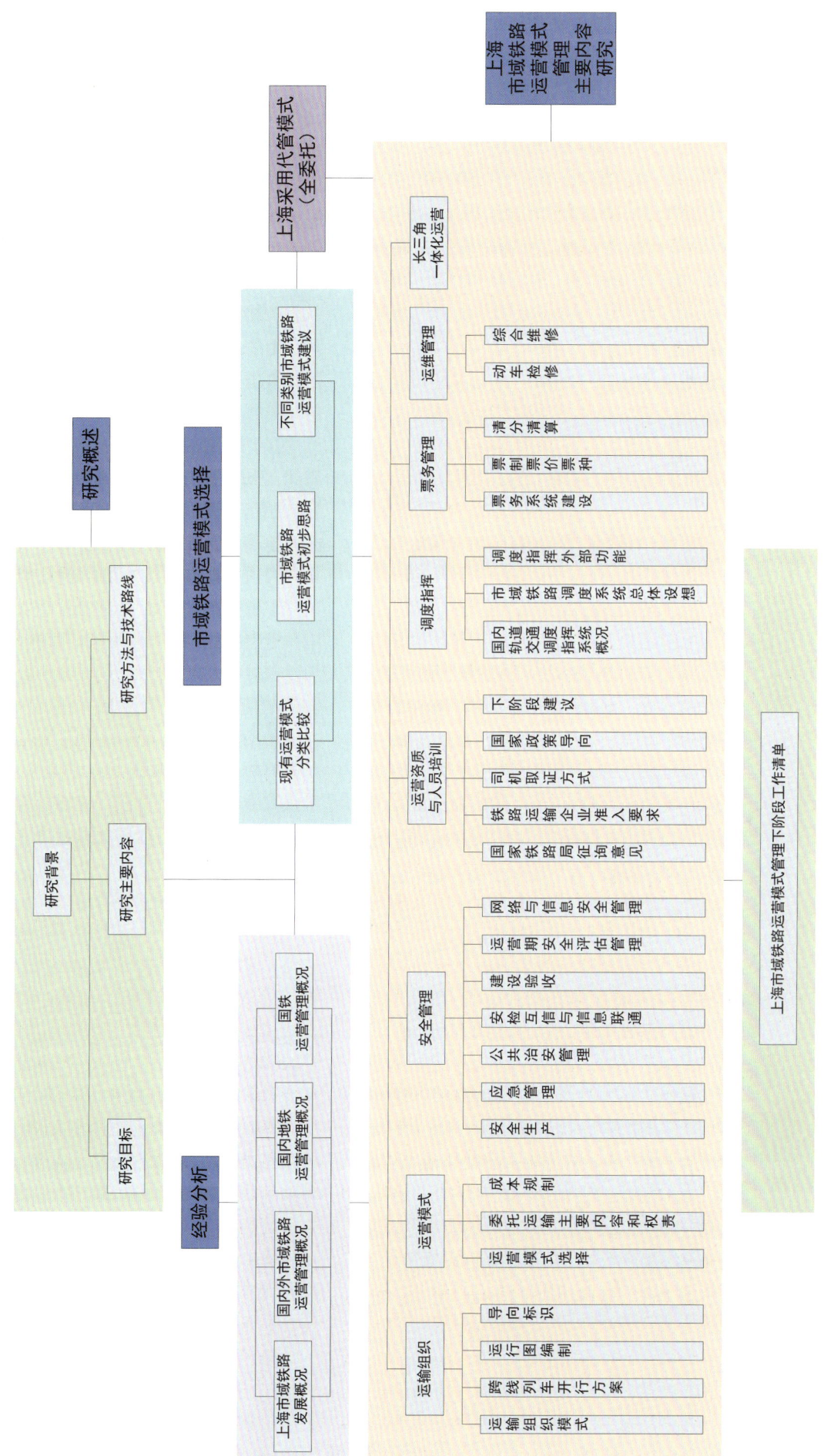

图1 技术路线图

表1 工作过程

时　间	事　件	详　述
2021年5月8日	课题开题	市交通委、发展改革委、申铁、申通、轨交总队、上海局、广铁、同济大学、国家计算机网络应急协调中心的领导、专家参会,通过研究方向和内容。
2021年5月21日	讨论会	市交通委领导主持,市交通委、发展改革委、公安局、久事、申铁、申通等单位领导参会,明确6月底前完成相关调研工作,形成课题中间稿。
2021年5月24日—6月10日	调研交流	先后至申铁、申通市域筹备组、上海局、轨交总队、国家铁路局、北京交通委、金山公司等单位调研,梳理急需解决问题清单和各地经验建议。
2021年6月17—30日	讨论会	市交通委、发展改革委、轨交总队、申铁、申通等单位领导参会,听取课题相关进展,提出修改意见,具备汇报条件。
2021年7月9日—8月10日	讨论会及推进	市交通委领导主持,提出进一步梳理各类工作清单,重点问题加深研究,配合交通委完成市政府专报修改工作的要求。按要求推进上述工作,并形成中间稿。
2021年8月24日	中间稿评审会	市交通委、发展改革委、申铁、申通、轨交总队、同济大学、国家计算机网络应急协调中心的领导、专家参会,认为课题研究方法正确,具有可实施性,并结合专家意见修改完善报告。
2021年9月2日	讨论会	市交通委领导主持,市交通委、发展改革委、申铁、申通等单位领导参会,上铁院配合编制运营专题研究情况材料并汇报,提出补充运营相关问题的推荐意见,适时开展广州调研。
2021年9月10日	讨论会	市交通委、申通等单位领导参会,讨论并统一了关于市域铁路特点、运营资质、司机取证、筹备期成本规制等方面的意见。
2021年9月16日	讨论会	市政府领导主持,市交通委、发展改革委、市公安局、市司法局、市财政局、申铁、申通等单位领导参会,市交通委总工汇报《关于新建市域铁路运营模式管理研究及机场联络线运营筹备工作情况》,会议提出进一步梳理市域铁路系统形态、运营资质和司机取证途径等问题。
2021年9月23日	讨论会	市交通委、市司法、申铁、申通等单位领导参会,提出采取地方主导的方式,并由申通集团做好下次市政府会议汇报。
2021年10月8日	讨论会	市政府领导主持,市交通委、发展改革委、市司法局、市规划资源局、申铁、申通等单位领导参会。会议研究情况专报市政府领导,由市政府领导批示专报市政府主要领导同意,配合办公厅形成会议纪要,据此推进机场联络线运营筹备工作。
2021年11月18日	结题报告评审会	市交通委、发展改革委、申铁、国家互联网应急中心物联网安全联合实验室、轨交总队、同济大学、上海局的领导、专家参会,一致建议同意结题。

量、公交化要求,在主要经济区网络融合的背景下,与相邻省市开行跨线列车的可能性较大,市区段可能兼顾部分地铁功能。公交化要求较高,需要具有直达性、便捷性。服务要求与地铁相近,技术体系与地铁差异性较大。

建议新建市域铁路可根据路网规模的情况,在规模较小时,为节约管理成本,降低安全风险,可委托当地具备成熟经验的地铁公司运营管理,在地铁公司不具备养护维修经验时,以委托协议的方式将该部分工作委托地区路局或国内专业维保公司负责。当路网形成一定规模,运营经验较为成熟后,也可考虑自主运营。

（2）城市轨道快线

城市轨道快线速度等级较低,兼具市域和地铁功能,技术体系与地铁接近,建设、养护维修差异不大。建议委托该区域具备成熟经验的地铁公司运营管理,突出一体化运营的优势,降低企业管理成本。

（3）利用既有铁路开行市域列车

该类线路多为利用既有铁路能力的富余,开行具备一定市域功能的列车,其与铁路运行图密切相关,开行方案和运营管理要求受铁路限制,公交化能力偏弱,仅为市域功能线路的补充。建议委托该区域路局集团公司运营管理,由政府与路局签署协议购买服务,以降低管理成本和安全风险。

2. 市域铁路运营的阶段性

随着上海新建市域铁路的建设,其运营总体可分为三个阶段:

一是单线运营阶段(2024年底):机场联络线(不含南站支线)开通,采用单线运营的模式,重点与本市城市轨道交通融合发展。

二是市内跨线、近沪延伸运营阶段(2027年前后):随着南汇支线、示范区线、嘉闵线及其北延伸等相继建成,上海进入市内跨线运营及近沪地区同城化延伸运营阶段。

三是网络化运营成熟阶段(2030年前后):随着南站支线等一批市域铁路建成,苏浙与上海相连的一批城际、市域铁路建成,上海及近沪地区进入全面网络化运营阶段,运营管理日趋成熟,上海具备与国铁、相邻省份市域(城际)铁路实现跨线运营的条件。

3. 市域铁路运营管理方案的全面性

上海市域铁路运营管理方案十分复杂,涉及运输组织、运营管理、安全管理、调度指挥、票务管理和长三角一体化等方面,其中运输组织包括运输组织模式、跨线列车开行方案、运行图编制、标志标识等内容;运营管理包括运营企业资质、成本规制等内容;安全管理包括安全生产、应急、公共治安、安检、运营前安全评估等内容;票务管理包括票务系统、票制票价、票种、清分清算等内容。

4. 市域铁路运输组织的网络化

市域铁路运输组织应根据客流需求,对出行时段、出行时速、停靠站点等需求进行精细匹配,按照不同时段、不同区段对开行方案和运输能力进行差异化配置,等间隔服务为主、辅助时刻表,做到灵活运营,提升运输品质。总体采用网络化、快慢车结合、多交路、主线支线、公交化+时刻表的运营方式,并提供近沪地区延伸服务。

5. 市域铁路采用委托运输模式下权责划分及成本规制的复杂性

上海市域铁路由申铁公司负责建设,建成后由申铁公司通过协议,委托申通集团运营。在该模式下,需合理界定委托运输的主要内容与权责,同时明确成本规制的办法。

目前金山铁路委托中国铁路上海局集团有限公司运营管理,上海轨道交通11号线花桥段委托上海申通集团有限公司运营管理。鉴于上海市域铁路与传统铁路、地铁的区别,在分析金山铁路和11号线委托运输主要内容和权责划分的基础上,提出适用于上海市域铁路的委托运输主要内容和权责划分方法。

2024年,上海第一条市域铁路机场联络线开通运营,运营初期无开通运营经验,很难落实成本规制按经验取值、结合变化趋势调整的原则,建议准许运营成本按照第三方机构审计+专家咨询的方式,由上海市交通委委托全国具有相关资质、经验丰富的机构进行审计,并邀请业内在该领域经验丰富的专家团队进行业务咨询。运营成熟期可研究准许运营成本标准,结合运营经验和合理变化趋势来确定。

6. 市域铁路安全管理的重要性

市域铁路作为一种快速运送高密度人群的复杂系统,其构造与环境特点决定了安全管理的难度、复杂和重要性。安全管理包括安全生产、应急、公共治安、安检、运营前安全评估等内容,在总结分析城市轨道交通和国铁安全管理的基础上,提出市域铁路的安全管理方案。

7. 市域铁路调度指挥的统一性

上海市域铁路采用网络化运营,调度指挥系统架构参照国铁模式,由市域铁路调度中心对线网及都市圈跨省市委托运营线路统一调度。网络化运营后,参照国铁跨局模式,与铁路上海局集团和邻近省市调度中心建立局间、省市间联接,实现不同调度系统间信息共享、调度权交接和应急联动。市域调度中心与轨交COCC间实现运营应急信息联动,不需调度权交接。

8. 市域铁路票务管理的系统性

市域铁路票务系统需满足其公交化开行的运输组织要求,作为国铁干线和城市轨道交通之间的中间层次,其票务系统内部业务需求相对更靠近城市轨道交通的模式,但同时也需考虑其与城市轨道交通、国铁干线、都市圈城际间产生的有关业务需求,适应多层次一体化发展需要。

建议上海市域铁路独立建设票务清分系统,形成市域铁路独立的票务体系管理。前期建设时适配市域铁路规划和发展需要,充分考虑后续线路接入条件,灵活定制票务业务。同时适应多层次一体化发展需要,上海市域铁路对接国铁、都市圈城际及城市轨道交通,研究相互间票务业务交互及实现方式。

9. 市域铁路运维管理的一体化

从运营单位角度,实现上海市域铁路一体化

运维的工作内涵是：构建一体化的协调机制与规则、一体化的管理体制，实现多主体、多制式、多区域格局下轨道交通的协调管理；研究标准兼容，实现车辆和设施各自修程修制统一、设备统型统购、备品备件统筹存放。

【咨询效果】

本课题形成成果报告一份，研究内容包含运输组织、运营管理、安全管理、运营资质、调度指挥、票务管理等方面，并形成系统成果，圆满完成市委、市政府既定的年度重点工作目标。

研究成果分别于2021年9月16日和10月8日向分管市领导两次专题汇报；上海交通委应用本次研究成果形成"工作专报"上报分管市领导，并经转报获市政府主要领导的指示批示；研究成果中相关内容经市领导批示明确后，直接应用于本市市域铁路运营筹备工作，为申通地铁集团成立市域铁路运营公司、申铁公司与申通地铁集团签订筹备期运营委托协议提供了重要依据。

研究成果具备指导意义，为上海市域铁路运营管理体制、机制的决策提供技术参考；为推动上海市域铁路顺利实现联网并营提供技术支撑；对建设轨道上的长三角、提高运营服务质量均具有重要意义，达到预期的经济和社会效益。

本课题获得2022年度中国咨询协会全国优秀工程咨询成果三等奖、2023年度上海市工程咨询行业协会优秀工程咨询成果一等奖。

上海生活垃圾处理和资源化中长期战略研究

Medium and Long Term Strategic Research on Domestic Waste Treatment and Recycling in Shanghai

编写单位：上海环境卫生工程设计院有限公司
　　　　　同济大学
　　　　　上海大学

Shanghai Environmental Sanitary Engineering Design Institute Co., Ltd,
Tongji University
Shanghai University

联系电话：021-54085378　　网址：https://www.huanke.com.cn
主要完成人：宋立杰　袁国安　刘　惠　夏　旻　毕珠洁　吴冰思　顾　雍　宋　佳　周　涛
　　　　　　赵　军

【点评】

该研究聚焦生活垃圾零填埋处置、资源化利用和低碳运营的发展方向，响应长三角区域协同国家战略，对标全球最高标准、最好水平，开展了12座国际先进城市和40个地区的对标分析，提出了6项专项战略规划，形成了包含8个一级指标、17项二级指标的关键指标体系，为上海市生活垃圾精细化分类与源头减量、绿色中转与智慧物流以及高效处置与循环利用战略发展提出切实路径和目标指标。项目成果直接应用于《上海老港生态环保基地规划》《上海市环境卫生设施专项规划（2022—2035年）》等中长期规划，支撑了《上海市生态空间建设和市容环境优化"十四五"规划》《上海老港生态环保基地"十四五"规划》等近期规划发布。相关专项研究工作，形成了上海市人大《关于建立长三角地区生活源可回收物资源化利用协同机制的建议》提案，支撑了《上海市浦东新区固体废物资源化再利用若干规定》立法发布。

【项目背景】

上海是以第三产业为主的超大型城市，2018年GDP总量达3.26万亿，居全国第一，达中等发达国家水平。在经济高速发展、城市迅速扩张的同时，本市固体废弃物的产生量巨大。以生活垃圾为例，2018年，全市生活垃圾清运量为984.31万t，较2017年增长了9.4%，垃圾处置任务艰巨。为应对超大型城市生活垃圾处置难题，本市在全力推进"生活垃圾源头分类减量"工作的同时，配套建设生活垃圾分类物流和分类处置网络，通过"两网融合"和湿垃圾资源化处置设施建设，进一步减少垃圾末端处置量，并实施干垃圾全量焚烧战略，力争实现"原生垃圾零填埋"，保障城市稳定、安全运行。

本市经长时间尤其是近十年的努力，已基本搭建了生活垃圾全程分类处置体系，确保了生活垃圾100%无害化处置。然而，在实际处置过程中仍遇到不少问题：一是对标"全球卓越城市"建设目标，尚未建立与本市生活垃圾处置体系相匹配的中长期战略发展目标；二是垃圾处置理念相对固化，未对未来垃圾成分、处置量及处置方式变化进行针对性思考；三是面对"长三角一体化"国家战略，本市还未形成区域协同处置生活源固废的体制机制。

2019年4月15日，时任上海市委书记李强在调研上海城投时指出，城投集团要继续当好城市建设和运营管理的主力军，对标国际最高标准、最好水平，加大城市运营数据开发利用，结合未来城市发展、生活垃圾分类等加强前瞻研究，为上海城市高效安全有序运行提供智能解决方案。同时要求，围绕长三角一体化发展国家战略，开展重大项目前期研究，支撑长三角一体化示范区建设。在此背景下，城投集团积极布局，组织开展"上海生活垃圾处理和资源化中长期战略研究"。

【项目内容和工作过程】

项目聚焦生活垃圾可持续综合利用和长三角区域协同资源化，通过全球典型城市选取和对

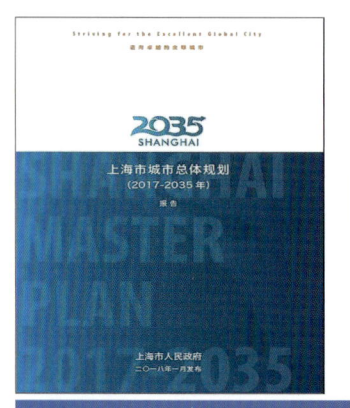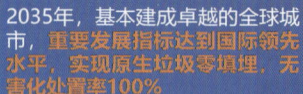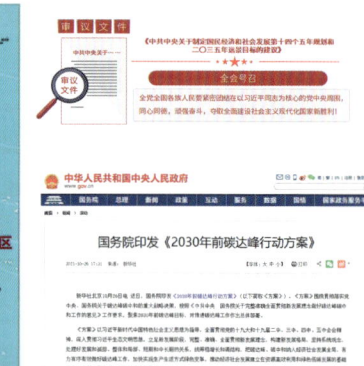

2035年，基本建成卓越的全球城市，重要发展指标达到国际领先水平，实现原生垃圾零填埋，无害化处置率100%

2050年，全面建成卓越的全球城市，令人向往的生态之城，具有世界影响力的社会主义现代化国际大都市，各项发展指标全面达到国际领先水平

2018年12月，国务院办公厅印发《"无废城市"建设试点工作方案》，提出"践行绿色生活方式，推动生活垃圾源头减量和资源化利用"

推动固体废物区域转移合作；统筹规划建设固体废物资源回收基地；探索建立跨区域固废危废处置补偿机制

2025年全面建立一体化机制
2035年，一体化发展体制机制更加完善，整体达到全国领先水平

2020年10月29日，《中共中央关于制定国民经济和社会发展第十四个五年规划和二〇三五年远景目标的建议》提出加快推动绿色低碳发展

2021年10月24日，国务院印发《2030年前碳达峰行动方案》提出将碳达峰贯穿于经济社会发展全过程和各方面

图1 生活垃圾处理和资源化战略需求

标研究，结合上海生活垃圾处理现状和挑战，制定了上海生活垃圾处理和资源化中期（至2035年）战略目标，提出远期（至2050年）战略愿景。围绕战略目标，开展了专项战略研究，形成了上海生活垃圾处理和资源化中长期战略方案，为上海建设成为更可持续的韧性生态之城提供支撑。具体项目内容和工作过程如图2所示。

1. 全球典型城市生活垃圾处理和资源化发展对标

通过人均GDP、资源化利用水平、OECD全球废物管理指数、耶鲁大学全球环境绩效指数等典型指数分析，选择了德国、日本、美国、新加坡、韩国、瑞典、丹麦、法国、英国、中国等10个典型国家，通过分析所选国家的首都城市和国际化都市的生活垃圾管理特色，选取德国柏林、德国汉堡、日本东京、日本大阪、美国旧金山、新加坡、韩国首尔、瑞典斯德哥尔摩、丹麦哥本哈根、法国巴黎、英国伦敦、中国台北等12个城市作为典型城市，对其生活垃圾处理和资源化体系进行了全面分析，并对柏林、斯德哥尔摩、东京、新加坡及中国台北等5座城市进行了深入对标分析，总结了在废物预防、管理延伸、差异化收费等方面的发展启示。通过分析40个地区中长期发展战略，总结提出低排放、低风险、碳中和、智慧化发展趋

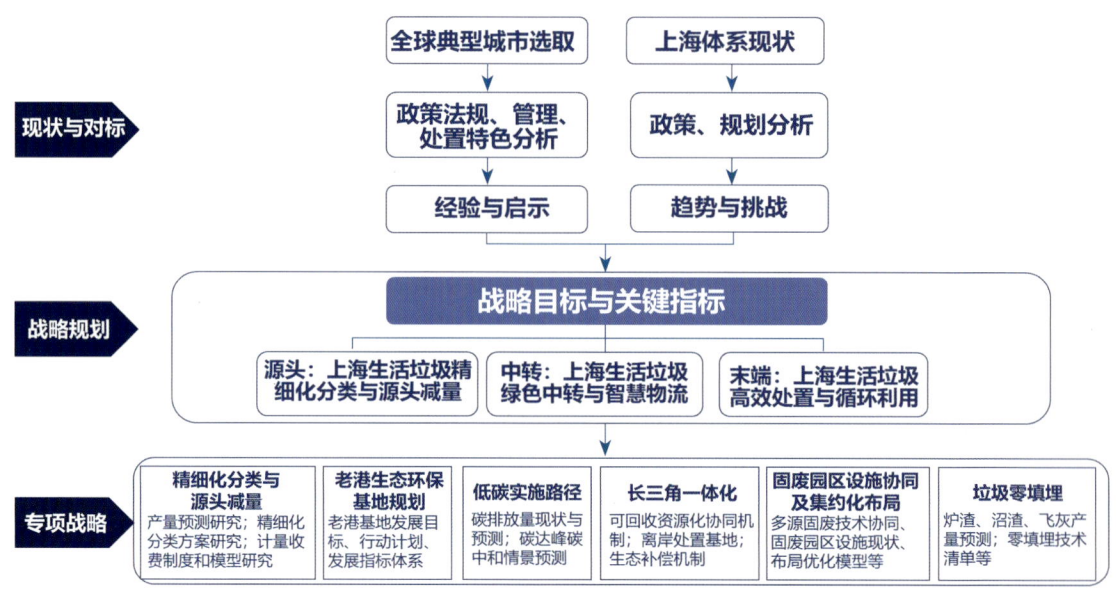

图2 主要工作路径

表1 全球典型城市对标

序号	城市	人口（万人）	面积（km²）	垃圾资源化率（%）	选取依据	生活垃圾处理和资源化特色
1	柏林	363.4	891.1	63.7	首都城市	**引领欧洲废物战略典范**
2	汉堡	180	755.0	—	德国第二大城市	环保市场化、民众的广泛参与
3	斯德哥尔摩	96.2	5 400.0	75.0	首都城市	**北欧特色的废物能源转换**
4	巴黎	1 200	2 845.0	20.7	首都城市	政府主导的公私合营模式
5	东京	1 383	2 194.0	23.1	首都城市	**极为严格的管理制度**
6	大阪	354	223.0	13.4	日本第二大城市	民众分类精准度高，以"3R"理念和"零排放"为目标细致深入地制定相关法律
7	新加坡	570.4	724.4	52.0	国际花园城市	**以零废城市为目标，建设进程与中国同步**
8	首尔	1 001.1	605.8	66.4	首都城市	施行垃圾计量制度，建立"垃圾分类"监管体系
9	哥本哈根	63.2	89.0	45.0	首都城市	以碳零排放为目标，实行"从摇篮到坟墓"的周期评价，促进清洁生产
10	伦敦	890	1 577.0	33.1	首都城市	垃圾分类较为精细，严格的立法管理保障了垃圾分类
11	旧金山	88.3	121.4	51.0	北美最环保城市	政府主导生活垃圾管理，企业对其产品全周期负责
12	台北	275.0	271.8	63.35	省会城市	**亚洲垃圾资源化典范**

势。研究成果形成专著1部——《欧盟和日本废物管理：立法与借鉴》，为上海中长期战略愿景的提出和战略目标的制定提供了借鉴和支撑。

2. 战略目标指标体系构建

分析了国内及上海战略发展方向和相关规划，梳理了上海生活垃圾处理现状及趋势，采用1D-CLA模型预测了2035年生活垃圾产生量，研判了全市生活垃圾处理及资源化工作面临的机遇与挑战。基于相关研究结论，提出了更加可控的精准分类、更加低碳的处理方式、更加安全的风险管控、更加创新的治理机制等四方面战略目标，构建了包含8项一级指标、17项二级指标的关键指标体系，基于对标分析、趋势研判、模型预测，明确了中长期战略关键指标目标值。核心指标纳入《上海市生态空间建设和市容环境优化"十四五"规划》，为上海生活垃圾处理和资源化战略发展目标提供指引。

围绕更加可控的精准分类、更加低碳的循环方式，提出了上海生活垃圾精细化分类与源头减量、绿色中转与智慧物流、高效处置与循环利用的发展策略，基于碳核算和情景预测设计了低碳实施路径；围绕更加创新的治理机制，提出了长三角生活垃圾设施共建共享与区域协同发展策略，为上海生活垃圾处理和资源化发展提供依据和支撑。

表2 战略目标指标体系

战略目标	一级指标	序号	二级指标
更加可控的精准分类	绿色生活	1	**人均生活垃圾产生量**
		2	**精细化分类程度**
	绿色生产	3	产品及包装绿色设计
		4	生产者责任延伸
更加低碳的处理方式	综合利用	5	**生活垃圾资源化利用率**
		6	焚烧残渣综合利用率
		7	建筑垃圾（拆房、装修）和大件垃圾利用率
	资源循环	8	可回收物点站场达标建设率
		9	**生活垃圾源碳排放**
更加安全的风险管控	洁净排放	10	污染物排放水平
		11	固废基地生态环境质量
	风险管控	12	**智慧管控系统覆盖率**
		13	固废处理保障能力
更加创新的治理机制	政策机制	14	生活垃圾收费机制
		15	固废行业碳交易
	多方参与	16	跨部门跨区域协作
		17	生活垃圾处理居民满意度

3. 专项战略研究

围绕上海生活垃圾处理和资源化战略目标，开展了生活垃圾分类资源化利用、垃圾零填埋战略、老港固废基地战略、固废园区设施协同及集约化布局战略、长三角一体化协同处理和资源化、生活垃圾低碳处置战略等6项专项战略研究。

（1）生活垃圾分类资源化利用战略

构建了1D-CLA生活垃圾预测模型，预测到2035年上海生活垃圾量为3.3万t/d；采用群决策层次分析法建立评价的递阶层次结构，优化方案层，对比分析得出上海生活垃圾源头分类精细化最佳方案为十分类；通过收集的代表性数据计算模型参数，建立基于两部定价法的上海生活垃圾计量收费模型。

（2）垃圾零填埋战略

分析了上海生活垃圾填埋现状，研究发现目前垃圾零填埋的关键为实现焚烧飞灰、炉渣、湿垃圾沼渣等处置残渣的资源化；聚焦生活垃圾处理残渣的资源化利用，开展了焚烧飞灰熔融、炉渣制预制构件和湿垃圾沼渣热解等资源化技术研究，形成了垃圾零填埋技术清单和方案建议，为实现原生生活垃圾零填埋向垃圾零填埋转变提供技术支撑。

（3）老港固废处置基地战略

围绕绿色、循环、智慧等国家战略发展方向，优化了老港基地"综合处置、资源循环、科创科普、绿色智慧"等发展规划，针对固废处置衍生品、创新创业平台、智慧管控等重点方向，提出通过建设、引入等手段，进一步提升智慧生态水平、低碳循环能力和科创科普能力，形成了包含11项指标的老港生态环保基地发展规划指标体系，为老港基地可持续发展提供战略支撑。

（4）固废园区设施协同及集约化布局战略

围绕生活垃圾处理与资源化设施资源能源协同，针对湿垃圾及不同低价值可回收物特点，开展了固废园区湿垃圾厌氧发酵和好氧堆肥相结合、塑料和织物协同利用技术研究，形成了协同利用方案2项；围绕固废产业园区设施布局优化，基于较优的协同利用技术模式，结合上海固废园区设施布局特点和规划，探索形成了多源有机固废协同处理模式1项，形成固废园区设施集约化布局方案，为资源能源的高效协同和设施布局优化提供支撑和依据。

（5）长三角一体化协同处理和资源化战略

对长三角地区垃圾源头产生量、处理成本、可回收物再利用带来的收益、垃圾接收地带来的生态环境风险等进行综合可视化统计分析，提出4种长三角区域低价值可回收物外运利用生态补偿价格模型；基于上海生活垃圾处理处置现状及存在的问题，分析了四座上海典型生活垃圾焚烧厂建设及垃圾处理情况，提出生活垃圾近海离岸处理基地构想，选定大白山为最佳选址，编制了垃圾处理规模5 000 t/d、预留20 000 t/d用地的离岸固废基地方案。围绕长三角地区生活源可回收物资源化利用协同，访谈本市及长三角地区相关委办局、协会、企业30余家，走访小区20个，针对长三角地区可回收物资源化利用协同机制提出了近期5个方面、中期3个方面的政策建议。

（6）生活垃圾低碳处置战略

开展了上海生活垃圾处理碳排放现状核算，并进行了生活垃圾处理碳排放量预测，按照现有设施及规划设施能力，预计到2035年时，垃圾焚烧及其渗滤液处理产生的碳排放约占97%，湿垃圾集中厌氧及其污水处理产生的碳排放源约占3%；通过对碳达峰和碳中和情景分析，提出了生活垃圾源头减量、垃圾精细分类、减少橡塑类含量等碳达峰、碳中和实施路径建议。

在上海生活垃圾处理和资源化战略规划方面，围绕上海生活垃圾全程分类体系战略发展需求，提出了源头精细化分类与源头减量、绿色中转与智慧物流、末端高效处置与循环利用的发展策略；制定了干垃圾和湿垃圾"中心城区统筹、郊区自行处置"，可回收物"本市分拣预处理+长三角区域统筹"的设施布局方案，提出了园区化、集约化、协同化的多点处置格局，形成了上海生活垃圾处理和资源化战略规划，为战略任务的有序实施提供支撑。

6项专项战略研究成果为战略目标的制定与实现提供了依据和支撑，核心指标和建议纳入《上海市生态空间建设和市容环境优化"十四五"规划》《上海市环境卫生设施专项规划（2022—2035年）》《上海老港生态环保基地"十四五"规划》《关于建立长三角地区生活源可回收物资源化利用协同机制的建议》等行业规划的编制及相关政策建议。

【咨询工作特点及经验教训】

1. 创新点

项目聚焦生活垃圾可持续综合利用和长三角区域协同资源化，形成中长期战略方案，为上海建设成为更可持续的韧性生态之城提供支撑。相较于传统规划研究,具有以下创新点:国际视野开阔,通过建立评价指标体系,筛选全球典型城市,并结合上海现状,与国际最高标准、最好水平进行对标;战略时间跨度大,中期展望至2035年,远期展望至2050年;战略覆盖空间范围广,主要针对上海市生活垃圾处理和资源化,低值可回收物考虑长三角区域协同;专题研究面广且深入,形成6项专项战略方案涵盖生活垃圾处理与资源化源头、中转、末端全过程,并制定了科学合理的实施路径。

2. 研究深度

完成了10个国家12座典型城市生活垃圾处理现状和近40个地区中长期战略对标分析,研究成果形成专著1部;项目访谈了本市及长三角地区相关委办局、协会、企业30余家,调研设施20余处,召开专题会议15次,阶段性成果专家咨询会10次;构建了四个方面包含8个一级指标、17项二级指标的关键指标体系,基于对标分析、趋势研判、模型预测,明确了中长期战略关键指标目标值;形成了6项专项战略方案,提出了战略规划与实施路径,研究成果为战略目标的制定与实现、行业规划的编制及相关政策建议的提出提供了依据和支撑。

3. 方法先进性

通过人均GDP、资源化利用水平、OECD全球废物管理指数、耶鲁大学全球环境绩效指数等典型指数分析,构建了先进性评价指标体系,选取典型城市及其不同方面进行深入对标研究,提升对标的针对性;通过构建适用于上海的1D-CLA生活垃圾预测模型预测中远期生活垃圾产生量,预测准确率达到95.3%,提升战略目标和实施路径制定的科学性;采用问卷调研、委办局、协会、企业访谈,及设施调研相结合,充分掌握行业现状以及中长期发展需求和趋势,提升战略方案的合理性和可实施性。

【咨询效果】

在规划影响方面,战略目标指标体系、战略规划及专项战略等研究成果为《上海市环境卫生设施专项规划(2022—2035年)》《上海市生态空间建设和市容环境优化"十四五"规划》《上海老港生态环保基地"十四五"规划》等文件的编制和发布提供了数据和技术支持,核心指标和规划建议纳入了相关规划文件,为城市安全运行提供了有力支撑。

在行业影响方面,项目构建的跨区域固废处置生态补偿机制及长三角地区生活源可回收物资源化利用协同机制等专题研究成果,支撑"上海市人大赵爱华非驻会委员工作室"提交了《关于建立长三角地区生活源可回收物资源化利用协同机制的建议》,为长三角地区生活垃圾处理和利用设施共建共享和区域协同提供了支撑,助力行业高质量发展。

在社会反响方面,项目制定的"更加可控的精准分类、更加低碳的处理方式、更加安全的风险管控、更加创新的治理机制"等四方面战略目标,紧紧围绕人居环境改善和绿色低碳发展,民众对生活垃圾处理和资源化工作满意度逐年提升。

在可操作性方面,项目在国际对标、上海现状及未来预测深入研究的基础上,制定了科学合理战略目标,并围绕战略目标制定了6项专项战略方案,提出了战略规划、实施路径及保障措施,确保战略目标可达。

推广前景方面,形成的系列成果在上海安全高效运行、长三角区域协同发展等方面已发挥了积极的作用,为上海生活垃圾绿色、低碳处理和区域协同发展提供了全面支撑,项目成果为生活垃圾处理行业发展提供有益经验和借鉴。

推进上海市疾控体系现代化建设及重大项目咨询

Research on Promoting the Modernization of Shanghai's Disease Control and Prevention System and Consultation on the Relevant Major Projects

编写单位：上海投资咨询集团有限公司
Shanghai Investment Consulting Group Co., Ltd.
联系电话：021-23300000　　网址：https://www.sicc.cn
主要完成人：王　昊　刘　晖　黄明祝　周凌云　罗慧辉　徐娅萌　施霞君　张劼怡　池彦琪

【点评】

该研究通过理论和实践相结合的方式，形成了以课题研究为基础，上海市疾病预防控制中心（简称"市疾控中心"）新建工程项目评估为主体，本市发热门诊标准化建设和公卫体系能力提升项目咨询为两翼的研究咨询模式，积极推进本市一批公共卫生项目的前期咨询工作，全方位推进本市"大疾控"体系现代化建设。研究针对本市疾控体系存在的短板与不足，提出加强基础设施建设、加大仪器装备投入、加速发热门诊建设、加快智慧疾控建设、加紧人才队伍建设、健全应急保障体系等举措建议。另外，课题组还完成上海市疾病预防控制中心新建工程的项目建议书和可行性研究报告的评估工作，为项目的推进和决策、加快建成与上海城市功能定位相适应、辐射长三角、服务国家战略的现代化疾病预防控制中心提供了智力支撑。

【项目背景】

上海市疾病预防控制体系作为疫情战线前端"侦察兵"、重点疾病防治"战斗队"、突发事件应急"消防队"，已成功应对了非典、H7N9禽流感等新发和输入传染病的威胁，并在此次新冠疫情防控阻击战中取得重大战略成果，有力地维护了上海城市公共卫生安全和社会和谐稳定发展。然而放眼全球，新发传染病进入了高发期和多发期，新发病毒性传染病发展形势越来越严峻。与此同时，随着上海加快"五个中心"建设，人口、货物频繁流动，大大增加了各类传染病输入和传播形成重大突发公共卫生事件的可能性，突发公共卫生事件防控形势严峻而复杂。与重大疫情防控要求相比，本市现有疾控体系在管理体制、基础设施、人才队伍、科研能力等方面也暴露出一些不足，疾控体系现代化建设需求迫切，尽快强化本市疾控体系薄弱环节对于完善本市疾控体系至关重要。

2020年1月，新冠疫情防控以来，党中央国务院高度重视疾病预防控制体系建设。2020年2月10日，习近平总书记在北京调研指导新冠肺炎疫情防控工作时指出，要把全国疾控体系建设作为一项根本性建设来抓，推进疾控体系现代化。2020年4月7日，上海召开全市公共卫生建设大会，并出台《关于完善重大疫情防控体制机制健全公共卫生应急管理体系的若干意见》，提出"到2025年成为全球公共卫生最安全城市之一"的建设目标。本市各级组织陆续启动疾控和其他公共卫生项目的建设工作，包括上海市疾病预防控制中心新建工程、各区疾控中心达标工程、市级医院发热门诊达标工程等。

在疫情仍在世界范围内肆虐、国家和本市加快推进疾控体系现代化建设的大背景下，项目组通过分析本市疾控体系存在的短板与不足，对加强本市疾控现代化能力建设，提出相关建议。项目组主要开展了以下工作：一是开展调查研究，重点聚焦本市疾控体系现代化建设研究；二是开展项目评估咨询，推动市疾控中心新建工程加快落地；三是形成以课题研究为基础，市疾控中心新建工程项目评估为主体，本市发热门诊标准化建设和公共卫生体系能力提升项目咨询为两翼的研究咨询模式，积极推进本市一批公共卫生项目快速落地，全方位推进本市"大疾控"体系现代化建设。

【项目内容】

1. 先期开展本市疾控体系现代化建设课题研究

（1）调研分析本市疾控体系发展现状

当前，上海市形成了市、区两级疾控系统，以及由市疾控中心、区疾控中心和社区卫生服务中心组成的疾病预防控制三级网络体系。以2010年上海世博会保障为契机，本市率先建立了集动态风险评估、疫情监测、舆情监测、事件监测、实验室快速综合检测为一体的保障模式。依托市、区、社区三级网络，本市在全市设置1.5万个监测点，开展各类疾病及健康相关因素监测，仅市疾控中心2019年处置公共卫生苗子事件2 000余起，突发公共卫生事件30起。

人才队伍建设方面，根据《2019上海统计年鉴》，上海每万人口疾控人员数仅为1.27，为国家标准的72.6%，远低于美国的9.3和俄罗斯的13.8的人员配置水平。基础设施建设方面，经统计，2019年市疾控中心基础用房人均建筑面积仅约为36 m^2，远低于《疾病预防控制中心建设标准》规定的"省级人均建筑面积应达到70 m^2"的要求。2019年全市各区疾控中心平均人均建筑面积约为52 m^2，且均未达到人均65 m^2 的标准要求。另外，各类试剂、耗材、特种车辆和应急物资储备等设施设备无法满足需求。实验用房设置方面，虽然每个区都不同程度设置了实验室用房，但与国家标准对实验室的配置要求仍有差距。仪器设备配置方面，本市各区疾控中心平均现有实验与现场检测专用仪器设备约为251台（套），各区的实验室设备配置存在较大差异。实验室检测能力建设方面，2019年上海市疾控中心实验室检测项目1 800项，满足《疾病预防控制中心建设标准》（建标127）提出的省级标准1 700项，而区级疾控中心2019年平均可开展445类项目，开展率仅为84.76%。信息化系统建设方面，建立了市、区两级疾控信息平台，在全市558家医疗卫生机构、3 600余家学校和托幼机构部署应用，覆盖了45种疾病和20余类疾病危险因素等。

（2）查找提出本市疾控体系存在的短板与不足

一是疾控体系职能定位待理顺。由于医疗、疾控和基层行政管理部门各自为战，没有形成"统筹、融合、一体化管理"的格局，加之社会普遍的重治轻防思想，疾控中心推进疾病防控工作单一，医疗机构未能很好履行在疾病预防控制工作中的法定职责，不能很好发挥在疾病监测早发现、早诊断、早治疗中的作用，临床医学与预防医学功能割裂，防治均不力，严重影响了疾病预防控制的工作效率。

二是硬件设施设备水平待提高。依据现状的研究情况，本市市级疾控中心和16个区级疾控中心的建筑面积均有不同程度的缺口，其中市级疾控中心缺口最大。市疾控中心现有建筑面积为32 194.92 m^2，主要建筑物建造时间为1987年至2004年。中心人员编制数903人，基础用房人均建筑面积仅为约36 m^2，远低于《疾病预防控制中心建设标准》中"省级疾病预防控制中心人均用房面积70 m^2"的标准；2016年，国家卫计委对全国省级疾控中心进行规范化建设综合评价，市疾控中心的业务用房面积排名垫底。市疾控中心的实验室大楼建于2004年，实验室已无法满足现有检测任务的要求。

三是公共人才队伍待加强。本市公共卫生人才总量不足，疾控体系的从业人员在逐年减少，人员质量和能力整体偏低，且长期得不到有效补充，多学科团队难以形成。分析其成因，主要包括编制不足、岗位设置结构严重脱离实际需要、待遇保障水平低、外界市场诱惑大等。由于疾控中心薪酬核定标准偏低，与疾病预防控制人员高强度、高危险性的岗位付出不相匹配，公共卫生行业整体吸引力下降。

四是疾控科技创新能力待提升。由于缺乏高端仪器设备对科研项目的支撑，市疾控中心高级别科研项目竞争优势逐渐减弱。市疾控中心高端人才和后备人才严重不足，本市公共卫生与预防医学学科整体水平下滑。科研激励方面，部分基层疾控中心的卫生技术岗位与管理、工勤岗位的绩效工资无显著性差异，没有体现医疗卫生行业特点，激励效果差。

五是信息协同共享机制不健全。本市疾病预防控制三级网络体系所涉及的包括疾病监测、预防接种、卫生应急管理、慢性病防治、五大卫生等工作，均未能建立起自上而下（或自下而上）的信息系统，大家各自为战，造成信息"烟囱"和"孤岛"，导致很多工作无法有效对接，大量数据无法有效利用。

（3）研究提出加快本市疾控体系能力建设的若干举措

一是加强基础设施建设，提高发展平台能级。市疾控中心根据总体功能定位和发展要求，实施整体新建工程。在功能用房设置上，增加建设承担国家任务的8个前瞻性布局重点实验室。合理推进区疾控中心达标建设。充分发挥社区卫生服务中心的基石作用，推进传染病专科门诊和预防接种门诊的规范化建设。

二是加大仪器装备投入，提升检验检测能力。将市疾控中心建设成为在仪器设备、技术和综合实力等方面国内领先的省级疾控中心，未来具备构建公共卫生亚太区域中心实验室平台的能力。确保各区疾控中心仪器设备达到地市级标准的要求，实验室检测参数提高至525项；未来实现各区疾控中心实验室检测参数平均达到630项。

三是加速发热门诊建设，实现预防关口前移。加快开展发热门诊标准化建设。按照"先郊区医院后市区医院、先二级医院后三级医院"的原则配置CT设备，分批分期完成安装。加强核酸检测能力建设。

四是加快智慧疾控建设，实现精准高效防控。在电子政务网络体系下，完善涵盖市、区两级疾控信息平台和市、区、社区三级工作网络的疾控信息网络体系；加强信息共享与互联互通，推进疾控系统内协同与共享；建立市级疾病大数据平台，全面发挥"智慧疾控"的作用。

五是加紧人才队伍建设，提升持续发展能力。将公共卫生人才纳入各级卫生紧缺人才清单，加大公共卫生人才引进政策倾斜力度。改革职称评聘制度，启动各级疾病预防控制中心新一轮岗位设置，提高各级疾控机构高级技术岗位配置比例。建立合理的薪酬制度、考核机制和激励机制，提高人员积极性。

六是健全应急保障体系，强化物资保障能力。建立常用物资储备清单、国内生产供应商清单和临时物资征用清单；加快重大突发事件应急响应与物资保障协同联动；健全储备体系；建立本市应急物资供应调度数字化平台；立足本市产业实际，建立或储备必要的物资生产线。建立与公共卫生监测预警体系相对接的物资生产保障监控体系。加强长三角区域应急物资生产保障的互济互助和产业链协同联动机制。

2. 开展上海市疾病预防控制中心新建工程项目评估咨询

在先期课题研究成果基础上，项目组高质量完成了上海市疾病预防控制中心新建工程项目建议书和可行性研究报告（初步设计深度）的评估咨询工作。

该项目建设单位为上海市疾病预防控制中心和上海市民防办公室2个独立法人。该项目选址位于虹桥商务区主功能区北部Ⅲ-A01街坊Ⅲ-A01-08地块内。该项目依据《疾病预防控制中心建设标准》（建标127—2009）的规定以及未来发展需求，新建市疾控中心基本用房、特殊用途实验室、承担国家重点任务实验室、公共卫

图1　上海市疾病预防控制中心效果图

生医师规范化培训基地、国家突发急性传染病防控队基地、生物样本库、前瞻性布局重点实验室、上海市公共卫生应急指挥中心、突发公共卫生应急作业中心等用房；在按照相关规定要求配建民防工程的基础上，由市民防办为建设主体，投资建设公用民防设施，设置人防指挥所、防空专业队工程、人防战备物资库等人防专业配套工程；同步实施室外道路广场、总体管网、照明、绿化、围墙等配套工程。

该项目总建筑面积为117 420 m^2，其中，新建市疾控中心地上建筑面积为80 000 m^2、地下建筑面积为17 420 m^2；新建市民防办地下公用民防设施建筑面积为20 000 m^2。该项目总投资为160 659.72万元。

3. 开展本市一批"大疾控"体系建设项目评估咨询

（1）上海市加强公共卫生体系建设三年行动计划（2020—2022年）能力提升、惠民服务、支撑保障类项目财政专项资金评审

2020年6月5日，上海市人民政府办公厅印发《关于转发市卫生健康委等四部门制订的〈上海市加强公共卫生体系建设三年行动计划（2020—2022年）〉的通知》（沪府办〔2020〕36号），确定了应急管理、能力提升、惠民服务、支撑保障四大板块和建设方向，着力促进本市公共卫生体系在基础设施、核心能力、学科人才、工作机制等方面实现高质量发展。2003年以来，上海市政府已连续组织实施了四轮"上海市加强公共卫生体系建设三年行动计划"，推动了我市公共卫生体系在硬件建设、规范标准、服务能级、人才队伍等方面"从无到有""从弱到强"的快速发展。本项目的实施是对前四轮"行动计划"的延续，有一大批可复制、可推广的项目成果经验基础。实施项目聚焦本市公共卫生体系的问题、短板与需求，以新冠肺炎疫情常态长效防控为重中之重，突出疫情防控中最直接、最紧迫、最深刻的问题，紧扣"补短板、强弱项、增能力"工作目标，经发改、财政和经信等部门多轮筛选评审，并由市政府办公厅审定批准，为项目的落实提供有力支撑。

该项财政专项资金的预算主管部门为上海市卫生健康委员会，项目单位为各卫生健康领域相关单位，根据市委市政府《关于完善重大疫情防控体制机制健全公共卫生应急管理体系的若干意见》和《健康上海行动（2019—2030年）》，落实2020—2022年公共卫生体系建设三年行动计划。具体包括：聚焦城市公共卫生安全，健全重大公共卫生应急管理体系；聚焦能力提升，强化公共卫生服务内涵建设；聚焦人群健康需求，实施惠民利民工程；聚焦支撑保障，健全公共卫生多元参与机制。实施内容分为应急管理、能力提升、惠民服务、支撑保障四大类别13个大项（含24个小项）。项目申报金额115 012.95万元。

（2）6个市级医院发热门诊达标建设项目可行性研究报告（初步设计深度）评估咨询

① 上海交通大学医学院附属仁济医院感染楼（含示范性发热门诊）项目可行性研究报告（初步设计深度）评估。

② 上海市第六人民医院东院发热门诊改扩建项目可行性研究报告（初步设计深度）评估。

③ 上海交通大学医学院附属仁济医院南院新建发热门诊项目可行性研究报告（初步设计深度）评估。

④ 上海交通大学医学院附属瑞金医院发热门诊综合楼工程项目可行性研究报告（初步设计深度）评估。

⑤ 上海市中医医院发热门诊改扩建（公共卫生应急中心）工程项目可行性研究报告（初步设计深度）评估。

⑥ 上海市胸科医院发热门诊改扩建工程项目可行性研究报告（初步设计深度）评估。

【工作过程】

1. 主动开展前瞻性研究

2020年3月，在复工后的第一时间，上咨集团成立以集团副总经理王昊为组长的课题组，开展推进本市疾控体系建设的前瞻性研究工作。2020年3—4月，组织专家研讨，明确研究的目标和框架；5—6月，对本市及部分区疾控中心开展调研，了解现状及问题；7—10月，开展补充调研和座谈，研究国内外疾控体系发展情况，在综合分析的基础上，形成对本市疾控体系现代化建设的若干建议。

2. 全力推动重大项目落地

2020年4—10月，受上海市发展改革委委托，公司先后完成上海市疾病预防控制中心新建工程项目建议书和可行性研究报告（初步设计深度）的评估工作，对项目功能定位、建设内容、建设规模、建设方案、重点实验室布局以及工程概算等主要内容提出了全面深入的评估意见和优化建议，为项目推进和决策提供智力支撑，有力

保障重大项目实现年内动议、年内立项、年内开工的目标。

3. 助力本市"大疾控"体系建设

2020年9—11月，受上海市财政局委托，对《上海市加强公共卫生体系建设三年行动计划（2020—2022年）能力提升、惠民服务、支撑保障类项目》实施内容中四大类别13个大项（含24个小项）开展财政专项资金评审，聚焦本市疾控中心能力提升，强化公共卫生服务内涵建设；2020年10—12月，受上海市发展改革委委托，对仁济医院、瑞金医院等6个市级医院发热门诊达标建设项目可行性研究报告（初步设计深度）开展评估工作，加速发热门诊建设，筑牢第一道防线。同时，在2021年我公司还先后开展了本市嘉定、奉贤、金山、闵行、黄浦等区级疾控中心项目前期评估、咨询工作，进一步推进夯实本市疾控体系基石。

【咨询工作特点及经验教训】

项目组紧紧围绕加快本市疾控体系"补短板、强弱项、增能力"的总体目标，形成以课题研究为基础，市疾控中心新建工程项目评估为主体，发热门诊标准化建设和疾控体系能力提升项目咨询为两翼的研究咨询模式，全方位推进本市"大疾控"体系现代化建设。

1. 应对新冠疫情防控，聚焦本市疾控体系建设研究

课题组历经近7个月时间，形成《推进本市疾控体系现代化建设 筑牢超大城市公共卫生防线》的研究报告，摸清现状、梳理问题、研究标准、对标国际，提出加快形成与上海城市功能定位相匹配、与超大城市公共卫生安全保障要求相适应的，体制合理、运行高效和技术先进的疾病预防控制体系总体目标，重点从本市疾控的管理体系、基础设施、仪器装备、医防融合、智慧疾控、人才队伍以及应急保障等七个方面提出相关建议。其中在基础设施建设上，强化市疾控中心的前瞻性重点实验室建设，充分发挥市级疾控中心在本市疾控三级网络体系中的统领作用。在医防融合上，加速发热门诊建设，实现预防关口前移。在能力提升上，加强各级疾控仪器装备、人才队伍以及信息化建设。

2. 形成合理评估模式，加快市区疾控中心达标建设

在本市疾控体系中，市疾控中心在本市三级疾病预防控制网络中起到龙头作用，对区级疾控中心具有引领、示范作用，其中场所规模、设备配置和人才队伍是关系疾控中心发展的三大要素。项目组结合前期关于疾控体系的研究，并深入调研市疾控中心面临的问题和发展需求。在项目评估中，项目组充分考虑相关建设标准的规定，确保疾控中心基本配置达标；在此基础上又积极对标国际最高标准，对其规划建设一批具有国际先进水平的重大设施和前瞻性布局的重点实验室予以积极支持，为市疾控中心提升其"一锤定音"的核心能力、前瞻性研究能力和决策咨询能力提供基础保障。项目组在完成上海市疾控中心新建工程的项建书和可行性研究报告（初步设计深度）的评估工作后，形成了对疾控中心功能定位、规模论证、建设标准和工程造价等方面的经验模式，在后续承担的5个区级疾控中心的新建、迁建及改建项目中积极实践。对于区级疾控中心，我们建议以达标建设为主，适当提高其研究、检测能力，以夯实本市疾控体系基石。

3. 民防设施平战结合，有效提高城市综合防护能力

在上海市疾控中心新建工程项目建议书评估过程中，由于考虑到市疾控中心还承担了本市生物反恐职能，为加强地下空间综合利用，统筹规划和布局城市公共安全重要设施，经专家论证，经市民防办同意，在本项目按照相关规定要求配建民防工程的基础上，由市民防办为建设主体，投资建设20 000 m²的公用民防工程。本公用民防设施为平战结合工程，战时功能包括人防指挥所、核生化监测中心、防空专业队工程等，平时功能为社会公共地下停车库。项目的实施也有利于填补本市防护工程体系功能配套的空白，提高城市的整体防护能力。

4. 完善医防融合机制，持续织密公共卫生体系网络

根据课题组的研究报告，提出完善医防融合机制，加速发热门诊建设，筑牢第一道防线。2020年10—12月，受市发展改革委的委托，我公司对仁济医院感染楼（含示范性发热门诊）、瑞金医院发热门诊综合楼、上海市胸科医院发热门诊改扩建等6个市级医院发热门诊达标建设项目可行性研究报告（初步设计深度）开展评估工作。项目组按照《上海市发热门诊基本设置标准（试行）》的标准要求，重点就项目的建设内容、建设规模、流线布局、建设方案以及工程概算进

行评估，有力地推进本市发热门诊达标建设，对落实确诊病例的早期筛查、报告、诊断、治疗发挥重要作用。

5. 聚焦疾控能力提升，强化公共卫生服务内涵建设

围绕"补短板、强弱项、增能力"的总体工作目标，上海出台《上海市加强公共卫生体系建设三年行动计划（2020—2022年）》，实施项目聚焦本市公共卫生体系的问题、短板与需求，以新冠肺炎疫情常态长效防控为重中之重，突出疫情防控中最直接、最紧迫、最深刻的问题。2020年9—11月我公司受上海市财政局委托，重点就项目实施必要性、申报程序合规性、申报内容及材料基本完整性、实施方案可行性、测算依据合理性以及绩效目标是否基本反映项目立项要求和建设内容等方面，对《上海市加强公共卫生体系建设三年行动计划（2020—2022年）能力提升、惠民服务、支撑保障类项目》实施内容中四大类别13个大项（含24个小项）开展财政专项资金评审。项目的实施是对本市疾控体系设施设备、服务能力、人才队伍建设和学科发展短板的加强，是持续推进本市加强公共卫生体系建设的重要保证。

【咨询效果】

本项目研究成果主要包括：一份前瞻性研究报告、上海市疾控中心新建工程项建书及可行性研究（初步设计深度）评估报告、本市6家市级医院发热门诊达标建设项目可行性研究（初步设计深度）评估报告以及本市加强公共卫生体系建设三年行动计划（2020—2022年）能力提升、惠民服务、支撑保障类项目财政专项资金评审报告。上述报告均为围绕加快本市疾控体系"补短板、强弱项、增能力"的总体目标，提出的具有前瞻性、针对性和可操作性的意见和措施。

其中，《推进本市疾控体系现代化建设研究》提出的探索本市疾控体系垂直化管理模式，形成由市疾控中心统一部署、统一指挥、统一保障的三级网络体系，具有一定的前瞻性。2021年5月13日，国家疾病预防控制局在北京正式成立，为疾控管理体系改革打开了一条道路。

项目组参与前期评估的上海市疾病预防控制中心新建项目，将最大化满足本市常态化及重大公共卫生应急响应等特殊时期运行的需要，为城市守牢抵御重大疾病风险的"大坝"。上海市疾病预防控制中心新建工程主要新建2栋实验楼、1栋综合业务楼以及2层地下室，设置市疾控中心业务、科研、保障等功能用房及相关配套设施，以及市民防办地下公用民防设施。新建总建筑面积为117 420 m^2，其中，新建市疾控中心地上建筑面积为80 000 m^2、地下建筑面积为37 420 m^2。总投资为150 220万元（不含土地费用）。此后，项目组又先后开展了嘉定、奉贤、金山等区级疾控中心的新建、迁建及改建项目评估工作。

项目组参与前期评估的本市6家市级医院发热门诊达标建设项目，成为本市疫情防控的重要关口和医疗救治的重要阵地，形成了可复制推广的发热门诊建设管理工作经验。为此，国家卫健委印发《关于推广上海市发热门诊建设管理工作经验的通知》（联防联控机制医疗发〔2020〕225号），要求各地在疫情防控和医疗救治工作中学习借鉴。

支持上海应对新冠肺炎疫情恢复经济发展活力的系列政策研究

Policy Research to Support Shanghai's Response to COVID-19 and Economic Recovery

编写单位：上海投资咨询集团有限公司
Shanghai Investment Consulting Group Co., Ltd.
联系电话：021-23300000　　**网址**：https://www.sicc.cn
主要完成人：王骅　吕海燕　周明　缪艳萍　唐晓莉　徐美卿　王艳茹　谢诗光

【点评】

该项目主动、全面、及时采集中小企业一手信息，分析市场一手资料，重点聚焦疫情防控下焦点热点，形成研究成果和3份专报，报送至市相关部门，为政府部门精准施策提供数据支撑和政策建议。通过开展"上海重点行业受疫企业情况调研"线上问卷调研，聚焦制造、商贸、餐饮、文化娱乐、旅游等受疫情影响较大的行业，及时了解重点行业企业经营状态以及疫情造成的损失情况。实时关注汇总疫情发生以来中央及全国各地应对疫情及提振经济发展的系列政策措施，形成含百余项支持企业应对疫情的政策库。聚焦疫情防控下中小企业、文旅行业发展难点痛点，精准识别政策切入点，围绕税收、用工、租金、融资等重点领域，提出"四减四加"共21条纾困政策建议；聚焦旅游企业经营收入断崖式减少、各类开支持续流出、资金链周转出现困难等问题，提出支持本市旅游企业应对疫情的8大建议；聚焦促进疫后消费、恢复经济发展活力，提出促消费16条建议，建议有区域特色也有创新突破，充分体现政策建议的时效性、针对性、前瞻性、操作性。

【项目背景】

新型冠状病毒疫情暴发以来，上海市有序有力推进各项防控举措，但综合叠加整体经济处于下行周期、供给需求双向不足、人工等成本上涨、中小企业自身抗风险能力弱等因素，疫情带来的短期影响不容忽视。

1. 短期来看，企业有现金流断裂风险

由于无法正常开业经营，如餐饮、电影院等业务几乎陷入停顿状态，很多企业经营收入在短期内大幅减少，而场地费用、人力费用、贷款利息等固定成本仍在持续支出，部分企业缺乏储备现金，或储备现金仅可维持2—3个月。如长期处于入不敷出状态，不少中小企业将直面现金流断裂之痛，从而将引发减薪裁员、歇业倒闭、行业萧条等系列连锁反应。

2. 中期来看，行业恢复正常运作有压力

以旅游、会展、文化娱乐、教育培训等为代表的服务性行业，因市场订单拖延或取消，在复产复工后将面临市场需求短缺、产能过剩的问题。而制造型企业尤其原材料、产品涉及进出口的，还将面临上游供应链无法接续、下游市场销售停滞的难题。此外，目前本市务工人员返城、复工多已推迟，加之疫情防控要求的隔离措施，都将对企业恢复正常经营后的用工保障造成较大压力。

3. 长期来看，市场发展预期恐低迷

疫情结束后将对市场消费心理及行业信心产生波动效应，电影、旅游等消费性行业将较难出现大规模补偿性增长，经济下行压力增大，GDP增速放缓。同时，世界卫生组织发布疫情为国际关注的突发公共卫生事件，国际避险情绪、部分国家的旅行和贸易限制措施及由此带来的其他负面影响消化尚需时日，亟须尽快尽早恢复行业景气，对国际社会预期形成正面抵冲。

【项目内容】

形成《关于全力支持中小企业等市场主体及实体经济稳定发展坚决打赢防控新型冠状病毒

感染肺炎疫情阻击战调研情况报告》《关于支持本市旅游企业应对疫情的八大政策建议》《提信心、促消费、保增长——关于促进上海疫后消费扩容提质的若干政策建议》等成果，通过专报上报并获得市委市政府主要领导批示，被市相关部门采纳吸收，为政策发布提供了重要支撑。

1. 为企业发声，排摸本市企业现状发展需求

为更好支持政府部门精准施策，2020年2月2日起，在全市疫情防控的关键期，课题组开展了"上海重点行业受疫企业情况调研"线上问卷调研，聚焦制造、商贸、餐饮、文化娱乐、旅游等受疫情影响较大的行业，从"企业生产经营状态""恢复正常复工状态所需时间""疫情对企业经营造成的最主要压力""疫情对企业造成的损失""疫情下企业停车的损失、对企业后续发展的影响以及不能复工的主要原因""最希望政府做出的工作和出台的支持政策"等方面，为摸清疫情阶段企业最迫切的政策需求提供依据。从2020年2月2日19时到2月3日14时19个小时内，调查累计回收4 028份问卷，95%以上为中小企业。问卷显示，停产停工企业比例近90%，1/3企业表示复工后需要3—6个月的时间才能恢复到正常经营状态，近80%的企业预估本次疫情造成的损失在500万元以内，其中旅游企业受疫情影响较大，30%的企业反映受影响超过6个月，疫情带来的经济损失超过500万元，因停工可能造成订单交付问题和违约赔偿。

2. 借他山之石，汇总形成国内外政策举措库

实时关注汇总疫情发生以来中央及全国各地应对疫情及提振经济发展的系列政策措施，并借鉴日本、新加坡、美国、英国等促消费做法，总结梳理相关经验，最终形成含国家部委及北京、浙江等兄弟省市百余项支持企业应对疫情的支持政策库，形成国内外促消费12个领域超50种经验做法。其中，中央层面重点围绕财税、金融、社会保障、对外贸易等关键领域出台政策，强力稳定中国经济预期。各类金融机构积极响应政府号召，多措并举，集成扶持，与受疫情所困的中

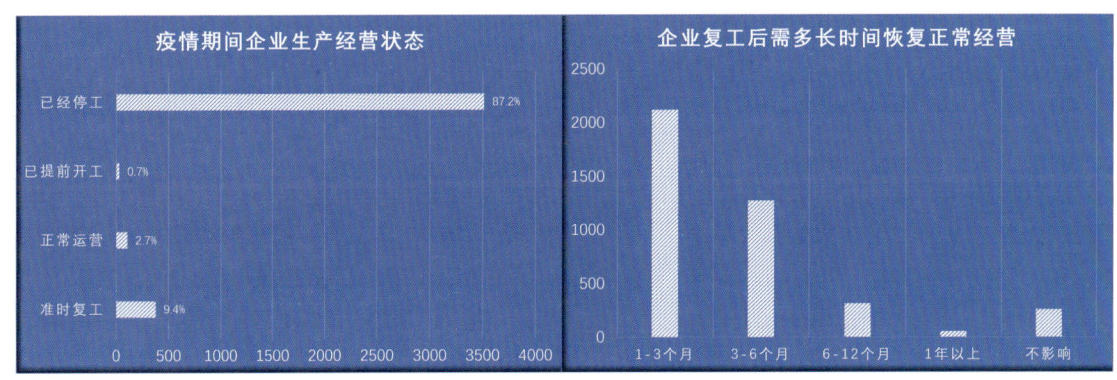

图1　上海重点行业受疫企业经营状态

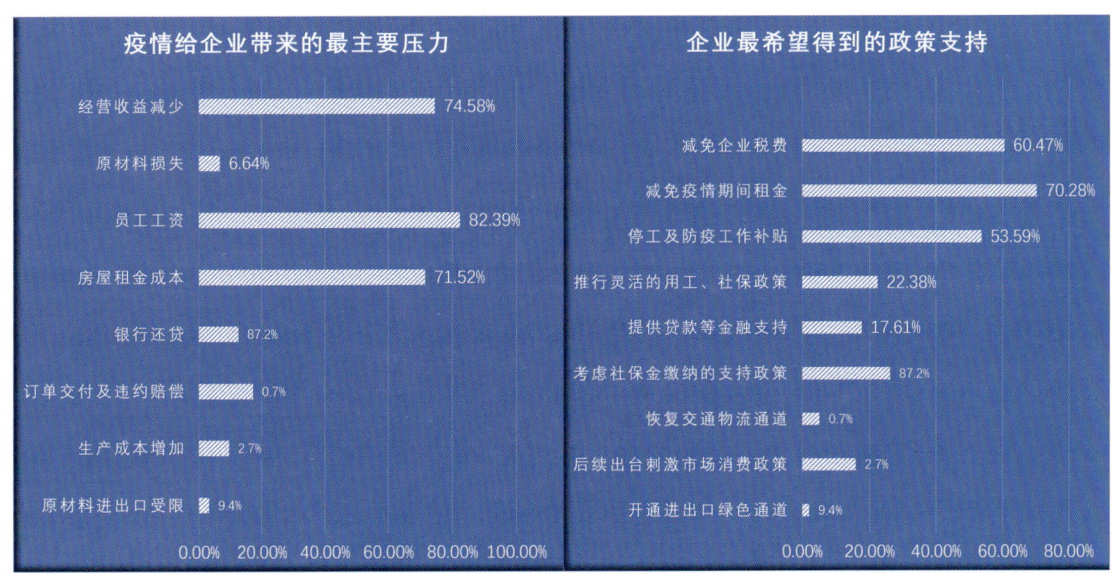

图2　上海重点行业受疫情主要压力及政策诉求

小企业相伴同行。各省市在认真贯彻落实国家文件的同时,结合地方实际情况,推出一批有地方特点的政策措施,做好自选动作。此外,在促进消费扩容提质方面,重点从保就业方面稳定消费信心,减轻消费顾虑。从居民减负、发放消费券、增加消费信贷和消费时间等方面增强消费能力,释放消费潜力。从策划节庆活动、发展夜间经济、丰富产品供给、做好形象推广等方面优化消费供给,激发消费欲望。

3. 精准建言献策,提出各领域政策建议

针对中小企业提出"四减四加"应急纾困政策。立足疫情期间纾困问题,坚持"纾困和缓解"的方针,提出降低税收负担、降低人工费用、降低租金成本、降低费用成本及加设疫情支持期、加大稳岗援企力度、加大金融支持力度、加强重点服务便利化等"四减四加"。其中降低税收负担包括对重点行业中小企业试点工资薪金加计扣除、部分税收减免优惠等;降低人工费用包括执行弹性工资制度、弹性社保缴费;降低租金成本包括实施物业租金减免、减免金额视成本处理;降低费用成本包括减免政府性收费、调整企业收取费用、降低商业用能执行标准等;加设疫情支持期为2020年1—3月;加大稳岗援企力度包括实施援企稳岗政策、在地人员到岗补贴、医护人员临时补贴、线上培训费补贴等;加大金融支持力度包括确保企业信贷余额和融资成本稳定、酌情降低企业融资成本、加大融资支持力度等;加强重点服务便利化包括保障企业复工复产、提供便利化税收缴纳服务、深化智慧政务服务等。

针对旅游企业提出应对疫情的八大政策建议。立足本市旅游发展实际情况,在吸收借鉴海南、浙江、江苏、陕西等兄弟省市经验做法的基础上,为当前疫情期间及此后的上海旅游产业"疗伤",从全面贯彻落实已有政策、筹措安排专项纾困资金、调整历年专项资金使用、多措并举减轻企业负担、加大金融助企纾困力度、实现更多"在地化"旅游、提振疫后旅游市场信心、转危为机赋能旅游产业等八个方面提出政策建议。其中全面贯彻落实已有政策,协助旅游企业切实享受到税收优惠、房屋租金减免、贷款利率优惠、失业保险稳岗返还、延长社会保险费缴期、培训费补贴、职工医保费率下调等政策;筹措安排专项纾困资金,重点支持大型旅游企业开展业内扶持计划、支持旅游中小微企业持续发展、支持旅游企业开展疫后恢复经营、支持旅游企业流动贷款贴息;调整历年专项资金使用,以前年度已获得市级专项资金支持的旅游企业,如资金已拨付但尚有结余的,可用于2020年稳岗支出;多措并举减轻企业负担,落实退还旅游服务质量保证金、免除旅游行业协会会员单位会费等系列政策;加大金融助企纾困力度,指导旅游企业向金融机构争取信贷投放,鼓励金融机构对重点领域项目优先予以信贷支持;实现更多"在地化"旅游,如鼓励长三角机关事业单位和国有企业更多地将职工疗休养安排在上海或长三角城市,试点发行市民健康生活体验券等;提振疫后旅游市场信心,研究制定上海激发文化和旅游消费潜力的专项政策,搭建上海世界著名旅游城市的宣传营销平台等;转危为机赋能旅游产业,聚焦5G通信、无人配送车、云迹机器人、在线旅游等新模式,提前谋划布局上海旅游产业新业态、新模式的培育型政策。

针对恢复经济发展活力提出十六条政策建议。为充分释放上海消费潜力,落实落细"一手抓防疫,一手抓经济",综合国内外促消费的经验做法,结合上海现代大都市优势特点,以恢复社会信心、恢复经济活力、恢复市场秩序为出发点,营造良好消费环境,全面激发消费对全市经济增长拉动作用,提出16条疫后促消费具体政策建议。短期政策坚持求突破、见实效,围绕稳信心、强能力、优供给三个维度提出相关政策建议,其中,稳信心重点持续稳就业,包括支持企业稳岗、机关、事业单位和国企新增岗位等;强能力包括保障居民消费时间、推出消费惠民措施、减轻居民税收负担、加大退税免税力度、鼓励汽车消费、鼓励门票减免等;优供给包括丰富节庆活动、鼓励夜间延时运营、提升财政资金支持效率等。长远政策坚持稳预期、提信心,包括稳物价保民生、创新上海城市形象推广、促进消费提质扩容、做大新兴消费市场、鼓励消费金融创新、加快推进重点项目等。

【工作过程】

2020年疫情发生以来,上咨集团密切关注社会经济发展态势,自觉服从服务疫情防控,主动响应、积极谋划,第一时间组建抗疫助企工作团队,2月2日起,在全市疫情防控的关键期,开展企业调研和政策研究工作,帮助企业解决燃眉之急,助力政府部门统筹推进疫情防控和经济社会发展。

1. 广泛调研，倾听企业呼声

课题组以注重调查研究作为基本遵循，坚持把调查研究与咨政建言相结合，聚焦制造、商贸、餐饮、文化娱乐、旅游等受疫情影响较大的行业，及时、充分调研了上海重点行业受疫企业情况，在两天内累计回收4 028份问卷，通过采集企业一手信息，分析市场一手资料，细致排摸疫情对重点行业、重点企业的冲击和影响，了解生存现状、面临问题及减负需求，在问题及诉求调研基础上探求更有效果、更贴近实际的对策建议，并形成项目研究成果报送市相关部门，协助政府单位实质性解决企业个性难题和共性问题，为政府部门制定具有科学性、可行性和针对性的政策，服务企业应对疫情提供支撑，提振企业发展信心。

2. 系统梳理，学习优秀经验

中央层面针对关键紧迫问题陆续出台支持政策，各地政府、各相关机构也积极酝酿推出相关举措，部分市场主体也纷纷推出自救措施。课题组实时关注汇总疫情发生以来中央及全国各地应对疫情及提振经济发展的系列政策措施，在无模板、无标准的前提下，克服疫情封控影响，加班加点开展政策梳理等工作，最终形成含国家部委及北京、浙江等兄弟省市百余项支持企业应对疫情的支持政策库。根据梳理，中央层面从战略高度重视疫情对中国经济的冲击，相关部委也在财税、金融、社会保障、对外贸易等关键领域出台政策，强力稳定中国经济预期。国家文件下发后，各省市在认真贯彻落实的同时，还结合地方实际情况，推出一批有地方特点的政策措施，做好自选动作。

3. 建言献策，优化政务服务

聚焦疫情防控下中小企业、文旅行业发展面临的难点痛点，精准识别政策切入点，围绕税收、用工、租金、融资、营商环境等重点领域，提出"四减四加"共21条纾困政策建议；聚焦旅游企业经营收入断崖式减少、各类开支持续流出、资金链周转出现困难等问题，提出支持本市旅游企业应对疫情的8大建议；聚焦促进疫后消费、恢复经济发展活力，提出促消费16条建议，建议有区域特色也有创新突破，充分体现政策建议的时效性、针对性、前瞻性、操作性，为全市稳信心、稳预期、稳形势尽智库应尽之责。

【咨询工作特点及经验教训】

上咨集团密切关注社会经济发展态势，自觉服从服务疫情防控，心系企业前途命运，胸怀上海发展大局，肩担建言献策之责，重点聚焦疫情防控下上海中小企业发展、文旅行业扶持和疫后促消费等焦点热点，主动、全面、及时开展系列研究，形成相关研究成果，为政府部门精准施策服务企业应对疫情提供数据支撑和政策建议，助力上海政府以更加积极有为的政策，强信心，稳预期，正能量，持续加力推动高质量发展，确保实现经济社会发展目标。

1. 选题准，砥砺家国情怀

新冠肺炎疫情对宏观经济影响，具有阶段性特征，不会改变中国经济长期向好基本面，但综合叠加整体经济处于下行周期、供给需求双向不足、人工等各类成本上涨、中小企业自身抗风险能力弱等因素，短期内疫情带来的影响不容忽视，文旅行业更是首当其冲。上咨经济发展研究院自疫情发生以来一直密切关注社会经济发展态势，关注各行各业受疫情况及现实需求，自觉站在第二战场的最前沿，为企业之所想、急企业之所需、尽智库之所能。2020年2月2日起，在全市疫情防控的关键期，项目组集全院之力，迅速启动本市中小企业生存现状排摸，及时开展全力支持中小企业等市场主体及实体经济稳定发展的政策建议、支持旅游企业应对疫情的政策建议、促进上海疫后消费扩容提质若干政策建议等系列研究，为坚决打赢疫情防控的阻击战贡献上咨力量。

2. 研究深，牢记初心使命

扎实做好调研分析，才能及时抓住"时"与"势"。一方面，企业对市场变化、行业冷暖最敏感，为掌握企业的最直接诉求，项目组发挥专业智库优势，精心组织、广泛发动，依托各级政府部门、行业协会、社会组织等资源，重点聚焦制造、商贸、餐饮、文化娱乐、旅游等受疫情影响较大的行业，开展"上海重点行业受疫企业情况调研"，累计回收4 028份问卷，梳理近15个行业需求。另一方面，课题组实时关注汇总疫情发生以来中央及全国各地应对疫情及提振经济发展的系列政策措施，并借鉴日本、新加坡、美国、英国等促消费做法，总结梳理相关经验，形成政策借鉴。

3. 建议实，践行智库担当

立足疫情期间纾困问题，坚持"纾困和缓解"的方针，提出降低税收负担、降低人工费用、降低租金成本、降低费用成本及加设疫情支持期、加大稳岗援企力度、加大金融支持力度、加强重点服务便利化等"四减四加";立足本市旅游发展实际情况,在吸收借鉴海南、浙江、江苏、陕西等兄弟省市经验做法的基础上,为当前疫情期间及此后的上海旅游产业"疗伤",从全面贯彻落实已有政策、筹措安排专项纾困资金、调整历年专项资金使用、多措并举减轻企业负担、加大金融助企纾困力度、实现更多"在地化"旅游、提振疫后旅游市场信心、转危为机赋能旅游产业等八个方面提出政策建议;针对恢复经济发展活力,综合国内外促消费的经验做法,结合上海现代大都市优势特点,以恢复社会信心、恢复经济活力、恢复市场秩序为出发点,营造良好消费环境,全面激发消费对全市经济增长拉动作用,提出16条疫后促消费具体政策建议。

【咨询效果】

1. 成果转化

《关于全力支持中小企业等市场主体及实体经济稳定发展坚决打赢防控新型冠状病毒感染肺炎疫情阻击战调研情况报告》获得市政府领导批示,并为市政府出台《上海市全力防控疫情支持服务企业平稳健康发展的若干政策措施》提供了重要支撑;《关于支持本市旅游企业应对疫情的八大政策建议》获得市委主要领导批示,并被市文化和旅游局采纳吸收,于2020年2月19日出台了《关于上海市全力防控疫情支持服务旅游企业平稳健康发展的若干政策措施》;课题成果荣获上海市工程咨询协会颁发的"2021年度上海市优秀工程咨询成果一等水平"。

2. 研究价值

(1) 深入推动政策落地

课题组积极配合市文化和旅游局开展上海市旅游发展专项资金年度申报指南研究工作,根据"上海文旅'12条'",于2020年度申报指南中增设"支持旅游企业应对疫情专项项目",激发文化旅游消费潜力,助力上海旅游企业共渡难关。

(2) 社会各界广泛关注

课题组应对疫情开展的相关研究工作广受社会关注,被上海国资党建、上海国际贸易协会、中国工程咨询等多个公众号转载,累计转发阅读量已上万。中小企业疫情专项调研报告送达多个市级委办、区政府作为决策依据,为企业谋发展、为政府把好关、为社会献好计。

上海"十四五"新城产业发展研究报告

Research Report on the Development of New City Industries in Shanghai During the 14th Five-Year Plan

编写单位：上海市产业发展研究和评估中心
Shanghai Industrial Development Research and Appraisal Center
联系方式：021-64746066　　网址：http://www.idrac.com.cn
主要完成人：王小沙　叶高斌　黄小芳　张芬芬　黄广映　王春雷　肖可心

【点评】

该研究立足新城产业发展面临的主要问题，贯彻以制造业为基础、带动生产性服务业发展、提升高品质生活性服务业能级的指导思想，坚持以创新引领、融合发展、数字赋能为主要导向，加快构建各具特色的现代化产业体系，提出了打造"上海产业创新发展增长极、'五型经济'发展重要承载区和产城深度融合示范标杆区"的目标定位，并明确了五个新城"十四五"时期产业发展重点及空间布局方案，可为新城产业特色的塑造与能级的提升提供良好的支撑。该研究特点鲜明：一是立足全局统筹，既基于全市层面谋划新城产业发展，亦基于各区层面以产业协同区的抓手统筹全区发展；二是突出一业特强，各新城做强主导产业，形成产业优势互补与错位竞争的发展格局；三是构筑产业梯度，将现状重点产业的发展壮大与未来新增长点的培育相结合，形成各新城特有的产业发展体系；四是注重空间布局，形成了各新城产业空间布局方案，使产业发展与用地空间紧密结合；五是重视保障举措，围绕产业发展所需的各类要素与支撑条件提出产业发展保障举措，增强规划可实施性。

【项目背景】

新城是上海推动城市组团式发展，形成多中心、多层级、多节点的网络型城市群结构的重要战略空间。国务院批复的《上海市城市总体规划（2017—2035年）》明确，将位于重要区域廊道上、发展基础较好的嘉定、青浦、松江、奉贤、南汇等五个新城，培育成在长三角城市群中具有辐射带动作用的综合性节点城市。五个新城的建设，是继临港新片区、长三角一体化示范区、虹桥国际开放枢纽之后，打造城市区域增长极的又一有力举措，是支撑城市未来发展的增长点。"十四五"时期是五个新城转型升级和跨越发展的关键窗口期，其功能定位与发展方向将决定新城未来在长三角全球城市网络中的综合性节点地位与辐射带动作用，受到市委市政府的高度重视。根据市区联动推进新城规划建设工作的"1+6+5"总体框架部署，"新城产业发展专项研究"是由各委办局牵头完成6个方面重大领域的研究深化工作之一，具体由上海市经济和信息化委员（简称"市经信委"）作为项目主管单位牵头研究，并由上海市产业发展研究和评估中心承担项目研究工作。

五个新城位于上海绕城高速沿线，总规划面积约802.1 km^2，2019年新城内规上工业总产值合计约7 334亿元，占全市规上工业总产值比重为21%。五个新城立足各自的资源禀赋与区位特点，在前期发展中已取得了一定的成效，但亦面临着诸多问题，如产业功能不突出、产业品牌不显著、龙头企业培育不多等。"十四五"时期如何把握五个新城产业发展面临的良好机遇，以推动新城产业高质量发展、构筑错位竞争和联动发展的产业发展空间格局，成为新城建设中需要迫切解决的问题。

"上海'十四五'新城产业发展研究"项目，旨在立足新城产业发展面临的问题，提出"十四五"时期新城产业发展的目标、发展重点及空间布局格局，并明确新城产业发展的推进举措，以推动新城产业发展特色的塑造与能级的提升，为新城"十四五"期间产业发展、项目招商与项目落地提供指引，亦为新一轮新城规划建设形成产业引领支撑。

【项目内容】

项目研究中,主要考虑"坚持两个聚焦、促进两个融合、注重两个防止"。一是坚持"两个聚焦",即聚焦实体经济、聚焦协同发展,以品牌园区支撑新城产业高质量发展。二是促进"两个融合",即推动产城融合、推动制造业和服务业深度融合,实现以产促城、以城兴产。三是注重"两个防止",即防止新城建设过程中产业空心化,防止新城产业同质化竞争,以产业地图引领新城差异化、特色化发展。

项目研究在深入分析五个新城产业发展及其支撑条件基础上,梳理总结上海新城产业发展及其面临的问题,并以问题为导向明确新城产业发展的总体要求、提出新城产业发展重点、形成新城产业空间布局,进一步提出新城产业发展政策举措,具体研究内容如下。

1. 新城产业发展基本情况

项目研究重点聚焦嘉定、青浦、松江、奉贤和南汇五个新城 802.1 km^2,拓展到与新城距离较近、产业紧密关联的园区,形成包括新城在内的产业协同区(产业区块面积合计约 231 km^2),并立足嘉定区、青浦区、松江区、奉贤区和临港新片区,统筹考虑五个新城产业发展。

新城产业发展已取得了一定成效,主要体现在:新城产业发展初具规模,构建特色产业体系;重点项目建设有序推进,投资带动作用逐步显现;产业创新要素加快集聚,产业发展动能不断增强;园区载体加快转型升级,产业经济密度不断提升;产业配套设施加快建设,新城融合发展持续深化。

同时,新城产业发展仍面临着一些问题,主要体现在:新城建设注重城市功能,产业功能不突出;新城产业定位尚未聚焦,产业品牌不显著;市场主体发展能级不高,龙头企业培育不多;产业配套服务仍不完善,产城融合尚需加强;产业发展体制还需优化,区域联动有待提升等。

2. "十四五"新城产业发展总体要求

(1)指导思想

坚持产业发展在新城建设中的先导性作用,以发展实体经济、做高产业能级为基本导向,大力发展创新型、服务型、开放型、总部型和流量型"五型经济",以制造业为基础,带动生产性服务业发展,提升高品质生活性服务业能级,全力打响新城特色产业品牌,打造长三角区域高端产业引领、深度产城融合的产业新城。

(2)基本原则

瞄准世界科技和产业发展前沿,立足新城产业基础和区域优势,以创新引领、融合发展、数字赋能为主要导向,加快构建各具特色的现代化产业体系,培育发展新动能,着力提升产业创造力和竞争力。一是突出创新驱动。围绕产业链部署创新链、围绕创新链布局产业链,集聚优质创新资源,完善区域创新生态,着力破解关键核心技术的瓶颈制约,推动科技成果就地产业化。二是强化高端引领。推动新城先进制造业、战略性新兴产业和现代服务业高质量发展,提升产业链、价值链位势,增强产业发展能级和辐射带动作用,大力培育新产业、新业态、新模式。三是深化数字赋能。结合城市数字化转型,以经济数字化转型为重点,推进新城数字产业化和产业数字化发展,大力发展场景产业,促进传统产业转型升级与提质增效。

(3)主要目标

五个新城发展要以创新驱动为引领,高起点布局高端产业,高浓度集聚创新要素,构筑长三角城市群中承担特定产业功能的节点型城市,打造上海产业创新发展增长极、"五型经济"发展重要承载区和产城深度融合示范标杆区。到2025年,五个新城产业规模大幅跃升,产业经济密度明显提升,产业创造力和竞争力显著增强,国内外一流企业、高端人才加速集聚,各具特色的产业体系加快构建,国内一流的产业创新生态初见成效,产城融合发展格局基本形成。

3. "十四五"新城产业发展重点

(1)发展导向

一是以先进制造业为基础,打造高端产业品牌,提升在全市产业格局中的显示度。二是以价值链高端为牵引,发展现代服务业,推动科技创新服务等生产性服务业及总部经济集聚,并推动生活性服务业向高品质和多样化升级。

(2)发展重点

做强主导产业,重点围绕最具发展基础和条件的产业,集聚龙头企业和创新资源,打造千亿级产业集群。做大特色产业,围绕具有特色的细分产业领域,加快项目引进与建设,做大产业规模。培育未来产业,围绕具有未来产值潜力的新兴产业,加大培育力度。

嘉定新城。以汽车产业为主导,加快发展智慧出行服务,做大智能传感器及物联网、高性能医疗设备及精准医疗等特色产业，培育新业态新模式。深化世界级汽车产业中心核心承载区建设，加强汽车研发、智造、出行等业态发展，加强创新空间、创新社区建设，打造集产业链、服务链、生活链、文化链于一体的创新联合体。

青浦新城。以信息技术为代表的数字经济为主导，做大现代物流、会展商贸等特色产业。承载长三角一体化发展示范区和国际进口博览会两大国家战略，承接西岑科创中心等区域的创新辐射及产业链延伸，加快5G、人工智能、大数据等新一代信息技术融合应用，联动长三角地区，促进数字经济发展。

松江新城。以智能制造装备为主导，做大新一代电子信息、旅游影视等特色产业，培育生物医药、工业互联网等产业。强化长三角G60科创走廊国家战略重要平台策源功能，着力激发松江大学城科创活力，培育以科技创新为核心的产业新优势。

奉贤新城。以美丽健康产业为主导，做大中医药等特色产业，培育智能网联汽车等产业。以东方美谷为核心，以加快"五型经济"的奉贤实践为契机，加快美丽健康产业发展，持续推进与张江"双谷联动"。

南汇新城。以新片区"7+5+4"现代化产业体系为主导，建设未来创新之城。抓住新片区政策创新集成优势，积极探索"智能+"、"创意+"等新理念新技术新模式，汇聚全球资源，发展硬核科技、高端前沿产业，加快突破关键核心技术，打造面向未来发展的高端产业基地。

4."十四五"新城产业空间布局

（1）总体布局

构建五个新城高端产业发展带，与全市产业布局协同发展，形成服务支撑上海、联动辐射长三角的产业格局（图1）。其中：服务支撑上海，发挥新城增量产业空间的重要作用，积极承接中心城区各类资源，并以新城带动全区产业高质量发展；联动辐射长三角，通过沪宁、沪杭、杭州湾北岸等经济发展走廊，加强与长三角城市群的联动协作，推动产业协同分工、优势互补。

（2）五个新城产业布局

研究进一步提出五个新城各自产业空间布局结构，例如：嘉定新城围绕汽车等主导产业，形成"一核一片多组团"的产业空间布局结构（图2）；青浦新城围绕数字经济等主导产业，形成"一心一带多区"的产业空间布局结构（图3）；

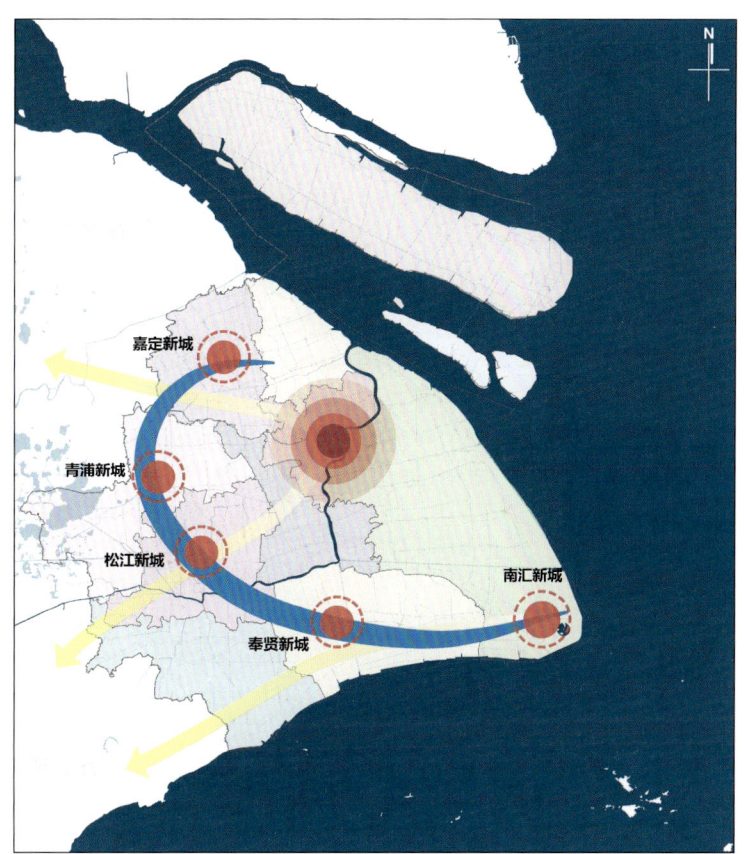

图1　五个新城总体布局图

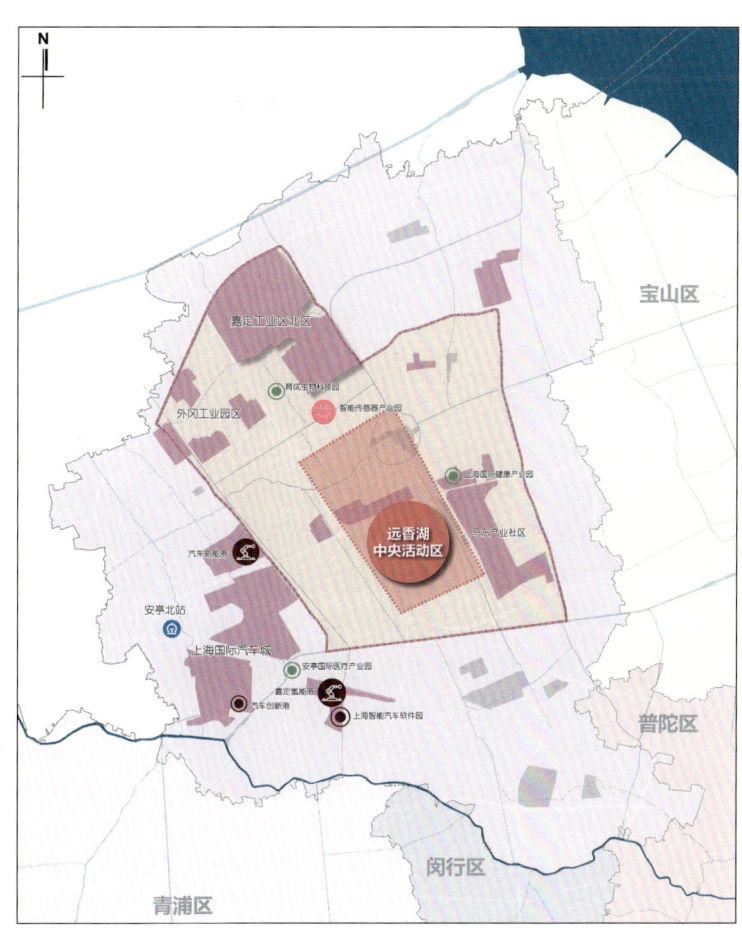

图2　嘉定新城产业空间布局图

松江新城围绕主导产业,形成"一廊两区"的产业空间布局结构(图4);奉贤新城围绕美丽健康等主导产业,形成"一心一核两轴多区"的产业空间布局结构(图5);南汇新城围绕集成电路等主导产业,形成"一心一带多区"产业空间布局结构(图6)。

5."十四五"新城产业发展政策举措

一是通过推进"一城一名园"建设、打造特色产业园区、提升园区服务能级等强化园区载体建设;二是通过加快培育龙头企业、大力发展总

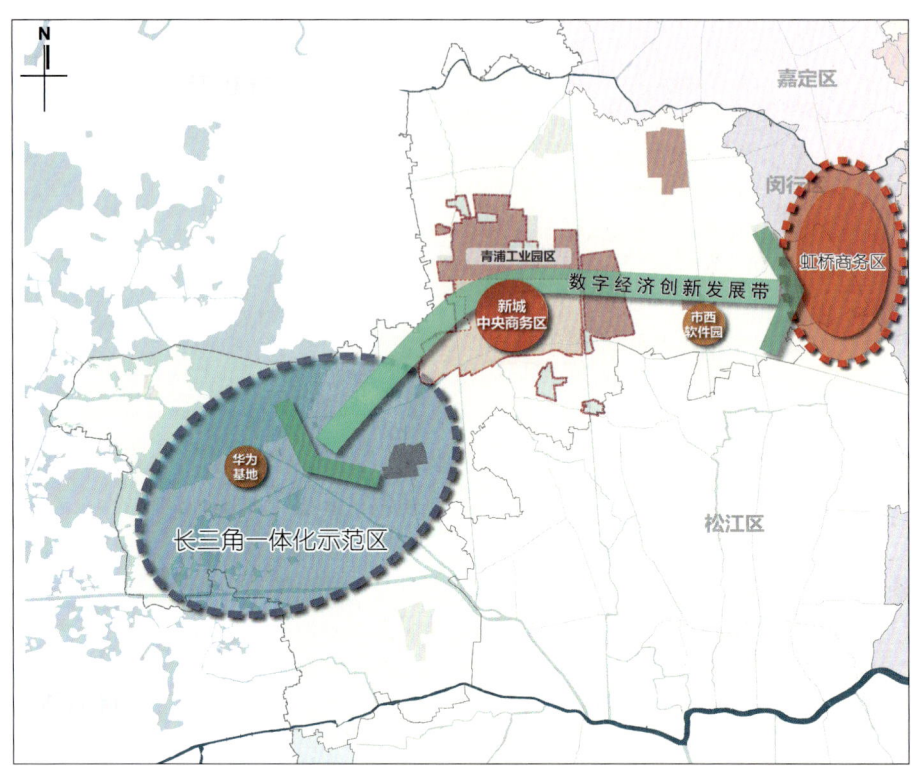

图3 青浦新城产业空间布局图

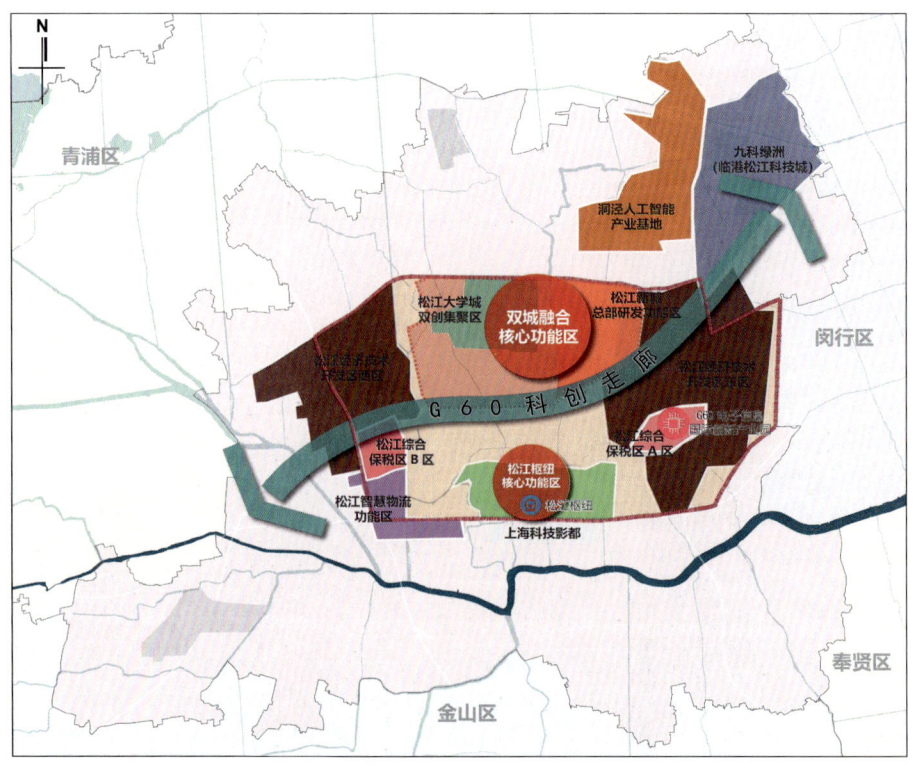

图4 松江新城产业空间布局图

部经济、打造产业集聚区等加强卓越企业培育；三是通过加快产业数字化发展、大力发展场景驱动型产业、加快布局数字新基建等推进新城数字化转型；四是通过加快建设产业创新平台、推进创新孵化载体建设、推动产学研协同发展等优化产业创新生态；五是通过强化产业用地保障、加强金融财税支持、促进产业人才汇聚、加强产业配套服务建设等加大资源要素支持力度；六是通过优化新城产业推进机制、强化新城与周边区域联动发展等促进区域联动发展。

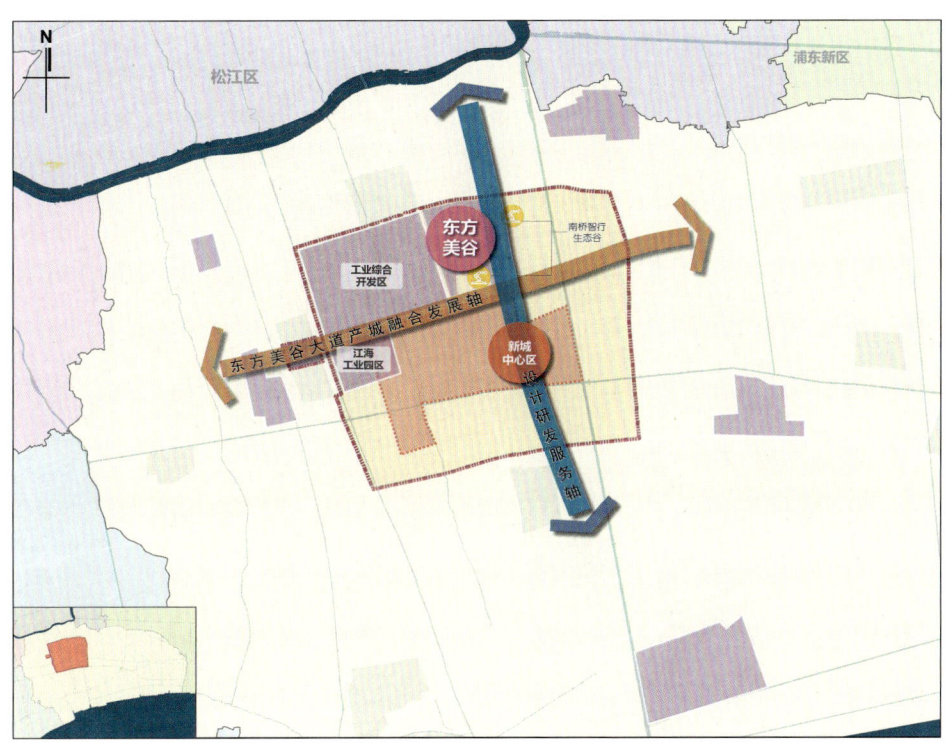

图5 奉贤新城产业空间布局图

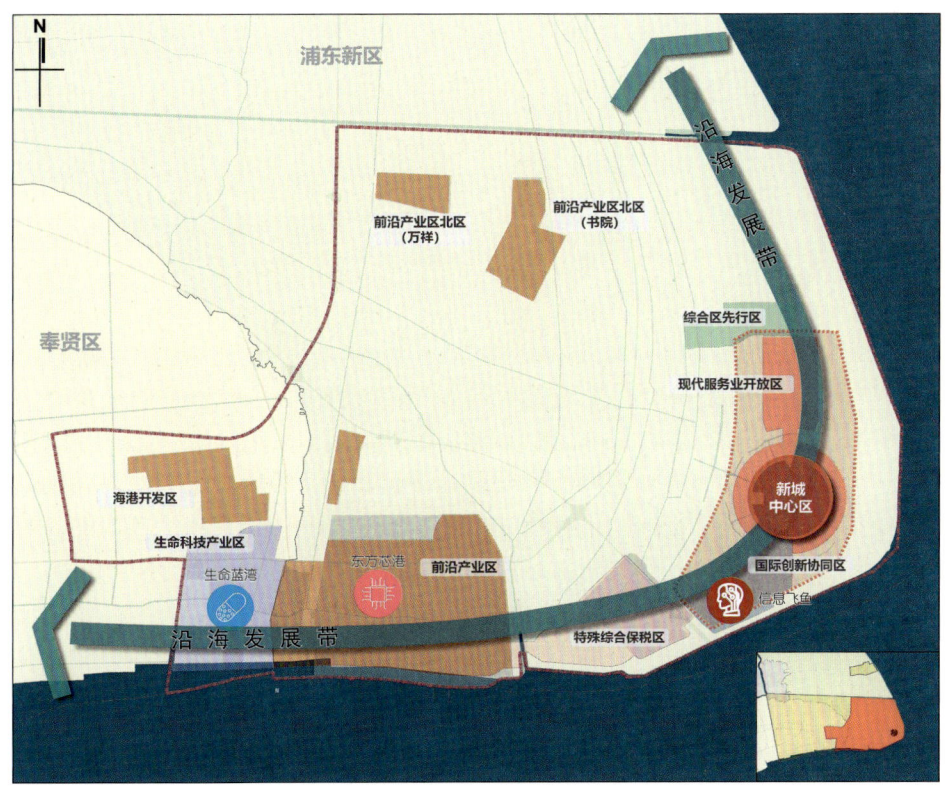

图6 南汇新城产业空间布局图

【工作过程】

项目研究工作的推进，形成了市区联动、依托新城、开门做规划的工作机制。一是市区联动。以市经信委为主导，并充分调动嘉定区经济委员会（经济委员会简称"经委"）、青浦区经委、松江区经委、奉贤区经委及临港新片区高新产业和科技创新处等区级部门的力量。二是依托新城。项目研究工作的推进，以新城为项目研究的核心支撑，在五个新城充分调研的基础上进行规划方案的制定。三是开门做规划。在项目研究过程中，广泛听取各方面的意见或建议，包括重点企业、行业协会等各方专家、各新城相关管理部门、各新城开发相关主体等，形成相对开放的规划编制环境，以便研究成果对各新城的建设具有更加契合的指导作用。

项目研究工作于2020年9月正式启动，于2020年12月基本完成，主要包括研究前期阶段、成果初稿阶段、成果论证阶段三个阶段。

一是前期阶段。主要集中在2020年9月，包括项目启动、新城调研、资料收集等工作，形成项目研究完整的框架，并进行新城产业发展现状的分析。其中项目的充分调研在项目研究中至关重要。项目研究团队分别赴嘉定新城、青浦新城、松江新城、奉贤新城和南汇新城，邀请区经委、商务委、新城办、新城开发公司等机构或部门座谈，并走访调研各重点产业园区、重点企业，全面了解新城产业发展情况，摸清新城产业发展"家底"，为后续研究工作的开展奠定了良好的基础。

二是成果初稿阶段。主要集中在2020年10—11月，明确了新城产业发展总体要求、产业发展重点及空间布局，并提出新城产业发展政策举措，形成研究报告初稿。该阶段项目研究团队形成研究工作周例会制度，定期讨论研究工作推进进度、面临的问题等，从而实现共享信息、协调工作、解决问题的目标，有效保障项目研究进度。

三是成果深化阶段。主要集中在2020年12月，在征求五个新城意见基础上，结合市领导听取报告后反馈的建议进行成果修改完善，并组织专家论证评审，根据评审意见修改报告并提交最终成果。其中：围绕五个新城相关主管部门、企业及行业协会专家等多方面广泛征求意见，对项目成果的优化完善产生形成良好的促进作用，经多方面意见征询及论证后的研究成果，获得市级领导的高度认可。

【咨询工作特点及经验教训】

1. 咨询工作特点

一是立足全局统筹。立足全市层面，围绕上海市产业发展重点及空间布局导向，突出创新驱动、强化高端引领、深化数字赋能，统筹考虑五个新城产业发展，使新城产业发展成为上海全市产业发展的中坚力量。同时，立足各新城所在区层面，基于各新城内产业发展与其周边区域及所在区产业发展之间密切关联的特性，统筹考虑新城内外的发展，将研究范围拓展到与新城距离较近、产业紧密关联的园区，形成包括新城在内的产业协同区，立足嘉定区、青浦区、松江区、奉贤区和临港新片区，统筹考虑五个新城产业发展。

二是突出一业特强。项目研究突出各新城做强主导产业，从而形成产业优势互补与错位竞争的发展格局，规避各新城之间产业结构雷同与恶性竞争，从而推动新城围绕各自的主导产业，打造产业发展特色，提升其特色产业在全市的显示度。

三是构筑产业梯度。项目研究注重各新城产业发展梯度的构筑，各新城围绕一二三产，从"做强主导产业、做大特色产业、培育未来产业"三方面着手，将现状重点产业的发展壮大与未来新增长点的培育相结合，形成各新城特有的产业发展体系。

四是注重空间布局。项目研究有别于传统的产业规划，更注重产业发展定位在空间上的落地，不仅形成新城总体空间布局结构，还形成了各新城产业空间布局结构，使产业发展与用地空间紧密结合起来。例如，青浦新城规划形成"一心一带多区"的产业空间布局结构，其中："一心"指青浦新城中心区域，建设新城中央商务区，聚焦创新服务、总部办公、公共服务等功能；"一带"指数字经济创新发展带，串联新城中心区和周边园区，与虹桥商务区、一体化示范区形成联动，吸引数字经济企业及创新资源集聚；"多区"指青浦工业园及新城周边市西软件信息园、西岑科创中心（华为基地）等，重点聚焦人工智能、基础软件、应用软件等数字产业的发展。

五是重视保障举措。项目研究重视规划的落地实施，因而围绕产业发展所需的各类要素与支撑条件，从强化园区载体建设、加强卓越企业培育、推进新城数字化转型、优化产业创新生态、加大资源要素支持力度、促进区域联动发展等多层面提出了产业发展保障举措。

2. 经验总结

一是积极应对研究中面临的难题。项目研究周期仅有4个月，且不仅要明确市级层面产业发展导向及空间布局，还需要在深入了解各新城产业发展现状的基础上，明确各新城特色产业体系及产业空间布局结构，时间紧迫、任务量巨大，且此项任务受市委市政府高度重视，对成果质量要求非常高。同时，本项目不仅要与市级部门对接，还要积极对接、协调五个新城各自产业发展的诉求，项目沟通难度较大。为此，由上海市产业发展研究和评估中心主任亲自挂帅统筹项目的推进，配备产业研究和城市规划两种技术力量，从单位挑选工作经验丰富的技术人员组成项目团队，分别针对以上难点明确任务分工，分头推进项目研究工作。

二是全面而细致的调研至关重要。产业规划研究工作，需要通过研究区域产业发展现状的深入调研，在全面"摸清家底"的基础上进行项目研究。该项目研究高度重视项目研究区域产业发展现状的调研，通过深度访谈、座谈会、走访调研等多种形式，全面而细致地调研了五个新城，对五个新城产业发展基础、主导产业构成与规模、主导产业代表性企业、相关研发创新机构、产业空间分布等方面深入了解，并在此基础上深入挖掘产业发展面临的核心问题，从而针对核心问题提出新城未来产业发展的思路，以保障研究结论的科学合理性。

三是广泛征求意见是研究工作取得良好成效的重要支撑。项目研究过程中，研究团队与相关政府部门、新城开发主体等进行密切的沟通与互动，确保规避信息不对称，并针对研究过程中面临的问题以及规划方案等，及时与相关部门或主体交流，减少因信息不对称导致的误解和冲突，确保规划研究过程的顺利进行，并通过不同利益相关者从不同角度提出有价值的见解来完善规划方案，提高规划的专业性和质量。同时，通过及时与新城产业发展相关部门沟通交流，可以让相关部门感受到自己在规划过程中的参与和影响力，增强其对规划成果的认同。

四是进行广覆盖、深钻研的产业研究。推动产业规划研究工作，前期的产业基础研究非常重要，只有前期研究工作做深做细，后期产业规划方案的提出才能科学合理。该项目通过深入研究，结合新城产业发展的需求对产业重新进行分类，摒弃传统的一二三产分类，按照新城产业梯度发展的思路将新城产业分为主导产业、特色产业和未来产业，并针对这三类产业，分别明确了推进产业发展的重点任务与发展导向。同时，项目团队深入分析各行业产业链构成及细分领域，为细致、深入的产业规划研究提供研究支撑。

【咨询效果】

1. 获得市委市政府高度认可

该项产业发展研究，获得市委市政府领导的高度认可。市政府领导在"研究'十四五'新城建设产业发展专项"会议上指出，"不同于2017年2035总规中提出新城建设的背景，'十四五'时期提出新城建设要与苏州、嘉兴的某些新区比，成为支撑上海未来发展的重要承载区，同时上海产业发展应类似东京形成二三产联动的模式，而五个新城将是上海第二产业核心承载地，并通过二产的发展带动三产，本次新城产业发展研究符合五个新城发展的实际需要与发展导向，可为新城建设形成良好的支撑作用"。

2. 有效指导五个新城规划建设

在《上海"十四五"新城产业发展研究》基础上，根据市区联动推进新城规划建设工作的"1+6+5"总体框架部署，进一步形成了《"十四五"新城产业发展专项方案》，于2021年2月23日由上海市人民政府印发，成为指导五个新城规划建设与产业发展的纲领性文件。其后各新城"十四五"规划建设行动方案相继发布，其中产业发展相关规划均在《"十四五"新城产业发展专项方案》内容总体框架下进一步深化、细化。

上海土地有效供给和高质量利用的思路与方法
Thoughts and Methods for Effective Supply and High-quality Utilization of Land in Shanghai

编写单位：上海市城市规划设计研究院
Shanghai Urban Planning & Design Research Institute
联系电话：021-32113288　　网址：https://www.supdri.com
主要完成人：张　帆　钱少华　林　华　乐　芸　许思韵　何　颖　许志榕　周云洁　王颖莹

【点评】

本研究指出，所谓"缺地"问题，本质上是能否坚持高质量发展之路的决心问题。一方面，产业用地的供给不是"够不够""能不能"供应的问题，只要有好项目，是有足够的土地空间承载的。"有没有"好项目、"愿不愿"供土地、土地供应"好不好"才是关键问题。另一方面，上海土地绩效过低的根源并不在于土地开发强度的高低，而是土地利用质量偏低。解决土地绩效过低这一"痛点"问题的关键是要着眼于优化产业结构，构建产业集群和产业生态，着力"引入好项目""培育好项目"。建议聚焦"活一块""整一块""收一块""放一块""造一块""飞一块"等"六个一块"，有序拓展土地资源供给，通过创新产业准入机制、创新产业存量更新机制、创新规划管理方式、创新宅基地利用途径、创新交通设施用地复合利用实施机制和创新土地利用绩效考核办法等"六个创新"，强化土地资源高效利用，不断改革土地管理制度，创新土地利用方式。

【项目背景】

2019年以来，中央对土地制度改革进行了重大部署，为新一轮土地制度改革指明了方向。《土地管理法》修正案明确了集体经营性建设用地入市制度，扫除了城乡土地一体化发展的制度性障碍，实现了重大制度创新；《国务院关于授权和委托用地审批权的决定》明确在严格保护耕地、节约集约用地的前提下，进一步深化"放管服"改革，改革土地管理制度，赋予省级人民政府更大用地自主权，上海是首批8个试点省份之一；《关于构建更加完善的要素市场化配置体制机制的意见》明确要进一步推进土地要素市场化配置，提出建立城乡统一的建设用地市场，由省级政府更多负责城乡建设用地指标使用，探索建立全国性的建设用地、补充耕地指标跨区域交易机制等多项具体措施。

上海已迈入高质量发展阶段，《上海市城市总体规划（2017—2035年）》（简称"上海2035"）确立了紧约束下睿智发展的转型目标，土地利用从增量扩张转向调整存量和做优增量并举。面对新时代的新任务、新挑战，特别是新冠疫情席卷全球，经济下行压力持续增大，上海在土地利用过程中碰到了严峻挑战，上海市委市政府提出了"怎样更好地使土地政策符合发展和保护需要"的问题。

为此，作为上海市政协年度三大核心课题之一，本课题旨在坚持守底线和促发展的双重目标，进一步探索高密度超大城市土地集约、高效、创新利用的新路径，积极引导存量土地二次开发，提高土地资源配置效率，促进土地资源可持续利用，实现城市低碳绿色发展。

【项目内容】

课题系统回顾了上海土地利用的历史经验，聚焦产业用地、乡村用地和轨道交通站点周边地区等三类用地，深入剖析现状土地利用绩效、土地利用政策等内容，重点就建设用地有效供给和高效利用提出一系列对策建议，对上海未来高质量土地利用做出了前瞻性思考。

1. 上海土地利用的历史演变和重要启示

上海作为一个超大城市，在自身发展过程中不断探索土地利用的新途径和新方法，不断提升土地利用的质量和水平。上海始终坚持以规划为引领，不断调整完善土地政策。纵观上海近百

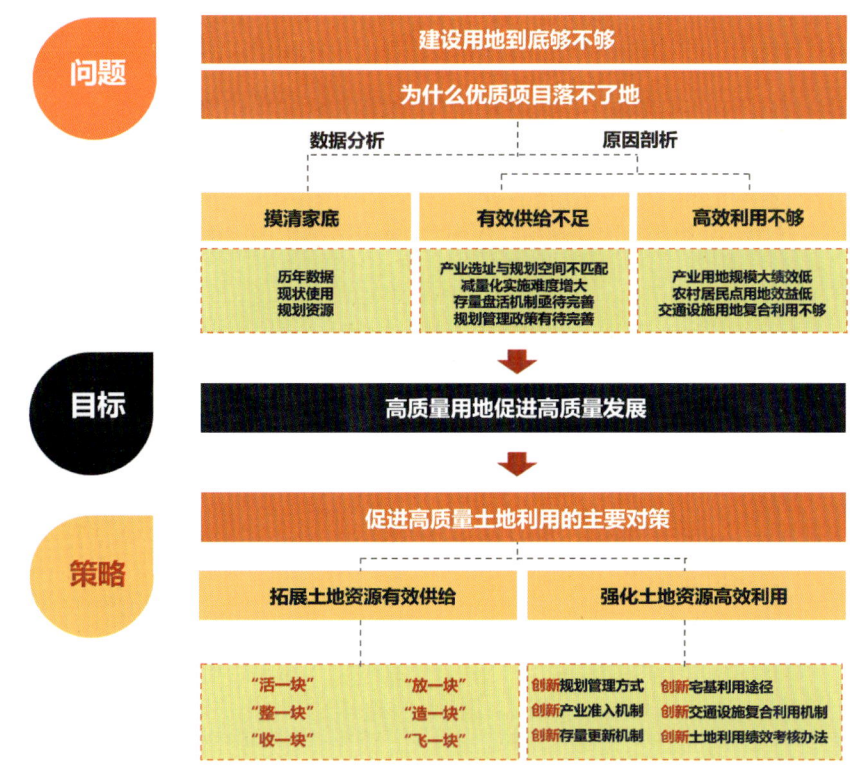

图1 研究思路示意图

年的土地开发利用历程,有三条宝贵的经验和启示。首先,土地利用应该谋定而后动,体现前瞻性。上海历来敢于创新,《大上海都市计划》提前谋划区域发展格局,土地批租制度推动市场经济体系建立,具有开创性的战略谋划才能更好地指导城市发展。其次,土地利用应该与时俱进,体现动态性。城市社会经济的发展是促进城市土地管理制度变革的最根本原因,土地管理政策必须顺应时代发展的要求,适时调整完善,与社会经济协同。再次,土地利用应该统筹兼顾,体现均衡性。土地利用必须兼顾"生产、生活、生态",不能重蹈改革开放前"重生产、轻生活"的覆辙,必须统筹兼顾城市的经济密度和生活品质。

2. 当前上海土地利用的关键问题

(1) 支撑上海高质量发展的土地空间是充足的

2015—2019年间,全市年均产业用地供应量为5 km²(包含工业用地和商办用地),能够满足"应供尽供"的土地使用需求。从近期土地供应看,全市已启动储备产业用地14.6 km²,能满足三年以上产业用地需求。从流量指标情况看,尽管土地减量和存量更新难度加大,但各区已有的土地指标是可以满足近期发展需求的。从规划新增用地看,新增产业用地178 km²,与过去几年年均5 km²的供应量相比,规划空间无疑是充足的。从长远发展看,对标东京等城市的土地产出水平,上海3 200 km²的规划建设空间是能够保障各项用地需求的。

(2) 建设用地有效供给不足和高效利用不够是"产业项目落地难"的原因

既然土地够用,那为什么各区仍然反映"建设用地碰到'天花板'""产业项目落地难"?从全局看,所谓空间资源紧张,主要是土地有效供给不足和高效利用不够造成的。

土地有效供给不足,用地需求与供给空间不适配,体现在三个方面。首先,所谓的"空间紧张",主要是部分产业项目选址与规划产业空间错位造成的。有的项目意向选址在产业区块之外,甚至占用永久基本农田,与管理要求不符。其次,所谓的"指标紧张",实质上是市区之间的利益格局如何平衡,区内各方面发展需求之间如何平衡,当前发展需求和长远利益之间如何平衡的问题。由于流量指标成本高,产业用地征收成本和出让价格倒挂,各区倾向于将宝贵的流量指标用于其他出让价格高的用地。再次,规划管理政策的实施力度和管控弹性有待加强。与诸多国际大都市相比,上海建设用地单位产出明显偏低,土地高效利用不够。这主要体现在三个方面:一是现状产业用地规模大,土地单位产出低,上海现状工业用地产出水平仅为深圳的48%、新加坡的31%；二是现状农村居民点用地规模大、效益低、退出难、利用难；三是现状轨道交通站点周边土地的复合利用不够、开发强度有待提高。

3. 上海高质量土地利用的总体目标

上海要对标国际化大都市空间治理，对标国际一流的用地绩效，提升国际大都市核心竞争力，牢固树立"高质量用地促进高质量发展"的思路。一是要向城市综合品质要效益，统筹落实高质量发展和高品质生活的总体要求。用高品质规划塑造高品质空间，走出一条资源紧约束下实现高质量发展的创新路，兼顾城市的经济密度和生活品质。二是要通过守牢底线倒逼城市更高质量发展。通过设定建设用地总规模、空间留白机制，倒逼土地利用方式向内涵式效益提升转变，持续推动城市更新，以存量用地的更新利用来满足城市未来发展的空间需求。三是解决守好底线与经济发展的矛盾，推动经济转型过程中的政策创新和精准落地。进一步推进土地要素市场化配置，创新土地管理制度，完善土地利用相关法规政策，营造良好的市场环境。

4. 促进高质量土地利用的主要对策

以供给侧结构性改革为主线，拓展土地资源有效供给，强化土地资源高效利用，推进土地利用制度创新，努力以高质量的土地利用促进高质量的经济社会发展。

（1）拓展土地资源有效供给

以"远近结合、统筹兼顾、守住底线、动态平衡"为原则，聚焦"六个一块"，有序拓展土地资源供给，在保障近期功能项目落地的同时，为城市后续发展留有充足的空间。一是"活一块"——千方百计激活"批而未用"土地资源。要对这些地块逐一排摸，分析原因，研究对策，千方百计激活、用好这些地块。二是"整一块"——因地制宜整治、释放现状低效用地。按照"上海2035"，通过低效土地整治腾挪，筹措新增空间。三是"收一块"——有序推进开发边界内的土地收储工作，实现"土地等项目"。下一步仍需加大收储力度，以备好项目落地。四是"放一块"——完善战略留白区过渡期管理政策，为好项目落地和老项目升级改造创设绿色通道。进一步优化战略预留区政策，完善监管。五是"造一块"——科学利用河口滩涂资源，合理创造城市未来发展空间。建议在确保海洋生态安全的前提下，合理利用好滩涂资源。六是"飞一块"——创新"飞地经济"模式，引领上海都市圈协同发展。结合长三角一体化和上海都市圈建设，充分利用上海在江浙皖的"飞地"，着眼产业链和产业联盟构建，继续探索与当地合作开发的模式。

（2）强化土地资源高效利用

紧紧围绕上海产业发展的新目标和新要求，着眼于优化产业结构，提升产业能级，构建产业集群和产业生态，促进产城融合和城乡融合发展，不断改革土地管理制度，创新土地利用方式。重点推进"六个创新"：一是创新规划管理方式，探索弹性管控机制。上海的规划体系较为完整而严密，近年来又不断调整完善，但实施过程中刚性有余弹性不足。建议加快完善"综合用地"政策，加大重点地区规划弹性。围绕培育优质产业项目，注重精准施策，聚焦项目落地。二是创新产业准入机制，实行差别化土地供应。要注重从源头筛选优质项目，增加"达产承诺"的含金量。土地供应要向好项目和优质企业倾斜，聚焦总部机构、龙头企业、旗舰项目、功能平台、隐形冠军等，实行差别化供应和全过程服务。三是创新产业存量更新机制，拓宽土地盘活途径。既要更大赋权，激发市场主体积极性，为企业转型提供多种选项，鼓励企业自主更新；又要更严监管，加强事中事后监管，避免工业用地房地产化。四是创新宅基地利用途径，提高闲置宅基地使用效率。要进一步完善农民集中居住政策，创新途径方法，解决"资格、资金、资源"三大瓶颈问题。探索闲置宅基地及房屋资源盘活利用路径，多渠道创新宅基地管理制度，促进土地资源要素流动。五是创新交通设施用地复合利用实施机制，加大轨道交通站点综合开发力度。强化部市合作、市区协同、部门联动、政企互动，协同制定交通设施复合利用政策，完善上盖开发项目的实施机制，探索上海特点的TOD模式。六是创新土地利用绩效考核办法，形成激励与约束相结合的机制。坚持以"四个论英雄"（指以亩产、效益、能耗、环境论英雄）为导向，探索将土地利用绩效作为重要指标纳入政府绩效考核体系，实施相应的激励与约束措施，促进土地资源的高效配置。

【工作过程】

本课题综合运用调查研究、比较研究、文献研究、个案研究、跨学科研究等研究方法。课题研究充分与相关管理部门对接，将土地、规划、产业经济等多维度的核心数据和政策进行统筹研究，并结合国际国内案例开展横向比较，从而对全市土地利用情况形成全面、清晰的认识。

课题研究工作依托政协平台,开展深入调研,获取一手资料,召开专题座谈会23次,累计400余人次参与座谈。课题组充分听取权威专家意见,实地调研松江、临港新片区、崇明、嘉定、浦东新区等地,与地区领导座谈交流,并走访市经信委、市农委、市自然资源局、申通集团等部门。课题组与受访对象深入沟通,找到基层操作中的现实问题,更好地了解相关政策实施过程中出现的问题和难点,汇聚各方智慧。

【咨询工作特点及经验教训】

1. 聚焦问题导向,抓住落实"上海2035"过程中的一项关键问题

本课题着力探索在"守底线"的前提下,如何更好地解决"促发展"的需求,落实"上海2035"确立的紧约束下睿智发展的转型目标。专家指出:本课题抓住了落实"上海2035"过程中的一个关键问题,对上海土地利用现状问题的分析切中核心关键点,对于科学看待上海当前以及未来一段时期的土地开发利用问题特别及时,提出的基本结论与对策对落实、深化、完善"上海2035"具有借鉴意义,并建议将课题研究内容作为"上海2035"评估的重要组成部分。

2. 多维视角互动,响应"多规融合"的国土空间治理新要求

国土空间规划强调综合考虑人口分布、经济布局、国土利用、生态环境保护等因素,实现全域全要素管控。本次课题研究工作充分与相关管理部门对接,将规划、土地、产业经济、交通、水务等多维度的核心数据和政策进行统筹研究,从而对全市土地利用情况形成较为全面、清晰的认识。课题形成的政策建议紧紧围绕政府各部门之间、市区两级政府之间的协同创新,强调要解放思想、凝聚共识,在对产业生态的充分理解之上,不断调整完善规划土地政策,更好地优化城市空间资源配置,以适应不同阶段的保护与发展需求。

3. "向前一步",应对存量发展背景下土地利用的新挑战

进入高质量发展阶段,面对当前上海"极有限的净增空间、极庞大的低效利用、极严峻的质量发展、极艰巨的减量任务"的新形势,本课题开展全面翔实的调研,获取大量全面且具有针对性的一手资料,不仅调研现象,更加侧重"向前一步",挖掘现象背后的作用机制,查找原因。课题组充分听取权威专家意见,与松江、嘉定、浦东等地的领导座谈交流,并走访市经信委、市农委、申通集团等部门和园区,关注土地的复杂权属关系及多元的价值诉求,找到基层操作中的现实问题,更好地了解相关政策实施过程中出现的问题和难点。课题成果突出了对于存量土地利用的研究,提出了一系列相关政策建议,强调只要不断因时因势完善规划土地政策,与产业经济调整相匹配,上海是可以在紧约束的条件下,成为一座更有吸引力的城市的。

4. 注重全流程思维,体现超大城市精细化治理的新思路

课题研究注重全流程引导,现状分析和策略建议都覆盖"规划—建设—管理"的全过程,侧重加强规划管理与土地出让、建设项目管理阶段的协同力度,强化了相关机制的研究,体现了目前超大城市精细化治理的新思路。此外,应对全流程引导的需求,课题成果表达深入浅出,提出了路径式对策建议,具有较强的指向性和可操作性,以便于研究成果转化为决策参考,为政策制定提供支撑。

【咨询效果】

课题成果包括1份总报告和13期工作简报。同时,课题成果结合市政协参政议政工作,报送市委市政府。

本课题属于前瞻性和应用性研究,研究成果具有较高的决策咨询价值和学术研究价值。

第一,课题具有较高的决策咨询价值,为全市规划土地管理工作提供决策参考。课题成果转化为市政协提交上海市委市政府的调研报告,报送市委市政府,受到市领导和相关部门的高度重视和充分肯定,时任市委书记李强等领导对课题成果作出了批示。

第二,课题成果具有较高的学术探索价值。专家指出,课题对于准确认识上海当前的土地资源问题,科学把握未来土地开发利用方向,具有前瞻性的研究价值,建议基于本课题,构建相应的信息平台,并将此课题作为"上海2035"评估的重要组成部分,进行动态跟踪。

第三,推动相关管理政策完善。课题成果转化为市政协议政材料和提案,并被列为2021年度市政协专项民主监督工作内容,由相关部门主办推进,落实课题建议。

"十二五"国家水污染科技重大专项——城市内涝预警与雨水径流综合管控平台构建与示范(上海示范项目)

The Major Science and Technology Special Project of National Water Pollution Control During the 12th Five-year Plan Period-Construction and Demonstration of Urban Flooding Warning and Storm Water Runoff Integrated Management Platform (Shanghai Demonstration Project)

编写单位：上海碧波水务设计研发中心
　　　　　上海市水务规划设计研究院(上海市海洋规划设计研究院)
　　　　　上海市城市排水有限公司
Shanghai Bibo Water Design and Research Center
Shanghai Water Planning and Design Research Institute (Shanghai Ocean Planning and Design and Research Institute)
Shanghai Urban Drainage Co., Ltd.
联系电话：021-34760653
主要完成人：时珍宝　余凯华　张彦晶　沈庆然　谭琼　孙如驭　严寒　张留璨　廖青桃

【点评】

该项目以超大型城市中心区域(上海市徐家汇及周边地区)为例，在搭建高精度城镇排水系统二维管网水力模型的基础上，科学评估排水系统风险点和风险原因，针对性提出提高排水防涝标准、减少内涝积水程度、降低内涝积水风险的综合性措施与方法，创新研发了城镇排水内涝管控关键技术，防涝实时预警预报系统构建关键技术，以及响应气象"四色预警"等级的防涝应急预案构建方法。项目以上海市政治中心、CBD核心区以及高密度居民生活区为示范区，验证了关键技术减少区域积水内涝的社会效益显著。项目构建的实时预警预报系统，也是上海市在"智慧排水"领域先行先试之举，为"厂、站、网"大型排水一体化运行调度平台建设提供了支撑与借鉴。

【项目背景】

近年来，全球气候不断变化，极端气候频发。快速的城市化带来了城市水文循环模式改变，使得城市暴雨内涝出现的频率及其造成的损失不断增加。面对严峻的内涝形势，国家出台了《国务院办公厅关于做好城市排水防涝设施建设工作的通知》(国办发〔2013〕23号)、《国务院关于加强城市基础设施建设的意见》(国发〔2013〕36号)、《城镇排水与污水处理条例》(国务院令第641号)、《室外排水设计标准》等文件指导排水防涝工作。其中，国办发〔2019〕23号文指出，要加强城市暴雨内涝风险等方面的研究，全面提升排水防涝数字化水平，积极应用地理信息、全球定位、遥感应用等技术系统。加快建立具有灾害监测、预报预警、风险评估等功能的综合信息管理平台，强化数字信息技术对排水防涝工作的支撑。

构建基于数学模型的城市内涝预警与管控系统，是实践排水防涝数字化管控的新思路，在发达国家已得到推广应用，在我国刚处于起步探索阶段。借助气象、水文监测预报、实时模型系统和信息化集成技术，可实现排水设施设计、运行优化，内涝风险的实时预警，城市内涝预报及应急处置，是科学指导排水工程调度运行，发挥排水除涝工程效益，减轻洪涝积水危害的重要基础支撑，对防汛减灾具有重要意义。上海作为我国改革开放以来长江下游经济发展最快、人口密度最大、城镇化水平最高的滨江临海超大城市，地处长江流域和太湖流域最下游，地势低平，河网密布，属于平原感潮河网地区，易遭受流域洪水、区域暴雨、台风、高潮等多重袭击影响。随着全球气候变化、海平面上升、河口风暴潮加剧以及流域经济社会发展、城镇化率提高、下垫面改变、地面沉降等多重因素影响,城市热岛效应、雨岛效应明显,上海城市的防汛保安面临更为严峻的形势。再加上城市开发程度高、建筑密度大,尤其地下空间大幅开发,一旦遭遇特大暴雨,将对城市的基础设施安全与公众生活造成极大威胁。

为提升城市防涝安保水平,推进城市雨水综合信息管理平台的建设,2013年12月,住建部立项"国家十二五水污染科技重大专项"——城市雨水径流综合管控平台与辅助决策系统研究与示范课题,上海碧波水务设计研发中心联合上海市水务规划设计研究院、上海市城市排水有限公司承担了"城市内涝预警与雨水径流综合管控平台构建与示范(上海示范)"的研究任务。本任务对标国外雨水管理前沿技术,依托上海市城市空间和排水系统GIS数据库,构建了二维排水管网模型,再进一步整合气象、管网运行和积水监测点等数据,借助实时预警预报模型引擎构建了城市内涝预警与雨水径流综合管控平台,该平台实现了对暴雨产汇流过程的精确模拟,可推演各类暴雨工况下二维城市地表雨洪灾害的范围和程度,并可根据气象预报或正在发生的降雨雨情,提前给出积水预报、灾害预警和减灾辅助决策措施,大大提升了城市防涝安保水平。

项目所在的示范区是上海市政治中心、CBD核心区以及高密度居民生活区,减少区域积水内涝的社会效益显著。项目构建的实时预警预报系统,也是上海市在"智慧排水"领域先行先试之举,为"厂、站、网"大型排水一体化运行调度平台建设提供了支撑与借鉴。

【项目内容】

1. 主要研究目标

以上海徐家汇及周边地区为研究案例,整合建立城市排水设施GIS综合应用系统,实现对泵站、管网、污水厂、调蓄池等排水设施进行数字化管理;建立下垫面产汇流模型和排水管网模型系统,实现现状评价和运行调度优化方案的制定;建立防汛实时预警预报模型系统,实现城市排水防汛实时预警决策支持;基于排水设施GIS综合应用系统,整合接入城市降雨、排水工情以及模型实时预警预报等信息,构建城市内涝预警与雨水径流综合管控平台。

2. 主要研究内容

根据城市排水基础设施管理、城市内涝预警、雨水径流综合管控等管理需求,建立包含排水泵站、排水管网、调蓄池、污水处理厂等排水基

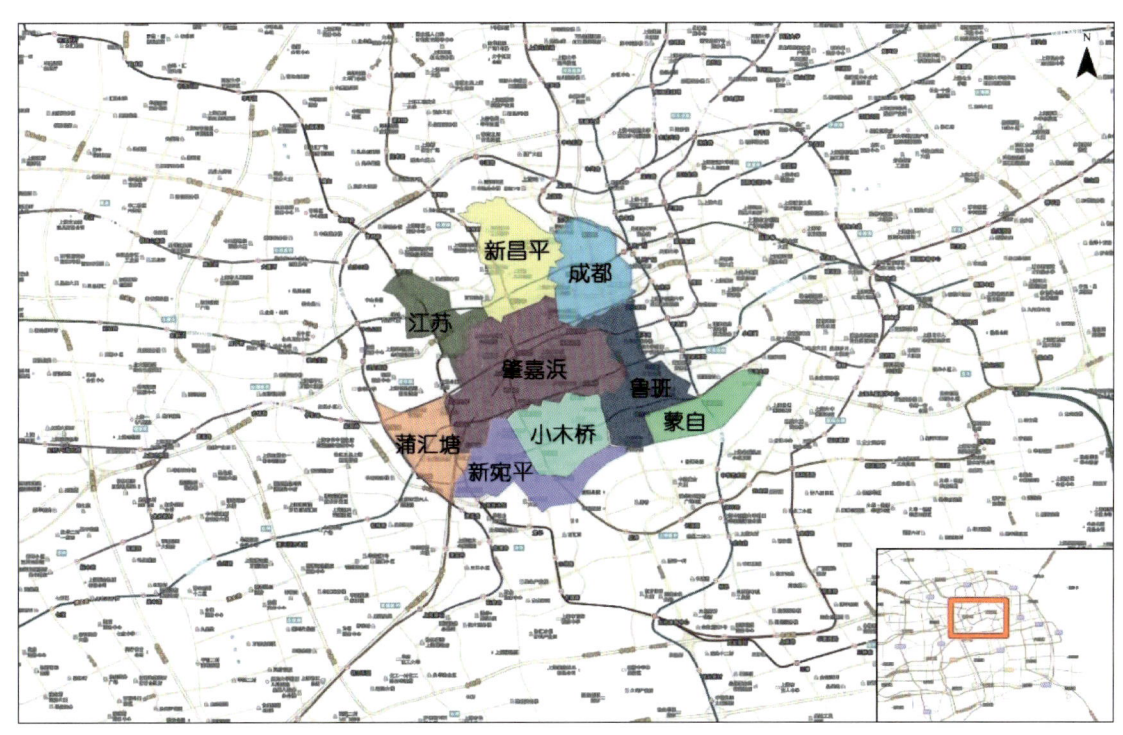

图1 项目地理位置示意图

础设施GIS数据库和城市排水基础设施GIS平台,为排水管网建模、城市内涝预警、雨水径流综合管控以及城市排水安全运行、科学调度等提供详尽的基础数据和信息共享平台;整合城市地表产汇流模型、排水管网模型、防汛实时预警等城市内涝管控子系统以及城市雨情、水情、排水设施运行工情等实时监测系统、运行调度系统、辅助决策系统等,构建城市内涝预警与雨水径流综合管控上海示范平台,为城市内涝预警和雨水径流管控信息化平台建设和推广提供应用实践和技术参考。

本项目实施的主要技术路线如图2所示。

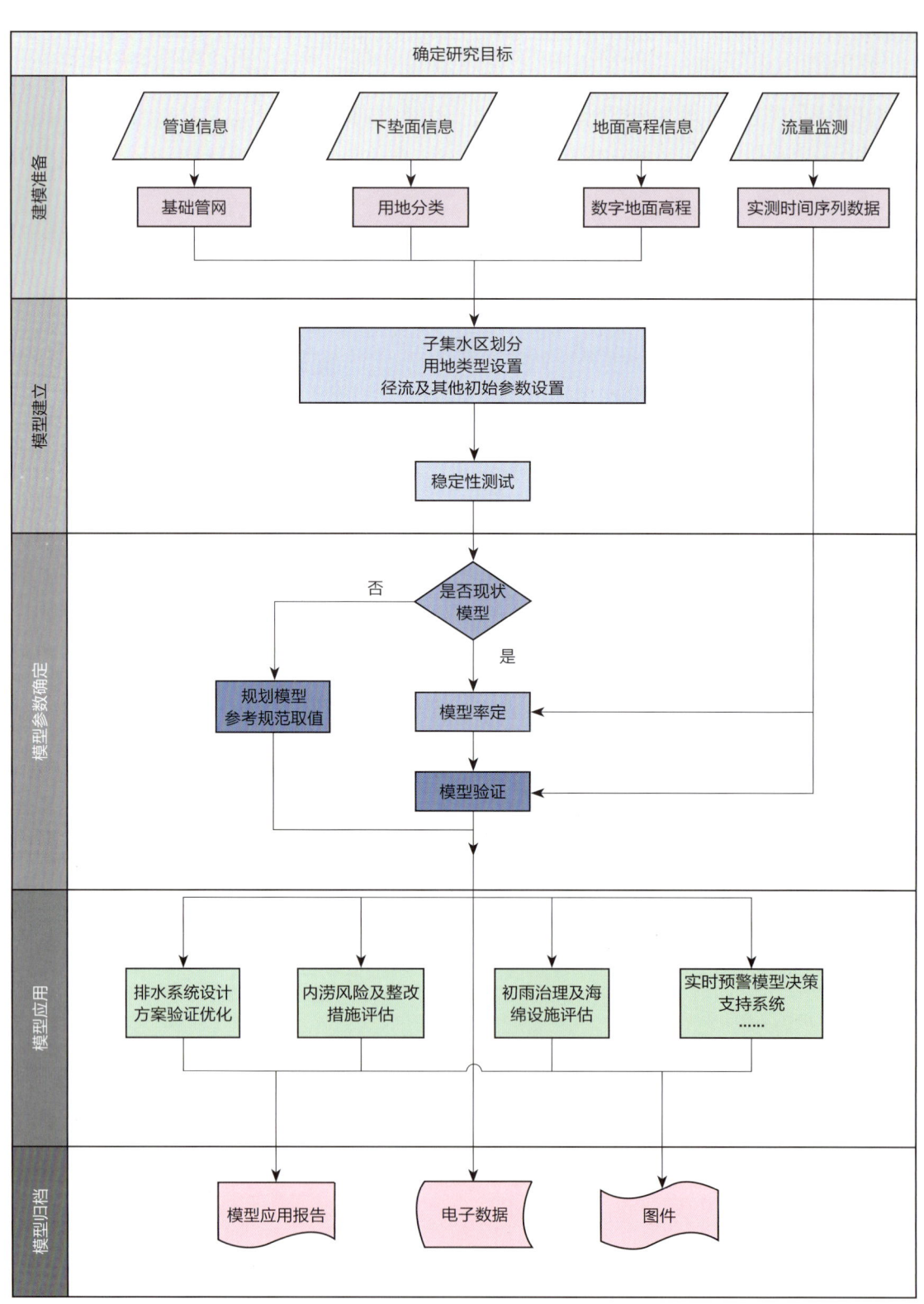

图2 模型的应用流程示意图

3. 示范工程概况

本项目研究成果是针对全国城镇化地区的，但为了提高技术的可读性和展现功能的完备性，选择经济水平和技术积累都比较好的上海市中心城部分区域（徐家汇及周边地区）作为案例试点研究范围。考虑到系统的连通性要求，选择位于上海市徐汇区商业中心的肇嘉浜、鲁班、小木桥、新宛平、蒲汇塘、新昌平、蒙自等9个排水系统作为试点研究范围，服务面积31.0 km²，主要涉及10座防汛泵站。基于精度考虑，选择核心区所属肇嘉浜系统和鲁班系统作为模型优化与实施预警预报的技术验证区域。

【工作过程】

本项目自2013年12月立项启动以来，历经五年多的深入研究与实践，最终于2019年6月圆满完成了验收流程。2015年举办了中期成果汇报会议，邀请了来自北京、天津、上海等地的城市排水设计与管理领域的五位资深专家组成权威专家组，同时，住房和城乡建设部水专项办公室

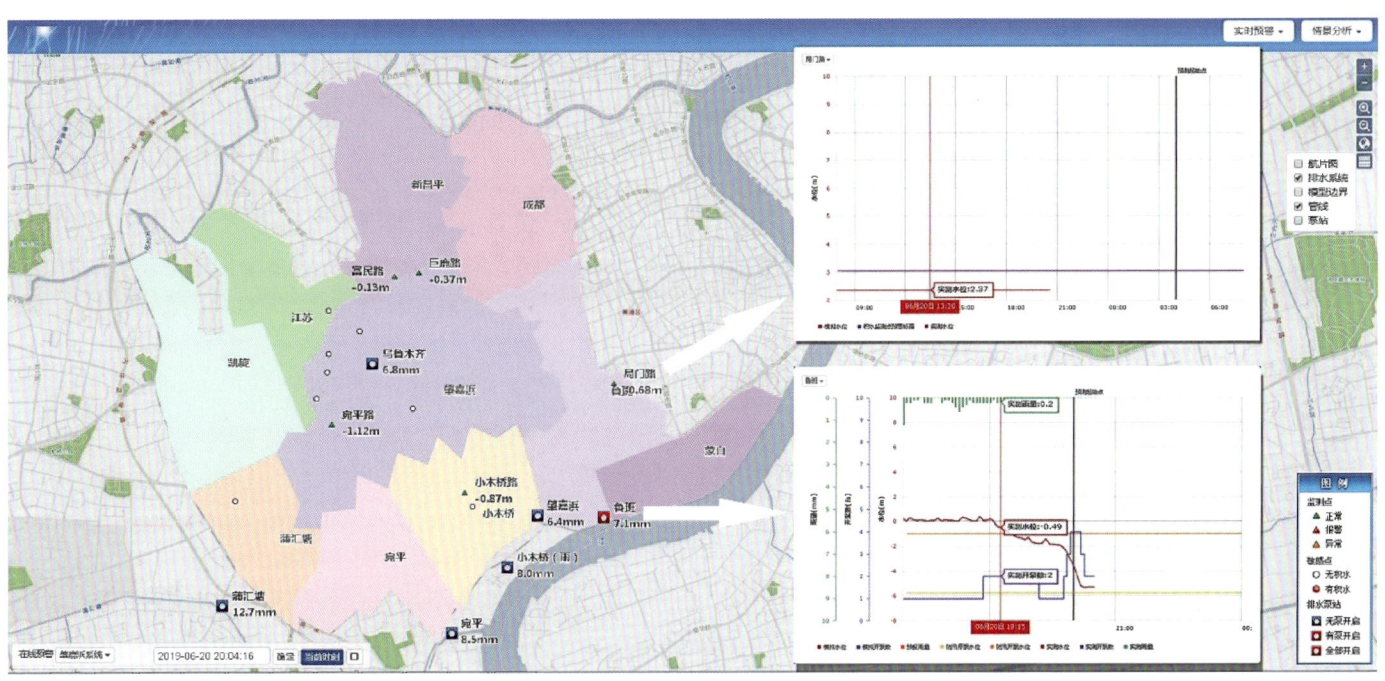

图3　实时预警预报模型系统网页端示意图（实时监测界面）

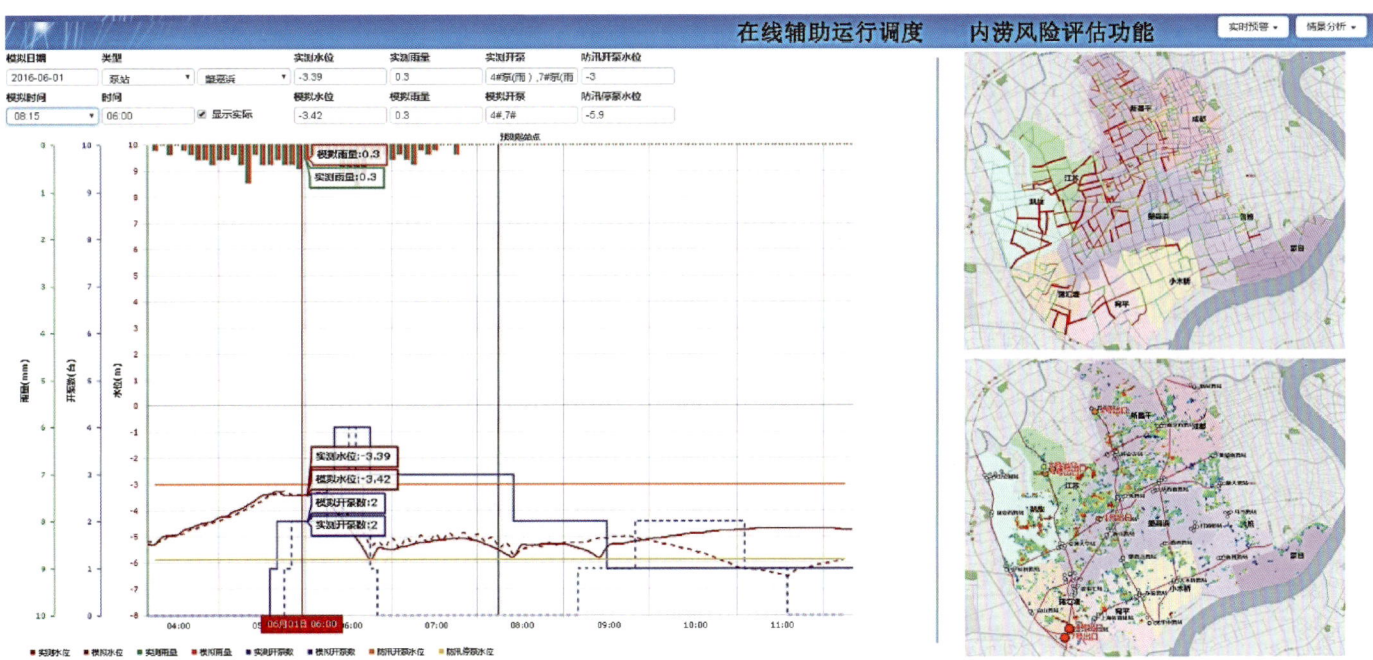

图4　实时预警预报模型系统网页端示意图（辅助调度界面）

与上海市水务局的代表也莅临指导。会议期间，不仅全面展示了项目进展状况，还实地演示了管控平台的运作效能，收获了与会专家与代表的宝贵意见。基于这些建议，课题组随即对研究成果进行了细致的调整与优化。

2016年，在上海市汛期期间，课题组紧密协同平台运营方——上海市城市排水有限公司，以及第三方监测机构——上海市防汛信息中心，共同实施了示范工程的第三方监测任务。在此过程中，课题组针对考核指标设计的暴雨事件进行了全方位的跟踪记录，最终汇总形成了翔实的第三方监测报告，为项目的实际应用效果提供了有力的数据支持。

2017年8月，课题组在技术文档方面取得了重要进展，不仅完成了实时预警预报系统搭建手册的编制工作，还完成了项目总报告，为后续的技术推广与应用奠定了坚实的理论基础。2018年12月，项目接受国家城市给水排水工程技术研究中心组织的第三方评估并圆满通过，进一步验证了其科学性、实用性和前瞻性。

2019年6月，经过不懈努力，课题顺利通过了正式验收，标志着这一长达近六年的科研攻关项目画上了圆满的句号。

【咨询工作特点及经验教训】

本项目研究对象坐落于上海市中心城区，项目专注于城市排水防涝系统的数字化升级转型研究与应用。在现有地理信息系统和遥感应用技术的支撑下，项目通过集成数学模型进行灾害预测预警及风险评估，旨在增强城市对雨洪灾害的抵御能力。通过项目研究开发了一套适用于城市内涝管理的预警与雨水径流综合控制平台构建方法，该方法基于上海的实践经验，对全国其他城镇具有广泛的借鉴意义，能有效指导其内涝防控措施的制定与执行。

此项目的实践价值在于，它不仅直接提升了上海市中心城区典型区域应对内涝事件的能力，还为全国范围内城市内涝管理提供了一个可行且高效的模式。通过技术创新与实践应用的紧密结合，本项目对促进我国城市排水系统现代化、强化城市公共安全建设具有实质性的贡献，凸显了科研成果转化在社会发展中的重要作用。

1. 创新研发了城镇排水内涝管控关键技术

为实现项目目标，课题组研发并实施了一套基于排水模型的城市内涝管控关键技术。项目搭建了高精度城镇排水系统二维管网水力模型，通过研究形成了搭建城市大尺度、分布式、精细化排水管网模型的一整套技术方案，并且利用搭建好的管网模型，科学评估排水系统风险点和风险原因，针对性地提出提高排水防涝标准、减少内涝积水程度、降低内涝积水风险的综合性措施与方法，具体包含积水点改造技术方案、排水系统提标技术方案、应急调度预案制定方法等。技术可应用于排水工程规划、设计、建设、运行及调度管理的全过程，为工程方案、管理措施的决策提供支撑。

（1）形成了一套在高度城市化地区建立大尺度数学模型的关键技术

通过广泛而深入的数据搜集工作，经过反复探索与技术攻关，成功构建了一个覆盖31 km^2、整合9个独立排水系统的二维排水管网数学模型，形成了一套在高度城市化地区建立大尺度数学模型的关键技术，为防汛能力评估、内涝风险判断、防涝措施制定提供了坚实的基础。

（2）构建了高精度的产汇流模型与下垫面模型

研究区域高度城市化，研究中利用高精度卫星照片、地理测绘等城市空间数据，精准解析了研究范围内各排水系统的下垫面组成，构建了高精度的产汇流模型与下垫面模型，大幅提高了排水模型模拟准确度与可信度。

（3）确定了不同降雨重现期下研究区域的易积水点、积水范围和积水时间

研究区域为中心城区，城市排水基础设施已建成，研究中利用模型，使用全系列设计降雨，包含1、2、3、5、10、20、30、50、100年一遇，研究了区域现状排水能力，并利用二维积水数据，确定了不同降雨重现期下研究区域的易积水点、积水范围和积水时间。

（4）针对区域内涝积水问题，提出了应用于不同尺度的技术方案

一方面，针对局部易积水道路与地块，提出了微观局部积水点改造的技术措施，包括排水管段管径优化、排水泵站群运行方案优化等技术方案，有效解决了徐家汇康平路等局部重点地区的积水内涝问题；另一方面，针对中心城区已建排水系统标准偏低、提标难度大的问题，提出了宏观排水系统提标改造的技术措施，包括单系统提标、多系统联合提标、借助深层调蓄隧道提标等。微观、宏观技术方案相结合，能够有效提升城市

排水系统内涝防控水平。

2. 创新研发了防涝实时预警预报系统构建关键技术

项目组在已经构建的高精度二维排水管网模型基础上，研发了防涝实时预警预报系统构建关键技术，设计了系统三大子平台总体架构：离线模型平台、实时预警预报模型平台、预警预报系统网页平台，为城市雨水管理提供管理方案优化支撑。

（1）绘制了内涝积水风险图

结合研究区域的道路空间分布、建筑空间分布、地铁站点空间分布数据，研究了敏感基础设施的受灾风险，并基于地面高程等绘制了内涝积水风险图，可预判不同降雨强度下地下停车场、地铁等地下空间的风险程度，职能部门可据此启动相应的排险预案。将结果在平台网页端展示，满足不同使用需求用户的需要。

（2）实现了排水模型的自动实时滚动模拟

基于已构建二维排水管网水力模型，进一步整合气象数据、排水系统运行调度和积水监测点水位数据等资料，通过开发多种数据接口转换程序，将各类数据整合到实时预警预报模型引擎中，实现了雨量、水位、泵机调控等模型边界条件自动获取、转换与发布，进而实现排水模型的自动实时滚动模拟。同时，开发的网页平台能够以图表的形式实时展现模拟结果，为不同需求用户提供积水点预警预报和泵站运行调度辅助决策方案。

（3）实现了研究区域排水防涝精细化管理

实时预警预报系统在排水管理单位实时运行，且经受住了近年汛期的运行考验，累积运行次数超过二十万次，实现了研究区域排水防涝精细化管理，持续为区域防涝减灾决策提供科学依据。

3. 创新研发了响应气象"四色预警"等级的防涝应急预案构建方法

对标气象蓝、黄、橙、红四色预警等级，基于排水管网水力模型，通过研究污水系统外排能力、管网调蓄能力、放江临界雨强、预降水位和雨水泵开启水位等控制因素，不断优化演算并制定了排水泵站运行调度应急预案。经模型演算，应急预案能够一定程度上提高排水系统排水安全，同时尽量减少泵站放江带来的面源污染。肇嘉浜和鲁班泵站对标"四色预警"的防涝应急预案如表1所示，按照预案调度，系统内节点平均最高水位如图5所示。

表1 排水泵站防汛应急调度预案

暴雨预警等级	系统名称	预降水位	截流泵 策略	截流泵 启闭水位（m）开泵	截流泵 启闭水位（m）停泵	雨水泵 策略	雨水泵 启闭水位（m）开泵	雨水泵 启闭水位（m）停泵
蓝色 12 h—50 mm	肇嘉浜	无	干线不限流时，不开启雨水泵，按最大截流能力模式运行	−5.2	−7.3	干线不限流时，不开启放江泵	−1	−5.9
蓝色 12 h—50 mm	鲁班	无	二期干线要求限流，开启一台截流泵	−3.95	−7.1	二期干线泵站要求限流，达到防汛水位时，适时开启雨水泵	0.6	−5.8
黄色 6 h—50 mm	肇嘉浜	−7.3	根据降雨预报提前量和干线输送能力，雨前开启1—4台截流泵预降，降雨期间开启一台截流泵	−5.2	−7.3	根据降雨预报提前量和干线输送能力，雨前适时开启1—2台放江泵预降，雨中达到防汛开泵水位时，逐台增加雨水泵	−5	−7.3
黄色 6 h—50 mm	鲁班	−7.1		−3.95	−7.1		−5	−7.1
黄色 1 h—35 mm	肇嘉浜	−7.3		−5.2	−7.3		−3	−5.9
黄色 1 h—35 mm	鲁班	−7.1		−3.95	−7.1		−1	−5.8
橙色 3 h—50 mm	肇嘉浜	−7.3		−5.2	−7.3		−5	−7.3
橙色 3 h—50 mm	鲁班	−7.1		−3.95	−7.1		−5	−7.1
红色 3 h—100 mm	肇嘉浜	−7.3		−5.2	−7.3		−5	−7.3
红色 3 h—100 mm	鲁班	−7.1		−3.95	−7.1		−5	−7.1
红色 1 h—60 mm	肇嘉浜	−7.3		−5.2	−7.3		−5	−7.3
红色 1 h—60 mm	鲁班	−7.1		−3.95	−7.1		−5	−7.1

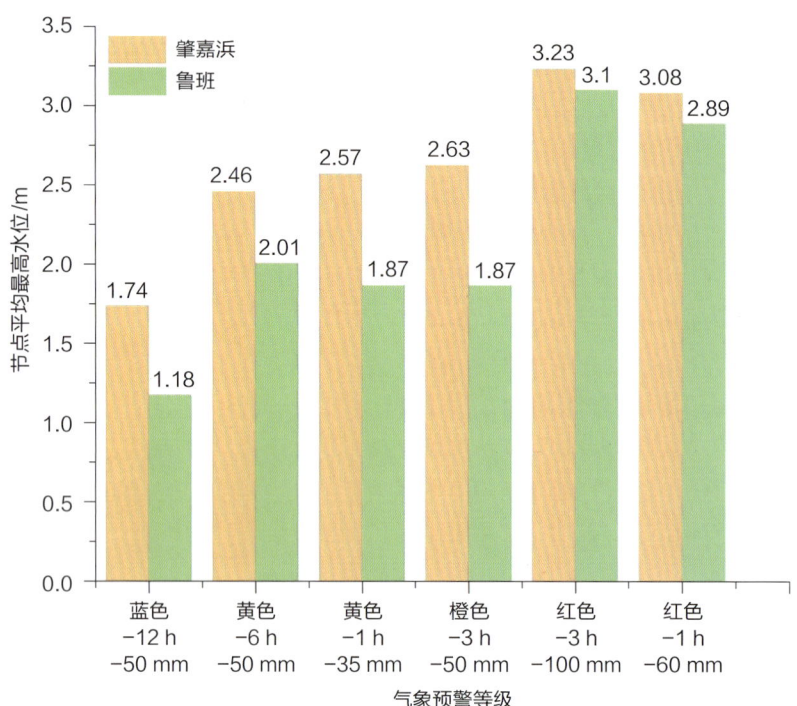

图5 不同调度方案下系统节点平均最高水位

【咨询效果】

1. 为防涝减灾决策提供了更为科学的依据

城市防涝减灾是城市安保的重要内容，以往的防涝减灾决策一般以管理经验为主，往往缺乏数据的支撑。对于上述问题，本课题基于先进的排水管网水力模型技术，将以依靠经验为主的粗放型排水管理模式转变为基于实时数据、科学计算的精细化管理模式，为提高管理人员技术素质和决策水平提供了技术支撑。

课题成果包含排水模型从构建到应用的完整步骤与流程，对于排水工程中可能遇到的问题，例如积水点消除、排水系统提标、应急调度预案制定等内容，本课题均进行了深入研究，针对不同的问题提出了完整的技术思路与方案，并且通过水力模型的推演计算，能够在计算机中提前模拟得到工程方案实施后的效果，作为方案决策的依据。例如，对于某积水点改造工程，设计方案中提出增设连通管道和临时泵站的方案，在建立了经严格率定的排水管网模型后，将设计方案放入模型中模拟计算论证，发现增设连通管道方案和临时泵站方案的效果不明显，造成积水严重的真正原因是各排水系统间调度方式及策略不协调，针对问题提出了新的优化方案并得到了管理部门的采纳，实施后显著减轻了道路积水问题，取得了良好的社会效益。

2. 研究成果应用于实践能够节约社会资源

研究成果之一的城市内涝预警与雨水径流综合管控平台具有实时预警预报功能，能够基于当前发生的雨情、水情、工情及气象数据，实时模拟计算系统可能发生的积水风险。在暴雨来临时，排水管理部门可根据该平台的模拟结果，优化抢险调度策略，提前布置抢险救灾队伍，如将移动泵车提前布置到风险最大的内涝点，在内涝刚发生时即开展处理处置工作，将内涝风险的危害降到最低，最大化减少积水内涝对人民群众的生产生活造成的危害；对于低风险点，可避免应急队伍的冗余调度，减少移动泵车等社会资源消耗，进一步达到节约社会资源的目的。

3. 为国内排水实时预警预报模型提供了示范应用

《室外排水设计标准》规定汇水面积超过 2 km^2，宜考虑降雨在时空分布的不均匀性和管网汇流过程，采用数学模型法计算雨水设计流量，这大大推动了排水模型技术在国内的推广与应用。而目前国内单位对排水模型的应用往往停留在规划、设计方案的验证与优化阶段，排水防汛实时模型系统在国际国内上应用甚少，在国际尚属前沿领域。本项目开创了排水实时预警预报模型国内研发与应用的先河，成果被住建部和水利部同时列为示范项目向全国推广，为提供优质高效的排水服务、保障城市防汛安全创造了有利条件。

4. 为继续构建大型一体化运行调度平台提供了技术储备

本项目为国内首创、国际领先的排水实时模型项目，项目整体研发过程近十年，整个研发过程中，培养了一批熟练理解、运用水力模型的专业技术人才。本项目被市水务局列入2020年水务海洋智能应用案例及创意，并获得2020年度上海市水务海洋科学技术奖一等奖、2021年度上海市优秀工程咨询成果一等水平；研究成果入选水利部2021年度成熟适用水利科技成果向全国推广。

第一次全国灾普国家和上海市"双试点"
——徐汇区水旱灾害风险普查

The "Double Pilot" in the First National Disaster Survey Nationwide and in Shanghai
——Flood and Drought Disaster Risk Survey in Xuhui District

完成单位：上海浦河工程设计有限公司
Shanghai Puhe Engineering Design Co., Ltd.
联系电话：19821222188
主要完成人：李 霞　倪佳娣　陆琳娜　肖志乔　丁荣宗　付明军　徐福军　罗山虹　顾页川
王越炜

【点评】

该研究深入探讨了徐汇区水旱灾害风险普查项目，突显了其对数据共享、平台建设和公众科普方面的重视，有效提升了灾害防治效率和公众防范意识。项目采用了遥感、地理信息系统和大数据分析等先进技术手段，实现了水旱承灾体的快速识别和精准定位，确保了成果的先进性，并与国际标准接轨。研究指出，普查成果不仅涵盖了致灾风险、承灾体、历史灾害、综合减灾能力和重点隐患等关键领域，还通过科学、规范的方法，制定了普查方案和技术标准，确保了数据的准确性和可靠性。此外，项目在实施过程中展现了高度的政治地位和试点引领效应，为全国自然灾害综合风险普查提供了宝贵的经验和模式。项目的特点在于其模块化管理和创新的工作流程，通过领军人物的科学管理和项目团队的协同合作，克服了时间紧、任务重的挑战，实现了高效率和高质量的普查成果。同时，项目在经验推广和总结方面也做出了积极贡献，为后续的自然灾害综合风险普查工作提供了借鉴和参考。

【项目背景】

1. 政策背景

按照党中央、国务院决策部署，为全面掌握我国自然灾害风险隐患情况，提升全社会抵御自然灾害的综合防范能力，经国务院同意，定于2020年至2022年开展第一次全国自然灾害综合风险普查（简称"全国灾普"）工作。

全国自然灾害综合风险普查是国务院部署的一项重大的国情国力调查工作，是提升自然灾害防治能力的基础性工作和政治任务。开展水旱灾害风险普查是贯彻落实习近平总书记关于防灾减灾救灾的重要论述精神，是践行"两个维护"的具体举措，是必须要完成好的一项重要政治任务。

为贯彻落实《国务院办公厅关于开展第一次全国自然灾害综合风险普查的通知》（国办发〔2020〕12号）和《上海市人民政府办公厅关于开展第一次自然灾害综合风险普查的通知》（沪府办发〔2020〕4号）精神，根据《第一次全国自然灾害综合风险普查实施方案（试点版）》（国灾险普办发〔2020〕13号）、《上海市开展第一次自然灾害综合风险普查的总体方案》（沪灾险普办〔2020〕1号）的部署和要求，由于时间紧、任务重，且因水旱灾害是自然灾害主要灾害之一，徐汇区被列为国家和上海市水旱灾害风险普查"双试点"，为尽快探索出适应超大城市全国第一次普查工作经验，率先启动了普查工作。

2. 项目目标和必要性

（1）项目功能目标

本项目作为国家和上海市"双试点"，先行研究徐汇区水利全部承灾体对象，研究探索出适合灾害普查的主要工作方案、工作技术路线、技术要求以及工作周期；在规定时间内探索完成普查任务，为全国灾普做出试点样板；做好验收汇报、总结、完善工作，探索出灾普标准。作为国家试点，徐汇区水旱灾害风险普查要优先完成国家试点任务的研究和探索要求，对后期全国灾普大行动总结经验；同时作为上海市试点，徐汇区水旱灾害风险普查要在国家要求的基础上提高深度、精度,做出上海特色,打造样板示范,指导上海市全面的灾普调查工作。

(2)项目必要性

本项目开展过程中,始终坚持"查隐患、促安全、助发展"的理念,在"边普查、边应用、边见效"原则的指导下,推动普查成果在自然灾害防治能力提升和经济社会发展中的应用,切实发挥风险普查成果的指导作用。本项目不仅完成了规定的普查任务,发挥试点示范作用,还总结归纳出科学合理、技术领先且操作性较强的普查工作方法,全过程夯实了普查工作经验,提高了工作效率,为本市全面开展普查工作最大程度地节约人力物力财力,成为第一次全国自然灾害综合风险普查的"领军"区。

【项目内容】

1. 主要工作内容

徐汇区水旱灾害风险普查"双试点"项目工作内容涵盖致灾风险、承灾体、历史灾害、综合减灾能力和重点隐患等方面,完成了国家试点任务,并结合徐汇区情况,创新完成了上海市试点任务。且在数据共享、平台建设和公众科普等方面进行了共建探索和技术支撑与宣传。

主要工作内容及核心任务框架为:全面获取全区水旱灾害致灾因子信息(包括市政道路、下立交、住宅小区等区域内涝风险调查),重要承灾体信息(包括防洪设施、除涝设施、城镇雨水排水设施、城市供水水源地及原水系统、水厂及供水管网设施),历史灾害灾情信息,掌握水旱灾害重点隐患情况,查明区域减灾能力;客观认识徐汇区当前全区水旱灾害致灾、承灾体、综合减灾能力、重点隐患的调查情况,做好基础调查工作,为本区应对水旱灾害奠定数据基础。

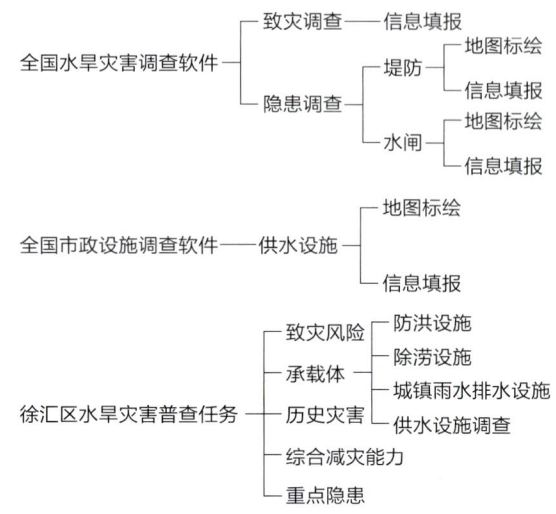

图1 徐汇区水旱灾害风险普查核心任务框架图

2. 项目类型

(1)项目名称

第一次全国灾普国家和上海市"双试点"——徐汇区水旱灾害风险普查

(2)项目类别

新型项目、成果类型多样

- ✓ 解决了多机受限问题,单人→多人同步
- ✓ 技术层面上解决了管道数据不全面问题。
- ✓ 基于徐汇区街道底图及ArcGIS系统对数据二次处理,极大地提升了工作效率。

图2 徐汇区水旱灾害风险普查调查软件页面示意图

（3）成果类型

① 前期准备成果：预算、编制说明、工作方案、实施方案、实施细则等各类成果。

② 核心主要成果：全国水旱灾害调查软件，全国市政设施调查软件（供水设施），徐汇区致灾风险、承灾体、历史灾害、综合减灾能力、重点隐患等7大项课题任务。每一大项课题又分为多个子任务，如承灾体任务又分为：防洪设施、除涝设施、城镇雨水排水设施、供水设施调查等平行子任务。

③ 技术支撑成果：工作总结、各类会议汇报、各类承灾体调查的技术顾问指导、灾普工作的系列标准和建议等技术支撑。

④ 其他工作配套成果。

本项目包含了其他省市水利部门没有的供水风险普查任务，而且完成了国家、本市两个不同深度要求的供水任务，在全国范围内，本项目均是实施工期最短（全程共5个月：准备阶段2个月，调查工作仅3个月）、任务量最多的工作。

表1 徐汇区普查系列核心成果涉及的任务量一览表

工作内容		表格名称	工程量	合计
一、致灾风险调查与评估——徐汇区内涝点数量		市政道路内涝	152个市政道路内涝点	（1）共填318张调查表； （2）排水管道+排水井数据源数据646 600条； （3）供水管道5 700条源数据，分析处理后上报2套成果： ① 2021年6月全套成果有1 687条数据、74.14 km。 ② 2021年10月全套成果完成1 091条数据、178.51 km。 （4）纸质附表成果（总2 161页）：第一部分致灾调查167页；第二部分承灾体调查1 803页；第三部分历史灾害调查26页；第四部分综合减灾调查136页；第五部分重点隐患调查29页。
		下立交内涝	4个下立交内涝点	
		住宅小区内涝	26个住宅小区内涝点	
		徐汇区内涝灾害风险评价	34个易涝区	
二、承灾体调查	（一）防洪设施*	堤防干流防汛设施*	7段一线堤防22.374 km	
		支河口门*	7个支河口门	
		堤防交叉建（构）筑物*	46个防汛闸门，2座涵闸，50座潮拍门，12个码头	
	（二）除涝设施	水闸	16座水闸	
		除涝泵站	9座泵站	
		泵闸	11座泵闸	
		现场检查记录	11次	
	（三）城镇雨水排水设施	排水管道	主管长度527 811.33 m，支管长度159 804.95 m	
		排水井	48 275个	
		排水泵站	11座排水泵站	
		重点排水户	1户重点排水户	
	（四）供水设施调查	供水设施-厂站	上海长桥水厂	
		供水设施-管道	供水管道178.51 km	
三、历史灾害调查*		年度水旱灾害事件*	1979—2020年历史灾害	
		历史一般水旱灾害事件*		
		历史重大水旱灾害*		
四、综合减灾能力调查*		政府灾害管理能力*	水旱灾害减灾能力	
		防汛救灾物资储备库（点）*		
		应急避难场所*		
		社会应急力量减灾资源*		
		企业救援装备资源*		
五、重点隐患调查		堤防工程安全隐患*	7段一线堤防	
		水闸高程及安全鉴定情况	16套	
		水闸隐患排查数据	16座水闸	
		水闸工程安全隐患	11套	

注：实际工作开展中，*表示为新增任务，其余为原定任务。

【工作过程】

根据前期制定的工作计划和方案,在优秀项目团队的组织和努力下,采用多种科学技术手法、高效综合管理方式相结合,有规范有领导有计划有创新地开展工作,为建设全国自然灾害风险基础数据库提供数据保障。

1. 项目技术层面工作过程

① 通过资料收集、现场调查、国家灾普软件、91助手、离线或网络地图、GIS地理信息系统软件等多种方法采集基础数据资料。

② 内外业一体化,利用行政管理部门和企业的数据库及业务数据资料,按要求进行统计、整理入库。

③ 利用"全国自然灾害综合风险普查数据采集系统水旱灾害调查分系统""全国房屋建筑和市政设施调查系统"完成多部门、多层级跨平台多源异构数据的调查工作,实现数据采集存储、管理和维护,基于应用需求统一数据服务。

2. 项目管理层面工作过程

① 组织人员参与相关普查培训工作,严格执行数据保密制度,宣贯参与人员的保密制度,签署保密人员须知,每周对保密制度进行宣贯。

② 在风险普查工作过程中,普查工作人员和普查对象紧密围绕普查各阶段的中心工作,细化完善方案流程。

③ 创新性采用模块化管理、会议地图等模式,任务到人,执行周报制、集中月总结制,确保工作有序、高效推进。

④ 涉及部门众多,除了与第一次自然灾害普查的国家技术部门、上海市技术部门互联互动外,还需与上海市水旱灾害普查的各相关单位保持全过程协调。

3. 项目实施工作过程

（1）前期准备阶段（至2021年3月）

① 配合主管部门编制前期相关文件和工作成果,协助主管部门成立专项普查领导小组和工作小组,负责普查工作的整体规划和执行。

② 公司内部制定详细的普查方案和技术路线,明确普查的范围、内容、方法和时间安排。

③ 开展普查培训,提高项目组人员的业务能力和技能水平。

（2）调查阶段（2021年4—6月、共3个月）

① 数据收集与整理：收集徐汇区相关的自然和人文地理要素数据,包括地形地貌、气象水文、社会经济等方面的信息；整理历史水旱灾害记录,分析灾害发生的规律、特点和影响因素；调查重点企事业单位和社会组织在水旱灾害防治方面的能力和需求。

② 内外业同步调查：组织专业人员深入徐汇区各街道、镇、村进行现场调查,了解水旱灾害的实际情况和潜在风险；开展徐汇区水旱灾害调查软件、全国市政设施调查软件（供水设施）、致灾风险、承灾体、历史灾害、综合减灾能力、重点隐患等7大项调查任务。

③ 数据分析与区划：对收集到的数据进行整理、分析和处理；对存疑内容进行复核调查。

图3　徐汇区水旱灾害风险普查调查复核和经验标准化验证

（3）成果汇报阶段（至2021年6月）

① 编制水旱灾害调查成果，形成详细的调查报告和成果集。

② 汇报、评审、验收、移交调查成果。

（4）成果复盘、经验推广和项目验收（2021年6—12月）

（5）经验推广与总结阶段（2021年5月—2023年3月）

① 试点区普查工作在调查工作阶段，普查经验是"边普查边总结"，为后续的自然灾害综合风险普查工作提供借鉴和参考；项目验收后，2021—2022年度为全面调查、评估与区划阶段，为其他区开展普查工作中进行经验指导和分享。

② 在整个工作过程中，徐汇区注重与市、区两级相关部门的协同配合，确保普查工作的顺利进行。同时，也充分利用现代科技手段，如遥感技术、地理信息系统等，提高普查的效率和准确性。

【咨询工作特点及经验教训】

1. 工作特点

（1）领军人牵头、自上而下协同

本项目根据工作重要性、工作内容、工作量及工作周期等类比，任命从业近20年、有类似工作业绩的领军人全面负责项目普查。领军人非常熟悉国家和市级层面的水务相关政策法规、技术评审要点、大型重点普查调查工作的流程、自然灾害普查的技术规范和相关技术要求，曾主持第一次全国水利普查、中国全面推行河长制工作，均为国家层面2—3年历时工作，对工期紧、任务重的大型重点项目具有丰富的科学管理方法进行人员调度和倒排工期的实操经验。

项目工作过程中，技术团队与国家和市级相关行政主管部门、国家和市级相关技术部门，如应急管理部门、水务部门，市、区人民政府、乡镇人民政府和街道办事处、村民委员会和居民委员会，重点企事业单位和社会组织、部分居民，全国其他技术支撑单位等协同一致，共推进度。由于全国第一次自然灾害普查是"边普查、边应用、边见效"，本项目又是国家和上海市的"双试点"，处在常规普查的前沿，应及时反馈工作中发现的问题以及解决方案。公司资源自上而下全力配合，项目经理总控质量和进度，对普查工作的团队大力支持和信任，充分发挥了主观能动性，消除职能部门的沟通障碍，提升了跨部门协作的效率和效果。

（2）模块化管理、工作方式创新

本项目涉及的调查内容涵盖致灾调查、承灾体调查、历史灾害调查、综合减灾能力调查、重点隐患调查等多方面。项目负责人创新性地采用"模块化"技术管理，把调查内容划分为八个模块，每个模块又分为若干个单元。

初期探索阶段：项目负责人（领军人）→指导各单元小组开展→项目负责人总结时效、经验统一标准；

优化标准阶段：各单元小组充分发挥主观能动性推进工作→模块负责人汇报交流工作成果→项目负责人总结优化经验和工作流程；

验证工作流程阶段：项目负责人对模块负责人宣传普查任务和工作流程→模块负责人分发各单元工作→各单元工作实施→模块负责人收集汇总→项目负责人复核工作、组织周例会复盘工作流程和总结。

推广工作流程和经验阶段：项目负责人总结。

新的单元工作按上述工作方式同步展开，直至验收后的工作经验可以推广；直至全部普查任务完成。

（3）单机化输入、探索同步批量

创新了一套众多平行项目推进的管理工具。本项目开展过程中涉及全区和上海市内近30多个交叉行政管理部门，召开了100多场协调会议，涉及人员管理239人次，任务数据几十万条。本项目创新了应用会议地图模式、进度管理工具，由8个模块负责人每周按工作内容、本周工作计划及完成情况、问题、措施、风险及措施计划、任务中需要决策和支持事项、最新需求/变更等内容进行模块化输入，高效推进国家和上海市的"双试点"灾普工作，汇报采用随时汇报和集中会议汇报相结合，发现问题及时解决，反馈问题及时响应，确保工作高效、有序地开展，高效便捷地实现了全过程质量管控。

2. 项目特点

（1）有极高的政治地位与试点引领效应

第一次全国灾普国家和上海市"双试点"——徐汇区水旱灾害风险普查是重大的国情国力调查工作，又是提升自然灾害防治能力的基础性工作，徐汇区作为第一次全国灾普国家和上海市水旱灾害"双试点"，具有极高的政治地位与试点引领效应。

水旱灾害普查覆盖徐汇区全域，含徐汇区内管辖的全部水旱灾害承灾体全要素信息。无经

图4 徐汇区水旱灾害风险普查经验上海市分享会

验试点工作，且调查时间要求3个月探索完成，范围广、要素多、时间紧、任务重，是一项具有重要意义且富有挑战性的工作。

徐汇区"双试点"的普查经验和分享，迅速在全国和上海市其他行政区的普查得以应用，提升了全国自然灾害普查的时效，对后续同类工作的实施起到了试点引领作用。

（2）是"国家层面"的"第一次"

作为"全国第一次""上海市第一次""国家级""双试点"的重要任务，项目开展过程中需要摸索和研究、创造性地边普查边完善、边推进边总结，并将实际普查中遇到的问题和解决方案及时反馈到水利部，以完善普查系统、普查技术及普查成果，并反向优化普查标准体系，以更优的技术路线指导后续全国范围的普查大行动。

作为全国和上海市的"双试点"，徐汇区水旱灾害风险普查工作更加注重科学性和规范性。通过借鉴国内外先进的普查技术和方法，结合徐汇区的实际情况，加强与应急管理部门、水务部门等相关单位的协同，制定了科学合理的普查方案和技术标准。同时，加强与国家和市级相关部门的沟通协调，确保普查数据的准确性和可靠性。

（3）对上海市意义重大且富有挑战

徐汇区水旱灾害风险普查系列成果众多，有利于上海城市精细化治理，构建高效科学的自然灾害防治体系，推进"韧性城市"建设，为上海市经济社会可持续发展提供有力保障。

徐汇区水旱灾害风险普查对象包括与水旱灾害相关的自然和人文地理要素，市、区人民政府及有关部门，乡镇人民政府和街道办事处，村民委员会和居民委员会，重点企事业单位和社会组织，部分居民等。需要在最短的时间内对全区和上海市内近30多个交叉行政管理单位人员快速对接，参与部门多、涉及范围广、资料分散、收集和复核难度大、专业性强、协同任务重、工作难度大，项目负责人需要具备对全类型水利工程有很强的综合专业技术能力和超强的协调管理能力。

（4）成果绿色智能，应用前景广阔且潜力巨大

通过全面、系统的普查工作，我们能够更加准确地掌握水旱灾害的分布规律、发生频率及影响程度，为制定有效的防灾减灾措施提供科学依据。此外，普查数据还可应用于灾害风险评估、城市规划、资源调配等多个领域，为经济社会可持续发展提供有力支撑。因此，水旱灾害普查的应用前景广阔，其实践价值和社会意义不容忽视。

3. 经验教训和解决方法

（1）逐步优化前期工作流程的完善问题

以目标为导向，多部门联通联动，通过多渠道探讨，加强交流合作，形成"边普查、边反馈、边协调、边推进"的工作方法，并探索了科学、合理的工作流程，为后续调查工作的开展提供了参考与借鉴。

（2）妥善落实普查成果汇交要求不够明确问题

对成果汇交时如何填写情况说明积极建言献策，最终确定以表格形式反映情况，全市统一填写《变更单》。

（3）协调统一国家任务与本市任务要求不一致问题

加强技术标准解读，仔细研读国家和上海市下发文件。首先保证完成国家试点任务，积极与市灾普办、区灾普办等各相关部门沟通协调，共同探讨协调，保质、保量完成市级试点任务。

【咨询效果】

1. 经济效益与社会影响力

本项目为第一次全国灾普国家和上海市"双试点"——徐汇区水旱灾害风险普查，其系列成果均为原创及首创完成，项目成果行业领先且新颖。徐汇区在全上海市是第一个完成普查成果并汇交市灾普办、市应急局、市水务局；在全国是第一批通过国家审核、验收；在全国范围内是实施工期最短（5个月，其中调查工作仅3个月），任务量最多（包含其他省水利部门没有的供水任务，而且完成了国家、本市两个不同深度要求的供

水风险普查任务），工期比本市其他区提前了8个月完成，后续成功经验成为其他区同类工作的指导和引领，为上海市节约了大量的人力物力财力。

基于水旱灾害风险调查系列成果，全面获取致灾因子信息、孕灾环境信息和特定承灾体致灾阈值，通过对重要承灾体的空间位置信息和灾害属性信息的分析，采用风险等级和定量风险相结合的方法，可评估水旱灾害影响下的主要承灾体的风险程度，评估不同重现期洪水淹没范围内人口、GDP、耕地、资产、道路等基础设施暴露情况和直接经济损失风险。以规则网格为单元，进行承灾体经济价值空间化，生成全国承灾体数量或经济价值空间分布图，提升全社会抵御水旱灾害的综合防范能力，提供权威的水旱灾害风险信息和科学决策依据，成果社会效益显著。

2. 项目实施的运用价值

上海市地处长江三角洲，地势低洼且水利工程众多，近年来，随着全球变暖，极端天气频发，对地区抵御水旱灾害的综合防范能力提出更为严苛的要求。作为第一次全国灾普国家和上海市"双试点"徐汇区水旱灾害风险普查系列成果，除工作经验快速推广应用外，具有以下推广运用价值：

① 通过本项目获取重要承灾体信息，查明历史灾害信息，掌握重点隐患情况，梳理区域抗灾能力和减灾能力，助力于国家、本市、徐汇区政府有效开展水旱灾害防治和应急管理工作。

② 通过普查系列成果，科学预判今后一段时期灾害风险变化趋势和特点，形成全国和本市水旱灾害防治区划和防治建议。

③ 通过实施普查，建立健全全国自然灾害综合风险与减灾能力调查评估指标体系，分类型、分区域、分层级的国家水旱灾害风险与减灾能力数据库，多尺度隐患识别、风险识别、风险评估、风险制图、风险区划、灾害防治区划的技术方法和模型库，开发综合风险和减灾能力调查评估信息化系统，形成一整套自然灾害综合风险普查与常态业务工作相互衔接、相互促进的工作制度。

3. 项目可持续发展应用前景

工作经验为全国的灾害风险普查工作提供有益的借鉴和参考，推动了全国开展第一次自然灾害普查，充分利用普查成果，推动在灾害预警、应急响应、灾害治理以及风险管理等领域的应用和发展，为构建更加安全、稳定的社会环境做出积极贡献。

（1）有助于提升国家及本市水旱灾害预警和防范水平

有助于提升国家及本市水旱灾害预警和防范水平。通过全面、系统的普查工作，深入了解徐汇区水旱灾害的风险隐患和防灾减灾能力现状；通过调查评估，我们可以更准确地掌握其发生规律、影响范围以及可能造成的损失。有助于提升全国、全市水旱灾害防治能力和防范水平，

图5 徐汇区水旱灾害风险普查宣传

也为有效应对未来可能发生的灾害事件提供了重要的数据支撑和决策依据。这将使预警信息能够更早、更准确地传达给相关部门和民众,从而提高灾害防范和应对的效率和效果。

(2)有助于优化指导灾害防御工程系统建设

水旱灾害普查的可持续应用有助于优化指导灾害防御工程系统建设。通过普查数据,我们可以了解不同地区的灾害特点和风险等级,进而针对不同地区制定更加科学、合理的防御工程系统方案。这将有助于提高防御工程的针对性和有效性,减少灾害发生时可能造成的损失。

(3)有助于推动灾害风险管理水平升级与创新

水旱灾害普查的可持续应用还有助于推动灾害风险管理升级与创新。基于普查数据,我们可以开展更加深入的研究和分析,探索更加有效的灾害风险管理方法和手段。例如,可以利用大数据、人工智能等先进技术对普查数据进行挖掘和分析,发现潜在的风险因素和规律,为灾害风险管理提供更加科学的决策支持。

(4)促进相关产业升级与发展

水旱灾害普查的可持续应用还将促进相关产业升级与发展。随着普查数据的不断积累和更新,将催生一系列与灾害防御、风险管理相关的产品和服务需求,推动相关产业的快速升级与发展。例如,可以开发基于普查数据的灾害风险评估软件、灾害预警系统等产品,为灾害防御和减灾工作提供更加便捷、高效的技术支持。

创新和扩大国有资本产业投资研究报告
The Research Report on Innovation and Expansion for State-owned Capital Industrial Investment

编写单位：上海投资咨询集团有限公司
Shanghai Investment Consulting Group Co., Ltd.
联系电话：021-23300000　网址：https://www.sicc.cn
主要完成人：孙　蔚　彭　元　田　苗　何春香　邓会京　王焕宁　蒋丽娟　陈志佳　李林依

【点评】

本课题深入剖析当前上海市国有资本在战略性新兴产业（简称"战略新兴产业"）的投资情况，分析存在的问题与不足，同时结合新形势与新需求，提出创新和扩大国有资本产业投资的措施建议。课题全面总结了国有资本的投资经验，特别是在集成电路、人工智能、生物医药等领域取得的显著成效，并系统地剖析了投资分散、基金规模小、人才体系薄弱等问题。课题提出从市级、国资和国企三个层面出发，通过优化股权管理、提升平台公司功能、激发企业积极性等措施，创新投资路径，量化发展目标，并设定了具体的发展指标，为国有资本投资提供了明确的方向。此外，研究还强调了顶层设计、信息共享、投资主体布局优化和政策细化落实的重要性，以应对产业发展的新需求。课题通过系统研究，为上海市国有资本在战略新兴产业领域的高效投资提供决策支持和政策建议，推动国有资本在新一轮科技革命和产业变革中发挥关键作用。

【项目背景】

近年来，上海国资聚焦战略性新兴产业、先进制造业、现代服务业、基础设施和民生保障等四大领域持续加大投资布局，投资总额和集中度不断提高。累计至2020年底，38家国资委管辖的国资企业的对外投资金额合计5 961亿元，投资企业数为1 038家。从产业领域来看，截至2020年底，38家国资企业超过80%的投资资金流向战略新兴产业；而从被投资企业来看，超过66%的被投资企业从事战略新兴产业相关业务。另外，在战略新兴产业的九大细分领域中，相关服务业、新能源汽车产业、新一代信息技术产业、高端装备制造产业的投资金额相对较高。这些数据都说明战略新兴产业是上海国资企业的最重要的布局方向。在市委市政府领导下，市国资委深化两类公司改革，成立上海国投公司，形成了上海国际集团、上海国盛集团、上海国投公司三家平台公司格局，进一步盘活国有上市公司股权；强化专业投资公司功能作用，加快布局战略新兴产业；提升产业集团投资能力，围绕产业链上下游收购创新资源。

为贯彻落实市委市政府"引入市场和竞争机制，加大对战略性新兴产业项目投资"的要求，进一步强化国有资本在战略性、先导性产业发展中的支撑功能，抢占新兴产业领跑点，助推本市战略性、先导性产业高质量发展，市委全面深化改革委员会（简称"市委深改委"）和市委财经工作委员会（简称"市财经委"）部署该课题为2021年重点课题。经市委主要领导同意，由市国资委牵头，根据《2021年度市国资委调研课题工作计划》（沪国资委办发〔2021〕7号），2021年由市国资委委托上海投资咨询集团有限公司（以下简称"上咨集团"）开展具体研究。

在相关政府部门关心指导下，上咨集团聚焦战略性新兴产业投资进行了深入研究，课题研究成果由市国资委向中共中央政治局常委、时任上海市委书记李强进行了汇报。

【项目内容】

1. 新形势与新需求

（1）新一轮科技革命关口期，需抢抓先机解决关键核心技术

国有资本应加快形成关键产业链领域的集群优势、规模优势和关键技术的创新能力，提高

应对关键技术"卡脖子"风险的能力;激发内部市场的潜力,发挥国内各项资源要素的积极性,构建并保证双循环体系顺利运行,同时加快国际产业链高端的科技攻关和产品研发,填补因经济停滞而出现的国际产业链高端空白。

(2)产业链供应链强化期,需发力支撑把握新兴技术的投资窗口

科技、产业变革同步推进,不断催生新产业、新业态、新模式,传统产业也在人工智能、5G等新兴技术赋能中焕发生机。创新经济、数字经济、智能经济等,为我国实现新兴产业领域快速发展带来了重要机遇。国有资本应抓住机遇,向战略性新兴产业的基础层、技术层聚集,助推战略性新兴产业核心技术快速落地应用。

(3)迈向高质量发展关键期,需率先作为建成世界级战略性新兴产业集群

我国正处于"两个一百年"奋斗目标的历史交汇期,全面深化改革进程加快,迈入向经济高质量发展的关键阶段。我国正在京津冀、长三角、粤港澳、成渝四大经济圈,打造一批空间上高度集聚、上下游紧密协同、供应链集约高效、规模达万亿元的世界级战略性新兴产业集群。在第二个百年目标新征程中,国有资本应当担当引领推动高质量发展的开路先锋和创新驱动转型源头。

(4)三项新任务落地期,需构筑优势持续投入战略性新兴产业重点领域

作为新时代改革开放排头兵和创新发展先行者,上海正在全面落实中央交办的"三项新的重大任务",强化全球资源配置、科技创新策源、高端产业引领、开放枢纽门户"四大功能",深入推进"五个中心"建设。国有资本应打造经济发展新动能,构筑未来竞争新优势,积极布局未来重点发展方向,推动战略性新兴产业成为上海经济社会发展和产业转型升级的重要动力。

2. 研究内容

(1)全面总结国有资本投资经验及亮点成效

课题全面总结了国有资本投资经验,形成"财政专项资金+国资收益资金+国资平台资金+国企自有资金"的国有资本投资架构,并在服务国家战略——集成电路、人工智能、生物医药三大核心产业领域取得重大突破,支撑产业升级六大重点领域持续增强竞争力,聚焦主责主业加强前瞻性布局,拓宽投资渠道,优化监管,赋能企业,使上海市产业发展中国资发挥中流砥柱的作用。

(2)总结本市国资产业投资存在的问题与不足

产业投资领域较为分散,缺乏大型资本运作案例。上海国资产业投资领域较为分散,战略性新兴产业八大领域及服务业均有所涉及,都存在单个项目投资金额不高、企业成长缓慢、资本市场估值不高等问题。

基金规模能级低,缺乏行业品牌影响力的创投机构。主要体现在国资私募基金投资规模不足。截至2019年末,市国资委系统内共有27家企业,管理私募基金261只,募资规模合计2 492.32亿元,而深创投一家管理基金规模就达到了4 140亿元,创投机构国内行业排名落后。从清科集团公布的"中国本土创业投资机构50强"名单来看,上海国资近十年未能入选,而深创投连续多年一直位居榜单前三甲,江苏高投和苏州创投也位列前茅。

存量国资盘活周转慢,难以满足战略新兴产业投资需求。上海国资前20个行业的国有资产总量58 514.05亿元,占上海经营性国有资产总量的比重是92%,排名前五的行业分别是商务服务业、房地产业、道路运输业、货币金融服务和汽车制造业。大量资产沉淀在以上几个重资产领域,资金周转慢,难以满足战略性新兴产业的投资需求。

国有资本产业投资体系分工不清,难以聚焦与协同。上海国有资本投资运营平台定位分工不清晰,产业投资方向上有所重叠,27个集团参与多个投资基金,基金投资领域有所交叉。同时各大平台和企业集团之间联动较少,协同、沟通协调的机制有待进一步健全,难以形成合力聚焦某些重点产业领域。

专业人才队伍体系较弱,薪酬体系未充分市场化。上海国资国企产业投资方面人才体系较弱。尤其是领军型的产业投资和创业投资人才相比国内领先机构存在差距。如市科创投集团人数仅有60多名,而同类别的苏高投及下属毅达资本人员总数超过400名,深创投集团总部超过120人。在薪酬体系、激励考核机制未充分市场化难以留住人才。

监管与管理流程有待优化,制度建设尚需完善。投资运作过程中,国资背景的投资机构和基金均面临国资相关监管处置和审批要求,如审计、评估、审批、核准、备案、产权交易平台公开转让等等,流程复杂,周期漫长。现有考核体系

和评价体系"一刀切",不区分行业和企业特点。考核注重单个项目绩效,与新兴产业高风险特点不匹配。

(3) 提供国有资本投资定性和定量的发展指标体系

通过排摸和广泛调研,提出进一步引导国有资本向战略新兴产业领域集中,通过优化股权管理、提升平台公司功能、激发企业产业投资积极性等方式,创新国有资本投资路径,扩大国有资本投资规模,提升国有资本投资能级。在五年内,力争3家国资平台公司的总资产规模达到5 000亿元,盘活国有股权500亿元,组建国有资本母基金500亿元,带动社会资本投资10 000亿元,形成集成电路、生物医药等千亿级产业集群,战略新兴产业领域营业收入达到万亿元,上述指标体系为本市国资首次进行定性和定量相结合的系统分析。

(4) 为国有经济继续发挥上海国民经济压舱石作用指明了风向标

上海国资规模全国第一,为北京4倍、深圳6倍。课题所提出的总体发展思路包括丰富主体渠道,构建多渠道的国有资本投资架构,提出从组合投资、上市滚动、央地合作、市区联动等方面带动社会资本多元化投入,在投资考核、评估产权管理、细化容错纠错实施细则等方面优化政策保障机制,为国有经济继续发挥压舱石作用指明了下阶段发展方向。助力本市凝聚全社会支持战略新兴产业发展共识,举全市之力加强关键核心技术攻关,全面深化各类投资主体协同联动,充分发挥对社会资本投资的撬动和引领作用。

【工作过程】

2021年4月14日正式开题,通过搜集资料,项目组访谈上海市委财经工作委员会、市国资委规划发展处、企业改革处,调研整理总结上海市国有资本产业投资现状情况,分析存在的短板和问题。实地调研江苏省国资委、江苏省高科技投资集团有限公司,搜集深圳、合肥相关产业投资资料作为国有资本产业投资走在前列的城市典型案例,与上海进行对标对表分析,找出差距和不足,借鉴经验开拓全新视角。

2021年5—6月,召开上海国际集团、上海国盛集团、上海国投公司、联和投资公司、上海科创集团五大平台以及临港集团、上汽集团、华谊集团、上实集团、上海仪电、华虹集团等参加的专场

图1 高端专家访谈会

访谈会。2021年7—9月,举办了多场高端专家访谈会,同时广泛征集市经信委、市科委、科技数据平台、市财政局等意见。高站位、广视角吸纳各方智慧。研究提出上海创新和扩大国有资本产业投资的总体思路和对策建议。围绕抢抓全球新一轮科技革命和产业变革机遇,发挥国资引领产业发展战略先导作用,提出了优化和创新国有资本投资的实施路径。

【咨询工作特点及经验教训】

1. 工作特点

(1) 首次对全市国资系统战略性新兴产业投资情况进行系统排摸

从国有企业、政府基金及专项资金角度,系统分析上海市国有资本发展现状的基础,从国有企业、政府基金及专项资金角度,重点总结国有资本对战略新兴产业投资取得的亮点成绩,同时客观地剖析了存在的问题与不足。一是国有资本投资潜能未能释放,二是国资平台公司投融资功能不强,三是引领带动社会资本能力不够,四是国有资本投资管理机制有待完善。其中,财政专项资金中的本市战略新兴产业发展专项资金,主要通过上海国盛集团、科创集团、联和投资公司等投资主体代持,投资支持上海市战略新兴产业发展项目、上海市市级科技重大专项、上海市研发与转化功能型平台等。本市战略性新兴产业发展专项资金成立以来,以资本金注入方式投入多个国资控股或持股企业。

(2) 放眼全国,切实分析"十四五"产业投资趋势

放眼全国,分析了我国"十四五"期间新一

图2 其他省市调研

轮产业和技术发展趋势,并对上海产业发展的战略布局进行了深入分析。同时,与深圳、南京、合肥等地针对促进战略新兴产业发展的体制机制创新进行了对比研究,准确把握产业投资趋势。一是加强政府系统引导布局,优化国资监管方式。二是聚焦战略新兴产业发展重点,集中力量办大事。三是打造市场化投资主体,树立行业影响力。四是建立长效激励约束机制,构建完整人才体系。

(3)创新性地提出国有资本产业投资体系分级分层以及具体实施路径

从市级、国资和国企三个层面提出进一步推动创新和扩大国有资本产业投资的实施路径:在全市层面建立长效常态的顶层决策和投资推进机制;国资层面从强化科技创新策源能力、重大技术攻关、产业链供应链安全等三方面聚焦重点领域加大投资布局;国企层面提升投资主体能级水平。进一步创新和扩大国有资本投资的总体思路,着力从优化股权管理、提升平台公司功能、激发企业产业投资积极性等方面,扩大国有资本投资规模,提升国有资本投资能级。主要是推进"开闸放水"和"放水养鱼"。持续加大市国资委持有的竞争类公司股权划转平台公司力度,做强做大平台公司,以合理或最低持股比例为依据,有计划有步骤地盘活上市公司国有股权,实现滚动投资;组建国有资本母基金,发挥杠杆作用放大盘出资金,重点支持国家和我市重大战略、国资布局优化和结构调整、国企改革创新发展等领域。另外聚合国资力量和社会力量,通过市场化、专业化、规模化运作,打造国资创投行业头部品牌;深化"基金+基地"等创新模式,健全"投资平台+实体企业+园区企业"的三类投资主体投资联动机制;发挥国资的信用资本效能,吸引带动民营企业、外资企业等社会资本,引领放大社会资本服务战略新兴产业发展能级水平。

2. 工作经验

(1)开展"全面""精准"科学分析,系统梳理预测国资产业投资

全面梳理本市国有资本产业投资,基于上咨多年沉淀数据,以及多维度搜集统计,创新融合构建数据集,覆盖基金投资、直接投资、专项资金等领域投资。深入分析国资投资产业形势,基于翔实产业数据,精准分析国资战略性新兴产业的"十四五"规模和投向。

(2)立足"创新""扩大"关键词,高站位、广视角吸纳各方智慧

精心组织多场国资投资平台、产业投资集团座谈会,总结凝练国资投资的优势与不足;举办多场高层次专家研讨会,广泛征集相关政府部门意见。研究借鉴各地国资投资经验,开拓全新视角。首次为国有资本投资提供了定性和定量的发展指标体系。凝练发展原则,提出持续加大市国资委持有的竞争类公司股权划转平台公司力度,做强做大平台公司,以合理或最低持股比例为依据,有计划有步骤地盘活上市公司国有股权,实现滚动投资;组建国有资本母基金,发挥杠杆作用放大盘出资金。

(3)聚焦"顶天""立地"大格局,完善国资产业投资体系与路径

围绕抢抓全球新一轮科技革命和产业变革机遇,发挥国资引领产业发展战略先导作用,提出了优化和创新国有资本投资的总体思路。从市级、国资和国企三个层面,提出切实可落地的实施路径,构建"政+产+学+研+资+园区+企业家、科学家"协同发力的投资生态体系,进一步强化国有资本在战略性、先导性产业发展中的支撑功能,助力打造世界一流企业,助推本市战略性、先导性产业高质量发展。

【咨询效果】

1. 课题研究成果获市领导肯定

2021年10月,课题成果由市国资委向市领导汇报,汇报了进一步创新和扩大国有资本投资的总体思路,并提出不断增强国有资本产业投融

资能力,为培育和发展战略性新兴产业做出新的贡献。市领导对研究成果表示认可,研究成果也将支撑市国资委形成创新和扩大国有资本产业投资工作方案,具有更大的社会效益。

2. 成果支撑上海国有资本投资母基金组建落地

研究提出创新国有资本投资路径,扩大国有资本投资规模,通过组建上海国有资本投资母基金,重点支持重大战略、国资功能布局、国企改革创新发展与结构优化调整。上海国资母基金于2022年12月14日正式揭牌成立。基金目标总规模500亿元,首期规模200亿元,重点服务国家重大战略和上海市重大任务,加快国资布局优化和战略性产业培育,推动国有企业高质量发展。

上海市"五个新城"文化发展研究
Research on Cultural Development of "Five New Cities" in Shanghai

编写单位：上海投资咨询集团有限公司
Shanghai Investment Consulting Group Co., Ltd.
联系电话：021-23300000　　网址：https://www.sicc.cn
主要完成人：吕海燕　缪艳萍　徐美卿　魏旭红　龚修齐　杨文侠　唐晓莉　高　飞　王吟之　翁　羽

【点评】

该研究核心亮点在于不仅着眼于文化设施建设，更注重文化内涵挖掘、运营模式创新及机制体制改革，为"五个新城"文化发展提供了全方位的解决方案。研究"跳出文化看文化""跳出新城看新城"，深入挖掘"五个新城"独特文化基因和文体旅优势，强调文化设施与文化活动的协调发展，创设提出了"大院大馆计划""大活动计划""大更新计划""大艺术计划"和"大美育计划"这五大计划。研究中提出的"十大举措"具体而务实，涵盖了文化设施的建设、运营和维护等多个方面。这些举措体现了政府与市场相结合的原则，既充分发挥了政府在文化建设中的引导作用，又充分调动了市场的积极性和创造力。另外，该研究在理论与实践相结合的基础上，前瞻性地设计了市区"双向奔赴式"联动优化机制，并提出了相应的政策建议，具有很强的操作性和创新性，有望为"五个新城"的文化发展提供有力的支撑，并为其他城市的新城建设提供了宝贵的经验和启示。

【项目背景】

"十三五"期间，全市文化设施空间布局不断完善。上海图书馆东馆、上海少年儿童图书馆新馆、宛平剧院、上海历史博物馆、中国近现代新闻出版博物馆、上海天文馆、程十发美术馆、九棵树未来艺术中心等一批市级重大文化设施纷纷建成落地并投入运营，上海博物馆东馆、上海大歌剧院、上海越剧艺术演艺传习中心、上海文学馆等重大在建项目进展顺利。从空间结构看，沿着东西"一轴"（城市文化中轴）和南北"一带"（黄浦江文化创新带），城市文化地标遍地开花，城市文化氛围愈发浓厚。

"十四五"以来，围绕"五个新城"布局，各类文化新地标、新功能、新业态等资源持续向新城导入。高能级设施建设，成为发展新地标。上海天文馆作为全球建筑规模最大的天文馆，已成为南汇新城吸引人流的"磁场"。嘉定保利大剧院、松江云间艺术中心、奉贤九棵树未来艺术中心等大幅提升新城生活品质和对各类人才吸引力。高品质资源导入，构筑发展新优势。实施"大美术馆计划""大博物馆计划"，将上海美术馆分馆、上海科技馆分馆等导入新城，建立上海博物馆和中华艺术宫等与"五个新城"长效合作机制。新业态不断涌现，打造消费新动能。松江云间粮仓通过城市更新注入人文内涵，盘活文化演艺、艺术展示、休闲娱乐等消费。

习近平总书记2019年考察上海时指出"人民城市人民建，人民城市为人民"。"五个新城"定位为独立的综合性节点城市，是上海未来发展最具活力的重要增长极和发动机。文化软实力彰显"五个新城"能级和核心竞争力，也体现人民对美好精神生活的期盼。为更好推动"五个新城"文化发展，贯彻落实市委市政府加快向"五个新城"导入功能的战略部署，尽快弥补"五个新城"在文化领域统筹规划和发展思路上的空白，由市委宣传部牵头，委托上咨集团开展了"五个新城"文化发展专题研究，在现场调研、专家研讨、公众问卷、资料分析等工作基础上，形成本专题研究。

【项目内容】

《关于本市"十四五"加快推进新城规划建设工作的实施意见》明确提出，到2035年"五个新城"各集聚100万左右常住人口,基本建成长三角地区具有辐射带动作用的综合性节点城市。未来"五个新城"人口将进一步年轻化、高学历化,对于文化设施与文化活动的多元需求需重视,要合理预留空间、超前谋划文化设施,为文化加持新城、赋能新城的可持续发展奠定基础。

专题研究立足"四个聚焦",即"聚焦设施载体、聚焦内涵体系、聚焦运营模式、聚焦机制创新",深入分析"五个新城"文化发展现状及后续发展设想,推动上海市"五个新城"高品质文化设施服务体系加快建成。研究技术路线立足需求导向、问题导向、目标导向,研判梳理"五个新城"文化设施及重大文化活动特征及诉求,借鉴国内外发展经验,充分考虑五个新城"综合性节点城市"发展目标,提出建立"市级-区级双向互动"的五大计划、十大举措,并从资金、人才、用地、机制等方面予以落地保障。具体内容包括以下四个方面:

1. 发展现状:多维文化特色

(1) 从文化资源来看,优秀传统项目焕发魅力

除常规的综合类博物馆、美术馆、艺术馆外,"五个新城"以地方文化、地方工艺为主题的艺术展陈、文化展示特色资源丰富。嘉定竹刻、松江顾绣被列入首批国家级非物质文化遗产,其中松江顾绣曾作为核心非遗文化资源展陈在意大利米兰当代艺术中心举办的"遇见上海"主题展览亮相。此外,不同于中心城区现代风貌,"五个新城"的江南古风建筑特色鲜明,是上海文化溯源的重要标志,如青溪知道书院、言子书院等。

(2) 从文化设施来看,顶尖水准设施初具规模

重大文化设施逐步成为"五个新城"构筑文化营商环境的利器。嘉定保利大剧院、松江云间艺术中心、奉贤九棵树未来艺术中心等按照专业剧场标准建设,舞台设备、建声效果等达到国内顶尖水准,成为网红IP及文化地标。南汇新城上海天文馆作为全球建筑规模最大的天文馆,成为吸引人流的"磁场"。此外,"五个新城"重大文化设施建设步伐仍不停止,上海美术馆分馆、上海科技馆分馆等重大功能仍在持续导入中。

(3) 从文化活动来看,市区合作互动引流明显

一方面,市区文化互动合作频繁,如奉贤区博物馆与上海市博物馆、陕西历史博物馆、秦始

图1　南汇新城"上海天文馆"

图2　奉贤新城"九棵树未来艺术中心"

皇帝陵博物院联合举办"与天无极——陕西周秦汉唐文物精华展"。另一方面,长三角合作引流明显,如松江新城依托云间艺术中心开展G60上海松江迎新音乐会、江南手作大会、上海市第三届篆刻艺术展等重磅文化活动,嘉定保利大剧院开展的上海童声合唱节,吸引了江苏常熟保利少儿·壹悦合唱团、闵行童声合唱团等长三角范围内多所学校合唱团齐力加盟。

(4) 从模式创新来看,政府和市场化主体合力提升效益

"五个新城"文化设施运营模式逐步探索创新,通过市场化主体引入、政府资金支持等方式,提升文化设施的利用效率。如嘉定保利大剧院引入保利集团运营管理,奉贤九棵树艺术中心引入华人文化运营管理等,又如松江新城的云间粮

仓文创园由旧粮食仓库及工厂更新改造而成，带动一批艺术工作室进驻，为新城文创发展提供了空间。

2. 总体原则：坚持文化增能

坚持高点站位，把握系统性。"五个新城"是新一轮上海发展的重点功能区域，新城发展应放眼国际、全国、长三角、全市重点战略，加快政策体系落地和重大项目建设。

坚持前瞻布局，把握独立性。与市区共建双向互利共享、文化提质扩能新局面，提前谋划布局人口导入区的公共文化设施，瞄准新兴文化业态新赛道，抢先布局文化产业设施。

坚持文化传承，把握独特性。探索保留历史文化、保护资源和工业遗存的再利用途径，加强文化设施和其他类型设施共建共享，利用有限的文化用地创造更多的文化空间，充分运用新技术、新模式改造提升存量设施、释放文化发展活力。

3. 发展定位：深挖"文化基因"

围绕"海派嘉定、古韵青浦、人文松江、文博奉贤、博览南汇"，全面提升"五个新城"文化发展能级。

（1）嘉定新城

着力打造"长三角艺术客厅、群艺原创魅力源"。积极提升文化资源的辐射力和影响力，打造"远香湖"演艺中心、博物馆、美术馆群落，鼓励民间博物馆和艺术馆打造具有地区特色的文化品牌。积极建设长三角青少年曲艺展示中心，鼓励创作更多原创文化作品，建设特色展示与群艺基地。

图3 "五个新城"文化发展意象

（2）青浦新城

着力打造"江南文化策源地、宜居绿色新水乡"。着力挖掘名人、名园、文物、历史等特色文化资源潜力，打好"江南文化牌"，活化传承物质及非物质文化遗产，成为面向长三角的江南古韵文化展示交流窗口。结合地域生态本底，植入文化体验等多元主题的功能，探索"新江南水乡"的现代空间演绎模式。

（3）松江新城

着力打造"人文书香文博城、影视产业集聚区"。擦亮松江"上海之根"文化品牌，进一步提升书香、书画、文博为特色文化资源附加值，打造G60科创走廊的文化中心。持续推动"上海科技影都"建设，引入大型影视节展活动，促进影视企业集聚，建设影视传媒特色优势产业集群。

（4）奉贤新城

着力打造"演艺交流生态圈、江河文化人贤地"。以"九棵树艺术中心"等地标性建筑为增长极，加强文化辐射力及吸引力，集聚更多精品演艺内容和驻场演艺团体，打造艺术交流平台。着力塑造江河韵、贤美风未来感齐鸣的艺术之都，营造具有新江南标识的文化氛围。

（5）南汇新城

着力打造"科技文化展示地、品质活力未来城"。服务国际化多元化人群，建成全覆盖、多层级的公共文化服务体系，强化文化创意、科技博览等功能，展现海纳百川的文化魅力。促进现代文化与传统文化的有机融合，打造先进融合的未来之城。

4. 研究建议："五大计划""十大举措"

针对文化服务需求呈现的业态多元化、空间多样化、需求个性化、形式数字化趋势，重点实施大院大馆、大活动、大更新、大艺术、大美育"五大计划"。

（1）大院大馆计划：布局文化生产"新赛道"

馆地合作。建立市级大馆大场与"五个新城"双向互动机制。一方面将市级大馆大场优质的展示展览、艺术演出、主题活动、馆藏资源等导入"五个新城"，带动实现高质量发展。另一方面利用"五个新城"文化空间，打造市级大馆大场创新实践基地，开展沉浸式体验、数字化展览演出等创新探索，有效缓解市级大馆大场空间有限、创新受限等压力。

谋划重大。"五个新城"重点区域要算发展大账、算长期账，深刻认识重大文化设施的环营商、人流导入作用及对地区发展能级跃升的带动作用。面向未来,前瞻性、主动性谋划重大文化设施发展,为引入市级大馆大场、承接重大文化活动事件留好空间,主动积极、科学合理地做好重大文化项目的用地预留。

(2) 大活动计划:锻造文化服务"新品牌"

一区一品。市级推广,支持中国上海国际艺术节、上海城市空间艺术季、上海双年展等市级重大活动,根据新城不同的文化内涵设立分展场、分会场或城市项目。区级提升,鼓励各区结合文化特色、产业发展与重大文化地标,推动区内品牌文化活动创建市级重大文化活动,打造"一区一品"名片性重大活动。如奉贤新城可立足贤美文化,推动上海国际音乐周、东方美谷艺术节等提级发展。

一体化推进。抢抓长三角一体化发展机遇,谋划长三角区域合作展览与重大文化节庆活动,重点支持"五个新城"与长三角区域内优秀的文化设施场馆"馆馆联合"。如围绕江南文化,青浦新城、松江新城等可与苏州博物馆、南京博物馆等开展战略合作,共同策划江南文化活化、江南文化创新开发等主题巡展。

(3) 大更新计划:挖潜传统优秀文化"新空间"

空间更新。针对"五个新城"社区公共文化设施缺乏趣味性、吸引力和艺术参与性,且部分公共文化设施也面临功能老化、形式陈旧等现实,可有序探索实施"五个新城"社区公共文化设施的更新计划,夯实文化发展基础。同时,积极推广松江云间粮仓发展模式,鼓励"五个新城"推动老旧厂房、商务办公楼等闲置低效资产改造转型,开发用于休闲文化、公共文化服务等新功能。

艺术赋能。为城市公共空间、特色建筑等非文化空间注入文化艺术元素,将"五个新城"特色文化元素植入街区小品设计。支持打造一批"小、特、精"的城市书房、文化驿站、文化礼堂、文化广场,推动更多城市公共空间建设融入文化元素,打造更多群众家门口的"文化客厅"。

(4) 大艺术计划:探索文化增值"新场景"

公共艺术反哺。参考纽约等做法,以"五个新城"为实施主体,划定新城核心区域、首发重点区域等经营性地块范围,探索按经营性地块土地出让金市级返回部分的一定百分比计提,专项用于区域公共艺术小品及装置购置、公共艺术氛围营造、艺术人才引进等。加大力度引入艺术展览、创意展演等艺术大事件,让艺术为新城代言。

艺术大联盟。聚力提升"五个新城"文化艺术氛围,由市委宣传部牵头,联合发展改革、文化旅游、规划资源等相关部门,组建涵盖海派艺术家、民间收藏家、城市规划大师、文化策划大师、文化运营大师等主体的艺术大联盟,定期研讨"五个新城"文化发展难点问题,并为新城文化发展规划、公共文化服务体系构建、重大文化设施建设、艺术工程建设、文化艺术氛围营造等出谋划策。

(5) 大美育计划:培育文化普适"新生态"

文化邻里。创新探索,支持"五个新城"更大力度开放公共文化设施空间,打开"围墙"让文化更近服务新城市民,实现文化资源向社会美育资源的转变。如嘉定新城、松江新城可率先依托区级图书馆、专业剧场等,推动场馆错时开放、延时开放,探索建立剧场提供公益性低收费的公共文化服务机制;奉贤新城、青浦新城、南汇新城可依托市民文化活动综合体、青少年活动中心等,开发面向特定群体的数字化文化体验产品。

校地联手。鼓励"五个新城"联合历史、音乐、影视、美术等领域专业院校建设校外艺术实践基地。如青浦新城可依托福泉山遗址等资源,联合中央美术学院、历史考古专业院校等形成系列文化考古收藏实践基地;松江新城结合上海科技影都建设,与专业戏剧学院、电影学院合作,打造沉浸式演艺场地与实验剧场。

5. 保障机制:落实"文化支持"

专题研究从规划、资金、运营等方面提出相关支持建议。

(1) 加大重大项目倾斜力度

规划新建的市级重大文化设施项目、市级大馆大场的分馆建设等布局优先考虑"五个新城",支持"五个新城"结合全市发展及自身特色谋划重大文化设施项目。对重大文化设施项目土地供应计划、供应方式、土地价格、项目立项等予以支持。支持"五个新城"探索文绿融合发展,在成片、集中的绿地空间中加大文化功能导入。

(2) 建议加大资金扶持力度

支持"五个新城"公共艺术反哺计划,经营性地块土地出让金市级返回部分的一定百分比计提后用于文化艺术建设。支持新城社区公共文化设施更新计划，参照社区公共文化设施建设支持方式，对更新投资市级予以适当补贴。对新城引入社会主体投资建设重大文化设施的，市级予以一定投资补助或贷款贴息支持；对引入社会主体运营管理的，切实落实税费减免、社会保险费补贴等优惠政策。

（3）建议创新文化内容支持

加大市级对"五个新城"内容支持力度，将市级大馆大场、市级院团年度为新城导入"大演""大展""大秀"等优质文化活动的规模纳入考核范围。对市级大馆大场将国外、外省市引入的特色展演活动巡演、巡展安排至新城的，市级按场次予以一定奖励。参照文化文物单位文化创意产品开发市级的相关做法，对市级大馆大场、市级院团等专业工作人员，予以"五个新城"的活动策划、展演运作、场馆运营、文创产品开发等业务指导，落实个人绩效奖励措施。

【工作过程】

课题研究前后历时近一年，课题组通过现场调研、设施踏勘、部门座谈、专家研讨，广泛收集国内外相关案例资料等方式，开展相关调研和基础数据收集，结合多轮头脑风暴、专题论证对研究成果进行调整优化，经集团内部"三审三校"后提交成果，获得委托方高度评价。

【咨询工作特点及经验教训】

1. 研究立足"五个新城"文化发展的客观难处，在思路上提出新定位、新生态、新平衡三方面核心思路。面对中心城区、长三角兄弟城市的文化虹吸，新城如何在定位特色上打出差异牌，迫使新城文化转型走出新路

（1）新定位之路

新城特有的文化底蕴是难以复制和替代的资产，"五个新城"在未来应着力体现上海江南底蕴、田园特色。

（2）新生态之路

新城不只是附属者，更应该主动对话、主动作为，与市级层面、区域层面、专业层面构建双向奔赴、相互成就的联动发展。

（3）新平衡之路

改变传统单一文化设施建设平衡为主的思路，将眼光扩展到文化功能与城市功能融合发展的模式创新，算好城市文化一体发展的统账。

2. 研究调研基础扎实，厘清新城文化底图底数。具体从人均文化设施水平、高等级文化设施覆盖程度、文化资源、多元主体运营机制等方面总结瓶颈问题

（1）文化设施空间布局有待优化，缺乏市级文化设施

目前，市级对"五个新城"文化设施布局暂无系统性规划，其布局规划、内容导入等以区级为主，"五个新城"文化发展水平与区主要领导的重视程度和区级财力水平关系密切。下一步，需要市里对"五个新城"市级文化设施的规划做统一部署考虑，特别是基础相对薄弱的新城。

（2）文化设施运营模式相对单一，有待进一步创新

中心城区文化设施运营模式多样、利用效率高、总体效益好，"五个新城"虽有部分场馆引入社会主体，但多数以政府财政出资、事业单位运营为主，亟待进行运营模式创新。未来随着"五个新城"人口持续导入，文化设施规模将不断扩大，对设施运营模式的创新提出了更高要求。

（3）文化活动品牌影响力与独立综合性节点城市定位仍有差距

虽然市级文化单位支持上海旅游节、上海国际电影节等大型品牌性文化节庆活动落地"五个新城"，但现阶段仍以分会场为主，整体影响力还不够。"五个新城"举办的文化活动的多样性、吸引力和参与度均有待提升，与"五个新城"的定位仍有差距，下一步需要市里向新城输送更多优质资源，联合打造更多精品活动。

3. 研究力求贯彻"文化共生、发展增能"核心要义，在文化场馆、文化资源、文化运营、文化氛围、文化空间等多个方面全方位协同开放，优化载体、挖掘资源、探索机制，以文化共生共栖推动发展共赢共惠，总体要把握三个关系

（1）把握政府和市场的关系

政府要做好保障，以公共文化、体育设施服务标准及技术规范为依据，确保设施服务覆盖率达到市区平均水平，保障新城人民享受公益文体服务的获得感、感受度；市场要发挥作用，鼓励有实力的重大文化设施运营主体积极参与社会设施资源的开发和利用，以设施开发、服务管理、技术培训等为重点，通过品牌输出、管理输出、资本输出等实现连锁化运营。

（2）把握事业和产业的关系

在文体事业领域内政府应做好托底，鼓励适

当引入市场化品牌运营团队,在重大文化设施资产相对集中的基础上,通过政府委托管理、合作经营、购买服务等方式,提升设施运营管理的专业化、市场化水平。在文体产业领域内充分发挥市场机制作用,加大力度推进设施所有权与经营权分离,充分调动市场主体参与重大文化设施建设、运营和管理的积极性。

(3)把握传统和创新的关系

发挥重大文化设施对新城发展的带动引领作用,适度前瞻布局重大文化设施补齐功能短板。坚持内涵创新提升,适时适当兼顾文化内容业态、功能定位、氛围营造、人才建设、运营创新等"软件"建设,不断充实文化场馆设施内容,提升文化设施服务效能,提高场馆设施文化影响和能级。

4. 研究前瞻谋划,设计市区文化联动优化机制,兼顾落地政策建议

市级层面在文化资源管理合作、资产所有权、藏品归属权、开放运营权等方面进行体制机制改革,探索将研究事权下移、资金下放、人才靠前、资源下放,突出各新城分支机构发展的主体地位和个性定位,包括试点市级-新城场馆总分馆制度、试点市级品牌文化节庆活动重点向新城倾斜,助推"五个新城"在文化领域聚焦绽放,助推全市文化战略布局提档升级。可落地的政策建议包括"五个新城土地出让金返还制度""五个新城公共艺术产权制度""五个新城文化艺术人才引进制度""'首演''首展'等演出次数纳入市级文化组织年度考核"等手段,提升"五个新城"文化浓度与品质氛围。

【咨询效果】

专题研究从市区联动角度提出馆地合作、校地合作等可行性措施建议,从建设、运营角度试点推行,形成复制推广的典型模式,为市级指导"五个新城"文化发展提供决策参考。目前一批市级演出、文博美书展览活动持续在"五个新城"举办,市委宣传部、市文旅局每年对文艺院团在"五个新城"演出场次进行考核。专题研究成果经市委宣传部、市发改委、市文旅局共同讨论采纳,由市委宣传部发改办报市委宣传部分管领导及主要领导,获得批示认可。后经市委宣传部报市主要领导,获得市主要领导批示认可。

加强上海能源基础保障能力建设专题研究
Special Sesearch on Strengthening the Capacity Building of Shanghai's Energy Infrastructure

编写单位：上海市节能减排中心有限公司
Shanghai Center For Energy Saving and Emission Reduction
联系电话：021-23300515　　网址：https://www.sicc.cn
主要完成人：孙　蔚　李　亮　齐　康　黄志峰　金　颖　夏　溢　王林平　邢　颖　祝毅然　孙　腾

【点评】

该研究紧密结合国家能源安全新战略和双碳目标下的能源基础设施现状，及时响应了当前国际能源市场的新变化。研究采用了弹性系数法、人均用能法等"自上而下"预测法和分部门用能法等"自下而上"预测法，科学预测了上海中长期的能源需求，并广泛覆盖了传统能源与新兴能源领域。通过对上海能源基础设施现状的深入分析，识别了主要问题，并提出了具有高可操作性的战略性布局建议，如合理保留煤电装机规模和夯实气源保障。研究过程中，展现了系统性和严谨性，尤其在疫情期间迅速形成对电力供应影响的专篇，显示了应变能力和专业性。研究成果极具参考意义，应用价值和实际影响体现在了为能源主管部门提供的疫情期间保供方案和年度保供方案等方面，对上海乃至中国的能源基础保障具有重要的指导意义。

【项目背景】

1. 国内外宏观背景

2021年国际大宗商品价格飞涨，能源市场波动剧烈，俄乌冲突进一步加剧，全球能源供应紧张，国内能源价格亦受波及，液化天然气（LNG）到岸价上涨5倍，郑州商品交易所（简称"郑商所"）动力煤期货结算价上涨3倍。国内能源供需形势特别是电力供应也快速趋紧，超20个省份出台限电措施。新的国内外形势下，国家高度重视能源保障，提出"能源的饭碗必须端在自己手里"，国家"十四五"规划及2035年远景目标纲要中，也首次将能源安全与粮食安全提升至同样高度。

上海作为资源输入型超大城市，在能源保供中承担了较大压力。上海在城市转型、终端再电气化、新基建影响下，电力需求创新高，2021年全社会用电量年增长11%，是2010年后首次增长率

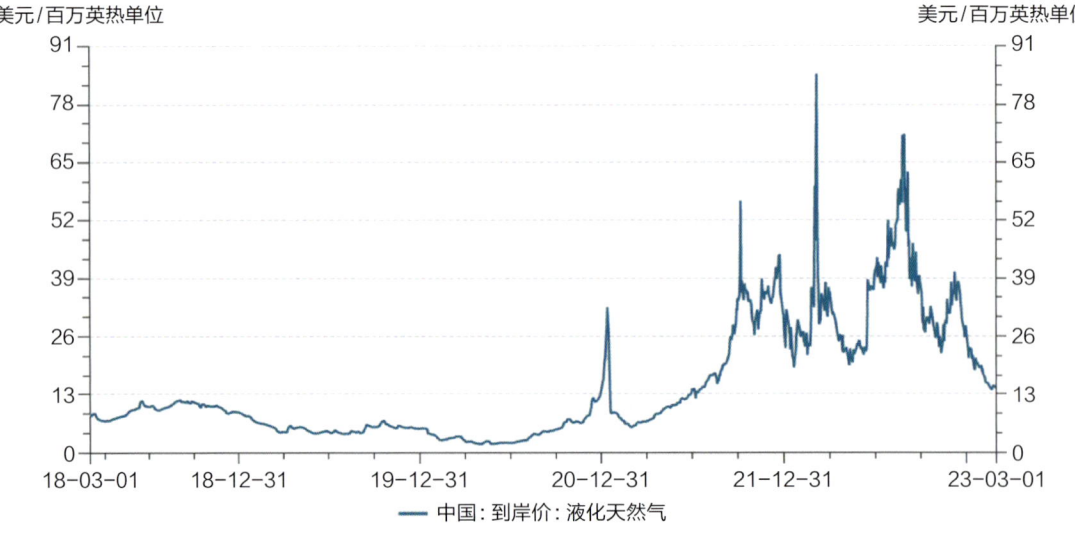

图1　中国近5年液化天然气到岸价（数据来源：金联创）

图2　中国动力煤期货结算价（数据来源：郑州商品交易所）

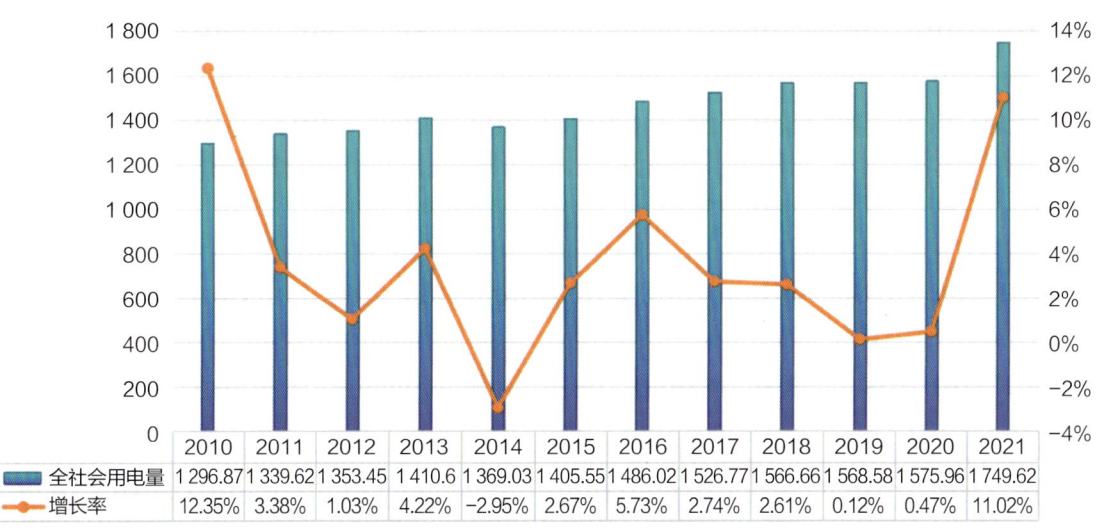

图3　上海近10年电量增长情况

达到两位数。2022年初寒潮冲击下，历史上首次出现了高于电力夏高峰的极端电力冬高峰。另一方面在双碳战略的引领下，上海能源加速转型，能源规划不仅提出大力发展风电、光伏等新能源，还规划对外高桥、吴泾等传统煤电机组进行替代。新旧能源设施更迭进一步增加了能源保供难度。在2021年全社会用电量的快速增长和2022年初极端电力冬高峰影响下，上海能源供应一度极为紧张。后续随着双碳战略推进，能源结构加快转型，上海能源基础保障面临更大挑战。

2. 项目来源及拟解决问题

我公司受上海市发展改革委委托，开展加强上海能源基础保障能力建设专题研究，结合疫情影响、能源价格上涨等形势变化和上海发展实际，梳理上海电力、天然气、油品、煤炭等基础设施建设现状及供应保障能力水平，预测"十四五"及中长期各类能源品种（含新兴能源如氢能等）需求；结合国内外能源发展形势以及上海能源供需平衡测算，近远结合分析后续上海能源基础保障面临的问题和挑战。从问题和挑战出发，提出上海能源基础保障战略性布局建议，建立上海能源发展的安全防护底线，保障双碳目标下的城市能源转型安全有序。

【项目内容】

1. 上海能源基础保障能力现状

以市内五大电源基地、市外电源"2+X"布局、九射双环网主电网构架为基础，上海全市电力供应能力约4 000万kW，市内、市外比约4∶3。以多气源（西气东输、洋山LNG、川气、东海天然气、五号沟LNG）联供和C字形城市主干管网为支撑，全市天然气供应量接近100亿m³，天然气产供储销体系逐步完善，高峰时段供应进口LNG占比达2/3。依托两大成品油生产企业（上海石化、高桥石化）和10分钟加油站网络，油品生产供应体系较为健全。上海电力股份、申能股份、华能华东分公司下属各电厂的发电用煤通过市场化外贸煤与内贸煤两种途径采购，以厂内储煤为主，市外港口应急储煤为辅。

2. 上海能源基础保障面临的形势与挑战

从国际看，世界处于百年未有之大变局。全球能源格局加速向多级供应演变，形成"自西向东"能源流动趋势。全球气候治理体系逐步构建，能源低碳转型变革加速。部分国家通货膨胀严重，国际贸易保护主义抬头，叠加俄乌冲突影响，能源价格波动和供应不确定性加大。从国内看，能源安全、低碳、经济"三角"呈现新特征。国家更加重视能源安全，习近平总书记强调"能源的饭碗必须端在自己手里"。双碳战略指引下，先立后破的能源有序转型理念逐步建立。上游燃料价格波动加大，能源市场化改革加快，能源逐步由政府定价转向市场定价。从上海看，高峰电力和负荷密度双高，天然气消费增长迅速，电、气消费峰谷差显著，能源保障压力大。城市产业转型和临港新片区、一体化示范区等重点区域发展，对能源供应提出更高要求。践行人民城市理念，能源发展需同步保障人民生活品质提升。

在此形势下，课题组采用弹性系数法、人均用能法等"自上而下"预测法和分部门用能法等"自下而上"预测法，结合国际对标法（主要对标产业结构与上海高度相似的韩国），以及机场发展、钢铁化工用能调整、新能源车辆推广和上海碳达峰实施方案、氢能产业发展中长期规划等要求，对上海2025年、2030年和2035年电力、天然气、油品、煤炭、氢能需求进行综合预测，并重点对电力、天然气进行供需平衡测算。

综合分析上海能源基础保障面临主要问题有：能源需求量质齐升，气、电峰值供应、清洁电量、调峰能力均存在缺口，冬高峰保供更紧张；能源供应对外依存度高，油气原煤进口有不确定性，外来电、LNG通道过度集中存在风险，能源输出省份惜售清洁电力，新增外来电争取困难，且电力供给侧有较强上涨压力；市内能源供应存在短板，煤机新老设备青黄不接，北部燃气管网薄弱导致冬高峰燃机出力受限，随着高桥石化、吴泾地区规划调整，电网、油库及管线布局均面临冲击；能源新基建的规划建设缺乏规范指导，建设过程需保障系统安全可靠。

3. 上海能源基础保障战略性布局建议

以五大领域、两大高地为主线，研究提出相关布局建议。

（1）电力领域

合理保留煤电装机规模，"先立后破"加快推进老旧机组改造，部分关而不拆转为战略备用，保障煤电保供托底能力。有序建设调峰燃机，提升发电用气保障，发挥气电调峰和适度电量支撑作用。稳供增供市外来电，近期确保外来电足额供应并争取市场化外购电，立足长远布局西南水电基地、西北风光电基地、华东核电基地等三大基地。对标最优建设坚强智能电网，特别是外来电通道扩增和吴泾煤电基地转型配套电网建设。

（2）天然气领域

夯实气源保障，扩大天然气供应资源池规模，构建以"长协为主、现货有效补充"采购机制。完善天然气枢纽型"一张网"布局，推进主干管网北部成环、主网闭环向O型转变，加快上海LNG站线扩建项目建设，大幅提高气源保障和应急储备能力。

（3）油品领域

结合高桥石化调整和徐汇滨江开发，同步调整全市油品供应体系，航油形成"5+5"供应格局，汽柴油形成"2+X"供应体系。强化油品储备能力保障，加快五号沟、海滨、两大机场油库储罐设施扩建。完善油品管网支撑体系，加快金虹航油等四大管道工程建设及白沪原油、石脑油管道功能调整。优化市内加油站规划布局，开展油、气、电、氢等综合能源站点试点建设。

（4）可再生能源领域

积极增加清洁电力增量，加快推进东部海域海上风电发展，提前布局西部千万千瓦级风光电基地，推广各行业"光伏+"融合发展。

（5）能源新基建领域

优化充换电设施网络，保证公共快充网点3 km服务半径覆盖，逐步扩大直流快充设备占比。以区域综合能源站为载体，建设多能互补分布式能源互联网。持续提升岸电服务水平，构建氢能保障体系，有序推进储能示范应用，推动能源与交通、信息等设施融合发展。

（6）重点区域能源保障高地

东部的临港新片区、张江科学城推动能源高效发展、多元创新示范，西部的长三角示范区、虹桥商务区促进智能互联、能源绿色低碳示范，"五大新城"结合产业发展和人口导入趋势，适度超前布局能源设施,建设安全韧性的能源服务体系。

（7）长三角能源一体化合作高地

完善能源基础设施互联互通,统筹新增特高压直流通道落地上海,完善沪浙、沪苏电力和天然气联络线,沪浙合作推进上海LNG站线扩建项目,将上海打造为长三角重要的LNG登陆中心。创新区域储备调峰资源共享机制,强化区域电力应急互备能力,提高储气资源在长三角区域共享。

4. 上海能源基础保障后续需重点关注问题

后续上海能源基础保障需重点关注问题经研究后总结为三个,一是上海LNG站线扩建工程由沪浙联合审批和建设管理,需共同支持、加大协调、必要时予以制度创新;二是海上风电大规模开发,需统筹解决海缆路由、陆上换流站选址以及陆上电网消纳通道增容等问题;三是外电入沪工程面临过江通道建设技术难度高、建设周期长,以及市内电网需进行配套改造选址选线困难等挑战。

【工作过程】

研究工作自2022年1月至2022年4月开展,于2022年能源迎峰度夏保供前提交成果。

2022年1月（课题组组建及研究框架确定）：接受委托任务后,首先内部组建专业课题组,参与团队人员专业背景覆盖火电、电网、新能源、油气、双碳等;随后邀请能源主管部门、主要能源供应企业、行业专家等召开座谈会,讨论研究框架和工作方案,确定以需求预测和供需平衡为研究抓手,统筹做好近、远期统筹（重点关注"十四五"能源保障情况,适当展望至"十五五"）。

2022年1月至2月（前期调研收资）：根据研究框架和工作方案,课题组先后调研上海市统计局、上海市粮食和物资储备局、国网上海市电力公司、申能集团（含其下属燃气企业）、中石化上海公司、高桥石化、上海各主要火电厂等部门及企业,收集整理研究资料,收资重点包括近10年上海能源总体供需变化情况、煤炭、电力（含新能源）、油气等领域的设施现状和新建（改建）计划,行业专家在各自领域内对上海能源保障的观点及意见等。与此同时,通过世界银行、英国石油公司、国际能源署等数据库和新加坡、日本、韩国等官方统计数据以及论文等文献资料,收集国外能源数据和能源保障典型反面案例（如美国得克萨斯州大停电等）。

2022年2月下旬至3月（实质性研究并形成初稿）：课题组结合国内外能源数据、市内相关部门及企业调研材料,开始进入实质性研究,包括预测"十四五"及中长期本市电力、天然气、油品、煤炭等能源需求变化趋势,判断能源基础保障面临形势,以此提出能源基础保障战略性布局相关建议。其中,2022年3月中旬开始,上海陆续进入疫情封控,课题组克服困难,通过在线办

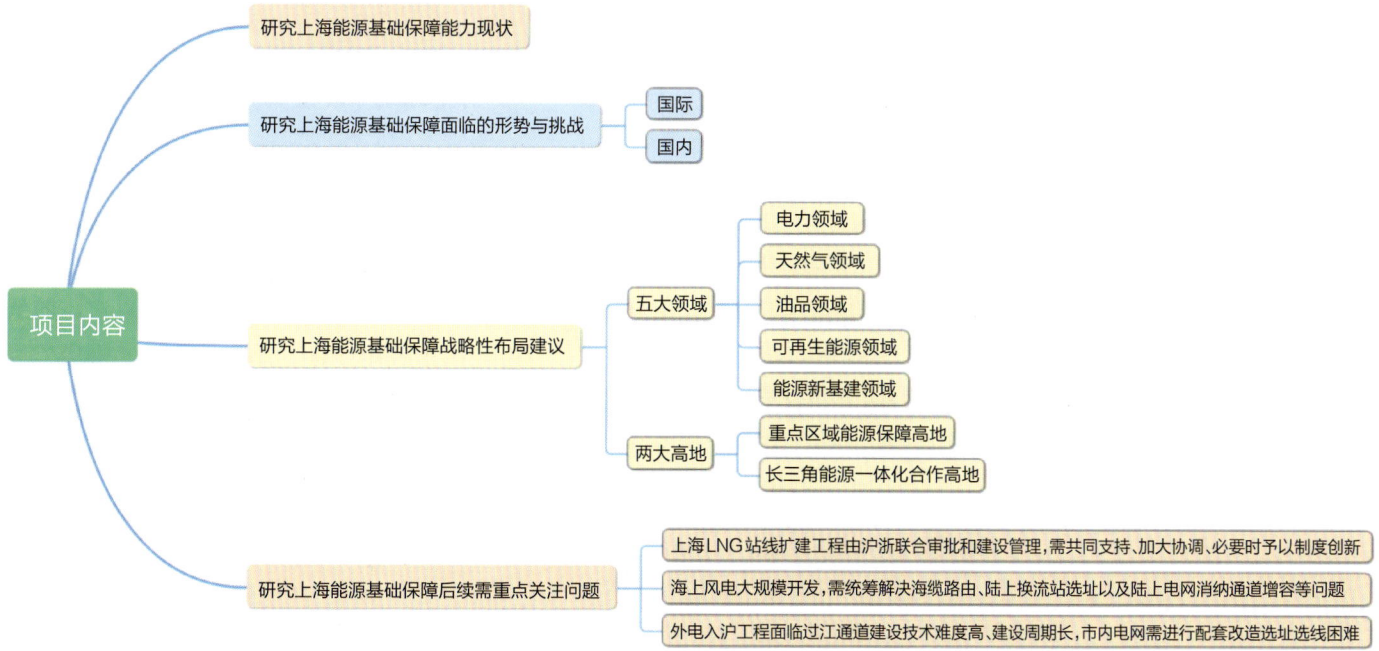

图4 项目内容思维导图

公软件协同推进研究工作开展。

2022年4月中旬（紧急形成疫情应对专篇）：课题组快速响应管理部门需求，结合疫情特点对市电力公司、主要火电厂开展线上二次调研，了解疫情封控下电力供应情况和存在问题，预判疫情后供需形势，提出措施建议，形成《疫情对本市电力供应影响及对策影响》专篇。

2022年4月下旬（完成研究并提交成果）：课题组完成总体研究报告《加强上海能源基础保障能力建设研究报告》，同步完成《上海能源基础保障现状》《上海电、气、油、煤等主要能源需求变化趋势》《疫情对本市电力供应影响及对策影响》等专篇附件。

【咨询工作特点及经验教训】

1. 深层次调研，系统性研判

研究通过宽领域、多角度、深层次调研，结合扎实的数据资料，系统性研判上海能源基础保障能力现状及后续形势。该课题研究涉及丰富能源品种，调研全口径覆盖电力、天然气、成品油、煤炭、氢能、储能等领域。企业调研分别从供、需两侧选取代表性单位，仅电力领域就包含电源侧（煤电、气电、可再生能源）企业、电力交易中心、电网公司和大用户等企业。政府调研则包括保障管理部门和数据统计部门，以形成能源规划-建设-运行的数据闭环。为了深入挖掘存在问题与挑战，在调研企业时，课题组不仅与关注企业宏观运行的战略规划部门座谈，还与基层燃料采购、储运等负责人员交流，获得企业能源保障的一线讯息。对调研获取的设施布局、项目建设、系统运行、市场情况等深入梳理，为系统研究提供了坚实的数据基础。

2. 全景式国际对标

研究开展全景式国际对标，正向对标研判能源需求变化和能源储备标准，并采用多品种耦合模型预测能源消费需求，反向对标吸取其他国家或城市能源安全问题及事故教训。

正向对标方面，研究借助国际能源署、英国石油公司、美国能源信息署等机构的能源数据库，全面对标发达经济体相同发展阶段的能源结构，并重点选取产业结构较为类似的韩国（重点发展电子信息、汽车、造船等工业）进行分析，预测电力消费变化趋势。并考虑东京在天然气消费和储备方面的领先性，将其作为标杆设定上海储气能力中长期建设目标。

能源需求预测方面，除国际对标法，还采用LEAP模型进行分部门、分品种"自下而上"多情景预测。在具有耦合关系的电力、煤炭、天然气等能源品种上，构建发电用煤—电量、发电用气—电量等联合预测模型，迭代预判电煤和天然气消费，与国际对标预测能源需求变化进行交叉验证。

反向对标方面，吸取2021年美国得克萨斯州大停电类型事故教训，以及德国采用高比例可再生能源加100%化石能源战略备用带来电价大幅提升问题，对上海战略备用机组经济可靠配置开展研究并提出建议，以应对新型电力系统下可再生能源大规模发展后的系统调节能力不足问题。

3. 多断面供需平衡测算保障过程性安全

研究关注能源保障过程安全而非节点安全，多断面、多维度测算供需平衡，针对能源保障存在问题，近远结合提出措施建议。本次研究对整个"十四五"至中长期的冬、夏高峰电力、电量、天然气、电煤供需和储备等平衡进行了测算（油品除航空煤油外大部分已达到或接近峰值，现有设施基本可保障需求）。其中电力、电量、电煤等消费需求结合最新形势予以更新，能源设施边界按企业调研获取进度预期予以设定。结合平衡测算结果，研究提出短期关注疫情对能源保障的影响，着手解决电网持续低负荷下的调峰问题、电厂炉渣干灰外运和驻厂人员生活保障问题；近期重点关注冬高峰气、电双紧张挑战，推动煤电转型、需求侧响应和天然气产供储销体系建设三大布局，破解"十四五"保供困局，同时着眼中远期能源保障，提前布局市外清洁能源基地，拓展天然气、电煤等上游供应源。

4. 统筹考虑新老衔接问题

研究以牢守安全底线为原则，同时着眼双碳目标，统筹考虑可再生能源与火电发展的新老衔接、先立后破问题。双碳目标提出后，绿色低碳成为能源发展硬边界。但可再生能源短期难以填补化石能源发展停滞带来的供能缺口，叠加其出力不稳定性和极端天气冲击，易导致能源安全问题。课题组吸取国外相关经验教训，客观看待煤电在能源安全中的作用，结合市内外可再生能源发展节奏，按"先立后破"原则设定煤电发展和调整路线，近期加快升级改造、解决老旧机组问题，提供电力、电量双托底保障，同时结合改造强化煤电灵活性，远期待可再生能源达到足够规模后，煤电转为调峰和战略保障机组。

5. 应急响应形成专篇

研究开展过程中,上海遭遇大范围疫情封控特殊情况,能源保障面临新挑战,为此课题组快速响应,结合已有资料,并补充对重点保供单位(市内主要火电厂、电网企业等)开展线上调研,开展了疫情下本市电力供应情况及对策专篇研究,形成对策建议,助力特殊时期上海能源基础保障方案的制订。

【咨询效果】

该项目研究报告完成后,提出上海能源基础保障战略性布局建议,包含5大领域(电力、天然气、油品、可再生能源、能源新基建)建设重点内容以及2大高地(重点区域保障高地、长三角能源合作高地)建设关键任务,并总结对上海能源基础保障至关重要的3大能源重点工程(上海LNG站线扩建工程、海上风电规模化开发工程、外电入沪工程),提出向国家争取建立长效性能源保障制度体系等建议。相关建议为能源主管部门形成疫情期间保供方案、年度保供方案和推进煤电改造项目、能源规划中期调整均提供了有力支撑。

后续衔接项目研究成果,上海能源主管部门在"十四五"期间外来电增量争取困难、西南水电受来水影响阶段性减供等形势下,以煤电为电力安全保障的压舱石,近期重点加速推进了外高桥、漕泾等区域煤电项目的立项建设,并立足长远,加快了市外清洁能源基地及外电入沪通道的谋划和推进,近、远统筹为上海电力保障奠定了基础。上海LNG站线扩建工程也打破传统模式,通过长三角区域能源合作,以沪浙联合核准的形式取得立项,其在洋山岛的LNG储罐的建设及由洋山岛至上海第二海底通道的建设,极大提升了上海LNG的储备和运输安全。而上海周边海上风电规模化开发后续也在有序推进中,其完成后将带来大量绿色清洁电量的供应,在保障上海电力供应裕度的同时,将进一步加快推进上海能源的绿色低碳转型。

前滩核心区立体慢行系统研究项目
The Research Project of Three-dimensional Slow-moving System in Qiantan Core Area

编写单位：上海市隧道工程轨道交通设计研究院
Shanghai Tunnel Engineering & Rail Transit Design And Research Institute
联系电话：021-54519988　　网址：https://www.stedi.cn
主要完成人：杨　雷　高红静　盛　洁　利　敏　刘　力　蒋　博　汪晶晶　陈　灿　陶建强　蒋小路

【点评】

该研究从前滩核心区立体慢行系统的建设必要性，引出咨询研究的主要研究内容，遵循"通达、安全、舒适、生态、复合"的设计原则，基于区域控规对核心区立体慢行系统提出优化方案，根据区域地块不同的建设情况制定实施方案，分析对现有或规划轨道交通及市政管线的退让保护，提出环境改善方案，并对立体慢行系统的开放时间、导向系统、管理界面划分等方面分别进行论述。本研究通过构建完善的立体慢行系统，鼓励采取以轨道交通为核心的慢行低碳出行方式，促进城市交通的绿色转型，符合可持续发展的需求。同时，立体慢行系统在空间上提升城市的文化品位，赋予各片区以独特性，为整个前滩核心区建设提供了设计新思路。

【项目背景】

我国城市中心区人口、交通和功能高密度集聚，多种复杂交通方式并存。随着城市化进程的加速，交通拥堵、环境污染，造成居民生活品质急剧下降，成为大城市普遍面临的问题。如何利用竖向空间组织各种交通体系成为构建更加绿色、健康、人性化的城市生活系统中极为重要的一环，而立体慢行系统便是其中的重要组成部分。

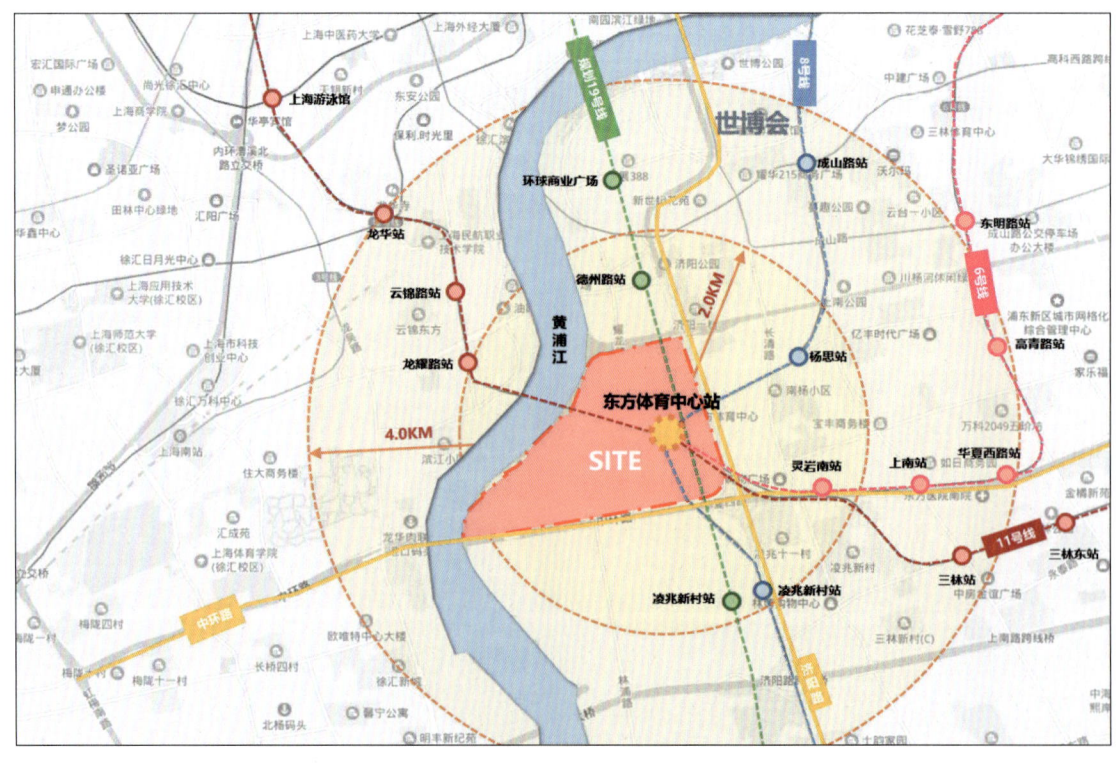

图1　前滩核心区区位图及周边轨道交通线路分布

立体慢行系统强调出行的便利性与安全性，鼓励居民减少对私家车的依赖，促进低碳出行，同时也有助于提升城市公共空间的活力和居民的身心健康。然而，土地产权及运营管控等问题导致国内已建步行系统普遍存在项目完成度较低，步行系统通达性、舒适性较差等问题。

根据《上海市生态环境保护"十四五"规划》中对绿色高质量发展提出的新要求，本着"生态优先、绿色发展；系统思维，整体保护；精细管理，分类施策；区域协同，共保联治；改革创新，多元共治"的基本原则，区域立体慢行系统的设计成为推进绿色低碳转型的新突破。

前滩区域北起川杨河，南至中环线华夏路段，东起济阳路，西至黄浦江，总面积约 2.83 km²。以黄浦江为依托，前滩正处于上海未来纵横发展轴的交界点上，以其优越的地理位置，成为世界级的中央商务区，必将给上海的发展带来划时代的影响。

前滩周边公共交通较为便捷，同时汇集了轨道 6、8、11 号三条轨交线，未来规划有地铁 19 号线通过，以及 BRT 快速公交系统。但是同时存在设站少、进出口少、主要节点压力过大、用地分散等问题，前滩城市综合体与周边居住地块联系较弱，易造成"夜间死城"的现象。因此，以轨交东方体育中心站为核心，本着"绿色、复核、立体"的规划理念，形成多层次、多路径、多体验的立体慢性系统很有必要。通过立体慢性系统将周围的办公、商业、酒店、文娱设施等相连接，提高区域交通的便捷性、可达性、安全性，更有助于吸引大量人流以及更多的商业贸易流动，从而促进前滩向世界级 CBD 发展。

【项目内容】

前滩核心区中心设置 4 线换乘轨交站点——东方体育中心站，规划居住人口达 2.5 万人，加上日常通勤人流，交通量将大幅度增长。为了有效疏导人流，需从地下、地面、空中三个层面出发，形成完善的立体慢行系统。

本次研究在原控规的基础上考虑增加 19 座空中连廊，11 座地下连通道（其中，B1 层 4 条仅供步行），另有 08# 与 13#、07# 与 11#、21-02# 与 21-03# 地块之间地下空间整体开发（其中 B1 层仅供步行）。结合地块内室外连廊、地下空间、地面公园，形成以轨交站点为中心区域闭环的立体慢行系统。

1. 建设必要性分析

立体慢行系统作为绿色出行的辅助设施，主要可满足前滩核心区以下五点需求：

（1）实现核心区土地价值最大化的需求

上海市在高速发展同时，城市土地资源稀缺，坚持土地集约利用是城市空间发展的一个基本原则。前滩核心区立体慢行系统结合轨交站点，将核心区商办地块串联，提高土地的集约利用率，符合国家相关政策及区域整体发展规划要求，社会效益十分显著。

（2）区域慢行系统安全、便捷、连续的需求

为了能使轨道交通更好的带动整个区域经济产业发展，同时确保东方体育中心站人员迅速集散，避免与其他交通出行方式混行造成事故。需围绕东方体育中心站，通过地下、地面、空中三个层面形成立体慢行环路，组建完善的立体步行交通网络，便于商办地块人们绿色出行。

（3）美化城市环境，优化区域生态环境的需求

前滩核心区处于黄浦江边，自然景观资源丰富，沿江为大范围滨江公园，需要通过立体慢行系统将滨江景观延续至核心区内部。另外，区域内绿化层次不丰富，需通过慢行系统从多层次空间出发，进一步美化城市环境，优化区域生态环境品质。

（4）慢行系统建设及运维界面需清晰的需求

现有慢行系统与地块主体建筑衔接困难，与地面主体建筑设计风格不统一，不利于城市风貌的展现。慢行系统与地块建设时序也有先后，需明确责任主体，确保地块与慢行系统无缝衔接，和谐统一发展。

（5）提高慢行系统利用效率的需求

现有慢行系统大多局限于单一的交通通行功能，无法满足高速发展的城市建设要求。为提高慢行系统利用效率，需将复合功能融入其中，打造城市标志，丰富城市生活，提高慢行系统的利用效率。通过不同形式空中连廊的设计，增添慢行趣味性，提升通行体验感。

2. 主要研究内容

（1）设计理念及原则

以"通达、安全、舒适、生态、复合"为设计原则，依托 4 线换乘东方体育中心站，将地下步行网络、地面景观公园、地上空中连廊三个空间层次有效整合成为完善的立体慢行系统，支持前滩核心区的可持续发展。

（2）优化方案

前滩核心区立体慢行系统主要由地下连通道及空中连廊联系各地块内建筑主体，结合地面景观公园等步行系统，构成地下、地面、空中三个层面的步行网络，形成区域闭环。目前，该区域内地面交通已基本形成。本次研究将前滩核心区分为北区、东区、中区、南区、西南区五个部分，对立体慢行系统进行梳理分析，具体如下：

① 地下步行网络优化方案。核心区商办地块地下一层多设置地下商业，通过地下连通道将其串联，构成地下步行网络，并与东方体育中心站衔接，在交通连通的同时，带动整个区域地下商业氛围。基于区域现状考虑，在已建或正在建设的地块之间加设11座地下连通道。对于尚未施工的07、08、11、13#地块以及21-02与21-03地块的地下空间则进行整合开发，充分利用市政道路下方土地资源，进一步提高土地利用价值。

② 空中步行网络优化方案。相较于地下连通道而言，空中连廊的建设对市政设施及地面交通影响较小，建设难度较低。因此，本次优化方案考虑增设19座空中连廊。

地下连通道及空中连廊结合26#、29-01、21-05#地块这三处景观公园，形成核心区空中步行环路。

（3）研究内容

① 可落地性研究。区域内立体慢行系统的设计受周边地块建设现状影响，同时在设计建设过程中还因考虑轨道交通、市政道路、地下管线等因素的影响，以确保项目的可落地性。

② 轨道交通规划。该区域内轨交线路分为已运行及未来规划两种形式。对已运营的轨交线路，在立体慢行系统的设计过程中，需与轨交站点或区间按规定保持安全距离并考虑对轨道交通的保护措施；对于规划线路，则需将其作为前置条件进行设计，确保对未来轨交工程的实施无影响。

③ 市政管线保护。核心区市政路网已基本建成，并投入使用，设计立体慢行系统之初，需摸排现状市政管线位置及标高，避免对地下管线造

图2 空中连廊分布示意图

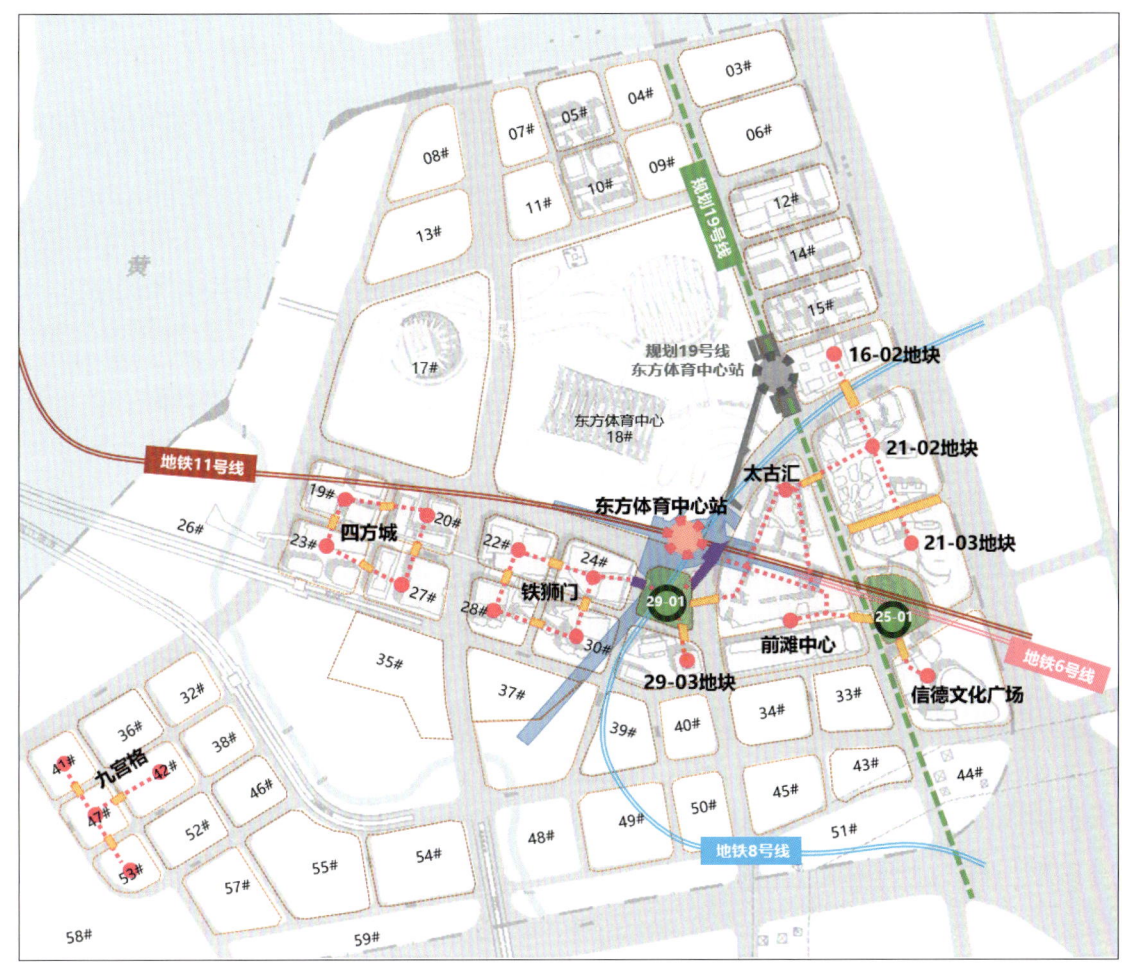

图3 地下连通道分布示意图

成影响。

④ 环境改善分析。着重分析滨江景观及周边绿地景观对整个核心区的影响。通过慢行系统的设置，可将滨江景观辐射范围深入至核心区内部，整个前滩核心区犹如被黄浦江怀抱其中。另外，从绿化、声环境、艺术层面分析慢行系统对城市环境的改善提升。

⑤ 开放时间分析。对整个慢行系统开放时间进行梳理，确保开放时间与城市公交系统同步，满足人们绿色出行需求。

⑥ 界面划分梳理。从设计、施工、产权、运维四个维度出发，明确区域慢行系统各阶段责任主体，确保慢行系统在建设、管理期间工作界面清晰。

⑦ 寻路系统分析。传统的步行网络过于强调其交通属性，容易使行人迷失方向。在慢行系统中设置导向标识，明显变化的空间节点，形成有特色的空间区域，增加方向性，从而将地下连通道及空中连廊打造成为向地块过渡的、趣味的门户空间。

【工作过程】

本项目于2019年9月正式启动，2019年12月通过上海市浦东新区城市规划协会组织的专家评审会，2020年7月获得浦东新区工作专报批复。

1. 文献收集与实地考察

文献收集：广泛搜集国内外关于城市慢行系统规划、设计、实施与评估的相关文献，包括书籍、期刊文章、政策文件、案例研究等。

框架构建：基于对搜集的文献进行分析，构建研究的理论基础，明确研究的理论视角，为后续分析提供指导。

现场踏勘：到前滩核心区域现场进行实地考察，记录各地块建设现状、使用情况、设施布局等第一手资料。

问卷调查：对在前滩区域居住、工作的人们进行问卷调查，收集使用者对区域慢行系统的要求及想法。

2. 数据处理与案例对比

对收集到的数据进行统计，对访谈记录、开

放式问卷回答等进行内容分析,归纳总结使用者感受、想法,评估慢行系统的影响。深入了解项目规划初衷、实施难点及效果评估等多角度信息。

选取具有代表性的国内外慢行系统案例,通过比较分析,识别前滩慢行系统的特色与不足,提炼可借鉴的经验与教训。

3. 报告撰写与修订

研究报告撰写确保逻辑清晰、论据充分、结论明确,并根据需要提供具体的改进建议和策略。利用图表、照片等将研究内容可视化,直观展示数据与分析结果,增强报告的可读性和说服力。

研究报告初稿完成后,邀请同行专家及利益相关方进行评审,根据反馈意见进行必要的修订和完善,确保报告的准确性和实用性。

通过以上三个阶段的工作,系统、深入地展现了前滩核心区立体慢行系统的特点、成效及未来发展方向,为区域建设提供有价值的参考。

【咨询工作特点及经验教训】

1. 主要创新及突出特点

前滩核心区围绕轨交4线换乘站——东方体育中心站,通过从设计到实施统一管控,地铁与开发一体化,立体慢行系统串联了31个城市街区,覆盖区域达到283.23 hm^2,从横向及纵向两个方向延伸,相辅相成,利用地下、地面、空中三个空间层次构建步行网络,使区域内步行畅通无阻,同时缝合区域内各个独立地块,使其整合成一座更稳固的"城堡"。经过中国科学院上海科技查新咨询中心查新检索,本研究从串联区域规模、空中连廊规模、地下连通道规模、串联街区数量、步行距离、建设年限、串联功能、立体架构指标、绿色舒适指标、复合功能指标、交通衔接指标这几个维度出发,与国内外典型案例进行对比,已达到国际领先水平。

一是解决了现有步行系统布置零散不连续、人车混行的问题,打造以大型轨道交通站点为中心的区域闭环立体慢行系统,同时串联公交站点,满足区域内绿色出行人流安全、高效集散需求,为实现低碳社会添砖加瓦。

目前国内慢行系统大多布置零散,相对独立,这使得区域内各街区之间步行接驳无法连续,多种交通方式混行,无法满足以公共交通为导向的绿色出行需求。本次研究则根据区域实际情况,以四线换乘的大型轨道交通站点为中心,串联BRT快速公交、普通公交站点,通过增加地块间地下连通道或空中连廊,形成前滩核心区闭环的立体慢行系统,打破区域多种交通方式混行局面,形成人车分流,确保绿色出行安全、方便、快捷。

二是通过区域闭环慢行系统提高核心区边缘地块人气,加强轨道交通对区域边缘地块的辐射效益,提高边缘地块土地利用价值。

前滩核心区以东方体育中心站为核心,原本与轨交站点紧密联系的仅中区部分地块,其他四个区域则相对边缘化,地块土地利用率低。遵循公共交通导向(TOD)原则,本次研究对公共交通、慢行接驳、区域街坊进行一体、复合、高效集约的设计,串联包括公园、商业、办公、酒店、体育场、剧院、住宅、学校等在内的多种功能复合集聚。充分发挥慢行系统在人流集聚过程中的作用,带动各区域之间人流互通,构建以公共交通为导向的城市CBD,提高土地利用价值。

三是通过立体慢行系统将区域外围景观引入至内部,将地块绿化景观串联并延续至空中,提升区域市政道路空间范围内生态环境,打造城市立体花园,调节区域微气候。

前滩核心区西邻黄浦江,且26#地块为大型滨江公园,景观资源丰富。立体慢行系统从市政道路上方增加多样化的景观视角,将滨江景观引入区域内部,并将各地块内单独的生态景观串联成一个整体,形成区域生态体系。另外,通过绿化坡道、绿化台阶等手法,将地面绿化延伸至空中,增加绿化景观层次,打造城市CBD立体花园,调节区域微气候。

四是解决了慢行系统管理界面模糊或无法与地块管理相结合的问题,从产权、设计、施工、运维四个维度出发,根据慢行系统与地块建设之间不同时序情况下,明确责任主体,促进立体慢行系统建设运营清晰化、规范化。

以往慢行系统多与地块内主体建筑脱节或独立设置,管理界面模糊,经常出现无人维护的情况;而且慢行系统的建设有先于地块建设、与地块同步建设、后于地块建设这三种情况。本次研究对这三种情况分别明确了产权、设计、施工、运维的责任主体,使整个区域慢行系统建设管理清晰化、规范化,为将来立体慢行系统的大面积建设推广提供了借鉴经验与依据。

五是解决慢行系统功能单一、利用率较低的问题,将休憩、展览、娱乐、社交、运动、商业等功能融入至慢行系统中,形成多元化的慢行系统,丰富城市生活。

以往地下连通道及空中连廊的设计仅赋予其交通连接功能，很少会在此空间中停留。但从其空间布局来看，它又是一个相对独立的场所，具有成为各种功能复合的城市新空间的潜力。因此，在前滩立体慢行系统的设计过程中，结合现状及周边，完成从单一线性空间向复合功能空间转变，将社交、休憩、展览、商业、娱乐、运动等多种功能整合其中；从附属交通设施向门户空间转变，提高环境品质打造城市地标，丰富步行体验及城市生活。

2. 经验教训

前滩核心区立体慢行系统研究是一个涉及多学科、多方利益协调的复杂过程，在此过程中积累的经验教训对于未来项目的成功实施至关重要。

（1）明确研究目标

项目开始时应制定清晰明确的、可量化的目标及评估指标，这有助于指导后续资料收集及研究分析；不仅要解决当前问题，还应考虑长期的社会、经济和环境影响，确保方案的可持续性。

（2）完善前期资料收集工作

缺乏足够的前期准备可能导致方案不切实际或难以实施。因此，项目前期的材料收集、现场调研工作包括市场需求分析、政策法规研究、利益相关者需求调查等需深入且全面，并对所收集的资料数据进行准确的分析，作为项目研究的依据性条件。

（3）重视研究过程中利益相关者的参与

整个项目研究过程需所有关键利益相关者全程参与，包括政府机构、社区居民、开发团体等。首先建立明确的沟通渠道，确保项目研究高效推进；研究过程邀请利益相关者参与到事项决策中来，确保信息透明、信息共享；尊重意见的多样性，不同的声音将使得研究成果更趋完善；公平有效解决利益相关者之间的意见分歧，确保解决方案的可行性；咨询研究结束之后是长期的项目实施过程，需定期收集并分析使用人群的反馈信息，从而对整个项目进行全过程的分析评估。

（4）确保研究成果的灵活性与适应性

研究过程中需根据外部新的反馈信息对研究成果同步调整；整个项目研究过程需要多专业多领域协作，如城市规划、建筑学、环境科学、经济学、社会学等，跨学科的沟通协作是保证项目成果全面、可实施性强的关键。

（5）风险管理与应对

识别项目实施过程中可能遇到的风险，提前制定应对措施，包括财务风险、技术挑战、政策变动等，是项目成功的重要保障。

综上所述，通过总结和学习这些经验教训，未来的咨询研究项目可以更加高效、有效地推进，实现预期目标，创造更大的社会价值。

【咨询效果】

1. 研究价值及社会影响

前滩核心区的立体慢行系统研究价值及社会影响主要体现在以下几个方面：

（1）推动可持续城市发展

前滩核心区立体慢行系统鼓励采取以轨道交通为核心的低碳出行方式，促进城市交通的绿色转型，符合全球应对气候变化和推动可持续发展目标的需求；通过构建完善的立体慢行系统，能够有效分流短途出行需求，减轻地面机动车道压力，缓解城市交通拥堵状况，提高整体交通效率。

（2）促进经济发展

立体慢行系统的研究推动了前滩核心区城市规划和设计的创新，如立体绿化、多功能街道设计、智能寻路系统等，为现代城市建设提供了新思路；前滩核心区立体慢行系统对城市环境十分友好，能够吸引更多的消费者、社会精英在此工作、居住及消费，带动整个核心区的经济活力，促进经济发展。

（3）提升城市文化品位

前滩立体慢行系统采用复合多元的设计理念，融入城市的文化，提升城市的文化品位和独特性；鼓励居民步行，为居民休闲活动提供安全舒适的场所，提升居民的身心健康水平，增强社区归属感；考虑到所有人群的出行需求，包括老人、儿童和残障人士，通过设置完善的无障碍设施，确保通行安全便捷，增强城市的公平性和包容性；慢行友好环境鼓励人们在户外活动，增加了邻里间的交流机会，有助于建立更加紧密和谐的社区关系。

2. 单体子项实施建设

整个前滩立体慢行系统以本项目研究成果为指导，由陆家嘴集团作为建设单位，上海隧道院、KPF、Aecom、bpi、ALT、JAE等众多国内外知名单位通力合作，目前已有11座空中连廊、7座

图4 空中连廊现场实景照片

地下连通道竣工或开展建设工作。其余子项单体陆续建设中,预计2025年全面竣工。

① 前滩21-05地块绿化总体及周边联络通道工程(连接21-03、21-05、31#地块),2021年9月项目竣工。

② 前滩25-01至21-02地块地下连通道及空中连廊工程,2019年12月取得工程规划许可证,目前正在建设中。

③ 前滩12-01与14-01地块、14-01与15-01地块、15-01与16-02地块空中连廊项目,2021年5月竣工。

④ 前滩16-02地块与21-02地块空中连廊项目,2021年4月取得工程规划许可证,目前正在建设中。

⑤ 前滩24-01地块至29-01地块、前滩25-01地块至29-01地块空中连廊项目,2022年12月竣工。

⑥ 前滩08-02地块与26#友城公园空中连廊项目,2023年2月取得方案批复,目前正在深化设计过程汇总。

⑦ 前滩13-01地块与26#友城公园空中连廊项目,2023年2月取得方案批复,目前正在深化设计过程汇总。

⑧ 前滩08-02地块与13-01地块空中连廊项目,自2022年9月正式启动,目前正在方案设计过程中。

前滩核心区立体慢行系统的研究不仅对改善城市交通状况、提升居民生活质量至关重要,也是实现城市可持续发展、促进经济繁荣和社会进步的关键因素之一。

上海轨道交通18号线工程综合联调及管理服务项目
——基于PMBOK的项目管理模型在城市轨道交通综合联调项目中的应用

The Project of Integrated Joint Coordination and Management Services in Shanghai Rail Transit Line 18—Application of Project Management Model Based-on PMBOK in the Urban Rail Transit Integrated Joint Project

编写单位：上海申通轨道交通研究咨询有限公司
Shanghai Shentong Rail Transit Research & Consultancy Co., Ltd.
联系电话：021-63189188　　　网址：http://shmetroconsulting.com
主要完成人：孙喜国　谭玉良　谢学报　吴　冬　梁　锴　窦同江　范庆宝　傅康平　张九高　唐文清

【点评】

城市轨道交通综合联调及管理服务项目是近些年在城市轨道交通行业兴起的一种新型咨询项目。上海轨道交通18号线工程是全自动运行线路，技术复杂、系统高度集成、安全性可靠性要求高，其综合联调及管理服务难度大。咨询团队创新性地应用了基于PMBOK的项目管理模型，有效提升了城市轨道交通综合联调项目管理的科学性和系统性。同时，通过整合管理、相关方管理、范围管理、进度管理及变更控制等关键环节，确保了工程的顺利进行和高质量完成。特别是对新技术、新标准的专项调试方案的制定和实施，展现了项目管理的灵活性和适应性，克服了传统项目管理模型的局限性。此外，通过综合联调项目的实践，不仅优化了公司内部及项目团队的管理与技术资源配置，还形成了标准化的解决方案，显著提高了客户满意度。项目的成功实施，进一步验证了基于PMBOK的项目管理模型的实用性和高效性，为城市轨道交通领域提供了宝贵的经验和借鉴。

【项目背景】

跨入21世纪，上海市城市经济及综合实力不断增强，国际化、市场化、信息化、法制化水平明显提高。为支持城市重点地区开发建设、服务郊区建设、提升对外交通枢纽配套能力、完善和加密中心城区轨道交通网络，《上海市城市快速轨道交通近期建设规划（2010—2015年）局部调整报告》批复了上海轨道交通18号线的建设。

上海轨道交通18号线是一条沿上海市东部南北走向线路，沿线经宝山区、杨浦区和浦东新区三个行政区，是联系城市东北地区、东南地区与核心城区的便捷通道。通车后将加强浦东、浦西过江联系，强化中心城核心城区的对外辐射功能，有力支持沿线重要地区的开发建设，促进区域互动协调发展，缓解上海市城市核心区和城市重要交通走廊的交通紧张状况，改善中心城区的交通结构和出行环境，并锚固换乘节点，完善网络功能，发挥网络整体效益。

上海轨道交通18号线由上海市隧道工程轨道交通设计研究院总体设计，上海轨道交通十八号线发展有限公司建设，上海申通轨道交通研究咨询有限公司承担上海轨道交通18号线工程综合联调的组织、管理、协调工作。

综合联调工作范围涵盖全线所有车站、区间、停车场、主变电所、控制中心全部机电系统，以及与各机电系统存在接口的土建、装修、结构专业，要求在机电系统单专业、单系统调试完成的基础上，对两个及两个以上系统的接口、功能、性能、状态和系统间匹配关系进行检测、调整、优化及验证，以满足轨道交通初期运营前安全评估及开通运营的需要。并希望在项目实施过程中引进国内外先进的综合联调项目管理理念和方法，进一步提升上海市轨道交通综合联调项目的管理水平。

【项目内容】

上海轨道交通18号线工程南起航头站,北至长江南路站,沿线经宝山区、杨浦区和浦东新区三个行政区,线路全长36.93 km,设车站26座,与13条轨道交通线路形成换乘节点。设航头定修段1座,主变电所各2座,控制中心并入"上海市轨道交通网络运营指挥调度大楼"。18号线工程分两段开通,首通段由航头站至御桥路站,建设里程16.14 km,设车站8座,后通段由御桥站(不含)至长江南路站(含后折返线),建设里程20.79 km,设车站18座。上海轨道交通18号线工程线路示意图见图1。

上海轨道交通18号线工程供电系统采用110 kV/35 kV两级电压集中供电方式。车辆初、近、远期均采用4动2拖六辆编组A型车,DC1500V接触网供电,列车最高运行速度为80 km/h,采用全自动运行系统,按照列车自动化运行等级GoA4级标准设计、建设。全自动运行列车能根据运行计划自动实现唤醒、自检、出段、区间运行、精确停车、开关车门和站台门、折返、回段、自动洗车和休眠等功能。

信号系统基于全自动运营场景增加相应功能,在运行模式上增加全自动运行控制模式及故障方式下的控制模式。车辆基地的自动运行区、非自动运行区调整为全自动运行区、非全自动运行区。通信系统采用LTE综合承载网方案,A网主用,B网备用集群调度,采用双网覆盖方式,为车辆紧急广播、车载重要CCTV、乘客紧急呼叫提供车辆至控制中心的无线传输通道,将司机客室监控画面实时上传至控制中心,以满足各种全自动运行场景的系统联动。

综合监控系统具备列车状态监视、车厢内部监控等功能,新增控制中心对车载视频的调阅和车载PIS的紧急文本下发功能。站台门系统与信号系统增加通信接口,实现"对位隔离"功能。

航头定修段按全自动运行车场进行设计,对全自动运行区域和非全自动区域严格设置了分区,并设置转换区,停车列检库内中间平过道设置下穿股道的人行地道,场段行车指挥由OCC统一管理。

上海轨道交通18号线工程主要进度节点如下:

2016年5月12日,上海轨道交通18号线工程土建工程正式全面启动;

2017年5月31日,首台盾构始发;

2019年3月12日,正式进入轨道工程施工阶段;

2020年4月21日,首通段工程完成首次热滑试验;

2020年10月29日,全线盾构区间贯通;

2020年12月26日,首通段工程开通运营;

2021年2月9日,后通段工程所有车站实现主体结构封顶;

2021年3月31日,后通段工程实现轨通;

2021年9月24日,后通段工程开始空载"跑图"试运行;

2021年12月30日,后通段工程开通运营。

上海轨道交通18号线工程是上海首批全功能一次性开通最高等级全自动无人驾驶系统的地铁线路。工程总投资459亿元,采用国有资金建设。

上海轨道交通18号线工程综合联调及管理服务项目首次将基于PMBOK的项目管理模型成功运用在城市轨道交通综合联调项目中,对18号线综合联调工作进行整合管理、范围管理、进度管理、质量管理、变更控制等,对各系统联动功能、关键功能以及全自动运行场景进行测试、检验,范围涵盖车辆、供电、站台门、消防水系统、信号系统、通信系统、综合监控系统、火灾自动报警系统、环境与设备监控系统、自动售检票系统等核心系统,以及车站公共区火灾工况联动、列车区间事故工况联动、车站综合后备控制盘功能、区间水泵安全运行等联动功能,涉及行车安全、消防安全、人身安全、票务收益安全等关键功能。

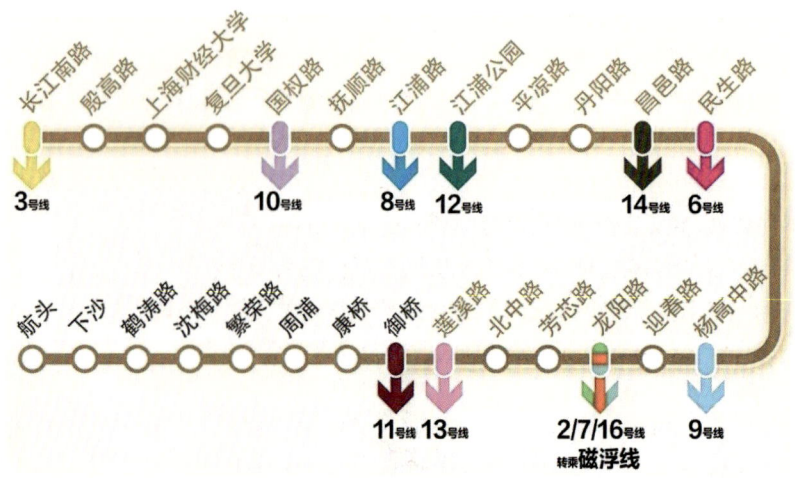

图1 上海轨道交通18号线工程线路示意图

【工作过程】

上海市轨道交通18号线工程综合联调分准备阶段、实施阶段、完善阶段三个阶段进行。其中首通段航头站至御桥站准备阶段为2020年3月—2020年5月,实施阶段为2020年6月—2020年8月,完善阶段为2020年9月—2020年11月;后通段御桥站(不含)—长江南路站(含后折返线)准备阶段为2021年3月—2021年4月,实施阶段为2021年5月—2021年8月,完善阶段为2021年9月—2021年11月。

(1)各阶段主要工作

① 准备阶段。包括收集基础资料,整合项目管理,编写调试大纲,整理调试台账,搭建信息平台,细化实施方案,参调人员培训,跟踪现场进度。

② 实施阶段。包括组织接口调试,组织综合联调,记录调试结果,整理问题台账。

③ 完善阶段。包括分析问题原因,落实问题整改,配合工程验收,出具联调报告。

(2)在各阶段提供成果文件

① 准备阶段。有《综合联调大纲》《综合联调信息化管理平台操作手册》《供电与相互关联系统综合联调实施方案》《FAS和EMCS与相互关联系统综合联调实施方案》《信号与相互关联系统综合联调实施方案》《通信与相互关联系统综合联调实施方案》《车辆与相互关联系统综合联调实施方案》《AFC路网联合走票测试实施方案》《综合监控与相互关联系统综合联调实施方案》《全自动运行系统功能测试实施方案》。

② 实施阶段。有《综合联调周报》,《综合联调月报》。

③ 完善阶段。有《综合联调总体评估报告》《供电与相互关联系统综合联调评估报告》《FAS和EMCS与相互关联系统综合联调评估报告》《信号与相互关联系统综合联调评估报告》《通信与相互关联系统综合联调评估报告》《车辆与相互关联系统综合联调评估报告》《AFC路网联合走票测试评估报告》《综合监控与相互关联系统综合联调评估报告》《全自动运行系统功能测试评估报告》。

上海轨道交通18号线工程综合联调及管理服务项目组织架构参照《上海轨道交通建设机电系统综合联调管理规定》制定,由综合联调工作组负责综合联调项目的总体管理工作,下设专业小组负责落实各专业综合联调科目的具体实施工作,各专业小组由实施单位、配合和见证单位、组织单位人员组成。上海轨道交通18号线综合联调组织架构如图2所示。其中各单位人员职责如下:

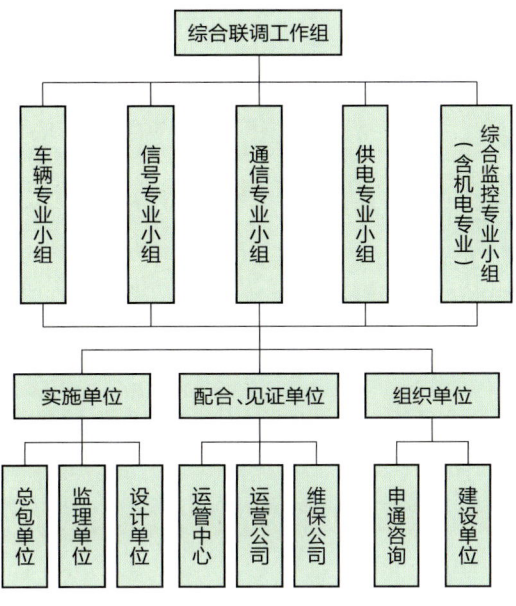

图2 上海轨道交通18号线工程综合联调项目组织架构示意图

(1)申通咨询主要职责

包括根据相关标准、规范、合同要求制定项目管理大纲、调试方案,协助建立适用本项目的组织架构,并负责综合联调现场组织、管理和技术支持工作,开展综合联调日常管理工作,组织相关责任单位对综合联调过程中发现的问题进行消缺整改,协助完成工程验收、试运营前的评审工作。

(2)建设单位的主要职责

包括审核项目管理大纲、调试方案,建立适用于本项目的组织架构,并协调相关单位参与综合联调工作,协助开展综合联调的项目管理工作,协助组织相关责任单位对综合联调过程中发现的问题进行消缺整改。

(3)运营管理中心的主要负责

包括配合协调建设公司与运营公司有关综合联调的相关工作,根据综合联调实施方案安排好相应配合工作,负责牵头组织所属接管单位人员参与系统综合联调的相关配合操作、命令下达、功能确认及数据记录等工作,配合所辖系统综合联调中发现的相关问题的消缺整改。

(4)维保单位主要负责

包括配合协调建设公司与维保公司有关综合联调的相关工作,见证并确认综合联调的结果；负责牵头组织所属接管单位人员参与系统综合联调的相关配合操作、功能确认及数据记录等工作；见证并确认所辖系统综合联调中发现的相关问题的消缺整改。

（5）运营单位主要职责

包括组织运营人员参与系统综合联调的相关配合操作、功能确认及数据记录等工作，见证并确认综合联调的结果，组织列车驾驶员负责综合联调列车开行工作，见证并确认综合联调所辖系统综合联调中发现的相关问题的消缺整改。

（6）主要参建单位的责任（含设计、施工、监理、供货商、集成商等）

包括负责单体调试、接口调试以及系统功能验证的具体实施工作，负责组织单系统调试，全过程参与并配合各综合联调项目，参加分析会议、制定整改方案、落实整改工作，配合复测工作、协助开展各联调项目总结评估工作。

【咨询工作特点及经验教训】

1. 城市轨道交通综合联调项目管理难点

上海轨道交通18号线工程是全自动运行线路，技术复杂、系统高度集成、安全性可靠性要求高，其综合联调及管理服务项目归纳起来有如下难点：

（1）专业多、接口多，技术管理难度大

城市轨道交通18号线综合联调及管理服务项目涉及车辆、信号、通信、供电、广播、CCTV、PIS、屏蔽门、通风与空调、给排水、动力照明、垂直电梯及电扶梯、自动售检票、FAS、BAS、综合监控、气体灭火、门禁等数十个系统，全自动运行、风水联动等新技术要求各系统间协同工作，技术管理难度大，需要配备高素质、经验丰富的专业管理、技术团队来实施。

（2）单位多、交叉多，协调管理难度大

综合联调工作受设计、采购、供货、施工、单调、接口调试等环节影响，任一个环节出问题综合联调工作都无法正常推进。同时与建设、运营、监理、系统集成商、施工总包、分包等数十家单位分工合作，每家单位对工程项目有着不同的影响的同时，又有着不同的立场与诉求，综合联调协调工作占总体工作的一半以上，单位多、施工交叉及关联多，各类问题协调工作量大、难度大。

（3）时间紧、任务重，进度管理难度大

城市轨道交通项目建设施工周期长，前期规划、拆迁、管线搬迁、证照办理等不可控因素多，往往前期时间拖延比较长，严重压缩设备安装、调试的工期，尤其是作为最末道工序的综合联调，工期更加紧张。时间紧、任务重，进度实时跟踪和管理难度大。

2. 建设工程传统项目管理模型管理痛点

建设工程传统项目管理多采用预测型项目生命周期管理模型（即瀑布流模型），需要提前进行大量计划工作，连续执行，一次性交付成果，适用于管理需求明确、技术明确，有专业的项目管理技术团队和强大的项目掌控力、执行力作为支撑的项目。

城市轨道交通综合联调项目尤其是采用新技术、新标准的项目，比如上海18号线采用全自动运行技术，功能需求明确，但项目实施时，国家、行业、地方尚没有统一的技术标准和规范供参考，技术指标不明确，很难在项目前期制定可以严格执行的计划。另外综合联调项目管理团队对各参建单位没有足够的约束力、掌控力，即使有进度计划，也会因现场前置条件不具备变得难以实施。加上综合联调过程中发生变更是难以避免的，往往可以体现综合联调的价值，而传统的项目管理模型拒绝变更，因此传统的项目管理模型不适用综合联调项目的管理。

3. 基于PMBOK的项目管理模型的应用

PMBOK项目管理模型包括五大过程组，十大知识领域，49个子过程，过程组与知识领域相互交叉，构成了一个以过程组为横轴，以知识领域为纵轴的项目管理模型。

上海轨道交通18号线工程综合联调及管理服务项目根据综合联调项目特点对PMBOK的项目管理模型进行"裁剪"，以项目整合管理为核心，项目相关方管理为基础，以范围管理、进度管理、成本管理、质量管理、资源管理、沟通管理、风险管理、采购管理为手段，对项目实施全过程管理。图3为18号线综合联调管理服务项目采用的基于PMBOK的项目管理模型。

下面对基于PMBOK的项目管理模型在上海市轨道交通18号线综合联调项目中的应用从整合管理、相关方管理、范围管理、进度管理、变更控制几个方面进行介绍。

（1）整合管理

整合管理是综合联调项目管理的核心，主要进行项目资源分配、平衡竞争性需求、研究各种备选方案、为实现项目目标而"裁剪"项目过程、管理各个项目知识领域之间的依赖关系。上

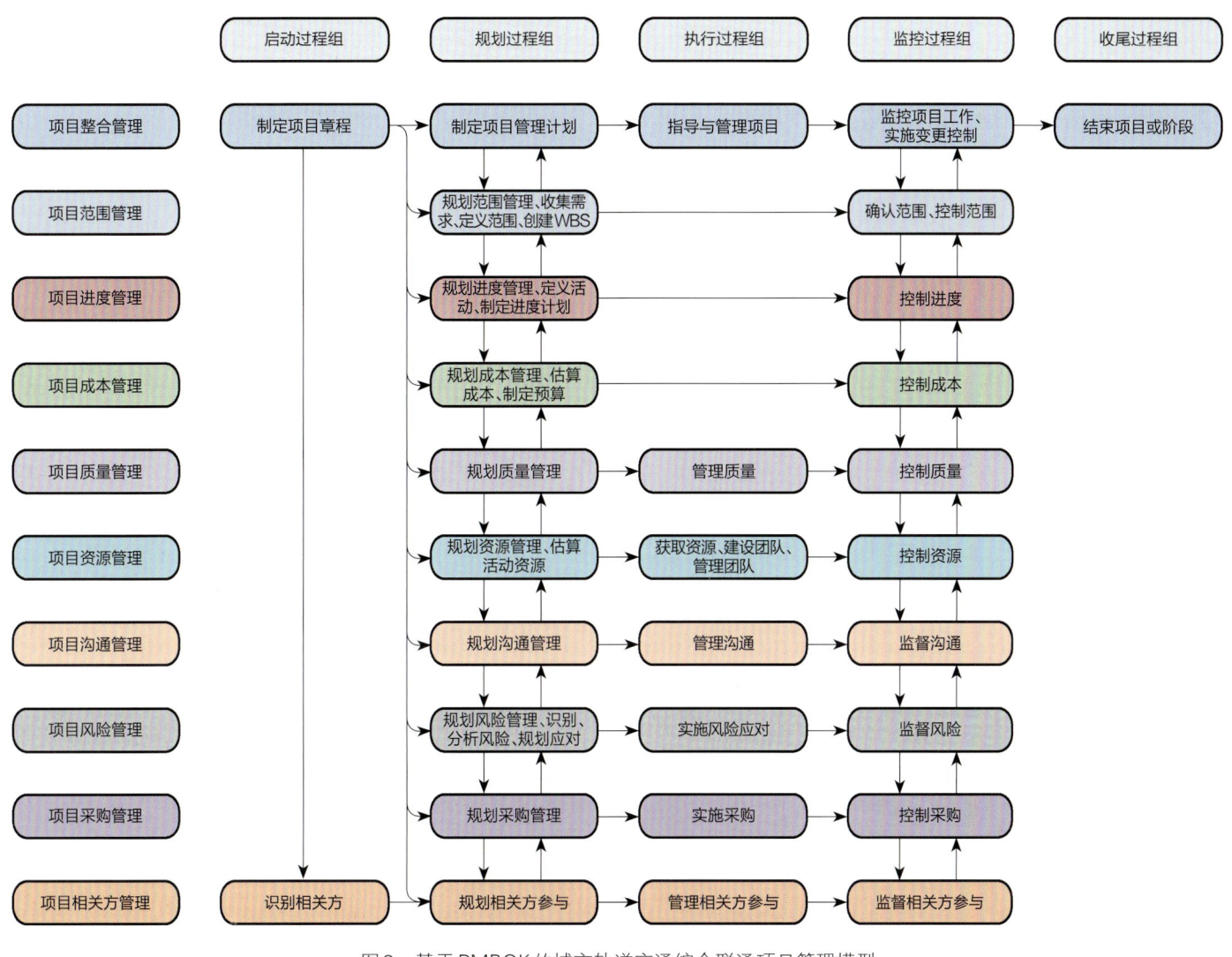

图3 基于PMBOK的城市轨道交通综合联通项目管理模型

轨道交通18号线工程综合联调项目整合管理重点进行项目团队的整合和工作内容的整合。

① 项目团队的整合。综合联调项目对项目管理人员、技术人员专业水平要求较高，如果公司同时承接多个同类型项目，高素质的专业技术、管理人员数量很难满足各个项目的需要。借鉴PMBOK项目集管理的理念，将申通咨询多个综合联调项目组成综合联调项目集，将上海轨道交通18号线综合联调项目纳入其中进行管理。在项目集中设置车辆、信号、通信、供电、机电核心专业项目集专业负责人，由项目集各专业负责人在技术层面对项目层面的车辆、信号、通信、供电、机电专业负责人进行指导。项目经理与项目集经理互动合作，统一协调公司资源，既充实了项目团队实力，又优化了公司人力资源的利用率。

② 工作内容整合。针对综合联调时间紧、任务重、多专业、多单位协同作业的特点，上海轨道交通18号线工程综合联调项目整合试运营安全评估、消防验收、全自动关键功能验证等相关的综合联调科目，将"车辆与关联系统""信号与关联系统"的综合联调科目与车辆、信号的动车调试整合在一起进行，"通信与关联系统""供电与关联系统""综合监控及车站机电设施设备"接口调试与单机单系统调试整合在一起进行，减少了重复工作，节约了时间，提高了工作效率。

（2）相关方管理

城市轨道交通综合联调项目参建单位和管理单位众多，任何一方的意见都可能影响项目的顺利实施，必须根据相关方的权限、职责、需求采取不同的管理策略。

PMBOK项目相关方管理包括识别影响或受项目影响的人员、团队或组织，分析相关方对项目的期望和影响，制定合适的管理策略来有效调动相关方参与项目决策和执行，管理内容包括识别相关方、规划相关方参与、管理相关方参与、监督相关方参与。

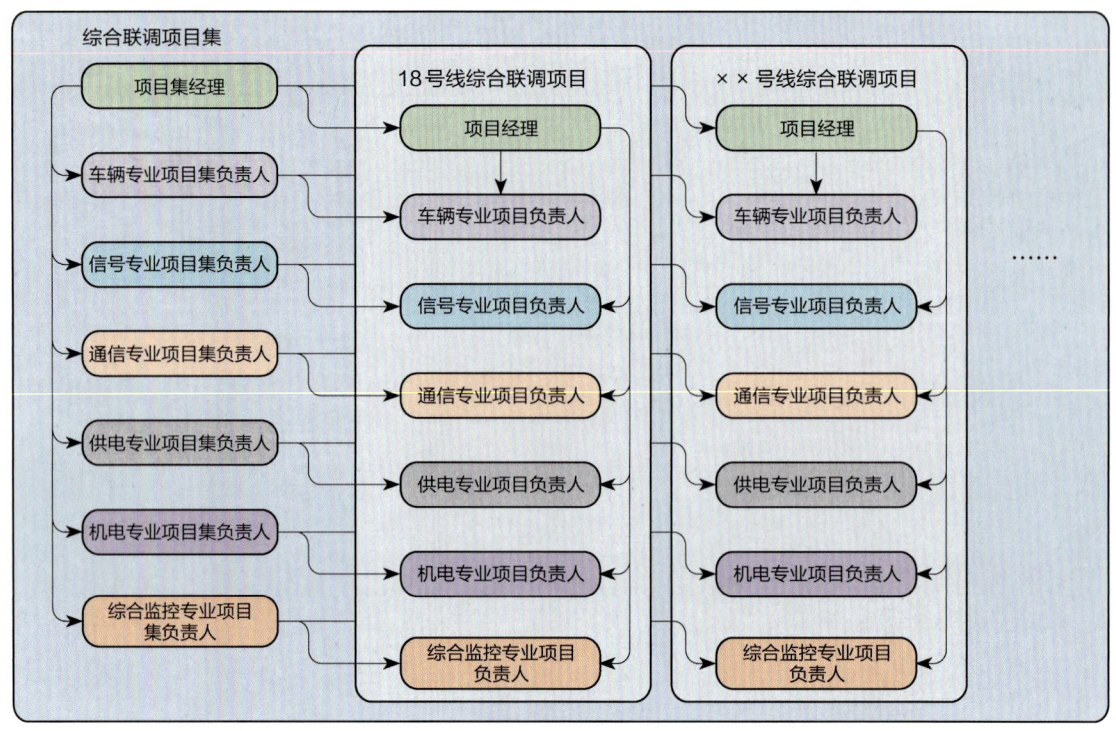

图4 项目集管理模型

上海轨道交通18号线综合联调项目首先利用相关方权力-利益方格对主要相关方进行分析，针对不同相关方采用不同的管理策略，并据此制定相关方参与矩阵，引导相关方参与项目。

（3）范围管理

城市轨道交通综合联调项目往往对项目工作内容划定一个笼统的范围，不做具体描述，在项目实施过程中必须对项目范围进行梳理、细化、明确。PMBOK项目范围管理在于定义和控制哪些工作应该包括在项目内，哪些不应该包括在项目内，强调要确保项目做且只做所需的全部工作以成功完成项目的各个过程，反对项目"镀金"。

上海市轨道交通18号线综合联调项目根据相关方需求确定项目目标为："完善轨道交通各系统功能""协助建设单位通过各项验收""如期开通初期运营"。依据《城市轨道交通初期运营前安全评估规范》和上海申通集团企业标准《上海轨道交通全自动运行线路运营评估补充技术条件》《上海轨道交通建设机电系统综合联调管理规定》开展综合联调工作，确定调试科目共计140项，调试范围包括车辆、信号、通信、供电、综合监控（机电）等专业，涵盖车站、区间、停车场、控制中心、主变电所等全部项目区域。

最终结合初期运营前安全评估要求，对项目成果文件梳理编制《上海轨道交通18号线工程综合联调评估报告》《上海轨道交通18号线工程初期运营期安全评估测试项评估报告》《上海轨道交通18号线工程全自动运行项综合联调评估报告》。

（4）进度管理

鉴于上海轨道交通18号线综合联调项目特点、难点，项目进度管理未采用建设项目常用的预测型项目生命周期管理模型（即瀑布流模型），借鉴PMBOK管理方法，采用迭代型生命周期管理模型，每次迭代循环都经历"需求分析—方案设计—组织调试—阶段总结—落实整改"，直至完成所以工作内容。

以机电专业综合联调为例，共经历三次迭代（见图5）。在核实现场单机单系统调试、接口调

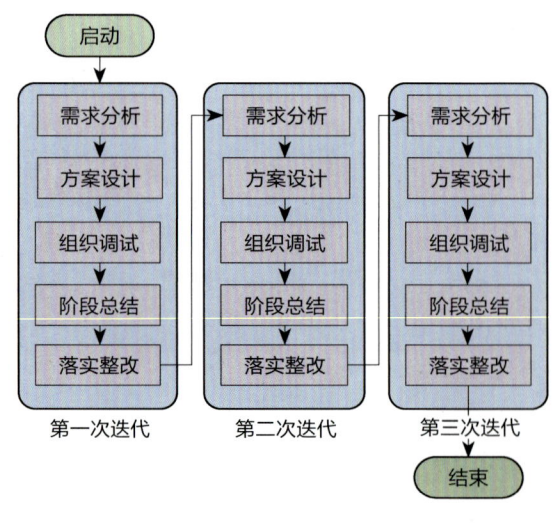

图5 机电专业迭代型项目生命周期管理模型

试基本完成的情况下，进行第一次迭代，组织第一次综合联调工作。第一次迭代主要目的在于发现现场存在的进度问题，包括单机单系统本身功能方面的问题和各系统接口之间的问题，有针对性地制定调试方案，并详细记录，分析问题产生的原因，督促责任单位整改。20天后，进入第二次迭代周期，组织第二次综合联调工作。

第二次迭代重点在于落实问题消缺和系统间综合联调，包括车站的消防联动、区间事故联动和中央级调试工作，制定专项调试方案。其目的是确认各设备、各系统功能是否满足规范、标准、设计文件和运营的要求，上个迭代周期发现的问题有没有整改到位。对于不满足要求的加以记录，督促责任单位整改。10天后，进入第三次迭代周期，组织第三次综合联调工作。

第三次迭代需要按照运营场景的要求，全方位验证各系统功能是否满足规范、标准、设计文件和运营的要求，该阶段重点进行项目总结，配合完成各种验收工作。

（5）变更控制

建设工程传统的项目管理模型在开工前，依据工作内容及各工作包之间的软逻辑关系、硬逻辑关系、资源供给情况和工时长短制定严密的进度计划、质量计划、资金计划等，项目严格按照计划执行。如果项目实际进展与计划有偏差，或者原定技术方案有缺陷，就要采取相应的措施进行纠正，不到万不得已不进行变更。变更越晚，往往所付出代价越大，因此传统的项目管理模型"拒绝"变更。而PMBOK项目管理体系认为，变更是不可避免的，适当地加以利用有利于项目目标的实现，项目成员都可以提出变更，只不过执行变更需要在变更控制下进行，这点与综合联调项目的需求是一致的。18号线综合联调管理项目在明确变更责任的前提下，简化变更控制流程，采用"信息平台"专门管理变更。"信息平台"变更控制流程见图6。

4. PMBOK项目管理模型在专项调试中的应用

针对18号线采用的新标准、新技术部分联调内容，需要制定专项联调方案。项目团队对PMBOK项目管理模型进行"裁剪"，制定了新标准、新技术专项调试方案管理模型，专项调试方案制定流程见图7。

首先分析调试方案的相关方，包括建设、运营、乘客等，收集相关方需求，并分解到车辆、信

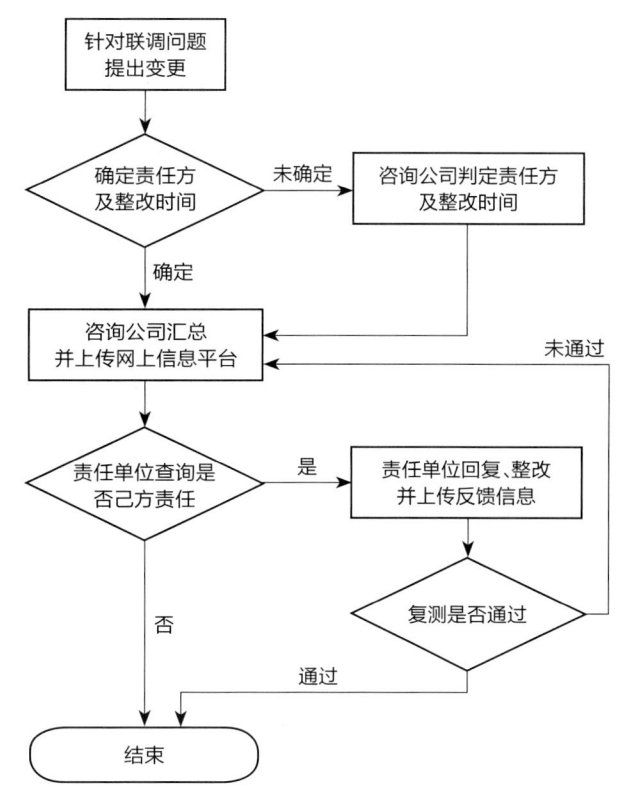

图6 "信息平台"变更控制流程

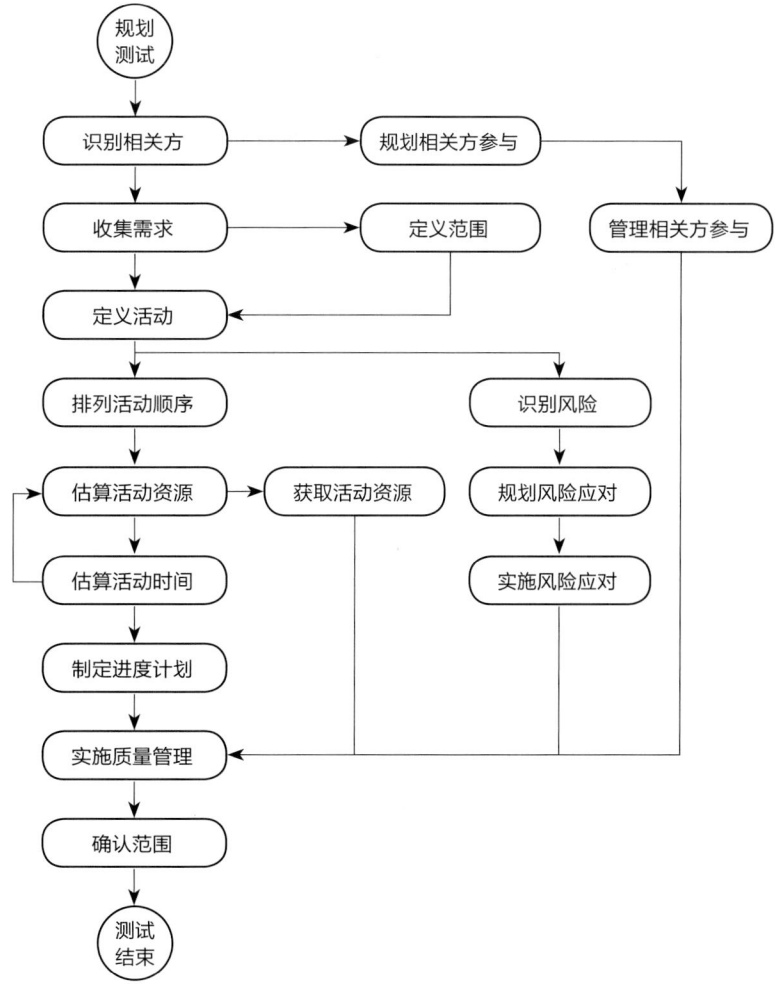

图7 专项调试方案制定流程

号、通信、供电、机电设备等各个系统上。定义本项综合联调的工作范围,定义为验证这些功能需要进行哪些工作,排列这些活动的顺序,制定调试方案,估算调试所用资源,比如是否需要列车,需要什么人员参与、调试时间长短,制定计划,获取资源,实施综合联调工作,实施质量管理,确认范围。其间要统筹考虑调试风险、规划风险应对、实施风险应对和规划相关方参与等。

【咨询效果】

上海轨道交通18号线工程综合联调管理及服务项目于2020年3月正式启动,2021年11月底完成了《上海轨道交通建设机电系统综合联调管理规定》要求的78个联调项目,《城市轨道交通初期运营前安全评估规范》规定的34项专项测试和《上海轨道交通全自动运行线路运营评估补充技术条件》要求的24项专项测试以及18号线补充优化的4项全自动功能测试,共计完成了首通段和后通段设定的上述140项综合联调项目内容,联调完成率100%,联调过程中发现的问题全部整改完毕,并出具了相关测试报告。

最终上海轨道交通18号线工程顺利地通过了各项验收工作,按原定计划顺利开通运营,是国内首次以"无A类整改项"通过初期运营前安全评估和国内首批一次性开通最高等级GoA4全自动运行的轨道交通线路,获得"国内地铁历年最佳"的赞誉。2023年11月,入选"2022—2023年度第二批中国建设工程鲁班奖(国家优质工程)",成为上海地铁建设30多年来首条鲁班奖线路。

上海轨道交通18号线工程综合联调管理及服务项目部在2020年度上海轨道交通建设立功竞赛"机电"专项竞赛中,被评为"优胜集体",项目部成员获得"先进个人"称号。

实践证明上海轨道交通18号线工程综合联调管理及服务项目采用基于PMBOK的项目管理模型后,优化了公司内部及项目团队管理、技术资源,形成标准化的解决方案,项目重大事项都可以获得公司内部高水平的技术、管理人员支持,使每个子项目的重大事项都得到重视和妥善解决,提升项目客户满意度。验证了各系统协调工作的性能,整改了综合联调过程中发现的问题,减少了各系统间的隐患,提升了系统可靠性、稳定性,克服了项目管理中的难点、痛点,圆满完成了所有工作。同时提高了上海市城市轨道交通综合联调项目整体管理水平,为建设单位进度管理、质量管理提供了有力抓手,在城市轨道交通综合联调项目管理中值得推广和借鉴。

平原河网水环境改善综合管控技术研究与示范应用
Research and Demonstration Application of Comprehensive Management and Control Technology for Water Environment Improvement of Flat River Network

编写单位：上海市水务规划设计研究院（上海市海洋规划设计研究院）
Shanghai Water Planning and Design Research Institute (Shanghai Ocean Planning and Design Research Institute)
联系电话：021-34760500　　网址：http://www.shwaterplan.com
主要完成人：徐贵泉　高程程　杨殿海　汪　涛　高丽莎　宗兵年　丁　瑞　成水平　朱雪兰
汪正霞

【点评】

该研究围绕苏州河-蕰南片-淀北片水污染源生态治理、水资源调控提质和水生态综合修复关键技术，开展产学研用一体化协同创新研究和联合技术攻关，取得多项关键技术突破和创新成果：一是研发了河道水岸过渡带植物构建、水上生态浮床、水中曝气复氧、水下生境改善、硬化河坡生态护毯及防汛泵站排放口溢流污染生态净化屏障等面源和分散点源治理修复技术；二是完善了平原河网互联互通、活水畅流保质关键技术；三是建立了基于大数据、云计算、互联网的水文水质在线监测、水量水质短期预报预警、预案发布和智能调控一体化的平原河网水资源智能调度应用系统平台。相关技术已成功应用于一些溢流污染控制治理工程建设，显著提升了河道水环境质量和滨水生态空间品质，并推广应用于长三角生态绿色一体化发展示范区水务规划、水利控制片水资源调度方案编制及河湖水环境综合治理方案优化等决策，为后续全面推进水污染防治行动计划提供重要的技术支撑。

【项目背景】

上海市通过滚动实施环保三年行动计划，积极推进水环境综合治理，形成了治污为本、截污为先、标本兼治、建管并举的水环境治理保护体系，水污染防治取得重要进展和显著成效，全市河道水环境面貌持续改善。然而水环境质量与生态文明建设要求相比，与具有全球影响力的科技创新中心和卓越城市的发展定位相比，仍存在较大差距。为切实落实《上海市水污染防治行动计划实施方案》，助力全面推行河长制，提高平原河网水环境系统治理的科技支撑力和管控水平以及水质改善效果，针对平原河网水陆统筹和水岸联动生态环境控源治污减污、水流不畅、水质不稳定、调控不精准等关键技术问题，上海市科学技术委员会于2016年立项开展《平原河网水环境改善综合管控技术研究与示范应用》（项目编号16DZ1204800）的研究。

由上海市水务规划设计研究院（上海市海洋规划设计研究院）作为项目依托单位牵头负责，联合上海交通大学、同济大学、南京水利科学研究院、上海市环境科学研究院、上海同瑞环保工程有限公司等单位协同进行技术攻关。开展苏州河—蕰南片—淀北片河网（以下简称"一河两片"）调水试验实验、水质改善机理、水污染源生态治理、水资源调控提质和水生态综合修复技术研究，无缝链接平原河网降雨、水文、水质自动监测和泵闸设施调度运行等信息，以及平原河网网格化降雨量预报、水污染负荷预测、水动力水质预测和水资源调控预警等模型技术，建立平原河网水资源智能调控应用系统，不断提高水量水质预测预报精度，辅助决策支持平原河网水资源调控管理和水环境质量改善。

【项目内容】

1. 项目思路与技术路线

项目紧紧围绕平原河网水环境改善需求，以调查监测分析为基础，系统分析评价"一河两片"水环境现状；以原型试验、小试中试试验、机理实验研究为重点，科学得出受污染半封闭水体修复

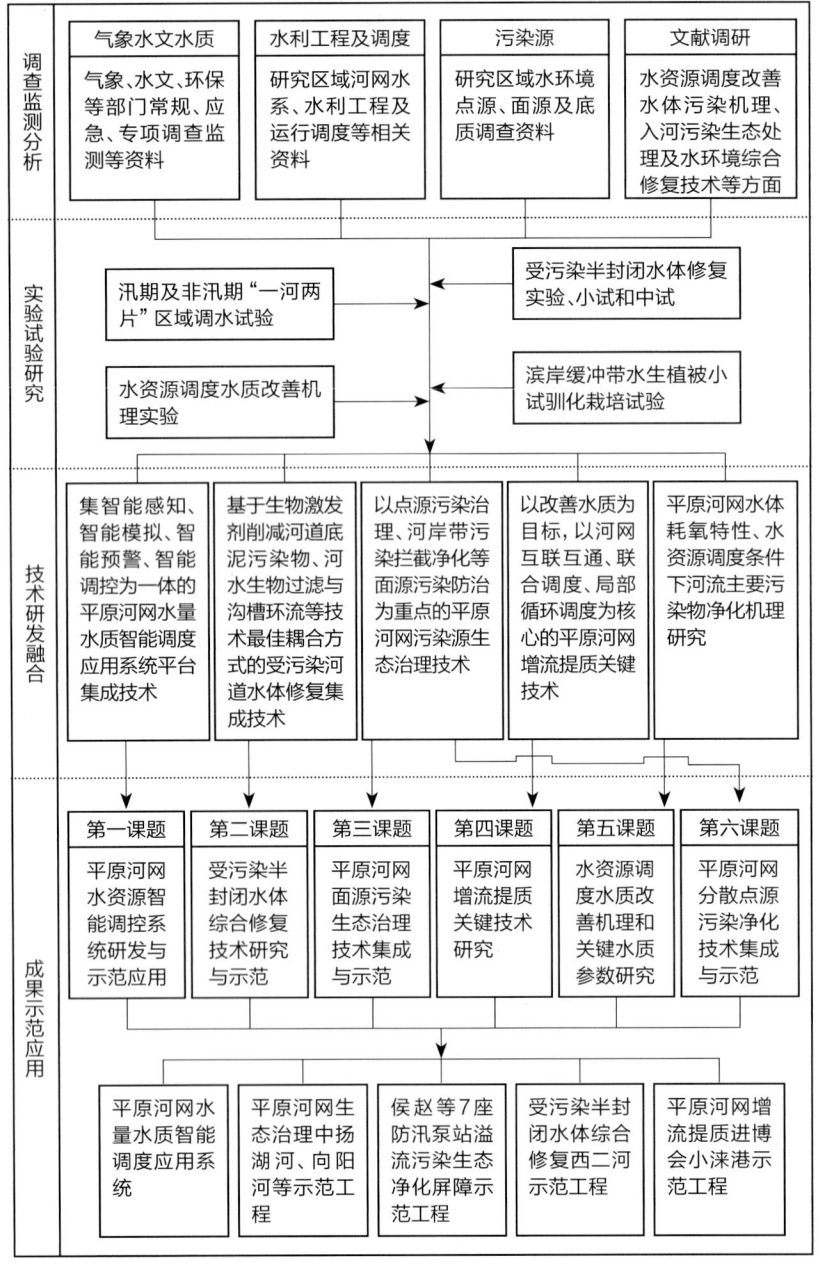

图 1 技术路线图

以及水资源调度改善水质重要技术参数；以关键技术研发为核心，研发建立智能感知、智能模拟、智能预警、智能调控一体化的平原河网水资源智能调度应用系统；以示范工程建设为重点，着力提升平原河网水环境改善综合管控技术应用绩效。

2. 研究内容

项目研究形成了符合上海平原感潮河网特点的水环境改善综合管控技术，主要包括建立以平原河网水资源调控智能预警模型为核心的平原河网水资源智能调度应用系统、平原河网面源污染生态治理技术、平原河网分散点源污染净化技术、平原河网活水畅流保质关键技术、水资源调度水质底质变化机理及其关键技术参数。

（1）全面掌握了"一河两片"河网水环境现状及变化趋势

实施了汛期、非汛期"一河两片"两次较大规模调水试验，深入开展"一河两片"水环境质量调查监测评价，科学得出水污染物降解及活水畅流保质的关键技术参数，揭示了水资源调度水质底质变化机理及水污染物迁移转化规律。结果表明"一河两片"点污染源主要为区域污水处理厂尾水排放、排水系统防汛泵站雨天放江入河，2015—2017年研究区域泵站旱天和雨天放江量及污染负荷呈逐年下降趋势，其中旱天放江污染负荷削减85%—95%，雨天放江污染负荷削减15%—50%。2018年"一河两片"国考、市考断面的水质调查监测分析和评价结果均为Ⅳ类，水质变化特征非汛期略优于汛期。

（2）助推了平原河网地区面源污染和分散点源污染生态治理技术进步

创新研发河道水岸过渡带植物构建、水上生态浮床、水中曝气复氧、水下生境改善、硬化河坡生态护毯及防汛泵站排放口溢流污染生态净化屏障等面源和分散点源治理修复技术，已成功示范应用于虹桥机场围场河、中扬湖河、向阳河及侯赵、永和南等7座防汛泵站的工程建设，实现了河道面源和分散点源污染防治及活水畅流保质成效的显著提升。试验研究表明河道面源和分散点源治理修复技术对悬浮物、总磷（TP）、硝酸盐氮（NO_3^--N）和总氮（TN）的去除率约为97%、81%、28%和29%。防汛泵站溢流污染生态净化屏障实施后，排口邻近区段1天内消除感官黑臭，3天基本消除劣Ⅴ类，受影响河道水质明显改善，水质稳定性增强，可提高1个类别。其中中扬湖治理后水清岸绿、鱼翔浅底，能见度常年维持在1 m以上，水质稳定达到Ⅳ类，是美丽河湖的典范。

（3）创新完善了平原河网互联互通、活水畅流保质关键技术

全面系统研究"一河两片"河网活水畅流保质方案，通过分级配水、控堰错峰、上蓄下排、活水畅流，改善河网水动力条件，增强水体复氧自净能力，大部分断面流速能达到0.1 m/s，各主干河道水动力条件增强15%以上，推荐方案已引领支撑"一河两片"地区水资源调度运行管理工作，赋能实现水资源调度管理的规范化、精细化和长效化，取得了水资源调控效果好、运行成本

低、安全风险小、综合效益大的显著成效。有力有效引领和支撑了上海国际进口博览会地区水生态环境建设与管理，为营造安全、生态、优美、健康、幸福的水生态环境发挥了重要的技术赋能作用，实现了水体透明度稳定在1.2 m以上、河道水质达到Ⅲ—Ⅳ类的目标，获评为长江经济带最美河湖之一。

（4）创建了基于大数据、云计算、互联网的一体化平原河网水资源智能调度应用系统平台

通过建立平原河网水资源调控智能预警4类、9属和15项指标体系，创新集成平原河网水资源调控智能预警模型；筛选近5年35组不同量级的暴雨案例，组合不同潮型、预降水位、泵闸调度方式，分时段、分量级、分模式研究制定响应"绿、蓝、黄、橙、红"5色预警级别的防汛安全调度预案库；综合引排水量、水位控制、活水周期、水动力和水质改善效果等因素，优化提出活水畅流保质调度预案库，内置于研发建立的平原河网水资源智能调控应用系统，实现了"一河两片"自适应不同雨情、水情、工情的数字化、精细化、智能化水利调度运行管理，取得了保障防汛安全、活水畅流保质、保护水生态系统、提升生物多样性的显著成效，实现了平原河网水资源智能调控的精准决策支持，为上海市智能水网建设提供了可复制可推广的示范应用成功案例。

图2　中扬湖修复后整体效果

图3　进博会地区水环境修复后整体效果

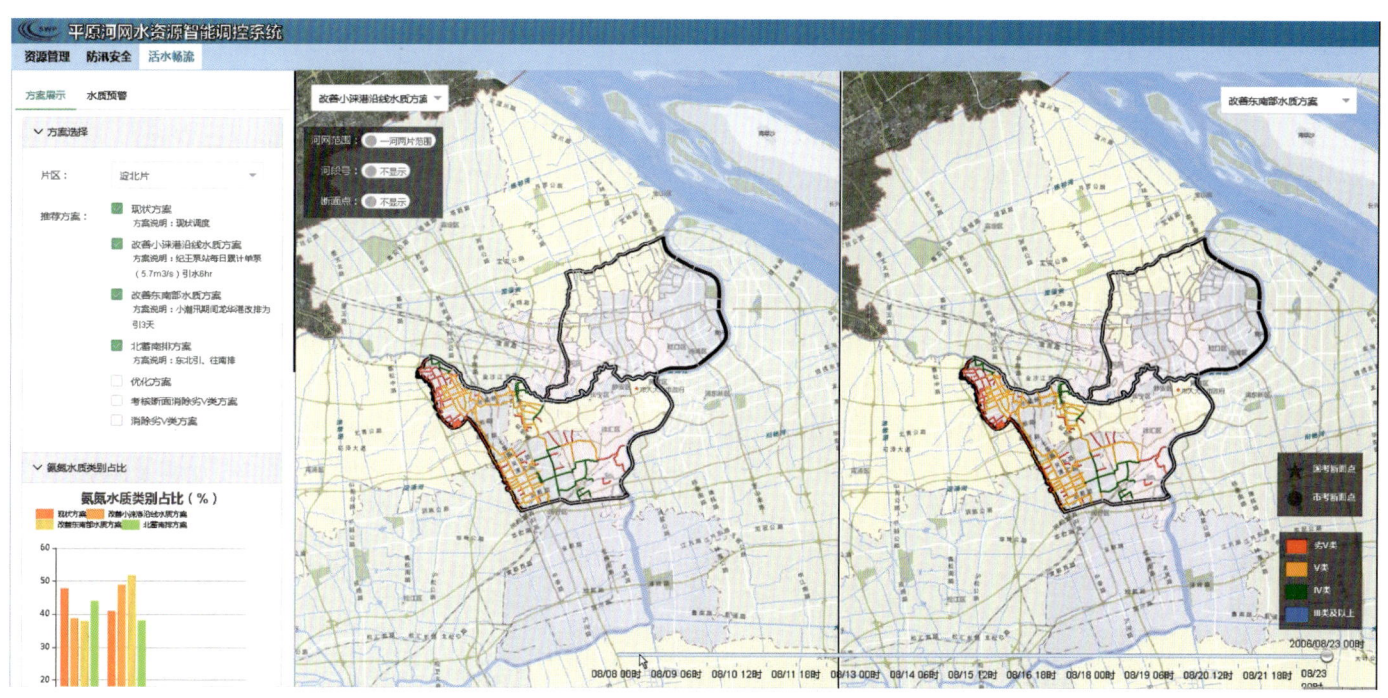

图4　平原河网水资源智能调度应用系统平台

【工作过程】

成立了由水务、环保、水文、信息化等多领域专家组成的项目咨询专家组，加强对各课题实施的技术咨询和指导，提出研究指导建议和技术路线方案，审议课题阶段性成果，帮助解决研究过程的重大问题，把握研究方向，把关研究成果，提出技术咨询意见。并结合研究的热点和难点以及所取得的阶段性成果，深入开展示范基地现场踏勘调研，召开不同层次的研讨会、专家咨询会，强化全过程研讨交流，实现资源信息共享，推动各项研究工作，提升研究质量。具体过程如下：

2016年9月，市科委组织了项目开题，会议充分听取了专家意见，并更新完善了课题任务书。2017年9月，项目按照市科委要求，完成了中期检查工作；2017年11月，根据中期检查的成果及要求，项目组召开推进会；2018年—2019年初，多次组织召开专家咨询会，并安排现场踏勘；2019年6月，全面完成子课题验收工作；2021年1月，项目顺利通过了市科委组织的项目综合绩效评价。专家组对该项目予以高度评价，认为课题在建立以平原河网水资源调控智能预警模型为核心的平原河网水资源智能调度应用系统、平原河网面源污染生态治理技术、平原河网分散点源污染净化技术、平原河网增流提质关键技术以及水资源调度水质改善机理和水质模型关键技术等方面具有较好的前瞻性、创新性和系统性，可为上海智慧水网的建设提供引领示范。

【咨询工作特点及经验教训】

1. 更加突出协同深度研究、融合创新

上海市水务规划设计研究院作为项目的总牵头依托单位，负责项目总体方案设计、组织协调推进各课题之间的资源整合、信息共享和技术融合，负责审核并组织专家验收各课题研究成果、编制项目研究总报告等工作。同时联合上海交通大学、同济大学、上海市水文总站、南京水利科学研究院、上海环境科学研究院、上海同瑞环保工程有限公司等单位的技术骨干组建项目研究团队，采用调查监测分析、全面系统分析、试验实验研究、数值模拟计算、关键技术研发、示范工程应用相结合的研究方法，更加注重试验实验、技术研发与集成创新融合，更加注重成果转移转化和示范工程应用，按照项目实施计划与分工，优质高效深度合作，推动平原河网水环境改善综合管控技术进步，赋能提升水环境系统治理和综合管理绩效。

项目紧紧围绕平原河网水环境改善需求，取得多项关键技术突破和创新成果，包括以平原河网水资源调控智能预警模型为核心的平原河网水资源智能调度应用系统、平原河网面源污染生态治理技术、平原河网分散点源污染净化技术和平原河网增流提质关键技术。此外，项目发表相关论文14篇，申请了河道水体监测及净化、装配式景观溢流堰应用以及水资源调度预警调控等方面专利13项，其中已公开授权8项，并经上海科学技术情报研究所查新咨询中心评价，本课题研发的针对平原河网面源污染和分散点源污染的净化装置、新型装配式活动景观溢流堰和平原河网水资源调控智能预警指标体系，具有新颖性。

2. 更加突出技术集成示范、推广应用

项目组集成了不同领域、不同行业、不同部门的最新科技成果，形成新的水环境改善综合管控技术方案，并建立示范工程，解决了改善水生态环境技术难题，取得了河网水环境系统治理和综合管控多项提质增效关键技术创新成果。主要包括水岸过渡带植物构建、水上生态浮床、水中曝气复氧、水下生境改善、硬化河坡生态护毯及防汛泵站排放污染生态净化屏障等面源和分散点源治理修复技术；创新完善平原河网互联互通、活水畅流保质关键技术，通过分级配水、控堰错峰、上蓄下排、活水畅流，助力营造了安全、优美、幸福的河道水生态环境；建立了水量水质预报预警和智能调控一体化的平原河网水资源智能调度应用系统平台，实现了"一河两片"地区自适应不同雨情、水情、工情的数字化、精细化、智能化水利调度运行管理。该项研究为深入贯彻落实水污染防治行动计划、助力全面推行河湖长制、显著改善河网水环境提供了有力有效的科技支撑。

"一河两片"水质改善机理、水污染源生态治理、水资源调控提质和水生态综合修复等关键技术成果，已推广应用于上海市河湖水环境综合治理、水生态保护修复以及水利科学调度管理工作，取得了保障防汛安全、活水畅流保质、保护水生态系统、提升生物多样性的显著成效，实现水生态环境的历史性、转折性、全局性变革，为建设美丽健康幸福河湖发挥了重要的技术赋能作用。

3. 更加突出科研精细管理、提质增效

上海市水务规划设计研究院作为项目的总

牵头和总负责依托单位,对科研课题的顺利实施采取了有效的管理措施。科研项目组织管理程序规范,工作措施落实到位,项目实施成效显著。

(1)建立了完善的科研管理制度,保障科研工作规范精细管理

制定了《上海市水务(海洋)规划设计研究院科研项目管理办法(试行)》《上海市水务(海洋)规划设计研究院科研项目经费管理办法(试行)》《上海市水务(海洋)规划设计研究院科研经费支出分摊管理办法》等内部管理制度,对科研工作的各个环节进行规范和指导。科研项目管理办法主要对科研项目的申报、评审、立项、实施、绩效综合评价等环节进行详细规定,确保科研项目的进度质量规范有效管理;科研经费管理办法主要对科研经费的预算、使用、报销、审计等环节进行详细规定,确保科研经费的合规合理使用和管理。

(2)加强科研过程的监控和评估,促进科研工作质量效益提升

严格按照项目和课题计划任务书的要求,认真编制项目和课题年度计划以及研究执行和经费使用情况报告,填报有关报表,建立项目和课题研究执行情况检查考核制度,每季、年召开一次研究进展和问题交流讨论会,实行课题的全过程监管,实行项目依托单位对课题协作单位研究进度和经费使用的督查,按时报告项目及课题的研究进展情况,接受市科委对项目及课题计划进度和经费使用执行情况的检查。

(3)注重科研团队的建设和管理,提高科研团队协同创新能力

根据项目团队成员的专业背景和优势,合理分配科研任务,确保每个人都能在自己擅长的领域发挥最大的潜力;建立有效的激励机制,对成员的贡献给予认可和奖励,激发他们的积极性和创造性;定期开展交流研讨会,凝心聚力、集聚众智,整合资源、联合攻关、融合技术,借势借力借智深化协同研究,提高团队破解难题能力、协同创新能力、技术支撑能力。

【咨询效果】

本课题取得的"一河两片"(苏州河-蕰南片-淀北片)水质改善机理、水污染源生态治理、水资源调控提质和水生态综合修复等关键技术成果,已整体应用于上海市河湖水环境综合治理、水生态修复保护以及水利科学调度管理工作,取得了防控治理面源污染、减小泵站放江冲击污染、改善河网水动力条件、增强水体复氧自净能力、提升河道水环境质量和防汛排涝能力以及滨水生态空间品质的显著成效,实现了"一河两片"地区防汛安全和水资源综合调度的规范化、精细化和长效化调度运行管理,取得了保障防汛安全、活水畅流保质、保护水生态系统、提升生物多样性的显著成效,为建设美丽健康幸福河湖发挥了重要的技术赋能作用,不断增加了市民滨水优质生态空间的获得感、幸福感和安全感。应用单位10家,其中各级水行政主管部门4家,市行业管理部门2家,规划设计研究单位4家,引领并支撑了水环境治理改善、水生态修复保护、水资源科学调度、水安全保障服务等工作。

1. 实施系统治水示范工程,赋能河畅水清岸绿新美景

研发的河道水岸过渡带植物构建、水上生态浮床、水中曝气复氧、水下生境改善、硬化河坡生态护毯、分散点源污染净化屏障、活水畅流保质等关键技术,已成功示范应用于进博会地区河道、虹桥机场围场河、静安区中扬湖河、宝山区向阳河等水生态环境建设与管理工作,以及中心城区侯赵、永和南等7座防汛泵站溢流污染控制治理工程建设,实现了河道面源和分散点源污染防治及活水畅流保质成效的显著提升,取得了河湖水环境质量和滨水生态空间品质提升的显著成效。

2. 支撑水务专项规划编制,赋能生态绿色高质量发展

总结出了一套适用于平原河网地区保障水安全和改善水环境综合管控关键技术,形成了平原河网面源污染生态治理技术方案和技术导则,已用于支撑城乡中小河道环境综合治理方案、生态清洁小流域建设规划、长三角生态绿色一体化发展示范区水务规划、区域性水利(系)规划、水利控制片水资源调度方案等编制工作,并结合推进实施水污染防治行动计划、"十四五"水系统治理规划以及全面推行河湖长制工作,已推广应用于长三角生态绿色一体化发展示范区、自贸试验区临港新片区、虹桥枢纽中央商务区、5个新城等重点地区及其他区域的河湖水环境综合治理、水生态修复保护以及水利科学调度管理工作,实现了保障防汛安全、活水畅流保质、保护水生态系统、提升生物多样性的显著成效。

3. 引领水利精准调度管理，赋能水资源调控水平提升

创建了基于大数据、云计算、互联网的水文水质在线监测、水量水质短期预报预警、预案发布和智能调控一体化的平原河网水资源智能调度应用系统平台，形成了保障防汛安全、优先节约用水、活水畅流保质的水资源智能调度预案库及智能水网建设可复制可推广的集成技术，有力有效支撑了区域防汛安全和水环境治理保护统筹平衡及提质增效精准调度，取得了改善河网水动力条件、增强水体复氧自净能力、提升河道水环境质量和防汛排涝能力的显著成效，实现了"一河两片"地区自适应不同雨情、水情、工情的数字化、精细化、智能化水利调度运行管理效能和效益提升，助力营造了安全、优美、健康、幸福的河湖水生态环境，不断增加市民滨水优质生态空间的获得感、幸福感和安全感。

上海市水土保持标准体系与政策体系建设项目

The Soil and Water Conservation Standard System and Policy System Construction Project in Shanghai

编写单位：上海勘测设计研究院有限公司
Shanghai Investigation, Design & Research Institute Co., Ltd.
联系电话：021-65427100　网址：https://www.sidri.com
主要完成人：张陆军　苏翔　徐晓黎　王超　魏敏　吴玉恒　陈希青　施明新　朱永杰　李雪垠

【点评】

该项目采用系统性工作方法，通过全面实地调研、政策研究，深入分析了上海市自然条件、水土流失及水土保持现状、社会经济发展状况和迫切需要解决的水土保持问题，从规划编制、标准制定、政策（制度）制定等方面，研究提出了上海市水土保持工作问题解决方案，出台了多项规划、标准以及政策文件，科学指导了上海市水土流失综合防治，夯实了水土保持工作基础，加快了全市水土保持工作步伐，推动了上海市水土保持高质量发展。在指导近期上海市水土保持工作的同时，也为上海市今后一定时期内水土保持工作明确了重点方向，并为国内类似平原区、城市区水土流失重点防治区和易发区划分提供了重要支撑和借鉴。

【项目背景】

水是生命之源，土是生存之本，水土资源是人类赖以生存和发展的基本物质条件，是经济社会发展的基础性自然资源和战略性经济资源。我国是世界上水土流失较为严重的国家之一，水土流失威胁着国家的生态安全，是我国经济社会可持续发展的重要制约因素。1993年1月，国务院印发了《国务院关于加强水土保持工作的通知》，通知中明确指出，水土保持"是国土整治、江河治理的根本，是国民经济和社会发展的基础，是我们必须长期坚持的一项基本国策"。2020年3月，国家发展和改革委员会印发《美丽中国建设评估指标体系及实施方案》，构建评估指标体系，加快推进美丽中国建设，水土保持率是22项评估指标之一。上海市也明确提出"水土保持是上海市河湖治理的根本，是水环境治理保护的源头与基础，是人居环境整治和生态文明建设的重要抓手，做好水土保持工作对上海市经济社会可持续发展意义重大"。由此可见，做好水土保持工作，对国家和上海市生态文明建设意义重大。

上海市属典型的平原河网区，从全国层面来讲，是唯一一个全域范围内无山区、丘陵区和风沙区的省市，因此前期（"十三五"之前）水土保持工作未得到足够重视，基础相对薄弱。特别是2019年以前，上海在水土保持政策、制度、标准建设方面基本为空白，水土保持总体规划针对性也不强，严重制约了水土保持工作的开展：由于水土保持总体规划的针对性和指导性不强，全市水土流失防治体系不健全、不科学、也没有针对性；由于没有水土保持配套政策、制度和标准体系，不论是对破坏水土保持设施的人和事的处理处罚，还是对城市建设过程中水土保持工作的监督监管，抑或是水土流失防治措施等均无章可循、无标准可参考，导致全市水土保持工作存在痛点、难点和滞后情况，严重制约了上海市生态文明建设，也不符合国家水土保持相关政策要求。

为加快上海市水土保持工作步伐，夯实水土保持工作基础、补齐工作短板，上海市水务局统筹谋划，委托上海勘测设计研究院有限公司作为技术支撑单位，系统开展上海市水土保持标准体系与政策体系建设研究，从顶层设计（总体规划）、标准制定、政策研究、制度制定四个方面科学建立上海市水土保持工作体系，推动上海市水土保持高质量发展。

【项目内容】

经过2020—2022年科学系统的研究,采用系统性工作方法,通过全面实地调研、政策研究,深入分析了上海市自然条件、水土流失及水土保持现状、社会经济发展状况和迫切需要解决的水土保持问题,从规划编制、标准制定、政策(制度)制定等方面,研究提出了上海市水土保持工作问题解决方案并付诸实施,主要内容包括:配套编制了一项顶层规划;配套编制了三项地方标准;配套完成了四项厅局级重大政策研究课题成果,以及若干项政策制度。项目咨询成果科学指导了上海市水土保持工作。

1. 上海市水土保持规划修编(2021—2035年)

针对上海市前期水土保持总体规划存在的针对性和指导性不强、不能科学指导全市水土保持工作的实际,采用"自上而下、自下而上、上下结合、全面规划"的系统性工作方法,开展了上海市水土保持规划修编工作。该规划于2021年9月通过专家审查,并由市政府批复实施(沪府〔2021〕73号)。该规划主要咨询内容包括:

(1)开展了上海市基本情况调查

主要包括上海市自然条件、社会经济条件、水土流失状况和水土保持现状等方面的系统调查,掌握全市水土保持工作基础条件。

(2)开展了水土保持需求分析

主要包括经济社会发展对水土保持的需求分析,生态安全与改善人居环境对水土保持的需求分析,水源保护与饮用水安全对水土保持的需求分析,河湖治理与防洪安全对水土保持的需求分析。根据需求分析,明确水土保持工作重点方向。

(3)进行了规划布局

包括区域总体布局、水土流失易发区划分、水土流失重点预防区划分、水土流失重点治理区划分。

(4)进行了水土保持预防和治理规划

确定了预防和治理范围与对象,明确了防治措施与配置,确定了重点预防和治理项目。

(5)进行了水土保持监测布局

确定了监测任务与内容,以及重点监测项目。

(6)完成了水土保持综合监管规划

包括水土保持监督管理规划,水土保持科技支撑计划,基础设施与管理能力建设规划。

(7)确定了重点项目实施进度安排

包括实施进度安排,以及近期重点项目安排。

(8)对规划实施效果进行了分析

包括蓄水保土效益、生态效益、经济效益、社会效益等四个方面的效益分析。

2. 上海市水土保持标准制定

针对上海市生产建设项目水土保持标准体系空白的实际情况,针对性编制了《上海市生产建设项目水土保持方案编制指南(DB31 SW/Z 010—2021)》《上海市生产建设项目水土保持监测成果编制指南(DB31 SW/Z 010—2022)》《上海市生产建设项目水土保持全过程管理工作指南(DB31 SW/Z 004—2023)》三项地方标准,并以上海市地方标准化指导技术文件发布实施,填补了标准体系空白。各项标准的主要内容包括:

(1)上海市生产建设项目水土保持方案编制指南

明确了上海市生产建设项目水土保持方案编制基本原则和基本规定、水土保持方案基本格式要求、水土保持方案报告书和报告表各章节编排要点,细化了水土流失防治责任范围界定原则和方法,制作了水土保持方案报告模板式样,制作了水土保持方案技术评审打分表,便于水土保持方案技术评审。

(2)上海市生产建设项目水土保持监测成果编制指南

明确了上海市生产建设项目水土保持监测成果编制基本原则和基本规定、水土保持监测成果基本格式要求,明确了各项监测成果报告章节编排要点,制作了水土保持监测成果报告模板式样。

(3)上海市生产建设项目水土保持全过程管理工作指南

明确了上海市生产建设项目水土保持方案编报流程,方案分类,基本规定;明确了水土保持方案实施阶段的工作要求和流程,水土保持验收流程及验收规定,投产与归档要求;制作了上海市水土流失易发区内的生产建设项目水土保持全过程管理流程表。

3. 上海市水土保持政策研究

(1)上海市水土保持区域评估编制技术要点研究

针对上海市水土保持区域评估缺乏指导性标准和政策,不利于区域评估工作开展和具体管理的实际困难,在充分调研的基础上,系统开展了上海市水土保持区域评估编制技术要点研究,并列入2020年度上海市水务局重点科研计划（沪水科2020-06）。该研究已于2020年12月通过专家审查，并由市水务局专题印发了《上海市水土保持区域评估报告编制技术要点（试行）》，以及《上海市水务局印发〈关于推行开发区内生产建设项目水土保持管理工作改革的实施意见〉的通知》（沪水务〔2021〕86号）管理文件。该研究主要内容包括以下几个方面：

明确了上海市水土保持区域评估编报范围，确定了水土保持区域评估报告各章节编制技术要点，明确了水土保持区域评估报告附件与附图制作要求，确定了上海市水土保持区域评估内生产建设项目管理要求。

（2）上海市水土保持补偿费征收机制研究

针对上海市水土保持补偿费征收相关研究和制度缺失的实际，在充分调研的基础上，结合国家的相关规定和政策以及周边其他省市的先进经验，系统开展了上海市水土保持补偿费征收机制研究，并列入《2021年上海市水务局局级政策研究项目》。该研究报告已于2021年11月通过专家审查，并由上海市水务局、国家税务总局上海市税务局联合印发了《上海市水土保持补偿费征收管理办法》（沪水务〔2021〕550号）管理文件，以及其他配套文件。该研究主要工作内容如下：

研究了国家关于水土保持补偿费征收的要求、依据和必要性；从国家层面研究了相关政策，对北京市、天津市、江苏省、重庆市、浙江省、广东省、深圳市等省市水土保持补偿费征收情况进行了调研，吸收好的经验；研究制定了关于备案制项目、非税收入项目划转至税务部门征收、水土保持补偿费滞纳金收取等方面的政策；研究了上海市水土保持补偿费征收管理办法制定；研究了水土保持补偿费核定流程及免征情形认定，制作了《水土保持补偿费免征情形认定参考》；开展了相关政策宣贯。

（3）上海市优化营商环境水土保持创新试点工作研究

针对上海市水土保持强监管与营商环境优化之间的矛盾点，开展了优化营商环境水土保持创新研究，以期做到了强监管与优化营商环境之间的统一。该研究列入《2022年上海市水务局局级政策研究项目》，主要工作内容如下：

对北京市、广州市、杭州市、深圳市、天津市、重庆市等其他城市水土保持领域优化营商环境政策开展了调研，总结了其他城市的工作亮点和好的经验；从深化体制机制改革、建立健全事前事中事后全流程监管、推行区域评估、科技赋能营商环境优化等方面，分析总结了上海市优化营商环境水土保持工作；对上海市下一阶段优化营商环境水土保持工作提出了意见建议。

（4）上海市生产建设项目水土保持信用监管体系研究

为加快推动上海市水土保持信用监管体系的建立，深化水土保持领域"放管服"改革，开展了上海市生产建设项目水土保持信用监管体系研究，并列入《2022年上海市水务局局级政策研究项目》。该研究制定了上海市信用监管制度，并由市水务局专题印发了《上海市生产建设项目水土保持信用监管"两单"制度》（沪水务规范〔2022〕1号）管理文件。该研究主要内容包括以下几个方面：

研究确定上海市生产建设项目水土保持信用评价标准和等级；研究建立上海市生产建设项目水土保持分级分类监管体系；制定了生产建设项目水土保持信用监管"两单"列入问题情形判定依据、生产建设项目水土保持信用评价标准。

4. 上海市水土保持管理制度制定

为规范上海市各项水土保持工作，确保各项管理工作有规可依，针对上海市水土保持规章制度不健全的实际情况，协助上海市各级水务行政主管部门开展了水土保持管理制度制定工作，具体包括：

① 研究制定了《上海市水土保持管理办法》（沪水务规范〔2020〕1号）。

② 研究制定了上海市政府批复的《上海市水土保持目标责任考核办法（试行）》（沪府办〔2021〕3号）。

③ 研究制定了《关于推行开发区内生产建设项目水土保持管理工作改革的实施意见》（沪水务〔2021〕86号）、《上海市生产建设项目水土保持信用监管"两单"制度》（沪水务规范〔2022〕1号）、《上海市水土保持补偿费征收管理办法》（沪水务〔2021〕550号）、《上海市生产建设项目水土保持补偿费核定流程及免征情形认定参考》《关于做好上海市水土保持补偿费征收相关工作的通知》《上海市水务局关于进一步落实上海市生产建设项目水土保持信用监管"两单"制度的通知》等系列文件，以及其他政策文件。

【工作过程】

自2019年开始,上海市为解决水土保持工作存在的痛点、难点和滞后情况,夯实水土保持工作基础,委托上海勘测设计研究院有限公司作为技术支撑单位,系统开展上海市水土保持标准体系与政策体系建设研究。在2020年至2022年间,项目组克服了上海市水土保持工作基础资料匮乏、调查研究工作量大、工作协调难度高等困难,采用系统性工作方法,通过全面实地调研、政策研究,深入分析了上海市自然条件、水土流失及水土保持现状、社会经济发展状况和迫切需要解决的水土保持问题,从顶层设计(总体规划)、标准制定、政策研究、制度制定四个方面提出了上海市水土保持工作问题解决方案,科学指导了上海市水土流失综合防治,夯实了水土保持工作基础,加快了全市水土保持工作步伐,推动了上海市水土保持高质量发展。

【咨询工作特点及经验教训】

本项目共形成1份总报告,配套编制了1项顶层规划、3项地方标准并完成了4项厅局级重大政策研究课题成果以及若干项政策制度。

1. 水土保持规划

①《水土保持规划》(简称《规划》)修编过程中系统调查了上海市自然条件、社会经济条件、水土流失状况和水土保持现状,首次全面掌握了上海市水土保持基础资料,填补了上海市水土保持基础资料空白。

②《规划》科学分析了上海市水土保持工作存在的问题,分析了经济社会发展对水土保持的需求,从预防保护、综合治理、监督管理、动态监测、科技支撑等方面系统提出了解决方案,创新工作思路和方法,为其他省市类似规划提供了借鉴。

③我国关于平原河网地区、特大型城市水土保持工作研究尚不深入、不全面。《规划》系统提出了平原河网地区、大型城市水土保持措施体系和防治重点,这在国内属于创新和首次,弥补了我国水土保持工作的短板。

④《规划》对上海市水土流失重点预防区、水土流失易发区开展了划分研究,提出了划分原则、影响因子并进行了划分,在平原区、特大城市区尚属首次,对国内类似平原区、城市区水土流失重点防治区和易发区划分提供了重要支撑和借鉴。

⑤《规划》坚持问题导向、需求导向、目标导向,科学合理地提出了项目布局,以及近期治理任务、重点建设项目以及远期安排意见,为上海市今后一定时期内水土保持工作明确了重点方向。

2. 水土保持标准体系

① 在国家《生产建设项目水土保持技术标准》(GB 50433—2018)基础上,上海市在全国范围内首创了地方性水土保持方案编制标准《上海市生产建设项目水土保持方案编制指南》(DB31 SW/Z 010—2021),并颁布实施。该指南融合了海绵设计等先进城市生态环境保护理念,突出体现了平原河网区、城市水土保持理念,在国内尚属创新。该指南还为国内其他省市类似标准的出土奠定了基础。

② 在国内首次提出并编制了《水土保持监测成果编制指南》,并作为地方标准发布(DB31 SW/Z 022—2022)。特别是该指南提出的《水土保持回顾性监测报告》《水土保持监测季度报告》《水土保持监测专项报告》编写要点和式样,在国内尚无先例,是我国水土保持监测领域的一项重要补充。

③ 系统提出了上海市生产建设项目水土保持全过程管理工作指南,并以地方标准的形式对外发布。该指南可以持续深化水土保持"放管服"改革和优化营商环境,规范和指导上海市辖区内生产建设项目水土保持全过程管理工作,成果领先于国内其他省市。

3. 水土保持制度(政策)

① 在国内省市级水土保持工作中,率先提出将水土保持政策研究纳入局级重大政策课题项目。将上海市水土保持补偿费征收机制研究、上海市优化营商环境水土保持创新试点工作研究、上海市生产建设项目水土保持信用监管体系研究等三个政策研究项目纳入2021和2022年上海市水务局重大政研项目,取得重要研究成果。结合政策研究成果,配套制定了系列管理制度,在国内开创了先开展水土保持政策研究、后制定水土保持政策制度的先例,在同行业中领先于国内其他省市。

② 通过本咨询研究成果和各项政策制度的施行,上海市还建立健全事前事中事后全流程监管,实现全市水土保持监督管理"一底图、三表单、三台账"全流程全覆盖的监管体系,构建"无事不扰、无处不在"的"3+X"的监管模式,在国

内也属于重要的工作创新和突破,不仅给其他省市类似工作提供了很好的借鉴,也显著促进了行业可持续良性发展。

【咨询效果】

1. 规划引领,开创上海市水土保持工作新局面

① 作为本咨询成果的一部分,《上海市水土保持规划修编(2021—2035年)》提出了109.35亿元的水土保持近期重点工程投资,其中约60亿元已完成项目立项或实施,另有约50亿元工程项目也计划在"十四五"期间开展。其中包括饮用水源保护区、重要自然保护区、重要开发区、农田防护林、河道防护林、河湖水系水土保持、生态清洁小流域建设、中小河道水土流失综合治理与示范工程等,项目的实施显著改善了上海市水土保持生态环境。

② 水土保持规划确定了全市水土流失重点预防区和易发区,明确了上海市水土保持工作重点,引领了全市水土保持工作方向。

③ 规划的实施,使得全市各项水土保持工作有条不紊的推进,开创了水土保持工作新局面,取得良好效果。目前上海市水土保持率已达到99.42%,领先全国,为打造"美丽中国"上海典范奠定了基础。

2. 标准确立,规范了生产建设活动水土保持管理

作为本咨询成果的一部分,上海市生产建设项目水土保持标准体系发布与实施,目前已科学指导了全市3 000余个生产建设项目水土流失防治和管理,特别是指导了水土保持工程措施、植物措施、临时防护措施、监测措施的设计和实施,水土保持总投资超过150亿元。

经测算,水土保持措施的实施每年可减少生产建设项目造成的水土流失和弃渣1 000万余m^3,使生产建设项目扰动区域土壤侵蚀模数从3 000 t/($km^2 \cdot a$)降低至1 000 t/($km^2 \cdot a$)以下,大大降低了入河泥沙量和排入城市下水道的淤泥量,生态效益巨大。

3. 制度(政策)创新,各项工作有章可循

① 作为本咨询成果的一部分,上海市水土保持各项政策研究成果,以及配套制度的出台,完善了上海市水土保持政策体系,构建了上海版本的"一规划一管理一考核"工作基础,篆刻了全市水土保持工作路线图,科学规范了全市水土保持工作。

② 配套政策出台,目前已应用到全市1 000余个生产建设项目、百余项水土保持生态工程(含生态清洁小流域工程)的指导和管理工作,以及10余个水土保持区域评估项目。显著提高了政府部门的水土保持审批和管理效率,助力行政服务更精细更高效,促进了水土保持营商环境的提升,助力水土保持法制化构建和体制机制改革。

③ 作为本咨询成果的一部分,上海市水土保持补偿费征收机制研究及相关配套制度的出台,每年可征收水土保持补偿费超5 000万元,用于水土保持生态工程建设费用,取得了一定的经济效益和社会效益。

本咨询成果补齐了上海市水土保持工作的短板,助力了上海市水土保持事业科学发展,充分发挥了水土保持在上海市水质维护、农田防护、人居环境维护等方面生态功能,进一步推动了上海市生态文明建设和人居环境改善,社会效益、经济效益、生态效益均十分明显。

2021年第十届中国花卉博览会交通保障方案研究
The Research on Traffic Support Scheme for the 10th China Flower Expo (2021)

编写单位：同济大学建筑设计研究院（集团）有限公司
Tongji Architectural Design (Group) Co., Ltd.
联系电话：021-35376000　　网址：http://www.tjad.cn
主要完成人：陈小鸿　徐晓敏　吴娇蓉　王献香　李开国　刘小倩　李艳琴　乔瑛瑶　简辰煜

【点评】

该规划研究了2021年第十届中国花卉博览会的交通保障方案，展现了一系列创新理念和方法。研究以"时间目标"为核心，制定了集约化交通枢纽抵达园区的时间控制在1.5—2.0小时的明确目标，并通过"保绿色、控车位"的策略手段，实现了70%以上的集约化出行比例。方案中的技术创新，如高标准绿色专用道、水陆联程联运系统、停车位全预约的小客车出行需求管理，以及近远期结合的可持续交通设施建设计划，都是其突出的亮点。该研究不仅在技术层面上进行了深入探索，而且其成果在上海崇明花博会的筹备和实施中得到了全面落实，有效指导了相关配套设施的建设和交通组织方案的制定，对促进区域绿色交通系统发展和小客车停车需求管理具有重要意义，同时为类似大型活动的交通组织与管控提供了宝贵经验。

【项目背景】

1. 项目建设背景

中国花卉博览会（简称"花博会"）始办于1987年，是中国规模最大、影响最广的国家级花事盛会，被称为中国花卉界的"奥林匹克"。2021年第十届中国花卉博览会选址于上海崇明东平森林公园，园区总面积约10 km²；展期为2021年5月21日至7月2日，共42天，含端午节

图1　花博园鸟瞰图

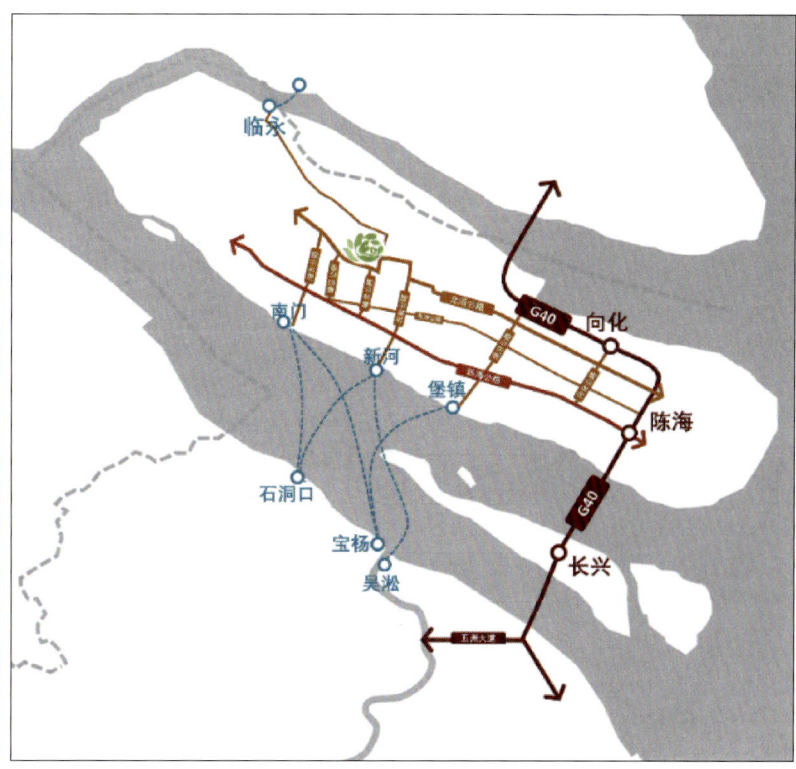

图2 花博园区位及筹备期交通系统现状示意图

在内共有13个周末及假日;花博园及配套项目被列为2020年上海市重大建设项目。园区距离上海中心城区约90 km,其出岛交通仅依靠G40长江隧桥及5条越江轮渡航线;园区周边现状道路以二车道农村公路为主,通行能力有限;展会面临无轨道交通服务、入岛通道唯一且常态化拥堵、观博交通与跨江交通高峰高位叠加等多维度的挑战。研究从可持续发展目标出发,框定设施供给方案,结合必要的需求管理方案,有效引导、管理各类出行需求,保障会期交通系统运行效率。

2. 项目目标和必要性

(1)项目目标

① 会期交通运行平稳高效目标。项目研究出发点是既有交通系统无法满足花博会会期大客流集聚的需求。项目核心目标为通过合理制定交通设施建设、交通组织管理、客流管控引导等层面的方案,为展会期间交通需求提供有效的服务,确保交通系统运行平稳高效。

② 生态岛交通系统可持续发展目标。花博会42天是非常态的交通需求,保障方案应做到"平会结合",以2025年常态交通设施需求为基础,适度提前建设,在服务会期的同时达到促进国际生态岛交通系统可持续发展的目标。

(2)项目必要性

① 以交通承载力为基础对客流目标进行约束。全面评估园区周边及进出岛各类交通设施现状及潜在的承载力,形成客流承载力分析结论,对园区高峰日客流目标进行约束,有效避免会期交通系统高度承压,降低拥堵、安全事故等方面的风险。

② 构建适宜的交通系统支撑会期交通需求。整合会期交通需求与岛内常态交通需求,通过多方案比选,形成适宜的交通系统建设计划,避免过度超前、不符合常态交通需求的交通基础设施投入。

③ 对各类交通需求进行针对性的引导与组织。通过路权分配、票务联动、水陆联运等方式,贯彻绿色、集约优先的保障策略,控制小汽车出行,促进观展游客向公交专线、团体大巴、水运等交通方式转移。

④ 整体统筹岛上及园区内外交通设施建设。保障方案对各类交通设施建设方案、建设计划进行统筹,确保建成后的系统完善、衔接顺畅,确保总体建设目标逐步、有序达成。

【项目内容】

1. 项目类型

项目名称:2021年第十届中国花卉博览会交通保障方案研究。

建设类别:市政交通工程、公交及航线规划、交通管控规划。

建设性质：改建及新建。

2. 委托单位情况

委托主体为上海市崇明区交通委员会（简称区交委），区交委是主管崇明区交通规划、交通设施建设与交通管理工作的区政府工作部门，是崇明区花博筹备组的重要成员单位之一，是花博会岛内交通保障的主体单位和前期牵头单位。

3. 工作架构与工作内容

（1）工作架构

本研究构建"三段式"交通保障工作构架图，按照"战略统领、规划先行、统筹实施"的方针推进各项工作。整体交通保障工作划分为三个阶段，即战略与策略阶段、规划与设计阶段、实施与运营阶段，交通保障方案研究主要聚焦前两个阶段。根据研究工作的技术路线及重点问题，形成了本研究"1+3"的内容体系，即一个战略统筹及三个专项规划。

（2）工作内容

① 交通战略与策略研究。在花博会客流预测和崇明岛交通态势判断基础上，提出花博会客流集散总体策略及目标。针对工作日、周末、节假日，比选不同的客流情景及交通策略方案，评估交通策略有效性，确定相应的交通基础设施供应要求。

② 公共交通及配套设施专项规划。花博会客流集散依赖集约出行方式为主，花博会公交系统是保障方案的研究重点。规划内容包括现状分析、公共交通需求分析、公交系统规划目标与策略、公交专用道设置方案、花博会常规公交设置方案、运能配置方案、枢纽场站规划等。

③ 道路系统及园区周边交通组织专项规划。规划内容包括提出与花博会交通保障相关的道路系统总体布局方案和建设要求，提出花博会园区邻近区域各类交通方式组织方案，提出园区停车设施布局和进出组织方案。

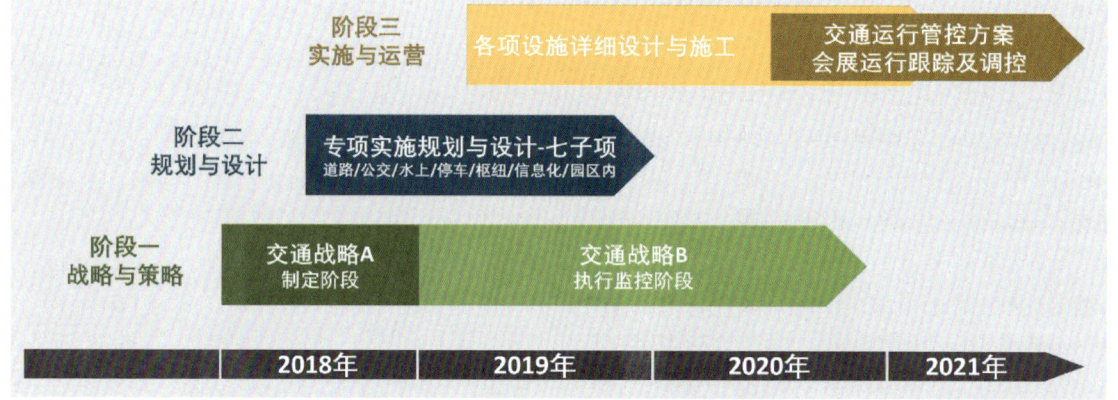

图3 花博交通保障工作分阶段构架示意图

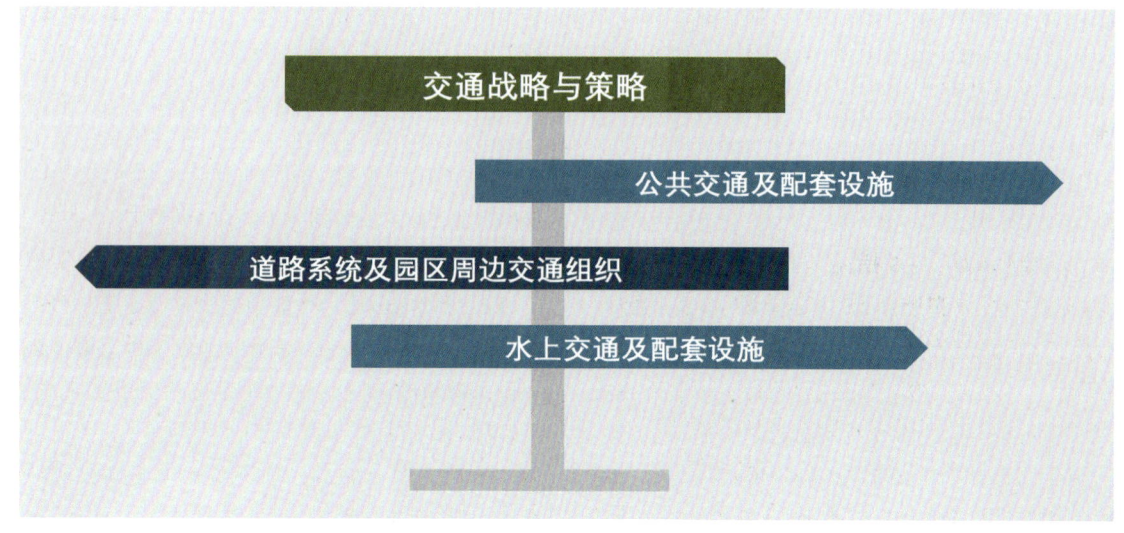

图4 花博交通保障方案"1+3"研究框架示意图

④水上交通及配套设施专项规划。规划内容包括发展现状分析、水上交通发展目标及策略、运力配置规划、水陆联运系统一体化设计、后花博会阶段系统发展分析、分期实施计划及保障措施等。

4. 研究成果

（1）交通战略与策略研究

①崇明岛内部及对外交通系统分析。以崇明岛现状及规划待建的交通系统为基础分析，2021年前后周末高峰时段越江交通压力较大。陆上交通方面，长江隧道、陈海公路的流量接近饱和；水上交通方面，无富余运能。在不改变设施供给方案和出行结构的情况下，未来新增的花博会客流将进一步加剧越江交通拥堵风险。研究分析花博会客流的出行意愿，从崇明岛交通系统现实条件出发，提出花博交通保障方案；评估交通系统的客流承载力，为花博会各项计划提出要求，尤其是票务计划。

②花博会客流特征及现有交通系统承载力分析。从市场需求和游客意愿预测花博会客流总量可达300万人次，高峰日达10万—11万人次。在充分分析2021年崇明及上海市区方向可以提供的交通设施供给方案的基础上，评估系统适应的客流量及游客出行结构，提出保障目标与保障策略。其中保障目标以大部分游客的交通出行时效为基准进行衡量；出行意愿调查显示游客有较高的专线/公交、大巴、轮渡等集约化绿色出行需求，应优先考虑。

③交通保障目标与策略。核心目标为周末高峰时段市中心到达园区增加时间控制在30分钟左右，即市区方向人民广场至园区出行时间1.7—2.0小时基础上增加0.5小时。

形成"1廊、6节点、6航线、N专线"的绿色交通保障设施及"3横、3纵、1节点、N分流"道路交通设施体系。

绿色集约化出行比例（含公交、大客车、轮渡）达70%以上。

主要保障策略及措施包括高标准绿色交通专用道系统和枢纽；水陆联程联运系统和枢纽；园区周边完善的道路系统；岛内道路交通及园区停车场预约管控；引导小汽车出行需求向集约化交通转移；高峰日部分时段G40禁行黄牌货车。

五大关键设施及配套，即G40桥隧及浦东衔接段绿色交通专用道；市区及岛内多个水、陆转换枢纽；崇明岛东西向快速绿色交通通道；园区周边道路及停车场；公共交通系统（专线/轮渡）运能配套。

④客流保障目标评估。无交通改善措施的情况下，花博会适应客流量在3万人左右；在交通保障方案、绿色集约交通优先策略落实情景下，花博会适应当日入岛当日入园总客流量在8万人左右；充足住宿设施供给方案可增加支撑2万人次隔日入园住宿客流，即可支撑总计约10万人次/日的入园客流需求。

（2）公共交通及配套设施专项规划

①目标与策略。构筑畅达、可靠、舒适、环保的公共交通体系，实现枢纽至园区2—2.5小时，高东收费站至园区1—1.5小时时间保障目标。

以绿色交通专用道为手段，提高花博会公共交通时效性和可靠性。以花博专线枢纽站点为核心，引导客流换乘花博专线公交；花博专线通过枢纽与轨道网衔接，形成广覆盖的花博会公交运营网络。

②绿色专用道规划。根据中心城与花博会沿线道路设施及运行情况，提出绿色交通专用道总长度为76.1 km，具体如表1和图5所示。

表1　绿色交通专用道专用车道设置情况

路　段	长度（km）
五洲大道起点G40隧道口	9
G40隧道口—陈海公路	25.6
陈海公路	33
蟠龙公路	5.7
北沿公路、林风公路	2.8
总计	76.1

③枢纽场站及运能配置规划。充分利用轨道枢纽和现状申崇线已有首末站设施，通过枢纽+轨道+常规公交网，覆盖全市客流。水陆联运客流：按与码头近、顺原则，设置枢纽。

规划在28个枢纽及停靠站设置花博专线。市区共计14个陆路客流枢纽，其中8个为公交枢纽，配套提供上下客及蓄车功能，相关线路由市区及崇明公交公司运营；6个为停靠站，相关线路由上海市运输企业运营。江苏方向规划设置南通火车站、启东高铁站2个停靠站，相关线路由省际运输企业运营。岛内设置10个枢纽及停靠站，相关线路由崇明公交公司运营。设置2处"P+R"换乘枢纽：五洲大道站、曹路站。

- **入岛段**
  - 五洲大道（张杨北路-G40）
- **桥隧段**
  - G40隧道入口-陈海出入口
- **岛内段**
  - 陈海公路
  - 蟠龙公路
- **花博会**

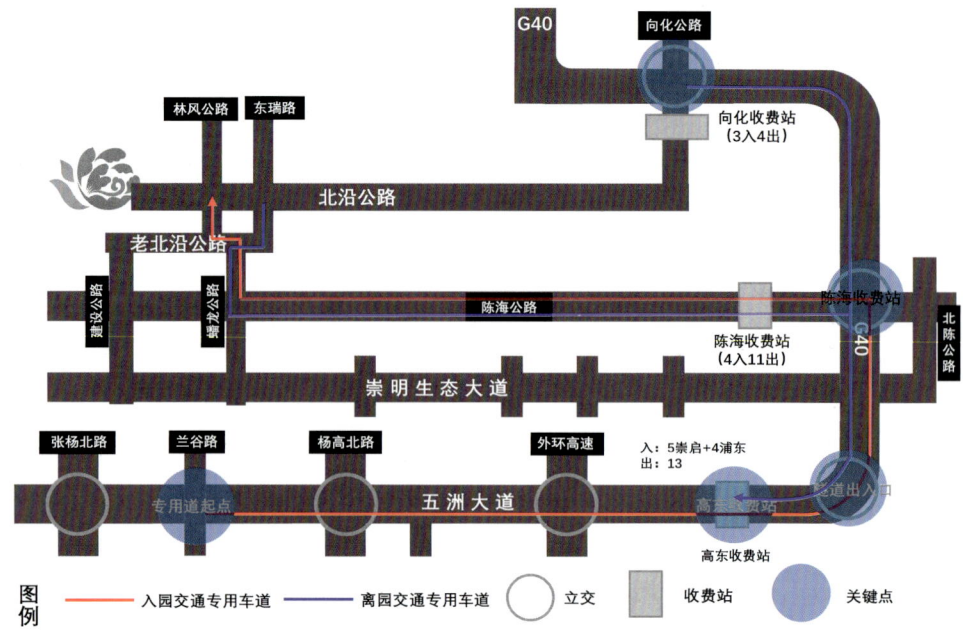

图5　绿色交通专用车道布设方案示意

表2　花博专线枢纽布局

	枢纽/停靠站名称	位置	服务线路	运营时间	功能
1	五洲大道	市区	花博定制班车	高峰+平峰	上下客+蓄车+停车换乘
2	汶水路共和新路	市区	花博定制班车+水陆联运专线	高峰+平峰	上下客+蓄车
3	上海科技馆	市区	花博定制班车	高峰+平峰	上下客+蓄车
4	长江南路	市区	花博定制班车+水陆联运专线	高峰+平峰	上下客+蓄车
5	曹路	市区	花博定制班车	高峰+平峰	上下客+蓄车+停车换乘
6	龙阳路枢纽	市区	花博定制班车	高峰	上下客
7	人民广场	市区	花博定制班车	高峰	上下客
8	火车站北广场	市区	花博定制班车	高峰	上下客
9	五角场	市区	花博定制班车	高峰	上下客
10	上海南站	市区	花博定制班车	高峰	上下客
11	莘庄	市区	花博定制班车	高峰	上下客
12	宝菊路菊联路	市区	水陆联运专线	高峰+平峰	上下客+蓄车
13	石洞口	市区	水陆联运专线	高峰+平峰	上下客+蓄车
14	宝杨码头	市区	水陆联运专线	高峰+平峰	上下客+蓄车
15	南通火车站	南通	花博定制班车	高峰	上下客
16	宁启高铁站	启东	花博定制班车	高峰	上下客
17	南门	崇明	水陆联运专线+常规专线公交	高峰+平峰	上下客+蓄车
18	新河	崇明	水陆联运专线+常规专线公交	高峰+平峰	上下客+蓄车
19	堡镇	崇明	水陆联运专线+常规专线公交	高峰+平峰	上下客+蓄车
20	陈家镇（长江大桥）	崇明	常规专线公交	高峰+平峰	上下客+蓄车

续表

	枢纽/停靠站名称	位置	服务线路	运营时间	功　能
21	跃进汽车站	崇明	常规专线公交	高峰+平峰	上下客+蓄车
22	前卫村	崇明	常规首末站	高峰+平峰	上下客
23	长江农场	崇明	常规首末站	高峰+平峰	上下客
24	东风新村	崇明	常规首末站	高峰+平峰	上下客
25	东滩	崇明	常规首末站+旅游专线	高峰+平峰	上下客+蓄车
26	西沙	崇明	常规首末站+旅游专线	高峰+平峰	上下客+蓄车
27	长兴岛枢纽	崇明	岛内常规专线	高峰+平峰	上下客+蓄车
28	光明田缘	崇明	岛内旅游专线	高峰+平峰	上下客+蓄车

为服务约6.1万人次/日专线公交客运需求，结合公交专用道运行时效及枢纽布局位置，测算共需约740辆花博专线车提供服务。建议由上海市运输企业及公交公司共同提供相关车辆。另外，为应对水运在特殊天气停航的风险，另配60辆大巴，作为应急运能储备。

④ 花博专线规划

花博专线与轨道站点充分衔接，形成覆盖中心城的花博专线网络。花博线路共计31条，长度1 808 km，其中市区—崇明花博定制班车占总长度的60%。

表3　花博专线规划汇总表

序号	线路分类	线路数	线路长度（km）
1	花博定制班车（市区—崇明）	11	1 028
2	花博定制班车（启东方向—崇明）	2	238
3	水陆联运专线（浦西）	3	57
4	花博常规专线（崇明境内）	8	258
5	水陆联运专线（崇明境内）	3	67
6	旅游专线（崇明境内）	4	159
合计		31	1 808

花博专线覆盖宝山区、杨浦区、徐汇区、闵行区、嘉定区、浦东新区的陆家嘴、金桥和外高桥区域，远郊区花博专线由各区根据客流需求安排，花博园区根据各区专线方案提供相关专线的停车配套等服务。

（3）道路系统及园区周边交通组织专项规划

① 总体策略方案。在园区周边设置4组共8个永久及临时停车场，均衡各方向车流流量；停车场使用功能分离，公交、大巴和小汽车流线分离，园区周边道路行车有序。

岛内及园区周边集约化交通优先通行；园区周边单行交通组织提高通行效率。

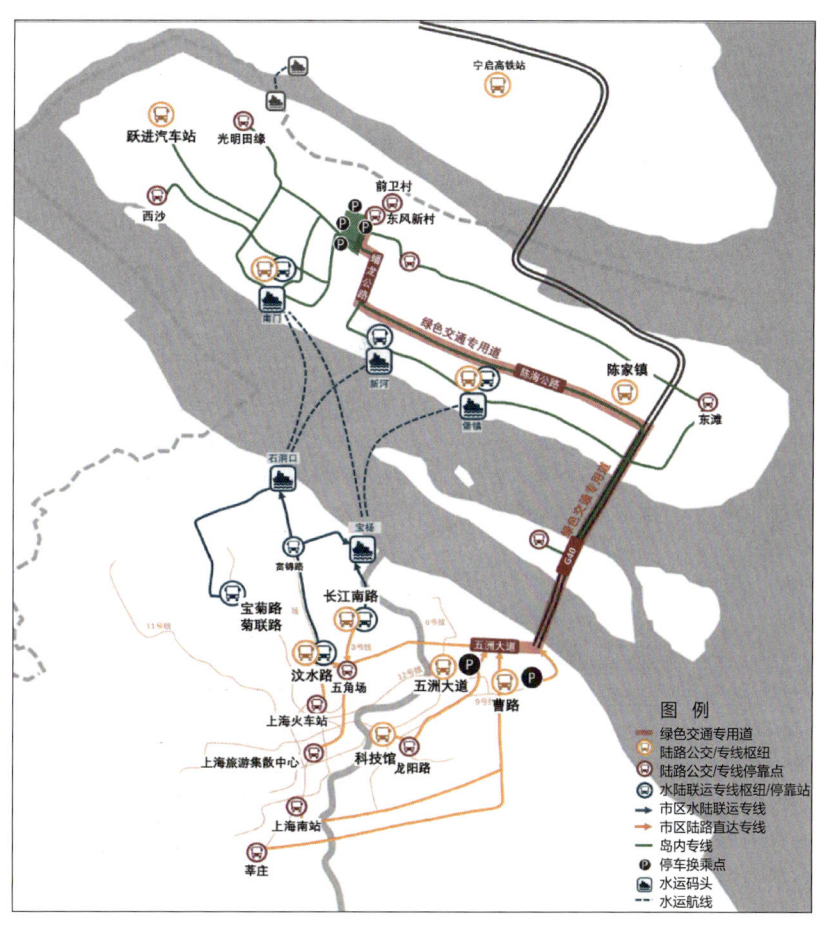

图6　集约交通专用道、枢纽及专线布局图

通过提升改造，确保陈海公路、蟠龙公路会展期间绿色专用通道功能。

园区周边建立停车信息诱导系统，与小汽车、大巴车位预约方案配合。

园区各出入口落实人车功能分离，保障游客安全。

② 道路建设规划。服务花博会参展交通和日常交通的道路建设规划分为以下四类：新建道路、整治新建道路、改扩建道路、整治道路，如表4所示。

表4　园区周边道路建设规划

道路建设规划类别	道路名称	道路宽度
新建道路	园北路	7 m+7 m
	园西路	7 m+7 m
整治新建道路	北沿公路	26—30 m
	东风公路（林风公路—港东公路）	8—9 m
	东风公路（林风公路—东瑞路）	8 m
改扩建道路	建设公路	32 m
	东瑞路	8 m
	蟠龙公路	16 m
整治道路	林风公路	8 m
	老北沿公路	8 m

园区周边道路规划有：扩建为双向4车道的建设公路、北沿公路；会展期间双向4车道的园西路、园北路；会展期间蟠龙公路3车道组织；双向2车道7—8 m宽的东风公路、林风公路、老北沿公路。

② 停车场布局及功能配置规划。园区周边共规划8 500个游客小汽车停车位，约600个专线公交、500个大巴停车位和120辆出租车蓄车位。规划配置7个停车场，占地面积约为41 hm²（含1个公交专线枢纽），如图7和表5所示。

③ 园区周边交通组织规划。园区周边公交专用道为林风公路、蟠龙公路、陈海公路。园区周边道路有林风公路、东风公路、园西路、建设路、东瑞路、建设公路、北沿公路。其中老北沿公路和林风公路局部路段设置单行道，如图8所示。

园区周边采用"三纵三横"道路框架集散花博交通，如图9所示。

三纵：港东公路，会展期间备用的应急小汽车通道；建设公路，会展小汽车通道；蟠龙公路，会展期间公交专用通道。

三横：北沿公路，会展期间启东方向和部分上海方向小汽车通道；陈海公路，会展期间提供快速公交通道，兼顾提供上海方向小汽车通道；崇明生态大道，会展期间崇明本地小汽车通道。

（4）水上交通及配套设施专项规划

① 目标与策略。保障目标主要包括水运系统承担的客流规模目标和时效性目标，如表6所示。

表5　花博游客机动车停车场指标一览表

停车场	编号	专线车泊位（个）	大巴泊位（个）	小车泊位（个）	出租车位（个）	占地（万m²）
东侧	P1	600	0	0	50	7.5
西侧	P2	0	0	3 300	70	11.6
北侧	P3-1	0	0	1 000	0	3.0
西北侧	P3-2	0	0	1 500	0	5.3
东北侧	P3-3	0	500	0	0	4.8
西南侧	P4-1	0	0	800	0	2.5
西南侧	P4-2	0	0	1 900	0	6.5
合计		600	500	8 500	120	41.0

注：P1停车场内安排20条专线及公交车的发车及上落客空间，形成公交枢纽。

表6　花博水运系统保障目标

目标体系	高峰日单向总客流（万人次）		水陆联运单程时间（小时）	
	数值	说　明	数值	说　明
优先重点保障	1.5	花博会日客流0.9万	2.5	枢纽点对点
积极弹性争取	1.8	花博会日客流1.2万	2.0	水上1小时+陆上1小时

五、专题研究报告篇

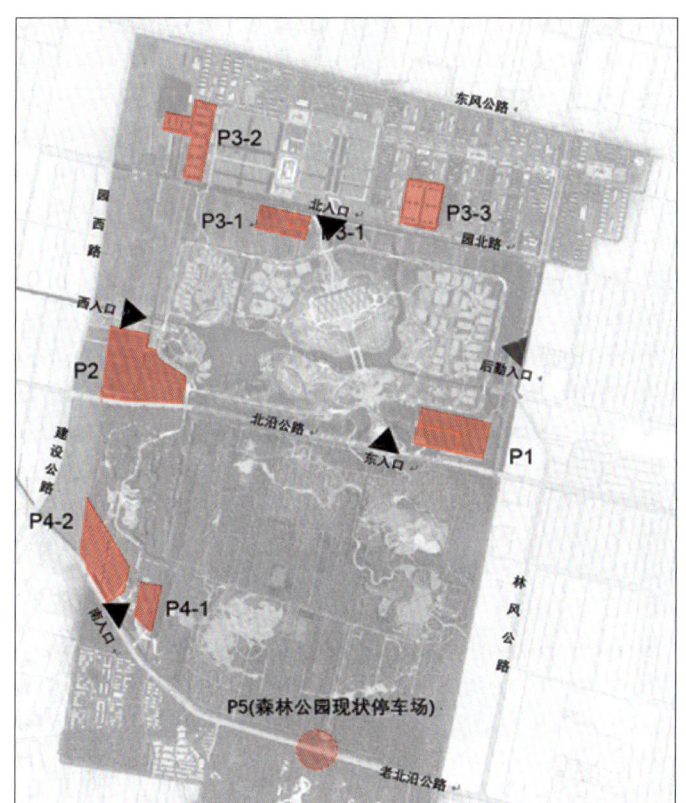

图7　园区游客配套停车场布局图

图8　园区周边公交专用道与单行道规划

图9　花博会园区周边"三纵三横"集散道路框架

729

遵循"生态办博、创新办博、勤俭办博"的基本原则,兼顾花博会阶段和后花博会阶段的两类需求,水上交通系统发展的基本思路为全力挖潜提效、适度增能补缺。具体策略为水上交通系统优化提升、水路联运一体化设计、水上交通运能配置优化。

② 水上交通系统优化方案。航线及运能配置方面。上海市区至崇明本岛之间共设置5条航线,石洞口—南门、石洞口—新河2条车客渡航线,石洞口—新河、宝杨—南门、宝杨—堡镇3条高速客渡航线。花博会期间石洞口—新河高速客渡航线运输效率较高,为花博会客流主通道,优先配置此航线运能。

陆路集散方面。在花博会期间,加强各个码头高峰时段引导管控措施;对南门、新河、堡镇、石洞口、宝杨轮渡客运站进行功能提升;建议新河码头、南门码头设立临时停车场地;优化发船时刻表,加强船次与公交班次之间的时间衔接。

③ 水陆联运一体化设计。基于全出行链的出行服务,以陆上枢纽为起点,水上船舶和陆上公交相结合,实现一站式一体化无缝衔接的水陆联运专线化出行服务,以期达到提升出行效率与服务水平的目的,具体流程如图11所示。

结合陆上码头枢纽的布设方案,本次规划花博水陆专线5条线路,各线路明细如表7所示。

④ 停航分析与保障措施。轮渡停航主要受到大风、强对流、迷雾等气象条件影响,根据近三年平均值统计,3月至7月之间,强风天气引起的停航占全部停航原因的76%。

针对天气原因导致的停航,制定了三方面的应对保障措施预案。陆路转运:针对不同停航类型,作好轮渡停航的水上客流陆路转运及应急措施方案。船舶置换:结合运力配置需求,引进抗风等级7级以上船舶或对既有船舶进行核准提级,提升水上运输可靠性。定制气象:研究制定水上航线的"定制化"气象服务,降低因局部气象与实际的偏差而导致的停航发生率。

5. 主要建设实施内容

方案研究形成了系统的建设实施计划,在2019年至2021年间分项落实,形成了完善的花博会交通保障系统。

建设实施内容归纳为"2大类别、9大任务、28项工作"。2大类别为工程类、管理类;9大任务为工程类的5个(道路系统、专用道系统、停车系统、客运枢纽、智慧交通设施),管理类的4个(专线运力、水上运力、辅助系统运力、客流管理)。具体如表8所示。

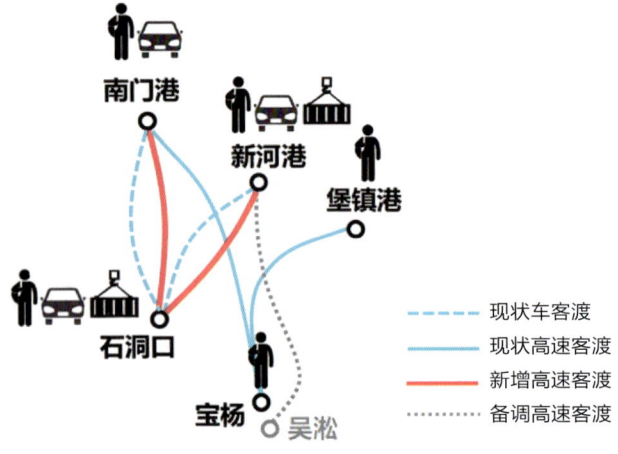

图10　港口与航线设置方案示意图

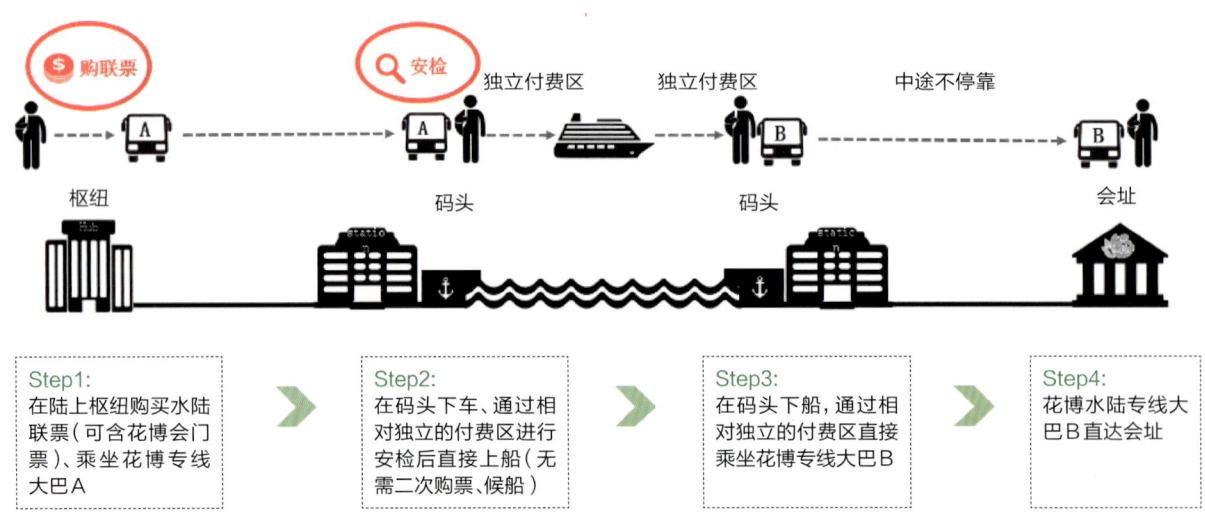

图11　水陆联运一站式服务具体流程示意图

表7 花博会水陆专线方案明细

区域	线路序号		陆上枢纽	连接码头	长度（km）	运力规模（辆）	
						基本保障目标	极限保障能力
上海市区	A线		富锦路	石洞口	20	16	32
			汶水路				
	B线		刘行		20	16	32
	C线	日间	长江南路	宝杨	11	6	12
		夜间		石洞口	24	8	16
	小计					40	80
崇明本岛	D线		花博会会址	南门	19	14	28
	E线			新河	17	16	32
	小计					30	60

表8 花博会交通保障建设内容一览表

措施类别	任务类别		序号	项目名称	实施部门	配合部门
工程类	道路系统等级道路	花博会出入主要道路	1	崇明岛内东西向主通道改善升级	崇明区	市路政局
			2	蟠龙公路（北沿公路—团城公路）整治工程	崇明区	市路政局
			3	建设公路（北沿公路—东风公路）新建工程	崇明区	交通建设处
			4	港东公路（东风公路—陈海公路）整治工程	崇明区	市路政局
	道路系统周边道路	园区周边道路	5	东瑞路（北沿公路—东风公路）改扩建工程	崇明区	市路政局
			6	东风公路（港东公路—东瑞路）整治新建工程	崇明区	市路政局
			7	林风公路（老北沿公路—东风公路）整治工程	崇明区	市路政局
			8	区域农村路网新建工程	崇明区	市路政局
	专用道系统	岛内及G40	9	G40绿色专用道、陈海公路绿色专用道等	道路运输处/市交警	崇明区
	停车系统	规划改造服务区	10	长兴服务区扩容	城投集团	综合规划处 崇明区
		停车场建设	11	园区周边停车场建设	光明集团 崇明区	交通设施处
		P+R停车场建设	12	岛外P+R停车场建设	崇明区	交通设施处
	枢纽及码头、航道设施	枢纽功能提升	13	枢纽选址和调整布置	道路运输处	崇明区
		码头功能提升	14	码头改造	崇明区	航运处
		航道疏浚	15	南门通道及石洞口航道疏浚	航运处	崇明区
	交通管理	智慧交通	16	区域智慧交通建设	崇明区	科技信息处

续 表

措施类别	任务类别		序号	项目名称	实施部门	配合部门
管理类	运力管理	水上运力	17	水运运力更新	崇明区	航运处
			18	新增航线	航运处	崇明区
			19	定制气象	崇明区	航运处
管理类	运力管理	花博专线	20	客运运力更新	崇明区	道路运输处
			21	运力调配	道路运输处	崇明区
			22	水陆联运	道路运输处	航运处
			23	市区专线	市道路运输处	各公交公司
			24	岛内区域专线	崇明区	
			25	省外专线	综合交通处	崇明区
管理类	运力管理	游轮靠泊	26	游轮靠泊	崇明区	航运处
		出租管理	27	出租运力更新	崇明区	道路运输处 交通设施处
	流量管理	票务对接	28	"交通+票务+旅游"联动机制	综合交通处 崇明区	道路运输处 科技信息处

【工作过程】

1. 组织构架及协调机制

花博会筹备期间，共两个板块人员参与工作。第一板块为政府及建设主体组成的花博筹备组；第二板块为参与花博会筹办工作的各类咨询机构和建设单位。第一板块的花博筹备组由市长任组长，成员单位为市、区两级相关职能部门、建设运营主体光明集团等，是花博会筹备及举办的领导机构和主体。第二板块咨询机构众多，参与的工作主要分为三个方面，一为园区建设、运营、布展的策划与设计；二为客流预测、组织管理、宣传推广；三为外围各类保障设施设计与建设。

交通保障方案研究工作推进中一直保持着纵向汇报、横向沟通的工作协调机制。纵向向筹备组领导层、交通系统、建设主体汇报；横向与相关咨询单位密切沟通，协调诸如客流量、票务方案、重点交通设施规模与布局等事项。整个方案研究期间，参加各类汇报及沟通会议百余次，各类重点事项得到逐一推进与落实。

2. 关键节点及大事件

2018年4月9日，崇明申办第十届中国花卉博览会成功。4月13日，上海市崇明区交通委员会筹划启动花卉博览会交通保障方案研究工作。整体研究工作持续3年多，主要分为战略研究阶段、专项方案编制细化阶段、重点工程实施追踪阶段、开园前及开园期运营管理追踪阶段四个阶段，其中前两个阶段研究工作最为密集，形成了主体研究成果，并完成各级汇报与评审。

2018年4月，交通保障方案研究工作启动。

2019年3月，交通保障战略研究成果完成。

2019年10月，专项规划方案研究成果完成。

2019年12月，各级汇报与专家评审完成。

2020年8—12月，建设公路、陈海公路等改扩建工程完工。

2021年1—3月，南门客运站、新河车客渡码头改造工程完工。

2021年4—5月，G60长江隧桥及陈海公路绿色交通专用道启用。

2021年4月21日，花博园区及相关配套停车场设施试运营。

2021年5月21日，2021年第十届中国花卉博览会开幕。

2021年7月2日，2021年第十届中国花卉博览会闭幕。

【咨询工作特点及经验教训】

1. 总体策略

平衡和调节"出行需求、设施供给、需求管

理"三者之间的关系,从可持续发展目标出发框定设施供给方案,结合必要的需求管理方案,有效满足、引导和管理各类出行需求,保障花博会期间交通系统运行效率。

以"时间目标"为交通保障方案制定的核心,市区花博集约化交通枢纽抵达园区时间控制在1.5—2.0小时;以"保绿色、控车位"为核心策略手段,力争集约化出行比例达70%以上。

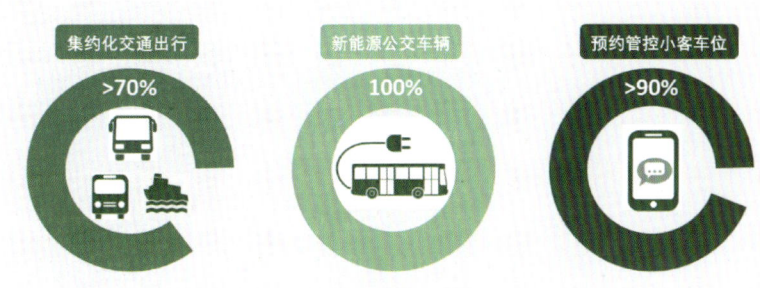

图13 花博会交通保障绿色出行目标示意图

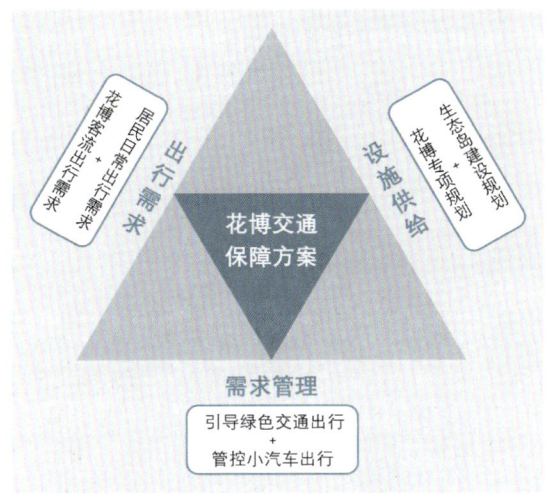

图12 花博交通保障技术路线示意图

2. 技术创新

（1）创新点一：连续高标准的绿色交通专用道及枢纽系统

规划设置浦东五洲大道、经G40高东收费站、G40长江隧桥、G40陈海收费站、陈海公路、蟠龙公路、老北沿公路、林风公路的专用道；花博专线、旅游大巴、定制巴士等集约化交通车辆可通过专用道由市区直达园区,基本避免过程中遭遇拥堵。其中,配合专用道的设置,陈海公路(陈通路—港东公路)区段进行全线提升改造,路段四拓六,合理归并减少沿线交叉口。

规划共设置30余条花博定制班车及花博常规公交线路,其中50%以上将使用专用道。专用道同时将为通道上的其他大中型客车、新能源车辆服务,预计高峰时段专用道流量将大于600辆/h。

（2）创新点二：水陆联程联运的特色化观博体系

基于全出行链的出行服务,以陆上枢纽为起点,水上船舶和陆上公交相结合,实现一站式一体化无缝衔接的水陆联运专线化出行服务。在市区汶水路、富锦路、刘行、长江南路设置"陆上码头",开设公交专线联系石洞口、宝杨码头的水上航线。

（3）创新点三：停车位全预约的小客车出行需求管理系统

园区周边共布局八处停车场,贯彻集约优先的规划原则,公交及大巴车停车场与园区联系最为便利。严格执行小客车出行需求管理策略,共提供约8 500个小客车位,为30%以内的小客车客流服务。停车场全部采用预约准入管理方法,停车场预约系统与花博票务平台绑定。

图14 公交专用道及枢纽系统体系示意图

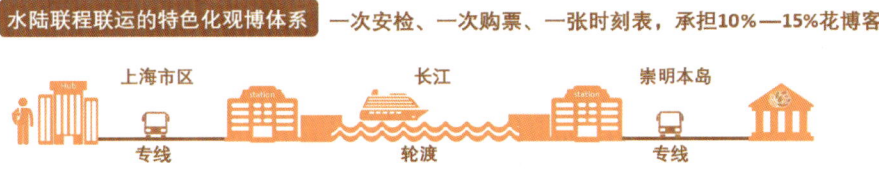

图15 水陆联运系统体系示意图

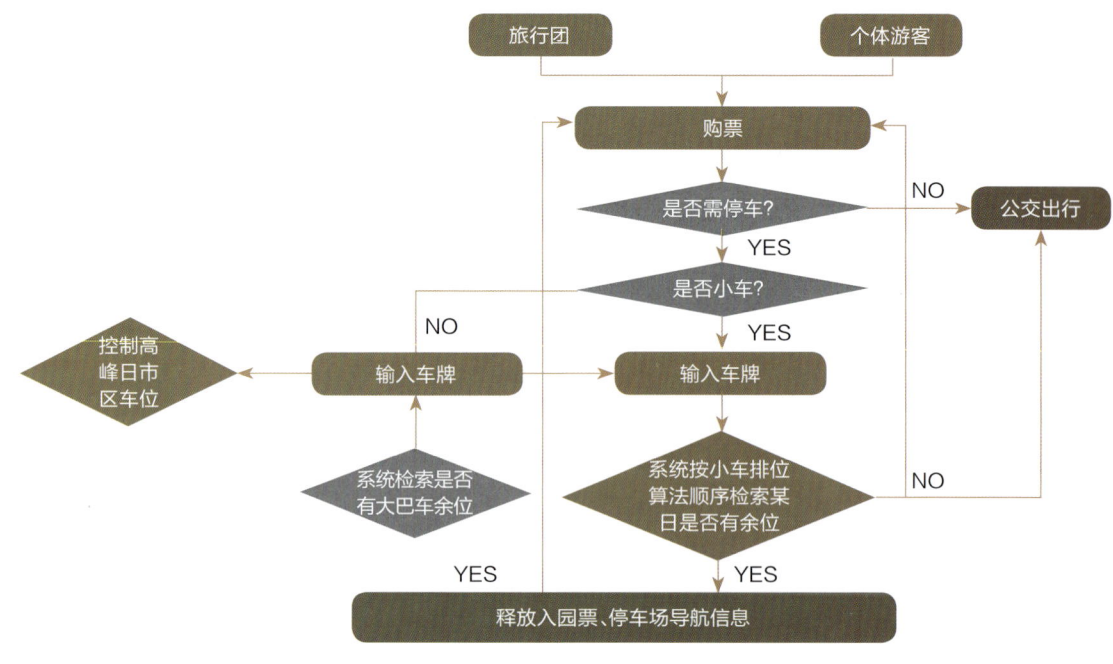

图 16　花博会游客停车场预约流程图

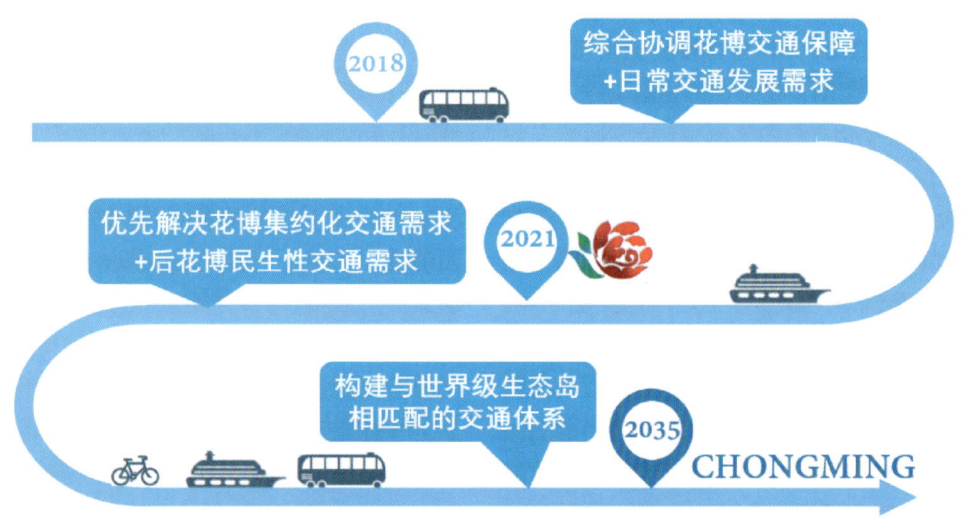

图 17　花博交通保障可持续发展目标示意图

（4）创新点四：近远期结合的可持续交通设施建设计划

规划重点围绕设施整合与提能增效展开，以"花博专用道系统、水陆联运系统"为核心，统领整体设施建设计划；花博交通保障体系与国际生态岛2035年交通发展框架实现了高度匹配。

【咨询效果】

1. 应用与推广

交通保障方案中提出的"1廊、6节点、6航线、N专线"的绿色交通保障设施及"3横、3纵、1节点、N分流"道路交通设施体系均已落实至2019—2021年的各项投资建设计划中，2021年开园前全部完成建设并投入运营。

2018—2022年，花博会交通保障方案的相关技术研究成果，在上海及其他地区的多个建设项目中推广应用。主要包括，大客流多模式交通保障方法、专用道及枢纽系统、水陆联运系统、停车预约系统、充电桩系统等。对于促进项目区内绿色交通系统发展、小客车停车需求管理、公共交通系统创新整合发展起到了积极作用。

2. 经济社会效益

（1）经济效益

在研究成果指导下，崇明区逐步推进落实了多项花博会交通设施建设项目，全方位地提高了崇明岛以及花博园区周边的交通系统服务水平。

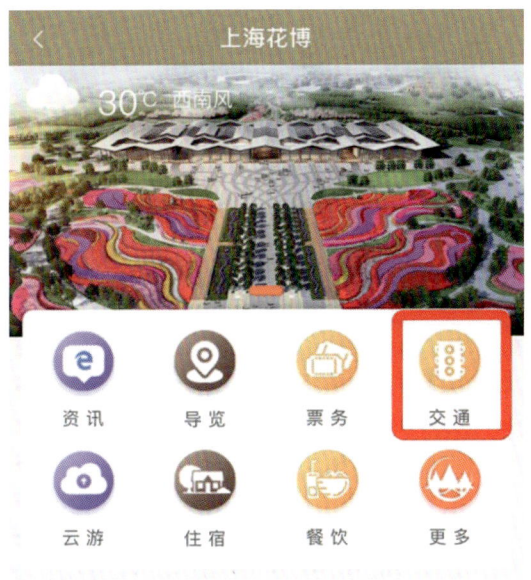

图18 花博交通预约系统建设情况

图19 花博技术其他项目应用情况示意图

各交通系统的建安费作为新增产值,2019、2020年累计共101 644万元新增税收以常规的标准比例计算。

研究工作开展以来,同济大学建筑设计研究院(集团)有限公司承接了国内多项大型活动及重点地区交通组织方案编制工作、专用道及枢纽体系规划工作、停车预约及停车管理体系规划工作等。2019—2022年上述工作创造新增产值共计约11 270万元。

(2)社会效益

2021年开展期间,花博园共接待游客约212万人次,展园规模、展园数量、展期时间、展出质量均创历届之最。园区周边及崇明岛越江交通系统运行平稳高效,全面实现了"集约化交通出行比重大于70%""市区枢纽到达园区时间1.5—2.0小时"的战略。"一个战略+三个专项规划"的研究成果及其指导落实的各项交通设施建设及交通组织方案,对花博会召开期间交通系统的良性运转起到关键性支撑的作用。同时,基于方案落实的一系列交通基础设施,系统改善了崇明国际生态岛中西部地区绿色交通出行条件。

研究积累了城市大型活动交通保障工作在"战略研究、专项规划、建设跟踪、运营管理"全过程的实践经验,技术创新成果在上海市交通工程学会举办的《"精准可靠、有序可控"的大型活动交通组织管理理论与方法》研讨会发布,丰富了城市大型活动交通组织与管控技术及实践体系。成果获得2023年度上海市优秀工程咨询成果一等水平,2022年上海交通工程学会科学技术奖一等奖。

海南自贸港园区投融资模式创新研究

Research on Investment and Financing Model Innovation for Hainan Free Trade Port

编写单位：上海浦东新区投资咨询公司
　　　　　上海投资咨询集团有限公司
Shanghai Pudong New Area Investment Consulting Corporation
Shanghai Investment Consulting Group Co., Ltd.
联系电话：021-58811152　　网址：http://www.pnicc.sh.cn
主要完成人：张　彬　方　斐　张　颖　张效东　孔晓飞　杨靖波　王　帆　程海龙　郑　刚　王智勇

【点评】

该研究运用PDCA方法，提出了海南自贸港园区投融资模式的创新路径，通过"全要素统筹"融资模式，实现了投融资理念和方法的突破。研究团队深入分析了海南自贸港的实际情况，提出了资本金来源、信用结构及担保问题、强信用主体培育等关键点，为园区投融资提供了系统性的解决方案。特别是通过与国家开发银行的合作，探索了政策性贷款的新途径，有效撬动了社会资本，推动了国资平台公司从公益性向市场化的转变。此外，该研究还积极响应了海南省委的战略部署，为国资平台市场化转型提供了前瞻性的路径规划，成功引入了中国境内首个境外高校独立办学项目，为海南自贸港的开放发展注入了新的活力。整体而言，该研究为海南自贸港园区投融资模式的创新提供了有力的理论支撑和实践指导，对促进区域经济的快速发展具有重要意义。

【项目背景】

"海南自贸港园区投融资模式创新研究"作为"洋浦控股做优做大做强"项目子项目之一，其目的：一方面落实中共中央、国务院的"十四五"规划及《海南自由贸易港建设总体方案》，规划将海南岛全岛建设成为"对标国际高水平经贸规则""具有较强国际影响力的高水平自由贸易港"，以及"引领我国新时代对外开放的鲜明旗帜和重要开放门户"的发展目标；另一方面，发挥海南自贸港制度集成创新的优势，破局岛内投资结构不合理、投资效益较低、产业急需转型升级等问题，回应探索国务院、国家发展改革委对基建项目投融资创新的可行路径。

2020年下半年，本项目组在海南省国资委指导下，受洋浦控股委托，探索海南自贸港园区投融资创新路径，并以洋浦经济开发区（儋州洋浦一体化前，简称"洋浦经开区"）为试点区域。2020年12月初，项目组经过前期研究，凝练出"全要素统筹"投融资框架，在海南省国资委指导下，向海南省政府联合呈报《关于我省开发区投融资模式创新的建议》专报。省政府主要领导圈阅并肯定本模式，并要求上海浦东新区投资咨询公司、上海投资咨询集团有限公司（简称"浦咨联合团队"）协助洋浦经开区细化落实。在省政府要求下，团队同国家开发银行海南省分行（简称"国开行省行"）形成联合团队，在洋浦经开区展开试点，并分别在顶层设计、实施主体、项目构建、还款来源上继续细化优化"全要素统筹"模式。

【项目内容】

1. 全要素统筹融资框架

本项目提出的"全要素统筹"融资框架吸纳先进地区投融资经验及路径，承接国开行省行在海南自贸港地区政策试点，实施的核心框架思路为：将政府投融资平台改为市场化的国有开发公司，将财政性资金注入国有开发公司作为资本金，政府向国有开发公司协议出让土地，开发公司将公益性项目、半公益性项目及经营性项目捆绑打包，充分撬动土地资产，申请政策性贷款，依托企业融资和项目融资双轮驱动,撬动社会资本。开发公司通过市场化操作,运营厂房或产业物业形成盈利模式和还贷能力,实现财政资金放大,迅速做大资产规模,同时形成区域经济内生发展动力。

2. 全要素统筹融资要点

(1)资本金来源

投融资前端的资本金不足是产业园区投融资首当其冲的阻碍。受制于传统的产业园区的偏"公益性"定位,自贸港大多园区的可用于融资的现金资产或权益性资产不足。在本项目中利用好公共项目,统筹资本金尤为关键:一是资本金的统筹及放大。在试点中,团队同国开行省行通过机制创新,确保所有项目视为"一个整体",统筹公益性项目资本金可分摊至整体项目;在进一步优化中,纳入政策允许的可将专项债资金作为资本金的项目,二次放大资本金。二是设计项目的资金闭环。融资主体经营性项目盈利实现与否,直接影响资本金需求比例,及后期"现金流"共享的实现和闭环。在资本金阶段,就必须对现金流的实现程度和可能性进行充分的评估及测量,并尽可能盘活融资主体原有的存量项目"可变现"。

(2)信用结构及担保问题

融资项目本身担保物不足是自贸港众多园区第二个普遍问题。虽然试点过程中各方努力争取金融机构免担保授信,但受限于先天"现金流"项目较弱的现实,免担保授信实现前提往往为融资主体的其他未抵押资产或未抵押土地能提前获取。本项目实践中提出两条建议:一是研究自贸港成立省内统一的融资担保公司,提供授信担保;二是融资主体母公司设立子公司作为融资主体,从而利用母公司担保资源。

(3)强信用主体的培育

强信用主体是产业园区能够长久实现投融资便利的"灵魂",打造强主体重点在于资源整合,体现在三个方面:一是存量资产盘活。在试点过程中,自贸港试点园区通过出售、转让、拍卖、租赁、资产证券化等方式将存量资产盘活,提升流动性。或在融资平台公司内部挑选较强板块重点培养,打造市场化参股子公司。二是配合区域协调辖区内资源。将优质现金流项目的资产、特许经营权等注入融资主体,增强融资主体实力。三是引入有实力的社会资本进行参股或重组。通过债权投资或债转股等形式改善融资主体资本结构,在整个试点方案中即考虑在中长期将试点融资平台公司转型成为投资集团,扩大资本金来源,继而共同成立项目公司作为后续融资主体。同时以资产负债率、经营性收入占比、净资产收益率三个指标作为抓手经营转型的集团公司。

3. 全要素统筹融资实践

本项目投融资实践为全过程咨询的第一阶段。本阶段重点以洋浦德国大学(国内第一所外国独立办学大学)为核心构建打包融资方案,同步进行海南德国大学工可申报(已备案),浦咨联合项目组配合洋浦管委会同德方代表开展为期两年的各轮合作方案谈判,并随之进行融资项目策划调整。

(1)首期项目组合

本次首发项目包括3个产业项目、17个公益性项目,共计20个项目。公益性项目主要包括产城融合安居工程及配套设施项目(一期)、新英湾国际社区公建绿化配套、东部生活区路网配

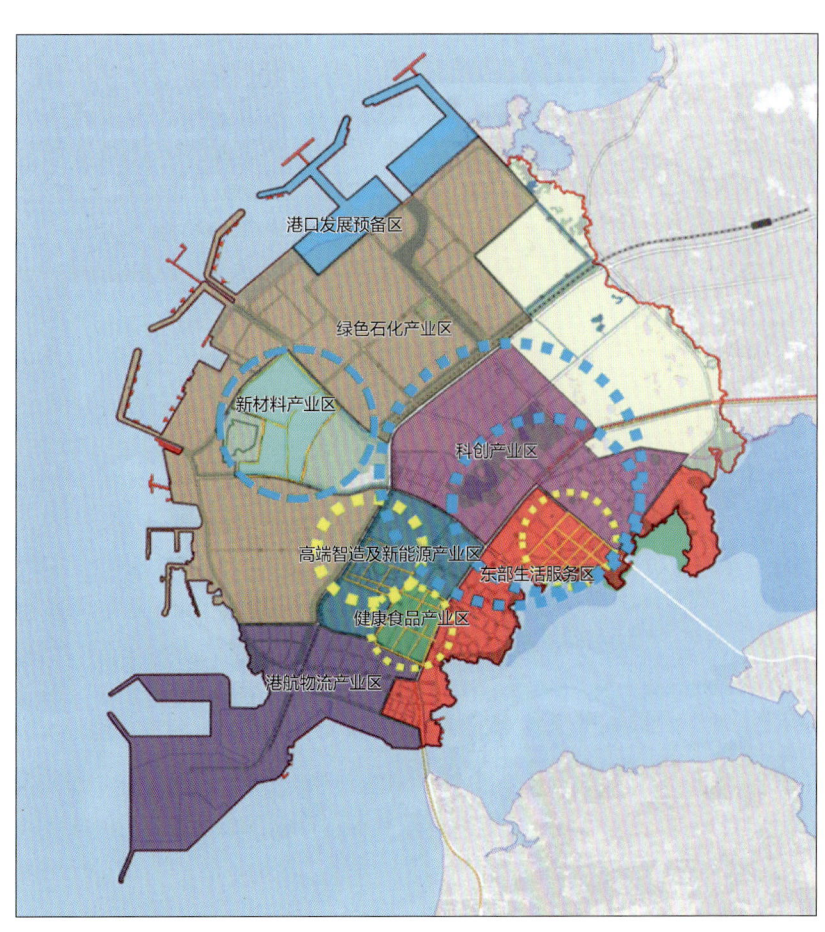

图 例

 拟建产业平台项目　　 拟建公益性项目

图1　本项目用地范围及拟建项目组合布局

套、石化新材料产业园区路网建设等。而产业平台项目主要包括新英湾国际社区中心、国际健康食品港物流中心及新材料和零碳研发中心。本项目总体定位是帮助洋浦建成"实体货物的重要承载点"，具体规划为"两区协五片，产学研一体的跨国制造与技术整合中心"。经估算，首发项目建设总投资约为137亿元。

（2）首期项目关联性框架

首先，本项目的公益性项目为土地集约化利用开辟了空间。以本项目的公益性项目渠道，通过"腾笼换鸟"使得开发区内可建设面积增加了约5 000亩。本项目中服务于西部陆海新通道搬迁的居民涵盖54.08%，腾出面积2 389亩，扩大洋浦港港口物流区域，并为自贸港建设做准备。而本次项目涉及的国际健康食品港及管委会周边地块均位于新的制造业园区内。以上村落的搬迁，使得新材料及零碳园区周边地块性质可以统一由工业地块变性为商业地块，为布局服务全区的"产业服务平台"奠定规划基础。通过安居工程的集中安置及食品谷物流中心建设，配合未来依托德国大学兴起的制造业集聚中心，本项目打通了洋浦全境从东向西的物流通道，建成了保税区外高质量的标准厂房及冷链仓库，为保税区内政策向保税区外全区扩散提供了可能性。

（3）首期项目的产业项目组成

一是新材料及零碳研发中心。将建成七个石化及新材料细化类别的研发中心，一个院士工作站服务于新材料、石化、食品加工产业。同时，将建设服务于整个洋浦的"铂金产业服务中心"，包含人才服务、知识产权、公共平台、实验室共享、金融服务、城区管理、物业管理等在内产业服务体系。

二是国际健康食品港物流中心建设。食品港物流中心项目毗邻保税区，积极利用《海南自由贸易港建设总体方案》中"两头在外"及"30%增值免税"政策优势，服务于做大做强食品产业起步区的国内外进出口特产加工贸易，同时为中小型加工制造业提供标准厂房，中央厨房等配套；该建设项目还将建设高标准的仓储物流设施及冷链仓库，为将"一线放开，二线管住"封关作业的优势从保税区内拓展到全境做硬件准备。

三是新英湾国际社区建设。本国际社区服务于高端港航物流的商业中心、金融、咨询、法律机构，配套形成高端三产集聚，并同时规划建成航运维修服务中心。

（4）首期项目的产业平台项目定位

项目组针对产业项目定位对客户群体进行合理的市场前期调研。这些客户群体主要来源于自贸区洋浦先行试验区，特别是新材料及零碳园区、石化新材料园区、新英湾头部企业带动下的上下游相关企业、创新创业型企业的生产、研发、办公和配套服务的需求，包括生产性服务业、研发设计、企业孵化等。

一是针对仓储物流产业客群。国际健康食品港所在区块的定位为建成中国健康食品基地，国际安全食品流通枢纽。其依靠当前区域现存的食品产业形成起步区，后期将逐步建成技术示范基地及大数据控制中心，并同木堂产业园区协调发展。其功能布局除食品加工、包装、生产外，还规划了240亩物流配套区和30亩技术示范基地提供产品展示、新产品发布、企业技术展示功能；另外配套了130亩研发检测和大数据中心，用于和健康食品相关的研发、检测、溯源数据处理、员工培训、食品研究院等配套服务。

二是针对办公商业客群，拟建新材料园区及零碳园区。两园区位于洋浦管委会大楼周边，位于一二类工业区的中部，也是未来港口区、石化功能区、先进制造园区考察路线经过的重要节点，其用地性质将由当前的工业用地转性为商业用地（B2），打造为服务全洋浦经济区的"产业服务平台"。第一个目标是建成新材料石化产业研发高地，服务周边石化新材料园区，国际健康食品港。新材料园区及零碳园区规划建设包括总部大楼、研发办公楼在内的办公物业，汇集了石化、能源专业服务石化新材料研发、实验中心零碳研究中心，检测、培训、论证、大数据中心和产学研基地等功能。直接客群为头部企业的设计研发、驻场办公、教育培训、展示贸易及衍生产业相关配套项目提供全面支持和保障服务。第二个目标是成为区域"零碳研发中心"。根据海南省"十四五产业规划"在"石油化工新材料率先开展绿色制造试点示范。结合海南实际制定绿色工厂、绿色园区的管理办法等，力争到2025年，形成比较完善的先进制造模式评比机制"。本区域将成为实现此任务的重点研发区域。第三个目标是依靠毗邻管委会的优势，建成完善的"产业邻里"配套。洋浦大楼周边其他可用地将规划成为"洋浦服务中心平台"，发挥洋浦管委会为中心的大脑功能，配套商业服务中心（产业邻里：餐饮、便利店、休闲、产品展示、银行、邮政、电信等服务）为主体，提供文化休闲、交流培训、会议会展、产品发布和其他功能，服务于项目本身及周边商务人群的需求。主要客群为行政办公群体，配套商业、咨询、金融等高产值、高附加值公司群体，发挥产业邻里效应。根据当前测算，洋浦每年约新增8 000—10 000就业人口，而本区域将建成全部就业人口约0.2—0.3 m²/人左右的公共配套面积，多元化服务配套设施，优化职业人群工作就业环境。

三是针对高端商贸客群的职住平衡，设计了新英湾国际社区版块。其作为洋浦重点发展的商贸服务区三大版块之一，共计将在2025年规划贸易值4 000亿；在海南省自然资源及规划厅会同儋州、洋浦编制的《环新英湾地区空间发展战略规划》内，海南省自然资源及规划厅原则同意将环新英湾地区定位为"海南发展的第三极"，新英湾区域将规划成为同"海口""三亚"平行的海南第三极，"承接自贸港、'一带一路'政策，协同北部湾成为国家西部路海通道战略要地，成为'海上丝绸之路'对外贸易重要门户、南海国际航运及油气战略枢纽，以对东盟地区重要窗口的地位嵌入国际供应链。"同时省规资厅同意将"新英湾对标新加坡"进行前瞻性规划。根据经验，新加坡总体规划（Master Plan）是对未来10—15年体量进行规划，每隔五年修订一次。如此，新英湾国际社区版块整体考虑未来15年内导入的产业和服务体量，并跨前考虑在十四五规划设定的三倍产值和体量的目标上合理迈步。

（5）首期项目的关键要点把握

一是项目审批。本项目需要作为洋浦整体开发项目，由管委会统一审批立项。明确项目开发主体为控股公司。并明确整体项目包括全部公益性项目和产业平台项目。原先的产城融合安居工程（一期）项目由管委会批复变更投资主体，明确因开发区快速发展需要，原由控股公司代建项目变更为控股公司自投项目，控股公司作为项目法人。

二是融资主体。明确控股公司作为该项目融资主体，按照"三统筹"原则开展项目融资。控股公司需要进行退平台程序，并且发布公告，公开声明退平台后控股任何投资行为同管委会无关联关系。

三是资本金。为发挥财政资金最大杠杆效应，公益性项目由管委会安排部分资本金进行项目注资，资本金可分年度注入，且均为管委会自筹资金。

四是还款来源。首期项目的还款来源主要为三个方面：新英湾国际社区商办出租收入；标准厂房及冷链仓库出租收入；新材料及零碳研发中心项目租售收入。其中建设标准厂房及冷链仓库、新材料和零碳研发中心的经营收益预计可覆盖其自身贷款还款资金来源；产城融合安居工程（一期）、东部生活区路网配套、新材料产业园区基础设施、新英湾国际社区绿化及配套设施属于非盈利性的基础设施及公益类项目，需依靠新英湾国际社区商办项目出租收入补充其贷款还款资金来源。

五是还款来源的保障。考虑到本项目租税联动，厂房、仓库、研发等物业在招商时存在租金打折后出租，一定程度影响了该项目还款。假设招商对象实现保底税收一定程度后，管委会可按照税收落地情况对控股公司以税收分成增资，以加快还款。

六是信用结构。本项目公益性项目的在建工程不做抵押，产业平台评估后的在建项目可作为抵押物。经与国家开发银行对接，在项目本身担保物不足情况下，争取总行免担保授信。洋浦控股也同时争取海南省政府给予其更高层面上的增信或者增资。

（6）首期项目的经营管理规划。根据委托方计划设想，产业项目建设完成后，产业平台项目将根据各自区块规划需要，在3—5年内快速引入高质量的目标产业企业，目标贡献税收几十亿。其中，新材料及零碳中心项目作为集研究开发、物联网、孵化扶持、科技交流、园区服务合作等为一体的园区平台，通过整合洋浦现有资源，引入国内知名高校，及头部企业的研发中心与院士中心；利用龙头企业聚焦大量科技企业入驻，形成上中下游产业链，并与部分龙头企业开展合作孵化；利用园区基金与企业扶持，大力吸引和培育新材料石化企业、国际健康食品港高端企业集聚；而配套的国际健康食品港物流中心，也将发挥自贸港政策优势，虹吸岛内外相关行业及相关贸易集聚。而新英湾国际社区在"中国洋浦港"定位下，将发挥最大的政策、区位优势，并结合环新英湾空间战略布局规划的影响，整合洋浦、儋州地区资源，在中远，保利等龙头企业协助下，将洋浦的自贸港航运中心政策最大程度的涵盖入招商和营商布局中，争取吸引一批国内外重

海南德国科技大学项目

可行性研究报告

（第一稿）

上海浦东新区投资咨询公司

二零二一年四月

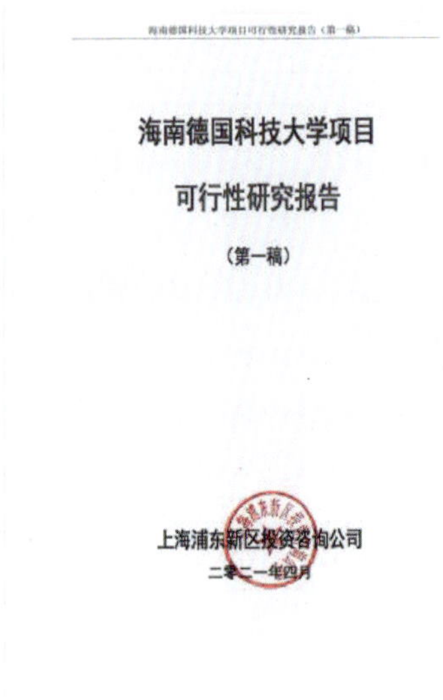

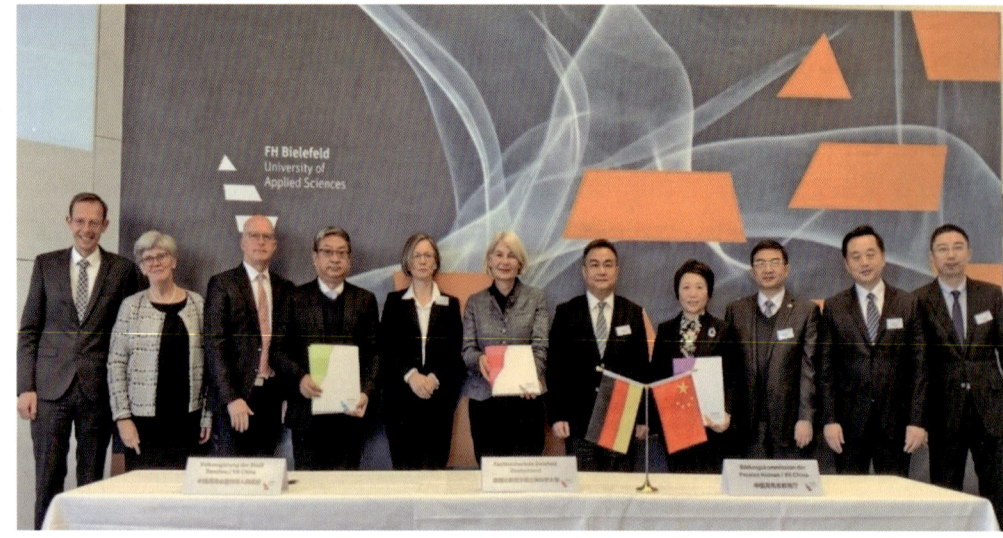

图2　推动海南省与德国比勒费尔德应用科学大学签约

量级的航运服务、咨询、金融法务及航运维修运营公司入驻本区域。

（7）首期项目落地进展成效。首期形成的融资方案框架于2021年10月向省领导汇报，并推荐至2022年海南省两会表决同意了相关的百亿融资框架。后续，项目组在疫情期间仍然协助省厅等相关部门保持中德双边谈判，于2022年底促成中德双方签订框架合同，助力海南德国大学落地洋浦。

【工作过程】

本项目按照PDCA循环模式分四大阶段开展实践，包括：全面系统梳理、核心模式确立、要素路径设计、试点践行完善。

图3　洋浦控股公司和浦咨联合团队召开专题会议研究投融资及公司做大做强事宜

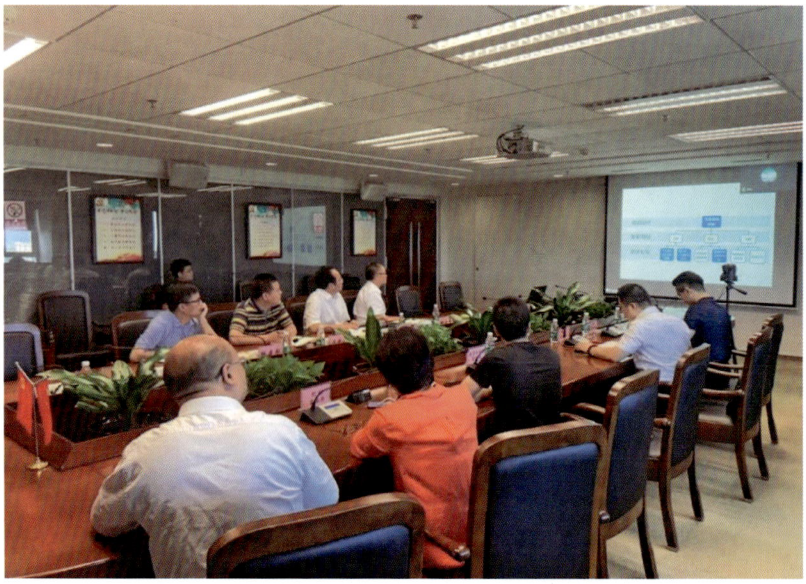

1. 多层面系统梳理政策，形成跨部门协同推进的工作模式

自2020年第四季度，浦咨联合团队同洋浦控股、国开行省行成立“洋浦做优做大做强”项目工作专班，在海南省国资委、省发展改革委等指导下，至少每隔两周赴海南实地考察座谈研究，确定投融资框架及试点切入点。

2. 吸收提炼升华先进地区经验，形成自贸港特色的试点框架

浦咨联合团队以长三角经验为基础，积极同洋浦经济开发区管委会等交流开发区管理架构、园区事权、开发区十四五发展、产业规划等，提炼成为契合海南特色的全要素统筹投融资试点框架及操作。

3. 坚持“全过程咨询”，提供及时响应的贴身服务

浦咨联合团队安排专人驻扎洋浦，通过近30轮联席会议、130轮各委办面对面沟通会，修改了近21个版本方案，在三轮工委会全体会议上系统性地梳理和分析存在的问题、风险和化解方案，并且对洋浦管委会涉及项目的主要六个委办及负责招商的下属公司：财政、规划、经发、投促、审计及洋浦国际开展全面的一对一专题讨论共计三轮，逐步完善形成洋浦各单位的试点推进思路。

4. 确立“合作式”谈判新模式，助推海南重塑融资信用

为扭转国开行总行对海南省金融信用信心不足的局面，团队积极行动，在5—7月间两次协同国开行省行赴北京同总行开展针对项目的面

对面交流答疑、并邀请国开行总行来洋浦实地考察其区域条件及发展潜力。在近160轮的协调会议和争取总行支持的努力下，9月初，国开行总行表示原则性支持本融资框架模式。

【咨询工作特点及经验教训】

1. 创新提出园区"全要素统筹"模式，获得海南省政府主要领导的专报认可

本项目创新提出全要素统筹模式，即在投融资过程中，按照"统筹项目、统筹还款来源、统筹信用结构"原则，对同一区域一揽子建设内容进行统一谋划、统筹实施，在各项建设内容间构建可共享的综合现金流及信用结构，着力在顶层设计、实施主体、资本金、项目构建、还款来源上打通路径。该创新投融资模式获省政府主要领导的专报认可。

2. 实践自贸港"制度集成创新"，引领海南园区首次试点实践，为海南省园区投融资创新形成可复制可推广模板

洋浦经济开发区是"全要素统筹"模式落地试点区域。不仅在理论上形成框架，更在实践上细化路径，从而为海南省园区投融资创新形成可复制可推广的模版。

（1）明确投融资服务强信用主体塑造

本次洋浦投融资创新实践的最终目的是形成省内国资平台造血机制。因此融资模式设计过程中尽最大可能将未来收益纳入国资盘子，增加借款人实力，形成良性循环。

（2）明确融资项目服务区域经济发展

洋浦项目中产业项目选择不盲目，选择项目时围绕洋浦产业基础，紧跟国家自贸港方向、洋浦方向及国家开发银行支持方向。

（3）明确"以时间换发展空间"的机制

考虑产业园区经营性项目的产业发展特点，项目组在首发项目的还款策略上，通过同金融机构的战略磋商，增设还款追加期，并非均匀性设计还款现金流，将园区资金压力后置至少十年，符合产业发展规律。

3. 回应中共海南省委《关于支持儋州洋浦一体化发展的若干意见》战略，前瞻性谋划国资从公益性向市场化转变路径

"全要素统筹融资"为自贸港起航奠定了重要的资金基础，也前瞻性地回应中共海南省委《关于支持儋州洋浦一体化发展的若干意见》战略，帮助洋浦控股作为国资平台从公益性向市场化转变，迈出国资平台"做优做强做大"的第一步。在后续的项目推进中，本项目将继续朝着助推国资平台市场化做优做强做大的路径出发，提升国资平台功能和能力，使其充分发挥促进国有资产保值增值，促进区域快速发展的使命和担当。

图4 国家开发银行总行赴洋浦调研座谈会现场

【咨询效果】

1. 推动"沪琼合作"，切实推动开发区体制机制改革及政府工作作风转变

本项目实践超越了纯咨询的格局，项目基于"沪琼"合作大局，将园区发展和国有企业做优做大做强的"上海经验"持续"海南化"和"复制推广"。项目组本着全面谨慎的态度，实事求是，真实面对委托主体实际管理格局、事权架构、财力基础、资源调度能力等现状，通过现场考察、深度座谈、联席会议和文献研究、分析对比相结合的方式，挖掘洋浦控股发展中迫切问题和核心需求，理清"历史遗留问题"和发展障碍，提供耐心和专业化的服务。试点实践证明，洋浦管委会和控股工作作风焕然一新，并主动推荐省内其他重点园区学习"浦东经验"，如文昌航天城、东方市、琼中县等地的省级园区。通过本项目，在做大做强委托方的同时，形成双赢的溢出效应。

2. 推动中国境内首个境外高校独立办学项目落户海南自贸港

项目设计之初即锚定以推动海南德国大学落户海南为目标之一。因此项目团队在投融资框架的全程深度参与、持续协助中德双方就海南德国比勒费尔德应用科技大学（简称"海南比科

大")落地开展磋商，包括从前期规划、融资结构设计、顶层谈判、办学机制等全过程工作。洋浦融资项目的推进，也是推动海南比科大独立办学项目实质性落地的关键一步，并促成2022年12月13日海南省与德国比勒费尔德应用科学大学独立办学项目成功签约。

3. 为全过程投融资项目的实践推动提供成功范本

浦咨联合团队在本项目中的实践为全过程咨询服务模式提供了新的可借鉴模板。

（1）博采众长是范式提炼的基础

提出创新的框架思路是全要素专题研究的关键一步，本项目自2020年下半年开始，浦咨联合团队基于长三角投融资经验，在海南省国资委指导下，经过半年海南的实地调研、分析，提炼出"全要素统筹"投融资框架；并在2020年12月获得省政府圈阅认可。

（2）实地试点是范式验证的高效路径

浦咨联合团队不停留在理论层面，更注重模式的本地适用性。联合团队驻扎洋浦，面对面与省发展改革委、洋浦管委会各委办、控股公司以及国开行开展深度沟通40余轮；参加洋浦管委会各委办召开联席会议30轮、做优做强做大总办会专题会议6轮、工委会及工委扩大会议5轮、国开行总行答辩会3轮；修改《海南自贸港洋浦先行区示范区项目融资可行性研究报告》21稿、融资可研报告3稿和相关法律意见书4稿；向省委省政府呈送专报3次；形成每周工作汇报制度，完成周报29次。正因如此密切的沟通和完善，使得最初范式契合当地实际。

（3）全过程深耕区域是信息准确承接传续的重要因素

本项目全过程咨询的开展过程不间断，因此浦咨联合团队可以系统性、全周期对洋浦地区的历史脉络、产业基础、生态结构总体把握，这让浦咨联合团队对信息承接传续更精准，利于决策判断。特别是在2021—2023年儋州—洋浦行政区划合并时期，由于联合团队成员在前期完整的项目跟踪，在委托方等各方人员变换的特殊情况下，联合团队依然可以提供完整准备的关键性技术及信息支持，将项目进展轮廓完全呈现及传递，保障一体化期间的项目信息衔接和决策，最终促成海南中德大学顺利引入，以及儋州—洋浦一体化进程。

六、新方法、数字化建设篇

长江大保护智慧水务管控体系及标准研究报告

The Study Report on the Smart Water Management Control Technology System & Standards for the Grand Protection of Yangtze River

编写单位：上海勘测设计研究院有限公司
　　　　　三峡智慧水务科技有限公司
Shanghai Investigation, Design & Research Institute Co., Ltd.
China Three Gorges Smart Water Technology Co., Ltd.
联系电话：021-65427100　　网址：https://www.sidri.com
主要完成人：郭亚丽　陈江海　魏本胜　叶盛　卫慧　徐昊旻　梁漫春　张贺　李盼盼　肖佳华

【点评】

该研究以流域—城市—项目三级业务应用模式为核心，提出了一套系统性技术方案，涵盖了从指标体系到物联集成的全方位内容，为长江水环境治理工程的科学规划与实施提供了明确方向。研究指出了长江经济带城市智慧水务发展中存在的问题，如顶层规划缺失、数据孤岛等，并针对性地提出了解决方案。特别是通过建立数据资源和数据驱动决策技术体系，有效解决了数据共享和开放的问题，提高了数据利用效率，为智慧水务决策支持提供了有力保障。研究的亮点在于深度赋能长江大保护城市智慧水管家模式的实践，通过技术创新引领行业发展，为长江大保护工作的顺利推进提供了技术支撑。项目成果丰富，包括技术报告、标准制定、论文发表、专利申请等，显示了高水平的研究成果，对推动长江大保护工作的智慧化、科学化、规范化具有重要意义。

【项目背景】

共抓长江大保护是习近平总书记亲自谋划、亲自部署、亲自推动的国家重大战略。三峡集团在深度参与长江大保护工作中，将智慧水务作为长江经济带水环境长治久清的有力举措，将智慧管控模式作为落实国家在长江大保护中探索"新技术、新标准、新模式"任务要求的核心内容。然而，现状长江经济带城市智慧水务整体发展水平较低，存在顶层规划缺失、各参与方整合程度低、业务主导能力不足、数据孤岛、碎片化管理、标准化程度低等问题，未真正实现成规模的业务与信息技术深度融合的智慧运管实践。因此，三峡集团亟需探索长江大保护组织、管理和运营的"新模式"，研究长江大保护工程实施的"新技术、新标准、新规范"以及与新一代信息技术的深度融合应用，建立长江大保护科学先进管控体系，打造三峡特色治水模式，为长江大保护工作的顺利推进提供坚实技术保障。2020年5月，三峡集团通过招采委托上海勘测设计研究院有限公司（简称"上海院"）联合三峡智慧水务科技有限公司开展相关研究工作，以解决三峡集团长江大保护智慧水务总体规划与发展以及智慧水务全周期技术标准体系建立问题。项目组基于三峡集团参与长江大保护的核心业务以及在项目规划、建设、运营全周期的智慧建管需求，深度结合一线应用实践开展技术攻关，形成了三峡集团智慧水务技术架构顶层设计、业务应用模式及体系建立、水务数据监测与采集技术路径、数据资源中心技术路径、智慧水务分析与决策技术路径，建立了三峡集团统一的智慧水务全周期技术标准体系，全面指导了长江大保护智慧水务系统的开发和建设。在顶层设计、产品孵化、项目应用、标准实践等方面的智慧化成果深度赋能长江大保护城市智慧水管家模式实践，引领智慧水务行业发展。

【项目内容】

1. 规划思路与目标

根据三峡集团公司长江大保护工作定位和业务范围，本项目以建立具有三峡特色治水特征及水务运营管理特征的智慧水务建管运营模式、培育形成城市水系统治理智慧建设和运营能力、大保护业务综合智慧监管能力、流域水环境智慧评估预警能力、产业生态智慧管理能力为总体目标,研究设计统一的业务功能、技术架构、技术标准、数据存储分析、模块化功能、运维服务等,创新水务运营智慧管控体系和标准体系,为长江大保护建设流域级、城市级智慧水务系统提供方向,支撑对长江大保护的宏观水环境、水安全管控。

2. 技术路线

围绕三峡集团长江大保护总体目标,分析国内外现状,调研长江流域、节点城市(宜昌、重庆、武汉、九江、岳阳、芜湖、南京等)治水项目的现状、困难、需求,特别是相关参与方的需求和意见建议,收集长江大保护相关基础资料,深入分析三峡智慧水务发展需求,制定总体设计方案,研究制定三峡集团长江大保护智慧水务发展的总体目标、发展模式、业务架构、技术架构、技术体系、发展计划、难点分析和保障措施等,研究设计统一的业务功能、技术架构、技术标准、数据存储分析、模块化功能、运维服务等,创新水务运营智慧管控体系和标准体系。具体技术路线见图1:

3. 研究逻辑

长江大保护智慧水务管控技术体系和标准研究以顶层设计为引领,进行总体谋划,明确长江大保护智慧水务应用顶层设计架构和方案,解决三峡集团长江大保护智慧水务科学规划与总体发展问题。在顶层规划下,开展智慧管控体系和标准体系两大体系的建设研究,紧抓业务应用模式和标准化两条线,通过业务应用模式研究解决智慧水务云平台应用体系构建与全过程连通的业务应用模式、实施路径以及生态链构建问题,通过标准体系研究解决智慧水务全周期技术标准体系建立问题。在智慧管控模式下,基于业务应用模式和场景,开展水务数据监测与采集关键技术、水务数据资源中心建设研究,夯实数据基础,将水务资产静态数据、水务设施运行动态数据与水务业务的深度融合,以数据驱动业务,进行智慧水务分析与决策支持研究。在标准体系框架下,开展智慧水务数据资源、技术应用、系统开发建设、基础支撑、信息管理与安全等方面的技术标准研究与制定,应用于集团公司智慧水务体系建设。

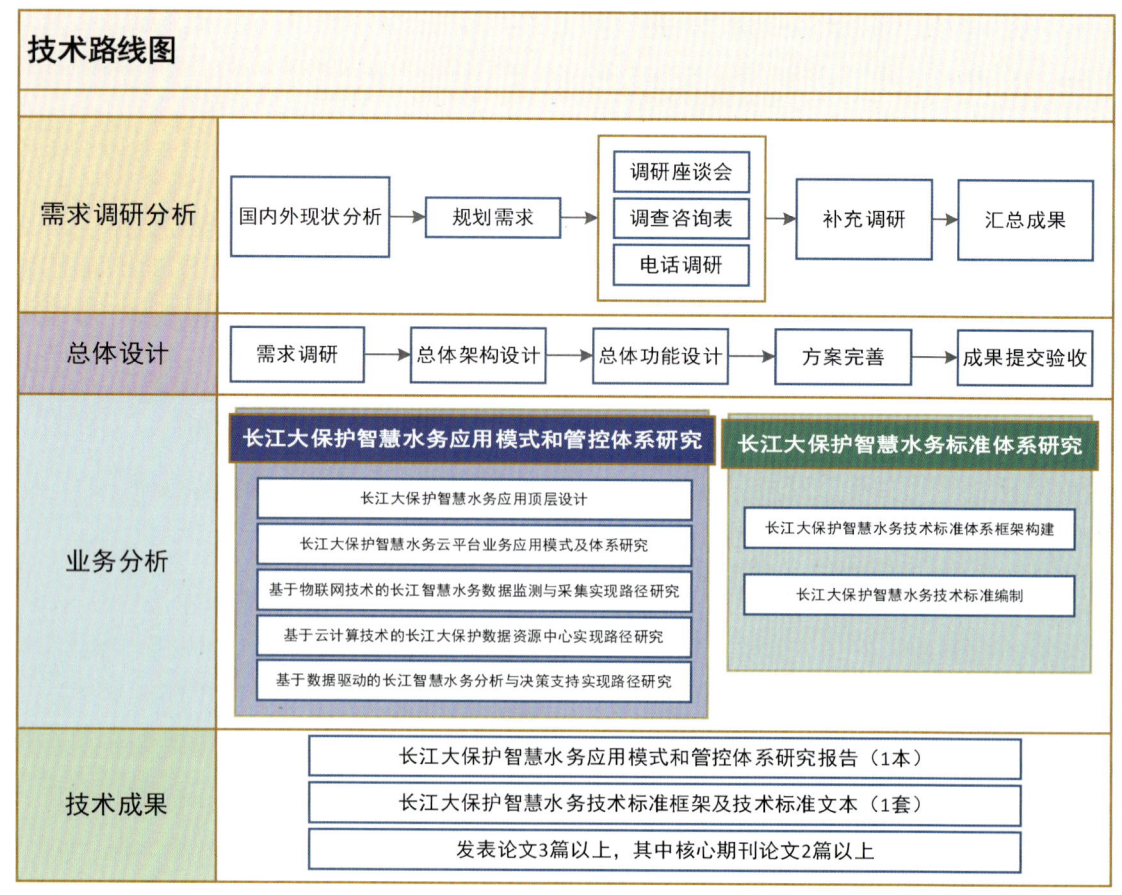

图1 研究技术路线图

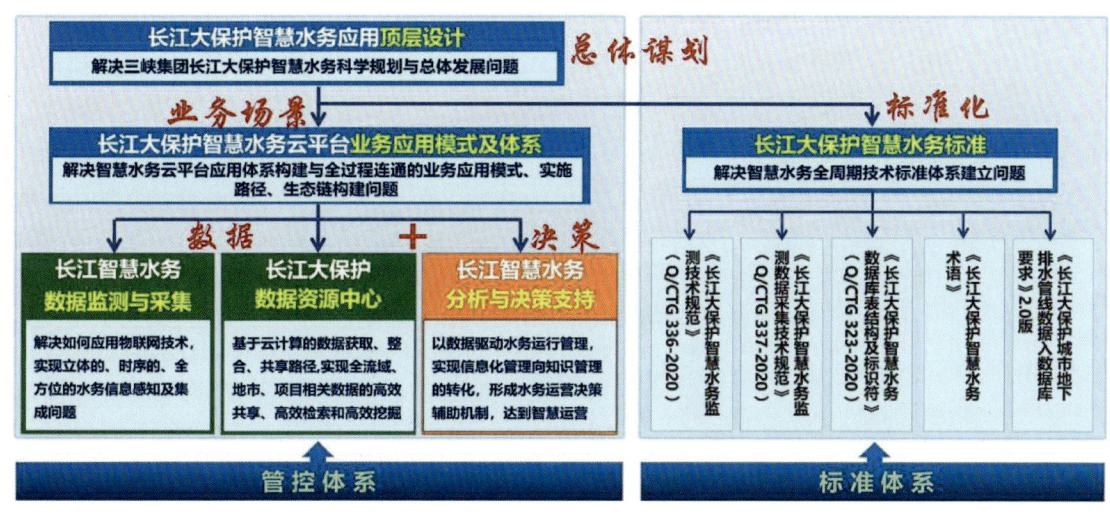

图2　总体研究原理

4. 重点研究内容

（1）长江大保护智慧水务应用模式和管控体系研究

长江大保护智慧水务应用顶层设计：研究制定三峡集团长江大保护智慧水务发展的总体目标、发展原则、发展思路、发展模式、发展路线、业务架构、技术架构、技术体系、发展计划、难点分析和保障措施等，探索长江大保护智慧水务的"云物大移智"技术应用模式，探索"可持续、可推广、可复制"三峡智慧水务发展方式，开展长江大保护智慧水务应用顶层设计，为智慧水务应用建设建立体系，指明方向。

长江大保护智慧水务云平台业务应用模式及体系研究：基于长江大保护智慧水务云平台业务应用研发的定位，结合物联网、大数据、云平台等先进技术，按照"统一规划、统一设计"的原则，以服务对象和监管需求为导向，全面梳理业务需求，研究如何构建智慧水务云平台业务应用体系，实现监测控制设施智能化、业务应用协同化、决策分析智能化和平台服务云化，使"监测预警更透彻、决策指挥更智慧、设施服务更智能"，支撑对长江大保护的宏观水环境、水安全管控。

基于物联网技术的长江智慧水务数据监测与采集实现路径研究：主要研究如何应用物联网技术，实现立体的、时序的、全方位的水务信息感知，为未来实现长江智慧水务的空地水一体化监测体系的大物联奠定基础。智慧水务的实现需要大量的数据支撑，数据监测和采集是优化决策分析的基础。长江大保护涉及城市众多，由于水质、水量等监测对象及监测指标不一，涉及到不同的传感器感知频率、传送频率和信息传输内容，需通过数据规范、同步通讯、数据率定与清洗等融合技术，将不同来源的海量数据进行采集、清洗、分类与处理，从而获取实时状态及变化趋势，以更加精细和动态的方式管理流域水环境治理工程水务系统的生产、管理和服务流程，从而达到智慧化的管控效果。

基于云计算技术的长江大保护数据资源中心实现路径研究：智慧水务系统平台涉及的业务范围广，所需集成的数据内容多，云计算技术能够提供动态易扩展的计算和存储资源。研究基于云计算的不同部门、不同领域的一线设施运行情况及其数据的获取、整合、共享路径，实现厂站运行数据时空获取、层级整合、多类展示和有效利用，有效整合所有厂站运行数据资源，建立高效、可靠的数据中心，实现水务系统生产过程、经营管理、安全监测、空间地理地测等数据的集中处理、存储、传输、交换与管理，实现全流域、地市、项目相关数据的高效共享、高效检索和高效挖掘。

基于数据驱动技术的长江智慧水务分析与决策实现路径研究：研究通过数据驱动水务运行管理，实现信息化管理向知识管理的转化路径，形成智慧水务运营决策辅助机制，达到智慧化运营。研究数值模拟、大数据分析、深度学习等技术为水务业务数据的分析和处理提供技术和平台支持的路径。通过对涉水数据的分析、处理和挖掘，提取出重要的信息和知识，再将其转换为水务应用模型所需数据，为水务态势分析和联合调度等提供决策依据。

（2）长江大保护智慧水务标准体系研究

在已研究确立的智慧水务应用模式和管控体系框架下，开展智慧水务数据资源、技术应用、系统开发建设、基础支撑、信息管理与安全等方面的技术标准框架及成套标准研究制定工作,解决科学建立三峡集团公司智慧水务全周期技术标准体系问题,建立智慧水务管控体系"新技术、新标准、新规范",从而形成具有三峡品牌特色的智慧水务标准体系,应用于集团公司智慧水务体系建设。主要研究内容包括:

对现行的智慧水务相关的国标、行标以及三峡集团企标进行全面梳理和分类,根据应用的范围和需求,按照流域、城市、项目三级制定标准结构框架。其中,涉及系统共建、平台共用、数据共享、网络互联、信息安全等通用的技术和管理类标准依照现行标准执行。

针对长江大保护的特点,从长江大保护的数据、监测、自控、调度、评估等应用需求出发,制定符合长江大保护需求和特点的标准,具有行业空白或可推广性的新编标准可以申请上升至行业标准。

为扎实做好标准工作,确保制定的标准具有科学性、先进性和实用性,计划按照"长江大保护智慧水务顶层设计"要求,吸收各层级智慧水务应用系统在实施过程中积累的工作经验,整理技术规范成果并进行总结提炼,制定系统项目实施工作导则和实施细则,经过项目推广实践、优化和推广并再上升到三峡集团企业级标准。其中用于规范项目、城市、流域不同层面的智慧水务业务应用所涉及的技术规程、应用指南、操作手册等专用标准,将随着智慧水务系统建设的进度不断更新和完善。

5. 研究成果

本项目编制技术报告6份、编制标准1套、发布三峡集团企业标准4项、发表论文5篇、申请发明专利1项、取得软件著作权5项、形成上报国务院国资委政策建议1项。

【工作过程】

1. 咨询起止时间

本项目咨询工作及服务时间自2019年12月项目策划立项至2022年10月项目验收通过,历时近3年。

2. 咨询工作组织情况

本项目由承担单位上海院负责实施和质量、进度、费用控制以及成果应用等。同时,由长江生态环境工程研究中心协同生态环保部进行本项目的监督和统一管理。在咨询服务过程中,上海院通过设立课题管理领导小组、建立课题相关资料共享机制、开展定期会议交流、建立专家咨询制度、建立严格的财务专项管理制度、实施项目负责人制度等多种方式,对项目质量、进度、经费等进行管理和调控,以确保研究目标实现和成果质量提升。

3. 分阶段工作内容

表1 项目分阶段工作内容

时间节点	工作内容	具 体 要 求
2020年5月	智慧水务顶层设计需求调研	① 在岳阳、九江、芜湖、宜昌、武汉等地实地调研长江大保护详细基础资料;② 在三峡集团的长江生态环保集团及其下属公司、基地发展有限公司调研智慧水务建设现状;③ 智慧水务顶层设计详细需求调研
2020年6月	重点功能体系需求调研	① 实地调研长江生态环境保护修复智慧决策平台、九江污水厂智慧管控平台等系统现状;② 新型产业生态模式和体系需求调研;③ 工程任务调度管控体系需求调研;④ 业务应用架构体系需求调研;⑤ 智慧水务运营需求调研
2020年7月	智慧水务顶层设计方案初稿	在各参与单位均完成各自课题设计的情况下,完成智慧水务顶层设计初稿
2020年7月	重点功能体系的顶层设计方案第一稿	① 新型产业生态平台设计方案;② 工程任务调度管控平台设计方案;③ 业务应用平台设计方案;④ 智慧运营平台设计方案
2020年8—9月	重点功能体系的顶层设计方案第二稿	① 新型产业生态平台设计方案第二稿;② 工程任务调度管控平台设计方案第二稿;③ 业务应用平台设计方案第二稿;④ 智慧运营平台设计方案第二稿
2020年10—11月	重点功能体系的顶层设计方案第三稿	① 新型产业生态平台设计方案第三稿;② 工程任务调度管控平台设计方案第三稿;③ 业务应用平台设计方案第三稿;④ 智慧运营平台设计方案第三稿;⑤ "一张图"辅助展示需求分析;⑥ 对以上材料进行细节完善和支撑材料补充
2020年12月—2021年5月	顶层设计展示辅助方案	① "一张图"辅助展示设计初步方案;② "一张图"辅助展示简要原型系统搭建;③ 其他支撑材料的补充和完善
2022年5月	项目验收	推进项目验收阶段各项工作,保障顺利验收

4. 重要事件

（1）2020年度重要事件

2020年5月，三峡集团与上海院完成合同签订，项目正式启动。

2020年7月，由长江生态环境工程中心牵头组织了工作大纲评审会，会议明确本项目目标清晰、定位准确，符合行业发展需求，研究内容切实可行，技术路线科学合理，一致同意通过工作大纲。

2020年7月，三峡集团发布《长江大保护智慧水务标准体系》。

2020年10月，三峡集团科技与信息部委托长江环保集团组织召开《长江大保护智慧水务监测技术规范》《长江大保护智慧水务监测数据采集技术规范》2项三峡标准送审稿审查会。

2020年12月，编制完成年度进展报告，提交至集团公司。

（2）2021年度重要事件

2021年2月，项目组在上海召开"长江大保护智慧水务术语""长江大保护智慧水务基础数据管理办法""长江大保护智慧水务基础数据入库技术指南""长江大保护智慧水务数据资源管理规范导则""长江大保护智慧水务设施设备自动化控制实施技术导则"等标准规范大纲的专家咨询会议。

2021年4月，项目组在上海召开"长江大保护智慧水务排水设施基础数据管理办法""长江大保护智慧水务排水设施基础数据入库指南""长江大保护智慧水务数据资源管理规范导则""长江大保护智慧水务术语"等4项标准规范初稿的专家咨询会议。

2021年8月，顺利通过长江生态环境工程中心组织的中期检查。

（3）2022年度重要事件

2022年5月组织召开了项目验收专家咨询会，专家组听取了项目组的汇报并形成一致意见：项目组按合同要求履行，组织有序，成果资料齐全，内容翔实，一致同意研究成果经修改完善后可进入验收阶段，同年10月项目顺利通过验收。

【咨询工作特点及经验教训】

1. 首次提出了长江大保护智慧水务总体发展技术框架和业务应用体系，为科学规划集团公司长江大保护智慧水务总体发展技术方向和路径提供了支撑

长江大保护智慧水务应用顶层设计技术框架解决了水务行业特别是集团层面缺少长江大保护智慧水务总体技术架构的问题。构建了长江大保护智慧水务云平台业务应用模式及体系，探索解决水务行业重应用轻业务现象突出、信息化系统碎片化、缺乏一体化管控模式问题。

（1）构建了首个长江大保护智慧水务应用模式及顶层技术架构，提出长江大保护智慧水务总体发展技术框架

研究制定了三峡集团长江大保护智慧水务发展的总体目标、总体架构、监测感知体系、业务应用体系、数据资源体系、技术标准体系和制度保障体系、创新研发体系。构建了符合长江大保护理念的生态云3个一（"一张网""一张图""一朵云"）、2中心（大数据资源中心、智慧运营中心）、2体系（技术标准体系、制度保障体系）和4个平台（产业生态平台、工程任务调度管理平台、业务应用平台、智慧运营平台）的"3+2+2+4"总体技术框架。

（2）构建了行业首个流域—城市—项目三级业务应用体系，助力形成共建共治共享共赢的智慧长江产业运营模式

紧紧围绕政府、三峡、社会力量新型产业生态圈，贯穿规划—建设—运营—评估全生命周期，以服务对象和监管需求为导向，全面梳理业务需求，以监测、交换共享数据为基础，以云平台为依托，构建了涵盖产业生态、工程任务调度管理、业务应用和智慧运营等平台，覆盖"流域—城市—项目"三层级云平台业务应用体系。

2. 提出了从指标体系—方案设计—设备选型—物联集成的长江流域智慧水务数据监测与采集系统性技术方案

从河湖断面—城市排口—关键节点等层面梳理、汇总，构建了智慧水务业务应用所需的监测指标体系。从监测数据的时效性、准确性、稳定性、易维护性等方面，形成了物联监测设备的选型、安装与维护指南。为应对不同的传感器感知频率、传送频率和信息传输内容，研究数据规范、接入方式、通信同步、数据率定与清洗等融合技术，规范了物联监测设备的便捷接入和集成。指导长江大保护各项工程的规划、设计、建设与运营阶段的监测物联工作的有效开展。

3. 建立了首个长江大保护水务数据治理、决策和共享的数据资源和数据驱动决策技术体系，实现长江大保护水务数据的有序共享和适度开放

（1）创新多元海量数据的采集、存储和交换共享机制，形成水务数据内外部有序共享新格局

研究从下到上监测数据的自动接收与交换、

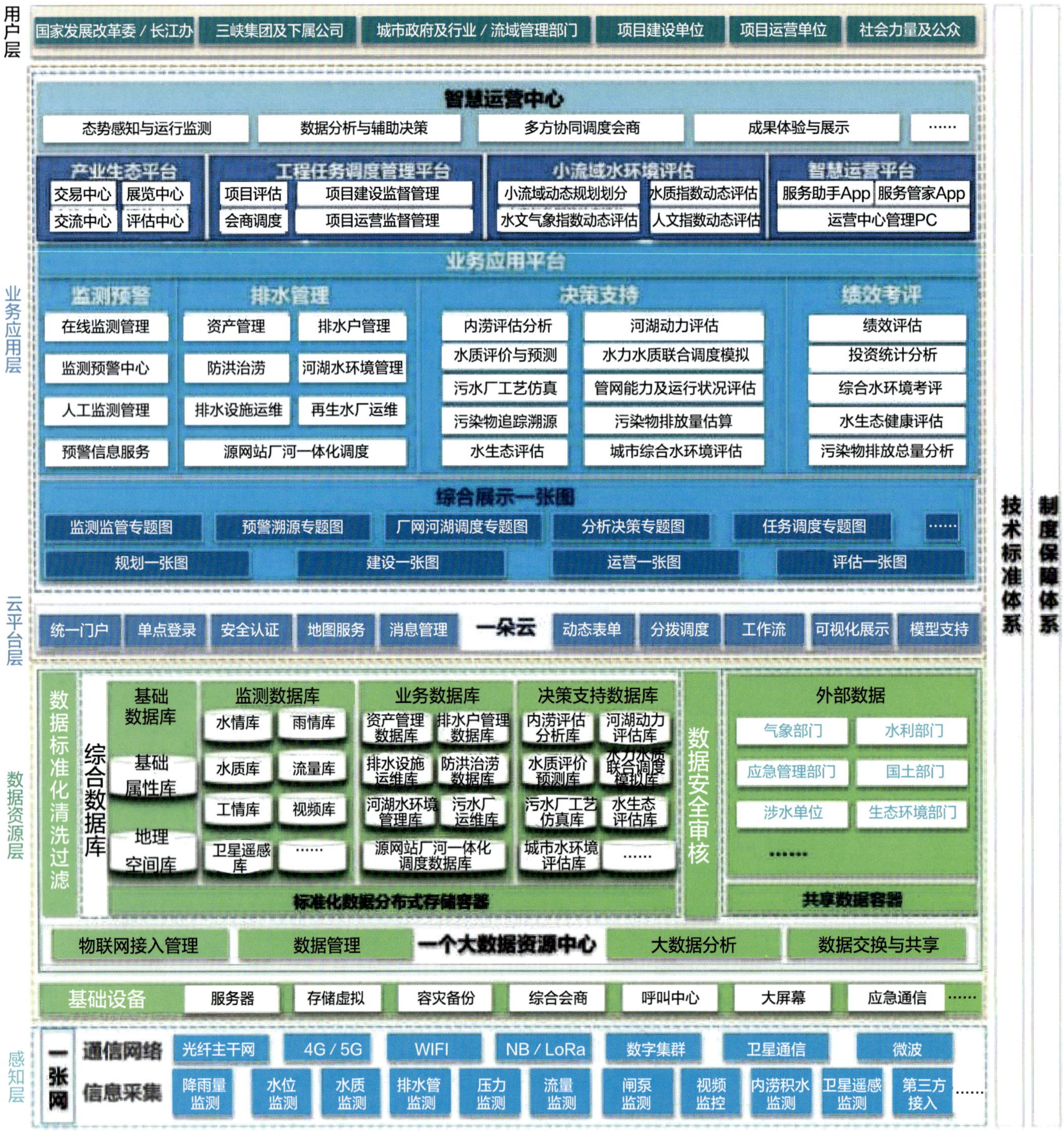

图3 长江大保护智慧水务"3+2+2+4"总体框架

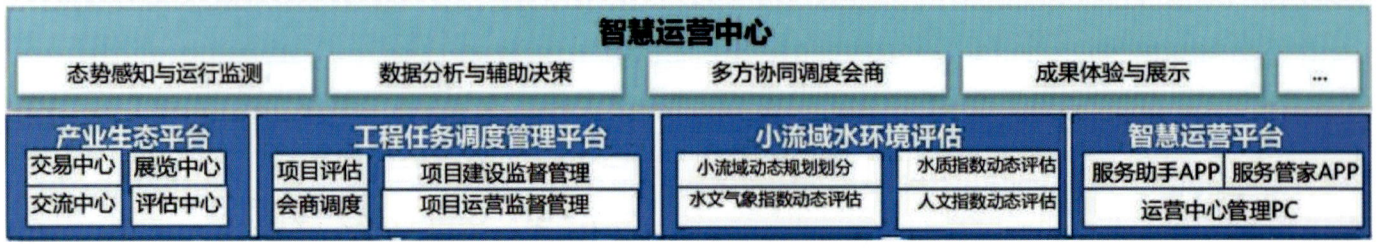

图4 长江大保护智慧水务云平台业务应用体系

人工数据的在线填报与汇总、共享数据的实时交换与管理技术实现和功能设计,基于大规模分布海量存储技术,保障数据采集存储的可靠性、集约性、可扩展性。基于数据中心平台、综合数据库搭建,建设数据共享与交换子系统,创新有序共享、适度开放、安全可靠的水务数据共享机制,形成水务数据在系统内、政府各部门间有序共享和向社会适度开放新格局,实现各数据库间的数据采集、集成、存储、共享和交换管理。

（2）集团首个数据驱动决策总体研究,提升水务大数据挖掘、决策能力

通过数据驱动水务运行管理,实现信息化管理向知识管理的转化路径,形成智慧水务运营决策辅助机制,达到智慧化运营。研究数值模拟、大数据分析、深度学习等技术,为水务业务数据的分析和处理提供技术和平台支持路径。通过对涉水数据分析、处理和挖掘,提取出重要信息和知识,再将其转换为水务应用模型所需数据,

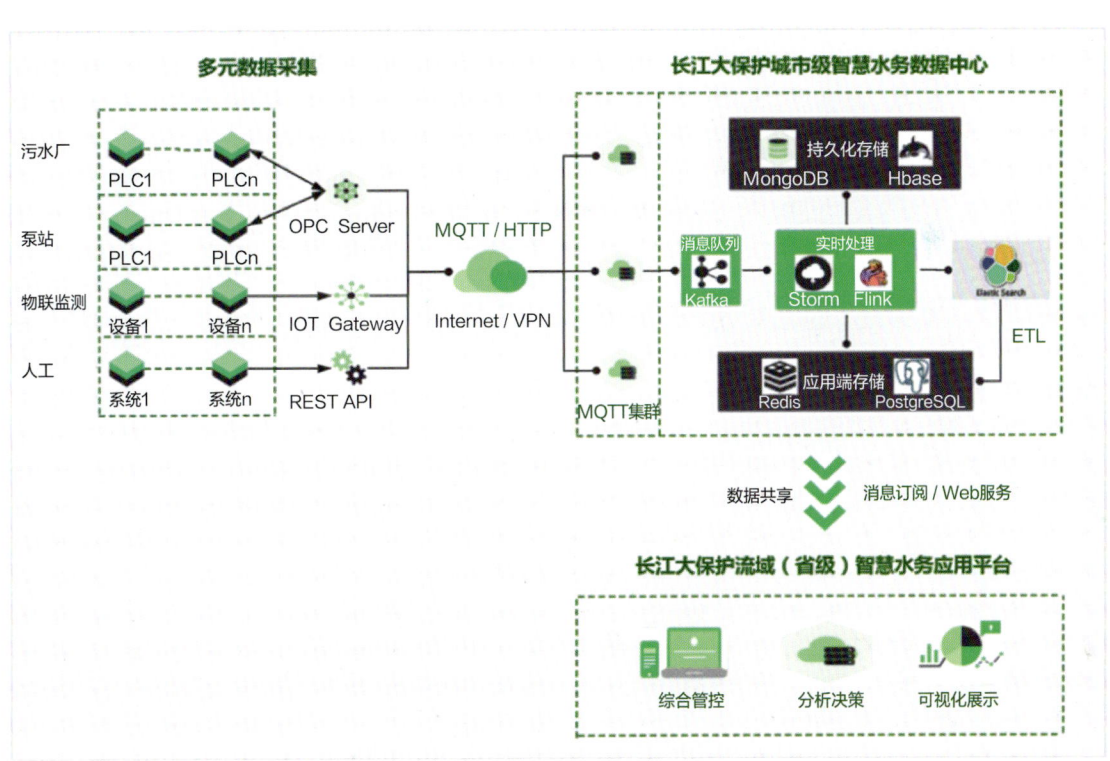

图5　多元海量数据的采集、存储和交换共享框架图

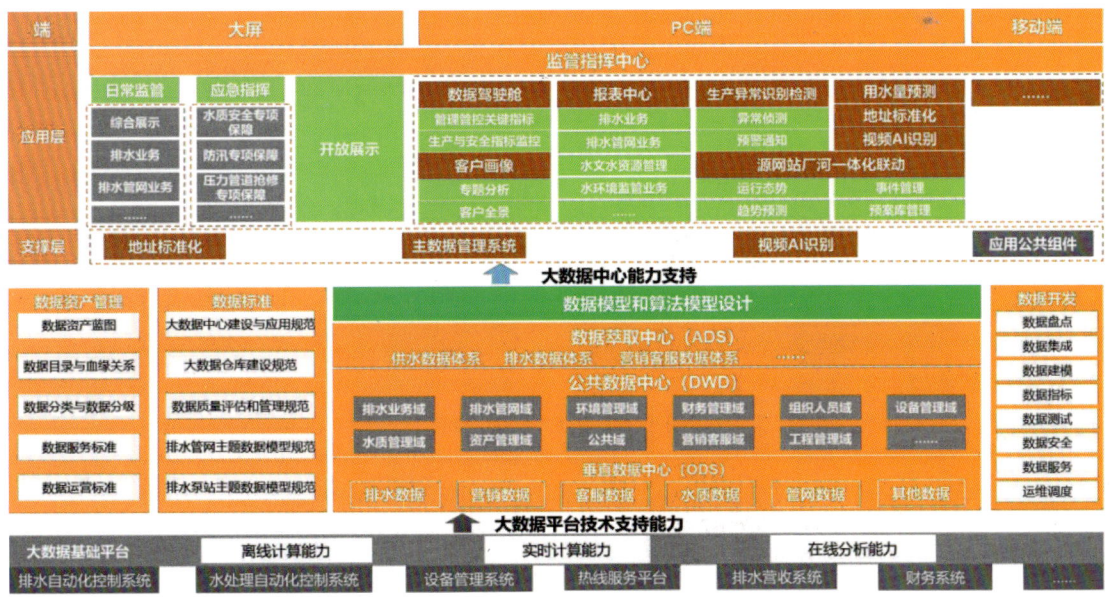

图6　长江智慧水务分析与决策体系总体架构图

为水务态势分析和联合调度等提供决策依据。

4. 编制并发布国内首个较为完整的智慧水务数据、应用、开发、信息管理与安全全覆盖标准体系

编制并发布了《长江大保护智慧水务标准体系（2020年版）》，从数据资源、技术应用、系统开发建设、基础支撑、信息管理与安全保障等方面建立统一的智慧水务全周期技术标准体系，以实现数据接入和应用开发标准化，使智慧水务业务规范化。完成5项企业标准编制，其中4项已发布，相关标准已在九江、芜湖、巫山等大保护城市中应用，确保大保护数智力的高标准、高质量、高效率建设。

结合本项目咨询工作及智慧水务实践总结几点经验教训如下：

需攻关以管网为核心的水务资产全周期数智化难题。以智慧手段深度赋能城市水务资产建管全周期，聚焦城市水系统运管痛难点所在的管网，研发一整套从数据采集—质检—入库—管理—运维全过程数据治理的具备自主知识产权的系列工具，为管网投资—设计—建设—运维全过程提供专业的业务咨询、智慧化服务。以沉淀宝贵的数据资源，充分发挥数据潜在价值，实现以管网为核心的城市水务资产全生命周期智慧化管理。

需瞄准水务可持续运营痛点，研发契合真实业务场景的应用产品。长江大保护工作实践显示，水务资产说不清、地下管网及运行状态看不见、水务设施运维管不住、水管理节能降耗能力不足等是水务业务管理的痛点，建议挖掘真实业务场景，瞄准水务可持续运营痛点，以"业务数据化、数据资产化、应用场景化、决策智能化"为目标，注重研发统一化、标准化、高度可用的实用型产品，为水务行业提供智慧运营支撑，满足精细化管理和智慧化运营要求。

需聚焦监测、溯源、模型等卡脖子技术，产学研用深度融合发展。监测、溯源、模型等关键技术是实现水务管理智慧化的核心内容和关键环节，需整合相关领域领先的高校及科研院所，构建科研合作生态圈，打造智慧水务行业原创技术策源地，重点攻关北斗空天地一体化监测、低费高效监测设备、污染溯源、厂网河湖岸一体化模型等辅助智慧决策的卡脖子技术。坚持"以产带研、以研促产"，使智慧水务先进技术在产学研用深度融合的模式中创新发展。

【咨询效果】

目前，长江大保护智慧水务管控体系和标准研究成果已在长江大保护工作中历经检验和应用，作为三峡集团公司智慧水务建设的总体技术和标准要求的指导性文件，引领并打通了科技研究、产品研发、实践应用的产研用全过程，项目成果在顶层设计、产品孵化、项目应用、标准实践等方面赋能三峡集团公司长江大保护智慧水务建设和发展，提升长江经济带水务运营管理水平和

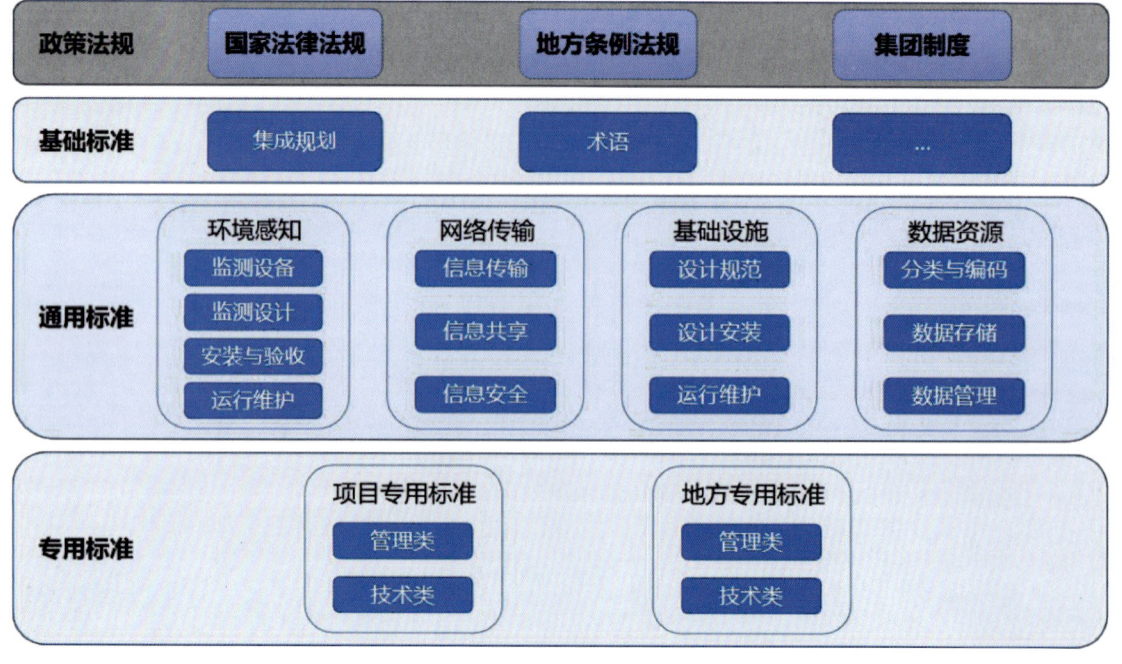

图7　长江大保护智慧水务标准体系

模式创新，促进智慧水务行业转型升级。

"长江大保护智慧水务应用顶层设计"形成的大保护智慧水务顶层设计理念、总体技术框架等技术成果，为水务业务及智慧应用建立体系、指明方向，先后指导《三峡集团长江大保护"十四五"智慧水务发展规划》《长江大保护智慧水务"十四五"科研体系》的策划与编制，沉淀的智慧水务顶层设计与咨询能力支撑开展九江二期智慧水务工程技术咨询、鄱阳信息化工程设计咨询工作，通过智慧水务咨询设计带来实际的经济效益。

"长江大保护智慧水务云平台业务应用模式及体系研究"形成的云平台业务应用体系、平台架构等技术成果，支撑三峡智慧水务公司四大产品体系，尤其是服务大保护水务业务运营管理的"通"系列产品（水务通、水利通、农污通、防汛通）的业务需求分析、产品功能规划与设计，并同步指导基于工业互联网的水管家统一平台的业务应用功能设计、架构设计、平台研发和应用，且成果入选工信部2023年新一代信息技术典型产品、应用和服务案例。

"基于物联网技术的长江智慧水务数据监测与采集实现路径研究"专题技术成果、QCTG 336《长江大保护 智慧水务监测技术规范》、QCTG 337《长江大保护 智慧水务监测数据采集技术规范》2项技术标准成果，指导实现三峡集团公司智慧水务数据统一接入和汇集管理的物联网平台的设计与建设，指导"宝"系列产品中管线宝、监测宝的研发设计以及实际应用，涉及水务监测数据的采集接入、管理、分析、展示等产品核心功能研发、测试、部署优化迭代等。管线宝产品应用取得实际成效，实现了长江流域4.6万km管网的数字化入库，获评长江生态环保集团2020—2021年度科技成果创新二等奖。

"基于云计算技术的长江大保护数据资源中心实现路径研究""基于数据驱动技术的长江智慧水务分析与决策实现路径研究"2大专题技术成果，QCTG 323《长江大保护 智慧水务数据库表结构及标识符》、QCTG 250《长江大保护 城市地下排水管线数据入数据库要求》2项技术标准成果，指导服务于长江大保护6大区域、50余个城市排水管网数据统一标准、统一入库、统一管理的"宝"系列产品（管线宝、建管宝、监测宝、运管宝）的研发、应用、迭代优化全过程工作，为大保护统一水务数据资产体系的建立提供技术支撑保障。

"长江大保护智慧水务应用模式和管控体系研究"形成的5大专题技术成果、"长江大保护智慧水务标准体系研究"形成的1套《长江大保护智慧水务标准体系》、4项企业级标准，在大保护流域—城市—项目三级智慧水务工程项目中全面应用，城市级有九江、吴江、巫山、芜湖等智慧水务项目，项目级有九江芳兰片区智慧水务示范平台、黄陂农污智慧化运营管理平台等，支撑智慧水务项目全过程工作。其中九江项目成果由央视、国资委、三峡小微、九江新闻等宣传报道，九江市厂站网河湖全要素提质增效智慧管控平台入选住建部2023年智慧水务典型案例，黄陂项目建设成果由新华社、长江日报、湖北日报宣传报道，黄陂农村村庄生活污水治理模式及运营模式，并已申报集团优秀数字化项目。

在国家数字化转型发展的要求和背景下，在长江大保护与新一代信息技术融合发展、赋能水务运营的进程中，本项目技术成果将进一步得以完善、优化，不断扩展、提升标准规范效能，不断提炼、创新智慧运营模式，不断深化、迭代智慧运营产品，不断攻关智能监测关键技术，提升感知能力和数据质量，沉淀数据资源价值，构建以数据资源为核心的创新生产体系，支撑更多智慧创新理念、模式、产品的形成，推动智慧水务行业发展与转型升级。

雨水泵站排口附近河道污染削减技术及示范
Pollution Reduction Technology and Demonstration Near the Drainage Outlet of Rainwater Pumping Station

编写单位：上海宏波工程咨询管理有限公司
Shanghai Hongbo Engineering Consulting Management Co., Ltd.
联系电话：021-60150155　　网址：http://www.shhb.com.cn
主要完成人：陈　峰　王　莉　黄志金　袁文麒　谈　祥　陈晓虎　曾祥华　缪　平　丁　洁　陈向超

【点评】

该研究针对影响河道水质稳定和生态环境持续改善的城市雨水泵站放江污染问题，聚焦雨水排水系统的源头削减、管网过程控制、末端治理、智慧管控四大方向，探寻了超大城市雨水泵站放江水体污染物时空变化规律，研发了泵站有限空间水岸协同利用的污染物削减设备及技术，泵站放江污染物削减精准调度与管控技术等。通过本项目的实施，将显著提升泵站放江污染管控和治理水平，促进排水系统治理的科学化、精细化和智能化，可有效削减雨天放江对河道的污染，对保障城市水安全和水环境改善、实现人居环境的和谐统一具有重要意义。

【项目背景】

1. 政策背景及依据

上海市独特的自然历史条件和超大城市的特点决定了城市防汛排水和河道水环境保护"两水平衡"问题的复杂性、长期性和艰巨性。随着上海市点源污染治理水平的显著提升，泵站雨天放江污染已凸显为影响上海城市风貌、中心城区河道水质稳定和生态环境持续改善的主要因素之一，防治面临巨大挑战。特别是雨污混接、泵站放江与末端污水处理能力不足等难题导致水环境污染反复的问题引起各方重视。2020年6月全市河长制湖长制工作会议上，时任市委书记、市总河长李强要求"聚焦雨污混接、泵站放江、污水处理等瓶颈难题，深入谋划，攻坚突破，加快治水重点工程建设，从根本上推动水环境改善，优化城市发展环境，创造高品质生活"。泵站放江污染控制已列入了本市近中远期排水行业的重点工作之一。

2. 国内外现状

对于传统排水系统而言，其任务就是将收集的污水以及不超过排水标准的雨水径流尽快地、安全地排放出去。排水管网实际运行中，某些泵站或者管道在高强度降水气象条件下，强制排江排河过程中向河流输入大量污染物。如何采取有效措施，使得这些污染物不会对受纳水体的环境产生危害，成为城市排水工程建设和水环境治理及保护中所必须解决的问题。

国外许多城市不再一味强调将合流制排水系统进行雨污分流改造，而是因地制宜地不断完善城市排水系统、加强雨水资源的合理利用与管理，强调对雨水径流及合流制管网系统溢流污染的控制。在治理过程中侧重于削减径流量和其他雨水径流污染控制的技术性和非技术性措施，而不是依赖"雨污分流"的办法。

国内在溢流污染控制工作中主要集中源头控制、管网系统控制、储存调蓄和末端处理四大类。源头方面，从水质和水量两方面进行面源污染控制，调整进入管道系统的径流总量、峰流量，以实现削减雨天溢流负荷的效果；管网系统控制方面，从整个系统入手，合理规划设计管道参数，从源头减少进入合流制系统的径流量，采取一定措施增加截流管截流能力，实现溢流污染的控制；储存调蓄方面，在污水处理厂前端建设调蓄池，将合流污水收集，通过调蓄池储存溢流雨污混合水体，可以缓解冲击负荷、保证污水厂的处理效果，又能提高截流量、减少合流污水排放对水体的污染，同时还可以减小截流管道的管径；末端处理方面，在管网系统末端对污染物进行净化，以减少排入受纳水体的污染物负荷量，去除的物质包括营养物质（氮磷等）、有机污染物质、微生物等。

3. 咨询需求及目的

针对上海实际，形成一套水岸一体化同治的泵站排口附近河道污染削减技术，为泵站放江污染控制提供技术支撑。主要需求如下：① 分析泵站排放口污染物水质规律；② 针对水岸一体化同治，设计泵站排放口河道污染削减工艺，开展室内验证检验泵站放江污染物削减工艺效果；③ 选择典型泵站，开展示范应用，监测泵站放江污染物削减工艺实际成效，形成一套雨水泵站排口附近河道污染削减技术。

4. 研究工作的重要性

为构建与"全球卓越城市"生态环境相匹配、满足水环境功能区划要求的水环境体系，上海市在近几年的水环境治理上狠下功夫，经过多年的水环境治理，水质有所改善，但城区河道水质持续改善遭遇瓶颈，水体不能稳定达到水功能区标准，特别是降雨前泵站放江导致河道沿线泵站附近河段时常出现间歇性黑臭现象。传统防汛泵站设计理念以排水安全为主要目标，鲜少考虑泵站的污染物就地削减措施，现有的泵站设计标准中对污染控制功能的要求不能满足当下水安全、水环境"两水平衡"的客观需求，亟需结合泵站实际情况，开展污染物就地削减技术体系研究。

【项目内容】

1. 研究任务

针对上海实际情况，通过开展雨水泵站放江排放口污染物削减关键技术研究，分析泵站入河污染物的类型、性质及排放规律，为后期开展治理提供基础；通过建立一套水岸一体化同治的泵站排口污染削减技术，有效削减入河污染物，减轻排口附近河道污染负荷；同时开展泵站放江水体对河道影响的数值模型及污染物削减管控平台研究，为泵站放江污染控制提供技术支撑。

2. 研究内容

（1）雨水泵站排放口污染物特性研究

收集并整理上海市中心城区典型泵站近8年放江水质数据，探寻泵站放江污染的性质和排放规律；分析典型雨情与放江污染物的关系，研究降雨类型对放江污染物浓度的影响。

（2）雨水泵站排放口附近河道污染削减技术

针对泵站放江污染物特性，提出水岸分级、分散处置和调蓄处理泵站放江污染物，设计"岸上强化过滤拦截+水中调蓄处理"的技术路线，通过末端治理措施削减污染物的入河量。

（3）泵站放江污染调蓄净化技术

综合现有调蓄廊道技术，从廊道工艺方案、净化材质、曝气设备类型以及沉积物清淤处理等方面，提出水岸一体化调蓄净化技术体系。

（4）泵站放江水体对河道影响的数值模型及污染物削减管控平台研究

为了研究雨水泵站放江过程中，排口附近污染物随时间在河道中对流扩散的过程，以及浓度随沿程变化的范围，通过开展二维数值模型计算研究不同浓度及水量的放江水体对河道的影响。基于模型分析的基础上，研究适用于上海不同雨情、水情、工情的排水泵站与河道泵闸水陆协同联合调度优化技术和平台。

3. 技术路线

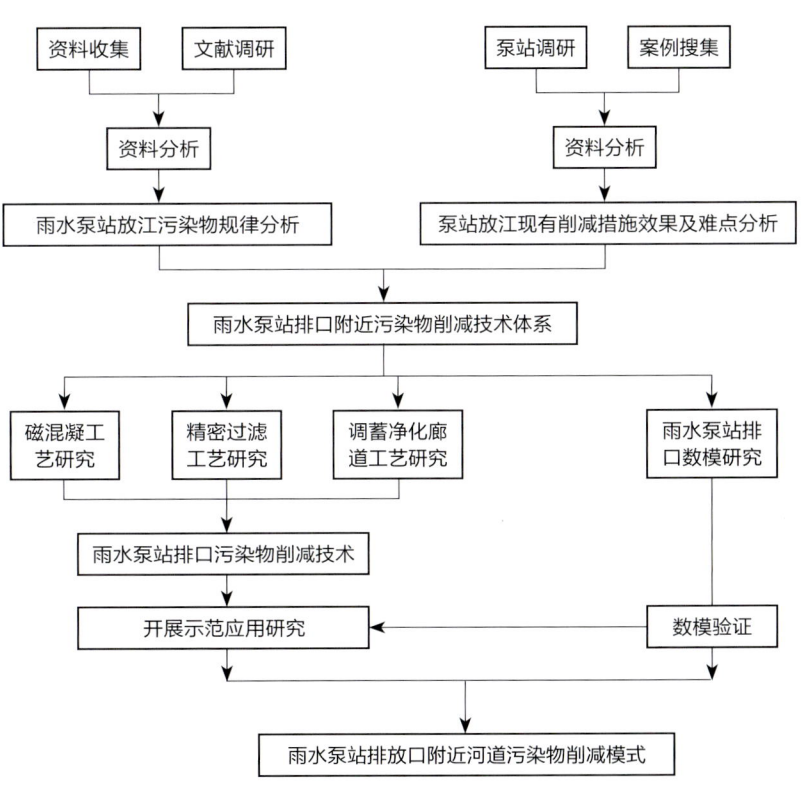

图1 研究技术路线图

【工作过程】

1. 项目起止时间

2021年4月—2021年12月。

2. 工作组织情况

本项目成立组织实施项目组和项目专家组双轨制的组织模式。建立项目负责人、项目专家组和子章节专题负责人联席会议制度，并实行过程动态管理模式。

专家组由外聘专家组成,专家组对项目研究提供技术指导和咨询,为项目和子章节专题负责人提供建议。

项目负责人全面负责项目的研究方向、内容和进展,协调解决项目中遇到的重大难题;根据项目进展情况调整课题研究方向与内容,确保项目研究计划的完成;定期检查本项目各专题的工作,对课题执行过程中的问题及时做出决策;接受水务局相关部门的检查,及时进行成果汇报。

各子章节专题负责人主要负责本章节的专题研究工作,并配合其余章节的专题研究,保证项目按计划进展。

3. 分阶段工作内容

(1)第一阶段:2021年4月—2021年7月

收集并整理国内外相关文献资料,完善技术方案;原位实验地点确定,室内实验材料准备;调查和监测市政雨水泵站放江水体中污染物的主要来源,分析泵站入河污染物的类型、性质及排放规律;通过文献资料查询及专业咨询,比选研究不同工艺设备对泵站放江污染物削减效果;开展雨水泵站放江污染快速处理及调蓄净化工艺研究。

(2)第二阶段:2021年8月—2021年10月

优化雨水泵站放江污染快速处理及调蓄净化技术方案;开展雨水泵站排口附近河道污染削减示范应用建设;开展雨水泵站排口附近河道污染削减净化效果研究;科研文章撰写并投稿;专利撰写并提交申请。

(3)第三阶段:2021年11月—2021年12月

初步形成泵站排口附近河道污染削减技术体系;编写课题研究报告,准备结题相关材料。

【咨询工作特点及经验教训】

1. 项目创新点

基于"十四五"期间上海市对排水系统提出的建设要求,本项目提出以泵站放江为核心的重点研究任务,为上海市市政排水泵站优化运行调度,最大限度地保障防汛安全,为河道水环境健康提供技术支撑和服务。在本项目研究中取得了以下科技创新。

(1)发现了超大城市泵站放江水体污染物时空变化规律

① 揭示了超大城市泵站放江特征规律与污染负荷变化规律。通过对上海市中心城区近8年的泵站放江水质数据进行系统分析,基本厘清了上海市作为典型超大城市泵站放江污染物浓度特征变化规律和污染负荷变化规律。

② 探寻了超大城市雨水泵站放江污染物总量精准计算方法。以上海市雨水泵站自动监测系统记录的水质、水量数据为基础,借鉴雨水径流污染负荷计算方法,首次提出泵站放江污染物总量精准计算方法,比现有计算方法可提升20%的准确度。目前上海市雨水泵站未能全部实施在线监测,部分雨水泵站无水质对应的流量监测数据,故建议采用算术均值法,可适用于全市;待泵站在线监测系统完善后,可采用分时求和法计算,能准确计算放江污染物总量,为泵站放江管理提供数据支持。

③ 解析了雨水泵站放江污染成因。上海市雨水泵站放江过程中呈现复杂性和不确定性的特征。经分析,泵站作为排水系统的末端,在降雨过程中对于服务范围内地表径流汇流至泵站存在因距离远近引起的长时间差,导致地表径流在管网输送过程中存在复杂的混流,加上泵站放江水体还受到混接污水、管道及集水井沉积物及其放江时水流冲刷等多种因素综合影响,不同放江日期水质波动大,不同的污染物在不同区域不同降雨条件下呈现不同的污染特征。同时,由于雨水管网高水位运行、不同降雨强度下水流对管道底泥冲刷作用,导致部分泵站放江水体长时间持续处于高污染状态。

研究成果已用来指导泵站末污染物削减技术、水利精准调度与管控体系的研发与应用,同时应用于长三角地区多个雨污混接改造、旱天放流排放口改造等工程咨询和设计项目。

(2)研制了泵站有限空间、水岸协同利用的污染物削减设备及技术

① 研制了基于泵站有限空间的放江污染物控制就地处理一体化成套设备及技术。针对泵站放江流量大,污染物浓度变化范围广、颗粒污染物浓度高,且SS与COD_{Cr}、TP具有高度相关性等特点,结合上海中心城区泵站占地面积小、地块不规则的特征,成功研制出针对放江污染物控制的就地处理高效组合澄清成套设备,并在长三角地区多个雨水泵站得到成功应用。设备组装灵活,表面水力负荷高达30 $m^3/m^2·h$以上,抗冲击能力强,出水稳定,出水SS < 10 mg/L,对SS、TP、COD_{Cr}去除率分别高达80%、80%和55%以上,出水透明度 > 1 m,通过设备处理,约5—

8 min即可实现水体由黑臭变为澄清，迅速改变排放水体感官。

② 建立了基于水岸同治的雨水泵站排口一体化生态廊道处理技术。创新采用水岸同治，发挥泵站排口附近水岸联动效果，针对泵站排口陆域可用地有限、河道空间相对充足的特点，创新性集成复合填料技术、气液瞬间互混溶解技术、可抗大风浪的生态浮床技术、高效脱氮微生物技术等技术，建立了集沉砂区、过滤区、生物净化区于一体的生态廊道处理技术，实现了对大流量放江颗粒物的拦截及溶解性污染物的净化，达到污染削减、生态性、景观性的统一。

③ 构建了基于"调蓄+就地处理"理念的泵站排口附近河道污染物削减技术体系。首创基于"调蓄+就地处理"的理念，建立以"高效澄清/气浮+调蓄净化廊道"为主要工艺的雨水泵站排口附近河道污染物削减技术体系。该技术体系根据不同的降雨工况采用不同的运行模式，使雨污水经过处理后排放，最大程度削减泵站排放污染物的量，有效缓解了泵站放江对河道的污染，提升了50%以上的调蓄效能，同时改变污水全部集中由污水处理厂处理转变为部分就地处理，解决了调蓄池雨污水在雨季难以输送到污水处理厂以及调蓄池雨污水对污水处理厂水量和水质造成冲击的难题。

以该技术体系为基础，结合物联网监测和水环境模拟等技术，首次提出消除感官黑臭、一级B、一级A和地表水V类4种雨水泵站就地处理处理模式，为类似项目的建设提供了技术支撑。

成果已纳入正在编制的上海地方标准——《防汛泵站就地处理技术规程（试行）》中，并已成功应用于长三角地区多个泵站放江治理、区域水环境治理等项目中，极大地减少了泵站放江污染及居民投诉问题，提升了区域水环境质量，推动了水环境治理产业发展。

（3）建立了泵站放江污染物削减精准调度与管控技术

首次提出了基于物联网监测+水环境数值模拟的污染物削减缓冲区构建技术。通过在泵站排放口附近布设雨量、水位和水质监测设备，将设备采集的实时数据上传至物联网平台，为雨水泵站排放口附近水环境数值模拟提供基础数据，同时，利用二维水环境模拟技术研究30种不同浓度、水量工况下放江水体对河道的影响，研究雨水泵站放江过程中，排口附近污染物随时间

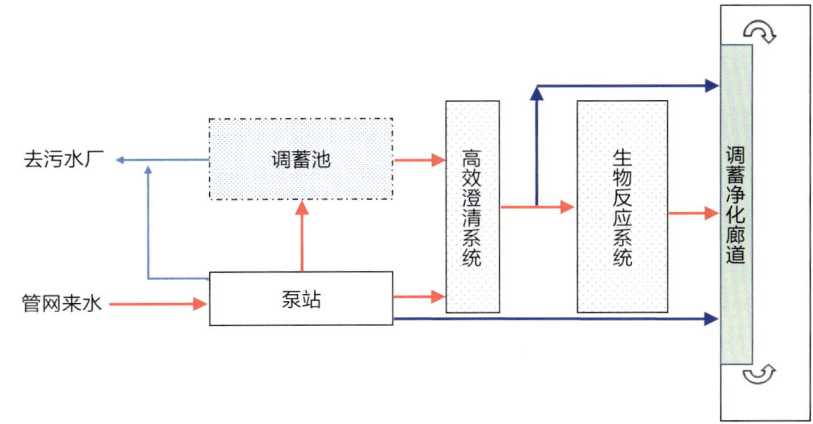

图2　雨水泵站排口附近河道污染物削减技术体系

在河道中对流扩散的过程，以及污染物浓度沿程变化的范围，首次提出在雨水泵站排放口附近构建污染物削减缓冲区域，具体研究了污染物削减缓冲区长度与排水量、污染物浓度以及河道水文条件的相关性和各影响因子的敏感性，并测算出了不同放江情况下污染物削减缓冲区域的范围。

2. 项目总结经验

（1）技术方面

2022年9月，中国科学院上海科技查新咨询中心出具的咨询报告对"雨水泵站排口附近河道污染削减技术及示范"的评价："本项目具有新颖性"，水平结论为"达到国内领先水平"。

本项目在适用于基于泵站有限空间的放江污染物控制就地处理一体化成套设备及技术、基于水岸同治的雨水泵站排口一体化生态廊道处理技术、基于水岸同治的雨水泵站排口一体化生态廊道处理技术等方面，较国内外现有技术具有明显优势。

（2）应用方面

① 科学利用超大城市泵站放江水体污染物时空变化规律指导泵站放江污染物控制。城市防洪排涝和河道水环境保护的"两水平衡"问题具有复杂性、长期性和艰巨性，通过本项目基本厘清了上海市作为典型超大城市泵站放江污染物浓度特征变化规律和污染负荷变化规律。

基于泵站放江水体污染物变化规律的研究成果，科学指导泵站放江污染物控制策略制定，从源头、过程到末端全链条出发系统性控制放江污染，同时实施精细化管理。研究成果已用来指导泵站末污染物削减技术、水利精准调度与管控体系的研发与应用，同时应用于长三角地区20多个雨污混接改造、旱天放流排放口改造等工程咨询和设计项目。

表1 国内外同类技术比较

技术名称	本项目技术水平	国内外同类研究、同类技术
基于泵站有限空间的放江污染物控制就地处理一体化成套设备及技术	针对泵站污水高SS、大流量特点研发,表面水力负荷可达30—60 $m^3/m^2 \cdot h$,出水水质好,可达TP＜0.1 mg/L,SS＜10 mg/L;投加介质可灵活选择	磁混凝、加砂沉淀等技术针对污水处理厂提标改造深度除磷应用较多,表面负荷可达20 $m^3/m^2 \cdot h$以上
基于水岸同治的雨水泵站排口一体化生态廊道处理技术	适应泵站大流量、高悬浮物的特点,采用沉淀区+过滤区+生态净化区相结合的形式沿岸边布置,具有雨天放江模式和晴天模式。实现了雨天削减泵站排口污染物,晴天循环净化河水的多重功能	尚未见与本项目技术特征完全一致的公开技术。国内外一般在河道中采用浮床、湿地等形式,采用的技术手段相对单一
基于水岸同治的雨水泵站排口一体化生态廊道处理技术	以物联网监测为基础,通过水环境模拟,有针对性地构建污染物削减缓冲区,为生态廊道的设计及布置范围提供了理论基础,从而为污染削减技术提供技术支撑	尚未见与本项目技术特征完全一致的公开技术。国内外一般采用的是水力调度技术,更多的是污染物的转移消除而非原位削减

② 推动了水环境治理产业发展,提升了区域水环境改善效果。基于"调蓄+就地处理"理念,建立了以"高效澄清/气浮+调蓄净化廊道"为主要工艺的雨水泵站排口附近河道污染物削减技术体系,适合于泵站放江治理、区域水环境治理、水质应急保障等场合使用,开发的高效组合澄清技术、雨水泵站排口一体化生态廊道技术可根据项目具体需求和目标单独使用,也可联合其他设备集成应用,市场应用情况良好。

在近几年的水环境治理项目中,由于高效组合澄清、雨水泵站排口一体化生态廊道技术独特的优势,在上海市徐汇区康健泵站放江污染物削减试点项目、中国国际进口博览会区域水环境综合整治工程项目、闵行区梅陇镇消除劣五类旱天放流排放口改造工程等众多重大项目中实现了成功应用,在为企业带来经济效益的同时,产生了极大的社会、环境效益,同时推动了水环境治理产业的蓬勃发展。

【咨询效果】

1. 项目研究成果

以上海宏波工程咨询管理有限公司为牵头单位的项目组,通过本项目研究获得了以"用于雨水泵站旱流污水污染物削减的高效组合澄清系统"为代表的7项授权专利,另外有2项专利实审中,发表了以《探索中心城区雨水泵站放江污染削减新模式》《上海地区中心城区雨水泵站放江污染物总量计算方法的探讨》为代表的11篇论文,参编标准化指导性技术文件2项,出版专著《城市雨水泵站放江污染控制技术》1部。

2. 项目效益分析

（1）经济效益

2021—2022年度,上海宏波工程咨询管理有限公司及其他项目参与单位,依托本项目研究成果,共承接项目14项,其产值达5 613.5万元,利润729.05万元。

（2）社会效益

本项目基于上海市生态文明建设和生态环境保护需求,针对上海市当前泵站放江污染瓶颈问题,创新性研发了雨水泵站放江污染物控制关键技术,并开展了示范应用,项目形成的系列技术、设备的使用为保障上海市防汛安全和水环境质量稳步改善起到了关键作用,具有良好的环境及社会效益。本项目的研究成果可显著提升泵站放江污染管控和治理水平,促进排水系统治理的科学化、精细化和智能化,可有效削减雨天放江对河道的污染,减少居民投诉,提升泵站周边居民满意度,对保障城市水安全和水环境改善、实现人居环境的和谐统一具有重要意义。

3. 客户评价

本项目研发的基于泵站有限空间的放江污染物控制就地处理一体化装备性能优良,得到用户好评。普陀区河道水质生态维护项目、中国国际进口博览会区域水环境综合整治工程等项目使用后,用户评价技术应用效果好,达到了预期目标,具有良好应用前景。

附录1：参与编写会员单位一览表

序号	单位名称	联系电话	网址
1	上海投资咨询集团有限公司	021-23300000	https://www.sicc.cn
2	上海市城市规划设计研究院	021-32113288	https://www.supdri.com
3	上海市隧道工程轨道交通设计研究院	021-54519988	https://www.stedi.cn
4	上海市城市建设设计研究总院（集团）有限公司	021-20507000	https://www.sucdri.com
5	上海市政工程设计研究总院（集团）有限公司	021-55000000	https://www.smedi.com
6	上海勘测设计研究院有限公司	021-65427100	https://www.sidri.com
7	上海同济工程咨询有限公司	021-33626700	http://www.tongji-ec.com.cn
8	中铁上海设计院集团有限公司	021-63818855	http://www.sty.sh.cn
9	同济大学建筑设计研究院（集团）有限公司	021-65987788	http://www.tjad.cn
10	华东建筑设计研究院有限公司	021-63217420	https://www.ecadi.com
11	上海科瑞真诚建设项目管理有限公司	021-65988688	http://www.kzcpm.com
12	上海建科工程咨询有限公司	021-64687800	http://www.jkec.com.cn
13	上海浦东建筑设计研究院有限公司	021-60565300	https://www.pdadri.com
14	上海浦东新区投资咨询公司	021-58811152	http://www.pnicc.sh.cn
15	中船第九设计研究院工程有限公司	021-62549700	http://www.ndri.sh.cn
16	中石化上海工程有限公司	021-58366600	https://www.ssec.com.cn
17	上海邮电设计咨询研究院有限公司	021-25068888	http://www.sptdi.com
18	上海沪港建设咨询有限公司	021-62893366	http://www.huganggroup.com
19	上海申通轨道交通研究咨询有限公司	021-63189188	http://shmetroconsulting.com
20	上海市水利工程设计研究院有限公司	021-32558100	https://www.swedri.com
21	上海市水务规划设计研究院（上海市海洋规划设计研究院）	021-34760500	http://www.shwaterplan.com
22	上海环境卫生工程设计院有限公司	021-54085378	https://www.huanke.com.cn
23	上海纺织建筑设计研究院有限公司	021-62989728	http://www.stadri.com.cn
24	上海华建工程建设咨询有限公司	021-33567888	http://www.xdec.com.cn
25	上海宏波工程咨询管理有限公司	021-60150100	http://www.shhb.com.cn
26	上海申康卫生基建管理有限公司	021-63279000	
27	上海市产业发展研究和评估中心	021-65976572	http://www.idrac.com.cn

续表

序号	单位名称	联系电话	网址
28	上海市卫生建筑设计研究院有限公司	021-63721000	http://www.wssyy.com
29	上海市节能减排中心有限公司	021-23300500	https://www.sicc.cn
30	中交上海航道勘察设计研究院有限公司	021-58871456	http://www.shiw.com.cn
31	上海碧波水务设计研发中心	021-34760653	
32	上海国际投资咨询有限公司	021-23300200	https://www.sicc.cn
33	上海兰德公路工程咨询设计有限公司	021-32558000	http://www.arcplus.com.cn
34	上海浦河工程设计有限公司	021-52685586	
35	上海上咨市场咨询有限公司	021-53520617	https://www.sicc.cn
36	中交第三航务工程勘察设计院有限公司	021-64381730	https://www.theidi.com

附录2：《上海工程咨询优秀成果选编（第四集）》之外获2021年度/2023年度一等水平的优秀成果一览表

NO:	单位名称	成果名称
1	上海百通项目管理咨询有限公司	课题：南汇新城高品质城市建设导则（政府投资项目）
2	上海东方投资监理有限公司	《宛平剧场开办费项目》咨询报告
3	上海沪港建设咨询有限公司	亚运村国际区（滨水区北区块）一期项目
4	上海勘测设计研究院有限公司	上海市海上风电发展规划
5	上海申通轨道交通研究咨询有限公司	常州城市轨道交通网络标准体系总体规划研究
6	上海市政工程设计研究总院（集团）有限公司	济宁市内环高架及连接线项目可行性研究报告
7	上海市政工程设计研究总院（集团）有限公司	泰和污水处理厂工程可行性研究报告
8	上海市政工程设计研究总院（集团）有限公司	白龙港污水处理厂污水调蓄工程可行性研究报告
9	上海市政工程设计研究总院（集团）有限公司	济南市黄岗路穿黄隧道工程可行性研究报告
10	上海市政工程设计研究总院（集团）有限公司	雄忻高铁雄安新区地下段相关配套区间工程（起步区东西轴线市政工程）可行性研究报告
11	上海市政工程设计研究总院（集团）有限公司	蒙古国乌兰巴托新建中央污水处理厂项目可行性研究报告
12	上海邮电设计咨询研究院有限公司	河北雄安新区容东片区信息通信专项规划
13	上海邮电设计咨询研究院有限公司	长三角绿色生态一体化智慧区域和未来场景专题研究项目
14	上海邮电设计咨询研究院有限公司	自贸港"智慧口岸 数字边检"建设可行性研究报告
15	上海邮电设计咨询研究院有限公司	中国电信上海分公司2023—2025年"碳达峰、碳中和"滚动规划
16	上海邮电设计咨询研究院有限公司	长三角生态绿色一体化发展示范区信息基础设施专项规划
17	同济大学建筑设计研究院（集团）有限公司	射阳智慧风电产业园（射阳国际风电产业新城）可行性研究报告（含招商服务）
18	同济大学建筑设计研究院（集团）有限公司	杭州市景芳三堡单元江河汇城市综合体汇中区块项目可行性研究报告、可研试排方案设计
19	同济大学建筑设计研究院（集团）有限公司	海南大学南海海洋资源利用国家重点实验室项目可研、初步设计及概算评审
20	宝钢工程技术集团有限公司	宝钢湛江钢铁三高炉系统项目冷轧工程可行性研究报告
21	宝钢工程技术集团有限公司	巴州钢铁绿色碳中和短流程示范产线项目可行性研究报告
22	惠生工程（中国）有限公司	山东滨华新材料有限公司碳三碳四综合利用项目可行性研究报告
23	惠生工程（中国）有限公司	新疆心连心化学工业有限公司化工新材料项目（一期）可行性研究报告
24	上海城市交通设计院有限公司	上海市绿色出行创建行动方案及年度评估

续 表

NO:	单 位 名 称	成 果 名 称
25	上海纺织建筑设计研究院有限公司	智慧纺织工业大脑项目可行性研究报告
26	上海航天建筑设计院有限公司	中国科学院国家授时中心高精度时频地面实验与应用系统条件建设项目建议书(代可行性研究报告)
27	上海华建工程建设咨询有限公司	中国共产党第一次全国代表大会纪念馆建设项目可行性研究报告
28	上海环境卫生工程设计院有限公司	750吨级生活垃圾焚烧炉烟气NOx一体化控制技术研究与示范
29	上海环境卫生工程设计院有限公司	《生活垃圾处理处置工程项目规范》(GB 55012—2021)
30	上海教育建设管理咨询有限公司	松江新城"十四五"公共服务重大项目—世界大学生五人制足球锦标赛配套场地建设工程
31	上海市建筑科学研究院有限公司	基于被动房技术性能优化的钢结构住宅产品体系
32	上海市建筑科学研究院有限公司	第十届中国花卉博览会花博园绿色低碳建设及运营全过程技术咨询
33	上海市建筑科学研究院有限公司	徐汇滨江(西岸传媒港和西岸智慧谷)绿色生态更新规划建设技术咨询
34	上海市建筑科学研究院有限公司	上海市五个新城绿色低碳建设目标关键技术
35	上海市建筑科学研究院有限公司	面向城市数字化转型的上海市住建领域"一网统管"智慧化场景应用研究
36	上海市水务规划设计研究院(上海市海洋规划设计研究院)	上海市水系统治理"十四五"规划
37	上海市水务规划设计研究院(上海市海洋规划设计研究院)	长江口水源地供水保证率提升对策与措施
38	上海市园林设计研究总院有限公司	昆山市重要湖泊水系生态绿地规划
39	上海市园林设计研究总院有限公司	上海市新城生态景观建设专项评估
40	胜帮科技股份有限公司	新疆宣力环保能源有限公司600万吨/年低阶煤分质利用、10万吨/年LNG、5万吨/年针状焦、50万吨/年危废煤焦油提质改造项目可行性研究报告
41	胜帮科技股份有限公司	甘肃智汇格林新能源有限公司瓜州现代煤化工和新能源耦合示范项目可行性研究报告
42	中国电力工程顾问集团华东电力设计院有限公司	两淮煤电基地开发潜力及未来发展定位研究
43	中国电力工程顾问集团华东电力设计院有限公司	"碳达峰、碳中和"目标下华东电网发展路径研究报告
44	中国电力工程顾问集团华东电力设计院有限公司	株洲市清水塘老工业区产业新城整体开发PPP项目铜霞路(塘屋路—叶子冲变电站)电力专用综合管廊新建工程可行性研究报告
45	上海河口海岸科学研究中心	长江口河势跟踪分析(17—20)研究及应用
46	上海民航新时代机场设计研究院有限公司	合肥新桥国际机场航站区扩建工程可行性研究报告
47	上海能源建设工程设计研究有限公司(上海燃气工程设计有限公司)	上海市燃气发展"十四五"规划
48	上海水业设计工程有限公司	广州市自来水公司南洲水厂增设超滤膜深度处理工程可行性研究报告
49	上海中交水运设计研究有限公司	上海市内河水上服务区设置技术导则研究报告
50	中交上海航道勘察设计研究院有限公司	上海交通建设工程泥浆渣土疏浚土资源化利用研究报告
51	上海建筑设计研究院有限公司	太湖科学城战略规划与概念性城市
52	上海建筑设计研究院有限公司	七宝镇中春路沿线城市设计

后 记

"流水不争先,争的是滔滔不绝"。近年来,上海市工程咨询行业的广大从业者们持续耕耘,贡献智慧,智慧结晶凝结形成了《上海优秀工程咨询成果选编(第四集)》。这本书的出版,不仅是对过去几年上海工程咨询行业优秀成果的总结,更是对未来行业更好发展的展望和期许。

在编纂本书的征集、编撰和出版过程中,我们深入挖掘了上海市工程咨询行业的丰富实践和理论创新,体现了国家双碳战略、新质生产力发展等宏观背景下的行业实践和理论探索。每一个案例都是对工程咨询专业精神的诠释,每一项成果都是对行业智慧的凝聚。我们希望通过这本书,向读者展示工程咨询在推动经济社会发展、实现国家重大战略目标中的重要作用。

在此,我们首先要向市发展改革委陈国忠副主任表达最诚挚的感谢。陈主任不仅为本书撰写了热情洋溢的序言,更以其远见卓识和丰富经验,为工程咨询行业的发展提供了宝贵的指导和支持。

我们由衷感谢上海同济工程咨询有限公司和参与编审的各位专家,他们的辛勤劳动和卓越智慧,让这本书得以面世。同时,我们也要感谢所有支持本书出版的领导和同仁,他们的支持是我们工作的强大动力。

本书的出版还得到了上海社会科学院出版社编审人员的指导与支持,在此一并表示感谢。他们的专业意见和细致工作,为本书的质量和完整性提供了重要保障。

最后,还要真诚感谢行业单位的积极参与和在整个编撰过程中的大力配合与支持。

展望未来,我们相信上海工程咨询行业将继续以创新为驱动,以质量为核心,不断提升服务水平,为上海乃至全国的经济社会建设贡献更多的智慧和力量。我们期待本书能激发更多专业人士的创新精神和探索热情,共同推动行业向着更加繁荣、和谐、可持续的方向发展。

最后,我们衷心希望《上海优秀工程咨询成果选编(第四集)》能成为工程咨询行业从业者的宝贵资料,也能成为社会各界了解和学习工程咨询的有益参考。

图书在版编目（CIP）数据

上海工程咨询优秀成果选编. 第四集 / 上海市工程咨询行业协会编；戴建敏主编. -- 上海：上海社会科学院出版社，2024. -- ISBN 978-7-5520-4587-1

Ⅰ. F832.751

中国国家版本馆CIP数据核字第20242HB500号

上海工程咨询优秀成果选编（第四集）

编　　者：上海市工程咨询行业协会
主　　编：戴建敏
责任编辑：陈　军　赵秋蕙
封面设计：黄婧昉
出版发行：上海社会科学院出版社
　　　　　上海顺昌路622号　邮编200025
　　　　　电话总机021-63315947　销售热线021-53063735
　　　　　https://cbs.sass.org.cn　E-mail：sassp@sassp.cn
照　　排：南京展望文化发展有限公司
印　　刷：上海颛辉印刷厂有限公司
开　　本：889毫米×1194毫米　1/16
印　　张：49.25
插　　页：2
字　　数：1480千
版　　次：2024年12月第1版　2024年12月第1次印刷

ISBN 978-7-5520-4587-1 / F·796　　　　　定价：560.00元（上下册）

版权所有　翻印必究